Rainer Schnell

Survey-Interviews

Studienskripten zur Soziologie

Herausgeber:
Prof. Dr. Heinz Sahner,
Dr. Michael Bayer und
Prof. Dr. Reinhold Sackmann
begründet von Prof. Dr. Erwin K. Scheuch †

Die Bände „Studienskripten zur Soziologie" sind als in sich abgeschlossene Bausteine für das Bachelor- und Masterstudium konzipiert. Sie umfassen sowohl Bände zu den Methoden der empirischen Sozialforschung, Darstellung der Grundlagen der Soziologie als auch Arbeiten zu so genannten Bindestrich-Soziologien, in denen verschiedene theoretische Ansätze, die Entwicklung eines Themas und wichtige empirische Studien und Ergebnisse dargestellt und diskutiert werden. Diese Studienskripten sind in erster Linie für Anfangssemester gedacht, sollen aber auch dem Examenskandidaten und dem Praktiker eine rasch zugängliche Informationsquelle sein.

Rainer Schnell

Survey-Interviews

Methoden standardisierter Befragungen

VS VERLAG

Bibliografische Information der Deutschen Nationalbibliothek
Die Deutsche Nationalbibliothek verzeichnet diese Publikation in der
Deutschen Nationalbibliografie; detaillierte bibliografische Daten sind im Internet über
<http://dnb.d-nb.de> abrufbar.

1. Auflage 2012

Alle Rechte vorbehalten
© VS Verlag für Sozialwissenschaften | Springer Fachmedien Wiesbaden GmbH 2012

Lektorat: Katrin Emmerich

VS Verlag für Sozialwissenschaften ist eine Marke von Springer Fachmedien.
Springer Fachmedien ist Teil der Fachverlagsgruppe Springer Science+Business Media.
www.vs-verlag.de

Das Werk einschließlich aller seiner Teile ist urheberrechtlich geschützt. Jede Verwertung außerhalb der engen Grenzen des Urheberrechtsgesetzes ist ohne Zustimmung des Verlags unzulässig und strafbar. Das gilt insbesondere für Vervielfältigungen, Übersetzungen, Mikroverfilmungen und die Einspeicherung und Verarbeitung in elektronischen Systemen.

Die Wiedergabe von Gebrauchsnamen, Handelsnamen, Warenbezeichnungen usw. in diesem Werk berechtigt auch ohne besondere Kennzeichnung nicht zu der Annahme, dass solche Namen im Sinne der Warenzeichen- und Markenschutz-Gesetzgebung als frei zu betrachten wären und daher von jedermann benutzt werden dürften.

Umschlaggestaltung: KünkelLopka Medienentwicklung, Heidelberg
Druck und buchbinderische Verarbeitung: Ten Brink, Meppel
Gedruckt auf säurefreiem und chlorfrei gebleichtem Papier
Printed in the Netherlands

ISBN 978-3-531-13614-1

Inhaltsverzeichnis

Vorwort   13

I Grundlagen standardisierter Befragungen

1 Einleitung   17
- 1.1 Übersicht 17
- 1.2 Definitionen 17
- 1.3 Ablauf einer standardisierten Befragung 19
- 1.4 Voraussetzungen für die Durchführung einer Befragung 19
  - 1.4.1 Klärung des Projektziels 21
  - 1.4.2 Psychologische und soziale Grenzen von Befragungen ... 21
  - 1.4.3 Existenz anderer Datenquellen 22
  - 1.4.4 Zeitbedarf standardisierter Befragungen 23
  - 1.4.5 Notwendige finanzielle und personelle Ressourcen 24
- 1.5 Survey-Design 25
- 1.6 Zur Debatte um die Standardisierung der Befragung 26
- 1.7 Gütekriterien für die Durchführung standardisierter Befragungen 28
- 1.8 Die Bedeutung standardisierter Befragungen in den Sozialwissenschaften 28
- 1.9 Anstieg der Survey-Literatur 30
- 1.10 Anwendungsmöglichkeiten 33

2 Psychologische Grundlagen   35
- 2.1 Erster Schritt: Verständnis der Frage 35
  - 2.1.1 Konversationsmaximen als Hilfen zum Verständnis einer Frage 36
  - 2.1.2 Antwortvorgaben als Hilfe bei der Interpretation der Frage 37
  - 2.1.3 Abfolge der Fragen als Hilfe bei der Interpretation der Frage 39
- 2.2 Zweiter Schritt: Abruf der Information 40
  - 2.2.1 Ursprüngliche Speicherung der Information 40
  - 2.2.2 Fehler bei Retrospektivfragen 43
- 2.3 Dritter Schritt: Beurteilung 49
  - 2.3.1 Befragtenverhalten als rationales Verhalten 50
  - 2.3.2 Satisficing als Spezialfall rationalen Handelns 51
  - 2.3.3 Weitere Anwendungen für die Theorie rationaler Handlungswahl 57
- 2.4 Vierter Schritt: Antwort 57
  - 2.4.1 Sensitive Fragen und sozial wünschbare Antworten ... 58
  - 2.4.2 Effekte durch die Anwesenheit Dritter 59
  - 2.4.3 Nicht-substanzielle Angaben 59
- 2.5 Konsequenzen für die Survey-Planung 65

3 Forschungsdesigns mit Befragungen 67
3.1 Unterschiede zwischen Surveys, Beobachtungsstudien und Experimenten 67
3.2 Die Verwendung von Surveys für Evaluationsstudien 69
3.3 Varianten des Verhältnisses von Surveys zu Experimenten 70
    3.3.1 Befragungsexperimente 70
    3.3.2 Echte Experimente innerhalb von Surveys 71
    3.3.3 Surveys innerhalb von Experimenten 71
3.4 Forschungsdesigns mit standardisierten Befragungen 72
    3.4.1 Querschnitts-Studien 72
    3.4.2 Trendstudien und replikative Surveys 73
    3.4.3 Wiederholte, abhängige Surveys: Panelstudien 74
    3.4.4 Vor- und Nachteile von Panelstudien und replikativen Surveys 76
    3.4.5 Kombinationen von Panelstudien und replikativen Surveys 77

4 Fragen 79
4.1 Frage- und Antwortformulierung 79
4.2 Frageformen 81
4.3 Formen von Antwortvorgaben 81
    4.3.1 Offene Fragen 81
    4.3.2 Probleme bei der Anwendung offener Fragen 84
4.4 Geschlossene Fragen 86
    4.4.1 Dichotome Fragen 86
    4.4.2 Ungeordnete mehrkategorielle Antwortvorgaben 87
    4.4.3 Geordnete mehrkategorielle Antwortvorgaben 88
    4.4.4 Magnitude-Skalen als Antwortkontinuum 96
4.5 Hypothetische Fragen 97
    4.5.1 Hypothetische Fragen zum Gebrauch von Umweltgütern 99
    4.5.2 Einstellungsfragen zur Verhaltensvorhersage 99
4.6 Fragen nach speziellen Inhalten 100
    4.6.1 Demographische Fragen 101
    4.6.2 Fragedatenbanken 106
4.7 Spezielle Fragetechniken 107
    4.7.1 Randomized-Response 107
    4.7.2 Vignetten 111
    4.7.3 Life-History-Kalender 113
    4.7.4 „Dependent Interviewing" 114

5 Fragebogen 117
5.1 Länge 117
5.2 Anordnung der Frageblöcke 120
5.3 Layout 122
    5.3.1 Empfehlungen für die visuelle Gestaltung von Fragebogen 123
    5.3.2 Vertikale Anordnung der Antwortmöglichkeiten 125
    5.3.3 Fragenbatterien (Matrix-Fragen) 126
    5.3.4 Filterführung 127
    5.3.5 Lesbarkeit 130

Inhaltsverzeichnis 7

    5.3.6 Drucktechnische Details 131
    5.3.7 Überprüfung des Layouts 133
  5.4 Details der Frankierung und des Versands 133

6 Pretests 135
  6.1 Aufgaben von Pretests 135
  6.2 Seltenheit ausreichender Pretests 137
  6.3 Methoden zur Entwicklung und Überprüfung von Fragen 139
    6.3.1 Qualitative Methoden 140
    6.3.2 Quantitative Techniken 143
  6.4 Praktische Durchführung von Pretests 153
  6.5 Pilot-Studien 154

7 Nonresponse 157
  7.1 Formen von Ausfällen 157
    7.1.1 Verweigerung 157
    7.1.2 Erkrankung 160
    7.1.3 Nichterreichbarkeit 160
  7.2 Ausschöpfungsrate 163
    7.2.1 Definitionen der Ausschöpfungsrate 163
    7.2.2 Entwicklung der Ausschöpfungsraten 164
  7.3 Ausfälle bei besonderen Zielpopulationen und Befragungsformen 164
  7.4 Statistische Konsequenzen von Nonresponse 170
    7.4.1 Ausschöpfungsrate und Bias 170
    7.4.2 Klassifikation von Ausfallprozessen 172
    7.4.3 Nonresponse und „Repräsentativität" 173
    7.4.4 R-Indikatoren 173
  7.5 Korrekturverfahren für Nonresponse 174
  7.6 Umgang mit Nonresponse 180
    7.6.1 Verbesserung der Feldarbeit 181
    7.6.2 Statistische Verfahren und Nonresponse 183

II Erhebungsmodi

8 Persönliche Interviews („Face-to-Face"-Befragungen) 187
  8.1 Voraussetzungen 187
  8.2 Soziale Voraussetzungen 187
    8.2.1 Sprache 187
    8.2.2 Kulturelle Unterschiede zwischen den Zielgruppen 189
    8.2.3 Zugänglichkeit 190
    8.2.4 Konsequenzenlosigkeit der Teilnahme 191
    8.2.5 Organisationsrahmenbedingungen 192
    8.2.6 Arbeitsrechtliche Bedingungen 193
    8.2.7 Datenschutzrechtliche Probleme der Datenerhebung 194
    8.2.8 Akademische Forschung und kommerzielle Institute 199
    8.2.9 Durchführungsvoraussetzungen professioneller Erhebungen 201
    8.2.10 Erhebungen im Rahmen von Qualifikationsarbeiten 204

8.3	Auswahlgrundlagen für persönliche Interviews		204
	8.3.1	Einwohnermeldeamt-Daten als Auswahlgrundlage	205
	8.3.2	Random-Walk	206
8.4	Interviewer-Effekte		208
	8.4.1	Auswirkungen von Interviewer-Effekten	209
	8.4.2	Minimierung von Interviewer-Effekten	210
8.5	Interviewer-Rekrutierung		211
	8.5.1	Rekrutierungskriterien und Rekrutierungsstrategien	211
	8.5.2	Zahl der benötigten Interviewer	212
	8.5.3	Exkurs: Interviewereffekte und effektive Stichprobengröße	212
8.6	Interviewer-Training		215
	8.6.1	Grundlegendes Training	217
	8.6.2	Verweigerungs-Reduktions-Training	223
	8.6.3	Bezahlung	226
8.7	Interviewerkontrolle		227
	8.7.1	Ausmaß von Interviewfälschungen	229
	8.7.2	Verhinderung von Fälschungen	233
	8.7.3	Statistische Verfahren zur Entdeckung von Fälschungen	234
	8.7.4	Konsequenzen gefälschter Interviews	235
	8.7.5	Exkurs: Verzerrungen durch Fälschungen	236
8.8	Interviewer-Verhalten und Datenqualität		238
8.9	Feldkontrolle bei F2F-Surveys		239
8.10	Feldmanagement-Systeme		241

9 Postalische Befragungen („Mail-Surveys") 243

9.1	Vor- und Nachteile postalischer Befragungen		243
	9.1.1	Kosten postalischer Befragungen	244
	9.1.2	Möglichkeiten der Nutzung von Dokumenten durch die Befragten	245
9.2	Besonderheiten der Stichprobenziehung		245
	9.2.1	Befragungen der allgemeinen Bevölkerung	245
	9.2.2	Befragung von Spezialpopulationen, für die Register vorhanden sind	246
	9.2.3	Befragung seltener Populationen	246
	9.2.4	Undercoverage-Probleme	247
	9.2.5	Auswahl im Haushalt	247
9.3	Besonderheiten des Fragebogens		248
9.4	Durchführung von Mailsurveys nach der „Total Design Method"		248
	9.4.1	Art und Datierung der Kontakte	249
	9.4.2	Letzter Kontaktversuch	251
	9.4.3	Anonymitätszusicherung	252
	9.4.4	Rücklaufkontrolle	253
9.5	Nonresponse in postalischen Befragungen		254
	9.5.1	Nonresponse-Mechanismen in postalischen Befragungen	256
	9.5.2	Ausmaß des Nonresponse bei postalischen Befragungen	258
9.6	Fehlervermeidung bei postalischen Befragungen		259
	9.6.1	Checklisten zur Durchführung postalischer Befragungen	259

Inhaltsverzeichnis 9

    9.6.2   Beispiel für Fehler bei der Durchführung 259
9.7   Die Zukunft schriftlicher Befragungen 264

10 Telefonische Befragungen   **267**
10.1   Besonderheiten der Stichprobenziehung 267
    10.1.1   Probleme der Stichprobenziehung bei Telefonsurveys 267
    10.1.2   Personen ohne Telefonanschluss 271
    10.1.3   Nicht eingetragene Telefonnummern 272
    10.1.4   Personen, die ausschließlich über ein Mobiltelefon verfügen 272
    10.1.5   Anrufbeantworter und Anrufererkennung 275
    10.1.6   Auswahl im Haushalt 277
    10.1.7   Verringerung der Stichprobengröße durch Interviewereffekte 279
10.2   Rekrutierung von Telefon-Interviewern 279
10.3   Interviewertraining 280
10.4   Organisation der Feldarbeit bei CATI-Studien 280
10.5   Ergebnis der Feldarbeit 283
10.6   Datenprüfung 284
10.7   Die Zukunft der telefonischen Befragungen 285

11 Web-Surveys   **287**
11.1   Unterschiede in den Zugangsmöglichkeiten zum Internet 287
11.2   Vorteile internetgestützterBefragungen 290
11.3   Formen der internetgestützten Befragung 291
    11.3.1   Internetgestützte Surveys auf der Basis willkürlicher Auswahlen 293
    11.3.2   Internetgestützte Surveys auf der Basis echter Zufallsstichproben 294
11.4   Technische Einzelheiten zur Durchführung von Web-Surveys 298
    11.4.1   Fragebogenkonstruktion für Web-Surveys 298
    11.4.2   Durchführung von Web-Surveys 301
    11.4.3   Technische Voraussetzungen zur Durchführung von Web-Surveys 301
11.5   Exkurs: Gewichtung von Internet-Surveys 303
11.6   Methodische Probleme internetgestützter Befragungen 305

12 Wahl des Erhebungsmodus und andere Erhebungsformen   **307**
12.1   Zur Verfügung stehende Ressourcen 307
12.2   Vergleich der Vor- und Nachteile verschiedener Erhebungsmodi 308
12.3   Modus-Effekte 310
12.4   Mixed-Mode-Surveys 312
    12.4.1   Formen von Mixed-Mode-Surveys 312
    12.4.2   Methodische Probleme von Surveys mit mehreren Erhebungsmodi 314
    12.4.3   Uni-Mode-Design 314
    12.4.4   Verwendung mehrerer Erhebungsmodi 315
12.5   Weitere Befragungsmodusvarianten 316
12.6   Ergänzung von Surveys durch Erhebung nicht erfragter Merkmale 318
    12.6.1   Kontaktprotokolle (Para-Daten) 318
    12.6.2   Interviewer als Beobachter 318
    12.6.3   Biologisch relevante Daten 319

		12.6.4 Geo-Daten	319

12.6.4 Geo-Daten ... 319
12.6.5 Record-Linkage ... 320
12.6.6 Nutzung von Dokumenten ... 321
12.6.7 Kontinuierliche Verhaltensmessungen ... 321

III Anwendungen

13 Panel-Studien 325
13.1 Design eines Panels ... 325
13.2 Besonderheiten von Panelstudien ... 326
13.3 Panel-Conditioning ... 327
13.4 Seam-Effekte ... 327
13.5 Nonresponse in Panelstudien ... 329
    13.5.1 Ausfälle bei der ersten Welle eines Panels ... 330
    13.5.2 Panelbereitschaft ... 330
    13.5.3 Ausmaß und Formen der Panel-Attrition ... 331
    13.5.4 Panel-Mobilität ... 334
    13.5.5 Versterben der Befragten ... 335
    13.5.6 Verweigerung der weiteren Teilnahme ... 336
    13.5.7 Maßnahmen zur Verringerung der Panelattrition ... 338
13.6 Gewichtung eines Panels ... 343
13.7 Analye von Panelstudien ... 345

14 Beispiele für besondere Anwendungen 347
14.1 Nationale Gesundheitssurveys ... 347
14.2 Viktimisierungssurveys ... 348
14.3 Screening-Interviews zur Suche nach seltenen Populationen ... 351
14.4 Kundenbefragungen ... 353
    14.4.1 Benutzerbefragungen in Bibliotheken ... 355
    14.4.2 Mitarbeiterbefragungen ... 356
    14.4.3 Bürgerbefragungen ... 357
14.5 Wahlprognosen ... 358
    14.5.1 Methodische Probleme von Wahlprognosen ... 358
    14.5.2 Zur tatsächlichen Genauigkeit von Wahlprognosen ... 360
    14.5.3 Exkurs: „Demoskopie" ... 361
    14.5.4 Erfolgreiche Prognosen trotz methodischer Probleme? ... 363

15 Surveymethodologie in der Bundesrepublik 365
15.1 Beispiele für das Desinteresse gegenüber der Datenerhebung ... 365
15.2 Das Desinteresse an der Datenerhebung ... 367
    15.2.1 Amtliche Statistik ... 368
    15.2.2 Kommerzielle Institute ... 370
15.3 Akademische Sozialforschung ... 373
    15.3.1 Die Besetzung der Professuren ... 373
    15.3.2 Sekundäranalysen statt Primärdatenerhebungen ... 374
    15.3.3 Akademische Auftragsforschung für Ministerien ... 375
15.4 Veränderungspotentiale ... 375

Inhaltsverzeichnis 11

16 Schlussbemerkung   **377**

Anhang   **379**

A Ermittlung der benötigten Stichprobengröße   **381**
A.1 Konfidenzintervalle und die Größe der Stichprobe 381
A.2 Designeffekte 383
A.3 Stichprobengrößen für Vergleiche 384
A.4 Beispiel: Veränderung von Arbeitslosenquoten 385

B Das Total-Survey-Error-Modell   **387**

C Selbst generierte Codes für Panelstudien   **389**
C.1 Eine empirische Studie zur Leistungsfähigkeit einfacher Panelcodes 389
C.2 Planung von Erhebungen mit selbst generierten Schlüsseln 391
C.3 Umgang mit partiell übereinstimmenden Codes 392

D Kontaktprotokolle und Dispositioncodes für F2F-Interviews   **393**

E Nonresponsecodes der AAPOR   **399**

F Datenschutzmerkblatt   **407**

G Zugang zur Forschungsliteratur   **409**

H Institutsverträge   **411**
H.1 Ausschreibung des Projekts 411
H.2 Vertragliche Regelungen mit dem Erhebungsinstitut 412
H.3 Erhebungsvariablen im Datensatz 413

I Dokumentation der Datenerhebung   **415**
I.1 Feldbericht 415
I.2 Datensicherung und Datenweitergabe 417

J „Think-Aloud"-Instruktionen   **419**

K Software   **421**
K.1 Projektplanung 421
K.2 Projektdokumentation 421
K.3 Dokumentation des Fragebogens 422
K.4 Datenerhebung 423
K.5 Datenerfassung 423
K.6 Datensicherung 424
K.7 Datenanalyse 425
K.8 Publikation 425

L Hard- und Software für CATI   **427**

M Beispiele für Anschreiben einer postalischen Befragung   429

N Mögliche Ursachen für Unterschiede in Survey-Ergebnissen   435

Literaturverzeichnis   439

Abkürzungsverzeichnis   467

Index   471

Vorwort

„Gathering data, like making love, is one of those activities that almost everyone thinks can be done without instructions. The results are usually disastrous."

Howard Wainer (2005:143)

Noch immer ist das von einem Interviewer geführte vollständig standardisierte Interview mit einer (über einen berechenbaren Zufallsprozess ausgewählten) Person in der akademischen empirischen Sozialforschung die Standardform der Datenerhebung.

Die Ursachen für das Vorherrschen dieser Methode sind vielfältig. Manchmal gibt es zu dieser Form der Datenerhebung keine Alternative. Zumeist basiert die Wahl dieser Datenerhebungsmethode aber schlicht auf der vermeintlichen Bequemlichkeit. Dies ist eine Ursache für die Probleme dieser Datenerhebungsmethode.

Eine andere Ursache für die Probleme liegt in der Lehrbuchliteratur. Die bisherige deutschsprachige Literatur behandelt kaum die Probleme, die bei der tatsächlichen Durchführung solcher Erhebungen auftreten. Was macht man mit Anrufbeantwortern? Oder Handys? Wie groß muss die Stichprobe sein? Was ist mit dem Datenschutz? Wie hoch muss eine Ausschöpfungsquote sein? Was muss in einem Anschreiben stehen? Was kann man bei Verweigerern machen? Wie wertet man offene Fragen aus? Wie sieht ein Interviewertraining aus? Wie wählt man im Haushalt zufällig aus? Wie viele Interviewer braucht man? Wie werden Web-Surveys gewichtet? Wie sieht ein Vertrag mit einem Institut aus? Auf solche Fragen findet man bislang in deutscher Sprache kaum Antworten in der Lehrbuchliteratur. Das allein ist ein bemerkenswerter Sachverhalt.

Ich habe seit 1990 versucht, dieses fehlende Buch zu schreiben. Häufig bemerkt man die Wissenslücken in einem wissenschaftlichen Gebiet erst dann, wenn man versucht, es zu systematisieren, wie z. B. beim Schreiben eines neuen Lehrbuchs.[1]

Aus der Gliederung dieses Buches entwickelte sich ein Forschungsprogramm, das mich dann fast 20 Jahre beschäftigt hielt: Es begann mit einem Artikel über gefälschte Interviews (1991a), den Problemen der Replikation vermeintlicher „Effekte" der kognitiven Umfrageforschung (1991b) und der Abschätzung des Under-

---

[1] Diese Erfahrung scheinen auch andere zu machen: Krosnick (1999:552) zitiert sein Lehrbuch „Designing Good Questionnaires: Insights from Psychology" mit der Jahresangabe 1998 als „in press". Bis zum Abschluss des vorliegenden Buchs (2011) war das Buch nicht erschienen.

coverage in der BRD (1991c). Das geplante Nonresponsekapitel führte zunächst zu einer Arbeit über Gewichtungsverfahren (1993), die sich dann zu meiner Habilitationsschrift (1997a) auswuchs.Während der Arbeit am vorliegenden Buch wurde deutlich, dass die Ziehung von Telefonstichproben ungeklärt war, was zu einem einfachen Verfahren für die BRD führte (Schnell 1997b). Die Probleme replikativer Surveys wurden mir in einer Arbeit mit Ulrich Kohler (1995) klarer; daher schien eine nähere Beschäftigung mit der Feldarbeit und dem Interviewerverhalten (Schnell 1998, Schnell/Kreuter 2000b) notwendig. Die Vernachlässigung von interviewerbedingten Design-Effekten durch Statistiker und Soziologen bei der Analyse von Surveys führte dann zum Defect-Projekt (Schnell/Kreuter 2000a), das erst 2006 beendet wurde (Schnell/Kreuter 2005). Die Arbeit an diesem Projekt resultierte unter anderem in der Entwicklung eines Fragebogendokumentationssystems (Schnell/Kreuter 2001), dessen Weiterentwicklung zum „Questionnaire Development Documentation System" (QDDS) führte (Schnell 2011). Ein weiteres Nebenprodukt des Defect-Projekts wurde zum „Verweigerungsreduktionstraining" (RAT), das von mir u. a. für das PASS-Panel und den Luxemburger „Labor Force Survey" (Schnell 2008) angepasst wurde.

Bei der Arbeit an diesem Buch haben mich im Laufe der Jahre viele Kollegen und Freunde unterstützt. Auf der professionellen Seite waren Heidi Dorn, Gabriele Eckstein, Doris Hess, Christian von der Heyde, Bernhard von Rosenblatt und Menno Smid stets hilfreich. Für die Unterstützung durch ihre freundlichen Worte zu kritischen Zeitpunkten danke ich Gerhard Arminger, Alfred Bohnen, Walter Kristof, Lothar Sachs, Eleanore Singer und Wolfgang Sodeur. Heinz Sahner hat dieses Buch angeregt und eine für mich unglaubliche Toleranz über 20 Jahre bewiesen. Marcel Noack hat einige Berechnungen für dieses Buch durchgeführt und die verwendeten Formeln überprüft. Bei der Fertigstellung des Manuskripts bewahrte mich Etta Degener vor zahlreichen Fehlern. Claudia Queißer hat durch ihre unnachgiebige Kritik die Klarheit vieler Absätze deutlich verbessert.

Dieses Buch zu schreiben ist mir nicht leicht gefallen. Ohne meine Freunde hätte ich es nicht beendet. Ich danke Louise Dye, Elke Esser, Günther Heller, Paul Hill, Johannes Kopp und Esther Peskes für ihre Freundschaft in der gesamten Zeit. Für ihre umfassende Unterstützung danke ich Katrin Ölschläger.

Eine Reihe von Forschungsprojekten, deren Ergebnisse in dieses Buch eingeflossen sind, habe ich gemeinsam mit Elisabeth Coutts durchgeführt. Im Laufe dieser langjährigen Arbeit sind wir Freunde geworden. Am 5.8.2009 starb Elisabeth Coutts im Alter von 41 Jahren an Krebs. Dieses Buch ist ihr gewidmet.

Teil I
Grundlagen standardisierter Befragungen

1 Einleitung

1.1 Übersicht

Das Buch ist in drei Teile gegliedert. Der erste Teil behandelt methodische Probleme und deren Lösung, die allen Erhebungsformen der Befragung gemeinsam sind: psychologische Grundlagen, Forschungsdesign, Frage- und Fragebogenkonstruktion, Pretests und Nonresponse. Der zweite Teil behandelt die vier Grundformen der Befragung: persönliche, telefonische, postalische und Internet-Befragungen. Das persönliche Interview dient dabei als Basismodell, alle anderen Erhebungsmodi werden als Abwandlung dargestellt. Daher sollte das Kapitel über persönliche Interviews auch dann gelesen werden, wenn nur Interesse an einem anderen Modus besteht. Das diesen Teil abschließende Kapitel dient dem Vergleich der Erhebungsmodi. Der dritte Teil stellt einige besondere Anwendungsfelder von Befragungen mit ihren speziellen Problemen dar. Das Nachwort erörtert die Probleme der methodischen Forschung zu Befragungen in der BRD. Die Anhänge enthalten zusätzliches Material zu praktischen Problemen des Entwurfs und der Durchführung von Befragungen.

1.2 Definitionen

Gegenstand des Buchs sind die Methoden standardisierter Befragungen für wissenschaftliche Zwecke. In der englischsprachigen Literatur werden solche Befragungen allgemein als „Surveys" bezeichnet. Surveys basieren auf der Kombination zweier Ideen: der Idee der Zufallsstichprobe und der Datenerhebung durch eine standardisierte Befragung der – statistisch gesprochen – Merkmalsträger selbst.[1]

Üblicherweise wird der Begriff „Survey" mit „Umfrage" übersetzt. Allerdings hat dieser Begriff durch seine inflationäre Verwendung eine Konnotation bekommen, die eine gewisse Beliebigkeit oder Unverbindlichkeit erwarten lässt. Die irreführende und falsche Gleichsetzung empirischer Sozialforschung mit „Meinungsforschung" hat dazu erheblich beigetragen.[2]

---

[1] Beides sind historisch relativ neue Ideen: Die Idee der Zufallsstichprobe aus einer menschlichen Population verbreitet sich erst zu Beginn des 20. Jahrhunderts; die Idee der standardisierten Befragung der Merkmalsträger selbst und nicht von Experten über diese (wie z. B. Pfarrer oder Polizisten) nur wenig eher. Eine Einführung in die Geschichte der empirischen Sozialforschung im Allgemeinen und von Surveys im Besonderen findet sich bei Schnell/Hill/Esser (2008:17–48).

[2] Diese Gleichsetzung findet sich selbst bei Soziologen: So beschreibt z. B. Meulemann (2007:255) das Verhältnis der akademischen Soziologen zur „Markt- und Meinungsforschung" in drei Aspekten:

Um Missverständnisse zu vermeiden, empfiehlt sich die Abgrenzung standardisierter Befragungen mit wissenschaftlichem Anspruch von anderen Formen der Befragung anhand mehrerer Kriterien. In Anlehnung an einen Vorschlag des Vorstandes der „American Association for Public Opinion Research" (AAPOR) (Santos 2001:476–477) können folgende Kriterien zur Abgrenzung wissenschaftlicher Surveys von anderen Formen der Befragung verwendet werden:

- Das Ziel der Erhebung ist die Berechnung statistischer Kennwerte für eine Population.[3]
- Es wird eine Stichprobe aus einer definierten Population befragt.[4]
- Die Stichprobe ist eine echte Zufallsstichprobe.[5]
- Es werden besondere Methoden zur Verringerung des Ausmaßes und des Effekts von Ausfällen (Nonresponse) auf die Schätzungen eingesetzt.
- Es werden besondere Methoden zur Vermeidung, Verringerung oder Berücksichtigung von Fehlern, die auf die Frageformulierung, die Reihenfolge der Fragen und Antworten, das Verhalten der Interviewer und der Befragten, die Dateneingabe und den Erhebungsmodus zurückgehen, verwendet.
- Alle technischen Details der Datenerhebung werden öffentlich dokumentiert.

Als Kunde, als Ausbilder und als Interessent für den gleichen Gegenstand: „(...) die öffentliche Meinung in einer Gesellschaft". Diese Aufzählung ignoriert sowohl die Methodenforschung als auch alle Aspekte empirischer Sozialforschung mittels standardisierter Befragungen, die eben nicht „Meinungen" zum Gegenstand haben, sondern Fakten wie z. B. Einkommen, Bildung und Gesundheitszustand. Solche Beschränkung auf „Meinungen" lassen sowohl die Erhebungsmethode als auch die Soziologie selbst zur Karikatur werden.

[3] Vgl. Groves u. a. (2004:2).

[4] Surveys beschränken sich fast immer auf Stichproben der Population, da Vollerhebungen theoretisch interessanter Population nur selten gerechtfertigt werden können. Ein besonderes Beispiel für solche Vollerhebungen sind Volkszählungen (auch „Zensus" genannt). Das statistische Hauptproblem bei einem Zensus besteht in der Notwendigkeit, keine Personen zu übersehen („undercoverage") und keine Person mehrfach zu zählen („overcoverage"). Die Methoden zur Kontrolle und Schätzung der Coveragefehler sind – bei korrekter Durchführung – sehr aufwändig (vgl. einführend Citro/Cohen 1985 sowie Anderson/Fienberg 1999). Daher ist der Aufwand für einen Zensus in einer modernen Gesellschaft erheblich. Entsprechend teuer sind Zensen: Als grobe Faustformel kann ein Betrag von 10–15 Euro pro Person zur Kostenschätzung dienen.

[5] Genauer: Nur bei Zufallsstichproben kann für jedes Element der Grundgesamtheit eine Wahrscheinlichkeit größer null quantifiziert werden, mit der das Element in die Stichprobe gelangt. Nur dann kann die Präzision einer Schätzung mit einer angebbaren Irrtumswahrscheinlichkeit (also z. B. 42% ± 3% mit einer Irrtumswahrscheinlichkeit von 5%) statistisch angemessen berechnet werden (vgl. Anhang A).

1.3 Ablauf einer standardisierten Befragung

Die Durchführung eines Projekts mit einer standardisierten Erhebung folgt meistens einer festen Reihenfolge (Rea/Parker 1992:13):
1. Festlegung des Projektziels
2. Definition der Grundgesamtheit
3. Festlegung der Erhebungsmethode
4. Ressourcenabschätzung
5. Zeitplanung
6. Stichprobengröße festlegen
7. Entwurf des Erhebungsinstruments
8. Pretests des Erhebungsinstruments
9. Auswahl und Schulung der Interviewer
10. Stichprobenziehung
11. Durchführung der Erhebung
12. Vercoden und Erfassen der Daten
13. Datenanalyse
14. Bericht

Zu den konzeptuellen (Punkte 1, 2 und 14) und statistischen (Punkte 10, 12 und 13) Arbeitsschritten finden sich in diesem Buch keine Details; für diese sollte die Literatur zur empirischen Sozialforschung und Statistik herangezogen werden.[6]

1.4 Voraussetzungen für die Durchführung einer Befragung

Bevor man mit der Planung einer Erhebung standardisierter Interviews beginnt, müssen eine Reihe von Punkten geklärt werden (vgl. Abbildung 1.1). Hierzu gehören vor allem:

- Welches inhaltliches Problem soll durch die Erhebung geklärt werden?
- Gibt es psychologische oder soziale Faktoren, die eine Erhebung der Daten durch Befragungen verhindern?
- Sind entsprechende Daten bereits an anderer Stelle erhoben worden?
- Steht genug Zeit zur Verfügung, um die Daten durch standardisierte Befragungen zu erheben?

---

[6] Zu den Methoden der empirischen Sozialforschung wird hier auf Schnell/Hill/Esser (2008) verwiesen. Dort findet sich am Ende jedes Kapitels eine kommentierte Bibliographie der weiterführenden Literatur.

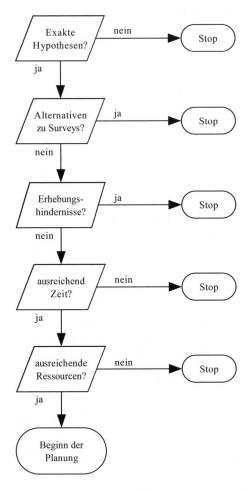

Abbildung 1.1: Voraussetzungen für die Durchführung einer Erhebung

- Stehen genug materielle und personelle Ressourcen für eine Datenerhebung durch standardisierte Interviews zur Verfügung?

Auf jeden dieser Punkte wird nun etwas ausführlicher eingegangen.

1.4 Voraussetzungen für die Durchführung einer Befragung

1.4.1 Klärung des Projektziels

Viele Projekte, bei denen standardisierte Interviews verwendet werden, kranken daran, dass kein inhaltliches Projektziel definiert wurde. Hierfür gibt es vor allem zwei Ursachen: Entweder wird eine Erhebung aus – im weitesten Sinne – politischen Gründen durchgeführt oder es existiert schlicht kein Problem, das „wissenschaftlich" geklärt werden kann.

In der Praxis – vor allem der ministeriellen Forschung der BRD – wird sehr häufig mit der Planung einer Erhebung begonnen, weil es den Initiierenden geboten erscheint, „Forschung" als Legitimation verwenden zu können. In diesen Fällen kommt es nicht auf Ergebnisse an, sondern auf den Nachweis, dass Geld für „Forschung" verwendet wurde. Falls man auf die Durchführung eines solchen Projekts nicht verzichten zu können glaubt, hat es wenig Sinn, ein Projektziel in Erfahrung bringen zu wollen: Man kann dann entweder versuchen, irgendetwas zu erheben oder selbst ein Projektziel definieren. Obwohl die zweite Lösung faktisch einfacher durchzuführen ist, scheint in der Praxis die erste Lösung häufiger zu sein.

Wichtig bleibt festzuhalten, dass im Allgemeinen auf die Durchführung eines Projekts verzichtet werden sollte, wenn es nicht gelingt, ein klares inhaltliches Ziel festzulegen. Hierbei sollte beachtet werden, dass die reine Sammlung von Daten, die lediglich „interessant" erscheinen, weitgehend sinnlos ist und ein Katalog „interessanter" Fragen kein inhaltliches Ziel darstellt.

1.4.2 Psychologische und soziale Grenzen von Befragungen

Obwohl standardisierte Befragungen ein ungemein flexibles und leistungsfähiges Instrument der Sozialforschung darstellen, darf nicht vergessen werden, dass diese Methode Grenzen besitzt.

Hierzu gehören zunächst die natürlichen Grenzen menschlicher Erinnerungsfähigkeit (vgl. Kapitel 2.2). Ist man nicht an den Theorien der Befragten über ihr früheres Verhalten interessiert, sondern an deren tatsächlichem Verhalten, dann sind Fragen nach Details, die 20 oder mehr Jahre zurückliegen, vermutlich sinnlos. Ein Beispiel (Boeing/Schlehofer/Wahrendorf 1997) hierfür sind Fragen nach lang zurückliegenden Ernährungsgewohnheiten. Ein anderes Beispiel (Reuband 1992) ist der Vergleich der wahrgenommenen Strenge der Erziehung heute mit der wahrgenommenen Strenge der Erziehung vor 50 Jahren.

Weiterhin besitzen Surveys eine Reihe von sozialen Voraussetzungen. Die wichtigste Voraussetzung hierbei ist, dass die Mitglieder der Zielpopulation keine Bedenken gegen das von ihnen vermutete Ziel der Erhebung hegen. Dabei ist nicht das tatsächliche Ziel der Erhebung, sondern das vermutete Ziel entscheidend. Sollte ein Teil der Zielpopulation dem vermuteten Ziel der Erhebung kritisch oder misstrauisch gegenüberstehen, dann wird jeder Versuch einer Erhebung schwierig. Im besten Fall wird eine zusätzliche Untersuchung mit anderen Methoden bei denjenigen erforderlich, die sich einer Befragung entziehen (eine „Nonresponse-Studie", vgl. Kapitel 7). Häufig wird eine Befragung unter solchen Randbedingungen aber unmöglich. Gegen den Widerstand der Zielpopulation lässt sich keine Befragung durchführen, auch wenn dies gelegentlich – aber dann stets vergeblich – versucht wird. Aus den gleichen Gründen kann kaum mit verlässlichen Angaben gerechnet werden, wenn den Befragten nicht klargemacht werden kann, dass ihre Angaben keine arbeits- oder strafrechtlichen Konsequenzen nach sich ziehen. In solchen Fällen liegt es im rationalen Interesse der Befragten, keine wahrheitsgemäßen Antworten zu geben. Ein Beispiel (Rabold/Goergen 2007) hierfür ist eine Befragung des Pflegepersonals älterer Menschen über eventuelle Misshandlungen. Solche Probleme lassen sich nur sehr bedingt durch spezielle Techniken für „sensitive Fragen" umgehen (vgl. Kapitel 4.7.1). Man muss sich darüber klar sein, dass es Problemfelder gibt, die aus solchen rechtlichen oder psychologischen Gründen kaum sinnvoll durch standardisierte Befragungen untersucht werden können.

1.4.3 Existenz anderer Datenquellen

Oft wird übersehen, dass eine Erhebung standardisierter Interviews nicht die einzige Datenerhebungsmethode in den Sozialwissenschaften darstellt. Bei vielen Fragestellungen über das tatsächliche Verhalten von Menschen sind standardisierte Beobachtungen eine sinnvolle Alternative zu Befragungen. Hierzu gehören z. B. Fragen nach der Inanspruchnahme und eventuellen Wartezeiten bei Infrastruktureinrichtungen aller Art, von Bibliotheken über Bürgerbüros bis hin zu Sondermülldeponien.

Weiterhin liegen für viele Fragestellungen bereits Individualdaten in verschiedenen Datenbanken vor. Ein in Universitäten naheliegendes Beispiel für solche Mikrodaten sind die in Prüfungssystemen an Universitäten vorhandenen Daten über die Studienverläufe der immatrikulierten Studenten. Die Möglichkeiten solcher Datenbanken werden oftmals aus vermeintlichen Datenschutzproblemen kaum genutzt. In vielen Fällen kann man potentielle Einwände der Datenschützer rational ausräumen, so dass solche Datenbanken für Forschungszwecke nutzbar werden. Besonders interessant werden bereits vorhandene Daten dann, wenn sie durch „Record-Linkage"-Techniken miteinander verknüpft werden können. Hierbei wer-

1.4 Voraussetzungen für die Durchführung einer Befragung

den Individualdaten aus verschiedenen Datenbanken über einen gemeinsamen Schlüssel (in Ermangelung einer Personenkennziffer meist Name und Geburtsdatum) miteinander verbunden (vgl. Kapitel 12.6.5). Ein Beispiel hierfür ist die auf jedes einzelne Kind bezogene Verbindung der Daten einer Geburtsklinik mit Daten aus Einschulungsuntersuchungen (Heller et al. 1999). In denjenigen Fällen, bei denen auf solche prozessproduzierte Daten zurückgegriffen werden kann, bieten diese gegenüber Befragungen häufig Vorteile.[7]

Falls keine prozessproduzierten Daten verfügbar sind, sollte geprüft werden, ob die inhaltlichen Fragen nicht durch eine Sekundäranalyse bereits erhobener Befragungsdaten geklärt werden können. Die meisten Industrieländer besitzen eines oder mehrere akademische Datenarchive, in denen oft Tausende von Surveys als Individualdatensätze vorhanden sind.[8] Diese Datensätze werden von den Archiven gegen geringe Gebühren (für Studenten in der Größenordnung des Preises eines Lehrbuchs) für Forschungszwecke zur Verfügung gestellt. Manchmal können die entsprechenden Datensätze sofort aus dem Internet bezogen werden.[9]

1.4.4 Zeitbedarf standardisierter Befragungen

Der notwendige Aufwand für Befragungen wird fast immer unterschätzt. Dies beginnt mit der erforderlichen Zeit. Selbst wenn der seltene Fall einer präzise definierten inhaltlichen Fragestellung gegeben sein sollte, werden allein für die Konstruktion und den Test eines Fragebogens in der Regel mehrere Wochen erforderlich sein. Die Dauer der Datenerhebung hängt zudem stark von der Zielpopulation ab; bei verstreut lebenden Experten oder der „allgemeinen Bevölkerung" müssen für eine professionelle Datenerhebung mehrere Monate eingeplant werden.[10] Die Dateneingabe erfordert jenseits trivialer Fallzahlen zumeist ein bis

---

[7] Zum Verhältnis von Surveys und administrativen Daten vgl. Judson (2007).
[8] Das akademische Datenarchiv in der BRD ist das „GESIS Datenarchiv für Sozialwissenschaften" mit Sitz in Köln (www.gesis.org). Das entsprechende amerikanische Archiv gehört zum „Interuniversity Consortium for Political and Social Research" (ICPSR) der Universität Michigan (www.icpsr.umich.edu). Die meisten Datenarchive sind Mitglied einer internationalen Dachorganisation, der „International Federation of Data Archives" (IFDO,www.ifdo.org).
[9] Die Datenbestandskataloge der Datenarchive sind fast alle über das Internet recherchierbar.
[10] Die gelegentlich als Ausnahmen genannten Wahlstudien sind in vieler Hinsicht Spezialfälle: Eine einfache abhängige Variable, etablierte und ohne besondere Mühe vom Befragten zu beantwortende Erhebungsinstrumente sowie der bewusste Verzicht auf schwer erreichbare Teilpopulationen und Verweigerungskonvertierungen machen die Erhebung von Wahlstudien vergleichsweise einfach. Das ist in keiner Hinsicht ein Argument gegen den hohen zeitlichen Aufwand professionell durchgeführter Surveys.

zwei Wochen; eine elementare Datenanalyse nochmals mindestens eine Woche. Eine professionell durchgeführte Studie beansprucht also mindestens drei bis vier Monate, realistischer sind bei „allgemeinen Bevölkerungsumfragen" eher sechs bis zwölf Monate vom Beginn bis zum Abschlussbericht. Bei einer unpräzisen Fragestellung kann sich die Zeit verdoppeln. Sollen tatsächlich Aussagen über kausale Beziehungen oder Entwicklungen gemacht werden, werden Panelstudien (vgl. Kapitel 3.4.3) erforderlich, die mehrere Jahre oder gar Jahrzehnte beanspruchen.

1.4.5 Notwendige finanzielle und personelle Ressourcen

Entsprechend dem hohen zeitlichen Aufwand für Befragungen sind die materiellen Kosten von Surveys zumeist wesentlich höher als erwartet. Je nach Erhebungsmodus und der Zielpopulation kann von Kosten in Höhe von einer bis zehn Arbeitsstunden einer studentischen Hilfskraft pro Interview ausgegangen werden.[11] Sollten spezielle Untersuchungen erforderlich sein, z. B. die Sammlung medizinischer Daten, können die Kosten deutlich höher liegen. Für wiederholte Befragungen derselben Personen liegen die Kosten noch einmal höher als bei unabhängigen Befragungen. Professionell durchgeführte Befragungen der allgemeinen Bevölkerung können so für viele Geldgeber leicht unbezahlbar werden. Schließlich darf nicht vergessen werden, dass zur Durchführung einer standardisierten Befragung qualifiziertes Personal notwendig ist. Dies gilt vor allem dann, wenn die eigentliche Datenerhebung nicht durch ein kommerzielles Institut erfolgt. Aber selbst falls die Datenerhebung durch ein Markt- oder Sozialforschungsinstitut erfolgen soll, wird für die exakte Spezifizierung des Auftrags, die unverzichtbare enge Kontrolle des Instituts und die Analyse der Ergebnisse hoch qualifiziertes Personal benötigt. Weder kann man diese Aufgaben an ein Institut delegieren noch die notwendigen Fähigkeiten erst während eines Projekts erwerben.[12]

Wird die Datenerhebung durch ein Institut durchgeführt, ist für die genannten Aufgaben zusätzlich eine volle Personalstelle für den gesamten Projektzeitraum ein absolut unverzichtbares Minimum. Wird die Datenerhebung hingegen nicht durch ein Institut durchgeführt, liegt der Personalaufwand um ein Vielfaches höher.

---

[11] Die Richtsätze der Deutschen Forschungsgemeinschaft sehen für 2010 jährliche Kosten einer studentischen Hilfskraft (83 h/Monat) von 12.000 Euro vor; der Stundenlohn liegt in den meisten Bundesländern deutlich unter 9 Euro.

[12] Dies ist einer der häufigsten Fehler im Projektmanagement akademischer Projekte: Den erfahrenen kommerziellen Instituten stehen als Gesprächspartner meist unerfahrene akademische Laien gegenüber, die bislang höchstens Lehrforschungsprojekte absolviert haben. Diese Konstellation ist für beide Seiten häufig unerfreulich und einer professionellen Datenerhebung abträglich.

Entsprechend liegen die tatsächlichen Kosten eines Projekts mit standardisierten Befragungen häufig wesentlich höher, als es die Initiierenden eines Projekts vermeinen. Ohne mehr als ausreichende Zeit-, Geld- und Personalressourcen sollte von der Durchführung eines solchen Projektes Abstand genommen werden. Diese Empfehlung wird häufig (auch in den Universitäten) nicht ernst genommen: Es wird in solchen Fällen dann darauf hingewiesen, dass es auch publizierte Beispiele für entsprechend schlecht ausgestattete Studien gäbe. Dies ist sicherlich korrekt, aber kein Gegenargument. Das Problem der nahezu immer zweifelhaften Stichproben- und Datenqualität solcher Erhebungen wird dabei unter den Tisch gekehrt.

1.5 Survey-Design

Sobald die inhaltliche Fragestellung einer Untersuchung präzisiert wurde, lassen sich die weiteren Entscheidungen über die Details der Durchführung einer standardisierten Befragung vergleichsweise einfach treffen. Diesen Prozess der Festlegung der Details einer Datenerhebung durch Interviews wird als „Survey-Design" bezeichnet. Für ein Survey-Design sollte zunächst geklärt werden, ob sich die jeweilige inhaltliche Fragestellung auf

- eine einfache Beschreibung eines Zustandes zu einem Zeitpunkt,
- die Veränderung eines Zustandes über die Zeit oder
- die Vorhersage eines noch nicht eingetretenen Zustandes

bezieht.

Der einfachste Fall ist die Beschreibung des Zustandes zu einem Zeitpunkt. Hierbei ist nur eine einmalige Befragung einer Stichprobe von Personen erforderlich. Mit einem solchen Untersuchungsdesign sind nur rein deskriptive Ergebnisse möglich: Der Vergleich von Subgruppen erlaubt keine zwingenden Schlüsse auf mögliche Kausalbeziehungen.[13] Trotzdem sind solche Querschnittsstudien die

---

[13] Dies gilt auch für eine besondere Form von Querschnittsuntersuchungen, die vor allem in der medizinischen Forschung weit verbreitet sind: sogenannte „Fall-Kontroll-Studien". Diese „Case-Control-Studies" finden sich zwar vor allem in der Epidemiologie, die Logik dieser Studien ist aber nicht auf diese begrenzt und lässt sich prinzipiell auch für psychologische oder soziologische Fragestellungen verwenden. Diese Studien basieren auf der Unterscheidung von „Fällen", bei denen ein Ereignis (z. B. eine bestimmte Erkrankung) eingetreten ist und „Kontrollen", bei denen das Ereignis nicht eingetreten ist. Typischerweise liegt eine kleine Stichprobe von Fällen vor, zu denen innerhalb einer großen Stichprobe von Kontrollen zu jedem Fall jeweils eine Person gesucht wird, die in Hinsicht auf viele vermutliche relevante Faktoren (z. B. Alter, Geschlecht, Risiko-Exposition) gleich oder sehr ähnlich ist. Durch den Vergleich anderer Variablen zwischen den jeweils gleichen Paaren (Fälle-Kontrollen) wird versucht, auf mögliche Ursachen für das Eintreten des Ereignisses zu schließen. Für die Schätzung der Häufigkeit eines Ereignisses eignet sich dieses Design hingegen

häufigste Form der Verwendung standardisierter Erhebungen.

Sollen Veränderungen über die Zeit untersucht werden, so sind im Regelfall wiederholte Befragungen der gleichen Personen notwendig. Bei solchen „Panel-Studien" wird daher dieselbe Stichprobe von Personen mehrfach kontaktiert. Meistens wird die wiederholte Befragung nicht unmittelbar auf die erste Befragung erfolgen. Damit entstehen praktische Probleme der erneuten Kontaktierung. So ändern sich häufig im Laufe der Zeit Anschriften, Telefonnummern, E-Mail-Adressen oder auch die Namen der kontaktierten Personen. Die Wiederauffindung von bereits befragten Personen ist daher in hohem Ausmaß arbeitsaufwändig. Andere Probleme entstehen durch die wiederholte Befragung von Auskunftspersonen über Organisationen, wie z. B. Verbände oder Wirtschaftsunternehmen. Hier sind die Auskunft erteilenden Personen bei wiederholten Befragungen unter Umständen nicht identisch. Neben den Problemen der Bestimmung und Auffindung von Befragungspersonen ergeben sich Probleme durch die mögliche Veränderung der Befragten durch die wiederholte Befragung („Panel conditioning"). Ebenso müssen die Häufigkeit und der zeitliche Abstand der Befragungen festgelegt werden (vgl. hierzu Kapitel 13.1).

Schließlich muss geklärt werden, auf welche Art und Weise die Befragung durchgeführt werden soll. Als Erhebungsmodi üblich sind:

- persönliche Interviews („face-to-face" oder „f2f"),
- schriftliche Interviews (selbst ausgefüllte Fragebogen sowie postalische Befragungen),
- telefonische Interviews und
- internet-basierte Interviews (E-Mail- bzw. Web-Surveys).

Natürlich sind auch verschiedene Erhebungsmodi innerhalb des gleichen Surveys möglich. Solche „Mixed-Mode-Surveys" kombinieren die Vor- und Nachteile verschiedener Erhebungsmethoden; daher können hier auch besondere Probleme auftreten (vgl. hierzu Kapitel 12.4).

Erst nachdem alle genannten Entscheidungen zum Survey-Design gefällt wurden, kann der Entwurf eines Fragebogens sinnvoll angegangen werden.

1.6 Zur Debatte um die Standardisierung der Befragung

Die Regeln standardisierter Interviews verlangen von den Interviewern das vollständige Vorlesen der Fragen und aller Antwortkategorien des Fragebogens ohne

---

natürlich nicht. Sowohl für das Design als auch für die Analyse von Fall-Kontrollstudien gibt es eine eigene umfangreiche Literatur. Eine knappe Einführung findet sich bei Breslow (2005).

1.6 Zur Debatte um die Standardisierung der Befragung

jede Änderung. Dazu gehört, dass ihnen jede Art der Erläuterung – sofern diese nicht explizit vorgegeben wurde – nicht erlaubt ist. Diese scheinbar unsinnige Rigidität führt regelmäßig zu Debatten mit Interviewern, Studenten und qualitativen Sozialforschern. Durch eine Reihe von Veröffentlichungen einiger Kognitionspsychologen wurde diese Debatte auch in der wissenschaftlichen Literatur wieder aufgegriffen.[14]

Die Standardisierung dient vor allem der Minimierung des Einflusses des Interviewers auf die Antworten. Es geht nicht primär darum, jeden Befragten dem gleichen Stimulus auszusetzen; die Stimuli müssen aber eben tatsächlich „quantitativ" vergleichbar sein.[15]

Bei einer präzisen inhaltlichen Fragestellung nach bei den Befragten vorhandenen Wissensbeständen und sorgfältigen Pretests sind kaum gravierende Verständnisprobleme erwartbar. Die Konstrukteure des Fragebogens, nicht die Interviewer, müssen die erfolgreiche Verständigung zwischen Befragten und Interviewer gewährleisten. Diese Arbeitsteilung zwischen Fragebogenkonstrukteuren einerseits und Interviewern andererseits ist die notwendige Folge des Erfordernisses der hohen Zahl von Befragten eines Surveys. Für eine standardisierte Befragung der allgemeinen Bevölkerung werden mehrere Hundert Interviewer benötigt. Bei einer so hohen Zahl von Interviewern kann kaum garantiert werden, dass die Interviewer selbst die Intention der Fragen in einem Ausmaß verstehen, dass ihnen Abweichungen von standardisierten Sequenzen sinnvoll möglich sind. Aus diesem Grund sind Demonstrationen der vermeintlichen Überlegenheit der Verwendung unstandardisierter Sequenzen in Hinsicht auf eine bessere Datenqualität anhand weniger Interviews durch Befragungsexperten praktisch bedeutungslos.

Die Verwendung unstandardisierter Sequenzen garantiert darüber hinaus keineswegs, dass die Verständigung zwischen Interviewer und Befragten zu einer tatsächlichen Verbesserung der Datenqualität führt. Dies wäre für jedes konkrete

---

[14] Ausgehend von Suchman/Jordan (1990) waren dies vor allem die Arbeiten von Schober/Conrad (1997) und Conrad/Schober (1999).

[15] Beim „adaptiven Testen" (vgl. einführend Wainer u. a. 2000) wird z. B. sequenziell je nach den Antworten eines Befragten aus einer Datenbank mit Items, deren psychometrische Eigenschaften bekannt sind, ein individuell angepasstes Instrument erstellt. Sinnvoll für einen Vergleich einsetzbare individuell adaptierte Instrumente erfordern eine eindimensionale quantifizierbare Messung: Dies wird für latente Variablen wie Einstellungen oder Fähigkeiten erst durch die Anwendung von Item-Response-Modellen (IRT-Modellen) (vgl. einführend Rost 2004, Strobl 2010) möglich. Für manifeste Variablen könnten durchaus subgruppenspezifische, aber eben nachweisbar äquivalente, Fragen verwendet werden.

Thema und jede konkrete Fragestellung erst zu zeigen. Schließlich muss erwähnt werden, dass Antworten durch standardisierte Frage- und Antwortsequenzen schneller erhoben werden können als durch weniger standardisierte Interviewformen.

1.7 Gütekriterien für die Durchführung standardisierter Befragungen

Die Bemühungen um eine Standardisierung haben ihren Niederschlag in einer formalen Standardisierung in Form einer DIN bzw. ISO-Norm für Befragungen („ISO 20252") als auch in Denkschriften (DFG 1999) sowie einer besonderen Betonung von „Survey Quality" in Lehrbüchern (vgl. Biemer/Lyberg 2003) gefunden.[16] Gegenstand all dieser Veröffentlichungen sind die Kriterien, denen eine standardisierte Befragung genügen sollte.[17] Das Ziel, das der Entwicklung solcher Kriterien zugrunde liegt, folgt unmittelbar aus der wissenschaftlichen Methode selbst: Wissenschaft lässt sich nicht über Inhalte definieren, sondern nur über die Vorgehensweise. Von der Vorgehensweise hängt die Gültigkeit der Schlussfolgerungen ab.[18] Details der Vorgehensweise der Forschung sind öffentlich zugänglich. Nur dies macht die Vorgehensweise kritisierbar und in ihrer Gültigkeit abschätzbar.[19] Die Begründung und Beurteilung solcher Kriterien für standardisierte Befragungen sind Gegenstand dieses Buchs.

1.8 Die Bedeutung standardisierter Befragungen in den Sozialwissenschaften

Standardisierte Interviews liefern die Grundlage für die überwältigende Mehrheit der empirischen Studien der empirischen Sozialforschung. Berücksichtigt man, dass auch Zensuserhebungen und andere Daten der amtlichen Statistik fast immer auf standardisierten Interviews basieren, so liegt der Anteil dieser Datenerhebungsmethode bezogen auf die zur Verfügung stehenden Datenbasen sicherlich über 90%.

---

[16] Zur ISO-Norm vgl. ISO 2006, sowie zusammenfassend Meulemann (2007).
[17] In Hinsicht auf die Daten der amtlichen Statistik unterscheidet Statistics Canada (2009:7) in seinen „Quality Guidelines" sieben allgemeine Gütekriterien: Relevanz, Genauigkeit, Rechtzeitigkeit, Zugänglichkeit, Kosten, Interpretierbarkeit und Übereinstimmung mit anderen Erhebungen (auch über die Zeit). Im Gegensatz zu anderen verfügbaren Kriterienkatalogen enthält dieser auf mehr als 80 Seiten sehr detaillierte und operational präzise Gütekriterien für Surveys.
[18] Genau hier liegt das Problem angeblich eigener Gütekriterien qualitativer Sozialforschung. Hierfür gäbe es spezielle Gütekriterien nur dann, wenn das Ziel der angeblich wissenschaftlichen Tätigkeit eben nicht in nachprüfbarer Verallgemeinerbarkeit der Ergebnisse läge. Sobald dieses Ziel geteilt wird, sind die in allen empirischen Wissenschaften identischen Gütekriterien unvermeidlich.
[19] Schnell/Hill/Esser (2008:6) in Anlehnung an King/Keohane/Verba (1994:7–9).

1.8 Die Bedeutung standardisierter Befragungen in den Sozialwissenschaften 29

Beschränkt man sich allein auf die Publikationen in den führenden Zeitschriften, so stieg der Anteil der Arbeiten, die Daten standardisierter Interviews verwenden, im Laufe der Zeit an (vgl. Abbildung 1.2).

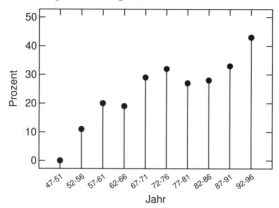

Abbildung 1.2: Anteil der Artikel in der „Kölner Zeitschrift für Soziologie und Sozialpsychologie" zwischen 1947 und 1996 auf der Basis standardisierter Interviews (Datenbasis: Petersen 2002:48)

Aufbauend auf eine Arbeit von Presser (1984:96) berichten Saris/Gallhofer (2007:2) für vier Zeiträume zwischen 1949 und 1995 für die führenden Zeitschriften der Sozialwissenschaften für alle Fachrichtungen einen Anstieg des Anteils der Artikel, die auf Survey-Daten basieren (vgl. Abbildung 1.3).[20] Im letzten betrachteten Zeitraum (1994/1995) lag der Anteil bei 42% bis 70%. Auch außerhalb der akademischen Sozialforschung wächst das Ausmaß, in dem Daten durch standardisierte Erhebungen gewonnen werden. Die Abbildung 1.4 zeigt die Entwicklung des Umsatzes der Mitglieder des „Arbeitskreises deutscher Markt- und Sozialforschungsinstitute" (ADM).[21] Da ca. 90% des Umsatzes der Sozial- und Marktforschungsinstitute durch standardisierte Erhebungen erzielt werden,

---

[20] Für die Ökonomie wurden ausgezählt: American Economic Review, Journal of Political Economy, Review of Economics and Statistics; für die Soziologie: American Sociological Review, American Journal of Sociology und Social Forces; für die Politikwissenschaft: American Journal of Political Science, American Political Science Review, Journal of Politics; für die Psychologie: Journal of Personality and Social Psychology. Die Seitenangabe der Arbeit von Presser (1984) bei Saris/Gallhofer ist falsch.

[21] Anfang 2011 gehörten 73 Institute zum ADM. Die Zahl der Institute, die zum ADM gehören, schwankt zwischen den Jahren. Da die Branche durch Fusionen und Übernahmen geprägt ist, wird ein großer und im Laufe der Zeit variierender Anteil des Umsatzes außerhalb der BRD getätigt; die

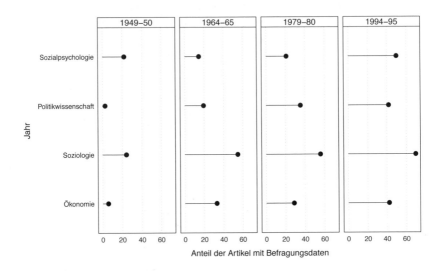

Abbildung 1.3: Anteil der Artikel, die auf Survey-Daten basieren, in Fachzeitschriften nach Erscheinungsjahr und Fachdisziplin (Datenbasis: Presser 1984:96 und Saris/Gallhofer 2007:2)

zeigt sich hier der Bedarf an Daten durch standardisierte Erhebungen deutlich.[22] Der größte Anteil (98% bei den ADM-Instituten im Jahr 2008) dieser Erhebungen entfällt auf kommerzielle Auftraggeber.

1.9 Anwachsen der Literatur zu Surveys außerhalb der Sozialwissenschaften und zu den Methoden standardisierter Befragungen

Die Zahl der Veröffentlichungen auf der Basis von Survey-Daten steigt in nahezu allen Bereichen sozialwissenschaftlicher Forschung (einschließlich aller Verhaltens-

---

Daten sind daher nur begrenzt vergleichbar. Der ADM gibt an, dass die ADM-Institute ca. 80% der Umsatzes der Branche tätigen. Insgesamt kann man davon ausgehen, dass in der BRD ca. 850 Marktforschungsunternehmen sowie ca. 80 Meinungsforschungsunternehmen tätig sind. In diesen sind ca. 16.500 bzw. 1.800 Personen beschäftigt, davon ca. die Hälfte als Vollzeitbeschäftigte. Die Angaben basieren auf den Daten des Betriebshistorikpanels 2009 des Forschungsdatenzentrums der Bundesagentur für Arbeit im Institut für Arbeitsmarkt- und Berufsforschung (IAB) und wurden auf Anfrage des Verfassers ermittelt (Bender/Hethey 2011).

[22] Der Präsident der ESOMAR gibt im Jahr 2011 den weltweiten Umsatz der Sozial- und Marktforschungsinstitute mit 21 Milliarden Euro an (Korczak 2011). Ca. 30% des Umsatzes entfallen dabei auf die USA; auf Großbritannien, Deutschland und Frankreich zusammen weitere 30% (GFK-Gruppe 2009).

1.9 Anstieg der Survey-Literatur

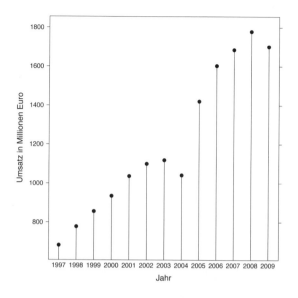

Abbildung 1.4: Entwicklung des Umsatzes der Mitglieder des Arbeitskreises deutscher Markt- und Sozialforschungsinstitute (ADM) zwischen 1997 und 2009. Die der Abbildung zugrunde liegenden Angaben wurden der Homepage des ADM entnommen.

und Humanwissenschaften) an. Das gilt auch für Anwendungen außerhalb der Sozialwissenschaften, z. B. in der Medizin. Die Abbildung 1.5 zeigt die Entwicklung der Zahl der Publikationen im Bereich der Medizin und der Sozialwissenschaften mit den Stichworten „Survey" und „Interview" für den Zeitraum von 1980–2010.[23] Summiert man die Angaben, kann man entsprechend von mehr als 70.000 relevanten Veröffentlichungen auf der Basis von Surveys in den letzten 30 Jahren für die Medizin ausgehen; für die Soziologie von mehr als 78.000 Veröffentlichungen. Beschränkt man sich auf die rein methodische Literatur, dann liegen deutlich mehr als 10.000 Arbeiten zur Survey-Methodologie allein aus den letzten 30 Jahren vor.[24] Das damit heute verfügbare Wissen über die Effekte von Designentscheidun-

---

[23] Die Daten basieren auf Recherchen in den Datenbanken „Pubmed" und „Sociological Abstracts" am 27.3.2011. Verwendet wurden die Suchworte „survey% AND interview%" für Pubmed und „survey%" für die „Sociological Abstracts".

[24] Anfang 2011 verzeichnete die Datenbank „Science Direct" ca. 4.000 Arbeiten zum Stichwort „survey methodology" und ca. 10.000 Einträge zu „survey methods"; die Datenbank „Web of Knowledge"

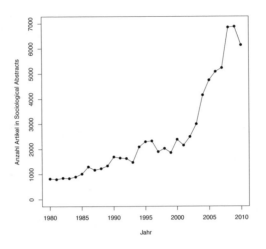

(a) Anzahl der Publikationen in den „Sociological Abstracts"

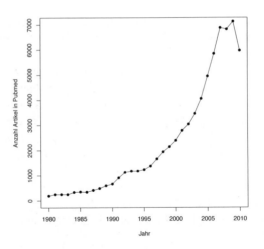

(b) Anzahl der Publikationen in der Datenbank „Pubmed"

Abbildung 1.5: Anzahl der Publikationen mit dem Stichwort „Survey" im Zeitraum 1980–2010 gen und Vorgehensweisen führt dazu, dass sich die Survey-Methodologie langsam von einer Kunstlehre des Interviews immer mehr zu einer wissenschaftlichen Disziplin mit einem Kernbestand an weitgehend gesichertem Wissen wandelt. Für sehr viele Problemstellungen existieren bekannte und empirisch wiederholt bewährte Musterlösungen. Im Gegensatz zu anderen sozialwissenschaftlichen Teilbereichen sind im Bereich der Survey-Methoden die bestmöglichen Verfahrensweisen in der Fachliteratur nahezu unumstritten.[25]

1.10 Anwendungsmöglichkeiten

Befragungen werden in den Sozialwissenschaften zur Datenerhebung vor allem aus vier Gründen eingesetzt:

- zur Beschreibung des Zustands einer Organisation oder eines Aggregats von Individuen,
- zum Vergleich eines Zustands mit einem anderen Zustand,
- zur Verhaltensvorhersage und
- zum Testen einer Theorie.

Echte Theorietests sind vor allem in der Soziologie eher selten. Die Ursachen dafür sind sowohl wissenschaftssoziologischer als auch wissenschaftstheoretischer Art. Unter anderem aufgrund des Mangels an sozialwissenschaftlichen Theorien jenseits der Ökonomie, die tatsächlich erfolgreiche individuelle Verhaltensvorhersagen ermöglichen, gibt es nur begrenzt Studien zur tatsächlichen Verhaltensvorhersage. Surveys werden daher überwiegend für die Beschreibung eines Zustands oder den Vergleich eines Zustands mit einem anderen Zustand verwendet.[26] Beispiele für solche Anwendungen finden sich im Kapitel 14.

---

entsprechend 1.300 bzw. 3.000 Einträge.

[25] Dies liegt nicht zuletzt darin begründet, dass die statistischen Zielkriterien von Surveys angebbar sind, vgl. hierzu den Anhang B.

[26] Interessanterweise werden in der Literatur häufig nur die ersten drei der oben erwähnten Ziele genannt (vgl. z. B. Fink 1995:14): Das für eine erklärende Sozialwissenschaft wichtigste Ziel wird dabei zugunsten der primär deskriptiven Aufgaben vergessen.

2 Psychologische Grundlagen

Psychologische Abläufe während des Interviews lassen sich leichter verstehen, wenn man ein einfaches Modell der Aufgaben für den Befragten im Antwortprozess unterstellt. Ein solches Modell wurde 1984 von Roger Tourangeau vorgestellt (vgl. Abbildung 2.1).[1]

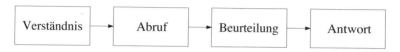

Abbildung 2.1: Aufgaben des Befragten bei der Beantwortung einer Frage

Kurz gesagt: Der Befragte muss den Wortlaut einer Frage verstehen können, die Information abrufen, die Übereinstimmung der gefundenen Information mit der verstandenen Frage prüfen und die Antwort der wahrgenommenen Situationsanforderung entsprechend äußern. Der Frage-Antwort-Prozess kann auf jeder dieser Stufen scheitern. Dieses Schema hilft vor allem bei der Einordnung der zahlreichen Theorienfragmente und empirischen Ergebnisse zu den psychologischen Prozessen bei der Beantwortung von Fragen. Dieses Kapitel befasst sich mit den wichtigsten dieser Prozesse.

2.1 Erster Schritt: Verständnis der Frage

Der erste Schritt besteht aus dem Verständnis der Frage durch den Befragten. Trivialerweise ist neben der korrekten physischen Übermittlung der Frage vor allem die Beherrschung der Sprache des Interviews notwendige Voraussetzung einer Befragung.[2] Sind diese Voraussetzungen erfüllt, muss der Befragte die Frage korrekt

---

[1] Im Original werden die Aufgaben für den Befragten im Antwortprozess als „comprehension", „retrieval", „judgement" und „response" bezeichnet, vgl. Tourangeau (1984) und Tourangeau/Rasinski (1988).

[2] Die physischen Grenzen der Befragten werden von Sozialwissenschaftlern häufig ignoriert. Mit Ausnahme spezieller Surveys für Gehörlose oder Sehbehinderte muss ein Befragter entweder hören oder sehen können, um befragt zu werden. Das Statistische Bundesamt gibt für 2005 die Anzahl schwerbehinderter Personen mit Blindheit oder Sehbehinderung mit 347.200 Personen an, davon 194.600 mit einem Grad der Behinderung (GdB) von 100. Weiterhin werden 254.500 Personen mit einer Sprach- oder Sprechstörung bzw. Taubheit oder Schwerhörigkeit ausgewiesen, davon 48.800 mit einem GdB von 100. Bei einer Bevölkerung von 82.438 Millionen entspricht dies bei Sehbehinderten 0.42% (0.24% mit einem GdB von 100) und 0.31% (0.06 % mit einem GdB von 100) (berechnet

interpretieren. Daher darf die Frage keine Begriffe enthalten, die der Befragte nicht kennt oder deren Interpretation zwischen Fragesteller und Befragten abweicht. So bezeichnet bei der Frage danach, was man nach seinem Studium getan hat, die Antwortmöglichkeit „Promotion" entweder das Anfertigen einer Doktorarbeit oder die Tätigkeit bei besonderen Werbemaßnahmen. Wie das Beispiel zeigt, ist häufig ohne zusätzliche Hinweise, wie die Frage oder Antwortmöglichkeit zu interpretieren ist, eine sinnvolle Antwort nicht möglich. Daher verwenden Befragte zur Interpretation einer Frage neben dem Fragewortlaut, dem Fragekontext, Art und Reihenfolge der Antwortmöglichkeiten usw. auch Situationshinweise und allgemeine Normen und Regeln menschlicher Kommunikation. Dazu gehören die sogenannten „Konversationsmaximen" von Herbert Paul Grice (1975).

2.1.1 Konversationsmaximen als Hilfen zum Verständnis einer Frage

Kooperativen Gesprächen liegt nach Grice (1975) ein „Kooperationsprinzip" zugrunde:

> Gestalte deinen Gesprächsbeitrag so, dass er dem anerkannten Zweck dient, den du gerade zusammen mit deinen Kommunikationspartnern verfolgst.

Aufbauend auf diesem Prinzip formuliert Grice die Konversationsmaximen, die solchen Gesprächen zugrunde lägen. In einer etwas freien Übersetzung des Textes lauten die Maximen:

Quantität Je nach dem anerkannten Zweck des Gesprächs:
- Mache deinen Gesprächsbeitrag so informativ wie nötig.
- Mache deinen Beitrag nicht informativer als nötig.

Wahrheit Versuche einen Gesprächsbeitrag zu liefern, der wahr ist.
- Sage nichts, wovon du glaubst, dass es falsch ist.
- Sage nichts, wofür du keine hinreichenden Gründe hast.

Relevanz Sage nur Relevantes.

Klarheit Vermeide Unklarheit.

---

aus Angaben des Statistischen Jahrbuchs 2008, S.232). Da der Anteil der Behinderten mit dem Alter steigt, dürfte bei den üblichen Grundgesamtheitsdefinitionen der empirischen Sozialforschung der Anteil deutlich über dem Wert von 0.73% entweder seh- oder hörbehinderte Personen liegen. Bei einer Stichprobe von 2000 Befragten (und unter der Annahme der Unabhängigkeit dieser Erkrankungen) sind dies schon mehr als ein Dutzend Befragte, deren Befragung allein schon aufgrund dieser medizinischen Probleme mit Schwierigkeiten behaftet sein dürfte.

- Vermeide Mehrdeutigkeit.
- Vermeide unnötige Weitschweifigkeit.
- Vermeide Ungeordnetheit.

Die Maximen sind zu unpräzise, um daraus konkrete Empfehlungen für die Formulierung von Fragen oder Antworten herzuleiten, dennoch bilden sie eine nützliche Heuristik, um den Frage-Antwort-Prozess vorwissenschaftlich „verstehen" zu können. Für eine gegebene Erhebungssituation können diese Maximen helfen, konkretere Hypothesen über das Geschehen in der Situation herzuleiten.

Ein Beispiel für diese Verwendung der Maximen liefert ein möglicher Abfolge-Effekt der Fragen „Wie geht es Ihrer Familie?" und „Wie geht es Ihrer Frau?".[3] In dieser Reihenfolge wird in der ersten Frage die Frau vermutlich als Teilmenge der Familie betrachtet; entsprechend dürfte sie bei der Beantwortung berücksichtigt werden. In der Reihenfolge „Wie geht es Ihrer Frau?" gefolgt von „Wie geht es Ihrer Familie?" wird nach den Maximen von Grice vermutlich bei der Antwort der Frage nach der Familie die Frau nicht mehr als Teilmenge der Familie aufgefasst, da die Befindlichkeit der Frau ja bereits erfragt wurde. Entsprechend lässt sich durch eine eindeutige Definition der Bezugsgrößen (in diesem Beispiel: Familie zu Frau) und des Zwecks des Gesprächs eine Präzisierung der Aufgabenstellung erreichen.

2.1.2 Antwortvorgaben als Hilfe bei der Interpretation der Frage

Kann der Befragte einzelne Begriffe einer Frage nicht eindeutig interpretieren, dann wird er alle verfügbaren Hinweise in der Befragungssituation zur Klärung der Bedeutung der Frage heranziehen. Neben Hinweisen durch den Interviewer (verbales und nichtverbales Verhalten, Betonungen usw.), Hinweisen durch die Benennung der Skalenpunkte, das Layout (Abstände zwischen den Skalenpunkten, visueller Mittelpunkt der Skala), unterschiedliche Farben der Antworten innerhalb der Antwortskalen (Tourangeau/Couper/Conrad 2007) können auch die Antwortvorgaben selbst informativ wirken.

Ein Standardbeispiel in der Literatur ist die Frage nach der durchschnittlichen Dauer des täglichen Fernsehkonsums (Schwarz u. a. 1985).[4] Je nach dem Wertebereich der Antwortvorgaben (von einerseits „bis zu einer 1/2 Stunde" zu „mehr als 2

---

[3] Das Beispiel findet sich bei Schwarz/Strack (1988:8) in englischer Sprache.
[4] In der Beschreibung des Experiments wird häufig auf die Wiedergaben der expliziten Frageformulierung verzichtet (so auch von Schwarz u. a. 1985). Hippler/Trometer/Schwarz (1983:20) verwenden die Formulierung „Wie viele Stunden sehen Sie an einem normalen Wochentag durchschnittlich fern?".

1/2 Stunden" und von „bis zu 2 1/2 Stunden" zu „mehr als 4 1/2 Stunden" andererseits) berichten Schwarz u. a. (1985) deutlich unterschiedliche Antworten. In der zweiten Form gaben 37.5% der Befragten an, mehr als 2.5 Stunden fernzusehen, in der ersten Form waren dies 16.2%.

Für dieses Ergebnis gibt es mehr als eine mögliche Erklärung. Eine einfache Erklärung besteht darin, dass die Befragten bei einer so unpräzisen Frage die Antwortvorgaben zur Interpretation der Frage verwenden. Bei einer hohen Antwortvorgabe könnte die Frage auch das Laufen des Fernsehers ohne konzentriertes Zusehen, z. B. als Hintergrundgeräusch bei der Hausarbeit, enthalten. Sollte dieser Mechanismus tatsächlich bei Befragungen in dieser Weise ablaufen, dann wären die Unterschiede zwischen den Bedingungen plausibel. In diesem Fall wären solche Ergebnisse kein Beleg für die soziale Konstruktion des Faktischen, sondern ein Beleg für unsorgfältige Pretests des Untersuchungsteams.[5]

Die stärksten Befragungsartefakte kann man dann erwarten, wenn die Fragen schlecht definierte Begriffe verwenden und die Befragungsinhalte schlecht verankert sind. Viele Experimente kognitiver Psychologen basieren auf Fragen, die beide Eigenschaften erfüllen.

Fragen aus den Experimenten der Kognitionspsychologie richten sich häufig auf schlecht verankerte Einschätzungen (z. B. auf Fragen nach der allgemeinen Lebenszufriedenheit), unklar definierte medizinische Alltagssymptome (Kopfschmerzen, Müdigkeit) oder situationsabhängige Einstellungen (Ablehnung von Fastfood, Wichtigkeit des Geschmacks von Lebensmitteln). Bei stark verankerten Konzepten (wie z. B. die Abiturnote oder akademischen Leistungen) treten hingegen z. B. Effekte von Skalenvorgaben nicht auf (Rockwood/Sangster/Dillman 1997).

Durch sorgfältige Pretests (vgl. Kapitel 6) werden Fragen mit schlecht definierten Begriffen bzw. Fragen nach kaum verankerten Erinnerungsgegenständen eliminiert. Daher lassen sich die Effekte kognitionspsychologischer Experimente in professionellen Surveys eher selten oder nur in wesentlich abgeschwächter Form

---

[5] Die hier verwendete Frage erfordert unter anderem die Überlegung, was einen „normalen" Wochentag darstellt und die Berechnung eines Mittelwerts. Belson (1981:25) hatte zuvor in seiner Monographie zum Verständnis von Fragen die Frage „How many hours do you usually watch TV on a weekday?" als Beispiel für eine komplexe Frage angeführt, da sie viele bedeutungstragende Worte enthält, die alle für die Beantwortung wichtig sind. Auf den Seiten 212–221 schildert Belson (1981) ausführlich die empirisch beobachteten Verständnisprobleme mit dieser Frage. Fast genau diese als untauglich identifizierte Frage wird später von Schwarz u. a. (1985) für das Experiment verwendet, ohne das Buch von Belson in dieser Arbeit zu zitieren.

2.1 Erster Schritt: Verständnis der Frage

beobachten.[6]

Die praktischen Schlussfolgerungen sind einfach: Je schlechter eine Frage formuliert ist und je mehr Interpretationsspielraum der Befragte hat, desto wahrscheinlicher sind Befragungsartefakte. Diese Fehlerquellen lassen sich durch Pretests und Standardisierung der Befragungssituation minimieren.

2.1.3 Abfolge der Fragen als Hilfe bei der Interpretation der Frage

Bei der Interpretation der Frage kann auch die Reihenfolge der Fragen den Befragten Hinweise geben. Daher sind zumindest gelegentlich Effekte der Abfolge von Fragen zu beobachten.[7] Zu diesen Effekten der Fragenreihenfolge zählen Dillman/Smyth/Christian (2009:160–165) u. a. :

Priming Frühere Fragen rufen Dinge in das Gedächtnis, die die Erinnerung bei anderen Fragen erleichtert.

Carryover Die Befragten betrachten zwei Fragen als zusammengehörig und verwenden daher ähnliche Überlegungen zur Beantwortung.

Anchoring Frühere Fragen definieren einen Standard, mit dem spätere Fragen verglichen werden.

Subtraction Überlegungen, die bei der Beantwortung früherer Fragen verwendet wurden, werden bei späteren Beurteilungen bewusst ausgeschlossen.

Consistency Um konstistent zu erscheinen werden spätere Fragen ähnlich wie frühere Fragen beantwortet.

Diese Mechanismen können je nach Frage und Erhebungssituation dazu führen, dass Antworten auf verschiedene Fragen einander ähnlicher oder unähnlicher werden als bei der umgekehrten Abfolge (Assimilations- bzw. Kontrast-Effekt).

---

[6] Die Interpretation kognitionspsychologischer Experimente wird häufig dadurch erschwert, dass kleine Stichprobe von Studenten, Quotenstichproben oder Web-Surveys verwendet werden. Hier mischen sich Effekte der Selektion, der Homogenität der Population, Versuchsleitereffekte usw. Falls der tatsächliche Effekt schwach oder nahe Null ist, dann sind starke Effekte in kleinen Stichproben viel häufiger zu erwarten als in großen Stichproben. Ebenso kann eine Verzerrung der Literatur durch die höhere Wahrscheinlichkeit der Publikation signifikanter Ergebnisse („publication bias") nicht von vornherein ausgeschlossen werden (zu beiden Problemen vgl. einführend jedes Lehrbuch der Meta-Analyse, z. B. Borenstein u. a. 2009). Eine systematische methodische Aufarbeitung insbesondere der frühen Experimente aus der kognitiven Umfrageforschung fehlt bislang in der Literatur.

[7] Effekte der Abfolge von Fragen werden in der neueren Literatur als „question order effects" oder etwas uneindeutig als „Kontexteffekte" bezeichnet; eine frühere Bezeichnung lautete „Halo-Effekt". Eine Übersicht über den noch immer unveränderten Forschungsstand zu Kontexteffekten bei Einstellungsfragen findet sich bei Tourangeau/Rips/Rasinski (2000:197–229).

Je nach Art der Fragestellung lassen sich solche Effekte durch technische Möglichkeiten (z. B. zufällige Veränderung der Abfolge für jeden Befragten), Instruktionen usw. verringern (vgl. Kapitel 5.2).

2.2 Zweiter Schritt: Abruf der Information

> *„I believe what I said yesterday. I don't know what I said, but I know what I think, and, well, I assume it's what I said."*
>
> Donald Rumsfeld (2006)

Nach dem Verständnis der Frage folgt im Antwortmodell der Abruf der relevanten Information aus dem Gedächtnis. Diese Art des Abrufs erfolgt vor allem dann, wenn sich die Fragen nicht auf gegenwärtige Zustände, sondern auf vergangene Ereignisse richten („Retrospektivfragen"). Erinnerungsprozessen wurde in der psychologischen Literatur unter dem Stichwort „autobiographical memory" außerordentlich viel Aufmerksamkeit gewidmet.[8] Zentral für die Anwendung von Retrospektivfragen ist das Ausmaß, in dem Angaben der Befragten auf der Basis ihrer Erinnerungen zuverlässig sein können.

2.2.1 Ursprüngliche Speicherung der Information

Voraussetzung dafür, dass Befragte sich an etwas erinnern können, ist natürlich, dass das Ereignis überhaupt wahrgenommen und im Gedächtnis eingeprägt wurde („encoded"). Für viele Fakten, die mit Surveys retrospektiv erhoben werden sollen, erscheint es fraglich, ob diese ursprüngliche Speicherung bei einer ausreichenden Anzahl der Befragten tatsächlich erfolgte.[9] Bei der Vorbereitung eines Projekts ist im Zweifelsfall zur Klärung, ob eine retrospektive Erhebung möglich ist, eine Pilotstudie mit einer echten Zufallsstichprobe aus der interessierenden Population notwendig.

---

[8] Einen Überblick geben die Beiträge in dem von Stone u. a. (2000) herausgegebenen Sammelband.
[9] Lee u. a. (1999) haben dieses Problem eindrücklich mit drei Studien zur Erinnerung der Eltern an die erfolgten Impfungen ihrer Kinder demonstriert. So wurden z. B. bei 140 Eltern unmittelbar nach Verlassen der Klinik nach den gerade erfolgten Impfungen gefragt und diese Angaben mit den Klinikdaten verglichen. Je nach Art der Impfung und der Art der Frage (ohne/mit Vorgabe der Art Impfung) korrelierte die Angabe mit den Daten der Klinik zwischen 0.35 und 0.89. Für die Frage mit Vorgabe der Impfung lag der Anteil fälschlich nicht berichteter Impfungen zwischen 5.1% und 66.7% (im Mittel bei 31.9%), der Anteil fälschlich als erfolgt berichteter Impfungen lag zwischen 2.3% und 16.7% (im Mittel bei 14.6%).

2.2.1.1 Proxy-Interviews

Einen Spezialfall bei Erinnerungsleistungen stellen Informationen über andere Personen dar. Solche Informationen spielen bei Befragungen vor allem dann eine Rolle, wenn nicht derjenige, dessen Merkmale erhoben werden sollen, Auskunft über sich gibt, sondern eine andere Person („Proxy-Informant"), von der erwartet wird, dass sie über die gewünschten Informationen verfügt. Solche „Proxy-Interviews" finden zumeist dann statt, wenn eine Reihe von Merkmalen aller Haushaltsmitglieder erhoben werden sollen, z. B. Krankengeschichten. Insbesondere in den USA ist es üblich, solche Proxy-Interviews zuzulassen.

Die Verwendung von Proxy-Interviews senkt natürlich die Kosten erheblich (Moore 1988:159 zitiert für verschiedene Surveys Angaben zwischen 5% und 30%). In der Surveyliteratur besteht weitgehender Konsens, dass die Qualität der erhobenen Daten bei Proxy-Interviews schlechter ist als bei Selbstbeantwortern.[10] Die Zahl der „Weiß nicht"-Antworten ist erhöht, die Validität vieler Angaben, z. B. zur Viktimisierung und zum Gesundheitsverhalten geringer. Systematische Zusammenhänge von Messfehlern mit Merkmalen der Zielperson-Proxy-Beziehung sind daher bei den meisten Anwendungen zu erwarten.

Obwohl die empirischen Ergebnisse zur Vollständigkeit, Gültigkeit und Zuverlässigkeit von Proxy-Interviews keine absolut eindeutige Schlussfolgerung zulassen, muss betont werden, dass der Einsatz von Proxy-Interviews ohnehin auf nur wenige „faktische" Merkmale begrenzt ist. Für die in vielen sozialwissenschaftlichen Untersuchungen zentralen Einstellungsfragen sind Proxy-Interviews prinzipiell unbrauchbar (auch alle Validierungsstudien beziehen sich auf faktische Merkmale). Selbst für die meisten faktischen Merkmale scheinen Proxy-Interviews ungeeignet. Dies gilt auch für die Auskünfte von Schülern über ihre Eltern und von Ehepartnern

---

[10] Moore (1988) zeigt aber, dass es fast keine methodisch einwandfreien Studien gibt, die dies belegen. Dies ist zwar formal korrekt, man kann die Literaturübersicht von Moore aber auch so interpretieren, dass andere Hypothesen zur Erklärung der gefundenen Unterschiede zwischen Selbstbeantwortern und Proxy-Interviews so kompliziert konstruiert erscheinen, dass sie als unwahrscheinlich betrachtet werden müssen. Generell müssen Umfang und Qualität der veröffentlichten Forschung zur Validität von Proxy-Angaben als sehr begrenzt bezeichnet werden.

untereinander.[11,12]
Je nach Merkmal (vor allem: je nach Sichtbarkeit des Merkmals und der Wichtigkeit für den Informanten) und der Beziehung des Proxy-Informanten zur Zielperson gibt es Unterschiede in Hinsicht auf die Zuverlässigkeit der Proxy-Angaben.[13] Durch solche Effekte kann es selbst bei einfachen Merkmalen zu größeren Verzerrungen kommen, die sich möglicherweise erst bei multivariater Betrachtung zeigen. Der Einsatz von Proxy-Interviews muss daher im Allgemeinen als methodisch unzulässig betrachtet werden.[14]

2.2.1.2 Der Erinnerung unzugängliche Forschungsgegenstände

Es gibt eine Reihe von Forschungsgegenständen, bei denen die Möglichkeit einer sinnvollen und korrekten nachträglichen Erhebung ausgeschlossen erscheint. Hierzu gehören z. B. Fragen nach der Erinnerung an frühere Einstellungen zu einem bestimmten Zeitpunkt. Diese retrospektiven Fragen nach Meinungen bzw.

---

[11] Meulemann/Wieken-Mayser (1984:259) berichten für die Angaben von 2646 Schüler-Eltern-Paaren bei Gymnasiasten der 10. Jahrgangsstufe in Hinsicht auf das Alter der Eltern eine Übereinstimmung von 87.1% bzw. 84.1%, für die Schulbildung der Eltern lag die Übereinstimmung bei 72.5% bzw. 66.5% (Vater bzw. Mutter), für den Vaterberuf bei 74.4%, bei der Berufstätigkeit der Mutter bei 76.2% (3 Kategorien) (Meulemann/Wieken-Mayser 1984:262 bzw. 267). In einer neueren Studie berichten Kreuter u. a. (2010) anhand der PISA-Daten für mehr als 19.000 Fälle die Übereinstimmung zwischen Kindern und Eltern in Hinsicht auf Bildungsvariablen der Eltern. Die Übereinstimmungen lagen zwischen 50.9% und 74.3%, wobei sich aber Unterschiede in der Größe der Fehler z. B. nach dem Schultyp der Schüler zeigen.

[12] Bei der Untersuchung von 512 Ehepaaren fanden Meulemann/Wieken-Mayser (1984:210) Übereinstimmungen zwischen 96.5% und 98.8% bei Haushaltstypus, Haushaltsgröße, Mietverhältnis, Telefonbesitz und Berufstätigkeit. Beim Haushaltsnettoeinkommen reduzierte sich der Anteil der Übereinstimmungen auf 86.5%, beim Beruf des Hauptverdieners auf 68.1%. In Hinsicht auf Machtverhältnisse und Aufgabenteilung lag die Übereinstimmung zwischen 66.3% und 92.4% (Meulemann/Wieken-Mayser 1984:218–219).

[13] Dawe/Knight (1997:34) zeigen anhand von 376 Proxy-Interviews in einem Experiment des britischen „Labor Force Surveys" Unterschiede zwischen Variablen und einen Anstieg der Nichtübereinstimmung je nach Art der Beziehung zur Zielperson (Ehepartner, Kind, Elternteil). Selbst bei engeren Beziehungen sind Fehler nicht ausgeschlossen: Levinger (1966:297) konnte sogar systematische Differenzen zwischen den Angaben von Ehepartnern in Hinsicht auf die Häufigkeit des Geschlechtsverkehrs zeigen, nur 16 der 60 befragten Ehepaare stimmten hierbei überein.

[14] Eine Ausnahme ist die Verwendung von Proxy-Angaben bei Zielpersonen, die infolge einer Krankheit unfähig zur Befragung sind. Hierbei müssen die Proxy-Angaben natürlich stets (sowohl im Datensatz als auch in einer Veröffentlichung) explizit als solche gekennzeichnet werden. Schließlich könnten Proxy-Angaben zur Schätzung weniger Merkmale bei Verweigerungen oder sehr langfristiger Abwesenheit der Zielperson (Thomsen/Villund 2011) verwendet werden. In diesem Fall sollten aber die Angaben als Schätzung der Merkmale eines Ausfalls gekennzeichnet sein und der entsprechende Fall als Ausfall gewertet werden.

2.2 Zweiter Schritt: Abruf der Information

Einstellungen, die zu einem früheren Zeitpunkt vorgelegen haben („Wie war das damals, zu Beginn Ihres Aufenthaltes in der Bundesrepublik Deutschland, waren Sie mit Ihrer allgemeinen Lebenssituation eher zufrieden oder eher unzufrieden?"), gelten als sehr wenig zuverlässig, da sie durch nachträgliche Rationalisierungen beeinträchtigt sind.

Als ebenso einer retrospektiven Erhebung unzugänglich müssen die subjektiv erinnerten Gründe für eigene Handlungen betrachtet werden. Hierbei handelt es sich um Fragen danach, warum der Befragte bestimmte Handlungen ausführte oder nicht. Solche Problemstellungen werden in der älteren Lehrbuchliteratur unter den Stichworten „Frage nach dem Grund" oder „Warum-Fragen" behandelt. Solche Fragen finden sich in professionellen Fragebogen außerhalb von Pretests fast nie. Der Grund liegt darin, dass bei den meisten Verwendungen einer Frage nach den Ursachen eines Verhaltens eine naive Handlungstheorie benutzt wird: Der Befragte kennt die Ursache seines Verhaltens und ist bereit, darüber Auskunft zu geben. Die empirische Gültigkeit dieser naiven Handlungstheorie darf bezweifelt werden.[15] In der wissenschaftlichen Literatur hat sich die Unterscheidung zwischen Handlungstheorie (zur tatsächlichen Erklärung des Verhaltens) und Akteurstheorie (die Erklärungen der Akteure über ihr Verhalten) bewährt.[16] Die meisten Sozialwissenschaftler interessieren sich in der Regel für Handlungstheorien, nicht hingegen für Akteurstheorien.[17] Dies gilt vor allem dann, wenn man an der Vorhersage von Verhalten interessiert ist. Bei einer solchen Forschungskonzeption dienen Surveys der Erhebung von Informationen über die Bedingungen, unter denen Akteure handeln. Die Ermittlung von Ursachen für die Ausprägungen einzelner Variablen gehört wesentlich zur Analysephase, nicht zu den Aufgaben eines Befragten (Labaw 1982, Nisbett/Wilson 1977). Befragte müssen sich über die Ursachen ihres Verhaltens keineswegs im Klaren sein. Die Erklärung des Verhaltens ist die Aufgabe der Sozialwissenschaftler, nicht die der Befragten.

2.2.2 Fehler bei Retrospektivfragen

Wird nach Erinnerungsgegenständen gefragt, die tatsächlich der Erinnerung prinzipiell zugänglich sind und die auch abgespeichert wurden, dann stellt sich die Frage,

---

[15] Empirische Ergebnisse zu den Grenzen der Handlungserklärung durch Akteure („Introspektion") finden sich bei Wilson (2002).

[16] Eine Darstellung des Unterschieds zwischen Handlungs- und Akteurstheorien findet sich bei Esser (1999:211–215).

[17] Eine Ausnahme bildet die qualitative Sozialforschung, die meist bei den Akteurstheorien stehen bleibt.

ob dem jeweiligen Befragten die Erinnerung auch möglich ist. Die Idee, dass der Vergessensprozess für alle Personen gleich verlaufen könnte, führte zunächst zu dem Versuch der Modellierung dieses Vorgangs durch Retentionskurven.

2.2.2.1 Retentionskurven

In der älteren Literatur finden sich viele Versuche zur formalen Beschreibung der Vergessensvorgänge. Die Abbildung 2.2 zeigt vier verschiedene Funktionen zur Beschreibung des Vergessens. Diese vier Kurvenverläufe stellen die am häufigsten in der kognitiven Psychologie verwendeten Funktionen für dieses Problem dar (Rubin/Wenzel 1996). Bei geeigneter Wahl der Parameter unterscheiden sich die Funktionsverläufe nur sehr gering. Die Diskussion um die optimale Funktion zur

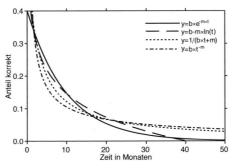

Abbildung 2.2: Vier verschiedene Funktionsformen zur Beschreibung des Vergessensvorgangs: Anteil korrekt erinnerte Sachverhalte gegen Zeit in Monaten

Beschreibung des Vergessensvorgangs ist innerhalb der Psychologie keineswegs abgeschlossen.[18] Durch diese Forschungsarbeiten wurde aber deutlich, dass starke interindividuelle und intraindividuelle Unterschiede je nach Erinnerungsaufgabe erwartbar sind. Da weder der Funktionsverlauf noch die Parameter der Funktion für eine Erinnerungsleistung auf Basis der Daten eines Surveys geschätzt werden können, eignen sich diese Modelle im Allgemeinen in keiner Weise für eine Korrektur der Angaben in einer Befragung.

Festgehalten werden kann aber, dass Erinnerungsprobleme bei kognitiv stark verankerten Erinnerungsgegenständen (wie z. B. Namen der absolvierten Schulen, Art der Berufsausbildung, Name der Mitglieder des elterlichen Haushalts usw.) ge-

---

[18] Eine Übersicht über den Stand der Diskussion findet sich bei Roediger (2008).

2.2 Zweiter Schritt: Abruf der Information

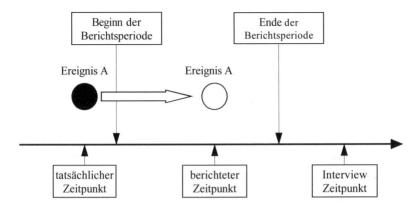

Abbildung 2.3: Forward-Telescoping

ringer sein dürften als bei weniger häufig verwendeten Informationen (wie z. B. der Sozialversicherungsnummer des Vaters). Allerdings lassen sich auch bei stark verankerten Erinnerungsgegenständen Fehler nachweisen. Von besonderer Bedeutung für die sozialwissenschaftliche Forschungspraxis sind dabei Fehler in Hinsicht auf die Zeitpunkte, zu denen biographische Ereignisse (Bildungsabschlüsse, Eheschließungen etc.) stattfanden. In Ermangelung von Längsschnittdaten wird bei vielen Analysen auf retrospektiv erhobene biographische Daten zurückgegriffen. Fehler bei solchen Daten könnten sich daher auf die Ergebnisse solcher Analysen auswirken.

2.2.2.2 Datierungsfehler für biographische Ereignisse

Da biographische Ereignisse von Menschen nicht zusammen mit dem Zeitpunkt ihres Eintritts gespeichert werden, kommt es zu Datierungsproblemen bei Erinnerungen. Üblicherweise wird den Befragten eine Berichtsperiode vorgegeben, z. B. sechs Monate oder ein Jahr. Bei solchen Erinnerungsaufgaben kommt es zu Erinnerungsfehlern, die zur Überschätzung bzw. Unterschätzung der Häufigkeiten von relevanten Ereignissen innerhalb der Referenzperiode führen. Hierbei wird zwischen zwei Fehlerformen unterschieden: Forward-Telescoping (Abbildung 2.3) und Backward-Telescoping (Abbildung 2.4). Von „Forward-Telescoping" spricht man, wenn ein erinnertes und berichtetes Ereignis nicht innerhalb der Referenzperiode, sondern davor stattgefunden hat. Das Ereignis erscheint also zeitlich näher, als es tatsächlich ist. Die Folge von Forward-Telescoping ist eine Überschätzung des Vorkommens relevanter Ereignisse (der „Prävalenzrate") wie z. B. die Zahl der

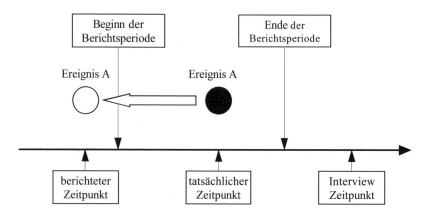

Abbildung 2.4: Backward-Telescoping

Erkrankungen oder Arbeitslosigkeitsperioden.[19]

Von „Backward-Telescoping" spricht man, wenn ein erinnertes und berichtetes Ereignis innerhalb der Referenzperiode stattgefunden hat, aber als vor Beginn der Referenzperiode stattgefunden berichtet wird. Das Ereignis erscheint also zeitlich entfernter, als es tatsächlich ist. Die Folge von Backward-Telescoping ist eine Unterschätzung des Vorkommens relevanter Ereignisse.

Insgesamt scheint bei standardisierten Befragungen Forward-Telescoping häufiger zu sein als Backward-Telescoping. Um diese Erinnerungsfehler zu minimieren, wurden eine Reihe von Techniken entwickelt, die im Folgenden kurz erläutert werden.[20]

2.2.2.3 Maßnahmen zur Verringerung von Datierungsfehlern

Die historisch erste und bis heute weit verbreitete Methode zur Verringerung von Telescoping-Fehlern wurde von Neter/Waksberg (1964) vorgeschlagen. Bei dieser „bounded recall"-Methode wird eine erste Befragung vor Beginn der Referenzperiode durchgeführt, wobei alle relevanten Ereignisse bis zum Interviewzeitpunkt erhoben werden. In einem zeitlich späteren zweiten Interview nach Ablauf der

---

[19] In der Epidemiologie wird zwischen „Inzidenz" und „Prävalenz" unterschieden. Inzidenz bezieht sich auf neu aufgetretene Ereignisse innerhalb eines Zeitraums, Prävalenz auf das Vorkommen interessierender Ereignisse innerhalb eines Zeitraums, gleichgültig, ob es schon vorher bestand.

[20] Daneben gab es mehrere Versuche, mathematische Modelle für die Beschreibung von Erinnerungsfehlern zu entwickeln. Die unter Surveymethodologen bekanntesten Beispiele sind die Modelle von Sudman/Bradburn (1974:67–92) sowie dessen Weiterentwicklung von Bradburn/Huttenlocher/Hedges (1994). Diese eher explorativen Modelle eignen sich aber nicht zur Korrektur erhobener Daten.

Referenzperiode werden alle relevanten Ereignisse zwischen dem ersten und dem zweiten Interview erhoben. Alle im zweiten Interview berichteten Ereignisse, die bereits beim ersten Interview erwähnt wurden, werden nicht berücksichtigt. Forward-Telescoping wird hierdurch vermieden. Ereignisse, die als vor Beginn der Referenzperiode liegend berichtet werden, obwohl sie innerhalb der Referenzperiode liegen, sollten durch einen Vergleich der Angaben im ersten Interview korrekt datierbar sein.[21] Bounded-Recall sollte daher auch Fehler durch Backward-Telescoping verringern.

Sudman/Finn/Lannom (1984) schlugen vor, anstelle einer Panel-Befragung innerhalb einer Befragung zunächst nach einem länger zurückliegenden Zeitraum zu fragen (z. B. letzten Monat) und dann nach einem jüngst zurückliegenden Zeitraum (z. B. diesen Monat). Dieses Vorgehen senkt in der Regel die Zahl der Ereignisse, die für den jüngsten Zeitraum berichtet wird. Durch den Einsatz dieses Verfahrens hofft man, die Zahl der Fehler durch Forward-Telescoping zu verringern.[22]

Um den Beginn und das Ende einer Berichtsperiode zu markieren, wird gelegentlich auf sogenannte „Landmark-Events" zurückgegriffen (Loftus/Marburger 1983). Hierbei handelt es sich entweder um persönlich bedeutsame Ereignisse (z. B. Heirat, Wohnungsumzug, Tod des Partners etc.) oder um allgemein bekannte Tagesereignisse (z. B. Naturkatastrophen, Aufsehen erregende Unfälle wie Tschernobyl). Zunächst wird die Aufmerksamkeit des Befragten auf das Landmark-Event gelenkt, dann wird nach den interessierenden Ereignissen (z. B. Körperverletzung) gefragt, wobei das Landmark-Event als zeitlicher Bezugspunkt verwendet wird. In der Forschungspraxis hat es sich allerdings als schwierig erwiesen, Landmark-Events zu finden, die für alle Befragten gleichermaßen bedeutsam sind. Tatsächlich werden daher eher für alle Befragten gemeinsame absolute Zeitpunkte wie vor allem Jahreswechsel verwendet.

Trotz der Vorgabe absoluter Zeitpunkte für den Berichtszeitraum und auch trotz der Verwendung von Landmark-Events kommt es zu Berichtsfehlern. Obwohl es keine eindeutigen Belege für die optimale Länge einer Berichtsperiode gibt, scheint die Literatur eine möglichst kurze Referenzperiode nahezulegen. Pragmatisch wird

---

[21] Idealerweise findet ein solcher Vergleich innerhalb der Erhebungssituation statt. Computergestützte Formen der Befragung eignen sich hierfür am besten.

[22] Bei einer Variante dieser Technik wird zunächst nach einem längeren Zeitraum, anschließend nach einem kürzeren Zeitraum gefragt (Loftus u. a. 1990). Der längere Zeitraum enthält dabei den kürzeren Zeitraum vollständig. Es wird also z. B. zunächst nach den vergangenen sechs Monaten, dann nach dem vergangenen letzten Monat gefragt.

1. Es sollten Fragen mit längeren Einleitungstexten verwendet werden. Dies gibt dem Befragten mehr Zeit, in ihren Erinnerungen zu suchen.
2. Insbesondere bei sensitiven Fragen sollte zuerst eine allgemeine Frage verwendet werden, bevor nach Details gefragt wird.
3. Es sollten mehrere, verwandte Fragen zu einem Thema gestellt werden, da dies dem Befragten unterschiedliche gedankliche Hinweise zu einem Erinnerungsgegenstand geben kann.
4. Man sollte für den Fall einer unzureichenden Antwort des Befragten die Möglichkeit anderer Fragen vorsehen. Kann der Befragte kein genaues Datum angeben, kann man danach fragen, wie alt er zu diesem Zeitpunkt war oder ihn um eine Schätzung bitten.
5. Interviewer sollten so trainiert werden, dass eventuell notwendige Nachfragen von allen Interviewern in der gleichen Weise durchgeführt werden.
6. Es sollte ein Kalender oder falls möglich ein „Life History Calendar" (LHC, vgl. Kapitel 4.7.3) verwendet werden.
7. Bei Wiederholungsbefragungen sollten dem Befragten Informationen über seine früheren Antworten zum letzten Befragungszeitpunkt gegeben werden. Ausgehend vom damaligen Zustand sollte zeitlich fortschreitend bis zur aktuellen Situation gefragt werden. Dieses Vorgehen kann durch elektronische Befragungssysteme für Interviewer und Befragten erheblich vereinfacht werden („dependent interviewing", vgl. Kapitel 4.7.4).
8. Die Referenzperiode für Fragen sollte in Abhängigkeit von der subjektiven Bedeutung des Ereignisses („salience") für den Befragten variiert werden: Unbedeutende Ereignisse sollten kurze Referenzperioden besitzen, bedeutende Ereignisse längere.

Abbildung 2.5: Hilfen für den Befragten bei Retrospektivfragen (nach: Grotpeter 2008)

häufig eine sechsmonatige oder zwölfmonatige Referenzperiode mit dem Datum des Interviews als Ende des Referenzzeitraumes verwendet.[23]

2.2.2.4 Generelle Maßnahmen zur Verringerung von Erinnerungsfehlern

In der Forschungspraxis werden zahlreiche Maßnahmen zur Steigerung der Genauigkeit des Gedächtnisabrufs verwendet. Eine Zusammenfassung der in der Literatur zu findenden Empfehlungen, um Befragten bei der Beantwortung von Restrospektivfragen zu helfen, findet sich bei Grotpeter (2008:117–120) (vgl. Abbildung 2.5). Darüber hinaus werden z. B. in der kommerziellen Forschung eine Reihe von Gedächtnishilfen („aided-recall") wie Abbildungen der zu erinnernden Objekte (z. B. Verpackungsfotos), Listen oder Kärtchen mit Namen existierender Objekte verwendet. Entsprechend wird der Anteil der Befragten, die mit solchen Gedächtnishilfen Objekte erinnern, als „passiver Bekanntheitsgrad" bezeichnet, der Anteil der Befragten, die sich ohne solche Hilfen an die Objekte erinnern, als „aktiver Bekanntheitsgrad".

---

[23] vgl. z. B. Cantor/Lynch (2000) und Czaja u. a. (1994).

2.3 Dritter Schritt: Beurteilung

Art der gesuchten Information	retrospektiver Bericht
Historische Informationen (erstmals? jemals?)	möglich, Verbesserung durch LHC[a]
Häufigkeiten: selten	möglich, falls das Verhalten bedeutsam ist
Häufigkeiten: oft und regelmäßig	Extrapolation durch Regelinformation möglich
Häufigkeiten: oft, aber unregelmäßig	Angaben beruhen überwiegend auf Schätzungen, Verzerrungen wahrscheinlich
Intensität (Wie stark, angenehm usw.?)	vermutlich verzerrt, auch schon nach kurzer Zeit
Veränderung (Weniger oder mehr?)	theoriegesteuert und verzerrt
Verursachung (Warum?)	theoriegesteuert und verzerrt

[a] LHC="Life History Calendar", vgl. Kapitel 4.7.3

Tabelle 2.1: Gesuchte Information und die Möglichkeit retrospektiver Befragung (Quelle: gekürzt nach Schwarz 2007)

2.2.2.5 Zusammenfassung des Forschungsstandes zu Retrospektivfragen

Einen Versuch, den gegenwärtigen Forschungsstand der kognitiven Psychologie in Hinsicht auf Gedächtnisleistungen innerhalb von Surveys zusammenzufassen, zeigt die Tabelle 2.1.[24] Schwarz (2007:20–21) zieht folgende Bilanz: „(...) there is no substitute for appropriate study design and respondents cannot compensate for the reseachers' earlier oversights or lack of funds. If change over time is of crucial interest, concurrent measures at different points in time are the only reliable way to assess it." Retrospektivfragen sind kein Ersatz für Panelstudien oder Echtzeitmessungen. Wann immer es möglich ist, sollten daher eher Panelstudien oder Echtzeitmessungen anstelle von Retrospektivfragen verwendet werden.[25]

2.3 Dritter Schritt: Beurteilung

Im Modell des Antwortprozesses bei Tourangeau/Rips/Rasinski (2000:10–13) führt der Versuch der Erinnerung an einen Sachverhalt meist nicht unmittelbar zu einer Antwort. Die Abgabe einer Antwort bedarf in diesem Modell einer Reihe von

---

[24] Bernard u. a. (1984) und Hanefeld (1987:24–27) referieren einige der älteren Arbeiten zur Validität von Retrospektivfragen; der neuere Forschungsstand findet sich bei Tourangeau/Rips/Rasinski (2000:62–135).

[25] Erhebungen in Echtzeit (also unmittelbar während des Geschehens) wird insbesondere für medizinische Surveys zunehmend diskutiert (Stone et al. 2007a). Beispiele für solches sogenanntes „Ecological Momentary Assessment" (EMA) sind regelmäßige Schmerzmessungen, bei denen ein kleiner Computer (z. B. in einem Handy) die Eingabe einer momentanen Schmerzempfindung fordert („experience sampling") oder auch das simple Fotografieren jeder Mahlzeit durch den Befragten mit einem Fotohandy. Weitere Beispiele finden sich in dem von Stone et al. (2007) herausgegebenen Band.

Beurteilungsprozessen. Dazu gehört u. a. die Beurteilung, ob die Erinnerung präzise und vollständig ist, gegebenenfalls die Auffüllung von Erinnerungslücken und die Integration der erinnerten Sachverhalte zu einer Antwort. Je nachdem, welche Art von Information erfragt wurde (z. B. Häufigkeiten, Einstellungen oder Datierungen), sind weitere Mechanismen bei der Antwortfindung aktiv. Die daraus resultierenden speziellen Probleme werden – außer in diesem Kapitel – in den entsprechenden Kapiteln (4.4-4.5) zur Formulierung von Fragen etwas näher erläutert. Hilfreich bei dem Verständnis dieser Mechanismen sind die vorliegenden Theorien zur Erklärung des Befragtenverhaltens. Betrachtet man diese Theorien genauer, dann handelt es sich immer um Spezialfälle der Theorie der rationalen Handlungswahl.

2.3.1 Befragtenverhalten als rationales Verhalten

Bis in die 90er Jahre gab es kaum allgemeine Ansätze zu einer soziologischen Theorie der Befragung. Dies änderte sich erst mit der Rezeption von ökonomischen Verhaltenstheorien. Vor allem Hartmut Esser hat in einer Reihe von Arbeiten (1986a, 1986b, 1990, 1996) schon früh das Verhalten von Befragten als rationales Verhalten interpretiert. Dabei wurde rasch deutlich, dass zwei verschiedene Arten von Entscheidungsabläufen unterschieden werden müssen. Auch in der psychologischen Handlungstheorie werden seit Langem zwei verschiedene kognitive Prozesse unterschieden: ein sehr schneller, nicht bewusst ablaufender automatischer Prozess einerseits sowie ein langsamer, bewusst ablaufender Prozess andererseits.[26] Eine rationale Handlungswahl basiert auf der Abwägung der vorstellbaren Handlungsalternativen in Hinsicht auf die subjektiv erwartete Wahrscheinlichkeit mit der jeweiligen Handlung ein vom Handelnden angestrebten Zielzustand zu erreichen. Weder der Zielzustand noch die Wahrscheinlichkeitsschätzungen noch die vorstellbaren Handlungsalternativen müssen dabei in irgendeinem normativen Sinn „rational" sein. Durch ständige Wiederholungen eines Handlungsmusters können dabei auch Entscheidungsprozesse automatisiert ablaufen, da dies in Standardsituationen die Handlungswahl erleichtert. Die Auslösung solcher Standardroutinen ist vor allem dann erwartbar, wenn es sich um weitgehend kostenneutrale Entscheidungen handelt.

In Hinsicht auf Befragungen sind höchst unterschiedliche Effekte erwartbar, je nach dem, welcher der Verarbeitungsmechanismen aktiv ist. Darüber, welcher Mechanismus aktiv ist, entscheidet häufig die Wahrnehmung sehr kleiner Hin-

---

[26] Eine moderne Übersicht über die Arbeiten aus der Psychologie gibt Evans (2008). Die Diskussion in der deutschen Soziologie fasst Mayerl (2009) im ersten Teil seines Buchs zusammen.

2.3 Dritter Schritt: Beurteilung

weisreize („cues"). Die Wahrnehmung entsprechender Situationsdetails führt zur Aktivierung unterschiedlicher Bezugsrahmen für die Situationsinterpretation bei einer Befragung (z. B. „Test", „Selbstdarstellung", „Verhör", „langweilige Pflicht"), die entsprechende Konsequenzen für die Art der Aufgabenbewältigung besitzt. Im Regelfall sollte die Teilnahme an einer Befragung für einen Befragten konsequenzenlos sein – im Gegensatz z. B. zu einer Prüfung, bei der Fragesteller sicher sein können, dass die Befragten jedem Detail der Fragestellung volle Aufmerksamkeit schenken. Bei einer Befragung lohnt sich in der Regel der kognitive Aufwand zur Beantwortung, der bei einer Prüfung angemessen wäre, nicht.

Allgemein scheinen Befragte dem Antwortprozess bei einer Befragung nur diejenige Aufmerksamkeit und Sorgfalt zu schenken, die ihnen für die Beantwortung minimal notwendig erscheint. Daher kann man vermuten, dass mit zunehmender wahrgenommener Konsequenzenlosigkeit der Befragungssituation die Wahrscheinlichkeit steigt, dass Befragte den kognitiven Aufwand bei der Beantwortung verringern. Daher kann die in der neueren kognitionspsychologischen Literatur zentrale Theorie des „Satisficing" als Sonderform der rationalen Handlungswahl interpretiert werden.

2.3.2 Satisficing als Spezialfall rationalen Handelns

In Anlehnung an die Arbeiten von Herbert Simon bezeichnete Jon A. Krosnick (1991:215) die Strategie der Befragten, den Aufwand bei der Beantwortung von Fragen zu minimieren, als „Satisficing". Je nachdem, ob der Befragte alle Schritte des Antwortprozesses abarbeitet oder unter Umgehung der Beantwortungsschritte nur eine wie immer geartete plausible Antwort gibt, unterscheidet Krosnick zwischen „weak satisficing" und „strong satisficing". Die Wahrscheinlichkeit für Satisficing steige dann, wenn die Aufgabe schwierig, der Befragte wenig motiviert sei und nur über geringe kognitive Fähigkeiten verfüge. Der Mechanismus des Satisficing wird in der Literatur bei der Erklärung vieler Antworteffekte verwendet, so z. B. bei Effekten veränderter Abfolgen von Antwortmöglichkeiten („response order effect"), der inhaltunabhängigen Zustimmungstendenz („acquiescence") und den Effekten des Hinzufügens von „Weiß-nicht"-Kategorien. Bei empirischen Untersuchungen zeigen sich zwischen den unterschiedlichen Erscheinungsformen des Satisficing und den erwähnten erklärenden Variablen für Satisficing (Schwierigkeit der Aufgabe, Motivation und kognitive Fähigkeiten des Befragten) einige Interaktionseffekte, so dass die Prognose, welche Art des Satisficing bei welcher Subgruppe auftritt, nicht immer erfolgreich ist (vgl. Krosnick/Narayan/Smith 1996). Anhand zweier Beispiele soll die Anwendung der Theorie rationaler Handlungswahl bzw. der Satisficing-Theorie illustriert werden.

2.3.2.1 Zur Erklärung von Digit-Präferenzen und Rundungen bei numerischen Angaben

Bei offenen Fragen mit numerischen Antworten (z. B. Häufigkeiten, Wahrscheinlichkeiten, Einkommensangaben) weisen die Verteilungen der Antworten in der Regel eine Besonderheit auf: Einige Zahlen und vor allem Endziffern werden mit größerer Häufigkeit genannt, als es erwartbar wäre.[27] So finden sich die Endziffern 0 und 5 besonders häufig.[28] Dieses Phänomen wird als „digit-preference" oder „heaping" bezeichnet.[29]

Als Beispiel zeigt die Abbildung 2.6 die Verteilung der Angaben der Befragten im ALLBUS 2004 auf die Frage nach der Anzahl der Zigaretten pro Tag.[30] Deutlich erkennt man die Häufungen bei 5, 10, 15, 19, 20, 25, 30, 40, 50 und 60. Untypisch ist bei diesen Zahlen lediglich die 19 (Zahl der Zigaretten pro Schachtel): Offensichtlich verwenden die Befragten diese Zahl als Orientierung (entweder im Verhalten oder zumindest bei der Beantwortung der Frage). Bei anderen Fragen finden sich andere Häufungen, so z. B. bei Fragen nach der Häufigkeit im Jahr, wobei sich dann Vielfache von 7 häufiger finden.

Die Entstehung dieser Häufungen wird durch die Antwortprozesse der Befragten erklärt: Bei kleineren Zahlen (seltenen Ereignissen) verwenden Befragte vermutlich eher eine mentale Zählung einzelner erinnerter Ereignisse, bei größeren Zahlen hingegen eine Heuristik, bei der sie die Häufigkeiten schätzen („Das mache ich ca. einmal pro Woche, also ungefähr 50-mal pro Jahr").[31] Vermutlich wird durch den Versuch der Anstrengungsminimierung eher zu einer Antwortheuristik gegriffen: Je mehr Befragte zu Satisficing neigen, desto stärker wird sich Heaping

---

[27] In der englischsprachigen Literatur wird ein Teil dieser Fragen als „behavioral frequency questions" bezeichnet. Daher findet sich die Literatur zu diesem Problem auch unter diesem Stichwort.

[28] Hobbs (2004:136) erwähnt, dass es kulturelle Unterschiede in der Vermeidung bestimmter Zahlen gibt: Ähnlich wie die „13" in westlichen Kulturen, wird die „4" in Ostasien vermieden.

[29] In der Demographie sind Effekte durch Digit-Präferenzen seit Langem bekannt. Die Datenqualität einer Erhebung wird dort u. a. durch das Ausmaß solcher Effekte gekennzeichnet. Üblich sind z. B. bei Altersverteilungen der „Whipple-Index" und Meyers „Blended Index", die beide das Ausmaß der Abweichung einer gegebenen Altersverteilung von einer angenommenen Verteilung beschreiben. Einzelheiten finden sich z. B. bei Hobbs (2004).

[30] Exakt lautete die Frage: „Wie viele Zigaretten rauchen Sie pro Tag in etwa?" (Frage F106, bzw. V300 im Datensatz).

[31] Diese Heuristiken werden ausführlich bei Czaja u. a. (1994) beschrieben.

2.3 Dritter Schritt: Beurteilung 53

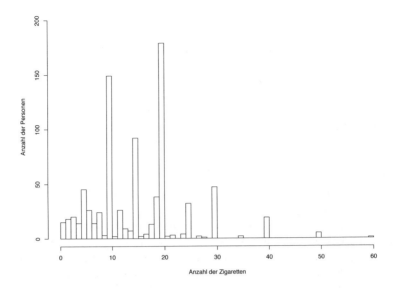

Abbildung 2.6: Heaping bei der Angabe der Anzahl der Zigaretten pro Tag (ALLBUS 2004)

in den Daten finden. Entsprechend nimmt das Ausmaß des Heapings mit der Länge der Berichtsperiode und der Größe der berichteten Zahlen im Allgemeinen zu (Vaske/Beaman 2006).

Da Heaping zu statistischen Problemen führen kann, möchte man das Vorkommen des Heapings in Befragungen verringern.[32] Hierzu gäbe es mehrere Möglichkeiten: Verkürzen des Abfragezeitraums, klare Instruktion in der Frage („Wir möchten von Ihnen die exakte Zahl, keine Schätzung"), entsprechende Gestaltung der Antwortmöglichkeiten (z. B. durch Vorgabe von Dezimalzahlen in einem Beispiel), automatische Kontrollen in computergestützten Befragungen bzw. eine Motivierung und Schulung der Interviewer sowie eine Verpflichtungserklärung zur besonderen Sorgfalt für die Befragten.[33] Bislang gibt es aber keine Studien,

---

[32] Viele der durch Heaping betroffenen Variablen sind Zählvariablen, die häufig sehr schief verteilt sind. Bei deren Analyse können durch ausgeprägte Digit-Präferenzen auch deskriptive Statistiken verzerrt werden (Heitjan 2006). Andere Probleme entstehen bei der Analyse von Angaben über die Dauer bis zum Eintritt eines Ereignisses (Ereignisdaten- bzw. Survival-Analyse, vgl. Wolff/Augustin 2003). Die wenigen Ansätze, die Effekte des Heapings nachträglich durch die Anwendung statistischer Modelle zu verringern (vgl. Wang/Heitjan 2008), haben bisher kaum Anwendung gefunden.

[33] So könnte man z. B. bei CATI-Systemen und Web-Surveys nach einer Häufung gerundeter Angaben

die den Einfluss solcher Maßnahmen auf das Ausmaß des Heapings systematisch untersuchen.[34]

2.3.2.2 Zur Erklärung der inhaltsunabhängigen Zustimmungstendenz

Im Zusammenhang mit der Forschung zur autoritären Persönlichkeit fiel schon in den frühen 60er-Jahren das sogenannte „double agreement phenomenon" (Rokeach 1963) auf: Einige Befragte stimmten auch dann zwei Items zu, wenn diese inhaltlich das Gegenteil zum Ausdruck brachten.[35] Allgemeiner wird in der späteren Literatur auch die generelle Tendenz eher zustimmende als ablehnende Antworten auf Einstellungsfragen als „inhaltsunabhängige Zustimmungstendenz" bzw. „Acquieszenz" bezeichnet, auch wenn kein direkter Widerspruch in den Aussagen zu beobachten ist. Diese sehr ungenaue Verwendung des Begriffs hat sich in der neuen Literatur durchgesetzt.

Während in der psychologischen Literatur die inhaltsunabhängige Zustimmungstendenz bis heute überwiegend als situationsübergreifendes Persönlichkeitsmerkmal (Weijters/Geuens/Schillewaert 2010) betrachtet wird, wurde in der soziologischen Literatur Acquieszenz als Interaktionsstrategie vor allem wenig gebildeter Personen gesehen (Esser 1976, 1977; McClendon 1991). Vor diesem Hintergrund wird dann auch verständlich, warum sich Unterschiede im Ausmaß der Zustimmungstendenz zwischen Interviewern nachweisen lassen, wobei vor allem erfahrene Interviewer ein höheres Ausmaß an Zustimmungstendenz zu besitzen scheinen (Olson/Bilgen 2011). Schließlich lässt sich Acquieszenz auch als Folge von Satisficing erklären: Möglicherweise reagieren einige Befragte gar nicht auf den Inhalt der Frage, sondern suchen nur eine Möglichkeit, eine Antwort mit möglichst geringem kognitiven Aufwand zu geben.[36] Vermutlich lassen sich alle drei Mechanismen in jeweils anderen Anteilen in einzelnen Studien belegen.

Ob und wie eine eventuelle Zustimmungstendenz vermieden werden kann, hängt von der vermuteten Ursache ab. Bei einer subkulturellen oder persönlichkeitspsychologischen Ursache ließe sich der Effekt einer Zustimmungstendenz durch multivariate Verfahren korrigieren, ebenso – wenn auch mit anderen Kontrollvariable – bei einer stabilen Interaktionsstrategie wenig gebildeter Personen. Wird

---

eine Bitte um besondere Sorgfalt wiederholen.

[34] Eine erste Studie zu diesem Problem stammt von Schnell/Göritz (2011).

[35] Krosnick (1999:553) gibt als Mittelwert über mehrere Studien einen Anteil von 10% der Befragten an, die bei Richtig/Falsch- bzw. Ja/Nein-Antworten bei Einstellungsfragen widersprechenden Items zustimmen.

[36] Eine entsprechende Literaturübersicht findet sich bei Krosnick (1999:552–555).

2.3 Dritter Schritt: Beurteilung

die Erklärung im Satisficing gesehen, kann eine Vermeidung von Frageformen, die eine Zustimmung oder Ablehnungen erfordern, vermutlich am ehesten diesen Effekt kontrollieren. Entsprechend raten Saris u. a. (2010:74) dazu, anstelle von vielen Items mit identischen „Stimme zu/Lehne ab"-Antworten eher Fragen mit itemspezifischen Antwortmöglichkeiten zu verwenden. Schließlich könnte auch versucht werden, der Satisficing-Tendenz mit einer expliziten Verpflichtung des Befragten entgegenzuwirken.

2.3.2.3 Definition der Befragungssituation durch Verpflichtung des Befragten

Die Befragungssituation in einem standardisierten Interview ist für Befragte, insbesondere wenn es ihr erstes Interview ist, zumindest zu Beginn des Interviews häufig unklar. In unklaren Situationen sind dann auch die Anforderungen an den Befragten nicht eindeutig. Die Erklärung der Konsequenzenlosigkeit der Teilnahme am Anfang der Befragung, schlecht geschulte Interviewer und eine Verwechslung einer wissenschaftlichen Befragung mit einer Infotainment-Umfrage können bei Befragten den Eindruck der Beliebigkeiten der Antworten und geringer Präzisions- und Aufwandserfordernisse bei den Antworten entstehen lassen.[37] Solche Effekte lassen sich vermeiden, wenn man ein Verfahren verwendet, das von Cannel u. a. (1979) vorgeschlagen wurde. Hierbei wird dem Befragten bei einer persönlichen Befragung eine Verpflichtungserklärung mit der Bitte um besondere Sorgfalt vorgelegt. Übersetzungen der Intervieweranweisung und der Verpflichtungserklärung des Befragten zeigen die Abbildungen 2.7 und 2.8. Cannel u. a. (1979:158) berichten, dass mehr als 94% der Befragten die Erklärung unterzeichneten. Die Vorlage und Unterzeichnung beanspruchten im Mittel etwa 8 Minuten mehr Interviewzeit, schienen aber zu einer besseren Datenqualität zu führen. Trotz des Alters der Studie und der vielversprechenden Ergebnisse liegen bislang kaum weitere Studien zu diesem Verfahrensvorschlag vor.

---

[37] Ein Teil der – im Allgemeinen eher geringen – Effekte des Erhebungsmodus könnte durch diesen Mechanismus erklärbar sein. Entsprechend würde man größere Ungenauigkeiten bei empfundener geringer Verpflichtung postulieren. Die empfundene Verpflichtung wird bei einer persönlichen Befragung nach einer Bitte um besondere Genauigkeit der Antworten sicherlich stärker sein als bei einer unangekündigten telefonischen Befragung, die sicher wiederum vermutlich als verpflichtender empfunden werden wird als eine Internet-Befragung in einem Pop-up-Fenster auf einer soeben besuchten Website.

> Die folgenden Fragen behandeln Ihren Gesundheitszustand und wie Sie sich in der letzten Zeit gefühlt haben. Für dieses Forschungsprojekt ist es wichtig zu wissen, wie sich Menschen in dieser Gegend fühlen. Daher wurde eine kleine Stichprobe von Personen aus dieser Gegend nach einem wissenschaftlichen Verfahren ausgewählt. Sie gehören zu diesen speziell ausgewählten Personen, von denen wir hoffen, dass Sie uns besonders genaue und vollständige Angaben über ihren Gesundheitszustand machen. Hier ist eine Erläuterung unserer Bitte.
> - *Bitte jetzt die Erklärung überreichen*
> - *Falls der Befragte nicht abzeichnen möchte:*
>   Wären Sie trotzdem bereit, die weiteren Fragen genau und vollständig zu beantworten?

Abbildung 2.7: Interviewer-Anweisung: Bitte um besondere Genauigkeit der Antworten (nach Cannell u. a. 1979:142–143)

Bitte um besondere Genauigkeit der Antworten

Damit Ihre Antworten für uns nützlich sind, ist es wichtig, dass Sie versuchen, so genau wie möglich zu antworten.

Wie können Sie uns helfen?

Wir wissen bereits, dass Menschen sich genauer erinnern können, wenn sie sich für jede Frage Zeit nehmen und sorgfältig über jede Frage nachdenken. Die Erinnerung wird umso besser, je präziser die Antworten sind und je mehr sie berichten. Das gilt nicht nur für wichtige Dinge, sondern auch für Dinge, die unwichtig erscheinen. Bitte sagen Sie es mir auch sofort, wenn eine Frage unklar ist.
Bei einigen Fragen könnte es hilfreich sein, wenn wir das Interview kurz unterbrechen und Sie in ihren Unterlagen nachschauen, damit Sie und ich sicher sein können, dass wir vollständige und korrekte Angaben erhalten. Wir hoffen, dass Sie sich bemühen, uns diese Informationen zu geben.

Warum bitten wir Sie um eine Unterschrift?
- Wir bitten Sie, diese Erklärung zu unterzeichnen, damit wir sicher sein können, dass Sie verstanden haben, dass wir vollständige und korrekte Angaben von Ihnen möchten.
- Falls Sie nicht mit Ihrem Namen unterzeichnen möchten, müssen Sie das natürlich auch nicht.
- In diesem Fall reicht es auch, dass Sie nur mit Ihren Anfangsbuchstaben abzeichnen oder die Unterschrift auch nur abhaken.
- Diese Erklärung verbleibt bei Ihnen. Der Interviewer bzw. die Interviewerin wird diese Erklärung nicht mitnehmen.

Erklärung
Ich verstehe, dass meine Angaben genau und vollständig sein müssen, damit sie nützlich für die Forschung sein können. Ich werde daher mein Bestes tun, um genaue und vollständige Angaben zu machen.

(Unterschrift)

Abbildung 2.8: Bitte um besondere Genauigkeit der Antworten (nach Cannell u. a. 1979:80)

2.3.3 Weitere Anwendungen für die Theorie rationaler Handlungswahl

Die beiden Anwendungsbeispiele und die durch die Theorie erklärbar gewordenen Effekte der Verpflichtungserklärung sollten die Nützlichkeit der Theorie der rationalen Handlungswahl bzw. des Satisficing demonstrieren. Der Nutzen dieser Theorien wird sich bei zahlreichen Problemen standardisierter Befragungen in den späteren Kapiteln immer wieder zeigen, so z. B. beim Interviewerverhalten oder der Erklärung des Nonresponse. Die breite Anwendbarkeit wird sich auch im verbleibenden vierten Schritt im Antwortprozessmodell zeigen.

2.4 Vierter Schritt: Antwort

Ist dem Befragten die Antwort klar, dann verbleiben noch zwei wesentliche Probleme:

1. Der Befragte muss die potentielle Antwort in die vorgegebenen Antwortkategorien abbilden.
2. Der Befragte muss entscheiden, ob die Abgabe der korrekten Antwort anderen Zielen widerspricht oder nicht.

Sind die Antwortmöglichkeiten in der Frage korrekt vorgegeben (das bedeutet in der Regel: Erschöpfen die Antwortvorgaben tatsächlich alle Möglichkeiten und die Antwortvorgaben schließen sich gegenseitig aus), dann ist die Zuordnung der Antwort zu den Antwortkategorien vergleichsweise unproblematisch. Trotzdem müssen vor allem im Fall geordneter mehrkategorialer Antwortvorgaben die individuellen Differenzen in den Funktionen, die die Ausprägung des Merkmals beim Befragten auf die Antwortkategorien abbilden, berücksichtigt werden. Dies wird ausführlich in Kapitel 4.4.3 diskutiert.

Die zweite Aufgabe in diesem Schritt kann den Befragten vor noch größere Probleme stellen. Die Abgabe einer Antwort auf eine Frage in einer Befragung mag zwar in sich von den meisten Befragten als angemessen, höflich oder gar als in sich belohnend empfunden werden, es ist aber möglich, dass die Abgabe der Antwort andere Ziele des Befragten gefährden kann. Dies ist vor allem bei sensitiven Fragen oder der Anwesenheit Dritter möglich. In diesen Fällen ist für den Befragten häufig die Abgabe einer sozial wünschbaren Antwort eine rationale Handlung. Schließlich kann der Befragte in einer solchen Situation auch eine „nicht substantielle" Antwort geben und z. B. die Antwort auf die Frage verweigern. Diese Möglichkeiten werden nun einzeln etwas ausführlicher diskutiert.

2.4.1 Sensitive Fragen und sozial wünschbare Antworten

In allen Bevölkerungsgruppen gibt es Fragen, deren Beantwortung als unangenehm empfunden wird. Zu solchen sensitiven Fragen gehören vor allem Fragen, die Merkmale oder Verhaltensweisen beschreiben, die als sozial nicht wünschenswert gelten. Bradburn/Wansink/Sudman (2004:53) zählen dazu z. B. :

- Krankheiten (vor allem Krebs, sexuell übertragbare Krankheiten, mentale Probleme)
- Straftaten (einschließlich Verkehrsdelikte),
- Steuerhinterziehung,
- Drogenmissbrauch,
- Alkoholkonsum und
- Sexualpraktiken.

Vermutlich werden solche Merkmale oder Verhaltensweisen in Befragungen eher unterberichtet.[38] Bei sozial erwünschten Merkmalen oder Verhaltensweisen ist dagegen eher mit Übertreibungen zu rechnen. Bradburn/Wansink/Sudman (2004:53) betrachten unter anderem folgende Tätigkeiten als sozial wünschenswerte Verhaltensweisen:

- Ausübung des Wahlrechts,
- Aktivitäten in kommunalen Angelegenheiten,
- Buch- und Zeitungslektüre,
- Besuch kultureller Veranstaltungen,
- Teilnahme an Weiterbildungen,
- Spendenverhalten,
- Erwerbstätigkeit und
- Übernahme partnerschaftlicher Pflichten im Haushalt.

Das Ausmaß der Ausübung dieser Tätigkeiten wird daher vermutlich durch Befragungen eher überschätzt. Es sollte beachtet werden, dass das Ausmaß und die Richtung der sozialen Wünschbarkeit von der jeweiligen Bezugsgruppe des Befragten abhängt. So kann z. B. ansonsten eher sozial unerwünschtes Verhalten (z. B. Straffälligkeit) in einigen Subgruppen als besonders wünschenswert gelten und daher stärker berichtet werden, als es den Tatsachen entspricht.[39] Entspre-

---

[38] Eine umfassende Übersicht über den Diskussionsstand zum Problem sensitiver Fragen geben Tourangeau/Yan (2007).

[39] So konnten Maxfield/Weiler/Widom (2000:97) zeigen, dass in ihrer Stichprobe ca. 21% der Befragten angebliche Gefängnisaufenthalte berichten, die sich nicht in den Akten fanden. Aus diesem Grund

2.4 Vierter Schritt: Antwort

chend sind Unterschiede bei identischen Surveys zwischen verschiedenen Kulturen erwartbar.[40]

2.4.2 Effekte durch die Anwesenheit Dritter

Trivialerweise können durch Effekte sozialer Wünschbarkeit Unterschiede in den Antworten erwartet werden, wenn Dritte anwesend sind. Idealerweise findet eine Befragung ohne die Anwesenheit Dritter statt; dies lässt sich aber in der Praxis nicht immer realisieren. Faktisch finden ca. 30% der persönlichen Interviews in Deutschland in Anwesenheit Dritter statt.[41] Bei besonders problematischen Befragungen (z. B. die Erhebung von Partnerschaftsbiographien oder dem Drogenkonsum Jugendlicher) wird bei ernsthaften Studien durch besondere Maßnahmen versucht, den Befragten von anderen Personen im Haushalt getrennt zu befragen. Bei Partnerbefragungen kann man z. B. die Befragung beider Partner gleichzeitig durch zwei Interviewer in getrennten Räumen durchführen oder getrennte Termine, bei denen die Partner allein sind, vereinbaren. Eine weitere Möglichkeit besteht darin, die Fragen den Befragten über einen Kopfhörer vorzuspielen und die Antworten so zu erheben, dass Anwesenden unklar ist, auf welche Frage der Befragte gerade antwortet. Auf dem Bildschirm eines Laptops finden sich dann z. B. nur durch Ziffern gekennzeichnete Fragen („Frage 4: Ja oder Nein?"), auf die der Befragte durch Drücken einer Taste antwortet.[42]

2.4.3 Nicht-substanzielle Angaben

Die Befragten teilen während der Befragung bisweilen mit, dass sie eine bestimmte einzelne Frage nicht beantworten können oder beantworten wollen. Obwohl diese „nicht-substanziellen" Antwortreaktionen häufig fälschlich gemeinsam als „fehlende Werte" oder „missing data" bezeichnet werden, sollten sie bei Analysen getrennt behandelt werden.

[ist das in der Praxis übliche Vorgehen, Erhebungsverfahren dann eine höhere Validität zuzuschreiben, wenn das Ausmaß sozial unerwünschten Verhaltens höher ist als bei anderen Verfahren, ohne nähere Untersuchung schwer zu rechtfertigen.]

[40] vgl. Johnson/van de Vijver (2002).

[41] Nach eigenen Berechnungen schwankt im ALLBUS zwischen 1988 und 2008 der Anteil der Interviews, die in Anwesenheit von Dritten stattfanden, zwischen ca. 22% und 35%, im Mittel sind es 29.1%. Durchschnittlich werden ca. 7% der Interviews in Einpersonenhaushalten in Anwesenheit Dritter erhoben; in Mehrpersonenhaushalten ca. 35% der Interviews. Interessanterweise sinkt der Anteil dieser Interviews fast monoton von ca. 42% im Jahr 1980 auf ca. 26% im Jahr 2008.

[42] Hinweise zu diesen Methoden („Audio Self-Administered Questionnaire": ASAQ bzw. „Audio Computer Aided Self-Interviewing": ACASI) finden sich in Kapitel 12.5.

Es empfiehlt sich, zwischen verschiedenen Formen nicht-substanzieller Angaben zu unterscheiden:
- Frage nicht gestellt,
- Trifft nicht zu,
- „Weiß-Nicht" und
- Verweigerung der Antwort.

Trifft man diese Unterscheidungen nicht schon bei der Datenerhebung, dann sind Artefakte naheliegend. So ist einer der häufigsten Fehler bei der Analyse von Häufigkeitsfragen die Verwechslung der Angabe „Null" mit der Tatsache, dass keine Antwort erfolgte. Wurde bei der Datenerhebung nicht „Null" als Häufigkeit explizit abgefragt, dann gibt es in der Analyse keine Möglichkeit, die Häufigkeit „Null" von „Trifft nicht zu", „Weiß nicht", einer Verweigerung, dem versehentlichen Nichtstellen einer Frage oder einem Datenerfassungsproblem zu unterscheiden. Dieser Erhebungsfehler ist nachträglich nicht mehr zu korrigieren und kann allein eine Untersuchung ruinieren.

2.4.3.1 „Trifft-nicht-zu"-Antworten

Solche Antworten sind nur dann möglich, wenn eine Frage nach einem für den Befragten nicht existenten Sachverhalt gefragt wurde. Dies sollte im Regelfall durch eine geeignete Filterführung eher vermieden werden. Bei schriftlichen Befragungen bergen eine größere Zahl von Fragen, die vom Befragten mit „trifft nicht zu" (TNZ) beantwortet wurden, die Gefahr, dass die gesamte Befragung vom Befragten als für ihn irrelevant empfunden wird.

2.4.3.2 „Weiß-nicht"-Antworten

„If I know the answer I'll tell you the answer, and if I don't, I'll just respond, cleverly."
Donald Rumsfeld (2006)

Eine „Weiß-nicht"-Antwort (WN-Antwort) kann bedeuten,
- dass keine Information vorliegt,
- dass der Befragte unentschieden ist oder
- dass der Befragte keine Information geben will.

Bei einer Faktenfrage ist die Möglichkeit, dass der Befragte eine bestimmte Information nicht besitzt, eine legitime Möglichkeit. Die Tatsache allein kann schon eine wertvolle Information darstellen. Jede Frage in einem Fragebogen sollte daher prinzipiell die Möglichkeit einer WN-Antwort vorsehen. Die meisten Faktenfragen

2.4 Vierter Schritt: Antwort

in einem Fragebogen sollten daher eine explizite WN-Antwortkategorie enthalten. Bei einigen Fragen (z. B. Familienstand oder Geschlecht) mag dies befremdlich erscheinen. Bei solchen Fragen wird in persönlichen Interviews dann zumeist eine Antwortkategorie vorgegeben, die nicht vom Interviewer vorgelesen wird („silent option"). Auch bei Fragen nach Einstellungen sollten zumindest solche „silent" WN-Kategorien vorgesehen werden.[43] Das größere Problem gegenüber bekundeten „Weiß-Nicht"-Antworten stellen aber Personen dar, die keine Einstellung besitzen, aber zufällig eine Antwort auswählen. Solche Zufallsantworten bei nicht vorhandener Einstellung („Non-Attitudes") sind im Gegensatz zu einer Weiß-Nicht-Antwort nicht offensichtlich, in ihren Konsequenzen für eine Analyse aber potentiell weit gefährlicher.[44]

2.4.3.3 Verweigerung der Antwort: Item-Nonresponse

Gelegentlich verweigern die Befragten explizit die Beantwortung einer Frage. Dies wird (korrekt) als Item-Nonresponse bezeichnet. Bei der physischen oder zumindest telefonischen Präsenz eines Interviewers ist dies eine eher selten gewählte Verhaltensweise. Das Ausmaß der expliziten Verweigerung einer Frage hängt selbst bei den gleichen Konstrukten bzw. sogar den gleichen Fragen stark von den sonstigen Bedingungen der Feldarbeit (Interviewertraining, Interviewerbezahlung, Mehrthemenbefragung etc.) auch innerhalb eines Landes ab.

Ein Beispiel dafür liefert das Ausmaß der Verweigerung der Frage nach dem Haushaltseinkommen im „European Social Survey" (ESS).[45] Vergleicht man die

---

[43] Bei Fragen nach Fakten erscheint es sinnvoll, einem Frageblock einen expliziten „Weiß-Nicht"-Filter vorzuschalten. Bei Fragen nach Einstellungen erscheint dies zwar auch plausibel („Nicht jeder kann sich mit den philosophischen Konsequenzen der modernen Physik beschäftigen. Haben Sie sich mit den philosophischen Konsequenzen der modernen Physik beschäftigt?"), es mehren sich aber empirische Hinweise, dass auch die Antworten von Personen, die durch solche Filter nicht mehr befragt würden, für die Verhaltensvorhersage nützliche Informationen enthalten (vgl. Kapitel 5.3.4.1).

[44] Die Idee, dass Personen ohne Einstellung zu einem Gegenstand eine zufällig ausgewählte Antwort geben, geht auf eine Arbeit von Converse (1964) zurück. Die Konsequenz solcher Non-Attitudes sind deutlich verringerte Korrelationen sowie scheinbare Veränderungen im Zeitverlauf. Man kann versuchen durch besondere Betonung der „Weiß-Nicht"-Antwort den Anteil solcher Antworten zu verringern, aber zu der Anwendung elaborierter Skalierungs- und Analysemodelle gibt es bislang kaum eine Alternative. Eine knappe Darstellung der neueren Literatur findet sich bei Weisberg (2005); ein Teil der selten genutzten Möglichkeiten der statistischen Analyse solcher Probleme mithilfe der „Latent Class Analyse" (LCA) wird bei Biemer (2011) dargestellt.

[45] Der „European Social Survey" (ESS) ist eine zweijährlich stattfindende Befragung in derzeit mehr als 30 Ländern. Die erste Welle fand 2002/2003 statt. Die Befragung wird mit ungewöhnlich hohem methodischen Anspruch durchgeführt und vorbildlich dokumentiert. Die Mikrodaten stehen im Internet zeitnah öffentlich zur Verfügung. Das Projekt wird von europäischen akademischen

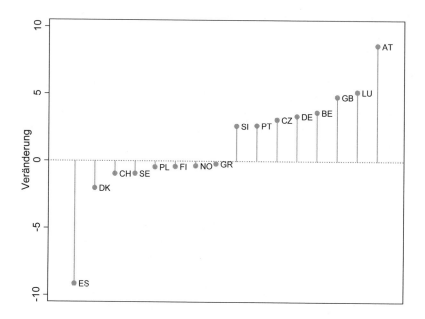

Abbildung 2.9: Veränderung des Anteils der Verweigerung der Angabe des Haushaltseinkommens im ESS-Welle 2 gegenüber ESS-Welle 1 nach Erhebungsland

Verweigerungsraten über die Länder zwischen dem ESS-Welle 1 (Feldarbeit: 2002) und Welle 2 (Feldarbeit 2003–2004) einerseits mit den Daten des Eurobarometers 46 (Feldarbeit 1996) andererseits, dann erhält man eine Rangkorrelation von 0.58 bzw. 0.82.[46] Die Rangkorrelation des Anteils der Einkommensverweigerung zwischen den Wellen des ESS liegt hingegen bei 0.95. Aber sogar hierbei zeigen sich je nach Land zwischen zwei Wellen Unterschiede von -9.1% (Spanien) bis +8.6% (Österreich) (vgl. Abbildung 2.9). Veränderungen der Verweigerungsrate des Einkommens von mehr als 9% bei nahezu identischem Instrument, gleichem Land und sehr ähnlichen Feldbedingungen sollte Anlass zu vorsichtigen Interpretationen

---

Forschungsförderungsorganisationen finanziert. Einzelheiten finden sich auf der Homepage des Projekts unter www.europeansocialsurvey.org.

[46] Die Angaben basieren auf dem Nettoeinkommen für den ESS bzw. auf dem Bruttoeinkommen für das Eurobarometer. Die Daten über den ESS wurden vom Autor berechnet, die Daten für das Eurobarometer wurden Holst (2003:370) entnommen.

2.4 Vierter Schritt: Antwort

und sorgfältigen Folgeuntersuchungen geben.[47]

2.4.3.4 Ausmaß nicht-substanzieller Angaben

Das Ausmaß nicht-substanzieller Angaben wird von Nichtfachleuten (und Ökonometrikern) häufig überschätzt.[48] Mit Ausnahme der Verweigerung des Einkommens sind sowohl Verweigerungen als auch andere nicht-substanzielle Angaben eher selten. Die Ursache für den bei manchen Fragen hohen Anteil fehlender Werte in Befragungen liegt eher in der Tatsache begründet, dass die Frage nicht gestellt wurde. Dies lässt sich mit nahezu jedem Datensatz der empirischen Sozialforschung demonstrieren. Als Beispiel soll hier der Datensatz des ALLBUS 2000 dienen. Betrachtet man die Verteilung der ungültigen Werte über alle Variablen des ALLBUS 2000 (vgl. Abbildung 2.10), so sieht man rasch, dass die häufigste Ursache für einen fehlenden Wert die Tatsache ist, dass die Frage nicht gestellt wurde. In der Regel ist dies die Folge einer Filterführung. In diesem Fall kann kaum von „fehlenden" Werten gesprochen werden: Der Wert existiert ja nicht (z. B. „Alter des Ehepartners" bei Ledigen). Im ALLBUS 2000 besitzt immerhin die Hälfte der Variablen mehr als 50% „trifft nicht zu"-Ausprägungen (Abbildung 2.10c).

Explizite Verweigerungen der Antwort auf eine Frage kommen hingegen kaum vor: Der ALLBUS 2000 enthält nur für 10 der 585 Variablen einen Code für Verweigerungen (1.7% aller Variablen). Immerhin 95% der Fragen besitzen weniger als 6.5% Verweigerungen (vgl. Tabelle 2.2). Lediglich Einkommen und Wahlpräferenzen scheinen für einen größeren Teil der Befragten problematisch. Eher erklärungsbedürftig ist hingegen, dass auch die subjektive Schichteinstufung für immerhin 1.9% der Befragten Probleme aufwirft.

In diesem Datensatz wurde auf 95% der Fragen keine einzige Weiß-Nicht-Antwort gegeben. Die Tabelle 2.3 zeigt diejenigen Variablen, die in der „Allgemeinen Bevölkerungsumfrage der Sozialwissenschaften" im Jahr 2000 mehr als 9% Weiß-Nicht-Antworten ergaben. Ein großer Teil der Variablen sind hypothetische

---

[47] Die häufig zu beobachtende Tendenz, die Ursachen für methodische Probleme wie Unit- oder Itemnonresponse, Responsesets etc. eher in Eigenschaften der Befragten als in situationalen Umständen der Datenerhebung zu suchen, dürfte sowohl die Folge des generellen „fundamental attribution errors" (Ross/Nisbett 1991:125–133) als auch die Folge der Tatsache sein, dass man lieber die Verantwortung auf die vermeintlichen Defizite der Befragten als auf das (eigene) Unvermögen der Erhebenden bei der Herstellung angemessener Datenerhebungsumstände schiebt.

[48] Es sollte beachtet werden, dass die meisten Studien zur Verweigerung einzelner Angaben (insbesondere der Einkommensangabe) von Ökonomen oder Ökonometrikern stammen, die mit den Details der Feldarbeit nur selten durch Planung und Teilnahme vertraut sind.

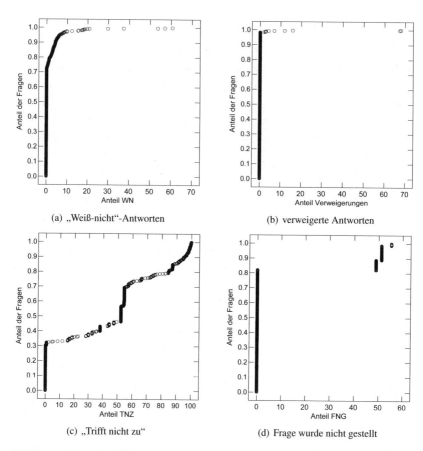

Abbildung 2.10: Verteilung des Anteils nicht-substanzieller Antwortcodes auf die Fragen im ALLBUS 2000

Fragen (Kinderwunsch), auf die es vermutlich ohnehin keine gültigen Antworten geben kann. Ein anderer Teil der Variablen bezieht sich auf Objekte, zu denen der Befragte keine Einstellung besitzt („Vertrauen" zum EU-Parlament). Schließlich wird nach einer Verhaltensabsicht gefragt (Wahlabsicht), die in einem Teil sicherlich korrekt als noch unentschieden wiedergegeben wird. Damit verbleiben nur die Fragen nach der Wahlabsicht der Freunde und dem Universitätsbesuch der Eltern (der in manchen Fällen schon mehr als 80 Jahre zurückliegen kann) mit erheblichen Anteilen an Weiß-Nicht-Antworten.

2.5 Konsequenzen für die Survey-Planung

Variable	Verweigerungen[a]
Subjektive Schichteinstufung	1.9
Wahlpräferenz Freund C	2.5
Wahlpräferenz Freund B	2.7
Parteipräferenz	2.8
Wahlpräferenz Freund A	4.1
Wahlabsicht	6.9
Art der Parteipräferenz	11.9
Nettoeinkommen (Kategorien)	15.9
Haushaltseinkommen (Liste)	67.4
Nettoeinkommen (Liste)	68.0

[a] in Prozent

Tabelle 2.2: Explizite Verweigerung der Angabe im ALLBUS 2000

Variable	n gesamt[a]	Weiß nicht[b]	Anteil WN
Zahl der gewünschten Kinder	1780	174	9.8
Zahl der gewünschten Jungen	1780	174	9.8
Zahl der gewünschten Mädchen	1780	174	9.8
Zeitpunkt des Kinderwunsches	610	93	15.2
Wunsch nach Kindern	732	113	15.4
Schätzung Arbeitslosigkeitszahl	1533	261	17.0
Vertrauen: EU-Parlament	1533	266	17.4
Wann Wunsch nach Kindern	475	84	17.7
Vertrauen: EU-Gerichtshof	1533	277	18.1
Wann Wunsch nach einem Kind	403	75	18.6
Wahlabsicht	2649	523	19.7
Vertrauen: Kommission der EU	1533	319	20.8
Vater Universitätsbesuch	554	165	29.8
Mutter Universitätsbesuch	394	147	37.3
Wahlabsicht Freund A	2514	1350	53.7
Wahlabsicht Freund B	2091	1194	57.1
Wahlabsicht Freund C	1652	1002	60.6

[a] Zahl der Personen, denen die Frage gestellt wurde
[b] Zahl der Weiß-Nicht-Antwortenden

Tabelle 2.3: Weiß-Nicht-Antworten im ALLBUS 2000

2.5 Konsequenzen für die Survey-Planung

Das Modell des Antwortprozesses sowie die Theorie der rationalen Handlungswahl erleichtern zunächst einmal die Interpretation der zahllosen empirischen Einzelergebnisse zu Befragungseffekten. In dieser Hinsicht ist in den letzten 20 Jahren ein deutlicher Fortschritt in Richtung auf eine allgemeine Theorie der Befragung feststellbar. Interessant sind die beiden Modelle aber nicht zuletzt, weil sie Hinweise auf die zu erwartenden Effekte unterschiedlicher Design-Entscheidungen geben können.

Die bei der Darstellung des Antwortprozess-Modells erwähnten zahlreichen Probleme im Antwortprozess sollten klargestellt haben, dass die Planung und Durchführung einer professionellen Maßstäben genügenden standardisierten Befragung keine triviale Aufgabe darstellt. Die späteren Kapitel enthalten Einzelheiten dazu, welche Möglichkeiten es gibt, die aus den dargestellten kognitiven und sozialpsychologischen Mechanismen resultierenden Probleme zu kompensieren.

3 Forschungsdesigns mit Befragungen

Standardisierte Befragungen in den Sozialwissenschaften werden meist als einmalige Befragung einer Zufallsstichprobe der allgemeinen Bevölkerung im Rahmen einer „Umfrage" wahrgenommen. Befragungen dieses Typs bieten nur Beschreibungen des Zustandes einer Population zu einem Zeitpunkt und sind daher in ihrer Aussagekraft für wissenschaftliche Studien sehr begrenzt.

Surveys bieten aber weit mehr Möglichkeiten als die einmalige Befragung einer Stichprobe. Mit Hilfe von Surveys sind z. B. echte Experimente möglich. Weiterhin können Surveys zur Untersuchung des Effekts politischer Maßnahmen verwendet werden. Beide Anwendungen erfordern anspruchsvollere Forschungsdesigns als eine einmalige Befragung.

Der Begriff „Forschungsdesign" bezeichnet die Planung der Form eines Forschungsprojekts. Ein Forschungsdesign beinhaltet die Klärung, was an welchen Objekten wie oft gemessen werden soll.[1] In diesem Kapitel werden die prinzipiellen Möglichkeiten verschiedener Grundformen des Forschungsdesigns mit standardisierten Befragungen erläutert.

3.1 Unterschiede zwischen Surveys, Beobachtungsstudien und Experimenten

Ein gutes Forschungsdesign zeichnet sich dadurch aus, dass eine klare inhaltliche Frage durch ein Forschungsprojekt so beantwortet werden kann, dass die Zahl möglicher plausibler Alternativerklärungen für die erhobenen Daten minimiert werden kann. Daher setzt ein effizientes Forschungsdesign eine klare inhaltliche Fragestellung und damit eine präzise inhaltliche Theorie über den Forschungsgegenstand voraus.[2] Aus diesem Grund eignen sich Surveys in keiner Weise zur Exploration eines Forschungsgebiets, für das keine inhaltliche Theorie vorliegt.[3] Verfügt man über eine klare Hypothese über einen Forschungsgegenstand, dann er-

---

[1] Zu Einzelheiten vgl. Schnell/Hill/Esser (2008).
[2] Der Begriff „Forschungsdesign" erfreut sich gerade in den eher diskursiven Teilen der Sozialwissenschaften derzeit großer Popularität, dies aber um den Preis des Verlusts an Präzision. Viele der fälschlich als Forschungsdesign bezeichneten Skizzen lösen die zentrale Aufgabe eines Designs, durch den Entwurf Artefakthypothesen falsifizierbar zu machen, daher nicht.
[3] In den Sozialwissenschaften wird das Wort „Theorie" inflationär verwendet. In den Naturwissenschaften ist es üblich, unter „Theorie" ein System von Aussagen zu verstehen, das mehrere Hypothesen umfasst. Hypothesen sind Aussagen, die einen Zusammenhang zwischen mindestens zwei Variablen postulieren.

scheint zunächst ein Experiment als die angemessene Methode, um die Hypothese zu prüfen. Experimente sind durch die Möglichkeit, Untersuchungsobjekte einer vermuteten Ursache aussetzen zu können, gekennzeichnet. Das entscheidende Kriterium für ein Experiment ist die randomisierte Zuweisung eines Untersuchungsobjekts zu den experimentellen Bedingungen.[4] Nur durch unabhängig wiederholte Experimente mit Zufallszuweisung sind verlässliche Untersuchungen zu vermuteten Kausalbeziehungen möglich.[5]

Aus ethischen und forschungspraktischen Gründen sind echte Experimente in den Sozialwissenschaften eher selten.[6] Die meisten Studien in den Sozialwissenschaften (außerhalb der Psychologie) basieren daher auf anderen Untersuchungsformen. Es gibt zahlreiche Untersuchungsformen, bei denen das entscheidende Kriterium eines Experiments, die Zufallszuweisung der Untersuchungseinheiten, fehlt.

Grob kann man zunächst zwischen Korrelationsstudien und Beobachtungsstudien unterscheiden. Bei einer Beobachtungsstudie wird der Effekt einer Intervention, einer politischen Maßnahme oder einer Behandlung untersucht. Eine Studie ohne eine solche Intervention ist keine Beobachtungsstudie und kein Experiment (Rosenbaum 2002:1-2). Da einmalige Befragungen keine Intervention untersuchen, sind sie also in diesem Sinne keine Beobachtungsstudien.

Einmalige Befragungen werden in der Literatur zu Forschungsdesigns als Korrelationsstudien bezeichnet.[7] Die Ergebnisse von Korrelationsstudien leiden unter zahlreichen möglichen Alternativerklärungen, z. B. Selektionseffekte und Mortalität.[8] Da abhängige und unabhängige Variablen zum gleichen Zeitpunkt

---

[4] Zur statistischen Theorie von Experimenten vgl. einführend Cox/Reid (2000).
[5] Eine knappe Übersicht über die Probleme des Kausalitätsbegriffs findet sich bei Schnell (2002b).
[6] Orr (1999:26-27) gibt basierend auf der Übersicht bei Greenberg/Shroder (1997) an, dass – ohne medizinische oder erziehungswissenschaftliche Untersuchungen – zwischen 1961 und 1995 weniger als 195 echte soziale Experimente in den USA durchgeführt wurden.
[7] Gelegentlich werden diese Designs „vor-experimentell" oder „quasi-experimentell" genannt. Bei einer Interpretation des Begriffs „quasi-experimentell", die die Kontrolle des Stimulus voraussetzt, wäre aber ein „correlational design" nicht mehr als „experimentell" zu bezeichnen (Campbell/Stanley 1966:64).
[8] In der Terminologie von Campbell/Stanley (1966:13) ist dieses Design ein Beispiel für eine „static group comparison": Eine einmalige Messung einer Gruppe wird mit einer einmaligen Messung einer anderen Gruppe verglichen, wobei eine der Gruppen einem Treatment ausgesetzt war, die andere nicht. Es wäre z. B. möglich, dass die Mitglieder der Treatment-Gruppe das Treatment aufgrund ihrer Merkmale suchten (Selektivität) oder Teilmengen der Untersuchten, die das Treatment erhielten

gemessen werden, lässt sich keine klare kausale Reihung der Variablen feststellen. Mit solchen Studien lässt sich nur eine Korrelation zwischen Variablen belegen, aber kein Kausalzusammenhang nachweisen.

3.2 Die Verwendung von Surveys für Evaluationsstudien

Surveys werden zunehmend im Rahmen von Evaluationsstudien zur Beurteilung einer Intervention eingesetzt.[9] Sinnvoll ist diese Art der Verwendung von Surveys vor allem dann, wenn bereits vor der Intervention Erhebungen durchgeführt werden können, da dadurch weit mehr Störfaktoren kontrolliert werden können.[10] Solche Designs verwenden in der Regel sowohl Vorher- und Nachhermessung als auch Kontrollgruppen. Der Unterschied zu einem Experiment besteht darin, dass die Zuweisung der Teilnehmer zu den Gruppen des Experiments nicht durch einen Zufallsmechanismus erfolgt. Daher besteht das zentrale Problem dieser Studien darin, dass Selbstselektionseffekte nicht auszuschließen sind. Vergleicht man also z. B. die freiwilligen Teilnehmer einer solchen Studie mit denjenigen, die nicht freiwillig teilnehmen, dann könnte ein beobachtbarer Effekt der Behandlung vor allem bei denen auftreten, die Merkmale besitzen, die auch zur freiwilligen Teilnahme führten.

Daher versucht man, die potentiellen Effekte der Selbstselektion nachträglich mit statistischen Mitteln zu korrigieren. Derzeit werden hierzu insbesondere sogenannte „Propensity-Score-Modelle" verwendet. Diese Modelle schätzen die Wahrscheinlichkeit der Mitgliedschaft in Kontroll- bzw. Versuchsgruppe durch zusätzliche Variablen.[11] Beim Propensity-Matching werden die vorhergesagten Wahrscheinlichkeiten in 4-5 Kategorien eingeteilt. Versuchs- und Kontrollgruppen werden so gewichtet, dass pro Kategorie der gewichtete Anteil von Kontrollgrup-

---

(oder nicht erhielten), aus der Untersuchung ausschieden (Mortalität).

[9] Daneben werden Surveys ebenfalls zunehmend für die Erhebung der Kontrollen in sogenannten „populationsbasierten Fall-Kontroll-Studien" in der Epidemiologie verwendet (vgl. Kalton/Piesse 2007). Bei Fall-Kontroll-Studien wird die Verbindung zwischen einer Erkrankung und potentiellen Risikofaktoren dadurch untersucht, dass Personen, deren Erkrankung bekannt ist (Fälle) und Personen, deren Erkrankung unbekannt ist (Kontrollen) aus getrennten Stichproben gezogen werden (Breslow 2005:288). Bei populationsbasierten Fall-Kontroll-Studien werden die Kontrollen mit Hilfe normaler Surveys aus der interessierenden Population gewonnen. Daher spielen sorgfältig durchgeführte Surveys bei der Rekrutierung zu dieser Art von Fall-Kontroll-Studien eine bedeutende Rolle.

[10] Allgemein zu möglichen Störeffekten und deren Kontrolle, vgl. Shadish/Cook/Campbell (2002).

[11] Formal ist der Propensity-Score definiert als die bedingte Wahrscheinlichkeit, der Versuchsgruppe ($Z = 1$) anzugehören, wenn man die Kovariaten $\mathbf{x}$ besitzt: $e(\mathbf{x}) = Pr(Z = 1|\mathbf{x})$ (Rosenbaum 2010:72). Für die Schätzung wird meist eine logistische Regression verwendet, vgl. hierzu z. B. Hosmer/Lemeshow (2000).

pe und Versuchsgruppe gleich ist.[12] Sollte es Hinweise auf Unterschiede zwischen Versuchs- und Kontrollgruppen geben, dann kann auf die Anwendung des Propensity-Matching derzeit kaum verzichtet werden.[13] Es muss aber beachtet werden, dass die Anwendung von Propensity-Matching in keiner Weise automatisch die Abwesenheit selektionsbedingter Verzerrungen garantiert.[14] Wie bei jeder statistischen Technik muss die Anwendbarkeit und der Erfolg des statistischen Modells in jedem Einzelfall sorgfältig geprüft werden.[15]

3.3 Varianten des Verhältnisses von Surveys zu Experimenten

Surveys können Bestandteile von Experimenten sein. Ebenso können Experimente Bestandteile von Surveys sein. Und natürlich ist auch beides möglich. Dies soll kurz erläutert werden.

3.3.1 Befragungsexperimente

Innerhalb von Surveys sind echte Experimente als Befragungsexperimente möglich. Hierbei werden zufällig ausgewählten Teilgruppen der Befragten unterschiedliche Varianten des Fragebogens vorgelegt („split ballot"). Solche Befragungsexperimente sind zwar echte Experimente, aber untersucht werden – nahezu immer – verbale Reaktionen auf verbale Stimuli. Hierbei ist die Übertragbarkeit der Reaktionen auf Situationen außerhalb der Befragung („externe Validität") prinzipiell immer fraglich.[16]

---

[12] Einzelheiten zur technischen Durchführung finden sich in neueren spezialisierten mikroökonometrischen Lehrbüchern, z. B. bei Lee (2005) und Angrist/Pischke (2009). Das Buch von Guo/Fraser (2010) erläutert u. a. die Durchführung mit dem Analyseprogramm Stata.

[13] In der Forschungspraxis der Durchführung von Evaluationsstudien mit Surveys müssen weitere Probleme mit statistischen Mitteln berücksichtigt werden, so z. B. ungleiche Auswahlwahrscheinlichkeiten durch das Stichprobendesign, die Ersetzung fehlender Werte durch Imputationsverfahren sowie die Berücksichtigung von Designeffekten des Auswahlverfahrens. Die statistische Analyse solcher Designs ist entsprechend aufwändig und auch angreifbar.

[14] Ein Beispiel für die Probleme des Verfahrens selbst unter idealen Bedingungen findet sich bei Peikes/Moreno/Orzol (2008).

[15] Trotz des unverzichtbar hohen Aufwandes bei der Durchführung solcher Studien sollte die prinzipielle Problematik der kausalen Interpretation dieser Art von Studien deutlich sein. Zu den Problemen und Lösungsvorschlägen in Hinsicht auf Kausalaussagen mit Beobachtungsstudien vgl. Rosenbaum (2002, 2010).

[16] Aufgrund des hohen Ansehens experimentellen Vorgehens hat der Begriff „Experiment" im Zusammenhang mit Surveys manche Autoren zu einer irreführenden Terminologie verführt. So bezeichnet Petersen (2002) Befragungsexperimente fälschlich als „Feldexperimente", wobei dieser Begriff üblicherweise für Experimente verwendet wird, die gerade das Problem externer Validität durch Einbettung echter Experimente in natürliche Situationen (außerhalb eines Labors bzw. einer Befragung)

3.3.2 Echte Experimente innerhalb von Surveys

Es ist natürlich möglich, innerhalb eines Surveys der allgemeinen Bevölkerung echte Experimente mit den für den Survey zufällig ausgewählten Personen durchzuführen. So wurden z. B. im SOEP mit einer Teilmenge der Befragten Experimente zur Spieltheorie durchgeführt (Fehr u.a 2002). Der Vorteil solcher Experimente liegt vor allem darin, dass die Untersuchungspersonen keine selbst selektierten Stichproben darstellen (wie z. B. Psychologiestudenten) und daher ein Teil der Probleme der externen Validität geringer sein können.

Dieser Vorteil existiert natürlich nur dann, wenn die Surveypopulation eine Zufallsstichprobe darstellt. Bei selbst selektierten Stichproben, wie z. B. bei der Verwendung von internetbasierten Erhebungen für psychologische Experimente, geht dieser Vorteil verloren.[17] Gerade bei Web-Surveys ist mit einer Selbstselektion über Bildung, Schreib- und Lesefähigkeit, Farbsehvermögen und der Fähigkeit zur schnellen Gehirn-Muskel-Koordination zu rechnen. Zusätzlich wird die Ursache für die Bereitschaft zur Kooperation in einem psychologischen Experiment ohne die Anwesenheit eines Versuchsleiters auch viele weitere abhängige Variable beeinflussen.[18]

Trotz des Vorteils möglicher höherer externer Validität sind echte Experimente mit nicht selbst selektierten Stichproben aus der allgemeinen Bevölkerung aufgrund der hohen Kosten bislang selten.

3.3.3 Surveys innerhalb von Experimenten

Experimente, bei denen zufällig ausgewählte Personen zufällig einer Intervention unterworfen werden und andere zufällig ausgewählte Personen einer vergleichbaren Nicht-Intervention, sind im Vergleich zu anderen Untersuchungsformen sehr selten. In einigen Forschungsbereichen, wie z. B. in der Gesundheitsforschung oder in den Erziehungswissenschaften, sind solche Interventionsstudien („randomized controlled trials", RCT) häufiger als in den Sozialwissenschaften im engeren Sinn.[19] In solchen Studien können Surveys dann für Vor- und Nachhermessungen

---

lösen wollen. Ebenso irreführend ist die Bezeichnung von Befragungen mit Vignetten (vgl. Kapitel 4.7.2) als „experimentelle Surveys" (z. B. Sniderman/Grob 1996).

[17] Beispiele finden sich bei Skitka/Sargis (2006), allgemein vgl. Best/Krueger (2004) und Birnbaum (2004).

[18] Neben dem Selektionseffekt sind weitere Störfaktoren plausibel. So kann die Abwesenheit von Distraktoren ebenso wenig immer gesichert werden wie die erfolgreiche Implementierung des Stimulus oder die Ernsthaftigkeit der Teilnahme.

[19] vgl. z. B. Mosteller/Boruch (2002) und Torgerson u. a. (2005).

der Untersuchungsgruppen verwendet werden. Unter diesen besonderen Bedingungen sind Surveys dann Teil eines Experiments, wenn auch nur als Hilfsmittel zur Messung der abhängigen Variablen.

3.4 Forschungsdesigns mit standardisierten Befragungen

Bei Datenerhebungen mit standardisierten Befragungen wird in Hinsicht auf die zeitliche Dimension der Erhebung in der Regel zwischen Querschnittsstudien, Trendstudien und Panelstudien unterschieden. Querschnittsstudien werden nur zu einem Zeitpunkt erhoben; Trendstudien und Panelstudien stellen nach einiger Zeit wiederholte Querschnitte dar („recurring surveys"). Der Unterschied zwischen Trend- und Panelstudien besteht darin, dass bei einer Trendstudie unabhängige Stichproben verwendet werden, bei einer Panelstudie werden hingegen immer dieselben Objekte (Personen, Organisationen) untersucht.[20]

3.4.1 Querschnitts-Studien

Die häufigste Verwendung von Surveys besteht in einer Datenerhebung zu einem Zeitpunkt. Solche Studien werden Querschnittsstudien („cross-sectional studies") genannt. Das Hauptproblem von Querschnittsstudien besteht darin, dass lediglich Aussagen über den Zustand zu einem Zeitpunkt möglich sind. Um Vergleiche durchführen zu können, bleiben neben kaum begründbaren normativen Vergleichen nur wenige Möglichkeiten:

- Entweder man verwendet vorliegende ältere Vergleichsdaten („historische Kontrollen"),
- man versucht nachträglich Daten über frühere Zustände zu erheben oder
- man muss die Querschnittsuntersuchung in der Zukunft wiederholen.

Die Verwendung älterer Vergleichsdaten leidet unter der Möglichkeit, dass nur selten ausgeschlossen werden kann, dass eventuelle Unterschiede zwischen den Erhebungen auf Unterschiede in der Datenerhebung zurückzuführen sind.[21]

Am einfachsten mag die retrospektive Datenerhebung früherer Zustände erscheinen. Die bei Retrospektivbefragungen auftretenden Probleme sind jedoch

---

[20] In der Ökonometrie sind seit einigen Jahren die Begriff „pooled cross-sectional data", „pooled cross-sectional time series" und „repeated cross-sectional data" üblich. Diese leicht missverständliche Terminologie sollte besser vermieden werden, gemeint sind immer Trendstudien.

[21] Vgl. dazu die Diskussion im Abschnitt 3.4.2 und den Anhang N. Leider sind bei historischen Kontrollen weitere Artefaktquellen denkbar; dazu gehört z. B. die Möglichkeit, dass als historische Vergleichsdaten nur Messwerte für besonders erfolgreiche oder wenige erfolgreiche Objekte (z. B. Organisationen, Operationen oder Absolventen) vorliegen. Zu solchen Fehlerquellen vgl. Shadish/Cook/Campbell (2002).

3.4 Forschungsdesigns mit standardisierten Befragungen

erheblich (vgl. Kapitel 2.2). Neben der Tatsache, dass viele Ereignisse vergessen wurden, ist damit zu rechnen, dass Theorien der Befragten über frühere Zustände erfragt werden, aber nicht die früheren Zustände selbst. So werden z. B. auf Basis empirischer Studien retrospektiv erhobene Einstellungen in der wissenschaftlichen Literatur als wertlos in Hinsicht auf die Messung früherer Einstellungen betrachtet.

Damit verbleibt als Möglichkeit, sinnvolle Vergleiche trotz einmaliger Messung durchzuführen, nur die Wiederholung der Messung nach einiger Zeit. Solche Untersuchungsformen werden als „Trendstudien" bezeichnet.

3.4.2 Wiederholte, unabhängige Surveys: Trendstudien und replikative Surveys

Als Trendstudie werden zeitlich versetzte Erhebungen mit vergleichbarem Erhebungsprogramm bezeichnet. Die Stichproben sind dabei unabhängig, da immer andere Personen befragt werden.

Ein Beispiel für eine solche Trendstudie ist eine von Allerbeck/Hoag (1985a) 1983 replizierte Studie aus dem Jahre 1962. Dabei wurden mit einem nahezu identischen Fragebogen und nach den gleichen Auswahlprinzipien die Veränderungen von politischen Einstellungen, Berufswünschen u. a. von Jugendlichen ermittelt.

Bei Trendstudien kann man keine Veränderungen an einzelnen Individuen identifizieren. Feststellbar sind lediglich Veränderungen zwischen den Gesamtheiten der Befragten, also Veränderungen der Aggregatstatistiken.

Besonders interessant werden Trendstudien dann, wenn Veränderungen über lange Zeiträume mit vielen einzelnen wiederholten Surveys untersucht werden können.[22] Für solche Analysen benötigt man zahlreiche Datensätze mit möglichst vergleichbaren Datenerhebungen.

Trendstudien mit sehr ähnlichem Fragebogenprogramm, möglichst gleicher Art der Stichprobenziehung und mit zeitlich geringem Abstand werden auch als „wiederholte Querschnitte" oder „replikative Surveys" bezeichnet. Das bekannteste Beispiel in der Bundesrepublik sind die Erhebungen der „Allgemeinen Bevölkerungsumfrage der Sozialwissenschaften" (ALLBUS). Diese Trendstudie wird seit 1980 im Abstand von zwei Jahren wiederholt.

---

[22] Ein Beispiel für eine solche Studie stellt die Arbeit von Schnell/Kohler (1995) dar. Hier wurde der theoretisch erwartete Rückgang der Erklärungskraft sozio-demographischer Variablen für das Wahlverhalten durch die Analyse von 37 unabhängig erhobenen vergleichbaren Surveys untersucht. Die methodische Diskussion in diesem Artikel und in der Folge dieses Artikels zeigt einige methodische Probleme von Trendstudien und Möglichkeiten ihrer Kontrolle.

Für die Analyse replikativer Surveys gibt es spezielle Analysetechniken.[23] Alle Analysen stehen aber vor dem wesentlichen Problem dieses Forschungsdesigns: Bei einer eventuellen Veränderung zwischen zwei Zeitpunkten kann in der Regel nicht eindeutig geklärt werden, ob eine tatsächliche Veränderung stattgefunden hat oder ob die vermeintliche Veränderung auf unterschiedliche Erhebungsdetails zurückzuführen ist. Die Liste scheinbar kleiner Erhebungsdetails, die sich auf die Ergebnisse auswirken können, ist umfangreich.[24] Dazu gehören insbesondere die Veränderungen der Erhebungsbedingungen und der Messinstrumente im Laufe der Zeit.[25] Alle Trendstudien leiden an der großen Zahl möglicher Störfaktoren, die den Vergleich der Ergebnisse der Erhebungen erschweren können.

Diesem Nachteil in der Aussagekraft steht jedoch ein erheblicher forschungsökonomischer Vorteil gegenüber: Bei gleicher Fallzahl und gleicher Erhebungsweise sind Trendanalysen immer mit geringeren Kosten verbunden als Panelstudien.[26]

3.4.3 Wiederholte, abhängige Surveys: Panelstudien

Als Panelstudien werden Untersuchungen bezeichnet, die an denselben Untersuchungsobjekten mehrere Datenerhebungen durchführen.[27] Untersuchungsobjekte sind in der Regel Personen, gelegentlich aber auch Organisationen (z. B. Betriebe). Die Datenerhebungen (die sogenannten „Panelwellen") erfolgen zumeist in größerem zeitlichem Abstand. In der Regel wird ein Teil der gewünschten Informationen in jeder Welle erneut erfragt, zusätzlich werden zumeist pro Erhebungswelle einige zusätzliche Informationen nur einmal erhoben.

Panelstudien eignen sich in besonderem Maße zur Beschreibung und Analyse von individuellen Veränderungen im Laufe der Zeit. Entsprechend finden sich Panelstudien vor allem in Forschungsgebieten, bei denen solche Veränderungen

---

[23] Für die Analyse der Daten replikativer Surveys empfiehlt sich die Verwendung eines Datensatzes, der die Ergebnisse aller replikativen Surveys als Mikrodatensätze enthält. In diesem Fall lassen sich vor allem statistische Regressionsmodelle besonders effizient einsetzen, vgl. hierzu Firebaugh (1997).

[24] Eine solche Liste möglicher Ursachen für Unterschiede zwischen Surveys findet sich im Anhang N.

[25] Als Warnung vor voreiligen Interpretationen soll als Beispiel auf eine Studie von Schnell/Kreuter (2000b) hingewiesen werden: Diese Studie konnte zeigen, dass zwischen zwei Surveys, die zum gleichen Zeitpunkt vom gleichen Institut mit denselben Fragen und vergleichbaren Stichproben durchgeführt wurden, unvereinbare Ergebnisse erzielt wurden. Die Ursache für diese Unterschiede lag vermutlich vor allem in der unterschiedlichen Entlohnungsweise der Interviewer.

[26] Der Hauptgrund besteht darin, dass der Aufwand zum Ausgleich der Panelausfälle (Panel-Attrition) durch Panelpflege entfällt, vgl. hierzu Kapitel 13.5.

[27] In der ökonometrischen Literatur werden Panels häufig als „cross-sectional time series" bezeichnet. Im Zusammenhang mit Mikrodaten ist dies eine leicht missverständliche Terminologie, die man besser vermeiden sollte.

3.4 Forschungsdesigns mit standardisierten Befragungen

von zentralem Interesse sind. Dazu gehören medizinische und entwicklungspsychologische Fragestellungen sowie Untersuchungen zu Veränderungen der Stellung im Lebenszyklus (Dauer der Berufsausbildung und Jobsuche, Zeitpunkt der Heirat etc.). Aus diesem Grund spielen Panelstudien in der amtlichen Statistik eine besondere Rolle.[28] Für Planungszwecke benötigen staatliche Verwaltungen eine Reihe von Daten über individuelle Veränderungen, die in fast allen modernen Gesellschaften typischerweise nicht durch Zensuserhebungen, sondern durch Panelerhebungen gewonnen werden. Zu diesen Problemen gehören vor allem Informationen über individuelle Veränderungen in folgenden Bereichen:

- Gesundheitszustand der Bevölkerung,
- Ausmaß und Art der Altersversorgung,
- Ausmaß und Schwere der Pflegebedürftigkeit,
- Ausmaß und Art der Beschäftigungsverhältnisse,
- Einkommensentwicklung,
- Wohnungsversorgung,
- Räumliche Mobilität der Bevölkerung,
- Entwicklung der Integration von Ausländern,
- Heirats- und Scheidungsverhalten und
- Ausmaß und Entwicklung der Opferwerdung bzw. der Straffälligkeit.

Diese keineswegs vollständige Liste zeigt, dass der Schwerpunkt dieser Fragestellungen auf der Analyse sozialen Wandels liegt.[29] Panels sind daher in der angewandten Sozialforschung für die Beurteilung des Effekts politischer Maßnahmen unverzichtbar.[30] Aufgrund dieser zentralen Bedeutung wurde dem Design, der Durchführung und Analyse von Panelstudien in der wissenschaftlichen Literatur der letzten 20 Jahre besondere Aufmerksamkeit gewidmet. Einzelheiten finden sich im Kapitel 13.

---

[28] Eine Übersicht über Panelstudien in der amtlichen Statistik der Bundesrepublik findet sich bei Gramlich u. a. (2009).
[29] Diese Liste basiert auf den Beispielen bei Burkhauser/Smeeding (2000), vgl. auch Rose (2000:28).
[30] Neben der akademischen Forschung mit Panels gibt es einen ökonomisch bedeutsamen Bereich der Marktforschung mit Panels. Zwar spielen hier methodisch oft bedenkliche Access-Panels eine wachsende Rolle, es gibt aber auch hier zahlreiche Beispiele für methodisch interessante Panelstudien. Eine Einführung für amerikanische Studien geben Sudman/Wansink (2002); eine detailliertere und auf die Bedingungen in der Bundesrepublik bezogene Darstellung ist das Buch von Günther/Vossebein/Wildner (2006).

3.4.4 Vor- und Nachteile von Panelstudien und replikativen Surveys

Panelstudien und replikative Surveys bieten spezifische Vor- und Nachteile, die bei einer geplanten Erhebung über die Zeit gegeneinander aufgewogen werden müssen.[31]

Veränderungen der Grundgesamtheit Panelstudien können schwerer an Veränderungen der Grundgesamtheit angepasst werden als Querschnitte. Bei lang laufenden Studien können diese Veränderungen gravierend sein: Die Wiedervereinigung Deutschlands oder Veränderungen in der Asylpolitik sind Beispiele für Veränderungen der zumeist intendierten Allgemeinbevölkerung als angestrebte Grundgesamtheit. Während bei wiederholten Querschnitten nur eine Aktualisierung der Auswahlgrundlagen erforderlich ist, müssen in einem Panel Zusatzstichproben gezogen werden. In der Regel sind dadurch arbeitsintensive Neuberechnungen der Gewichte der Teilstichproben nötig.

Veränderungsmessung Querschnitte eignen sich vor allem zur Identifikation von Nettoveränderungen, also z. B. einer Veränderung einer Arbeitslosenquote von 10% auf 12%. Wie viele Personen zwischen zwei Messzeitpunkten arbeitslos waren und wie viele Personen neu arbeitslos wurden, lässt sich mit Querschnittsdaten allein nicht beantworten. Hierzu eignen sich Paneldaten deutlich besser. Allerdings weisen vor allem Panelstudien das Problem auf, dass die Befragten sich allein durch die wiederholte Befragung verändern („panel conditioning",vgl. Kapitel 13.3). Die Erhebung von Daten über Verläufe ist bei Querschnitten nur durch Retrospektivfragen möglich. Aufgrund der zahlreichen Fehlerquellen bei Retrospektivfragen sind Panelstudien hier deutlich überlegen. Ebenso bieten Panelstudien die Möglichkeit, eventuelle Widersprüche in den Angaben der Befragten (z. B. in Hinsicht auf eine Datierung) zu entdecken und zu korrigieren („dependent interviewing", vgl. Kapitel 4.7.4). Panelstudien bieten darüber hinaus die Möglichkeit, Messfehlermodelle zur Trennung von tatsächlichen Veränderungen und Messfehlern zu entwickeln und zu testen.[32] Schließlich benötigt man statistisch zur Entdeckung einer tatsächlichen Veränderung zwischen zwei Messzeitpunkten bei einem Panel weniger Fälle als bei wiederholten Querschnitten.[33]

---

[31] Dieser Abschnitt basiert auf einer Übersichtstabelle bei Tourangeau (2003).
[32] Ohne die Existenz und Zugänglichkeit „wahrer Werte" kann nur durch wiederholte Messungen eine Schätzung des Anteils der Fehlervarianz an der gesamten Varianz erfolgen (vgl. Bohrnstedt 1983). Allgemein zu den Formen dieser Messfehlermodelle in Hinsicht auf Surveys vgl. Alwin (2007).
[33] Etwas technischer ausgedrückt: Die Mächtigkeit eines Tests („Power", d. h. die Wahrscheinlichkeit, keinen Fehler zweiter Art zu begehen (also einen tatsächlich vorhandenen Effekt auch zu entdecken:

Seltene Populationen Die Stichprobengröße bei Panelstudien liegt bei Beginn der Datenerhebung weitgehend fest. Ist man an seltenen Subgruppen interessiert, dann wächst die Zahl der interessierenden Personen im Laufe des Panels nur in einigen, nicht in allen Subgruppen.[34] Bei wiederholten Querschnitten wird die Zahl interessierender Personen im Laufe der Zeit anwachsen, da die Fälle über die Wellen hinweg kumuliert werden können. Auf diese Weise erreicht man rasch Fallzahlen, die ansonsten nur durch problematische Screeninginterviews oder kaum finanzierbare Stichprobengrößen erreichbar wären.

Erhebungstechnische Unterschiede Panelstudien benötigen eine längere Vorlaufzeit bei der Planung als Querschnitte, da z. B. im Fall eines Umzugs die Anschriften der Befragten neu ermittelt, entsprechende Datenschutzkonzepte entwickelt und vorgelegt werden müssen und das Datenbankmanagement wesentlich anspruchsvoller ist als bei Querschnitten (Schnell 2004). Ebenso ist der Wechsel des Erhebungsinstituts bei Panelstudien zwischen den Wellen aufwändiger als bei einer Studie mit Querschnittserhebungen; unabhängige Replikationen eines Ergebnisses sind bei Panelstudien daher nahezu unmöglich. Nicht zuletzt ist die objektive Belastung der Befragten durch die Befragung bei Querschnitten geringer.

Kosten Die Kosten für replikative Surveys liegen höchstens bei dem der Zahl der Wellen entsprechenden Vielfachen einer einfachen Erhebung; die Kosten für eine Panelstudie liegen in der Regel aufgrund der Kosten für den Erhalt des Panels über die Zeit („Panelpflege", vgl. Kapitel 13.5.7) deutlich darüber.[35]

3.4.5 Kombinationen von Panelstudien und replikativen Surveys

Erscheint die Veränderung der untersuchten Personen durch die wiederholte Teilnahme am Panel als wahrscheinlich, dann liegt es nahe, ein Panel mit unabhängigen Querschnitten zu ergänzen (vgl. Abbildung 3.1). Durch eine solche Kombination

---

1- β)) ist bei einem Panel bei gleicher Fallzahl höher. Die Größe dieses Gewinns hängt von der Korrelation zwischen den beiden Messungen ab.

[34] Je nach dem Haushaltskonzept und den Tracking-Regeln eines Panels kann zwar theoretisch die Zahl der Personen in einem Panel über die Zeit anwachsen; faktisch wird aber gerade bei seltenen Populationen der Verlust durch Panelausfälle größer sein als der Gewinn an Personen durch Neuaufnahme in einen Befragungshaushalt (vgl. zu den Effekten dieser Regeln allgemein Schonlau/Watson/Kroh 2011). Die Zahl der Angehörigen einer Subgruppe wächst eher durch Lebensereignisse, die eine Subgruppe definieren, wie z. B. Erkrankungen oder das Absolvieren von Statuspassagen.

[35] Darüber hinaus ist in manchen Kontexten die Tatsache, dass das Datenmanagement, die Datendokumentation, die Datenbereinigung durch zusätzliche Konsistenzprüfungen und die Datenanalyse bei Panelstudien deutlich aufwändiger ist als bei replikativen Surveys ein Argument gegen Panelstudien.

	t_1	t_2	t_3	t_4	t_5
Panel	•	•	•	•	•
Querschnitt 1	•				
Querschnitt 2		•			
Querschnitt 3			•		
Querschnitt 4				•	
Querschnitt 5					•

Tabelle 3.1: Kombination eines Panels mit Querschnitten

können sowohl Veränderungen in Einstellungen und Verhaltensweisen durch die Panelteilnahme sowie selektive Ausfälle („Panel-Attrition") kontrolliert als auch intraindividuelle Veränderungen untersucht werden. Für die Evaluation politischer Maßnahmen sind solche Designs daher unverzichtbar.

4 Fragen

Bevor auf spezielle Frageformen eingegangen werden kann, müssen zunächst einige Regeln über die Formulierung von Fragen und Antworten dargestellt werden, die für fast alle Arten von Fragen gelten.

4.1 Frage- und Antwortformulierung

Die folgenden Hinweise zur Frage- und Antwortformulierung beziehen sich auf die Wortwahl und den Satzbau zu stellender Fragen und vorzugebender Antwortalternativen. Das Problem der Wortwahl („Wording") ist sowohl Bestandteil der Kunstlehre des Interviews wie auch Anlass für eine Vielzahl experimenteller Untersuchungen.

Traditionellerweise werden in Anlehnung an Payne (1951) für die Frageformulierung eine Reihe von Faustregeln gegeben:[1]

- Fragen sollten einfache Wörter enthalten;[2] d. h. im Wesentlichen: keine Verwendung von nicht gebräuchlichen Fachausdrücken, keine Verwendung von Fremdworten, keine Verwendung von Abkürzungen oder Slangausdrücken.
- Fragen sollten kurz formuliert werden.[3]
- Fragen sollten konkret sein; d. h. die Frage „Wie zufrieden sind Sie mit Ihrer Arbeitssituation?" ist besser als die Frage „Wie zufrieden sind Sie mit Ihrem Leben?"; abstrakte Begriffe sollten in konkrete überführt werden.
- Fragen sollten keine bestimmte Beantwortung provozieren (Vermeidung von „Suggestivfragen"); die Frage „Haben Sie je den Film 'Vom Winde verweht' gesehen?" ist besser als die Formulierung: „Den Film 'Vom Winde verweht' haben mehr Menschen gesehen, als jeden anderen Film dieses Jahrhunderts. Haben Sie diesen Film gesehen?"
- Fragen sollten neutral formuliert sein, also keine „belasteten" Wörter (wie z. B. „Kommunist", „Bürokrat", „Boss", „Freiheit", „Leistungswille" oder „Ehrlichkeit") enthalten.

---

[1] vgl. Dillman (1978:95), Converse/Presser (1986). Der folgende Absatz wurde Schnell/Hill/Esser (2008:334–335) entnommen.
[2] Damit ist vor allem in der amerikanischen Literatur gemeint, dass Wörter, die in Fragen verwendet werden, schon bei einem Umfang von 7–8 Buchstaben durch kürzere Wörter ersetzt werden sollen.
[3] Payne (1951:136) bezeichnet die Verwendung von 20 Wörtern in einer Frage als Höchstgrenze.

- Fragen sollten nicht hypothetisch formuliert werden; d. h. Fragen wie „Angenommen, Sie würden im Lotto gewinnen, würden Sie das Geld sofort ausgeben oder würden Sie das Geld sparen?" sind unsinnig.
- Fragen sollten sich nur auf einen Sachverhalt beziehen (Vermeidung von Mehrdimensionalität); die Frage „Würden Sie Marihuana zwar für den Gebrauch im Privatbereich, nicht aber für Gebrauch in der Öffentlichkeit legalisieren wollen?" ist eine Frage nach zwei Sachverhalten, sie sollte in zwei Fragen überführt werden.
- Fragen sollten keine doppelten Negationen enthalten.
- Fragen sollten den Befragten nicht überfordern; z. B. erfordert die Frage „Wie viel Prozent Ihres monatlichen Einkommens geben Sie für Miete aus?" die Berechnung eines Prozentsatzes; besser wäre eine Frage nach der Höhe des Einkommens und eine zweite Frage nach der Höhe der Miete. Aus dem gleichen Grund sollten Fragen nach dem „Durchschnitt" vermieden werden.
- Fragen sollten zumindest formal "balanciert" sein, d. h. in der Frage sollten alle – negativen und positiven – Antwortmöglichkeiten enthalten sein, um die gleichwertige Berechtigung jeder vom Befragten gewählten Antwort zu demonstrieren. In einfachster Form sollte einer Frage wie „Sollte Frauen in den ersten Wochen einer Schwangerschaft ein Schwangerschaftsabbruch auf Wunsch erlaubt werden oder sollte dies nicht erlaubt sein?" der Vorzug vor einer Frage gegeben werden, die nur eine der Entscheidungsmöglichkeiten formuliert.

Ähnlich wie bei den Regeln für die Formulierung von Fragen haben sich im Laufe der Jahre einige Regeln für die Formulierung von Aussagen bei Einstellungsfragen („Statements") bewährt.[4,5]

Vermieden werden sollen danach Statements,
- die sich auf die Vergangenheit statt auf die Gegenwart beziehen;
- die Tatsachen beschreiben oder als Tatsachenbeschreibung aufgefasst werden können;
- die vom Befragten nicht eindeutig interpretiert werden können;
- die sich nicht auf die Einstellung beziehen, die erhoben werden soll;
- denen alle oder keine Befragten zustimmen.

---

[4] Der folgende Absatz wurde Schnell/Hill/Esser (2008:180) entnommen.
[5] Diese Zusammenstellung beruht auf Regeln, die von verschiedenen Skalenkonstrukteuren zwischen 1929 und 1948 vorgeschlagen wurden, vgl. Edwards (1957:13-14).

Statements sollten

- den gesamten affektiven Bereich der interessierenden Einstellung abdecken;
- einfach, klar und direkt formuliert sein;
- kurz sein und nur in Ausnahmefällen mehr als 20 Wörter umfassen;
- immer nur einen vollständigen Gedanken enthalten;
- keine Wörter wie „alle", „immer", „niemand" und „niemals" enthalten;
- Wörter wie „nur", „gerade" und „kaum" nur in Ausnahmefällen enthalten;
- aus einfachen Sätzen und nicht aus Satzgefügen oder Satzverbindungen bestehen;
- keine Wörter enthalten, die den Befragten unverständlich sein könnten;
- keine doppelten Verneinungen enthalten.

4.2 Frageformen

Fragen lassen sich nach zahllosen Kriterien klassifizieren. Eine Reihe systematischer Klassifikationskriterien hat sich dabei als sinnvoll herausgestellt.[6] Diese Kriterien lassen sich in einer sinnvollen Folge anordnen, so dass ein Klassifikationsbaum entsteht (vgl. Abbildung 4.1).

4.3 Formen von Antwortvorgaben

Zunächst wird traditionell zwischen „offenen" und „geschlossenen" Fragen unterschieden.

4.3.1 Offene Fragen

Bei „offenen" Fragen werden den Befragten keine Antwortkategorien vorgegeben. In der Forschungspraxis werden offene Fragen vor allem dann verwendet, falls

1. im Rahmen explorativer Studien die möglichen Antworten tatsächlich unbekannt sind,
2. die Antwortvorgabe das Antwortverhalten in keiner Weise beeinflussen soll oder
3. eine sehr große Zahl möglicher Ausprägungen der Antwort erwartet wird.

---

[6] Daneben gibt es zahlreiche weitere Klassifikationen von Fragen, denen aber kaum eine Systematik zugrunde liegt. In solchen Klassifikationen finden sich zum Teil absurde Bezeichnungen wie „Skalierungsfragen" oder „Kontrollfragen", bei denen z. B. das potentielle Ergebnis einer Datenanalyse oder die beabsichtigte Funktion einer Variablen während der Datenanalyse gleichberechtigt neben Bezeichnungen der Eigenschaften einer Frage aufgezählt werden.

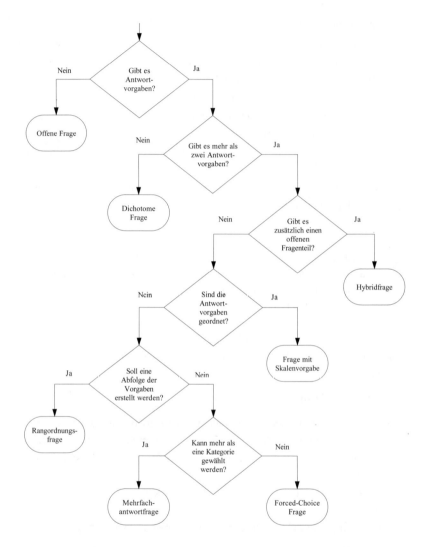

Abbildung 4.1: Klassifikation von Fragetypen anhand der Antwortvorgabe

4.3 Formen von Antwortvorgaben

Der letztgenannte Grund ist der unproblematischste. Eine hohe Zahl möglicher Ausprägungen wird vor allem bei Produktbezeichnungen sowie bei Identifikatoren wie Vornamen, Geburtsorten, Telefonnummern, Sozialversicherungsnummern erwartet. Die Beantwortung solcher Fragen sowie deren Erfassung und Codierung der Antworten ist in der Regel einfach.[7]

Der Hauptvorteil offener Fragen wird häufig darin gesehen, dass der Befragte innerhalb seines eigenen Referenzsystems antworten kann, er also durch die Antwortvorgaben keine zusätzlichen Hinweise, die seine Antworten beeinflussen könnten, erhält. Bei der Bewertung dieses Arguments sollten zwei verschiedene Frageformen unterschieden werden: Fragen nach momentanen Bewusstseinsinhalten einerseits und Fragen nach Häufigkeiten andererseits.

Fragen nach momentanen Bewusstseinsinhalten Zu den Fragen nach momentanen Bewusstseinsinhalten gehören z. B. Fragen nach denjenigen politischen Problemen, die dem Befragten am wichtigsten scheinen oder denjenigen Erkrankungen, die ihn am meisten beschäftigen. Zwar legt eine offene Frage dieser Art keine besondere Antwort nahe, unterstellt aber, dass der genannte Problemkreis für den Befragten eine Rolle spielt bzw. alle Befragten die gleiche Disposition besitzen, die Irrelevanz des Problemkreises zu bekunden. Möglicherweise generiert allein die Frage danach, ob es irgendein Problem gibt, das den Befragten beschäftigt, schon einen kognitiven Suchprozess, der ohne Frage nicht abgelaufen wäre.[8] Es scheint daher durchaus fraglich, ob die Hypothese, dass spontane Bewusstseinsinhalte durch offene Fragen erfasst werden können, überhaupt empirisch geprüft werden kann.[9]

Häufigkeitsfragen Fragen nach Verhaltenshäufigkeiten („Behavioral Frequency Questions") sind in Befragungen oft zu finden (vgl. auch Kapitel 2.3.2.1). Bei solchen Fragen versucht man, den Befragten keine Informationen über „übliche"

---

[7] Die Frage nach Identifikatoren in allgemeinen Surveys mag zunächst überraschen. Der Name des Geburtsortes wird häufig zur Feststellung des Migrationshintergrundes für ein Screening-Verfahren verwendet, da bei „naturalisierten" Ausländern die Staatsangehörigkeit dafür keinen Anhaltspunkt mehr gibt. Vornamen von Kindern wurden nach einer bemerkenswerten Analyse von Lieberson (2000) zu einer eigenen Forschungsrichtung des Studiums sozialen Wandels. Fragen nach numerischen Identifikatoren wie z. B. der Sozialversicherungsnummer sind für Studien, die vorhandene Datenbanken mit Befragungsdaten verknüpfen („Record-Linkage") unverzichtbar.

[8] Eine vergleichbare Situation ergab sich für projektive Tests, deren überaus zweifelhafte Validität zu ihrer vollständigen Vermeidung in wissenschaftlichen Kontexten geführt hat.

[9] vgl. hierzu auch Geer (1988, 1991).

Häufigkeiten allein durch die Antwortkategorien zu geben.[10] Gefragt wird in solchen Fällen z. B. mit einer offenen Frage, wie häufig man aufgrund eines Streites nicht mit seinem Ehepartner spricht. Der Befragte soll entsprechend seiner persönlichen Häufigkeitsskala antworten (also z. B. von „nie", über „mindestens einmal pro Woche" bis „alle paar Stunden"). Solche Antworten lassen sich dann nachträglich in eine für alle Befragten gemeinsame Häufigkeitsskala umrechnen. Fragen nach der Häufigkeit von Verhaltensweisen sind die einzigen Fragen, für die die Anwendung von Fragen mit offenen Antworten uneingeschränkt empfohlen werden kann.

Offene Fragen zur Exploration Damit bleibt als letzter Grund der explorative Charakter einer Studie für den Fall, dass die möglichen Antworten unbekannt sind. Die Verwendung offener Fragen in explorativen Befragungen ist dann unproblematisch, wenn man den explorativen Charakter der Studie nicht aus dem Auge verliert. Wird weder nach Identifikatoren noch nach Häufigkeitsfragen gefragt, dann sind die Antworten der Befragten auf offene Fragen nicht ohne weitere Klärung vergleich- und verallgemeinerbar. Für die Begründung dieses Satzes muss auf die Probleme der Anwendung offener Fragen eingegangen werden.

4.3.2 Probleme bei der Anwendung offener Fragen

Offene Fragen werfen eine Reihe von Problemen auf. Die Art dieser Probleme unterscheidet sich zum Teil zwischen den Befragungsmodi.

Bei schriftlichen Befragungen verlangen Antworten auf offene Fragen die Fähigkeit und Bereitschaft der Befragten, handschriftlich bzw. mit einer Tastatur eine Antwort niederzuschreiben. Beide Voraussetzungen können nicht für alle Befragten als selbstverständlich vorausgesetzt werden. So wird für Web-Surveys ein erhöhtes Risiko des Abbruchs der Befragung bei offenen Fragen berichtet.[11] Generell kann nicht davon ausgegangen werden, dass die Motivation zur Beantwortung offener Fragen über alle Subgruppen der Befragten gleich ist. Dies kann zu erheblichen Verzerrungen führen. So berichten Poncheri u. a. (2008) für einen Survey in einer

---

[10] Diese Empfehlung findet sich in der Literatur spätestens bei Sudman/Bradburn (1982). Interessanterweise haben Kognitionspsychologen sehr viel später ihre oft zitierten dramatischen Effekte in der Variation der Antworten durch Variation der Antwortskala mit Fragen erzielen können, die dieser Empfehlung widersprachen.

[11] Peytchev (2009:91) berichtet aufgrund der Analyse zweier zusammengefasster Web-Surveys von mehr als einer Verdopplung der Wahrscheinlichkeit eines Abbruchs der Befragung bei einer offenen Frage. Insgesamt lagen die Abbruchquoten in den vier verwendeten Stichproben zwischen 8 und 15.8%.

4.3 Formen von Antwortvorgaben

militärischen Organisation mit 661 Befragten (Responserate 77%), dass vor allem Unzufriedene Kommentare in offenen Fragen abgaben, diese Kommentare eher negativ waren und die Länge der Kommentare mit dem Grad der Unzufriedenheit anstieg.

Bei Verwendung von Interviewern zeigt sich häufig ein anderes Motivationsproblem: Interviewer neigen dazu, die Antworten der Befragten nicht wörtlich wiederzugeben, sondern nur als Schlagwort.[12] Weiterhin ist vielen Befragten bei offenen Fragen die von ihnen erwartete Art der Antwort nicht klar; daher wird dann der Interviewer um Klärung gebeten. Die Interviewer erklären die Aufgabenstellung dann häufig auf ihre spezielle Art und Weise: Sollte dieser Mechanismus tatsächlich so ablaufen, dann müssten sich große Unterschiede zwischen den Interviewern zeigen. Tatsächlich konnten Schnell/Kreuter (2001) zeigen, dass Interviewereffekte bei offenen Fragen deutlich stärker waren als bei Fragen mit vorgegebenen Antwortkategorien (vgl. Kapitel 8.5.3).

Sowohl die fehlende Motivation der Befragten als auch die fehlende Motivation der Interviewer können so zu systematischen Ausfällen von Antworten führen.

Bei persönlicher oder telefonischer Anwesenheit eines Interviewers scheinen Befragte eher längere Antworten bei längeren Fragen zu geben. Hierfür gibt es zwei mögliche Erklärungen: Durch den längeren Fragetext hat der Befragte mehr Zeit zum Nachdenken und bekommt mehr Erinnerungsstimuli, daher fällt ihm möglicherweise mehr ein als bei einer kurzen Frage. Zweitens könnte es als unhöflich wahrgenommen werden, wenn man auf eine lange Frage nur einsilbig antwortet. Weder der Mechanismus noch das Ausmaß dieser Effekte wurden bislang systematisch untersucht.

Die Analyse der Antworten auf offene Fragen besteht nahezu immer in der nachträglichen Kategorisierung der Antworten.[13] Technisch gibt es zahlreiche

---

[12] Üblicherweise verlangt das Interviewertraining eine vollständige wörtliche Mitschrift der Antworten des Befragten; die Antworten aller Befragten werden dann einheitlich zentral und möglichst durch mehrere Codierer für jede einzelne Antwort codiert („Office Coding"). So lässt sich auch nachträglich die Zuverlässigkeit der Codierung belegen. Wird die Codierung (also Zusammenfassung oder Reduktion auf Schlagworte) hingegen vom Interviewer vorgenommen („field coding"), sind mögliche Interviewereffekte von den Antworten der Befragten nicht mehr eindeutig zu trennen, daher bevorzugt man in der Regel eine zentrale Codierung.

[13] Einige elektronische Befragungssysteme bieten für CATI- und CAPI-Befragungen die Möglichkeit, die Antworten der Befragten auf offene Fragen als Audiodatei aufzuzeichnen. Da dies weder die Codierungsprobleme löst, noch bisher geringere Verzerrungseffekte gezeigt werden konnten, hingegen aber zusätzliche Datenschutzprobleme entstehen (die Befragten müssen auf die Aufzeichnung aufmerksam gemacht werden), spielen solche technischen Möglichkeiten in der Forschungspraxis

Möglichkeiten. Man kann solche Recodierungen vollständig manuell durchführen oder die sogenannten „String-Funktionen" der Datenanalysesysteme (z. B. SAS, SPSS und Stata) verwenden.[14] Ebenso kann man eigenständige quantitative Inhaltsanalyseprogramme einsetzen[15] oder entsprechende Analyseprogramme in einer Skriptsprache wie AWK, Perl oder Python schreiben.[16] Neben exorbitant teuren kommerziellen Programmen für die Analyse der Antworten auf offene Fragen gibt es funktional mindestens gleichwertige kostenlose akademische Programme.[17] Wie immer man die Codierung auch durchführt: Dies ist in jedem Fall ein arbeitsaufwändiger und fehleranfälliger Prozess.

Die zahlreichen Probleme offener Fragen haben bei professionellen Surveys eher zur Meidung offener Fragen geführt. Bei wissenschaftlichen Befragungen ging der Anteil offener Fragen in den letzten 60 Jahren deutlich zurück.[18] Aufgrund des vergleichsweise hohen Aufwands durch Schulung und Überwachung der Interviewer und der Kosten der nachträglichen Vercodung der Antworten bei offenen Fragen berechnen kommerzielle Institute in der Regel für die Erhebung offener Fragen mindestens das Doppelte wie für die Erhebungen einer geschlossenen Frage mit mehreren Antwortkategorien.

4.4 Geschlossene Fragen

Geschlossene Fragen enthalten eine für jeden Befragten gleiche Anzahl von Antwortmöglichkeiten, die jedem Befragten in der gleichen Reihenfolge präsentiert werden. Geschlossene Fragen sind die Standardform von Fragen in Surveys.

4.4.1 Dichotome Fragen

Bei „dichotomen" Fragen besteht die Antwortvorgabe aus zwei Alternativen. Häufig handelt es sich dabei um die Alternativen „ja-nein" oder „vorhanden-nicht vorhanden". Die Verwendung dieses Fragetyps setzt voraus, dass die vorgege-

---

keine Rolle.
[14] So verwendete Schnell (2002a) die Funktion „substr" in Stata, um nach Schlüsselwörtern in den offen formulierten Qualifikationsprofilen aller 2001 gemeldeten 2982 arbeitslos gemeldeten Sozialwissenschaftler zu suchen.
[15] Einen Überblick über die Anwendung solcher Programme gibt Popping (2000); neuere Programme findet man mithilfe von Suchmaschinen mit dem Stichwort „content analysis software".
[16] Beispiele für die Verwendung von AWK finden sich bei Schnell (1997b); eine auf die Verarbeitung von Texten ausgerichtete Einführung in Python gibt Mertz (2003).
[17] Zu den kostenfreien Programmen gehört z. B. AnSWR des CDC (www.cdc.gov).
[18] Der Anteil offener Fragen in professionellen Surveys ist gering (Caplovitz 1983:119) und seit den 40er Jahren von 16% auf 3% gefallen (vgl. auch Smith 1987:S106).

4.4 Geschlossene Fragen

nen Alternativen sich tatsächlich vollständig gegenseitig ausschließen und keine weitere Antwortmöglichkeit existiert.[19]

4.4.2 Ungeordnete mehrkategorielle Antwortvorgaben

Fragen mit zahlreichen ungeordneten Antwortkategorien enthalten zumeist längere Listen möglicher Antworten. In der Regel wird der Befragte gebeten, ein Element aus dieser Liste als zutreffend auszuwählen.[20]

Das Problem solcher längerer Listen von Antwortmöglichkeiten besteht darin, dass die Position einer Antwortmöglichkeit die Wahrscheinlichkeit, dass die Antwort gewählt wird, beeinflussen kann. Werden Antworten am Beginn der Liste häufiger gewählt als die gleichen Antworten am Ende der Liste, spricht man von einem „Primacy-Effekt"; werden Antwortmöglichkeiten am Ende der Liste häufiger gewählt, spricht man von einem „Recency-Effekt" (Krosnick/Alwin 1987). Die Erklärung für beide Effekte ist „satisficing" (vgl. Kapitel 2.3.2). Da die Kosten, die durch die Wahl einer nicht optimalen Antwort für den Befragten bei Befragungen in der Regel gering sind[21], kann der Befragte die erste akzeptable Antwort wählen bzw. (bei persönlichen Interviews) eine der zuletzt gehörten Antwortalternativen. Je nach Motivation, Länge der Liste und Erhebungsmodus ist also eher mit Recency-Effekten (persönliche Interviews) oder mit Primacy-Effekten (schriftliche Interviews) zu rechnen.[22]

---

[19] Dies kann z. B. bei dem exotischen Frageformat der sogenannten „Dialogfrage" nicht garantiert werden. Bei dieser Frageform werden stilisierte Abbildungen zweier fiktiver Personen mit Sprechblasen dargestellt. Die Befragten sollen entscheiden, welcher Aussage sie eher zustimmen. Diese Frageform findet sich weltweit fast ausschließlich in den Erhebungen des Allensbacher Instituts für Demoskopie. Entsprechend existieren keine Vergleichsuntersuchungen mit Erhebungen anderer Frageformen mit anderen Instituten. Ergebnisse auf der Basis solcher Fragen sollten daher mit großer Vorsicht interpretiert werden. Bei der Planung eigener Erhebungen sollte aufgrund der völlig ungeklärten Eigenschaften dieser Frageform auf diese vollkommen verzichtet werden.

[20] Sollten mehrere Antwortmöglichkeiten für einen Befragten zutreffen, so wäre zu prüfen, ob die Abfrage als Block dichotomer Fragen mit den Antwortmöglichkeiten „trifft zu"/"trifft nicht zu" geeigneter wäre.

[21] Dies variiert natürlich zwischen den Themen der Erhebungen: So könnte man vermuten, dass dieser Effekt bei klinischen Befragungen (Erkrankte, mit Therapieziel) deutlich geringer ist als bei epidemiologischen Befragungen (Gesunde und Erkrankte, ohne Therapieziel). Bislang wurden hierzu kein ,e Studien publiziert.

[22] Die Diskussion um Ursachen und Mechanismen dieser Effekte ist nicht abgeschlossen, vgl. Tourangeau u. a. (2000).

Diese Effekte können auf verschiedene Art angegangen werden:
- Verwendung mehrerer Frageversionen mit veränderten Abfolgen in zufällig ausgewählten Subgruppen der Befragten,
- automatische zufällige Anordnung der Antwortmöglichkeiten bei Verwendung von Befragungssystemen,
- Verwendung von Befragungshilfen wie gedruckten Listen der Antwortmöglichkeiten, die den Befragten in die Hand gegeben werden, oder die Verwendung eines Satzes von Kärtchen mit Antwortmöglichkeiten, die zufällig gemischt vor den Befragten auf den Tisch gelegt werden,
- Maßnahmen zur Verringerung des Satisficing z. B. durch eine Betonung der Wichtigkeit der Genauigkeit der Antwort für genau diese Frage,
- Veränderung der Frageform zu einer offenen Frage,
- Veränderung der Frageform zu einer Reihe dichotomer Fragen oder
- Veränderung der Frageform zu einer Serie von Filterfragen.

Welche der Maßnahmen sich in einem gegebenen Fall eignet, hängt von vielen Besonderheiten ab.

4.4.3 Geordnete mehrkategorielle Antwortvorgaben

Zu dieser Klasse von Antwortvorgaben zählen vor allem Beurteilungsskalen aller Art („Rating-Skalen"). Entsprechend dem allgemeinen Modell der Beantwortung einer Frage muss ein Befragter zur Beantwortung einer Rating-Skala zunächst die eigene Einstellung feststellen und dann eine Entsprechung zwischen der Einstellung und der Antwortskala herstellen. Hierzu müssen Rating-Skalen eine Reihe von Voraussetzungen erfüllen (Krosnick/Judd/Wittenbrink 2005:36):
- Die Antwortskala muss das gesamte mögliche Antwortkontinuum abdecken.
- Die Antwortskala sollte ordinal erscheinen; daher sollte sich die Bedeutung benachbarter Skalenpunkte kaum überschneiden.
- Jeder Befragte sollte daher eine präzise und stabile Interpretation der Bedeutung jedes Skalenpunktes besitzen.
- Die Befragten sollten in der Interpretation der Skalenpunkte übereinstimmen.

Obwohl die Überprüfung dieser Annahmen unter anderem durch die Entwicklung neuer statistischer Verfahren möglich geworden ist, werden in der Forschungspraxis diese Voraussetzungen kaum je explizit überprüft. Die methodologische Literatur hat aber über die letzten Jahrzehnte eine Reihe von empirisch gut begründeten Empfehlungen für die Vorgabe von Antwortskalen entwickelt.

4.4.3.1 Verbale Skalen als Antwortvorgaben

Geht man bei der Konstruktion einer Frage davon aus, dass die möglichen Antworten auf diese Frage eindeutig für alle Befragten auf einer Dimension ein Kontinuum bilden, dann dient die Frage dazu, den Befragten auf dieser kontinuierlichen Skala zu lokalisieren. Die Konstruktion solcher Antwortskalen sollte mehrere Kriterien erfüllen:

1. Das zugrunde liegende Konstrukt muss eindimensional sein.[23]
2. Das Antwortkontinuum muss in Kategorien eingeteilt werden.
3. Verbale Benennungen der Kategorien müssen für alle Befragten die gleiche Abfolge auf der latenten Variablen bezeichnen.
4. Wünschenswert wäre, dass die Kategoriengrenzen („Thresholds") für alle Befragten gleich sind.
5. Idealerweise findet man Benennungen der Kategorien, die für alle Befragten gleiche Abstände der Kategoriengrenzen wiedergeben.

Zur Untersuchung dieser Anforderungen stehen zahlreiche statistische Modelle zur Verfügung, die aber weder in der Literatur zu Befragungen noch in der Forschungspraxis regelmäßig verwendet werden. In der Literatur zu Befragungen werden die entsprechenden Probleme schlicht unter dem Begriff „vague quantifiers" behandelt. Die Ergebnisse dieser Literatur sind einfach zusammenzufassen: Die Befragten verstehen „vague quantifiers" unterschiedlich; die Schwellenwerte unterscheiden sich zwischen Befragten, gelegentlich besteht noch nicht einmal Konsens in der Abfolge der Kategorien. Ein mögliches Beispiel wäre die unterschiedliche Interpretation von Skalenlabeln durch Bevölkerungssubgruppen, z. B. nach Alter, Geschlecht, regionaler Herkunft oder Nationalität.

Da die latenten Variablen und die Schwellenwerte nicht beobachtet werden können, war man bis vor wenigen Jahren auf Plausibilitätsargumente angewiesen. Dies hat sich durch die Weiterentwicklung der Itemresponse-Theorien in Hinsicht auf mehrfache Antwortmöglichkeiten vollkommen geändert. Mit diesen Modellen für polytome Items lassen sich die Schwellenwerte zwischen den Kategorien einer Reihe von Items schätzen.[24] Kennt man die Subgruppen vor der Analyse, kann

---

[23] Dies ist ein messtheoretisches Problem und kann daher hier nicht ausführlich behandelt werden, vgl. einführend Schnell/Hill/Esser (2008). Die Eindimensionalität kann aber nicht einfach unterstellt werden, sondern sollte empirisch z. B. durch eine Hauptkomponentenanalyse (vgl. Jolliffe 2002) bzw. durch ein Itemresponsemodell (vgl. Rost 2004) gezeigt werden.

[24] Eine bemerkenswert leicht lesbare Einführung stammt von Jürgen Rost (2004), eine kurze Übersicht geben Ostini/Nering (2005). Ein einfaches Beispiel geben Reeve/Masse (2004), neuere Arbeiten

man die Parameter der Modelle einfach getrennt schätzen und vergleichen.[25] Kennt man die Subgruppen hingegen nicht, kann man auf die sogenannten „gemischten Raschmodelle" zurückgreifen. Mit diesen Modellen sind Hypothesen über die unterschiedliche Interpretation von Schwellenwerten in zunächst unbekannten Subgruppen erstmals testbar geworden, auch wenn dies bislang in der angewandten Literatur und auch den Lehrbüchern außerhalb der Psychometrie nicht geschieht.[26]

Ein einfaches Beispiel anhand der vier Kategorien eines Items aus dem British-Crime-Survey von 2007/2008 zeigt die Abbildung 4.2.[27] Die Kurven („Itemcharakteristiken") stellen die geschätzten Antwortwahrscheinlichkeiten der entsprechenden Kategorie für jede mögliche Position eines Befragten auf der latenten

---

finden sich in einem von Davier/Carstensen (2007) herausgegebenen Band.

[25] Die Analyse subgruppenspezifischer Antwortmuster bei gleicher Ausprägung der latenten Variablen wird in der psychometrischen Literatur unter dem Stichwort „test bias" bzw. „DIF" („differential item functioning") behandelt. Eine Einführung findet sich bei Thissen u. a. (1993) oder de Gruijter/van der Kamp (2008:182–189).

[26] Am bemerkenswertesten ist dies im Bereich der interkulturellen Surveyforschung, wo sich mit Ausnahme der Arbeiten von Fons van de Vijve (vgl z. B. van de Vijve/Tanzer 2004) bislang nur vereinzelt Arbeiten unter Verwendung von IRT Modellen finden.

[27] Es handelt sich um die Daten einer Zufallsstichprobe von 999 Befragten aus dem Datensatz für insgesamt 5 vierstufige Items mit den Antwortvorgaben „very worried, „fairly worried" „not very worried" „not at all worried" für die Items Einbruch, Überfall, Körperverletzung, Belästigung und Angriff aufgrund der Hautfarbe. Basierend auf einem speziellen gemischten Rasch-Modell ergaben sich zwei latente Subgruppen (ca. 60% bzw. 40% der Population). Das hier verwendete Modell ist das auf die Arbeiten von Masters (1982) zurückgehende „partial credit"-Modell (PCM), bei dem die Items sowohl unterschiedliche Anzahlen von Kategorien als auch unterschiedliche Schwellenwerte besitzen können. Etwas genauer formuliert: Generell wird im PCM jedes benachbarte Kategorienpaar durch eine logistische Funktion mit der gleichen Steigung modelliert. Auf jeden Kategorienübergang wird das einfache dichotome Rasch-Modell angewandt:

$$P_{i_{g|g-1,g}} = \frac{e^{(\theta - b_{i_g})}}{1 + e^{(\theta - b_{i_g})}}$$

wobei P_i die Antwortwahrscheinlichkeit für die Kategorie g statt $g-1$ ist (gegeben, dass die Antwort in g oder $g-1$ erfolgt) (Ostini/Nering 2005:28). θ ist die Ausprägung der latenten Variablen. Das hier verwendete gemischte Rasch-Modell/PCM-Modell für ordinale Items

$$p(X_{vi} = x) = \sum_{g=1}^{G} \pi_g \frac{\exp(x\theta_{vg} - \sigma_{ixg})}{\sum_{s=0}^{m} \exp(s\theta_{vg} - \sigma_{isg})} \quad \text{mit} \quad \sigma_{ixg} = \sum_{s=1}^{X} \tau_{isg}$$

geht auf Rost (1991) zurück. Das Modell wurde mit der kostenlos erhältlichen Studentenversion des Programms *Winmira* (http://winmira.von-davier.de/wmira/index.html) berechnet. Sowohl das Programm, als auch das verwendete gemischte PCM wird in Rost (2004) beschrieben.

4.4 Geschlossene Fragen

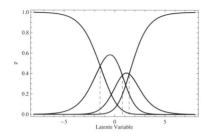
(a) Schwellenwerte in der ersten Subgruppe

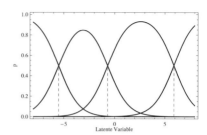
(b) Schwellenwerte in der zweiten Subgruppe

Abbildung 4.2: Darstellung der mit einem Partial-Credit-Modell geschätzten Schwellenwerte der Kategorien eines Kriminalitätsfurchtitems (Körperverletzung) in zwei latenten Subgruppen des „British Crime Surveys" von 2007/2008.

Variablen dar. An denjenigen Stellen, an denen sich die Kurven zweier benachbarter Kategorien schneiden, liegen die Schwellenwerte für den Übergang von einer Kategorie zur anderen Kategorie (in der Abbildung als gestrichelte senkrechte Linien eingetragen). Vergleicht man die beiden Subgruppen in Hinsicht auf diese Schwellenwerte, so kann man zwar feststellen, dass die Abfolge der Kategorie in den beiden Subgruppen gleich ist, die Schwellenwerte sich aber erheblich voneinander unterscheiden. Ein solches Ergebnis ist mit der Annahme eines metrischen Messniveaus kaum vereinbar.

Aus einer anderen formalen Theorie über den Antwortprozess, der „Magnitude-Skalierung", hat Willem Saris (1988) einige klare Empfehlungen für die Konstruktion von Antwortskalen abgeleitet. Die wichtigste Empfehlung lautet: Verwende extreme Anker bei den Antwortskalen. Dies bedeutet, dass verbale Kennzeichnungen für die Enden der Antwortskala gewählt werden, die für alle Befragten unter allen Umständen die extremsten möglichen Antworten darstellen.

Ein bekanntes Beispiel dafür ist die „Juster-Skala" (Juster 1966:670). Diese Skala wurde in Hinsicht auf Kaufabsichten mit 11 verbal benannten Skalenpunkten formuliert und wird leicht variiert gelegentlich auch für andere Einschätzungen subjektiver Wahrscheinlichkeiten verwendet. Die Benennungen der Skalenpunkte lauten: „absolutely certain to buy, almost certain to buy, much better than even chance, somewhat better than even chance, slightly better than even chance, about even chance (50–50), slightly less than even chance, somewhat less than even chance, much less than even chance, almost no chance, absolutely no chance".

Die zugrunde liegende Maxime („Verwende extreme Anker bei den Antwortskalen") erlaubt dann auch zu verstehen, warum Rohrmann (1978) bei der empirischen

Entwicklung von Antwortskalen, die möglichst geringe Unterschiede zwischen den Befragten erbringen sollten, als Ergebnis die Antwortskalen der Abbildung 4.3 erhielt.

Häufigkeiten	„nie/selten/gelegentlich/oft/immer"
Intensitäten	„nicht/wenig/mittelmäßig/ziemlich/sehr"
Bewertungen	„stimmt nicht/stimmt wenig/stimmt mittelmäßig/stimmt ziemlich/stimmt sehr"
Wahrscheinlichkeiten	„keinesfalls/wahrscheinlich nicht/vielleicht/ziemlich wahrscheinlich/ganz sicher"

Abbildung 4.3: Standardskalenvorgaben

4.4.3.2 Numerische Skalen als Antwortvorgaben

Numerische Skalen als Antwortvorgaben finden sich fast immer nur mit einer eindeutigen Benennung der Skalenendpunkte. Am häufigsten findet sich diese Art der Antwortvorgabe bei Einstellungsfragen, bei denen die Reaktion auf ein Item anhand solcher Antwortvorgaben wie „Stimme völlig zu = 1" bis „Lehne völlig ab = 5" angegeben werden soll. Ein anderes Beispiel sind Fragen zur Wichtigkeit verschiedener Lebensbereiche, bei denen die Wichtigkeit auf einer Skala von 1 bis 7 angegeben werden soll, wobei die 1 „sehr wichtig" und die 7 „unwichtig" bedeuten soll.

Zahl der Skalenpunkte Üblich sind 2, 3, 4, 5, 6, 7, 9, 10, 11 sowie 101 Skalenpunkte (0–100). Am häufigsten ist bislang die Verwendung von 2, 5 und 7 Skalenpunkten. Allgemein scheint die Reliabilität und Validität mit der Anzahl der Skalenpunkte zu steigen.[28] Derzeit werden auf der Basis von Simulationsstudien

---

[28] In der klassischen Testtheorie wird Reliabilität definiert als Anteil der Varianz der wahren Werte an der Varianz der gemessenen Werte (vgl. Schnell/Hill/Esser 2008:151). Häufig wird fälschlich die Reliabilität als Test-Retest-Korrelation interpretiert und die Berechnung einer Reliabilitätsschätzung durch ein Maß der internen Konsistenz wie z. B. Cronbachs Alpha dann als Stabilitätsmaß interpretiert. Dies ist in mehrfacher Hinsicht falsch. Eine Test-Retest-Korrelation kann nur dann als Reliabilität interpretiert werden, wenn die Annahmen gleich großer und unkorrelierter Fehler der verschiedenen Messungen gelten. Um diese Annahmen zu testen und eine tatsächliche Veränderung (Stabilität) von einer durch die unreliable Messung hervorgerufenen scheinbaren Veränderung unterscheiden zu können, benötigt man mehr als zwei Messzeitpunkte. Unterstellt man konstante Varianz der Fehler, benötigt man drei Messzeitpunkte; möchte man auch die Varianzen der Fehler unabhängig schätzen, benötigt man vier Messzeitpunkte. Aus einem hohen Wert eines Maßes interner Konsistenz wie Alpha kann allein nicht auf eine hohe Stabilität oder die Abwesenheit von Messfehlern geschlossen werden: Hierzu sind immer mehrere Messzeitpunkte notwendig. Eine bemerkenswerte klare Einführung in Messfehlermodelle gibt Bohrnstedt (1983:79–85).

4.4 Geschlossene Fragen

mindestens 4 Kategorien empfohlen. Der Gewinn in Hinsicht auf psychometrische Kriterien oberhalb von 7 Kategorien scheint gering zu sein (Lozano/Garcia-Cueto/Muniz 2008).[29]

Die Zahl der von den Befragten tatsächlich genutzten Skalenpunkte nimmt im Verhältnis zu den zur Verfügung stehenden Skalenpunkten mit steigender Zahl der Skalenpunkte ab (vgl. Abbildung 4.4).[30] Jenseits von ca. einem Dutzend Skalenpunkten verwenden nur noch wenige Befragte mögliche Zwischenwerte. Stattdessen werden auch bei kontinuierlichen numerischen Vorgaben (z. B. „Auf einer Skala von Null bis Hundert, wobei auch Zahlen mit Komma zugelassen sind") die Antwortskalen von den Befragten überwiegend kategoriell genutzt.[31]

Benennung der Skalenpunkte Die Skalenpunkte sollten in der Regel explizite Benennungen (Label) besitzen und nicht numerisch dargestellt werden.[32] Verwendet man trotz der methodischen Bedenken numerische und verbale Skalenlabel gemeinsam, dann sollten die beiden Labelformen semantisch in die gleiche Richtung weisen. Ein Beispiel wäre die Vorgabe „sehr häufig (5) – nie (1)" anstatt der gegenläufigen Vorgabe „sehr häufig (1) – nie (5)".

Die Verwendung negativer numerischer Skalenwerte könnte dazu führen, dass dieser Bereich der Skala als negativer beurteilt wird als bei der Verwendung positiver numerischer Skalenwerte für diesen Bereich der Skala (Amoo/Friedman 2001:5).

---

[29] Obwohl die Empfehlung für 7 – 9 Kategorien weit verbreitet ist, ist die Forschungsliteratur zur Zahl der Skalenpunkte nicht eindeutig, vgl. Alwin (2007:194), Saris/Gallhofer (2007a:244–245) und Krosnick/Presser (2010:268–275).

[30] Die Abbildung basiert auf den experimentellen Daten bei Peterson/Sharma (1997), die 14 verschiedene Fragebogen durch jeweils 75 Studenten beantworten ließen. Die Fragebogen unterschieden sich nur in der Zahl der jeweils verwendeten Skalenpunkte (2–15) für jeweils 10 Ratingskalen (bewertet wurde Joghurt). Als Maß für die relative Zahl der tatsächlich verwendeten Kategorien verwendeten Peterson/Sharma die Entropie. Die Entropie ist bei k Kategorien definiert als $E = \sum_{i=1}^{k} p_i log_2(p_i)$. Das Maß ist für alle $p_i = 1/k$ maximal, daher ergibt sich der theoretisch maximale Wert $E = -log_2(1/k)$. Die dieser Abbildung entsprechende Abbildung bei Peterson (2000:66) stimmt damit nicht überein und ist daher in mehrfacher Hinsicht falsch.

[31] Bei Bevölkerungsumfragen mit Skalenvorgaben von 0–100 muss damit gerechnet werden, dass mehr als die Hälfte der Befragten Antworten gibt, bei denen der Skalenwert ganzzahlig durch fünf teilbar ist; der größte Teil dieser Antworten ist wiederum ganzzahlig durch 10 teilbar („modulus 5" bzw. „modulus 10").

[32] Dagegen spricht einerseits das generelle Gebot der Vermeidung von Eingabecodes in Fragebogen (kein Precoding) und andererseits die Möglichkeit der Nutzung der – fast immer durch den Konstrukteur willkürlich gewählten – numerischen Label zur inhaltlichen Orientierung durch den Befragten.

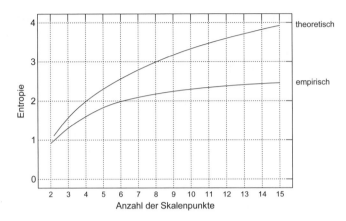

Abbildung 4.4: Zahl der Skalenpunkte und Entropie

Insbesondere bei Ratingskalen sollte eine explizite Antwortoption für diejenigen vorgesehen werden, die ein vorgebenenes Objekt nicht beurteilen können, weil sie keine Erfahrungen damit haben. Ansonsten verbleibt diesen Befragten nur die Abgabe einer ihnen neutral erscheinenden Antwort oder der Verzicht auf eine Anwort überhaupt. Beides kann sich nicht positiv auf die Datenqualität auswirken.

Verringerung der Zahl der Antwortvorgaben durch zweistufige Fragen Es gibt einen wesentlichen Unterschied zwischen Fragen mit ungeordneten Antwortkategorien und Fragen mit einer geordneten Antwortskala in Hinsicht auf die angemessene Zahl der Antwortkategorien: Bei ungeordneten Antwortkategorien ist die Zahl der möglichen Antwortkategorien durch das Kurzzeitgedächtnis begrenzt. In Anlehnung an Miller (1956) wird häufig die „magical number seven plus minus two" zitiert.[33] Entsprechend sollte bei Befragungen, bei denen der Befragte den Fragebogen nicht sieht, die Zahl der Kategorien gering sein (d. h. in der Regel kleiner als sechs).[34]

Die einfachste Lösung des Problems ist die Reduzierung der Zahl der Antwort-

---

[33] Die Diskussion über die Anzahl der Kategorien, die dem Kurzzeitgedächtnis zur Verfügung stehen, ist nicht abgeschlossen. Eine neuere Diskussion findet sich im Anschluss von Cowan (2001), der eher für deutlich kleinere Zahlen argumentiert.

[34] Bei persönlichen Befragungen wird häufig versucht, die Beantwortung von Fragen mit zahlreichen Antwortkategorien durch die Verwendung von Antwortlisten, die den Befragten bei einer Frage ausgehändigt werden, zu erleichtern. Über das Ausmaß der tatsächlichen Verwendung solcher Listen durch Interviewer liegen kaum veröffentlichte Ergebnisse vor. Entsprechend kann die faktische Wirksamkeit solcher Maßnahmen in der Erhebungspraxis bislang kaum beurteilt werden.

4.4 Geschlossene Fragen

vorgaben. Dillman (1978:208) schlägt eine Reduzierung auf 5 Vorgaben vor. Will man dies vermeiden, kann man die Frage in eine Haupt- und eine differenzierende Folgefrage aufbrechen. Diese Technik eignet sich vor allem dann, wenn die Hauptfrage als Antwortvorgaben eine klare Dichotomie enthält, z. B. „stimme zu/lehne ab" oder „zufrieden/unzufrieden". Für jede Antwortalternative wird dann in einer jeweils besonderen Folgefrage das Ausmaß z. B. der Zustimmung bzw. Ablehnung ermittelt (vgl. Abb. 4.5).[35]

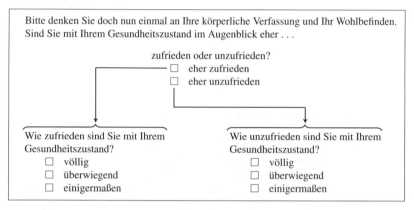

Abbildung 4.5: Verringerung der Zahl der Antwortvorgaben durch Verwendung zweistufiger Fragen

Bei geordneten Antwortkategorien, bei denen eine nicht einzeln benannte numerische Antwortskala vorgegeben wird, kann die Zahl der Skalenpunkte deutlich größer sein als die magische „7 ± 2".

Verwendung einer neutralen Mittelkategorie Gelegentlich glauben Fragebogenersteller, eine (neutrale) Mittelkategorie auslassen zu können, um so die Befragten zu einer Tendenzaussage zu zwingen. Dies verkennt die Möglichkeiten der Befragten: Bei schriftlichen Befragungen finden sich häufig von den Befragten zusätzlich eingefügte neutrale Antwortkategorien, die dann kaum vergleichbar zu den Antworten anderer Befragten sind. Bei anderen Befragungsformen können die Befragten die Antwort verweigern oder gar (vor allem bei Internetsurveys) die Befragung abbrechen. Schon allein um diese Probleme zu vermeiden, erscheint

---

[35] Die Form der Abbildung wurde Schnell/Hill/Esser (2008:373) entnommen. Das Beispiel lehnt sich an Miller (1984:771) an.

die Aufnahme einer Mittelkategorie empfehlenswert.[36]

4.4.3.3 Symbol-Skalen als Antwortvorgaben

Gelegentlich finden sich auch nicht-verbale Symbol-Skalen als Antwortvorgaben. Die häufigste Form dieser Skalen sind „Smiley-Skalen". Ein Beispiel zeigt die Abbildung 4.6.[37] Vergleichende Studien solcher Antwortvorgaben mit verbalen Vorgaben sind selten; ältere Befragte scheinen auf dieses Format tendenziell weniger anzusprechen als jüngere.[38]

Abbildung 4.6: Smiley-Skala

4.4.4 Magnitude-Skalen als Antwortkontinuum

Insbesondere in der Medizin wird die Erhebung durch graphische Magnitudeskalen als „Visual Analog Scale" oder VAS bezeichnet (Wewers/Lowe 1990, Ahearn 1997). In der Regel wird eine gedruckte Skala, gelegentlich ein Kunststofflineal mit ausziehbarer Zunge ähnlich eines Rechenschiebers verwendet. Die Skalen sind meist 100 mm lang und tragen oft Skalenmarkierungen („Tickmarks"), aber keine Zahlen. Bei computergestützten Erhebungen werden entsprechende graphische Darstellungen von Schiebereglern („Slider") verwendet. Die Endpunkte der Skala sind mit den extremen verbalen Ankern versehen, also z. B. bei einer Schmerzmessung „keinerlei Schmerzen" links neben der Skala und „schlimmste vorstellbare Schmerzen" rechts neben der Skala.

---

[36] Die Forschungsliteratur zum Problem der Mittelkategorie widmet sich überwiegend der Frage, ob die Einführung einer Mittelkategorie die Validität bzw. Reliabilität der Fragen bzw. der Skalen steigert oder verringert. Die Ergebnisse zu diesem Problem sind keinesfalls eindeutig. Saris/Gallhofer (2007b:34) berichten für die gleiche Meta-Analyse positive, Saris/Gallhofer (2007a:244) negative Folgen der Verwendung einer Mittelkategorie. Krosnick/Judd/Wittenbrink (2005) sowie Krosnick/Presser (2010) scheinen die Einführung einer Mittelkategorie in ihren Literaturübersichten zu empfehlen. Alwin (2007:194) betrachtet die Datenlage als nicht ausreichend für eine Empfehlung oder Ablehnung einer Mittelkategorie in Hinsicht auf Reliabilität und Validität.

[37] Es sollte beachtet werden, dass der Begriff „Smiley-Scale" zumindest im amerikanischen Sprachraum ein eingetragenes Warenzeichen ist.

[38] Selten findet man andere visuelle Antwortvorgaben, so z. B. „Thermometer-Skalen", bei denen ein Thermometer mit einer Temperaturskala abgebildet wird (fast immer mit dem Wertebereich 0–100). Ein Beispiel findet sich bei Alwin (1997:335).

4.4.4.1 Fragen mit mehrfachen kategorialen Antwortmöglichkeiten

Bei Fragen mit mehrfachen ungeordneten Antwortvorgaben ist es möglich, dass mehr als eine Antwort zutrifft (Mehrfachnennungen). In diesem Fall muss die Möglichkeit der mehrfachen Antwort im Fragebogen deutlich betont werden (vgl. Abbildung 4.7). Besser als dieses Frageformat ist aber die Verwendung einer expliziten Vorgabe für jede zutreffende und jede nicht zutreffende Antwortmöglichkeit (vgl. Abbildung 4.8). Nur eine solche Auflösung einer Frage mit mehrfachen Antwortmöglichkeiten in mehrere Fragen erlaubt eine klare Trennung zwischen „nicht vorhanden" bzw. „trifft nicht zu" einerseits und fehlenden Angaben (z. B. durch Protokollierungsfehler) andererseits.

40	Mit welchen dieser technischen Geräte ist Ihr Haushalt ausgestattet? (MEHRFACHNENNUNGEN MÖGLICH)	
	Waschmaschine	☐
	Geschirrspülautomat	☐
	Fernsehgerät	☐
	DVD-Player	☐
	PC	☐
	Festnetz-Telefon	☐

Abbildung 4.7: Beispiel für Fragen mit Mehrfachnennungen: Nicht empfohlenes Format

40	Mit welchen dieser technischen Geräte ist Ihr Haushalt ausgestattet?	vorhanden	nicht vorhanden
	Waschmaschine	☐	☐
	Geschirrspülautomat	☐	☐
	Fernsehgerät	☐	☐
	DVD-Player	☐	☐
	PC	☐	☐
	Festnetz-Telefon	☐	☐

Abbildung 4.8: Beispiel für die Auflösung von Mehrfachnennungen in Einzelfragen

4.5 Hypothetische Fragen

Bei praktischen Anwendungen sollen Surveys häufig zur Prognose des Verhaltens der Befragten bei veränderten Randbedingungen befragt werden. Hierzu werden besonders häufig hypothetische Fragen verwendet, wie z. B. „Würden Sie häufiger ins Kino gehen, wenn die Preise niedriger wären?".

Interessanterweise ist zur Prognosetauglichkeit der so gewonnenen Antworten kaum etwas bekannt.[39] Das zugrunde liegende Problem ist alles andere als trivial: Die Befragten müssen in der Interviewsituation die Kosten-Nutzen-Kalkulationen ihres Verhaltens unter anderen Bedingungen durchführen als in einer Routinesituation im Alltag. Labaw (1982:95f) expliziert eine Reihe von Annahmen, deren Gültigkeit unterstellt werden muss, wenn Befragte nach Verhaltensabsichten in hypothetischen Situationen gefragt werden. Befragte müssen

- das benannte Problem sowohl in seinen einzelnen Aspekten wie auch in seiner Gesamtheit betrachten können,
- in der Lage sein, darüber zu sprechen,
- bereit sein, darüber zu sprechen,
- sich hypothetische Situationen vorstellen und ihre möglichen Gefühle in solchen Situationen beschreiben können,
- sich zukünftige andere Verhaltensweisen für sich vorstellen können und
- sich die Konsequenzen anderer Verhaltensweisen für sich vorstellen können.

Der zu leistende kognitive Aufwand für die Befragten ist beträchtlich. Dieser wird nicht immer zu leisten sein. Die praktische Konsequenz, die Labaw daraus zieht, ist, dass in Befragungen Fragen zu hypothetischem Verhalten, zu Handlungsabsichten, aber auch Einstellungs- und Meinungsfragen weitgehend vermieden werden sollten.[40] Stattdessen sollte der Schwerpunkt auf der Abfrage von aktuellem Verhalten sowie auf der Erhebung „objektiver" Umgebungsbedingungen und Strukturen liegen.[41]

---

[39] Empirische Studien zur tatsächlichen prädiktiven Validität hypothetischer Fragen existieren kaum. Eine Suche in wissenschaftlichen Datenbanken („Sociological Abstracts", „Pubmed", „Econlit", „Business Source Premier") erbringt weniger als 40 Artikel zu „hypothetical questions". Die meisten vorliegenden Studien beschränken sich auf Konstruktvalidierungen. Angesichts der Bedeutung des Problems ist dies eine zunächst erstaunliche Tatsache. Bedenkt man den Aufwand bei der Durchführung solcher Studien sowie das zu erwartende Ergebnis, wird diese Tatsache zwar verständlich, aber kaum akzeptabel.

[40] „Attitude questions demanding that the respondent imagine unexperienced, hypothetical situations are often simply a shifting of the responsibility for analysis from the researcher to the respondent, a lazy researcher's way of handling difficult thinking, which more often than not provides very weak data" (Labaw 1982:100).

[41] Labaw (1982:103) zeigt am Beispiel „Einsamkeit", dass wesentlich mehr Informationen über die Befindlichkeit von Befragten zu erhalten sind, wenn statt nach Einstellungen, Meinungen und Gefühlen zusätzlich zu diesen „subjektiven" Fragen auch solche nach „objektiven" Gegebenheiten gestellt werden: nach Telefongesprächen pro Tag, nach Fernsehkonsum, nach Fähigkeiten zur physischen Mobilität, nach Freizeit- und Wochenendgewohnheiten u. a.

4.5.1 Hypothetische Fragen zum Gebrauch von Umweltgütern

Hypothetische Fragen werden auch zur Schätzung des ökonomischen Wertes des Gebrauchs von Umweltgütern (z. B. Wälder, Berge, Luft, Wasser) verwendet. Dies wird in der Regel durch die Anwendung der sogenannten „contingent valuation method" (CVM) versucht. Dabei werden die Befragten direkt danach gefragt, was sie für den Gebrauch eines solchen Gutes zu zahlen bereit wären („willingness to pay": WTP). In den wenigen Validierungsstudien zu diesen Versuchen zeigt sich nahezu immer eine erhebliche, in der Regel mehrfache Überschätzung der tatsächlichen Werte („hypothetical bias"). Leider ist weder das Ausmaß der Überschätzung konstant, noch sind die Mechanismen bekannt, von denen das Ausmaß der Überschätzung abhängt. Daher können auch die Versuche zur Korrektur der Überschätzung („calibration") nicht erfolgreich sein (vgl. Diamond/Hausman 1994:54). Die Verwendung von Surveys zur Abschätzung des Gebrauchs nicht-ökonomischer Güter durch hypothetische Fragen erscheint aus diesem Grund bedenklich.[42]

4.5.2 Einstellungsfragen zur Verhaltensvorhersage

„Behavior tells a complete story. Respondent testimony provides an incomplete story."

Patricia Labaw (1982:103)

Ein ähnliches Problem wie bei hypothetischen Fragen stellt sich bei der Vorhersage von tatsächlich ausgeführtem Handeln aus Einstellungsfragen. Obgleich die Debatte über den Zusammenhang zwischen „Einstellung" und „Verhalten" („Attitude-Behavior-Kontroverse") bereits seit mehr als 40 Jahren geführt wird[43], hat sich wenig an der Praxis geändert, „Einstellungen" (auch ohne jede theoretische Grundlage) erst einmal zu erheben und den Wert dieser „Einstellungsmessungen" für eine Verhaltensprognose nicht weiter zu problematisieren.[44] Es bleibt bei einer solchen theorielosen Vorgehensweise immer unklar, wann, unter welchen Bedingungen und wie Einstellungen auf Verhalten wirken.

---

[42] „It is impossible to conclude definitely that surveys with new methods (...) will not pass internal consistency tests. Yet, we do not see much hope for such success. This skepticism comes from the belief that the internal consistency problems come from an absence of preferences, not a flaw in survey methodology. (...) This absence of preferences shows up as inconsistency in responses across surveys and implies that the survey responses are not satisfactory bases for policy" (Diamond/Hausman 1994:63).

[43] vgl. z. B. Ajzen/Fishbein (2005).

[44] „Generell lässt sich vermuten: Je unprofessioneller die Untersuchung, desto höher der Anteil von Einstellungsfragen" (Schnell/Hill/Esser 2008:329).

63	**Geschlecht der Zielperson**
	☐ Männlich
	☐ Weiblich
64	**Haben Sie die deutsche Staatsangehörigkeit?**
	☐ Ja
	☐ Nein
65	**Wann sind Sie geboren?**
	NENNEN SIE MIR BITTE NUR MONAT UND JAHR IHRER GEBURT.
	☐☐ Geburtsmonat
	☐☐☐☐ Geburtsjahr
66	**Welchen Familienstand haben Sie? Sind Sie …**
	☐ verheiratet und leben mit Ihrem/ Ihrer Ehepartner/in zusammen WEITER MIT FRAGE 68!
	☐ verheiratet und leben von Ihrem/ Ihrer Ehepartner/in getrennt
	☐ ledig
	☐ geschieden
	☐ verwitwet
67	**Leben Sie mit einem Partner zusammen?**
	☐ Ja
	☐ Nein

Abbildung 4.9: Demographische Standards: Geschlecht, Staatsangehörigkeit, Alter, Familienstand, Zusammenleben mit einem Partner

4.6 Fragen nach speziellen Inhalten

Für zahlreiche sozialwissenschaftliche Konzepte existieren Fragen oder Skalen, so dass nicht alle Fragen eines Fragebogens neu entwickelt werden müssen. Eine Reihe von Handbüchern enthält solche Operationalisierungen oder Diskussionen verschiedener Konzeptualisierungen.[45] Natürlich bieten die Fragebogen vorhandener Studien häufig die Möglichkeit, bewährte Formulierungen zu übernehmen. Am einfachsten ist dies über eine Reihe von Fragedatenbanken im Internet (vgl. Kapitel 4.6.2).

---

[45] Dazu gehören Robinson/Shaver/Wrightsman (1999), Robinson/Andrews (2010), Miller/Salkind (2002), Bradburn/Wansink/Sudman (2004) sowie Bulmer/Gibbs/Hyman (2010).

4.6 Fragen nach speziellen Inhalten

> **68** Welchen höchsten allgemein bildenden Schulabschluss haben Sie?
> - ☐ Sind Sie Schüler/in und besuchen eine allgemein bildende Vollzeitschule?
> - ☐ Schüler/in und besuchen eine berufsorientierte Aufbau-, Fachschule o. ä.?
> - ☐ von der Schule abgegangen ohne Hauptschulabschluss (Volksschulabschluss)?
> - ☐ Haben Sie einen Hauptschulabschluss (Volksschulabschluss)?
> - ☐ einen Realschulabschluss (Mittlere Reife)?
> - ☐ einen Abschluss der Polytechnischen Oberschule 10. Klasse (vor 1965: 8. Klasse)?
> - ☐ eine Fachhochschulreife, den Abschluss einer Fachoberschule?
> - ☐ eine Allgemeine oder fachgebundene Hochschulreife/Abitur (Gymnasium bzw. EOS, auch EOS mit Lehre)?
> - ☐ einen anderen Schulabschluss?
>
> **und zwar welchen?** _____

Abbildung 4.10: Demographische Standards: Höchster Schulabschluss

Die Übernahme vorhandener Formulierungen bietet oft – aber nicht immer – die Chance, weniger Fehler bei der Entwicklung eigener Fragen zu machen. Weiterhin ergibt sich durch die Übernahme identischer Fragen und Antwortvorgaben die Möglichkeit des Vergleichs der eigenen Erhebung mit früheren Erhebungen. Für zahlreiche Standardkonstrukte ist daher eine Eigenentwicklung sinnlos. Dazu gehören immer die demographischen Fragen.

4.6.1 Demographische Fragen

Unter demographischen Fragen werden Fragen nach Befragteneigenschaften wie Alter, Geschlecht, Familienstand, ethnische Zugehörigkeit, Konfession usw. verstanden.

Demographische Variablen werden in den meisten Fragebogen ohne besondere theoretische Begründung erhoben. Zumeist werden solche Variablen ohne theoretischen Bezug als unabhängige Variable zur Aufgliederung interessant scheinender Subgruppen verwendet. Gerade daher sollte auch für jede demographische Variable die theoretische Bedeutung für das spezifische Forschungsinteresse geprüft werden.

Eine lediglich „routinemäßige" Abfrage von demographischen Variablen empfiehlt sich keinesfalls. Unbedingt vermieden werden sollte es, demographische Anfragen an den Anfang des Fragebogens zu stellen, da diese Fragen die meisten Befragten eher langweilen. In der Regel werden demographische Variablen am Ende eines Fragebogens erhoben (vgl. Kapitel 5.2).

Für solche Fragen sollten stets Standardformulierungen und Standardantwortkategorien verwendet werden, damit die Ergebnisse über Studien hinweg verglichen werden können.[46] Weiterhin garantiert die Anwendung der sogenannten „Standarddemographie" die weitgehende Abwesenheit von Erhebungsproblemen bei diesen Fragen.[47]

Zwar mag die Formulierung von Fragen nach Geschlecht, Alter und Familienstand noch trivial erscheinen (vgl. Abbildung 4.9), aber ein Blick auf die zahlreichen Möglichkeiten des höchsten Schulabschlusses (vgl. Abbildung 4.10) lässt erahnen, welche Fehlermöglichkeiten in selbst formulierten Antworten auf demographische Variablen stecken können.

4.6.1.1 Einkommen

Die Abbildung 4.11 zeigt die Frage nach dem Haushaltsnettoeinkommen entsprechend den „Demographischen Standards" von 2004.

Man beachte dabei die Vielzahl und Komplexität der vom Befragten geforderten Aufgaben: Zunächst muss eine mentale Auflistung der zum Haushalt gehörenden Personen erfolgen, dann für jede Person die Einkommensquellen identifiziert werden, diese müssen summiert werden und schließlich Steuern und Sozialversicherungsbeiträge subtrahiert werden. Alle diese einzelnen Aufgaben sind feh-

---

[46] Besondere Probleme entstehen bei dem Vergleich der Angaben demographischer Variablen zwischen verschiedenen Ländern. Dies gilt besonders für den Vergleich von Bildungsabschlüssen und Berufsklassifikationen. Einzelheiten finden sich in den Beiträgen zu einem von Hoffmeyer-Zlotnik/Wolf (2003) herausgegebenen Band.

[47] Die gemeinsame Empfehlung des Arbeitskreises Deutscher Markt- und Sozialforschungsinstitute e.V. (ADM), der Arbeitsgemeinschaft Sozialwissenschaftlicher Institute e.V. (ASI) und des Statistischen Bundesamtes zu den demographischen Standards (2004) finden sich unter www.gesis.org/ Methodenberatung/Untersuchungsplanung/Standarddemografie/dem_standards/demsta2004.pdf. Die Standards umfassen zur Zeit unter anderem die folgenden Variablen: Geschlecht, Staatsangehörigkeit, Geburtsmonat und Geburtsjahr, Familienstand, Zusammenleben mit einem Partner, höchster Schulabschluss, beruflicher Ausbildungsabschluss, Erwerbsstatus, berufliche Stellung, berufliche Tätigkeit, Zahl der Personen im Haushalt, Nettoeinkommen. Es existieren verschiedene Versionen für persönliche und telefonische Befragungen. Die telefonische Version umfasst 18 Fragen auf sieben Druckseiten.

4.6 Fragen nach speziellen Inhalten

leranfällig; erschwerend kommt hinzu, dass die Aufgabe dem Befragten lohnend erscheinen muss.[48] Trotzdem antworten mehr als 70% der Befragten auf diese Frage mit einer Einkommensangabe.

Um die Zahl der verweigerten Antworten weiter zu senken, empfehlen die demographischen Standards im Falle einer Verweigerung eine Nachfrage (vgl. Abbildung 4.12) mit einer kategoriellen Vorgabe (vgl. Abbildung 4.13).[49]

Man beachte bei der Kategorienvorgabe sowohl die hohe Zahl der Kategorien als auch die nicht-sequenzielle Zuordnung der Buchstaben zu den Kategorien: Hierdurch sollen Probleme durch allzu offensichtliche Angaben gegenüber dem Interviewer verringert werden.

Bei der Angabe des eigenen Nettoeinkommens antworteten ca. 70% der Befragten des ALLBUS 2004 auf die offene Einkommensfrage, weitere ca. 10% auf die Antwortkategorien. Weitere jeweils ca. 10% gaben an, kein eigenes Nettoeinkommen zu besitzen oder verweigerten die Angabe.[50] Damit liegen für ca. 80% der Befragten Einkommensangaben für das eigene, für ca. 85% der Befragten Angaben für das Haushaltsnettoeinkommen vor. Zumindest in der BRD ist die Frage nach dem Einkommen damit in allgemeinen Bevölkerungsumfragen die Frage mit dem höchsten Item-Nonresponse. Mit 15%–20% fehlender Werte könnte dies für die wenigen Studien außerhalb der Ökonomie, die explizit Einkommen erklären wollen, ein Problem darstellen. In diesen Fällen könnte aber die Item-Nonresponserate möglicherweise geringer sein als bei allgemeinen Erhebungen.[51]

Von größerer Bedeutung als das zumeist ausschließlich diskutierte Ausmaß des Item-Nonresponse könnte hingegen die Validität der Angaben sein: Angesichts der unklaren Validität der Angaben und der notorischen Probleme der wahrgenommenen vermeintlichen Sensitivität von Einkommensfragen in Mehrthemenbefragungen stellt sich die Frage, ob das Ziel der Erhebung in vielen Befragungen nicht einfacher erreicht werden könnte, wenn man auf die Frage verzichtet und das Ein-

---

[48] Angesichts der Schwierigkeit dieser Frage erscheint die Validität der Angaben zu dieser Frage im Vergleich zu anderen Formen der Einkommenserhebung eher bedenklich; empirisch scheint dieses Problem für die BRD bislang kaum untersucht worden zu sein.
[49] Explizit sehen die Standards keine Nachfrage bei einer Weiß-Nicht-Antwort vor: Eine Nachfrage erfolgt nach den Unterlagen *nur* bei einer Verweigerung. Vermutlich entspricht dies kaum dem tatsächlichen Interviewgeschehen.
[50] Codebuch zum Allbus 2004, S.289
[51] Bei der Beurteilung dieser Größenordnung sollte bedacht werden, dass dieser Anteil möglicherweise deutlich geringer wird, wenn dem Befragten der Sinn der Frage klar gemacht werden kann. Dies ist in Einthemenbefragungen mit klar erkennbarer Fragestellung vermutlich einfacher (Hess 2005).

kommen durch Merkmale der Wohnumgebung, der Bildung, der Erwerbstätigkeit, des Alters und des Geschlechts schätzt.[52]

---

70 Wie hoch ist das monatliche Nettoeinkommen Ihres Haushalts insgesamt? Ich meine dabei die Summe, die sich aus Lohn, Gehalt, Einkommen aus selbständiger Tätigkeit, Rente oder Pension ergibt. Rechnen Sie bitte auch die Einkünfte aus öffentlichen Beihilfen, Einkommen aus Vermietung, Verpachtung, Wohngeld, Kindergeld und sonstige Einkünfte hinzu und ziehen sie dann Steuern und Sozialversicherungsbeiträge ab.

_____ EURO

Abbildung 4.11: Demographische Standards: Monatliches Nettoeinkommen des Haushalts (Offene Frage)

---

70 Auch bei dieser Frage geht es (wie ich vorhin schon sagte) darum, Gruppen in der Bevölkerung mit z. B. hohem, mittlerem oder niedrigerem Einkommen auswerten zu können. Es würde uns deshalb sehr helfen, wenn Sie die Einkommensgruppe nennen würden, zu der Ihr Haushalt gehört. Sie können sicher sein, dass Ihre Antwort nicht in Verbindung mit Ihrem Namen ausgewertet wird. Bitte sagen Sie mir, welcher Buchstabe von dieser Liste hier auf das Netto-Einkommen Ihres Haushalts zutrifft.

Liste 17 vorlegen!

Abbildung 4.12: Demographische Standards: Monatliches Nettoeinkommen des Haushalts (Kategoriale Vorgabe)

4.6.1.2 Beruf

Bei der Frage nach dem Beruf empfiehlt sich in jedem Fall die Orientierung an den demographischen Standards. Diese sehen zunächst eine dreistufige Abfrage vor („Welche berufliche Tätigkeit üben Sie derzeit hauptsächlich aus? (...) Hat dieser Beruf noch einen besonderen Namen? (...) Welche berufliche Stellung trifft derzeit auf Ihre hauptsächlich ausgeübte Erwerbstätigkeit zu (...)?") Mithilfe dieser Informationen wird in der Regel dann eine Codierung der offenen Angaben der Befragten zu den sogenannten „ISCO-Codes" (International Standard

---

[52] Selbst mit Ad-hoc-Regressionsmodellen lassen sich durch die genannten Variablen ca. 50% der Varianz des Einkommens „erklären".

4.6 Fragen nach speziellen Inhalten

Liste 17

Monatlich netto:

B		unter	150 Euro
P	150	bis unter	400 Euro
T	400	bis unter	500 Euro
F	500	bis unter	750 Euro
E	750	bis unter	1 000 Euro
H	1 000	bis unter	1 250 Euro
L	1 250	bis unter	1 500 Euro
N	1 500	bis unter	1 750 Euro
R	1 750	bis unter	2 000 Euro
M	2 000	bis unter	2 250 Euro
S	2 250	bis unter	2 500 Euro
K	2 500	bis unter	2 750 Euro
O	2 750	bis unter	3 000 Euro
C	3 000	bis unter	3 250 Euro
G	3 250	bis unter	3 500 Euro
U	3 500	bis unter	3 750 Euro
J	3 750	bis unter	4 000 Euro
V	4 000	bis unter	4 500 Euro
A	4 500	bis unter	5 000 Euro
Z	5 000	bis unter	5 500 Euro
X	5 500	bis unter	6 000 Euro
Q	6 000	bis unter	7 500 Euro
W	7 500	bis unter	10 000 Euro
D	10 000	bis unter	20 000 Euro
Y	20 000	und mehr	

Abbildung 4.13: Demographische Standards: Monatliches Nettoeinkommen des Haushalts (Liste zur kategorialen Vorgabe)

Classification of Occupations) vorgenommen.[53] Nach einer Rechtschreibkorrektur der Angaben lassen sich durch bisherige Codierprogramme 45–50% der Angaben codieren.[54] Weder maschinelle noch manuelle Codierung der Antworten auf

---

[53] Zahlreiche Details zu den Codierregeln der ISCO-Berufsvercodung finden sich auf der Homepage der GESIS (www.gesis.org/Methodenberatung/Textanalyse) unter Berufs- und Branchenklassifikation.

[54] vgl. Geis/Hoffmeyer-Zlotnik (2000:127); dort findet sich eine ausführliche Darstellung der in der BRD üblichen maschinellen Codierung mithilfe des älteren Inhaltsanalyseprogramms Textpack durch ZUMA. Im Rahmen des Projekts „Ostmobil" wurden davon unabhängig Codierungsroutinen für die Berufsangaben für SPSS, Stata und AWK entwickelt (Tillmann 2004). Die Programme finden sich unter www.ostmobil.de/tools.html.

die offenen Fragen zur Berufszugehörigkeit sind bislang wirklich befriedigend, da offene Fragen im Allgemeinen kaum wirklich disjunkt und exhaustiv mit der erforderlichen sehr hohen Beurteilerübereinstimmung vercodet werden können. Es ist daher naheliegend, eher die Art der Abfragen zu ändern, als zu versuchen, die Codierung offener Texte zu verbessern.[55]

4.6.2 Fragedatenbanken

Sowohl aus Gründen der besseren Vergleichbarkeit der Erhebungen als auch um Arbeitsgruppen bei der Entwicklung eigener Erhebungen zu entlasten, liegt es nahe, bereits verwendete Fragen aus bereits erhobenen Surveys zu übernehmen. Das Auffinden bestehender Fragen ist am einfachsten mit speziellen Fragedatenbanken. Interessanterweise gehörten einige kommerzielle Institute zu den ersten Anbietern solcher Fragedatenbanken. Ein frühes Beispiel hierfür war die Firma Gallup (www.gallup.com/poll/topics.aspx). Bei Panelstudien mit einer hohen Zahl externer Datennutzer empfiehlt es sich, die Dokumentation der Fragen und der resultierenden Randverteilungen über das Internet zugänglich zu machen. In der Bundesrepublik war die erste entsprechende Studie das Sozio-Ökonomische Panel, das mit der Datenbank SOEPinfo seine Items zur Verfügung stellte. Die Bereitstellung studienübergreifender Recherchemöglichkeiten über viele verschiedene akademische Surveys hinweg erfolgte erst sehr viel später. So wurde z. B. im Vereinigten Königreich eine „Survey Question Bank" des „National Centre for Social Research" eingerichtet, die in dieser Form erst seit wenigen Jahren über das Internet zugänglich ist (http://surveynet.ac.uk). In der Bundesrepublik wurde von einer vom Verfasser geleiteten Arbeitsgruppe im Rahmen des DFG-Projekts „QDDS" eine Abfragemöglichkeit für die Fragen aus mehr als 50 großen Surveys in deutscher Sprache eingerichtet. Zu diesen Surveys gehören u. a. das SOEP, die Wellen des ESS und die ALLBUS-Erhebungen.[56]

Die Tatsache, dass ein Item in einer Datenbank gefunden wurde, ist allein kein Qualitätskriterium. Es finden sich in der Literatur zahlreiche Beispiele für Fragen, die gegen nahezu jedes Qualitätskriterium verstoßen, aber dennoch immer wieder erneut gefragt wurden. Für jedes einzelne Item muss ein Fragebogenkonstrukteur vor der Haupterhebung gewährleisten können, dass es seine Aufgabe erfüllt. Diese Verantwortung kann nicht an die Hersteller einer Datenbank delegiert werden.

---

[55] Hinweise auf Versuche, die Abfrage der ISCO-Codes durch ein hierarchisches System von Abfragen durch Computerunterstützung sowohl für die Befragten als auch für die Codierer zu vereinfachen, finden sich bei Hoffmeyer-Zlotnik/Hess/Geis (2004).

[56] Einzelheiten finden sich auf der Projektseite des Verfassers: www.methodenzentrum.de.

4.7 Spezielle Fragetechniken

Die Anforderungen an Surveys sind im Laufe der Jahre erheblich angestiegen. Für viele Fragestellungen sind Erhebungen über tatsächliches Verhalten und biographische Abläufe bedeutsamer geworden. Zur Fehlerminimierung bei der Erhebung möglicherweise konsequenzenreicher Verhaltensweisen einerseits und der immer komplexer werdenden biographischen Muster andererseits wurden zahlreiche spezielle Techniken entwickelt, die kurz vorgestellt werden sollen.

4.7.1 Methoden für sensitive Fragen: „Randomized Response Technique"

Das Problem der Konsequenzenbefürchtung bei sensiblen Fragen bzw. sozial unerwünscht erscheinender Antworten lässt sich zusätzlich mit Techniken angehen, die zusammengefasst als „Randomized Response Technique" (RRT) bezeichnet werden. Das Vorgehen der RRT kann am besten mit einem Beispiel erläutert werden.[57]

Ein Anwendungsbeispiel für RRT   Ein Forschungsprojekt soll den Anteil von Heroin-Nutzern in einer Bevölkerungsgruppe ermitteln. Die entsprechende Frage zur Operationalisierung soll nur zwischen Heroin-Nutzern und Nicht-Heroin-Nutzern unterscheiden. Beim Datenerhebungsvorgang, also während des Interviews, muss der Befragte aus einer Urne mit 10 Kugeln, von denen 2 blau und 8 grün sind, zufällig eine Kugel ziehen. Der Interviewer weiß nicht, welche Farbe die gezogene Kugel besitzt. Dem Befragten wird vom Interviewer mitgeteilt, dass er – falls er eine blaue Kugel gezogen hat – den Satz „Ich nehme Heroin" wahrheitsgemäß mit „ja" oder „nein" beantworten soll. Falls der Befragte jedoch eine grüne Kugel gezogen hat, soll er den Satz „Ich bin im Mai geboren" mit „ja" oder „nein" wahrheitsgemäß beantworten. Da der Interviewer die Farbe der gezogenen Kugel nicht kennt, weiß er nicht, auf welchen der beiden Sätze der Befragte mit seiner Antwort reagiert. Aus einer Ja- bzw. Nein-Antwort eines Befragten kann nun nicht mehr auf sein Verhalten geschlossen werden. Allerdings kann der Anteil derjenigen Personen, die Heroin nehmen, aus den Antworten geschätzt werden.

Berechnungsbeispiel   Die Gruppe der „ja"-Antwortenden setzt sich zusammen aus denen, die die Frage nach dem Heroingebrauch beantworten und tatsächlich Heroin verwenden und denen, die die Frage nach der Geburt im Mai beantworten und tatsächlich im Mai geboren sind. Bezeichnen wir mit p_J den Anteil der Personen, die mit „ja" antworten, mit p_M den Anteil der im Mai geborenen

---
[57] Dieser Abschnitt basiert auf Schnell/Hill/Esser (2008:340–342).

Personen[58]($= 31/365$), mit p_{FH} die Wahrscheinlichkeit, die Frage nach dem Heroingebrauch zu beantworten, und mit p_H die Wahrscheinlichkeit tatsächlich Heroinbenutzer zu sein. Dann ist die Wahrscheinlichkeit, auf eine Frage mit „ja" zu antworten gleich dem Produkt zweier unabhängiger Wahrscheinlichkeiten: Der Wahrscheinlichkeit, die Frage zu bekommen und der Wahrscheinlichkeit, auf diese Frage mit „ja" zu antworten. Damit sind zwei Fragen und zwei Wahrscheinlichkeiten gegeben:

$p_{FH} * p_H$ Heroin-Frage und tatsächlicher Nutzer

$(1 - p_{FH}) * p_M$ Mai-Frage und tatsächlich im Mai geboren

Die Wahrscheinlichkeit für eine „ja"-Antwort ist gleich der Summe der beiden unabhängigen Wahrscheinlichkeiten:

$$p_J = p_{FH} * p_H + (1 - p_{FH}) * p_M.$$

Bis auf den Anteil der Heroinnutzer (p_H) sind alle Größen bekannt. Stellt man die Gleichung um, erhält man:

$$p_J - (1 - p_{FH}) * p_M = p_{FH} * p_H.$$

Daraus folgt die eigentliche Schätzformel:

$$p_H = \frac{p_J - (1 - p_{FH}) * p_M}{p_{FH}}.$$

Im Beispiel ist $p_{FH} = 0.2$ (2 von 10 Kugeln). Wenn insgesamt 10% der Befragten mit „ja" antworten, so ergibt sich:

$$p_H = \frac{0.1 - (1 - 0.2) * 31/365}{0.2} = 0.1603.$$

Damit wird der Anteil von Heroin-Nutzern auf 16.03% geschätzt.[59]

---

[58] Dies ist natürlich eine Vereinfachung. Bei tatsächlichen Anwendungen muss beachtet werden, dass dieser Anteil historischen Schwankungen unterworfen ist und sich zwischen Angehörigen verschiedener Kohorten unterscheiden kann.

[59] Auf ähnliche Weise kann man den Mittelwert einer quantitativen Variablen schätzen, nur benötigt man dann – da zwei Parameter unbekannt sind – zwei unabhängige Stichproben, in denen die sensitive Frage mit unterschiedlicher Wahrscheinlichkeit (p_1, p_2) gestellt wird. Da die empirisch beobachteten Mittelwerte (z_1, z_2) wie oben aus der Addition der mit den Wahrscheinlichkeiten gewichteten Mittelwerte zweier Variablen (einer sensitiven und einer harmlosen Variablen) resultieren, kann der Mittelwert der sensitiven Variablen x geschätzt werden: $m_x = \frac{(1-p_2)z_1 - (1-p_1)z_2}{p_1 - p_2}$.

4.7 Spezielle Fragetechniken

Weiterentwicklungen Die RRT ist in zahlreichen Varianten weiterentwickelt worden.[60] So wurden als Randomisierungstechnik anstelle einer Urne unter anderem Karten, Würfel, Münzen und Kreisel sowie Banknotennummern, Telefonnummern, Hausnummern und Sozialversicherungsnummern verwendet. Ebenso wurden zahlreiche Varianten der vorgestellten Technik vorgeschlagen. Bei der von Kuk (1990) vorgeschlagenen Variante wählt der Befragte je nach seiner wahren Antwort auf eine Frage aus jeweils einem von zwei Kartenstapeln (Ja-Stapel, Nein-Stapel), die von ihm selbst erneut gemischt wurden, jeweils eine Karte und nennt nur deren Farbe (rot oder schwarz). Da der Ja-Stapel einen deutlich höheren Anteil (z. B. 80%) an roten Karten enthält als der Nein-Stapel (z. B. 20%), kann der Anteil der Ja-Antworten auf die sensitive Frage geschätzt werden, obwohl der Befragte durch seine „Rot"- oder „Schwarz"-Antwort nicht erkennen lässt, ob er ein sensitives Merkmal besitzt oder nicht.[61]

Die „Unmatched Count Technique" (UCT) Hierbei wird den Befragten eine Liste von Verhaltensweisen vorgelegt. Die Befragten sollen nur mit der Anzahl der Verhaltensweisen antworten, die auf sie zutreffen, nicht welche. Die Liste enthält dabei für einen zufällig ausgewählten Teil der Befragten ein sensitives Merkmal, für die anderen Befragten fehlt nur dieses Merkmal in der Liste. Die Schätzung des sensitiven Merkmals resultiert aus der Differenz zwischen den beiden Gruppen.[62] Der Vorteil der UCT liegt darin, dass man keine Randomisierungstechnik benötigt: Dadurch ist die Durchführung schneller, und der Befragte muss nicht auf die Randomisierung vertrauen (Coutts/Jann 2008:9). Empirische Tests der UCT führen allerdings bislang nicht zu eindeutigen Ergebnissen.[63]

Der „Non-randomised Response Approach" (NRA) Tian u. a. haben in einer Reihe von Arbeiten (Tian u.a 2007, Yu/Tian/Tang 2008 und Tan/Tian/Tang 2009) eine Alternative zu den Randomized-Response-Techniken entwickelt: Den „Non-randomised Response Approach" (NRA). Die Idee besteht darin, keinen

---

[60] Einzelheiten der RRT finden sich bei Fox/Tracy (1986) und Chaudhuri/Mukerjee (1988).
[61] Wenn der Anteil der roten Karten im Ja-Stapel θ_1, im Nein-Stapel θ_2, der Stichprobenumfang n und r der Anteil der berichteten roten Karten ist, dann wird der Anteil der Besitzer des sensitiven Merkmals mit $\pi = \frac{r-\theta_2}{\theta_1-\theta_2}$ geschätzt.
[62] Dalton/Wimbush/Daily (1994) führen die Technik auf Raghavarao/Federer (1973) zurück. Eine sehr detaillierte Beschreibung der Entwicklung, Durchführung und der statistischen Eigenschaften einer UCT findet sich bei Biemer u. a. (2005).
[63] Tsuchiya/Hirai/Ono (2007) fanden eine fast 10% höhere Rate für Ladendiebstahl mit UCT gegenüber der direkten Frage. Biemer u. a. (2005) fanden mit fast 70.000 (!) Befragten in persönlichen Interviews geringere Schätzungen für den Kokain-Gebrauch mit UCT als bei direkten Fragen.

	Geboren	Geboren		Geboren	Geboren
Heroin	1.1.–30.6.	1.7.–31.12.	Heroin	1.1.–30.6.	1.7.–31.12.
nein	A	B	nein	A	B
ja	B	B	ja	B	A
(a) Dreiecks-Modell			(b) Überkreuz-Modell		

Tabelle 4.1: Non-randomised-Response-Modelle

Zufallsprozess für die zu beantwortende Frage zu verwenden, sondern zwei Fragen miteinander zu kombinieren und den Befragten auf beide Fragen gemeinsam mit nur einer Antwort antworten zu lassen.

An dem Beispiel des Heroins lässt sich dieses Vorgehen mit der Tabelle 4.1a erläutern. Hier wird der Befragte gebeten, auf die Frage nach der Nutzung von Heroin und seiner Geburt im ersten Halbjahr mit nur einer Antwort zu antworten. Verwendet er kein Heroin und ist er in der ersten Jahreshälfte geboren, antwortet er mit „A"; in jedem anderen Fall mit „B". Die Antwort „A" stellt hingegen auf keinen Fall eine sozial unerwünschte Antwort dar. Die Antwort „B" lässt den Interviewer aber nun nicht mehr eindeutig auf einen Heroin-Nutzer schließen. Die Antwort „B" ist also vermutlich weniger sensitiv als das eindeutige Eingeständnis der Heroin-Nutzung.

Dieses Antwortmodell bezeichnen Tian u. a. (2007) als „triangular"-Modell, also Dreiecks-Modell, da die Antwortmöglichkeiten „B" ein Dreieck bilden. Bei ihrem „cross-wise"-Modell liegen die Antwortmöglichkeiten „A" und „B" überkreuz (vgl. die Tabelle 4.1b).[64] Der Vorteil dieses Modell liegt in der (vermutlich) leichten Erklärbarkeit gegenüber Befragten und der Abwesenheit einer Randomisierung. Empirische Erfahrungen mit diesem Modell liegen bislang noch nicht vor.

Anwendungsprobleme der RRT Das Hauptproblem der RRT dürfte darin bestehen, den Befragten die entsprechende Technik auf eine Art zu erläutern, die sie ihnen nicht als alberne Spielerei oder undurchschaubare Magie erscheinen lässt.[65] Kann die Technik den Befragten nicht vollständig transparent gemacht

---

[64] Bezeichnen wir den Anteil der Personen, die mit „B" antworten mit p_b und den Anteil der Personen, die in der zweiten Jahreshälfte geboren wurden mit p_2, dann lässt sich für das Dreiecksmodell der Anteil der Besitzer des sensitiven Merkmals schätzen mit $\pi_t = \frac{p_b - p_2}{1 - p_2}$ (Tan/Tian/Tang 2009:13).

[65] Häufig wird als Kritik an der RRT erwähnt, dass mit RRT-Daten keine Zusammenhänge berechnet werden könnten. Dieser Einwand ist in dieser allgemeinen Form unzutreffend, selbst Korrelationsschätzungen sind prinzipiell möglich, vgl. Fox/Tracy (1984), Kim/Warde (2005). Wie man RRT mit Kovariaten analysiert, zeigten Scheers/Dayton (1988). Hinweise zur Analyse mit logistischen Regressionen finden sich bei van den Hout u. a. (2007).

werden, so sind zumindest bei Teilgruppen ungenauere Ergebnisse erwartbar als bei traditionellen Fragen. Allgemein muss festgehalten werden, dass die Präzision der Schätzungen (also die Schwankungen zwischen Stichproben aus der gleichen Grundgesamtheit) aufgrund der Randomisierungen immer kleiner ist, als bei direkten Fragen: Man benötigt also bei RRT sehr viel größere Stichproben als bei direkten Fragen. Je nach Art der RRT und den Anteilswerten des sensitiven Merkmals sind vielfach größere Stichprobenumfänge erforderlich.[66]

Empirische Ergebnisse zur Leistung von RRT Die RRT wird nicht regelmäßig in der empirischen Sozialforschung verwendet. Eine quantitative Analyse der Ergebnisse der RRT-Literatur von Lensvelt-Mulders u. a. (2005) findet nur 68 Studien, bei denen RRT mit anderen Techniken verglichen wird. Als Ergebnis ihrer Analyse halten sie fest: „The RRT does yield more valid results than the more conventional data collection methods (i.e., face-to-face interviews, self-administered questionnaires, telephone interviews, and some forms of computer-assisted self-interviews)" (Lensvelt-Mulders u. a. 2005:340). Allerdings sind die Unterschiede zwischen den Studien sehr groß und bislang kaum vorhersagbar. Es gibt Studien, bei denen die RRT-Ergebnisse unter denen der direkten Frage liegen. Daher muss derzeit vor zu großen Hoffnungen beim Einsatz von RRT-Techniken gewarnt werden.

4.7.2 Vignetten

Vignetten sind hypothetische Beschreibungen sozialer Situationen.[67] Die Befragten werden gebeten, ihre Reaktionen auf die beschriebenen Situationen anzugeben. Die Beschreibungen unterscheiden sich durch die Variation einiger Variablen, von denen die Konstrukteure der Vignetten vermuten, dass sie für die Befragten handlungs- bzw. entscheidungsrelevant sein könnten. Die systematische Variation der Ausprägung dieser vermutlich handlungsrelevanten Variablen soll Aussagen über Einstellungen, Beurteilungen und letztlich Handlungsintentionen ermöglichen.[68]

Die Verwendung von Vignetten lässt sich am besten an einem Beispiel verdeutlichen. Rossi/Anderson (1982:34–58) versuchen die Ursachen für die wahr-

---

[66] Berechnungen der Effizienz und der notwendigen Stichprobenumfänge finden sich bei Lensvelt u. a. (2005) und Tao u. a. (2011).
[67] Die Erfindung der Vignetten-Technik wird häufig H.P. Rossi zugeschrieben, der aber seine Entwicklung auf eine Anregung von Lazarsfeld zurückführt.
[68] Auf Grund dieser experimentellen Variation der Vignetten werden Studien, die Vignetten verwenden, gelegentlich etwas irreführend als „faktorielle Surveys" bezeichnet.

genommene Stärke einer sexuellen Belästigung durch die Vorgabe einer Skala von 1--9 (von „auf keinen Fall eine Belästigung" bis zu „mit Sicherheit eine Belästigung") zu erheben. Variiert werden innerhalb der Vignetten mit jeweils mehreren Variablen die acht Dimensionen „Status des Mannes", „Status der Frau", „Bekanntschaftsgrad", „Soziale Situation", „Verhaltensweise der Frau", „Handlungen des Mannes", „Verbale Äußerungen des Mannes" und „Drohmittel". In diesem Beispiel ergaben sich mehr als 21 Millionen mögliche Kombinationen.

Allgemein ergeben sich – wenn jede Variable einer Dimension auch nur zweifach variiert wird – rasch sehr viele Kombinationen.[69] Einer der Vorteile einer Vignettenstudie liegt darin, dass jeder Befragte nur eine sehr kleine Teilmenge dieser möglichen Kombinationen beurteilt, bei allgemeinen Bevölkerungsumfragen typischerweise nur ca. 8 Kombinationen (Wallander 2008:513). Bei einer größeren Zahl von Vignetten ist vor allem bei der allgemeinen Bevölkerung rasch mit Ermüdungserscheinungen (Satisficing) zu rechnen. Die Analyse von Vignetten erfolgt in der Regel durch Standardanalyseverfahren wie z. B. der multiplen Regression, wobei jedes einzelne Urteil über eine Vignette zu einem Fall wird.[70]

Der größte Vorteil von Vignetten liegt in der Möglichkeit der Untersuchung einer Vielzahl von Kombinationen potentiell entscheidungsrelevanter Variablen.[71] Weiterhin lassen sich Vignetten zur Unterbrechung monotoner Frageblöcke verwenden: Da Vignetten nicht dem sonst in standardisierten Fragebogen üblichen Frageformat entsprechen, werden sie zumindest von einigen Befragten bei längeren Interviews als Abwechslung empfunden.[72]

---

[69] Vignetten lassen sich am einfachsten durch simple Computerprogramme erstellen, die die jeweilige Kombination der Variablen auf dem Bildschirm darstellen oder als Karte drucken.

[70] Die Variablen der Vignette gehen dabei als Dummy-Variable in die Regression ein (vgl. hierzu ausführlich Rossi/Anderson 1982). In der Regel werden hierbei sehr hohe erklärte Varianzen erzielt, die skeptisch beurteilt werden sollten. Eine Analyse faktorieller Surveys durch Mehrebenen-Modelle erscheint angemessener (Hox/Kreft/Hermkens 1991).

[71] King u. a. (2004) haben vorgeschlagen, Vignetten als Anker für das individuelle Antwortverhalten zu verwenden und so die Schwellenwerte des Übergangs zwischen den Antwortkategorien einer geordneten Antwortskala, wie sie bei Einstellungsmessungen üblich ist, zu verwenden. Sie schlagen die Anwendung eines speziellen statistischen Schätzverfahrens (eine Variante eines „ordered probit"-Modells, vgl. Greene/Hensher 2010:219–232) vor, um mit den Schätzwerten trotz unterschiedlicher Schwellenwerte (DIF, vgl. Kapitel 4.4.3) einen sinnvolleren interkulturellen Vergleich der Antworten zu ermöglichen.

[72] Einzelheiten zu bisherigen Anwendungen finden sich in einem Übersichtsartikel bei Wallander (2009); Einzelheiten zur Durchführung (einschließlich der Anweisungen an die Befragten) und zur Analyse bei Jasso (2006).

Selbstverständlich sind Vignetten kein Ersatz für tatsächliche Experimente.[73] Die Befragten reagieren – bestenfalls – auf die Beschreibung hypothetischer Akteure bzw. hypothetischer Situationen. Sollten die handlungsrelevanten Stimuli tatsächlicher Handlungskontexte von den Stimuli der Vignetten abweichen, sind auf der Basis der Ergebnisse der Vignetten keine Verallgemeinerungen möglich. Der Einsatz von Vignetten für die Verhaltensprognose sollte daher eher vorsichtig beurteilt werden.

4.7.3 Life-History-Kalender

Life-History-Calendar (LHC) stellen derzeit ohne Einschränkung die empfohlene Fragetechnik für die Erhebung autobiographischer Informationen dar.[74] Die Erhebung eines LHC lässt sich am einfachsten mit einem Beispiel erklären. Ein solches Beispiel für einen Life-History-Kalender zeigt die Abbildung 4.14 anhand des „Event History Calendars" der „Panel Study of Income Dynamics" (PSID) im Jahr 2003 (Belli 2003:20).[75] Zeit wird auf dem Bildschirm als Jahr, Jahreszeit und Monat dargestellt, der Monat wird weiter in Drittel aufgespalten. Die Interviewer sollten den Zeitraum eines Ereignisses dadurch eingrenzen, dass sie zunächst nach dem Jahr, dann nach der Jahreszeit, dann nach dem Monat und dann nach dem Monatsdrittel fragen sollten. Der obere Teil des Bildschirms enthält die wichtigsten Informationen über den Fragegegenstand, die bereits während des Interviews erhoben wurden. Besonders wichtige Informationen können durch den Interviewer mit dem Cursor hervorgehoben werden. Der mittlere Bereich des Bildschirms dient der Eingabe der Zeiträume des derzeitigen Fragethemas, der untere Bereich der Eingabe der Daten einzelner Episoden („spells"). Prinzipiell sind LHC auch in Befragungen mit Papier und Bleistift möglich; die computergestützte Erhebung ist allerdings wesentlich einfacher und eleganter. Leider ist der Aufwand

---

[73] Vignetten lassen sich natürlich auch mit wirklichen Experimenten in einem Survey kombinieren. Gerber/Keeley/Wellens (1997) verwendeten z. B. in einem Pretestexperiment verschiedene Instruktionen zur Auflistung der Haushaltsmitglieder. Die Befragten beurteilten nach der Lektüre der Instruktionen verschiedene Haushaltskonstellationen in Form von Vignetten. Auf diese Weise sollte eine Auflistungsregel gefunden werden, die sowohl für problematische als auch für unproblematische Haushaltskombinationen klare Interpretationen für die Befragten ermöglicht.

[74] Zu den Anfängen der Verwendung solcher Instrumente vgl. Freedman u. a. (1988). Einzelheiten zum derzeitigen Forschungsstand zur Erhebung autobiographischer Ereignisse durch LHC-Techniken finden sich in einem von Belli/Stafford/Alwin (2009) herausgegebenen Band.

[75] Die Darstellung in diesem Abschnitt folgt der Erläuterung der Abbildung bei Belli (2003:8–9).

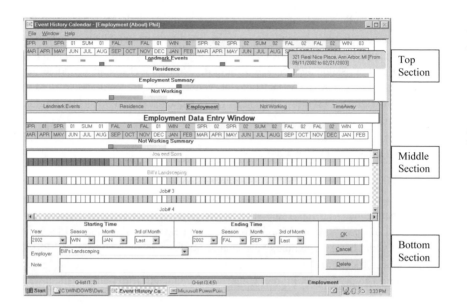

Abbildung 4.14: Beispiel für den Life-History-Kalender der „Panel Study of Income Dynamics" (PSID) im Jahr 2003 (Belli 2003:20)

zur Programmierung solcher Kalender außerordentlich hoch und fehleranfällig.[76]

4.7.4 „Dependent Interviewing"

Die wiederholte Befragung der gleichen Untersuchungseinheit in Panelstudien erlaubt die Verwendung bereits bekannter Informationen während der Befragung. Diese Verwendung bereits bekannter Informationen als Hilfe bei der Befragung wird in der neueren Literatur als „dependent interviewing" (DI) bezeichnet. Üblicherweise werden bei einer computergestützten Befragung vorhandene Informationen zur Korrektur von Antworten während des Interviews verwendet.[77] Es werden vor allem zwei Varianten des DI unterschieden: Reaktives „dependent

---

[76] Entsprechend aufwändig und teuer ist die Programmierung in Befragungsprogrammen. Spätestens bei der Erstellung eines computergestützten LHC erreichen einfache kommerzielle Befragungssysteme und akademische Eigenentwicklungen ihre Grenzen.

[77] Prinzipiell ist DI auch ohne den Einsatz von Computern während der Befragung möglich, indem z. B. bereits bekannte Informationen in den Fragebogen gedruckt werden oder z. B. gleich ein bereits auf den Befragten zugeschnittener Fragebogen gedruckt wird. Solche Varianten sind aber seit dem Einsatz von CAPI- und CATI-Systemen völlig unüblich geworden.

4.7 Spezielle Fragetechniken

interviewing" und proaktives „dependent interviewing". Beim reaktiven DI werden Informationen aus den vorherigen Erhebungen genutzt, um Plausibilitätsprüfungen der Antworten der Befragten bei der neuen Erhebung durchzuführen. Ergeben sich unplausible Antworten auf der Basis der bekannten Daten, dann kann der Befragte auf diese Inkonsistenzen hingewiesen und um Aufklärung gebeten werden. Beim proaktiven DI werden Antworten der Befragten aus früheren Wellen eines Panels zur Veränderung der Frageformulierung oder zur Filterführung genutzt. So kann z. B. die Antwort des Befragten auf die Frage nach dem Namen des derzeitigen Partners als vorgegebene Antwortkategorie auf dem Bildschirm erscheinen („preloaded"). Die meisten der vorhandenen Studien zum DI kommen zu dem Ergebnis, dass die Datenqualität der Erhebung steigt.[78]

---

[78] Eine ausführliche Darstellung des Literaturstandes zum DI findet sich bei Jäckle (2008).

5 Fragebogen

Die Entwicklung eines Fragebogens beginnt mit der Festlegung der zu erhebenden Konzepte. Für jedes Konzept muss eine exakte Spezifizierung dessen, was erhoben werden soll, erfolgen. Für die einzelnen Aspekte müssen Fragen entwickelt und auf ihre Verständlichkeit geprüft werden. Häufig hängen die Formulierung, Abfolge und das Layout der Fragen voneinander ab, so dass Tests der Anordnung und des Layouts nicht immer erst nach Abschluss der Entwicklung einzelner Fragen erfolgen, sondern häufig zeitgleich. Trotzdem ist es hilfreich, die beiden Prozesse der Entwicklung der Fragen und des Layouts getrennt darzustellen (vgl. Abbildung 5.1).

5.1 Länge

Nahezu unweigerlich führt die Erstellung eines Fragebogens zu einem ersten Entwurf, der für die angestrebte Untersuchung zu umfangreich ist. Daher sind in der Regel erhebliche Kürzungen notwendig, bevor mit der Erprobung begonnen werden kann. Als Hilfsmittel für die Entscheidung, ob eine Frage beibehalten oder gestrichen werden soll, sollten für jede einzelne Frage eine Reihe von Kriterien erfüllt sein (vgl. Abbildung 5.2).[1] Welche Befragungsdauer möglich ist, hängt vom Thema, der Population und dem Erhebungsmodus ab. Brace (2008:17) vermutet, dass bei den meisten Befragten nach 30 Minuten Ermüdungserscheinungen auftreten, die dann entweder zum Abbruch führen oder – falls es durch die Anwesenheit eines Interviewers nicht zum Abbruch kommt – zu vermutlich weitgehend unzuverlässigen Antworten.[2] Laut Brace sind längere Befragungen nur bei Themen möglich, die zum Hobby der Befragten gehören. Rechnet man eigene Kinder und die Betroffenheit durch eine Erkrankung hinzu, ist die Obergrenze von 30 Minuten vermutlich eine realistische Einschätzung. Ein Projekt, das angeblich längere Befragungen erfordert, ist vermutlich schlecht konzeptualisiert, verwendet unreliable Messungen, die erst durch die Verwendung von hunderten von Items scheinbar messtheoretisch akzeptabel werden oder erfordert ohnehin eine dann wesentlich teurere Panelstudie. Um es noch einmal unmissverständlich zu formulieren: Die Einzigen, die über eine maximale Befragungsdauer entscheiden können, sind die

---

[1] Dieses Flussdiagramm basiert auf einer Kriteriumsliste bei Czaja/Blair (1996:51).
[2] Die meisten Surveypraktiker dürften diese Einschätzung teilen. Die empirischen Belege für die erwähnten Interaktionseffekte sind bislang eher spärlich.

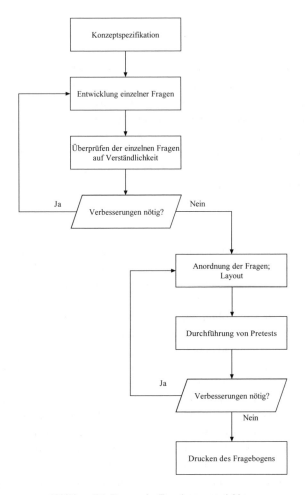

Abbildung 5.1: Prozess der Fragebogenentwicklung

Befragten. Und die Mehrheit der Befragten toleriert bei Themen, die sie nicht interessiert, keine Befragungen, die länger als 30 Minuten sind.[3]

---

[3] Viele Sozialwissenschaftler nehmen die maximal mögliche Dauer einer Befragung nicht ernst und fordern von Fragebogenkonstrukteuren und den Befragten vollkommen unrealistische Befragungszeiten. Gerade bei Projekten mit interdisziplinären Forschungsgruppen, zu denen Pädagogen oder Psychologen gehören, finden sich Forderungen nach langen Befragungen häufig. Dies gründet sich

5.2 Anordnung der Frageblöcke

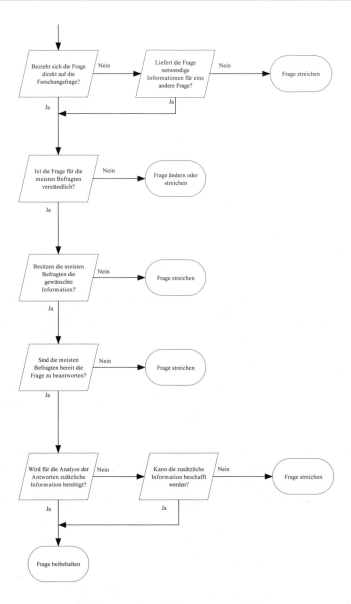

Abbildung 5.2: Aufnahme einer Frage in den Fragebogen

5.2 Anordnung der Frageblöcke

Fragen, die ähnliche Inhalte erfragen, sollten zu Frageblöcken zusammengefasst und nacheinander abgefragt werden (Dillman/Smyth/Christian 2009:157). Wichtig bei diesen Zusammenfassungen ist es, dass die Fragen für den Befragten sinnvolle Blöcke bilden. Der Zusammenhang verschiedener Frageblöcke kann hingegen durch einfache Überleitungen („Uns interessiert auch noch etwas Anderes, und zwar (...)") problemlos hergestellt werden.

Der Fragebogen sollte mit einer Frage beginnen, die vermutlich für alle Befragten bedeutsam ist. Die Frage sollte – für die Befragten erkennbar – in engem Zusammenhang zum Thema der Befragung stehen. Weiterhin sollte diese erste Frage leicht beantwortbar sein, damit die Befragten sich nicht überfordert fühlen. Schließlich sollte die Antwort auf die erste Frage auch nicht „trifft nicht zu" lauten müssen, damit die Befragten nicht das Gefühl bekommen, der Fragebogen beträfe sie nicht (Dillman/Smyth/Christian 2009:158-159).

Unerwünschte Effekte durch die Anordnung der Fragen (Abfolge-Effekte, vgl. Kapitel 2.1.3) sollten möglichst vermieden werden. Ob die gegebene Fragestellung für solche Effekte anfällig ist, muss durch Pretests (vgl. Kapitel 6) geklärt und gegebenenfalls korrigiert werden. In der Praxis lässt sich die Wahrscheinlichkeit für das Auftreten solcher Effekte durch die Konstruktion der Fragen und sorgfältiges Testen in der Regel stark verringern.

Werden Fragen zu biographischen Ereignissen gestellt, so sollte in der Abfolge gefragt werden, in der die Ereignisse auch eingetreten sind.[4] Wird ein Life-History-Kalender (LHC, vgl. Kapitel 4.7.3) erhoben, muss festgelegt werden, ob alle einzelnen Dimensionen eines LHC (Erwerbsbiographie, Partnerschaftsbiographie etc.) chronologisch über alle Aspekte gleichzeitig oder jeweils nach Aspekt chronologisch erfragt werden sollen. Eine empirisch begründbare Aussage über die Überlegenheit der ein oder anderen Art des Datenabrufs scheint bei der gegebenen Literaturlage nicht möglich (Schnell 2009). Bei den meisten LHC-Interviews in persönlichen Befragungen wird zunächst ein Aspekt chronologisch erhoben, dann

---

unter anderem auf deren Befragungserfahrungen mit Untersuchungspopulationen, die sich den Befragungsanmutungen nicht entziehen können: Schulklassen, Studenten und Strafgefangene („captive populations"). Die allgemeine Bevölkerung kann eine Teilnahme aber legitim ablehnen, und sie macht von dieser Möglichkeit, wie das Ansteigen des Nonresponse (vgl. Kapitel 7) zeigt, zunehmend Gebrauch.

[4] Belli (1998) betont, dass sich die Art des Abrufs an der Art der Strukturierung der Gedächtnisverläufe orientieren sollte. Entsprechend argumentieren hier – ohne Bezug auf Belli – Dillman/Smyth/Christian (2009:159).

5.2 Anordnung der Frageblöcke

der nächste Aspekt.

Üblicherweise beginnt ein Frageblock mit allgemeinen Fragen zum Thema („Wurde bei jemandem, den Sie persönlich kennen, schon einmal eingebrochen, während niemand zu Hause war?") und endet mit den spezielleren Themen („Haben Sie sich von der Polizei schon einmal beraten lassen, welche Maßnahmen Sie gegen Einbruch ergreifen sollten?").[5] Sollen zum gleichen Thema Einstellungs- und Verhaltensfragen gestellt werden, dann empfiehlt sich in der Regel, mit den Verhaltensfragen zu beginnen (Brace 2008:42): Verhaltensfragen sind oft leichter zu beantworten und die umgekehrte Abfolge könnte dazu führen, dass Befragte ihr Verhalten falsch berichten um konsistenter zu erscheinen.

Sensitive Fragen wie z. B. Fragen nach strafbaren Handlungen oder sexuellen Orientierungen (vgl. Kapitel 2.4.1) werden in der Regel am Ende des Fragebogens gestellt. Dadurch, dass das Interview bis zu diesen Fragen bereits längere Zeit beansprucht hat, kann sich eher ein Verständnis für die Notwendigkeit solcher Fragen einstellen. Man hofft, dass dadurch die Zahl der falschen bzw. verweigerten Antworten sinkt. Sollte gar der ungünstige Fall eines Interviewabbruchs durch die sensitiven Fragen eintreten, hat man zumindest bereits die Antworten auf den restlichen Fragebogen.

Demographische Fragen (Kapitel 4.6.1) werden zumeist am Ende des Fragebogens gestellt. In diesem Fall sollte man die ebenso dümmliche wie weitverbreitete Überleitung bzw. Überschrift „Fragen zur Statistik" vermeiden. Eine Erklärung, warum die Erhebung demographischer Variablen erfolgt, ist hingegen sinnvoll und sollte vor allem bei postalischen Befragungen entweder im Begleitschreiben oder vor den demographischen Fragen erfolgen. Da Einkommen in vielen Befragungen als sensitive Frage gilt und Einkommen auch zu den demographischen Variablen gehört, bilden Einkommensfragen häufig in telefonischen und persönlichen Befragungen die letzten inhaltlichen Fragen in einem Fragebogen.

Bei postalischen Befragungen hat es sich in der Praxis bewährt, den Befragten einen klar definierten Raum für eigene Anmerkungen zum Fragebogen, einzelnen Antworten oder der Studie allgemein zu geben. Es empfiehlt sich, für diesen Raum für Kommentare keine Fragenummer zu vergeben, sondern lediglich eine kurze Einleitung („Falls Sie uns noch etwas mitteilen wollen, finden Sie hier Gelegenheit dazu:") gefolgt von einigen leeren Zeilen oder gänzlich leerem Raum von mehreren Zentimetern zu verwenden. Kommentare in diesen Antwortfeldern sind eher selten und werden auch kaum je inhaltlich ausgewertet. Der Einsatz dieses

---

[5] Diese Art der Festlegung der Abfolge wird in der älteren Literatur häufig als „Trichterung" bezeichnet.

Kommentarfelds scheint aber die sonst zu findenden Anmerkungen im gesamten Fragebogen zu verringern und einigen Befragten das Gefühl zu geben, mit ihren Anliegen ernst genommen zu werden.

Bei allen Formen der Befragung sollte am Ende des Fragebogens eine Danksagung erfolgen. Dies kann durch eine etwas größer gedruckte Mitteilung wie „Vielen Dank für Ihre Hilfe bei dieser Studie!" geschehen.

5.3 Layout

In technischen Bereichen wurde der Gestaltung von Anzeigen und Reglern zur leichten und fehlerfreien Bedienung von Geräten im industriellen Design schon lange besondere Aufmerksamkeit geschenkt (Norman 2002). Die Übertragung der dort entwickelten Gestaltungsprinzipien auf die räumliche Anordnung der Fragen und Antworten (dem Layout) in Fragebogen erfolgte in der Surveyforschung erst sehr langsam.

Diesen Prozess kann man am Beispiel der Frage nach der tatsächlichen Abgabe der Stimme nach einer Wahl in den amerikanischen „National Election Studies" (NES, www.umich.edu/~nes/) zeigen: Während 1948 eine Schreibmaschinenseite ohne Formatierung und graphische Elemente verwendet wurde, bei der die Interviewer nach einer Filterfrage selbst die Seite der Folgefragen suchen mussten, wurde 1980 schon eine graphische Filterführung mit angegebener Seiten- und Fragenummer verwendet. Der Fragebogen von 1998 ist schon ein CAPI-Instrument.[6]

Selbst in den Fragebogen der größten professionellen Erhebungsorganisationen findet man bis heute die Vernachlässigung der Gestaltungsprinzipien guten technischen Designs. Die systematische Berücksichtigung des Fragebogenlayouts zur Verbesserung der Datenqualität durch Senkung des Nonresponse und der Minimierung von Antwortfehlern begann erst mit der Rezeption der Arbeit von Dillman (1978). Im Rahmen seiner Vorschläge zur Verbesserung schriftlicher Befragungen („Total Design Method", vgl. Kapitel 9.4) finden sich auch systematische Vorschläge zur Gestaltung von Fragebogen. Die wichtigsten der dort und in späteren Arbeiten von Dillman und seinen Mitarbeitern vorgeschlagenen Prinzipien sollen kurz dargestellt werden.

---

[6] Fast ebenso bemerkenswert für den Wandel der Erhebungsinstrumente ist die Abwesenheit der Möglichkeit der Verweigerung der Antwort in den Fragebogen aus den 40er und 50er Jahren.

5.3 Layout

- In einem Fragebogen sollten alle Fragen visuell einheitlich darstellt werden.
- Alle graphischen Symbole, Hervorhebungen und Elemente sollten im gesamten Fragebogen einheitlich verwendet werden.
- Ausrichtung, Einrückungen und vertikale Abstände sollen die Informationen auf einer Fragebogenseite für den Befragten strukturieren.
- Der Gebrauch von Farben und Farbkontrasten soll dem Befragten helfen, zusammengehörende Teile des Fragebogens zu erkennen und der Filterführung zu folgen.
- Der Fragebogen sollte Informationen, die nicht für die Befragten bestimmt sind (z. B. Variablennamen oder Antwortcodes), wenn überhaupt, dann weniger hervorgehoben als normaler Fragebogentext enthalten.
- Der Fragebogen sollte nicht mit graphischen Elementen überfrachtet werden.

Abbildung 5.3: Allgemeine Empfehlungen für die visuelle Gestaltung von Fragebogen

5.3.1 Empfehlungen für die visuelle Gestaltung von Fragebogen

Für alle Fragebogen gelten im Wesentlichen die gleichen Empfehlungen für die Gestaltung des Layouts. Da bei postalischen Befragungen und bei Internet-Surveys keine Interviewer anwesend sind, ist vor allem bei diesen Erhebungsformen besondere Sorgfalt für das Layout erforderlich. Aber selbst bei persönlichen Befragungen wird ein den Anforderungen an die folgenden Prinzipien entsprechendes Design Erhebungsfehler verringern, da der Interviewer sich dann eher auf seine zahlreichen anderen Aufgaben konzentrieren kann.[7]

Die allgemeinen Prinzipien des Fragebogenlayouts (vgl. Abbildung 5.3) betonen die Vereinheitlichung des Layouts im gesamten Fragebogen. Der resultierende Seitenaufbau soll dem Befragten die Orientierung auf der Seite durch mehrere visuelle Hinweise erleichtern, so die Verwendung von Farbkontrasten zur Abgrenzung von Frageblöcken oder der Darstellung von Filterführungen.

Entsprechende Regeln gelten für die visuelle Gestaltung einzelner Fragen (vgl. Abbildung 5.4). Durch die einheitliche Gestaltung der Übergänge und der Anordnung von Fragen und Antwortvorgaben wird die Arbeitsaufgabe für den Befragten (bzw. Interviewer) klarer: Die Gefahr des Übersehens von Fragen, Antwortvorgaben und Instruktionen wird durch diese Vorgaben deutlich verringert.

Schließlich lassen sich für besondere Frageformen auch spezielle Hinweise für deren visuelle Gestaltung herleiten (vgl. Abbildung 5.5). Auch hier bestehen die

---

[7] Dieses Unterkapitel basiert auf den Ergebnissen und Empfehlungen bei Jenkins/Dillman (1997), Redline/Dillman (2002), Redline u. a. (2003), Dillman/Gertseva/Mahon-Haft (2005) und Dillman/Smyth/Christian (2009). Die Abbildungen 5.3, 5.4 und 5.5 basieren auf den „Guidelines" der Kapitel 4-6 bei Dillman/Smyth/Christian (2009).

1. Anfang und Ende jeder Frage bzw. jedes Frageblocks sollte visuell einheitlich betont werden.
2. Der Text der Frage sollte in einer dunkleren oder größeren Schriftarten als die Antwortmöglichkeiten gedruckt werden.
3. Die Antwortmöglichkeiten (Kästchen, Kreise oder Leerraum) sollten durch Kontraste von anderen Teilen einer Frage abgegrenzt werden.
4. Um visuelle Gruppen innerhalb einer Frage herzustellen, sollte leerer Zwischenraum verwendet werden.
5. Instruktionen sollten anders gedruckt werden als Fragen.
6. Zeilenabstand, Schriftart und Textgröße sollten so gewählt werden, dass die Lesbarkeit des Textes erleichtert wird.
7. Sollte sich die Art der gewünschten Antworten ändern, sollte dies durch graphische Hervorhebungen verdeutlicht werden.
8. Instruktionen für die Beantwortung sollten dort sein, wo sie gebraucht werden und nicht am Anfang oder Ende des Fragebogens.

Abbildung 5.4: Allgemeine Empfehlungen für die visuelle Gestaltung von Fragen

Bei Fragen nach numerischen Antworten
1. Die Frage sollte die Einheit, nach der gefragt wird, enthalten.
2. Der Platz für die Antwort sollte der erwarteten Größe der Angabe entsprechen.
3. Neben der Antwortvorgabe bzw. neben den Leerstellen für die Antwort sollte die Einheit, nach der gefragt wird, stehen.

Bei offenen Fragen, bei denen eine Liste von Gegenständen als Antwort erwartet wird
1. Die Anzahl und Art der gewünschten Antworten sollte in der Frage benannt werden.
2. Die Gestaltung des Raums für die Antworten muss der Art der erwarteten Antworten entsprechen (Linien für Texte, Leerstellen für Ziffern und einzelne Buchstaben etc.).

Bei Fragen mit Skalenvorgaben
1. Alle Antwortmöglichkeiten sollten einheitlich entweder senkrecht in eine Spalte oder horizontal in einer Zeile stehen.
2. Alle Antwortmöglichkeiten sollten den gleichen Abstand zu einander besitzen.
3. Nicht-substanzielle Antworten sollten am Ende der Skala stehen und z. B. durch einen kleinen Abstand oder eine Linie visuell von der Skala abgegrenzt werden.

Abbildung 5.5: Spezielle Empfehlungen für die visuelle Gestaltung von Fragen

Empfehlungen im Wesentlichen aus der Festlegung von Details, die dem Befragten die Art der von ihm gewünschten Information verdeutlichen sollen. Insbesondere für Fragen mit Skalenvorgaben soll die letzte Gruppe von Empfehlungen in der Abbildung 5.5 eventuelle Fehlinterpretationen durch unbeabsichtigte Anordnungseffekte verhindern.

Einige für die Forschungspraxis besonders wichtige Aspekte dieser Empfeh-

5.3 Layout

```
12.  Wie würden Sie Ihren heutigen Gesundheitszustand beschreiben?
     ☐ sehr    ☐ gut    ☐ zufrieden-    ☐ weniger    ☐ schlecht
       gut              stellend          gut
```

Abbildung 5.6: Horizontale Anordnung der Antwortmöglichkeiten (nicht empfohlen)

```
12.  Wie würden Sie Ihren heutigen Gesundheitszustand beschreiben?
       sehr               zufrieden-      weniger
       gut      gut       stellend        gut        schlecht
       ☐        ☐         ☐               ☐          ☐
```

Abbildung 5.7: Horizontale Anordnung der Antwortmöglichkeiten als Skala

lungen sollen etwas detaillierter erläutert werden.

5.3.2 Vertikale Anordnung der Antwortmöglichkeiten

Nahezu immer empfiehlt es sich, die Antwortmöglichkeiten zu einer Frage senkrecht untereinander anzuordnen. Diese Anordnung besitzt mehrere Vorteile:

- die Seite wirkt dadurch übersichtlicher,
- die Zuordnung der Antwortkästchen oder Symbole zu den Antwortoptionen ist für jeden Befragten eindeutig (vgl. Abbildung 5.6 und 5.7 mit Abbildung 5.8),
- zur Beantwortung mehrerer Fragen muss der Befragte nur senkrecht nach unten mit dem Stift weitergehen („establishing a vertical flow", Dillman 1978:137-138),
- eine einheitliche Anordnung von Frage- und Antwortblöcken ist auch bei unterschiedlichen Fragetypen möglich,
- der Befragte bekommt nach mehreren Fragen das Gefühl, rasch mit der Bearbeitung voranzukommen.

Diese Vorteile wiegen schwerer als der größere Platzbedarf dieser Anordnung.

```
12.  Wie würden Sie Ihren heutigen Gesundheitszustand beschreiben?
         ☐  sehr gut
         ☐  gut
         ☐  zufriedenstellend
         ☐  weniger gut
         ☐  schlecht
```

Abbildung 5.8: Vertikale Anordnung der Antwortmöglichkeiten

5.3.3 Fragenbatterien (Matrix-Fragen)

Es liegt nahe, mehrere Fragen zu einem Fragegenstand und mit ähnlichen Antwortvorgaben zu einem inhaltlichen Block zusammenzufassen. Dies gilt besonders dann, wenn Objekte auf zahlreichen Dimensionen mit immer der gleichen Vorgabe der Antwortmöglichkeiten beurteilt werden sollen. Solche Anordnungen von Fragen in Form einer Matrix werden als „Matrix-Fragen" oder „Fragenbatterie" bezeichnet.[8] Ein – inhaltlich ironisch gemeintes – Beispiel zeigt die Abbildung 5.9.[9]

Die dabei entstehende Frageform scheint den Vorteil zu bieten, eine hohe Zahl von Informationen in kurzer Zeit (und – bei schriftlichen Befragungen – platzsparend) erheben zu können.[10] Bei der Verwendung dieses Formats treten aber in der Regel mehrere Probleme auf:

- Das graphische Erscheinungsbild der Frage wirkt – sowohl bei schriftlichen als auch bei persönlichen Befragungen – unübersichtlich und abschreckend: Der Aufwand, die Fragen zu beantworten, erscheint vor allem weniger Gebildeten höher als er tatsächlich ist.
- Je nach Länge des Fragetextes wird eine oder zwei Zeilen pro Frage benötigt, was zu unterschiedlicher Hervorhebung einzelner Zeilen (und damit Fragen) führt und Antwortfehler des Befragten durch Verrutschen in der Zeile begünstigt.
- Die Anordnung verleitet zur Verwendung selten intensiv getesteter Kombinationen von Fragen und Antwortvorgaben, so dass sich häufig unsinnige oder mehrdeutige Interpretationen der Frage ergeben.[11]
- Die Anordnung erleichtert mechanische Antworttendenzen („zwei links-zwei rechts").
- Das Antwortformat erschwert die Vorgabe von „Weiß-nicht" und/oder „Trifft-

---

[8] Da Anordnungen mehrerer ähnlicher Objekte früher allgemein „Batterien" genannt wurden (z. B. Kanonen- oder Legebatterien, elektrische Batterien), wurde die Anordnung von Fragen und Antworten in einer Matrix in der älteren deutschsprachigen Literatur häufig als „Fragenbatterie" oder „Itembatterie" bezeichnet.

[9] Eine Darstellung methodischer Probleme und eine Kritik der vermeintlichen und irreführend bezeichneten Lehrevaluationen findet sich bei Schnell/Kopp (2001).

[10] Aus diesem Grund sind solche Fragen bei Fragebogen, die am Bildschirm ausgefüllt werden (so z. B. bei Web-Surveys) besonders verbreitet.

[11] Als Beispiel sei erwähnt, dass eine Universitätsklinik die explizite Vorgabe „ja oder sehr gut" versus „nein oder sehr schlecht" ohne verbale Bezeichnung der Zwischenstufen in einem Fragebogen zur Bereitschaft für eine Organspende verwendete.

5.3 Layout

17. Bitte beurteilen Sie die Vorlesung „Physik für Romanisten" in Hinsicht auf ...	sehr gut	gut	mittelmäßig	schlecht	sehr schlecht
Vorbereitung des Dozenten	☐	☐	☐	☐	☐
Notwendigkeit eigener Vorbereitung	☐	☐	☐	☐	☐
Humor des Dozenten	☐	☐	☐	☐	☐
Zusammenhang zwischen den Vorlesungen	☐	☐	☐	☐	☐
Gliederung der Veranstaltung	☐	☐	☐	☐	☐
Gliederung einzelner Sitzungen	☐	☐	☐	☐	☐
Pünktlichkeit des Dozenten	☐	☐	☐	☐	☐
Pünktlichkeit anderer Studenten	☐	☐	☐	☐	☐
Medienkompetenz des Dozenten	☐	☐	☐	☐	☐
Fachliche Qualifikation des Dozenten	☐	☐	☐	☐	☐
Größe des Hörsaals	☐	☐	☐	☐	☐
Akustische Qualität des Hörsaals	☐	☐	☐	☐	☐
Teilnehmerzahl	☐	☐	☐	☐	☐
Schwierigkeit des Stoffes	☐	☐	☐	☐	☐
„Take-Home"-Messages	☐	☐	☐	☐	☐
Downloadmöglichkeiten der Folien	☐	☐	☐	☐	☐
Tutorate	☐	☐	☐	☐	☐
Gender-Mainstreaming	☐	☐	☐	☐	☐
Stoffmenge	☐	☐	☐	☐	☐
Praxisrelevanz	☐	☐	☐	☐	☐
Bekleidung des Dozenten	☐	☐	☐	☐	☐
Politische Korrektheit	☐	☐	☐	☐	☐
Erwartete Prüfungsanforderungen	☐	☐	☐	☐	☐
Erwartete Notengebung	☐	☐	☐	☐	☐

Abbildung 5.9: Beispiel für eine Fragebatterie (nicht empfohlen)

nicht-zu"-Antworten, da hierzu weitere, optisch abgetrennte Spalten für beide Kategorien notwendig wären.

Aus diesen Gründen wird hier die Verwendung von Matrix-Fragen bzw. Itembatterien im Allgemeinen nicht empfohlen.

5.3.4 Filterführung

Eine der häufigsten Verwendungen von dichotomen Fragen besteht bei der Auswahl einer Teilmenge der Befragten, für die bestimmte Merkmale zutreffen oder nicht. Nach solchen „Filterfragen" werden einige Fragen nur derjenigen Teilmenge der

Befragten gestellt, die das erfragte Merkmal aufweisen. Ein Filter besteht also aus
- der Filterfrage,
- der Sprunganweisung,
- der Frage/den Fragen innerhalb des Filters („gefilterte Frage", „Filterblock")
- und dem Sprungziel.

Die Filterfrage muss für jeden Befragten genau eine Antwort erlauben: Es muss für den Befragten eindeutig erkennbar sein, ob er die Filterkriterien erfüllt oder nicht.

Sollten kompliziertere Filterbedingungen notwendig sein, dann empfiehlt es sich, die notwendigen Bedingungen einzeln abzufragen.[12]

Wichtig für die Vermeidung von Unklarheiten, warum Antworten innerhalb eines Filters fehlen, ist es, dass sowohl das Erfüllen der Filterbedingungen als auch das Nichterfüllen der Filterbedingungen explizit protokolliert wird (z. B. durch das Markieren eines Antwortkästchens). Ein Spezialfall dieses Problems ist die Antwort Null bei numerischen Fragen, die für diejenigen Personen, bei denen die Antwort nicht Null ist, von weiteren Fragen gefolgt wird. Das Versäumnis, das korrekte Überspringen eines Filterblocks von dessen nicht Beantwortung durch eine solche zusätzliche Antwortmarkierung unterscheiden zu können, ist eine der Hauptursachen für das Vorkommen ungeklärter fehlender Werte in sozialwissenschaftlichen Befragungen.

Die Sprunganweisungen sind im Falle von gedruckten Fragebogen typischerweise Formulierungen wie „Bitte weiter mit Frage Nr. 17"; bei elektronischen Fragebogen (CATI/CAPI, Webfragebogen) sind diese Sprunganweisungen Bestandteil des Programms und für den Befragten nicht sichtbar. Bei gedruckten Fragebogen wird die Sprunganweisung bzw. werden die gefilterten Fragen häufig durch grafische Elemente wie Pfeile, horizontale Einrückungen, wechselnde Hintergrundfarbe oder durch farbliche Randmarkierungen oder auch Aussparungen wie bei einem Register hervorgehoben.

Ein häufig unterschätztes Problem bei Befragungen besteht in der mangelnden Motivation der Befragten bzw. der Interviewer. Lernt ein Befragter oder der Interviewer durch wiederholte Befragungen, dass eine positive Antwort auf eine Filterfrage zu zahlreichen weiteren Fragen führt, steigt die Wahrscheinlichkeit einer

---

[12] Gelegentlich ist es bei mehreren aufeinander folgenden Filterbedingungen sinnvoll, zur Erhaltung der Motivation derjenigen Befragten, die kein Filterkriterium erfüllen, auch dann Fragen zu stellen, die für die Erreichung des Forschungsziels nicht unbedingt notwendig sind. Trotzdem müssen diese eventuellen zusätzlichen Fragen einen für den Befragten erkennbaren Bezug zum Untersuchungsthema besitzen.

5.3 Layout

---

31. Haben Sie vor dem heutigen Tag schon einmal etwas von Biobanken gehört?

☐ nein ⟶ WEITER MIT FRAGE 33
☐ ja ⟶ **32. Wären Sie bereit, einer Biobank persönliche Informationen zur Verfügung zu stellen?**
　　　　☐ ja, sicher
　　　　☐ ja, wahrscheinlich
　　　　☐ nein, wahrscheinlich nicht
　　　　☐ nein, niemals
　　　　☐ weiß nicht

Abbildung 5.10: Beispiel für einen expliziten „Weiß-nicht"-Filter

negativen Antwort bei späteren Filterfragen.[13] Daher müssen bei der Planung eines Fragebogens mit zahlreichen Filtern inhaltliche Abwägungen erfolgen, welche Fehler man minimieren möchte.

5.3.4.1 Explizite „Weiß-nicht"-Filter

Werden Einstellungsfragen zu einem weniger bekannten Einstellungsgegenstand gestellt, kann die Verwendung eines expliziten „Weiß-nicht"- Filters sinnvoll sein. Bei einem solchen Filter wird in der Einleitung des Frageblocks abgefragt, ob eine Einstellung zu einem Gegenstand überhaupt vorliegt. Ein Beispiel zeigt die Abbildung 5.10.[14] Die Verwendung eines solchen Filters kann dazu führen, dass Befragte sich entmutigt fühlen, den Filterblock zu beantworten. Ebenso kann bei wenig motivierten Befragten die Anwesenheit eines solchen Filters als Hinweis dafür dienen, das Interview durch das Auslassen eines Frageblocks zu verkürzen.[15]

---

[13] vgl. hierzu Kapitel 8.8.

[14] Ob diese Frage geeignet ist, Einstellungen gegenüber Forschungseinrichtungen, die humanes Biomaterial für Forschungszwecke aufbewahren, zu erfassen, kann man bezweifeln. Diese Fragen wurden voneinander getrennt als „QB12B" und „QB16B" im Auftrag der Europäischen Kommission im „Special Eurobarometer 341" (Biotechnology) durch „TNS Opinion & Social" (Brüssel) im Januar/Februar 2010 in 27 Ländern mit insgesamt 26.671 Befragten als CAPI-Survey erhoben (TNS 2010). Einzelheiten (aber kaum technische Details) zu den Eurobarometern allgemein finden sich auf den Seiten der EU unter ec.europa.eu/public_opinion/description_en.htm.

[15] Vor allem basierend auf der Arbeit von Krosnick u. a. (1992) rät die derzeitige Lehrbuchliteratur bei Einstellungsfragen eher von der Verwendung solcher „No-Opinion"-Filter ab (vgl. dazu die vorsichtigen Äußerungen von Weisberg 2005:134-136). Eine neuere Studie von Alwin (2007:196-200) berichtet anhand einer umfangreichen Sekundäranalyse keine Unterschiede in Hinsicht auf die Schätzung der Reliabilität zwischen Fragen, die Weiß-Nicht-Filter bzw. Weiß-Nicht-Optionen in der Frage enthalten im Vergleich zu Fragen ohne solche Optionen. Interessant wäre vor allem ein Vergleich in der prädiktiven Validität der unterschiedlichen Frageformen. Hier besteht noch

5.3.4.2 Überprüfungen der Filterführung

Filterführungen verursachen eine Reihe von Problemen. Bei schriftlichen Befragungen ist die Zahl und Komplexität möglicher Filterführungen begrenzt, da ansonsten die Zahl der Fehler bei der Befolgung der Sprunganweisungen inakzeptabel wird. Zwar ist diese Zahl bei Befragungen durch Interviewer geringer, dennoch gehören Fehler bei der Befolgung von Filtern zu den häufigsten Interviewerfehlern.

Selbstverständlich lassen sich solche Fehler durch die Verwendung elektronischer Fragebogen prinzipiell vermeiden: Hier sind theoretisch beliebig komplexe Filterungen möglich. In der Praxis entstehen auch bei elektronischen Fragebogen durch Fehler in der Programmierung sehr häufig Filterfehler: Ganze Fragebogenblöcke werden niemals gefragt, die Sprungziele werden verwechselt oder Filterblöcke können nicht mehr verlassen werden, weil eine Sprunganweisung fehlt oder zu einer Schleife führt.[16] Vermeiden lassen sich solche Fehler nur durch intensive Pretests der Instrumente. Hilfreich ist weiterhin eine Visualisierung der möglichen Abfolgen bei der Beantwortung des Fragebogens durch Flussdiagramme (Jabine 1985). Bei großen Projekten sollte ein vollständiges Flussdiagramm des Fragebogens in jedem Fall erstellt und geprüft werden.

5.3.5 Lesbarkeit

Ein Fragebogen sollte sowohl für Befragte als auch für Interviewer mühelos lesbar sein. Aus diesem Grund sollte die Schriftgröße nicht kleiner als 10 (typografische Punkte) gewählt werden. Es empfiehlt sich, nur eine Schriftart zu verwenden. Fragen, Antworten und Instruktionen sollten jeweils in einer anderen Schriftform gedruckt werden. Ein Beispiel zeigt die Abbildung 5.11. Hier wurde die Frage

---

erheblicher Forschungsbedarf. Dies gilt auch für die Validität der Angaben bei Faktenfragen mit und ohne Weiß-Nicht-Optionen.

[16] Das Ausmaß der Schwierigkeit der Programmierung und der durch fehlerhafte Programmierung hervorgerufenen Fehler wird zumeist unterschätzt, da es weder in einführenden Lehrbüchern noch in Erhebungsberichten thematisiert wird. Beobachtet man das tatsächliche Geschehen in vielen CATI-Studios, dann wird meist rasch klar, dass erst die tatsächliche Befragung das Vorhandensein von Programmierfehlern oder gar Fehlern im Befragungssystem zeigt und daher nachträgliche technische Modifikationen des Fragebogens erzwingt. Dies lässt sich nur durch vorherige systematische Generierung von ungewöhnlichen Testfällen vermeiden; dieser Aufwand wird nur in wenigen Instituten betrieben. Von besonderer Bedeutung ist die programmtechnische Behandlung des Problems, dass während der Beantwortung in einem Filterblock klar wird, dass die Filterbedingung nicht erfüllt ist: Dann müssen die Antworten im Filterblock gelöscht und mit der Filterfrage fortgefahren werden. Mehrfache Revisionen der Antworten auf die Filterfrage oder Versuche des Interviewers Redundanzen für den Befragten zu vermeiden, führen häufig auch bei elektronischen Befragungssystemen zu inkonsistenten Filterführungen oder Programmproblemen.

5.3 Layout

---

12. Wie würden Sie Ihren heutigen Gesundheitszustand beschreiben?

☐ Sehr gut
☐ Gut
☐ Zufriedenstellend
☐ Weniger gut
☐ Schlecht

WEITER MIT FRAGE 654, SEITE 120!

Abbildung 5.11: Beispiel für unterschiedliche Schriftformen für Frage, Antwortmöglichkeiten und Instruktion

in **fetter Schrift**, die Antworten in normaler Schrift und die Instruktionen in KAPITÄLCHEN gesetzt.[17]

5.3.5.1 Beispiel für das Layout von Fragebogenseiten

Abgesehen von den Veröffentlichungen von Dillman ist es bislang nicht leicht, veröffentlichte Beispiele für entsprechend gestaltete Fragebogen zu finden: Kaum ein Fragebogen der Standardsurveys berücksichtigt die Empfehlungen von Dillman.[18] Die Abbildung 5.12 zeigt daher ein Beispiel für die Umsetzung der genannten Empfehlungen am Beispiel einer der ersten beiden Fragebogenseiten (ohne Deckblatt) des Defect-Projects (Schnell/Kreuter 2000a).[19]

5.3.6 Drucktechnische Details

In Abwesenheit eines Interviewers müssen der Fragebogen und das Anschreiben allein ausreichen, um den Eindruck einer ernsthaften, professionellen Datenerhebung zu vermitteln. Dies kann nur erreicht werden, wenn alle Details, die einen amateurhaften Eindruck erwecken, vermieden werden. Aus diesem Grund sollte auf alle Varianten der Klammerheftung am Rand verzichtet werden. Deutlich professioneller wirken Klebebindungen („Lumbecken"). Häufig werden beidseitig quer bedruckte A4-Blätter („landscape") ineinandergelegt als Fragebogen verwendet. In diesem Fall sollten die Blätter durch eine Klammerheftung in der Mitte

---

[17] *Texte in kursiver Schreibweise sind häufig schlechter lesbar und sollten daher vermieden werden,*vgl. Bourque/Fielder (1995:99).
[18] Eine Ausnahme bilden die neueren Fragebogen des „American Community Surveys" (ACS). Die Fragebogen können als PDF von der Homepage des ACS (www.census.gov/acs/www/methodology/questionnaire_archive) heruntergeladen werden.
[19] Der Originalfragebogen von 1999 besaß ein anderes Layout. Der Fragebogen findet sich auf der Homepage des Projekts unter www.uni-due.de/methods.

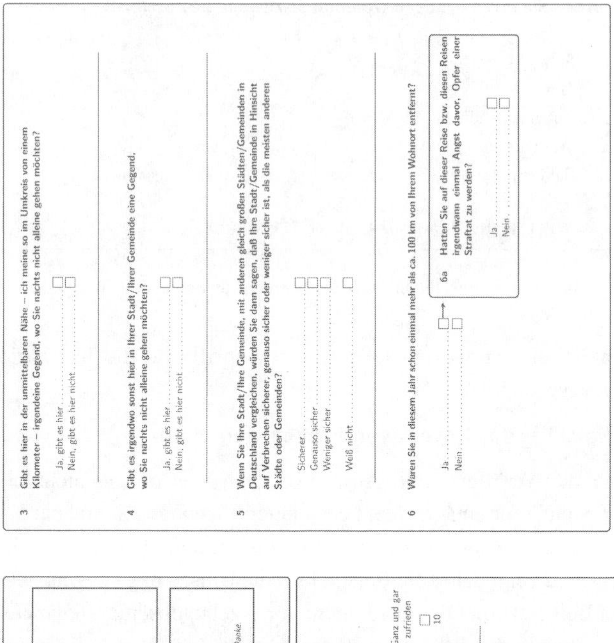
Damit die Erfassung des Fragebogens reibungslos funktioniert, kreuzen Sie bitte die Kästchen so an:

Bitte so ankreuzen ☒

Wenn Sie sich vertan haben, schwärzen Sie bitte das ganze Kästchen,

also so ■

und kreuzen Sie neu an.

0 **Sind Sie die Person in Ihrem Haushalt, die als letztes Geburtstag hatte und mindestens 18 Jahre alt ist?**

Ja ☐
Nein ☐ → *Bitte geben Sie den Fragebogen an die entsprechende Person weiter. Danke.*

1 **Wie zufrieden sind Sie – alles in allem – mit der öffentlichen Sicherheit und der Bekämpfung der Kriminalität? Bitte antworten Sie auf einer Skala von 0 bis 10 – wobei 0 bedeutet, daß Sie ganz und gar unzufrieden sind – und 10 bedeutet, daß Sie ganz und gar zufrieden sind. Mit den Werten dazwischen können Sie Ihre Meinung abstufen.**

Ganz und gar unzufrieden ☐ 0 ☐ 1 ☐ 2 ☐ 3 ☐ 4 ☐ 5 ☐ 6 ☐ 7 ☐ 8 ☐ 9 ☐ 10 Ganz und gar zufrieden

2 **Was meinen Sie, gibt es in der Bundesrepublik heute mehr, weniger oder genauso viele Verbrechen wie vor 5 Jahren?**

Mehr ☐
Weniger ☐
Genauso wie vor 5 Jahren ☐
Weiß nicht ☐

3 **Gibt es hier in der unmittelbaren Nähe – ich meine so im Umkreis von einem Kilometer – irgendeine Gegend, wo Sie nachts nicht alleine gehen möchten?**

Ja, gibt es hier ☐
Nein, gibt es hier nicht ☐

4 **Gibt es irgendwo sonst hier in Ihrer Stadt/Ihrer Gemeinde eine Gegend, wo Sie nachts nicht alleine gehen möchten?**

Ja, gibt es hier ☐
Nein, gibt es hier nicht ☐

5 **Wenn Sie Ihre Stadt/Ihre Gemeinde, mit anderen gleich großen Städten/Gemeinden in Deutschland vergleichen, würden Sie dann sagen, daß Ihre Stadt/Gemeinde in Hinsicht auf Verbrechen sicherer, genauso sicher oder weniger sicher ist, als die meisten anderen Städte oder Gemeinden?**

Sicherer ☐
Genauso sicher ☐
Weniger sicher ☐
Weiß nicht ☐

6 **Waren Sie in diesem Jahr schon einmal mehr als ca. 100 km von Ihrem Wohnort entfernt?**

Ja ☐ →
Nein ☐

6a **Hatten Sie auf dieser Reise bzw. diesen Reisen irgendwann einmal Angst davor, Opfer einer Straftat zu werden?**

Ja ☐
Nein ☐

Abbildung 5.12: Beispiel für ein Fragebogenlayout

zusammengehalten werden. Als Papier sollte (mit Ausnahme des Deckblatts) nur weißes Papier mit 80g/qm verwendet werden – Werbeagenturen verwenden Hochglanzpapier, Behörden und einige wenige Interessengruppen graues Papier. Mit beiden Gruppen sollte man bei einer Datenerhebung nicht verwechselt werden.

5.3.7 Überprüfung des Layouts

Das Ziel der zuvor beschriebenen Designprinzipien besteht nicht darin, einen gutaussehenden Fragebogen zu gestalten, sondern einen Fragebogen, dessen Beantwortung geringen Aufwand erfordert und eine möglichst hohe Datenqualität erzielt. Diese beiden Ziele lassen sich nicht allein dadurch erreichen, dass man die Lehrbuchliteratur zur Kenntnis nimmt und dann den resultiernden Entwurf am Bildschirm beurteilt. Ob ein Fragebogendesign die angestrebten Ziele erreicht oder nicht, kann man dem Fragebogen nur sehr begrenzt ansehen: Entscheidend sind letztlich allein die Ergebnisse unabhängiger, wiederholter Pretests.

5.4 Details der Frankierung und des Versands

Bei postalischen Befragungen muss die Art der Frankierung und die Art des Versands bedacht werden. Über den Einfluss der Frankierungsart auf die Höhe des Rücklaufs gibt es Hunderte von Studien, ebenso über die Farbe des Umschlags, des Fragebogens und die Versandart (von Massensendungen bis zum Einschreiben mit Rückmeldung). Wenig überraschend ergibt eine systematische Übersicht (Edwards u. a. 2002) über 292 kontrollierte Experimente unter anderem positive Effekte der Verwendung von Briefmarken gegenüber gestempelten Antwortumschlägen sowie personalisierten Anschreiben (Name und handschriftliche Unterschrift) gegenüber Massensendungen. Alle diese scheinbar trivialen Maßnahmen und Effekte ergeben dann einen Sinn, wenn man sich den Antwortprozess klar macht: Eine ernsthafte Befragung muss sich zunächst von Werbematerial abheben. Erst dann muss das Ansinnen dem Adressaten eine Antwort würdig sein. Die Gesamtheit dieser scheinbar trivialen Details bilden den Kern der sogenannten „Total Design Method", die ausführlich im Kapitel 9.4 behandelt wird.

6 Pretests

Da es keine empirisch bewährten Theorien über die Formulierung von Fragen und den Aufbau von Fragebogen gibt, kann die Konstruktion eines Fragebogens allein am Schreibtisch nicht dafür garantieren, dass die mit der Entwicklung des Fragebogens angestrebten Ziele auch erreicht werden können. Anders gesagt: Jeder Fragebogen und jede Frage muss vor der eigentlichen Datenerhebung empirisch überprüft werden. Solche empirischen Überprüfungen heißen „Pretests".

6.1 Aufgaben von Pretests

Pretests dienen vor allem der Überprüfung[1]
- der ausreichenden Variation der Antworten
- des Verständnisses der Fragen durch den Befragten
- der Schwierigkeit der Fragen für den Befragten
- des Interesses und der Aufmerksamkeit des Befragten
- der Kontinuität des Interviewablaufs („Fluss")
- der Effekte der Frageanordnung
- der Güte der Filterführung
- von Kontexteffekten
- der Dauer der Befragung
- des Interesses des Befragten gegenüber der gesamten Befragung
- der Belastung des Befragten durch die Befragung.

Bei ausreichendem Umfang des Pretests und geeigneter Stichprobenauswahl kommen hierzu Validitäts- und Reliabilitätsschätzungen. Solche Schätzungen basieren immer auf einer gegebenen Stichprobe. Bei einer neuen Untersuchung müssen daher auch bereits als bewährt geltende Fragen, Items und Skalen neu überprüft werden; ihre Gültigkeit und Zuverlässigkeit kann nicht einfach angenommenen werden. Dies gilt insbesondere dann, wenn Veränderungen der untersuchten Population vorliegen (entweder durch eine andere Zielpopulation oder historische Entwicklungen). So enthält ein Fragebogen in der Regel zumindest einige Fragen, die aus anderen Untersuchungen übernommen wurden. Auch solche Fragen müssen in einem Pretest nochmals überprüft werden: Sowohl der veränderte Fragekontext, als auch eine Veränderung der Befragtenpopulation kann dazu führen, dass

---
[1] nach Converse/Presser (1986:54–55).

Fragen unbrauchbar werden.[2] Dies betrifft ebenfalls die Anwendung standardisierter Skalen und psychologischer Tests: Nichts garantiert, dass ein psychologischer Test nach Jahren immer noch die Kriterien eines Skalierungsverfahrens erfüllt und die Befragten die Items noch so interpretieren, wie die Skalenkonstrukteure dies beabsichtigten.[3] Dies lässt sich mit einem drastischen Beispiel verdeutlichen: Die Autoritarismus-Skala des Frankfurter Instituts für Sozialforschung von 1964, die sogenannte A-13, enthält als Item Nr. 9 das Statement: „Deutschland ist und bleibt das Bollwerk gegen den Bolschewismus" (Freyhold 1971:329). Zumindest dieses Item der Skala dürfte historisch überholt sein, so dass es kaum noch sinnvoll zur Messung autoritärer Dispositionen geeignet ist.

Pretests dienen aber nicht nur der Überprüfung der korrekten Funktionsweise der Fragen, sondern auch der Ausschaltung späterer Befragungsprobleme. Neben der Kontrolle der Filterführung, der Überprüfung von Befragungshilfsmitteln (Kartenspiele, graphische Vorlagen, Randomisierungshilfen, CAPI-Programme etc.) gehört zu einem Pretest auch die Prüfung der Reaktion der Interviewer auf den Fragebogen: Eine korrekte Datenerhebung ist nur dann zu erwarten, wenn die Interviewer keinerlei Probleme mit dem Fragebogen haben. Dies bedeutet auch die Überprüfung der Einschätzungen der „Fragbarkeit" der Fragen durch die Interviewer: Sind die Interviewer davon überzeugt, dass bestimmte Fragen nicht gestellt werden können, so werden die Interviewer diese Fragen tendenziell entweder gar nicht oder nur verändert stellen.

In manchen Untersuchungen besitzen die Interviewer starke Abneigungen gegenüber bestimmten Fragen. In den meisten dieser Fälle ist es den Interviewern einfach peinlich, eine besonders ungeschickt formulierte Frage oder eine Frage, die der Situation der meisten Befragten völlig unangemessen ist, zu stellen (z. B. eine Frage nach dem Besuch von Luxusrestaurants in einer Stadtteilbefragung mit einem sehr hohen Anteil von Sozialhilfeempfängern). In solchen Fällen verzichten Interviewer häufig darauf, die entsprechenden Fragen zu stellen und kreuzen eine plausibel erscheinende Antwort an. Diese verständliche Reaktion der Interviewer

---

[2] Einen erschöpfenden Überblick über die Möglichkeiten der Veränderungen von Fragen zwischen verschiedenen Untersuchungen gibt Martin (1983).
[3] Erfahrungsgemäß werden Skalierungsverfahren häufig als Datenerhebungsmethoden interpretiert. Dies ist schlicht falsch: Skalierungsverfahren sind Datenauswertungsverfahren, die die Anwendbarkeit eines statistischen Modells auf eine Datenmenge untersuchen. In der Regel macht das Modell dabei Annahmen über die Entstehung der Daten. Skalen liegen erst dann vor, wenn empirisch gezeigt wurde, dass die erhobenen Daten mit den Modellannahmen des Skalierungsverfahrens vereinbar sind, vgl. hierzu Schnell/Hill/Esser (2008:179–207).

basiert meist darauf, dass eine Reihe von Regeln für Pretests nicht beachtet wurden: Der Fragebogen wurde entweder nicht von am Projekt unbeteiligten Kollegen oder Experten begutachtet oder deren Ratschläge wurden nicht berücksichtigt, die Interviewer wurden nicht um Stellungnahme zum Fragebogen gebeten oder ihre Aussagen wurden nicht beachtet, die Fragekonstrukteure führten keine eigenen Interviews durch usw. Ein sorgfältig durchgeführter Pretest eliminiert Fragen, die Interviewern unangenehm sind, mit Sicherheit.

6.2 Warum in der Forschungspraxis selten ausreichend Pretests verwendet werden

Obwohl die zentrale Wichtigkeit von Pretests für die Entwicklung zuverlässiger Instrumente unumstritten ist, spielen Pretests in der Praxis der empirischen Sozialforschung eher eine unbedeutende Rolle. Neben dem Desinteresse vieler Auftraggeber an zuverlässigen Ergebnissen liegt dies vor allem in der (auch durch empirische Ergebnisse nicht zu erschütternden) Auffassung vieler Untersuchungsteams, fehlerfreie Fragebogen am Schreibtisch konstruieren zu können. Cannell (1984:3) erklärt dies so:

„Der Grund, warum den Techniken der Datenerhebung wenig Beachtung geschenkt worden ist, liegt vermutlich in ihrer scheinbaren Einfachheit. Einfache Fragen zu stellen und darauf Antworten zu bekommen, ist ein natürlicher Vorgang in der alltäglichen Kommunikation. Wir sind alle Experten im Fragenstellen und Fragenbeantworten."

Dieses Argument lässt sich mit einem Beispiel von Willis (2005:30–31) anhand einer scheinbar einfachen Alltagsfrage demonstrieren: „Besitzen Sie ein Auto?" Entgegen dem Alltagsverständnis birgt diese Frage eine Reihe von möglichen Missverständnissen:

1. Es ist unklar, was mit „Auto" gemeint ist. Möglicherweise wird ein Pickup oder ein Lastwagen bzw. ein Geländewagen nicht als „Auto" gewertet.[4]
2. Es ist unklar, wer mit „Sie" gemeint ist: Der Befragte persönlich oder alle Haushaltsmitglieder.
3. Es ist unklar, was mit „besitzen" gemeint ist: Besitzt man ein Auto, für das man einen Leasing-Vertrag hat?

---

[4] Die Einführung neuer Fahrzeugkategorien wie „Trikes" oder „Quads" machen die Formulierung noch etwas schwieriger. Dieses Beispiel illustriert die Notwendigkeit, selbst lange Zeit unproblematisch scheinende Fragen immer wieder in Pretests neu zu überprüfen, da sozialer Wandel zu Bedeutungsverschiebungen oder der Einführung neuer Kategorien führen kann.

Ohne das systematische Testen der Fragen in Pretests ist es nahezu unmöglich, solche Interpretationsprobleme zu entdecken, da im Alltag solche Fragen zu funktionieren scheinen. Diese „vermeintliche Einfachheit des Frage- und Antwort-Spiels" (Cannell 1984:3) hat u. a. dazu geführt, dass in der Literatur keine verbindlichen Standards für die Durchführung von Pretests formuliert werden.[5] Da zudem die Ergebnisse von Pretests häufig für zu trivial gehalten werden, um sie einem akademischen Publikum zuzumuten, enthalten viele Abschlussberichte sozialwissenschaftlicher Forschungsprojekte kaum Details über Durchführung und Ergebnisse von Pretests. Häufig wird auch völlig auf einen Pretest verzichtet, weil hierfür nicht genug Zeit oder Geld zur Verfügung zu stehen scheint. Da solche Projekte aus den gleichen Gründen zumeist auch keine Reliabilitäts- und Validitätsuntersuchungen durchführen, werden „Messinstrumente" verwendet, über deren Zuverlässigkeit und Gültigkeit keinerlei Angaben vorliegen. Damit sind die Ergebnisse solcher Untersuchungen für wissenschaftliche Zwecke unbrauchbar.[6] In diesen Fällen sollte dann eher auch auf die eigentliche Datenerhebung verzichtet werden.[7]

Die in der kommerziellen empirischen Sozialforschung in der BRD am weitesten verbreitete Form von Pretests besteht darin, dass Interviewer eine Befragung an einer sehr kleinen Stichprobe von Befragten durchführen und alle aufgetretenen Probleme informell einem Untersuchungsleiter mitteilen. Solche Untersuchungen können nur wenige Fehlerquellen entdecken. Bemerkt werden hierbei vor allem die Schwierigkeiten, die die Interviewer selbst haben. Die Befragten selbst entdecken bzw. berichten kaum Fehler der Erhebungsinstrumente: Die Befragten versuchen fast immer, eine Antwort zu geben, da sie einen Sinn in der Frage vermuten.[8] Diese

---

[5] Converse/Presser (1986:52) fassen die Situation so zusammen: „There are no general principles of good pretesting, no systematization of practice, no consensus about expectations, and we rarely leave records for each other. How a pretest was conducted, what investigators learned from it, how they redesigned their questionnaire on the basis of it – these matters are reported only sketchily in research reports, if at all. Not surprisingly, the power of pretests is sometimes exaggerated and their potential often unrealized."

[6] Dies ist der Regelfall bei Ad-hoc-Surveys, bei denen Befragte mit Themen konfrontiert werden, zu denen sie keine „Einstellung" besitzen (vgl. hierzu auch Kapitel 2.4.3.2).

[7] „It is even more important for researchers with limited resources to pilot-test their questionnaires before spending all their money. *If you do not have the resources to pilot-test your questionnaire, don't do the study*"(Sudman/Bradburn 1982:283, kursiv im Original).

[8] Beispielsweise zeigten Hunt/Sparkman/Wilcox (1982:271) bei einem Pretest eines absichtlich mit schwereren Fehlern behafteten Fragebogens an einer Stichprobe von 146 Befragten, dass die Befragten selbst nur einen kleinen Bruchteil der Mängel der Fragen bemerkten. Die Befragten entdeckten vor allem fehlende Antwortalternativen (ca. 1/3 der Befragten entdeckten solche Fehler, ca. die Hälfte aller entdeckten Fehler waren Fehler dieses Typs), während einseitige Frageformulierungen und

6.3 Methoden zur Entwicklung und Überprüfung von Fragen

Art von Pretests findet ihren Niederschlag dann auch meist nur in einem Satz des Abschlussberichts, der lediglich besagt, dass ein Pretest durchgeführt wurde und keinerlei Probleme dabei auftraten. So durchgeführte Pretest-Erhebungen dienen nicht der notwendigen Verbesserung der Erhebungsinstrumente, sondern nur der Beruhigung der Auftraggeber der Studie.

Jeder Fragebogen ist verbesserungsfähig, jeder Fragebogen ruft Probleme bei den Befragten hervor. Ziel von Pretests ist die Eliminierung möglichst vieler Fehlerquellen. Wie hoch der Anteil von Fehlern in Befragungen ist, der durch unzulängliche Fragebogen bedingt wird, zeigt als Beispiel ein Pretest eines kurz vor der Vollendung stehenden Fragebogens. Kreiselmaier/Prüfer/Rexroth (1989:20, 46) berichten von 279 aufgetretenen Problemen während eines Pretests mit insgesamt 1741 Frage-Antwortprozessen. Ein Anteil von 16% fehlerbehafteter Frage-Antwortprozesse bei einem nach professionellen Maßstäben entwickelten und fast fertiggestellten Fragebogen sollte die Notwendigkeit von ausführlichen Pretests deutlich werden lassen.

Zusammenfassend: Jede standardisierte Befragung erfordert eine Reihe vorheriger empirischer Tests jeder einzelnen Frage. Pretests sind absolut unverzichtbare Hilfsmittel bei der Konstruktion von Fragebogen. Die bisherige Praxis der Anwendung von Pretests ist demgegenüber weitgehend ungenügend. Die unzureichende Durchführung von Pretests liegt weder in den Methoden begründet, noch ist sie über unzureichende Finanzmittel zu erklären, sondern nur über die Unwilligkeit, sich mit scheinbar trivialen Details zu beschäftigen.

6.3 Methoden zur Entwicklung und Überprüfung von Fragen und Fragebogen

Man kann bei der Entwicklung von Fragebogen eine Reihe von Stufen unterscheiden. Zu Beginn eines Projekts steht meist eine Explorationsphase, bei der sich das Team mit dem Untersuchungsthema, der Untersuchungspopulation und den existierenden Theorien vertraut macht. In dieser Phase werden meist qualitative Techniken, beispielsweise Experteninterviews, eingesetzt. Die Ergebnisse dieser Phase führen zusammen mit den theoretischen Überlegungen meist zu einem ersten Fragebogenentwurf. Dieser erste Entwurf eines Fragebogens sollte dann einem oder besser mehreren empirischen Tests unterzogen werden („Entwicklungs-Pretests"). Schließlich sollte das endgültige Instrument vor seinem Einsatz bei einer Haupterhebung noch einmal getestet werden. Gegenstand dieses Abschlusspretests

---

mehrdeutige Fragen nur von 3–5% der Befragten bemerkt wurden.

("polishing pretest", Converse/Presser 1986:74) sind nur noch kleine Korrekturen des Fragebogens, insbesondere Kürzungen, Umstellungen, neue Filterführung und Veränderungen des Druckbilds. Nach dem Abschlusspretest sollten keine neuen Fragen in den endgültigen Fragebogen mehr aufgenommen werden.[9]

Die Verwendung von mindestens zwei verschiedenen Pretests erscheint daher unverzichtbar: Ein Pretest für den ersten Entwurf (Entwicklungspretest) und ein Abschlusspretest (Converse/Presser 1986:65–66). Daher sollte auch nicht von dem Pretest einer Studie die Rede sein, sondern von verschiedenen Formen und Stufen der Pretests.

Je nach der Stufe der Entwicklung des Fragebogens erweisen sich unterschiedliche Standardtechniken der empirischen Sozialforschung für die empirischen Tests als nützlich.[10]

6.3.1 Qualitative Methoden

In den sehr frühen Phasen der Exploration eines neuen Forschungsgebietes sind qualitative Techniken der Datenerhebung gelegentlich hilfreich, zum Beispiel unstrukturierte Interviews, qualitative Gruppendiskussionen und qualitative Interviews anhand eines Fragebogenrohentwurfs.

Unstrukturierte Interviews Eine unstrukturierte Befragung von Individuen aus der Zielpopulation kann z. B. zur Vorbereitung eines Fragebogenrohentwurfs durchgeführt werden, um mit den Alltagshypothesen und eventuellen sprachlichen Besonderheiten der zu Befragenden vertraut zu werden.[11] Der Zeit- und Geldbedarf für solche lediglich vorbereitenden qualitativen Erhebungen ist sehr gering.[12] Da problemlos alle Mitglieder des Forschungsteams hierzu herangezogen werden

---

[9] Converse/Presser (1986:74) raten dazu, als Vorbedingung für die Aufnahme einer neuen Frage auf einem eigenen Pretest für diese Frage zu bestehen.

[10] Eine Zusammenstellung und detaillierte Erläuterung der geeigneten Techniken für die Entwicklung und das Testen von Fragebogen findet sich in einem Bericht des „Subcommittee on Questionnaire Design" (Demaio 1983). Teile des folgenden Abschnitts basieren auf diesem Bericht.

[11] Die theoretische Arbeit des Forschungsteams sollte an diesem Punkt des Forschungsprozesses allerdings schon weitgehend abgeschlossen sein: Ein von theoretischen Vorstellungen „unbefangenes Herantreten an die Realität", wie es einige qualitativ orientierte Autoren fordern, ist theoretisch und empirisch unmöglich, vgl. Schnell/Hill/Esser (2008:80–85).

[12] Da die Ziele qualitativer Forschungsprojekte häufig kaum operational definiert werden, dauern viele qualitative Projekte wesentlich länger, als beabsichtigt. Aus demselben Grund ist der Output dieser Projekte häufig kaum für einen praktischen Zweck brauchbar. Da bei Pretests u. a. das Ziel exakt definiert und die Zeitdauer deutlich begrenzt werden kann, treten diese Probleme bei diesen Explorationen kaum auf.

6.3 Methoden zur Entwicklung und Überprüfung von Fragen

können (und sollten), kann eine solche Exploration zur Vorbereitung eines Fragebogenentwurfs mit z. B. 10 Interviews pro Teammitglied in 2 Wochen durchgeführt werden. Wichtig sind hierbei fast tägliche Diskussionen der Teammitglieder über die Ergebnisse der Befragungen.[13]

Qualitative Gruppendiskussionen Eine andere Möglichkeit der Exploration bieten kurze qualitative Gruppendiskussionen mit 8–12 Teilnehmern aus der Zielpopulation. Je nach Untersuchungsthema können die Gruppen zum Beispiel in jeweils relevanter Hinsicht homogen zusammengesetzt sein, zum Beispiel nur Absolventen einer bestimmten Lehrgangsart, nur Mitarbeiter einer bestimmten Abteilung usw. Je konkreter die Aufgabe und der Gegenstand der Diskussion ist, desto brauchbarer sind in der Regel die Ergebnisse der Diskussion. Eine solche konkrete Aufgabe könnte z. B. in der Diskussion der Probleme, die beim vorherigen Ausfüllen eines Fragebogenrohentwurfs entstanden, bestehen.

Qualitative Interviews mithilfe eines Fragebogenrohentwurfs Ebenfalls zu den eher qualitativen Techniken gehört das informelle Testen eines Fragebogenrohentwurfs an einer kleinen Stichprobe aus der Zielpopulation.[14] Um eine möglichst heterogene Stichprobe zu erlangen, bei der mit allen tatsächlichen Befragungsproblemen, die direkt aus dem Fragebogen resultieren können, zu rechnen ist, muss diese Stichprobe nicht unbedingt eine einfache Zufallsstichprobe aus der Zielpopulation sein, sollte aber bei „allgemeinen Bevölkerungsumfragen" 50–300 Befragte umfassen.[15] Den Befragten wird hierbei erklärt, dass es sich um Testinterviews für eine spätere Erhebung handelt und diese Testinterviews der Verbesserung des Fragebogens dienen sollen. Die Gespräche mit den Befragten sollten entweder maschinell aufgezeichnet und/oder durch einen zusätzlichen Beobachter während des Interviews protokolliert werden. Neben allen Problemen mit dem Fragebogen, die beim Befragten (und beim Interviewer) während des Interviews auftauchen, sollten die Protokolle auch das Ergebnis gezielter Nachfragen, wie die Befragten bestimmte Fragen verstanden haben, enthalten.[16] Der Sinn der informellen Tests

---
[13] Weitere Einzelheiten finden sich bei Demaio (1983:13–19).
[14] vgl. hierzu Demaio (1983:45–56).
[15] Sollten allerdings keine begründeten Hypothesen über besondere Befragungprobleme in speziellen Subpopulationen vorliegen (z. B. unterschiedliches Sprachverständnis in Einwanderungsgruppen), so gibt es auch hier keine sinnvolle Alternative zu einer Zufallsstichprobe, vgl. Schnell/Hill/Esser (2008:273).
[16] Bei Stichproben aus der allgemeinen Bevölkerung sollte bei Verwendung zweier Interviewer der ausschließliche Einsatz von Männern als Interviewer vermieden werden, um die Kooperationsbereitschaft der Befragten nicht zu gefährden.

besteht in der Entdeckung möglicher Missverständnisse und des Bezugsrahmens, den die Befragten beim Antworten verwenden. Für einen solchen informellen Test eines Fragebogens müssen 3–4 Monate Dauer veranschlagt werden. Auch hier – wie bei allen qualitativen Techniken in diesem Zusammenhang – ist eine möglichst rasche und häufige Rückmeldung der Ergebnisse an das Forschungsteam der Hauptuntersuchung absolut notwendig. Isoliert arbeitende qualitative Arbeitsgruppen, die lediglich einen Zwischenbericht und einen Endbericht erstellen, tragen in der Regel nichts zur Entwicklung des standardisierten Instruments bei.

Schließlich soll noch eine qualitative Pretest-Variante erwähnt werden, die von Converse/Presser (1986:52-53) beschrieben wird: Bei diesem „participating pretest" wird den Befragten ebenfalls mitgeteilt, dass es sich um eine vorbereitende Untersuchung handelt. Da durch diese Mitteilung die Notwendigkeit für die Simulation eines echten Interviews entfällt, können hierbei auch Nachfragen, die veränderte Formulierungen in Betracht ziehen, wie z. B. „Schauen Sie sich mal dieselbe Frage etwas anders formuliert an: (...)" – „Wie würden Sie nun antworten" usw. verwendet werden. Diese intensive Form der Nachfrage erlaubt die detaillierte Untersuchung einiger weniger Fragen. Da hierbei sehr große (kognitive) Anforderungen an die Befragten gestellt werden, eignet sich diese sehr früh bei der Entwicklung eines Fragebogens einsetzbare Form der Exploration vor allem für die ersten Klärungen innerhalb des üblichen Netzwerkes von Kollegen, Freunden und Familienangehörigen („forced labor", Converse/Presser 1986:53). Obwohl Gespräche und Interviews mit Netzwerkangehörigen nützliche Informationen für die Entwicklung eines Fragebogens geben können, können sie aber kaum als „Pretest" bezeichnet werden.

„Participating pretests" sollten immer von Pretests gefolgt werden, bei denen die Befragten nicht über den Voruntersuchungscharakter der Erhebung informiert sind („undeclared pretests", Converse/Presser 1986:54).

Diskussion mit Fachkollegen und fachfremden Akademikern Es ist selbstverständlich, dass ein Fragebogen einer Arbeitsgruppe eines Projekts einer Reihe von Kollegen und Experten mit der Bitte um Begutachtung vorgelegt werden sollte. Bewährt haben sich hierbei kurze 2–3 stündige Diskussionen in einer Gruppe von Kollegen, die nicht unmittelbar im Projekt arbeiten. Wann immer es möglich ist, sollte ein Fragebogenentwurf auch fachfremden akademischen Kritikern vorgelegt werden: Erstens enthält eine Stichprobe der „allgemeinen Bevölkerung" einen wachsenden Anteil dieser – Befragungen gegenüber gelegentlich kritisch eingestellten – Gruppe, zweitens kann so möglicherweise ein Teil der von Nichtfachleuten zu

6.3 Methoden zur Entwicklung und Überprüfung von Fragen

erwartenden Kritik nach der Veröffentlichung der Ergebnisse der Studie antizipiert werden.

Kognitive Interviews: Think-aloud-Technik Aus der Kognitionspsychologie stammt eine besondere Form des Pretests, die sogenannte „Think-aloud-Technik". Diese wird im Rahmen kognitiver Interviews eingesetzt, um zu ermitteln, was die Befragten bei der Beantwortung einer Frage denken.[17] Die Befragten werden gebeten, alles zu sagen, was ihnen bei der Beantwortung einer Frage durch den Kopf geht.[18] Diese Form des kognitiven Interviews soll nicht nur die allgemeinen Strategien der Befragten bei der Beantwortung einer Frage klären, sondern vor allem auf dem Hintergrund des Prozess-Modells des Antwortverhaltens (vgl. Kapitel 2) die Ursachen für mögliche Antwortfehler bei der Beantwortung der Frage aufdecken (Willis 2004:24). Kognitive Interviews gehören für viele große Surveys mittlerweile zum festen Pretest-Programm.

6.3.2 Quantitative Techniken

Nachdem ein Fragebogen die frühen Pretest-Phasen durchlaufen hat, lassen sich eine Reihe verschiedener quantitativer Pretest-Techniken anwenden, die die Entwicklung zuverlässiger Instrumente erst ermöglichen. Das Spektrum der Möglichkeiten reicht hierbei von Checklisten über den Einsatz einfacher experimenteller Techniken oder detaillierter Beobachtungsschemata bis hin zum vollständigen Test aller am Erhebungsprozess beteiligten Elemente bei einer Pilot-Studie.

Checklisten zur Überprüfung der Formulierung einzelner Fragen Um die Entwicklung von Fragen zu vereinfachen, wurde eine Reihe von Checklisten für Surveyfragen entwickelt. Diese Checklisten enthalten zahlreiche potentielle Probleme bei Frage- und Antwortformulierungen. Als Beispiel für eine solche Checkliste zeigen die Abbildungen 6.1 und 6.2 eine leicht überarbeitete deutsche Übersetzung des „Question Appraisal System" („QAS", Willis 2005:25–26). Solche Checklisten können natürlich nicht alle möglichen Probleme eines Fragebogens aufdecken. So sind Probleme, die durch die Frageabfolge (z. B. Kontexteffekte, Filterführungen) oder das Verhalten der Interviewer bedingt werden, durch Checklisten für

---

[17] Zu den kognitiven Interview-Techniken zählt Willis (2004:24) lediglich die Think-aloud-Technik sowie das „verbal probing", das hier im Abschnitt „Klärung des Bezugsrahmens" erörtert wird. Einzelheiten zu den Unterschieden und Gemeinsamkeiten finden sich bei Willis (2005:42–58).

[18] Ein Beispiel für entsprechende Instruktionen zur Durchführung der Think-aloud-Technik findet sich im Anhang J.

1.	**Texte, die der Interviewer verlesen muss**	ja	nein
1a	Ist bei alternativen Formulierungen oder Einschüben eindeutig, welcher Text vorgelesen werden muss?	☐	☐
1b	Muss der Interviewer vom Befragten erhaltene Informationen in die Formulierung der Frage einfügen?	☐	☐
1c	Ist die Frage vollständig ausformuliert?	☐	☐
2.	**Ein- und Überleitungen, Anweisungen oder Erläuterungen, die sich an den Befragten richten**	**ja**	**nein**
2a	Gibt es Widersprüche zwischen Einleitungen und Erläuterungen?	☐	☐
2b	Gibt es Widersprüche zwischen Anweisungen und Erläuterungen?	☐	☐
2c	Sind die Anweisungen schwer verständlich?	☐	☐
3.	**Vermittlung der Bedeutung oder Intention der Frage an den Befragten**	**ja**	**nein**
3a	Ist die Frage lang, gewunden formuliert, enthält sie grammatische Fehler oder eine komplizierte Syntax?	☐	☐
3b	Enthält die Frage nicht definierte, unklare oder komplizierte Begriffe?	☐	☐
3c	Kann die Frage verschieden interpretiert werden?	☐	☐
3d	Ist es unklar, welche Objekte bei der Beantwortung eingeschlossen oder ausgeschlossen werden müssen?	☐	☐
3e	Fehlt ein zeitlicher Bezugszeitraum, ist er unklar angegeben oder gibt es Konflikte mit anderen Zeiträumen?	☐	☐
4.	**Eventuell unzutreffende Vorannahmen**	**ja**	**nein**
4a	Werden möglicherweise unzutreffende Vorannahmen über den Befragten unterstellt?	☐	☐
4b	Unterstellt die Frage möglicherweise fälschlich Konstanz des Verhaltens über einen Zeitraum?	☐	☐
4c	Enthält die Frage implizit mehrere Fragen?	☐	☐

Abbildung 6.1: „Questionnaire Appraisal System"; Prüfpunkte 1–4 (nach: Willis 2005:25–26)

einzelne Fragen prinzipiell kaum auffindbar.[19] Die Anwendung auf jede einzelne Frage eines Fragebogens vermeidet aber die gröbsten Konstruktionsfehler einzelner Fragen.[20]

---

[19] Aus diesem Grund sind auch auf Buchlänge ausgedehnte Varianten der Idee von Willis unbrauchbar: Der Checklisten-Charakter der knappen operational klar gefassten Kriterien bei Willis geht in der von Faulbaum/Prüfer/Rexroth (2009) veröffentlichten Version vollkommen verloren. Ähnliches gilt auch für die Versuche, Frageformulierungen durch Computerprogramme („QUAID") prüfen zu lassen (Graesser u. a. 2006).

[20] Willis (2005:24) vergleicht die Aufgabe einer solchen Checkliste mit der von Checklisten vor Flügen: Jeder einzelne Punkt (wie z. B. ein platter Reifen) ist vielleicht trivial, aber die Checkliste zwingt den

6.3 Methoden zur Entwicklung und Überprüfung von Fragen

		ja	nein
5.	**Überschätzung der Kenntnisse oder kognitiven Fähigkeiten der Befragten**		
5a	Werden möglicherweise Kenntnisse beim Befragten unterstellt, die er nicht besitzt?	☐	☐
5b	Erscheint es wahrscheinlich, dass der Befragte keine Einstellung zum Fragegegenstand besitzt?	☐	☐
5c	Ist es möglich, dass der Befragte sich nicht an die erfragte Information erinnern kann?	☐	☐
5d	Erfordert die Beantwortung der Frage die Durchführung einer Berechnung?	☐	☐
6.	**Soziale Wünschbarkeit**	**ja**	**nein**
6a	Wird nach peinlichen, sehr persönlichen oder strafbaren Handlungen gefragt?	☐	☐
6b	Sind die für die Formulierung sensitiver Fragen verwendeten Worte für alle Befragten akzeptabel?	☐	☐
6c	Erscheint eine bestimmte Antwort besonders sozial erwünscht?	☐	☐
7.	**Antwortkategorien**	**ja**	**nein**
7a	Bei offenen Fragen: Erscheint die offene Antwortvorgabe unangemessen oder zu schwierig?	☐	☐
7b	Passt die Antwortvorgabe zur Frageformulierung?	☐	☐
7c	Enthalten die Antwortvorgaben nicht definierte, unklare oder komplizierte Begriffe?	☐	☐
7d	Sind alle Antwortmöglichkeiten eindeutig interpretierbar? Schließen sich alle Antwortmöglichkeiten gegenseitig aus?	☐	☐
7e	Gibt es für alle möglichen Antworten eine passende Antwortvorgabe?	☐	☐
7f	Ist die Abfolge der Antwortvorgaben logisch?	☐	☐

Abbildung 6.2: „Questionnaire Appraisal System"; Prüfpunkte 5–7 (nach: Willis 2005:25–26)

Record-Checks Die Zuverlässigkeit der Angaben aus Befragungen kann – wie in Kapitel 12.6.5 beschrieben wird – gelegentlich durch den Vergleich mit anderen Datenquellen überprüft werden („record checks"). Record-Checks können auch für die Entwicklung von Erhebungsinstrumenten eingesetzt werden. Stehen unabhängig erhobene Vergleichsdaten zur Verfügung, so kann sowohl die Bereitschaft der Befragten, bestimmte Angaben bei Befragungen zu machen, erhoben als auch die Genauigkeit der Angaben überprüft werden. Damit kann durch „record checks" die Möglichkeit, Daten zu einem bestimmten Thema durch Befragungen zu erhe-

---

Bearbeiter, jede scheinbare Trivialität zu überprüfen.

ben, getestet werden. Durch den Dokumentenvergleich könnten unterschiedliche Formen der Befragung, z. B. bestimmte Frageformulierungen oder Erinnerungshilfen, in ihrer Wirksamkeit verbessert werden. Da allerdings unabhängig erhobene Daten (meist aus Datenschutzgründen) nur selten zur Verfügung stehen, kann diese Möglichkeit zur Verbesserung von Erhebungsinstrumenten nur selten genutzt werden.[21]

Reaktionszeitmessungen Die Zeit, die ein Befragter bis zur Abgabe einer Antwort nach der Präsentation der Frage benötigt, kann u. a. als Indikator für die Schwierigkeiten des Befragten bei der Beantwortung der Frage verwendet werden (Bassili/Scott 1996). Durch den Einsatz von CATI- und vor allem von CAPI-Systemen können die Reaktionszeiten der Befragten problemlos automatisch auf Bruchteile von Millisekunden genau erfasst werden. Zusätzlich kann die Analyse der Veränderung der Reaktionszeiten im Verlauf der Befragung Hinweise auf Lerneffekte oder die Ermüdung durch die Befragung geben. Auch wenn ein Fragebogen später für die Verwendung in normalen standardisierten Befragungen ausgelegt sein sollte, kann der Test eines Rohentwurfs mit einem CAPI-System auf diese Weise nützliche Hinweise für die Entdeckung problematischer Fragen geben.[22] Der zusätzliche Aufwand für solche Messungen bei Einsatz von CATI- und CAPI-Systemen ist verschwindend gering, die Analyse ist aber in der Regel nicht trivial (Yan/Tourangeau 2008). Obwohl Reaktionszeitmessungen für die Analyse kognitiver Prozesse von zentraler Bedeutung sind, werden in der bisherigen Praxis von Pretests solche Techniken kaum eingesetzt (Draisma/Dijkstra 2004).

Split-Sample-Tests Der Effekt unterschiedlicher Frageformulierungen kann leicht experimentell getestet werden. Hierzu werden verschiedene Fragebogenformen, die sich nur in Hinsicht auf die zu untersuchende Frage unterscheiden, in Substichproben einer Untersuchung getestet. Da alle anderen Faktoren konstant gehalten werden können, kann ein eventueller Unterschied im Antwortverhal-

---

[21] Vgl. hierzu Demaio (1983:137–149). Die Autoren zitieren als Beispiel die Testerhebungen für den amerikanischen Zensus 1980, bei denen u. a. der tatsächliche Strom- und Gasverbrauch mit den Angaben im Zensus verglichen werden konnte.

[22] Bei telefonischen Interviews erleichtert die Nichtsichtbarkeit der Protokollierung des Interviews (maschinell oder einen zusätzlichen Beobachter) sowohl die Aufzeichnung des Interaktionsgeschehens als auch die Erfassung der Antworten der Befragten auf Nachfragen nach dem Bezugsrahmen. Da es weiterhin mittlerweile technisch möglich ist, die Antworten der Befragten digital aufzuzeichnen, könnte die Zusammenstellung des mitgeschnittenen Materials wesentlich erleichtert werden. Bei einem CATI-System könnte diese sonst sehr aufwendige Zusammenstellung automatisch vom Programm vorgenommen werden. Für eine Anwendung bei Web-Surveys vgl. Malhotra (2008).

6.3 Methoden zur Entwicklung und Überprüfung von Fragen 147

ten auf die unterschiedliche Frageformulierung zurückgeführt werden. Dieses „Split-Sample-Testing" (auch: „Split-Ballot-Technique") kann nicht nur in Pretests eingesetzt werden, sondern auch in der Hauptuntersuchung. Da aber unterschiedlichen Subsamples unterschiedliche Fragen gestellt werden, können die Ergebnisse dieser Fragen nicht mehr als einzelner Indikator verwendet werden: In der Hauptuntersuchung müssen Fragen, deren Ergebnisse für das gesamte Sample ausgewertet werden sollen, auch für das gesamte Sample erhoben worden sein. Wird also für eine Frage ein Split-Sample-Test in der Hauptuntersuchung durchgeführt, so sollte in der Regel der Fragebogen zusätzliche Fragen zum selben Thema enthalten, also multiple Indikatoren. Sollten die Ergebnisse der multiplen Indikatoren vergleichbar sein, so hat man zusammen mit dem Ergebnis des Split-Sample-Tests die erwünschte Robustheit der inhaltlichen Ergebnisse gegenüber der Erhebungsmethode demonstriert.[23] Aus methodischen Gründen sind multiple Indikatoren in Befragungen unverzichtbar und Split-Sample-Tests wünschenswert. Da allerdings bei kommerziellen Erhebungen jede Frage derzeit zwischen 750 und 1500 Euro kostet, werden Split-Sample-Tests in kommerziellen Erhebungen kaum eingesetzt.

Klärung des Bezugsrahmens („frame of reference probing") Die allgemein übliche Art des Pretests, bei der erfahrene Interviewer im Rahmen normaler Interviews einen neuen Fragebogen verwenden und ihre Beobachtungen meist informell ihrem Supervisor mitteilen, führt in der Regel lediglich zur Entdeckung der Schwierigkeiten, die ein Fragebogen den Interviewern bereitet. Probleme der Befragten können durch diese Form des Pretests kaum entdeckt werden: Viele Missverständnisse der Fragen bei den Befragten bleiben von den Interviewern unbemerkt (Belson 1981:5). Um das Verständnis der Fragen durch die Befragten zu erfassen, sind andere Techniken notwendig. Belson (1981:390–395) entwickelte in einer Reihe von Untersuchungen eine Technik des Fragetestens: Dabei wird zunächst ein Standardinterview durchgeführt. Nach Abschluss dieses Interviews erklärt der Interviewer, dass es in einer zusätzlichen Untersuchung um das Testen von Fragen, nicht von Befragten geht. Der Interviewer sei speziell dafür trainiert worden und würde zusammen mit anderen Interviewern zu dieser Zeit an solchen Tests arbeiten.[24] Das würde ca. 20 Minuten dauern und eine kleine Bezahlung

---

[23] Solche Nachweise sind vor allem dann wichtig, wenn das Ergebnis einer Befragung unmittelbare politische Konsequenzen nach sich ziehen soll. In diesen Fällen ist die ausschließliche Verwendung einzelner Fragen nicht zu verantworten.
[24] Belson (1981:395) fordert die Auswahl intelligenter, aber sonst in keiner Weise besonders qualifizierter Interviewer für diese Aufgabe. Besonders betont Belson die Notwendigkeit, dass jeder

mit sich bringen. Die Interviews werden aufgezeichnet, und 3 bis 4 zuvor vom Untersuchungsteam ausgewählte Fragen werden wiederholt und die Antwort des Befragten wird wiedergegeben („Haben Sie EXAKT dieses gesagt?"). Schließlich wird der Befragte danach gefragt, wie er zu seiner Antwort kam. Hierbei wird versucht, so detailliert wie möglich den Prozess der Antworterzeugung zu erfassen („Was brachte Sie zu Ihrer Antwort?" – „Was ging bei der Antwort in Ihnen vor?" – „Woran dachten Sie bei Ihrer Antwort" etc.). Daran schließen sich auf die jeweilige Frage speziell bezogene Testfragen an, die auf das Verständnis einzelner Worte oder Phrasen in der Frage abzielen (z. B. wie wurde der Begriff „Haushalt" vom Befragten interpretiert). Mit dieser Technik lassen sich Missverständnisse und die abweichenden Bezugsrahmen der Befragten entdecken.

Diese etwas aufwendige Form der Belson-Technik wird gelegentlich in modifizierter Weise verwendet: Unmittelbar nach der Antwort auf eine der zuvor ausgewählten Fragen wird der Befragte um die Erläuterung der Antwortgenese und des Verständnisses einzelner Wörter gebeten.[25] Beispielsweise könnte durch gezieltes Nachfragen bei einer Frage nach medizinischen Behandlungen in den letzten 6 Monaten geklärt werden, ob die Befragten hierunter auch Selbstmedikation verstehen oder nicht. Neben der Klärung, welche Fragen untersucht werden sollen, welche Art von Nachfragen gestellt werden müssen und auf welche Art und Weise die Reaktionen des Befragten protokolliert werden sollen (elektronisch oder zusätzlicher Beobachter), verursacht diese Form der Klärung des Bezugsrahmens nur minimalen zusätzlichen Aufwand und kaum zusätzliche Kosten bei einem Pretest.

Eine Variante dieser Technik wurde von Schuman (1966) vorgeschlagen. Die Technik der „Random Probes" besteht darin, auch in einer Hauptuntersuchung bei einer kleinen Anzahl (z. B. 10) jeweils anderer, zuvor zufällig ausgewählter Fragen bei allen Befragten unmittelbar nach der Antwort nachzufragen („Können Sie mir ein Beispiel dafür geben" – „Wie meinen Sie das?" – „Können Sie mir mehr darüber sagen?"). Die offenen Antworten auf diese „Random Probes" werden vom Interviewer protokolliert und später so codiert, dass das Ausmaß der Übereinstimmung der beabsichtigen Intention der Frage mit dem Bezugsrahmen des Befragten bewertet wird.[26]

Fragekonstrukteur selbst solche Interviews durchführen sollte.
[25] Vgl. hierzu Demaio (1983:93–100).
[26] Das Ausmaß der Übereinstimmung wird über den Versuch, aus der Begründung des Befragten die gegebene Antwort vorhersagen zu können, operationalisiert. Schuman (1966:220) unterscheidet

6.3 Methoden zur Entwicklung und Überprüfung von Fragen

Die Bezugsrahmen der Befragten weichen von dem Bezugsrahmen der Fragebogenkonstrukteure gelegentlich dramatisch ab.[27] Da sich diese Diskrepanzen häufig an völlig unerwarteten Stellen befinden, können sie nur durch eine der beschriebenen Formen der Nachfragen geklärt werden. Diese Techniken erfordern kaum einen finanziellen und zeitlichen Zusatzaufwand; sie sollten zu den selbstverständlichen Standardtechniken bei jedem Pretest gehören.

Interaction-Coding Die Beobachtung von Interviews ist eine naheliegende Methode zur Gewinnung von Daten zur Verbesserung von Fragebogen. Beobachtungen (entweder durch beim Interview anwesende zusätzliche Beobachter oder durch die maschinelle Aufzeichnung des Interviews) ermöglichen u. a. die Einschätzung der Kooperationsbereitschaft der Befragten, des Interviewflusses und der Länge einzelner Fragebogenteile. Vor allem können durch die Beobachtung einzelne problematische Fragen entdeckt werden. Um ein brauchbares „Feedback" durch die Beobachtungen von Interviews zu erhalten, benötigt man für die Erfassung des Interaktionsgeschehens ein differenziertes Kategorienschema.[28] Die Verwendung

---

hierbei fünf Kategorien: klare Begründung + korrekte Vorhersage, unklare Begründung + korrekte Vorhersage, unklare Begründung + keine Vorhersage möglich, Erklärung ist lediglich die Wiederholung der Antwort, Restklasse (klare Begründung + falsche Vorhersage, „Weiß nicht", Erklärung führt zur Revision der Antwort).

[27] Die empirischen Ergebnisse bei Belson (1981) sind zum Teil ebenso erstaunlich wie beängstigend. Für die Frage „For how many hours do you usually watch television on a weekday? This includes evening viewing" berichet Belson (1981:127–137), dass die Frage von 3 der 52 Befragten korrekt verstanden wurde, 9 weitere verstanden die Frage sinngemäß. „How many" wurde von 42 Personen korrekt verstanden, 7 gaben Anfangs- und Endzeiten an, eine Person interpretierte dies als „until when", eine andere als „which programmes". 5 Personen bezogen „you" auf mehr als eine Person, 3 auf den Fernseher (!). Der Begriff „usually" wurde in vielen Varianten verstanden und von 15 Befragten im Sinne eines Durchschnitts über verschieden lange Zeiträume interpretiert. Der Begriff „watch television" wurde von 14 Befragten als „eingeschaltetes Gerät" aufgefasst, 12 Befragte verstanden unter „weekday" alle sieben Tage der Woche, 17 Personen berücksichtigen nur den Abend bei der Antwort. In Hinsicht auf die gesamte Untersuchung gibt Belson (1981:350) als Mittelwert des Anteils der Personen, die die Fragen sinngemäß verstanden, 29% an. Eine Frage wurde von keinem Befragten sinngemäß verstanden. Die Frage, die die meisten Befragten verstanden, wurde von 58% der Befragten sinngemäß verstanden. Obwohl es eine leichte Tendenz zum besseren Verständnis der Fragen bei besser Gebildeten gab, kommt er zusammmenfassend zu dem Schluss, dass das auffallendste Ergebnis die Ähnlichkeit der Resultate für verschiedene Teilgruppen der Bevölkerung sei (Belson 1981:352).

[28] Demaio (1983:105) betont die Notwendigkeit eines differenzierten Feedback-Systems durch den Hinweis darauf, dass die Anweisung „note any problems" an den Beobachter ineffizient sei und wenn überhaupt, dann lediglich unverbundene Einzelinformationen erbrächte. Die Situation entspricht dem Problem der strukturierten vs. unstrukturierten Beobachtung allgemein, vgl. Schnell/ Hill/Esser

Code	Bedeutung	Erläuterung
E	exakt	Der Interviewer liest die Frage exakt so wie sie gedruckt wurde.
K	kleine Abweichung	Der Interviewer liest die Frage mit der Änderung eines Wortes ohne die Bedeutung der Frage zu verändern.
G	große Abweichung	Der Interviewer verändert die Frage so, dass sich die Bedeutung der Frage ändert oder der Interviewer liest die Frage nicht vollständig.

Tabelle 6.1: Codes für das Frageverlesen des Interviewers (nach Oksenberg/Cannel/Kalton 1991:352)

standardisierter Beobachtungsschemata zur Erfassung des Interviewgeschehens geht auf die Arbeiten von Charles F. Cannell (1971, 1975) zurück und wird als „Interaction-Coding" bezeichnet.[29] Beim Interaction-Coding wird das Interview maschinell aufgezeichnet und später anhand des Kategorienschemas vercodet. Kategorien-Schemata unterscheiden sich u. a. danach, ob jede unterscheidbare Aktivität von Interviewer und Befragten erfasst werden soll (zu einer Frage gehören dann mehrere Codes) oder ob nur ausgewählte Aspekte erfasst werden sollen, z. B. ob die Frage ohne Klärung durch den Interviewer beantwortet werden konnte oder nicht.

Cannell verwendete 1971 insgesamt 52 Code-Kategorien,[30] für die Analyse wurde aber nur eine reduzierte Version verwendet. Ein ähnliches Codierschema zeigen die Tabellen 6.1 und 6.2.

Eine hohe Zahl problematischer Codes für eine gegebene Frage ist ein Hinweis für die notwendige Revision der Frage, die Art des Codes gibt Hinweise für die Art der notwendigen Revision. Das durch die detaillierten Codes besonders intensive Feedback für die Interviewer wird von diesen zumeist begrüßt. Interaction-Coding eignet sich daher auch für ein intensives Interviewertraining. Der (Zeit-) Aufwand für ein detailliertes Interaction-Coding ist sehr hoch, daher ist das Verfahren für einzelne Untersuchungen kaum angemessen (Morton-Williams 1979:75).[31] In der

---

(2008:390–407).

[29] Außer in dem ausführlichen Coding-Manual von Cannell/Lawson/Hausser (1975) finden sich Beispiele und detaillierte Codeschemata für die Anwendung des Interaction-Coding sowohl für die Interviewerschulung als auch für die Frageentwicklung bei Prüfer/Rexroth (1985). Ein sehr eng an Cannell angelehntes Schema gibt Morton-Williams (1979:65).

[30] Die Coder erzielten damit bei 164 Interviews eine beachtliche Inter-Coder-Reliabilität von 86% (Demaio 1983:106). Cannell/Lawson/Hausser (1975:67–68, bzw. 29) verwenden 39 Kategorien und geben Reliabilitäten zwischen 80–92% an.

[31] Cannell/Lawson/Hausser (1975:29) gehen bei 39 Kategorien von 2.5 Stunden Codierungszeit für

6.3 Methoden zur Entwicklung und Überprüfung von Fragen

Code	Bedeutung	Erläuterung
1	Unterbrechung mit Antwort	Der Befragte gibt eine Antwort, bevor die Frage vollständig verlesen wurde.
2	Klärung	Der Befragte unterbricht mit einer Bitte um Wiederholung oder Erklärung der Frage oder gibt Unsicherheit über die Bedeutung der Frage zu erkennen.
3	Angemessene Antwort	Der Befragte gibt eine Antwort, die der Absicht der Frage entspricht.
4	Bedingte Antwort	Der Befragte gibt eine Antwort, die der Absicht der Frage entspricht, lässt aber eine Unsicherheit über seine Antwort erkennen.
5	Unangemessene Antwort	Der Befragte gibt eine Antwort, die nicht der Absicht der Frage entspricht.
6	Weiß nicht	Der Befragte gibt eine Weiß-Nicht-Antwort.
7	Verweigerung	Der Befragte verweigert die Antwort.

Tabelle 6.2: Codes für das Befragtenverhalten (nach Oksenberg/Cannel/Kalton 1991:352)

Literatur finden sich daher auch nur relativ wenige Anwendungen des Interaction-Codings. Bei Erhebungen mit großen Stichprobenumfängen, die gegebenenfalls auch noch wiederholt durchgeführt werden, empfiehlt sich hingegen das Interaction-Coding.[32] Vereinfachte Formen des Interaction-Codings können und sollten bei der Schulung professioneller Interviewer eingesetzt werden.

Interviewer als Beobachter Häufig bestehen als „Pretest" bezeichnete Untersuchungen lediglich darin, dass erfahrene Interviewer einen Fragebogen an einer Stichprobe von Befragten ausprobieren und alle aufgetretenen Probleme informell an ihren Supervisor weitergeben, gegebenenfalls nur telefonisch.[33] Durch diese Form von Pretests sind nur die gröbsten Probleme, die die Fragebogen den Interviewern selbst bereiten, zu entdecken – und selbst dies setzt hoch motivierte

---

ein 45 Minuten Interview aus. Fowler/Mangione (1990:93) geben selbst für ein einfaches Kategorienschema mit nur 4 Kategorien (Frage wörtlich vorgelesen, Nachfrage des Befragten, adäquate Antwort des Befragten nach der Frage, Nachfrage durch den Interviewer erforderlich) an, dass die Codierung doppelt so lang dauert wie das Interview selbst.

[32] Details zur Durchführung und Analyse von Interaction-Codings finden sich bei Dijkstra (2002) und Ongena (2005).

[33] Demaio (1983:123) bemerkt, dass diese Form des Pretests eher als Mittel der Qualitätskontrolle gegenüber den Interviewern brauchbar ist denn als Hilfe bei der Entwicklung von Fragebogen.

Interviewer voraus. Dies gilt auch für die selbstverständlich im Pretestfragebogen stark erwünschten Kommentare der Interviewer; die Interviewer sollten dazu besonders ermutigt werden (z. B. auch durch entsprechend gekennzeichnete Leerräume neben den Fragen). Insbesondere bei nicht deklarierten Pretests ist allerdings kaum mit einem größeren Ertrag zu rechnen, da die Interviewer mit ihren sonstigen Aufgaben schon ausgelastet sind.

Effizienter für die Verbesserung von Fragebogen sind straff organisierte Gruppentreffen der Interviewer, wobei ein Mitglied der Forschungsgruppe die Sitzung leitet und die Sitzung maschinell aufzeichnet.[34] Diese 2–3 stündigen Sitzungen sollten eine feststehende Tagesordnung (kritische Fragebogenteile, Verständnis einzelner Wörter, Details des Einsatzes von Befragungshilfen etc.) besitzen, die allen Beteiligten vor der Sitzung bekannt sein muss, um ihnen genügend Zeit zum vorherigen Durchdenken des Materials zu geben.

Eine weitere Möglichkeit bieten halb-standardisierte schriftliche Interviewerbewertungen jedes Pretestinterviews. Der Pretestfragebogen kann nach dem Ende der Fragen an die Befragten zusätzliche, meist offene Fragen an den Interviewer enthalten, z. B. : Bereitete irgendeine der Fragen dem Befragten Unbehagen? Musste irgendeine Frage wiederholt werden? Hat der Befragte irgendeine Frage missverstanden? Fühlten Sie sich beim Vorlesen irgendeiner Frage unbehaglich? Wenn ja, warum? Haben Sie irgendwelche Probleme mit irgendeiner Frage? Wenn ja, warum? Erschien ein Abschnitt des Fragebogens ermüdend? Gab es einen Abschnitt des Fragebogens, bei dem der Befragte mehr zu sagen wünschte?[35]

Eine sehr effiziente Möglichkeit, die Beobachtungen von Interviewern für die Verbesserung von Fragebogen zu nutzen, besteht in einer standardisierten Befragung der Interviewer, nachdem sie Pretestinterviews durchgeführt haben. Die Interviewer füllen dabei speziell für sie entwickelte Fragebogen aus, in denen für alle Fragen des Pretestfragebogens oder auch nur für besonders kritisch erscheinende Fragebogenteile Fragen an sie gestellt werden. Neben Fragen nach den eigenen Einstellungen der Interviewer können Erwartungshaltungen (zum Beispiel über erwartetes Verweigerungsverhalten oder erwartete Effekte sozialer Wünschbarkeit) abgefragt werden, nach dem durch den Interviewer wahrgenommenen Verständnis der Frage oder einzelner Wörter durch die Befragten, nach der Benutzung von Dokumenten durch die Befragten bei der Beantwortung von Sachfragen (z. B. Heiratsdatum) etc.

---

[34] Ausführlich hierzu Demaio (1983:119–123).
[35] Die Fragen wurden Converse/Presser (1986:72) entnommen und übersetzt.

6.4 Praktische Durchführung von Pretests 153

Kreiselmaier/Prüfer/Rexroth (1989:10) verwenden eine besonders einfache und effiziente Variante der Interviewerbeobachtung: Neben jeder Frage im Fragebogen des Pretests stehen zwei zusätzliche Codeziffern. Nach einer Antwort des Befragten markiert der Interviewer im Fall einer angemessenen Befragtenreaktion den Code „1", im Falle einer nicht angemessenen Antwort den Code „2". Man bekommt also für jede Frage und für jeden Befragten einen Indikator für aufgetretene Probleme. Eine erste Überprüfung dieser Technik zeigte, dass Pretestinterviewer ca. die Hälfte aller aufgetretenen inadäquaten Befragtenäußerungen berichten (Kreiselmaier/Prüfer/Rexroth 1989:22).[36]

Wägt man den geringen Aufwand für die Entwicklung, Erhebung und Analyse der strukturierten Interviewerpretestbefragung und der Interviewercodierung des Befragtenverhaltens sowie den minimalen Zeitaufwand der Interviewer (die natürlich für diese Tätigkeit großzügig bezahlt werden müssen) gegenüber den Vorteilen (hohe Zahl standardisierter Bewertungen für alle interessierenden Fragen, Feedback für die Interviewer) gegeneinander ab, so überwiegen die Vorteile dieser Art der Verwendung von Interviewerurteilen im Pretest deutlich. Es spricht nichts gegen diese Art von Interviewerpretestbefragung als Standardbestandteil von Pretests.

6.4 Praktische Durchführung von Pretests

Wie schon erwähnt, gibt es keine festen Standards für Pretests. Die Empfehlungen für die praktische Durchführung von Pretests variieren daher in der Literatur, allerdings nicht sehr stark.[37]

Einige einfache Grundregeln haben sich in der Praxis bewährt.[38] So können Pretests erst dann sinnvoll durchgeführt werden, wenn ein Fragebogenrohentwurf vorliegt. Das bedeutet vor allem, dass ein Pretest nicht mehr der ersten Exploration eines Untersuchungsgebietes dienen soll, sondern dem Test eines Instruments. Folglich sollten auch bei einem ersten Pretest eines Fragebogenentwurfs fast alle Fragen bereits als geschlossene Fragen formuliert sein. Ebenso sollten die meisten Codes für die Antworten auf eventuelle offene Fragen schon vorläufig feststehen.

Da ein Rohentwurf eines Fragebogens häufig alternative Fragen zum selben

---

[36] Die von den Interviewern nicht erkannten inadäquaten Befragtenäußerungen waren vorwiegend auf inhaltliche Schwierigkeiten bei der Beantwortung einer Frage zurückzuführen. Auch dieses Ergebnis spricht für den zusätzlichen Einsatz der Klärung des Bezugsrahmens der Befragten durch Nachfragen.
[37] Eine Übersicht findet sich bei Hunt/Sparkman/Wilcox (1982:269–270).
[38] Der folgende Abschnitt fasst die Empfehlungen von Converse/Presser (1986:65–70) zusammen.

Sachverhalt enthält, sind Pretestfragebogen meist länger als die Fragebogen, die in Hauptuntersuchungen tatsächlich verwendet werden. Die Belastbarkeit der Befragten und der Interviewer setzt aber auch hier Grenzen: Eine Pretestbefragung sollte höchstens doppelt so viel Zeit in Anspruch nehmen wie die geplante Hauptuntersuchung.

Mit Ausnahme der allerersten Entwicklungspretests sollten Pretests auf einer echten Zufallsauswahl aus der Zielpopulation basieren. Natürlich sind bei einem Pretest so viele Interviews wünschenswert, wie man finanzieren kann. Converse/Presser (1986:69) schlagen insgesamt mindestens 25 Interviews vor, falls professionelle Interviewer verwendet werden und mindestens 50 Interviews, falls Studenten als Interviewer arbeiten. Selbstverständlich müssen die Interviews von mehreren Interviewern durchgeführt werden, wobei die Mitglieder der Forschungsgruppe ebenfalls als Interviewer arbeiten sollten. Diese Tätigkeit als Interviewer besitzt vor allem den Vorteil, dass das Forschungsteam die Probleme des Fragebogens bzw. von Befragungen allgemein selbst kennenlernt: Dies verhindert vor allem, dass Befragten und Interviewern allzu obskure Fragen zugemutet werden.

Falls ein Forschungsteam die Feldarbeit an ein Erhebungsinstitut delegiert, sollte es trotzdem zumindest einige der Pretests, vor allem in der Entwicklungsphase des Fragebogens, selbst durchführen.[39] In späteren Phasen, zum Beispiel bei einem abschließenden Pretest, kann die Erhebung des Pretests auch durch ein Institut oder mehrere Institute erfolgen.[40]

6.5 Pilot-Studien

Generell ist es empfehlenswert, eine große Erhebung, bei der neue Methoden angewendet oder bei der besondere Probleme bei der Datenerhebung erwartet werden, bzw. deren Ergebnisse der Hauptuntersuchung besonders schnell vorliegen und genau sein müssen, durch eine „Pilot-Studie" vorzubereiten.

Bei einer Pilot-Studie werden alle Arbeitsschritte der Hauptuntersuchung im Rahmen einer Vorstudie in kleinem Maßstab, aber mit identischen Prozeduren,

---

[39] In den von Buchhofer (1979:179) untersuchten Projekten der empirischen Sozialforschung ließen 70% derjenigen Projekte, die ein Institut mit der Feldarbeit betrauten, von diesem Institut auch den Pretest durchführen.

[40] Für die Bewertung des Erhebungsinstituts wäre zum Beispiel ein Vergleich der eigenen Pretest-Ergebnisse mit denen des Instituts oder verschiedener Institute von Interesse. Auf diese Weise bekäme das Forschungsteam zumindest auch einige Hinweise über verschiedene Erhebungsinstitute (Kooperationsbereitschaft, Geschwindigkeit, Zuverlässigkeit usw.), die dem Team die Auswahl eines Instituts erleichtern würden. Allerdings erscheint es zumindest für die BRD fraglich, ob größere Institute zu solchen sehr kleinen Untersuchungen bereit wären.

6.5 Pilot-Studien

durchgeführt und damit alle Prozeduren und Verfahrensabläufe (einschließlich des Fragebogens) getestet: Es werden Fragebogen formuliert und gedruckt; Interviewer rekrutiert, geschult und überwacht; Stichproben gezogen, Interviews durchgeführt, codiert und analysiert.

Der Aufwand für Pilot-Studien ist natürlich hoch und hängt u. a. von der Stichprobengröße ab. Für einen Survey der „allgemeinen Bevölkerung" sollten ca. 10% der geplanten Stichprobengröße der Hauptuntersuchung, mindestens aber ca. 200 Interviews im Rahmen einer Pilot-Studie erhoben werden.[41] Praktische Probleme, die durch eine hohe Zahl von Interviews entstehen (vom physischen Gewicht der Fragebogen über die Unzuverlässigkeit der verwendeten Software bis zur nervlichen Belastungsgrenze von Codern), werden häufig erst bei Studien dieser Größenordnung sichtbar.

Die Kosten für Pilot-Studien sind schon allein aufgrund der Dauer (5–7 Monate bei „allgemeinen Bevölkerungsumfragen") und der Stichprobengröße beachtlich. Der Trainingsvorteil durch eine solche Pilot-Studie ist allerdings kaum zu überschätzen.

Weiterhin kann eine große Zahl von Fehlerquellen zu einem Zeitpunkt entdeckt und beseitigt werden, an dem der mögliche Schaden durch diese Fehler noch klein ist. Bei einer Studie, die besondere Probleme der Datenerhebung erwarten lässt und die von einem neuen und wenig trainierten Forschungsteam durchgeführt wird, ist eine Pilot-Studie daher in höchstem Maße angeraten.[42]

Soll die Feldarbeit einer großen Hauptstudie durch ein kommerzielles Erhebungsinstitut durchgeführt werden, so empfiehlt sich dringend eine Pilot-Studie: Mögliche Kooperationsprobleme mit dem Institut, die sich in der Hauptstudie verheerend auswirken können, sind nur auf diesem Weg zu entdecken.

---

[41] Beispielsweise wurde für den amerikanischen „National Crime Survey" von 1977, bei dem schließlich ca. 50.000 Interviews erhoben wurden, eine Pilotstudie mit 2452 Interviews durchgeführt (Demaio 1983:63). Für das Projekt „Kulturelle und ethnische Identität bei Arbeitsmigranten" (1846 Befragte) wurde eine Pilot-Studie mit 190 Interviews durchgeführt (Esser/Friedrichs 1990).

[42] Buchhofer (1979:187) berichtet für die von ihm untersuchten Projekte der empirischen Sozialforschung einen Anteil von 41% derjenigen Projekte, bei denen die Datenerhebung durch kommerzielle Institute erfolgte, dass keiner der universitären Mitarbeiter des Projektes über vorherige Erfahrungen mit der Datenerhebung verfügte. Neuere Erhebungen dieser Art gibt es nicht, der Anteil dürfte sich aber aufgrund der veränderten Beschäftigungsregelungen an den Universitäten eher vergrößert haben.

7 Nonresponse

Unter Nonresponse wird bei Befragungen das Problem verstanden, dass für eine Befragung ausgewählte Personen bzw. Organisationen nicht befragt werden können. Für diese Ausfälle gibt es verschiedene Ursachen. Um die potentiellen Probleme dieser Ausfälle beurteilen zu können, müssen zunächst verschiedene Formen von Nonresponse unterschieden werden.

7.1 Formen von Ausfällen

Es wird üblicherweise zwischen Item-Nonresponse und Unit-Nonresponse unterschieden, wobei Unit-Nonresponse bedeutet, dass alle Angaben für die Zielperson fehlen. Item-Nonresponse bezieht sich auf einzelne fehlende Angaben der Zielperson. Sowohl bei Item- als auch bei Unit-Nonresponse müssen die einzelnen Ursachen für das Fehlen der Daten unterschieden werden (vgl. Kapitel 2.4.3.3).

Bei Unit-Nonresponse ist die klassische Unterscheidung zwischen

1. Verweigerung
2. Erkrankung
3. Nichterreichbarkeit

hilfreich. Die Anteile der Ursachen für Nonresponse variieren stark zwischen verschiedenen Erhebungen. Dies gilt bei internationalen Studien selbst bei gleichem Fragebogen (vgl. Abbildung 7.1).

Verweigerung, Erkrankung und Nichterreichbarkeit als Formen von Nonresponse liegen jeweils andere Mechanismen zugrunde, die sich bei jedem Datenerhebungsmodus und jedem Untersuchungsthema anders auswirken können.

7.1.1 Verweigerung

Das Ausmaß, in dem für eine Befragung ausgewählte Personen die Teilnahme verweigern, variiert im Laufe der Zeit und zwischen den Ländern, in denen Erhebungen stattfinden.[1] Ebenso variieren in Abhängigkeit von Erhebungsdetails die Verweigerungsraten zwischen verschiedenen Studien zum selben Zeitpunkt.[2]

---

[1] Der ESS (European Social Survey) wurde in der dritten Welle in den Jahren 2006–2007 in 25 Ländern Europas mit besonders hohem Aufwand erhoben. Es wird ein Anteil der Verweigerungen zwischen 4 % (Zypern) und 41 % (Schweiz) bei einem Mittelwert von 24 % angegeben (Stoop u. a. 2010:95). In Deutschland wurde eine Verweigerungsrate von 25 % berichtet.

[2] Für alle im damaligen Zentralarchiv für empirische Sozialforschung dokumentierten akademischen Studien im Zeitraum von 1955–1995 lässt sich ein Anstieg der Verweigerungsraten sowie die

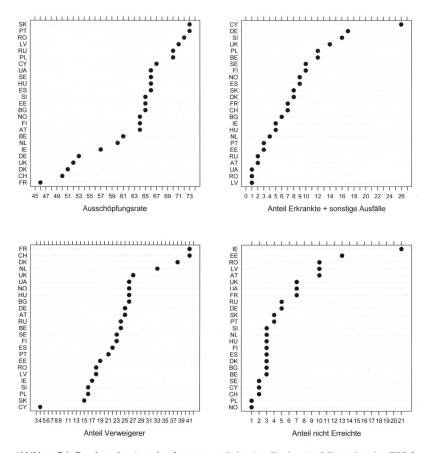

Abbildung 7.1: Dotplots der Ausschöpfungsrate und der Anteile der Ausfallursachen im ESS-3 (2006/2007) in 25 Erhebungsländern. Alle Angaben in Prozent. Die Plots basieren auf den Daten der Tabelle 6.1 bei Stoop u. a. (2010:158–159).

Die Gründe für Verweigerungen sind vielfältig. Als Ursachen für die Verweigerung der Teilnahme werden in der Literatur unter anderem diskutiert:

- Belastung durch die Länge oder Häufigkeit der Befragung („respondent burden"),

---

Zunahme der Unterschiede in den Verweigerungsraten zwischen den Studien innerhalb desselben Erhebungsjahres zeigen (Schnell 1997a:86–87).

7.1 Formen von Ausfällen

- wahrgenommene Verletzung der Privatsphäre,
- politisches Desinteresse,
- altersbedingter Rückzug aus öffentlichen Angelegenheiten,
- mangelnder Wertekonsens mit den Sponsoren der Erhebung,
- Kriminalitätsfurcht und
- unklare Konsequenzenbefürchtungen.

Alle diese Hypothesen lassen sich als Spezialfälle der Theorien rationalen Handelns rekonstruieren (Schnell 1997a:157–216). Danach ist eine Teilnahme dann erwartbar, wenn der erwartete Nutzen der Teilnahme die erwarteten Kosten überschreitet. Was für die einzelnen Befragten die jeweiligen Kosten und Nutzen der Teilnahme sind, hängt von den Besonderheiten der Befragten und ihren jeweiligen situativen Bedürfnissen und Erwartungen ab.

Da ein großer Teil des Alltagshandelns habitualisiert ist, reichen oft schon minimale Hinweisreize aus, um ein entsprechendes Handlungsskript bei den Befragten auszulösen.[3] Aus diesem Grund sind gelegentlich auch durch minimale Veränderung der Erhebungssituation, z. B. kleine Geschenke, das Aussehen oder die Sprache der Interviewer, größere Veränderungen im Anteil der Verweigerungen beobachtbar. All dies deutet aber darauf hin, dass die Verweigerung einer Befragung ein stark situational gesteuertes Verhalten ist.

Trotzdem lösen hohe Anteile von Verweigerungen als Ergebnis der Feldarbeit einer Studie häufig Besorgnis aus. Dies steht in bemerkenswertem Gegensatz zur wissenschaftlichen Literatur. Es gibt in der Regel nur schwache Korrelationen zwischen Verweigerungsverhalten und Hintergrundvariablen. Insbesondere gibt es *keine* empirischen Hinweise auf einen „harten Kern", der sich jedem Befragungsversuch entzieht.[4] Konvertierungen von Verweigerern sind bei entsprechendem Aufwand zu hohen Anteilen möglich.

Zu den hierbei üblichen Strategien gehören ein Wechsel des Interviewers, der Kontaktzeit, der Kontaktart, des Befragungsmodus, der Einsatz speziell geschulter

---

[3] Diese Grundüberlegungen finden sich in der Literatur schon in den 50er Jahren, vgl. Schnell (1997a:157). Populär wurde das entsprechende explizit austauschtheoretische Konzept bei Dillman (1978). In der deutschsprachigen Literatur wurden solche Überlegungen durch die Arbeit von Esser (1986) bekannt. Eine Variante findet sich unter dem Namen der „Leverage-Salience-Theorie" bei Groves/Singer/Corning (2000).

[4] Ein erschöpfender Überblick über alle empirischen Studien zum Thema bis 1996 findet sich bei Schnell (1997a); einige neuere Arbeiten finden sich bei Stoop (2004, 2005).

Interviewer, der Einsatz eines besonderen Interviewertrainings (vgl. Kapitel 8.6.2) oder das (flexible) Anbieten von (sicheren) Belohnungen („Incentives") für die Teilnahme. Durch den Einsatz dieser Mittel ließen sich bis in die 90er Jahre ca. 50% der Verweigerer konvertieren, mittlerweile scheint dieser Anteil auf ein Drittel zurückgegangen zu sein.

Interessant dabei ist aber, dass die Unterschiede zwischen Verweigerern und Teilnehmern eher gering zu sein scheinen. Weniger Bildung, geringes politisches Interesse, weniger Teilnahme an sozialen Unternehmungen sowie höhere Anteile vor allem längerer Arbeitslosigkeit findet sich nur wenig häufiger bei Verweigerern. Es handelt sich aber bei Verweigerern nicht um eine homogene Subgruppe potentieller Falsifikatoren sozialwissenschaftlicher Theorien.

7.1.2 Erkrankung

Zumeist ein vergleichsweise geringer Anteil der Befragten fällt durch Erkrankung aus. Hierbei handelt es sich zum kleineren Teil um verdeckte Interviewer-Verweigerungen oder stellvertretende Verweigerungen. Ob sich der verbleibende Rest echter Erkrankter auf die Ergebnisse auswirkt, hängt vom Thema der Untersuchung ab. Sobald das Thema mit Variablen zum Gesundheitsverhalten korreliert, besteht die Gefahr erheblicher Fehlschlüsse selbst bei kleinen Anteilen von Erkrankten.

Als Beispiel kann die Berechnung eines Krankheitsindex („Krankheitsersatzindex", KEI) anhand der Daten des SOEP dienen.[5] Wie man der Abbildung 7.2 entnehmen kann, gibt es deutliche Unterschiede im Gesundheitszustand während der Welle A in Abhängigkeit vom Bearbeitungsergebnis der Welle B. Die Teilnehmer der Welle B sind daher im Vergleich zu den Teilnehmern der Welle A tendenziell gesünder. Anders gesagt: Eine Querschnittsanalyse auf der Basis der Welle B würde den Gesundheitszustand der Bevölkerung überschätzen.

7.1.3 Nichterreichbarkeit

Nichterreichbarkeit korreliert mit sehr vielen markt- und sozialwissenschaftlich relevanten Variablen (Schnell 1998). Dazu gehören sowohl Einstellungsmessungen wie Postmaterialismus, Anteil der Grünen-Wähler (vgl. Abbildung 7.3) und Einstufung auf der politischen Links-Rechtsskala wie auch demographische Variablen wie Erwerbstätigkeit, Zahl der Personen im Haushalt (vgl. Abbildung 7.4) und

---
[5] Der KEI für die Person i ist wie folgt definiert: KEI = Anzahl Arztbesuche * Korrekturgewicht + Anzahl Krankenhausnächte (Fuchs und Hansmeier 1996). Das Korrekturgewicht vermindert den Effekt chronischer Erkrankungen.

7.1 Formen von Ausfällen 161

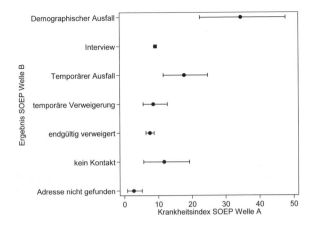

Abbildung 7.2: 95%-Konfidenzintervalle für den Krankheitsersatzindex in Welle A nach Bearbeitungsergebnis in Welle B. Die Daten wurden aus dem SOEP für Westdeutsche berechnet. Die Abbildung basiert auf den Daten bei Heller/Schnell (2000).

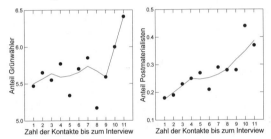

Abbildung 7.3: Anzahl der Kontakte bis zum Interview und Anteil der Grün-Wähler bzw. Anteil der Postmaterialisten im ALLBUS 1994/West; r=0.5 bzw. 0.85.

Alter.[6] Schwer Erreichbare können nicht einfach durch leichter Erreichbare ersetzt werden: Auch schwer Erreichbare sind keine homogene Gruppe. Die Effekte der Erreichbarkeit variieren je nach den aktuellen Feldbedingungen selbst innerhalb des gleichen Surveys. Dies lässt sich anhand einer Reihe von Variablen des Defect-Projekts (Schnell/Kreuter 2000a, vgl. Abbildung 7.5) leicht zeigen. Die Ergebnisse der Studie legen es nahe, dass sich selbst innerhalb einer Face-to-Face-Befragung

---

[6] Bei den Berechnungen auf Basis der Daten des ALLBUS 1994 wurden die Kategorien für elf und mehr Besuche in der Kategorie 11 zusammengefasst. Alle Korrelationen der Zahl der Kontakte mit den genannten Variablen (mit Ausnahme des Anteils der Grünen) sind mit $p < 0.05$ signifikant.

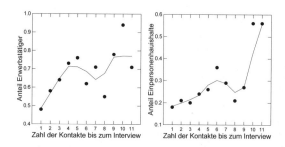

Abbildung 7.4: Anzahl der Kontakte bis zum Interview und Anteil der Ledigen bzw. Anteil der Erwerbstätigen im ALLBUS 1994/West. 2341 Fälle, r=0.77 bzw. r=0.85. Die Linie im Plot stellt einen Lowess-Smoother dar. Die Daten wurden Schnell (1998) entnommen.

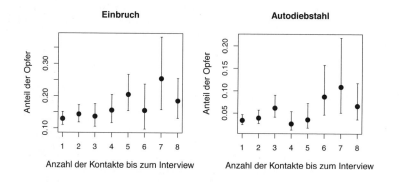

Abbildung 7.5: Zahl der Kontakte bis zum Interview und Anteile der Befragten mit Opfererfahrung durch Einbruch und Autodiebstahl. Die Fehlerbalken stellen 95%-Konfidenzintervalle dar. Die Daten stammen aus dem Defect-Projekt (Schnell/Kreuter 2000a).

die Ergebnisse der Feldarbeit nach der Art der Kontaktaufnahme (telefonisch oder persönlich) unterscheiden. Entsprechend benötigt man für eine eventuelle Korrektur auf der Basis der Erreichbarkeit die tatsächlichen Kontaktzahlen in allen Kontaktmodi (telefonisch, schriftlich oder persönlich). Als Ersatz wird für diese Daten häufig auf die Angaben der Befragten über ihre Erreichbarkeit zurückgegriffen. Die Erinnerung bzw. der Bericht der Befragten über ihre Erreichbarkeit ist jedoch zu fehlerhaft, um als Basis der Korrektur zu dienen (vgl. Abschnitt 7.5).

7.2 Ausschöpfungsrate

Obwohl für die Beurteilung der Qualität einer Erhebung zahlreiche Informationen unverzichtbar sind, wird in der Praxis häufig fälschlich ein höchst unzureichender Indikator herangezogen: die Ausschöpfungsrate. Im Prinzip handelt es sich dabei um den Anteil der realisierten Interviews an der ursprünglich ausgewählten Stichprobe. Die Berechnung und Interpretation einer Ausschöpfungsrate beinhaltet aber mehr Probleme, als es zunächst scheinen mag.

7.2.1 Definitionen der Ausschöpfungsrate

Eine weithin verwendete Definition einer Ausschöpfungsrate findet sich in den von der „American Association for Public Opinion Research" (AAPOR) veröffentlichten „Standard Definitions" (AAPOR 2008). Diese sogenannte AAPOR-Definition Nr. 2 der Responserate (RR2) ist in der AAPOR-Schreibweise definiert als

$$RR2 = \frac{(I+P)}{(I+P)+(R+NC+O)+(UH+UO)}, \qquad (7.1)$$

wobei I vollständige Interviews, P partielle Interviews, R Verweigerungen und Abbrüche, NC nicht Erreichte, O andere Ausfallgründe und UH unbekannt, ob es sich um einen Haushalt handelt oder nicht und UO unbekannte, andere Ursachen darstellen. Der Unterschied zwischen O und UH bzw. UO besteht darin, dass bei O bekannt ist, dass die Zielperson zur Grundgesamtheit gehört und nicht verweigerte, es aber trotzdem zu keinem Interview kam (z. B. durch Tod, Sprachprobleme oder geistige Behinderung). Bei UH bzw. UO ist nicht bekannt, ob z. B. bei einer persönlichen Befragung überhaupt eine Zielperson in einem Haus existiert. Dies kann beispielsweise bei nicht bearbeiteten oder nicht aufgefunden Adressen geschehen. Kritisch bei der RR2 ist die Definition dessen, was der Unterschied zwischen einem „Abbruch" und einem „partiellen Interview" ist. Zwar bieten die „Standards" eine Diskussion möglicher Kriterien (AAPOR 2008b:18), aber keine endgültige Festlegung. Zudem ist die Bestimmung dessen, was z. B. 50% aller anwendbaren Fragen ist, möglicherweise abhängig von Antworten der Befragten, die man gerade aufgrund des Abbruchs nicht besitzt.

Daher ist die AAPOR-Definition 1 (RR1, die „minimum response rate") eindeutiger. Die RR1 wird exakt wie die RR2 berechnet, nur werden die partiellen Interviews im Zähler nicht berücksichtigt:

$$RR1 = \frac{I}{(I+P)+(R+NC+O)+(UH+UO)}. \qquad (7.2)$$

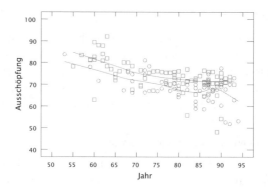

Abbildung 7.6: Ausschöpfungsraten akademischer und nicht-akademischer Surveys in der BRD zwischen 1952 und 1994. Die Daten stammen aus einer Studie der Feldberichte aller Surveys, die im damaligen Zentralarchiv für empirische Sozialforschung bis 1997 vorhanden waren (Schnell 1997a). Die Kreise stellen die Ausschöpfungsraten akademischer Surveys dar, die Quadrate die Ausschöpfungsraten nicht-akademischer Surveys (ohne die Media-Analysen). Die Kurven entsprechen nicht-parametrischen Glättungen (Lowess).

Die RR1 liegt daher in der Regel unter der RR2. Die Liste der Dispositionscodes für verschiedene Erhebungsmodi ist mehrere Seiten lang (vgl. Anhang E); für die exakte Definition der einzelnen Dispositionscodes muss auf die AAPOR-Veröffentlichung verwiesen werden.

7.2.2 Entwicklung der Ausschöpfungsraten

Die Ausschöpfungsraten akademischer und nicht-akademischer Surveys sind während der zweiten Hälfte des 20. Jahrhunderts weltweit stark gesunken. In der Bundesrepublik lässt sich bei akademischen Studien ein Rückgang von über 75% in den 50er Jahren auf derzeit unter 40% (vgl. Abbildung 7.6 und 7.7) feststellen. Auch hier muss betont werden, dass die Unterschiede in der Höhe der Ausschöpfungsrate und der Zusammensetzung nach der Art der Ausfälle zum gleichen Zeitpunkt erheblich zwischen den Studien variieren. In noch stärkerem Ausmaß gilt dies, wenn nicht die allgemeine Bevölkerung, sondern spezielle Populationen die interessierende Grundgesamtheit darstellen.

7.3 Ausfälle bei besonderen Zielpopulationen und Befragungsformen

Zwar liegt der Schwerpunkt dieses Buchs bei der Erhebung einzelner Befragungen der allgemeinen Bevölkerung, die Häufigkeit besonderer Zielpopulationen und

7.3 Ausfälle bei besonderen Zielpopulationen und Befragungsformen

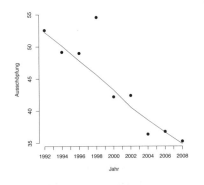

(a) Realisierte Interviews als Anteil am Stichprobenbrutto

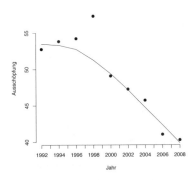

(b) Realisierte Interviews als Anteil am bereinigten Stichprobenbrutto

Abbildung 7.7: Ausschöpfungsquoten des ALLBUS 1992–2008, berechnet als Anteil realisierter Interviews am Stichprobenbrutto bzw. bereinigten Stichprobenbutto. Die Daten wurden aus den absoluten Zahlen der einzelnen Methodenberichte des ALLBUS berechnet. Die ungewöhnlich hohen Werte beim ALLBUS 1998 sind vermutlich durch einen unvollständig dokumentierten Austausch von Adressen zu erklären, da „(...) ca. 130 qualitätsneutrale Ausfälle während der Feldarbeit von GFM-GETAS durch neue Adressen ersetzt wurden" (Methodenbericht zum Albus 1998:42). Die Linie im Plot ist eine nicht-parametrische Glättung (Lowess).

Befragungsformen in der Forschungspraxis bei gleichzeitiger Abwesenheit dieser Themen in der Lehrbuchliteratur rechtfertigt aber einige kürzere Ausführungen.[7]

Vollständige Haushalte Im Regelfall wird aus einem Haushalt nur eine Person befragt. Bei besonderen Fragestellungen sind Erhebungen an mehreren oder allen (erwachsenen) Haushaltsmitgliedern erforderlich („Haushaltsbefragungen"). Dies gilt z. B. bei Ehepartnerbefragungen, einigen medizinischen Surveys oder bei außergewöhnlich detaillierten Studien zur Erwerbsbiographie. Ist tatsächlich eine individuelle Befragung mehrerer Haushaltsmitglieder notwendig, dann müssen besondere Maßnahmen ergriffen werden, um das Ausmaß an zusätzlichem Nonresponse zu begrenzen. Hierzu gehört insbesondere eine zusätzliche Belohnung („Incentives") für die Befragten, sobald alle Daten eines Haushalts vorliegen. Viele Studien – vor allem der amtlichen Statistik – versuchen dieses zusätzliche Nonresponse-Problem dadurch zu vermeiden, dass „Proxy-Interviews" zugelassen

---

[7] Zu den Problemen des Nonresponse bei Wiederholungsbefragungen vgl. Abschnitt 13.5.

werden. Hierbei werden Befragungen anderer Haushaltsmitglieder als Informanten über eine Zielperson zugelassen.[8] Da die Datenqualität bei Proxy-Interviews in der Regel geringer ist als bei einer Befragung der Zielperson, wird hier durch das Zulassen der Proxy-Interviews eine scheinbar geringere Nonresponse-Rate durch schlechtere Datenqualität erkauft. Ob dies gerechtfertigt werden kann, hängt von der jeweiligen Problemstellung ab. In jedem Fall müssen Proxy-Interviews im Datensatz und der Studiendokumentation eindeutig als solche ausgewiesen werden.[9] Werden keine Proxy-Interviews bei der Befragung vollständiger Haushalte zugelassen, dann muss die resultierende höhere Nonresponse-Rate ebenso akzeptiert werden, wie die Notwendigkeit zusätzlicher Incentives.

Schüler im Rahmen von Klassenraumbefragungen Es liegt nahe, Schüler im Klassenkontext zu befragen, da die Erhebung einfacher erscheint.[10] Da die Erhebung in der Regel an einem Stichtag erfolgt, muss mit entsprechenden Ausfällen durch Abwesenheit gerechnet werden. Diese lagen z. B. bei einer bundesweiten Schülererhebung in den Jahren 2007–2008 im Mittel bei ca. 10% der Schüler einer Klasse (Baier u. a. 2009:31). Je nach Untersuchungsthema und Art der Ankündigung können diese Ausfälle systematisch erfolgen. Zusätzlich ist mit Ausfällen aufgrund expliziter Verweigerungen durch die Eltern von mindestens 1% zu rechnen.

Organisationen und Betriebe Die Literatur zu Erhebungen im Bereich der Organisationsforschung differenziert nicht immer sorgfältig zwischen verschiedenen Organisationsformen und vermischt so z. B. Produktionsbetriebe, Einrichtungen aus dem Gesundheitswesen, Bildungseinrichtungen, Dienstleistungsunternehmen und Verbände.[11] Die meisten dieser Studien verwenden als Zielperson eine Per-

---

[8] Im Mikrozensus sind Proxy-Interviews zulässig. Der Anteil der Proxy-Interviews liegt bei 25–30% der Personen ab 15 Jahren. Der Anteil der Proxy-Interviews variiert stark mit dem Alter (Zühlke 2008:7), wobei der Anteil bei den jüngsten Befragten bis zu 90% liegt. Bei den mittleren Altersgruppen liegt der Anteil der Proxy-Interviews bei den Befragten mit ausländischer Herkunft deutlich über dem Anteil bei Befragten mit deutscher Herkunft.

[9] Die gelegentlich höheren Ausschöpfungsraten amerikanischer Surveys sind zum Teil dadurch erklärbar, dass dort in vielen Surveys Proxy-Befragungen zugelassen und nicht bei der Berechnung der Ausschöpfungsraten berücksichtigt werden.

[10] Die Kosten einer solchen Befragung liegen bei bundesweiten Studien nur unwesentlich unter denen einer postalischen Befragung von Einzelpersonen.

[11] Ein Beispiel für eine besonders unsorgfältig codierte Meta-Analyse liefern Baruch/Holtom (2008), die für 325 ihrer 463 (70.2%) Studien „various or unspecified" als Art der untersuchten Organisation ausweisen. Entsprechend ungewöhnlich sind ihre Ergebnisse: kein Absinken der Responsequote im Laufe der Jahre, Befragungen mit Mahnaktion haben signifikant kleinere Ausschöpfungen als

7.3 Ausfälle bei besonderen Zielpopulationen und Befragungsformen

son aus der Geschäftsführung, wobei diese aber in der Regel nicht namentlich benannt wird und der Auswahlprozess unter potentiell mehreren Zielpersonen kaum je spezifiziert wird. Die resultierenden Unklarheiten im Auswahlprozess werden in dieser Literatur selten diskutiert. Eine Konsequenz dieses Auswahlverfahrens und der Heterogenität der analysierten Studien sind große Streuungen in der Responserate zwischen den einzelnen Studien. So berichten Baruch/Holtom (2008:1148) für 61 bzw. 56 Organisationsstudien, die im Jahr 2000 bzw. im Jahr 2005 publiziert wurden, eine mittlere Responserate von 36.2% bzw. 35.0% bei einer Standardabweichung von 19.6 bzw. 18.2.

Willimack/Nicholls/Sudman (2002) haben versucht, die Einflussfaktoren auf das Ausmaß des Nonresponse in Unternehmensbefragungen in einer Abbildung zusammenzufassen (vgl. Abbildung 7.8). Schon früher gaben Tomaskovic-Devey/Leiter/Thompson (1994:453–454) eine Reihe interessanter Empfehlungen zur Verbesserung der Ausschöpfung bei Betriebsbefragungen. Sie empfehlen unter anderem

- Fragen nach finanziellen Informationen über das Unternehmen zu meiden,
- die Zuständigkeit der Beantwortung (Zentralverwaltung, lokale Niederlassung) gegebenenfalls auch vor der Befragung für den Befragten klären zu lassen,
- möglicherweise verschiedene Teile des Fragebogens durch jeweils andere, dafür in ihrem Gebiet aber kompetente Mitarbeiter beantworten zu lassen,
- verschiedene Erhebungsmodi anzubieten und
- Erhebungsdetails je nach Unternehmensmerkmalen zu gestalten.

All dies erhöht sicherlich den Aufwand und möglicherweise auch einen Teil der Messfehler, reduziert aber vermutlich andere Messfehler sowie vor allem den Nonresponsebias. Systematische Untersuchungen zur Implementierung dieser Strategien finden sich nicht in der Literatur. Nur wenige Variablen scheinen in Betriebsbefragungen wiederholt mit Nonresponse zu korrelieren. Das stabilste Ergebnis ist die Korrelation der Ausschöpfungsquote mit der Betriebsgröße: Große Unternehmen nehmen an professionell durchgeführten Befragungen deutlich eher teil als kleine Unternehmen.[12]

Studien ohne Mahnaktion etc.

[12] Obwohl systematische Untersuchungen dazu fehlen, könnte man vermuten, dass zwar die Nonresponserate mit der Unternehmensgröße sinkt, aber auch die Datenqualität: Je größer das Unternehmen, desto geringer könnte die Wahrscheinlichkeit sein, dass die Zielperson (in der Regel die Geschäftsführung oder die Leitung der Personalabteilung) die Befragung selbst beantwortet, sondern eher ein

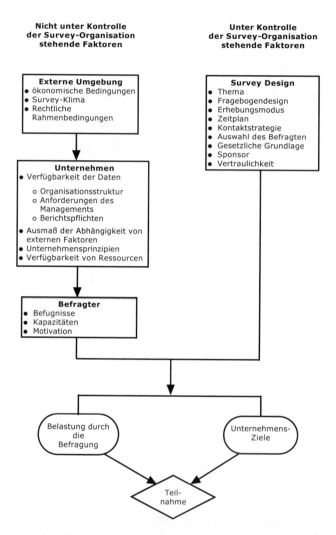

Abbildung 7.8: Einflussfaktoren auf das Ausmaß des Nonresponse in Unternehmensbefragungen (gekürzt nach Willimack u. a. 2002)

7.3 Ausfälle bei besonderen Zielpopulationen und Befragungsformen

Bei Betriebsbefragungen in der Bundesrepublik hängt die erreichbare Ausschöpfung stark von den Details der Datenerhebung ab. Je nach Art der Kontaktaufnahme, des Erhebungsmodus und des Themas können sich erhebliche Unterschiede in der Ausschöpfung ergeben, wobei alle Formen der internetbasierten Erhebung die schlechtesten Ergebnisse erzielen. Empfohlen wird daher ein Mix der Erhebungsmodi, z. B. schriftliche Ankündigung, telefonische und persönliche Datenerhebung, Nachfassaktion telefonisch und persönlich, abschließend noch einmal schriftlich. Bei entsprechend sorgfältiger Durchführung aller dieser Versuche lassen sich derzeit (2011) bei Betriebsbefragungen Ausschöpfungen zwischen 30% und 40% erzielen, in seltenen Fällen und extrem kurzen und thematisch klaren Befragungen kaum über 50%. Diese scheinbar kleinen Zahlen können nicht als Entschuldigung für geringe Ausschöpfungen herangezogen werden, obwohl sich veröffentliche Studien mit sehr viel kleineren Zahlen finden lassen. Ohne detaillierte, aufwändige und teure Nonresponsestudien sind solche kleinen Ausschöpfungen vollkommen unakzeptabel.

Befragungen professioneller Führungskräfte In vielen Bereichen der Sozialforschung werden im Rahmen von Expertenbefragungen professionelle Führungskräfte untersucht. Besonders häufig werden wirtschaftliche Führungskräfte wie z. B. Top-Manager und politische Führungskräfte wie z. B. Abgeordnete befragt. Der hohen Befragungshäufigkeit und den hohen Opportunitätskosten entsprechend sind in der Regel die Ausschöpfungen bei solchen Studien eher niedrig.

Cycyota/Harrison (2006) berechneten eine mittlere Responsequote von 28% bei einer Meta-Analyse von 231 Studien mit schriftlicher Befragung von Top-Managern zwischen 1992 und 2003. Sie stellten ein Absinken der Responserate über die Zeit fest (und sagen hypothetisch eine Responserate von 4% für 2050 vorher). Bemerkenswert ist vor allem, dass weder eine Ankündigung, Mahnaktionen noch eine Personalisierung Einfluss auf die Response-Rate bei Top-Managern zu haben scheint. Lediglich das Interesse am Thema sowie vorher bestehende Netzwerke (etwas ungenau operationalisiert über die Mitgliedschaft in Organisationen, Ziehung über eine Schneeballstichprobe bzw. relevanter Sponsor) schienen positiv auf die Teilnahme zu wirken.

Stellvertreter. Eines der zentralen Probleme von Betriebsbefragungen besteht gerade darin, dass die Person, die die Befragung tatsächlich beantwortet, in der Regel – faktisch selbst bei persönlichen Befragungen zumindest unter den Feldbedingungen der Bundesrepublik – nicht eindeutig identifiziert werden kann. Ein Teil der ansonsten unerklärlichen Variation zwischen den Wellen bei Panelstudien von Betrieben dürfte daher auf variierende Beantwortungspersonen zurückzuführen sein.

Offensichtlich gibt es in solchen Populationen andere Kontakt- und Teilnahmeentscheidungprozesse als in der allgemeinen Bevölkerung. Fast alle Studien zur Teilnahme anderer Spezialpopulationen (wie z. B. niedergelassene Allgemeinärzte, vgl. Barcley u. a. 2002 sowie Bergk u. a. 2005) zeigen, dass bei professionellen Subpopulationen vor allem inhaltliches Interesse und Zeitmangel sowie Netzwerke wichtige Prädiktoren der Teilnahme sind.

Dies gilt auch für politische Führungskräfte („Funktionseliten"). Die Literatur zur Methodik der Durchführung der Befragung politischer Eliten ist außerordentlich begrenzt. In Hinsicht auf Nonresponse scheinen Funktionsbereich, Thema, Reputation der Studienleitung und Sponsor der Studie von hoher Wichtigkeit zu sein. Hoffmann-Lange/Kutteroff/Wolf (1982:42) geben für bundesweite Elitenstudien für 1981 55%, für 1972 60% und für 1968 55% Ausschöpfung an. Für die neueste verfügbare bundesweite Elitestudie von 1995 gibt Machatzke (1997:68) eine Ausschöpfung von „rund 60 Prozent" an. Rechnet man den Anteil der realisierten Interviews an den ausgewählten Positionen (2341/4587), dann erhält man lediglich 51%. Jahr/Edinger (2008:35) berichten für eine universitäre CATI-Befragung mit studentischen Interviewern im Jahre 2003/2004 eine Ausschöpfung von 25.9%. Die Probleme bei universitär gestützten Befragungen durch professionelle Interviewer scheinen bei Funktionseliten eher Kontaktherstellung und Terminvereinbarung zu sein als Verweigerungen (Hoffmann-Lange/Kutteroff/Wolf 1982:53).

7.4 Statistische Konsequenzen von Nonresponse

Die Ausschöpfungsquote einer Studie wird häufig als alleiniger Qualitätsindikator für eine Studie gesehen. Dies ist aus mehreren Gründen irreführend. Abgesehen von den Möglichkeiten der Manipulation der Ausschöpfungsraten (vgl. Abschnitt 7.2), liegt das Problem der Verwendung von Ausschöpfungsraten als Qualitätsindikator vor allem im Verkennen eines elementaren statistischen Sachverhalts zu Nonresponse: Für die meisten Statistiken resultiert eine verzerrte Schätzung durch Nonresponse aus dem Produkt des Anteils der Nonrespondenten mit der Differenz zwischen Nonrespondenten und Respondenten. Man benötigt also neben dem Anteil der Nonrespondenten auch Angaben über die Differenz zwischen Nonrespondenten und Respondenten. Erst wenn es hier Unterschiede gibt, ist eine Verzerrung (Bias) zu erwarten.

7.4.1 Ausschöpfungsrate und Bias

Der Bias ist umso höher, je größer der Unterschied zwischen den Respondenten R und den Nichtrespondenten N ist. Weiterhin ist der Bias umso höher, je

7.4 Statistische Konsequenzen von Nonresponse

mehr Nonrespondenten es gibt. Der Nonresponsebias ist also ein Produkt aus der Differenz zwischen Respondenten und Nichtrespondenten und dem Anteil der Nonrespondenten an allen Befragten:

$$Bias_{\overline{x}} = (\overline{x}_R - \overline{x}_N) * \frac{n_N}{n_N + n_R}$$

Wie man sieht, ist ein Bias von Null trotz großer Anteile von Nonresponse auch dann erreichbar, wenn es keine Unterschiede zwischen Respondenten und Nonrespondenten gibt. Probleme entstehen dann, wenn solche Unterschiede groß und die Nonresponseraten hoch sind. Unterscheiden sich Respondenten und Nichtrespondenten um z. B. 30% und liegt die Ausschöpfung der Stichprobe bei 60%, dann liegt der Bias bei (1-0.6) * 0.3 = 0.12. Die Schätzung auf der Basis der Stichprobe liegt also um 12% zu niedrig. Ob 12% „wenig" oder „viel" ist, hängt von der konkreten Fragestellung ab.

Schon in der Einleitung dieses Kapitels wurde zwischen verschiedenen Ursachen von Nonresponse unterschieden. Diese Ursachen können sich unterschiedlich auf den Nonresponse-Bias auswirken. Dies hat eine zunächst überraschende Konsequenz: Es ist möglich, dass verstärkte Bemühungen zur Reduktion einer Komponente zwar die Ausschöpfungsrate erhöht, trotzdem aber der Bias steigt. Dies wird in seltenen Fällen tatsächlich empirisch beobachtet. Man kann leicht sehen, dass dieser Effekt nur unter speziellen Bedingungen eintreten kann.[13] Keinesfalls kann dies als Argument gegen höhere Ausschöpfungen allgemein verwendet werden. Vielmehr zeigt dieser Effekt deutlich, dass ein sinnvoller Umgang mit Nonresponse

---

[13] Die Differenz in Hinsicht auf den Mittelwert einer Variablen $\bar{y}$ zwischen den Respondenten R und den Nonrespondenten N ist gleich der Summe der Differenzen zwischen den Respondenten und den verschiedenen Gruppen von Nonrespondenten, multipliziert mit den jeweiligen Anteilen der Gruppen:

$$\bar{y}_R - \bar{y}_N = p_V(\bar{y}_R - \bar{y}_V) + p_K(\bar{y}_R - \bar{y}_K) + p_{NC}(\bar{y}_R - \bar{y}_{NC}) + p_A(\bar{y}_R - \bar{y}_A)$$

Dabei ist p_V der Anteil der Verweigerer, p_K der Anteil der Befragungsunfähigen, p_{NC} der Anteil der nicht Erreichten und p_A der Anteil der Nonrespondenten aus anderen Gründen. $\bar{y}$ bezeichnet den Mittelwert der jeweiligen Gruppe. Ist die Differenz zwischen den Respondenten und den Nonrespondenten einer Teilgruppe klein, dann führt eine Verringerung des Anteils dieser Subgruppe von Nonrespondenten nicht zu einer Verringerung der Differenz zwischen Respondenten und Nonrespondenten. Sollten zwei Gruppen von Nonrespondenten im Vorzeichen unterschiedlich von den Respondenten abweichen, dann wird eine Verringerung des Anteils nur einer der Gruppen in einer Vergrößerung der Differenz zwischen Respondenten und Nonrespondenten resultieren. Dies führt zu dem scheinbar paradoxen Effekt, dass eine Erhöhung der Ausschöpfung einer Stichprobe zu stärkeren Abweichungen von einem bekannten Grundgesamtheitsparameter führen kann.

detaillierte Kenntnisse über die Ursachen des Nonresponse in jedem einzelnen Survey erfordert. Die bloße Angabe einer Ausschöpfungsrate genügt zur Abschätzung der Güte einer Stichprobe in keiner Weise.[14]

7.4.2 Klassifikation von Ausfallprozessen

Um die möglichen statistischen Konsequenzen von Ausfällen präzise diskutieren zu können, hat sich in der Statistik eine Klassifikation der Prozesse, die zu fehlenden Werten führen, bewährt.[15] Es wird unterschieden zwischen

1. MCAR: „missing completely at random"
2. MAR: „missing at random"
3. MNAR: „missing not at random".

MCAR bedeutet, dass Daten völlig zufällig fehlen. Die Wahrscheinlichkeit für das Fehlen hängt von keiner bekannten Variablen ab. Die statistische Analyse kann diese Art fehlender Werte ignorieren – nur die Stichprobengröße wird kleiner.

MAR bedeutet hingegen, dass das Fehlen von Daten auf einer Variablen durch andere Variablen erklärt werden kann. Das klassische Beispiel ist die Variable „Einkommen". Falls bei höheren Einkommen die Angaben für Einkommen häufiger fehlen und das Einkommen durch Bildung und/oder Berufsprestige vorhergesagt werden kann, dann liegt MAR vor. Durch geeignete Analysemethoden können immer noch alle interessierenden Parameter unverzerrt geschätzt werden.[16]

Der unangenehmste Fall ist hingegen MNAR: Das Fehlen von Daten kann durch keine Variable außer durch die Variable selbst vorhergesagt werden. Ein Beispiel wären fehlende Werte einer Variablen über einem Schwellenwert dieser Variablen, wobei die Überschreitung des Schwellenwertes durch keine andere Variable vorhergesagt werden kann. Wie das etwas konstruiert wirkende Beispiel zeigt, sind Fälle von MNAR in der Sozialforschung vermutlich seltener als MAR.

---

[14] Entsprechend konnte Groves (2006) (vgl. auch Groves/Peytcheva 2008) in einer Meta-Analyse zum Zusammenhang von Bias und Ausschöpfung auf der Basis von 355 Schätzungen aus 30 Artikeln nur einen schwachen Einfluss der Ausschöpfung auf den Bias zeigen (erklärte Varianz: 11%). Allgemein war der Nonresponsebias mit 8.7% erstaunlich gering. Leider erlaubten die dieser Meta-Analyse zugrunde liegenden Studien keine Differenzierung nach Art der Ausfallursache.

[15] Die Klassifikation geht auf einen Aufsatz von Donald B. Rubin (1976) zurück. Die Darstellung hier folgt Schnell/Hill/Esser (2008:468–469).

[16] In der Regel interessiert man sich für die Parameter eines Modells, nicht für die fehlenden Daten an sich. Lesbare Einführungen in die statistische Analyse mit fehlenden Daten finden sich bei McKnight u. a. (2007) und Enders (2010).

7.4 Statistische Konsequenzen von Nonresponse

Da statistische Modelle bei MNAR sehr starke theoretische Annahmen erfordern, nicht hingegen bei MAR, erleichtert das die Analyse unvollständiger Datensätze erheblich.

Bei den allermeisten Surveys der empirischen Sozialforschung dürften die Ausfallprozesse weder MCAR noch MNAR sein, sondern MAR. Dies ist zwar einerseits erfreulich, da diese Art von Ausfällen prinzipiell korrigierbar ist, andererseits wird aber deutlich, dass eine Korrektur auch notwendig ist. Allein mit einfachen Gewichtungsverfahren ist dies aber kaum möglich.

7.4.3 Nonresponse und „Repräsentativität"

Im Zusammenhang mit Stichproben wird außerhalb der Fachdiskussion zumeist der Begriff „Repräsentativität" verwendet. Daher finden sich häufig Äußerungen oder Fragen danach, ab welcher Ausschöpfungsrate eine Studie als „repräsentativ" zu betrachten sei. Da aber „Repräsentativität" kein wissenschaftlicher Begriff ist (Schnell/Hill/Esser 2008:304–306), sind solche Fragen nicht auf eine Weise beantwortbar, die die Fragenden zufrieden stellt. Um Stichproben beurteilen zu können, muss man zunächst zwei Fragen beantworten:

1. Ist die Stichprobe eine Zufallsstichproben aus einer angebbaren Grundgesamtheit oder nicht?
2. Sind die Nonresponse produzierenden Prozesse MCAR, MAR oder MNAR?

Die Kenntnis der Antworten auf diese beiden Fragen kann weder durch einen Hinweis auf die Stichprobengröße, eine Ausschöpfungsquote oder auf irgendetwas anderes ersetzt werden. Daher gibt es keinen legitimen Gebrauch für das Wort „repräsentativ" im Zusammenhang mit Stichproben oder Befragungen.

7.4.4 R-Indikatoren

In neueren Veröffentlichungen in der Folge eines EU-Projekts findet sich der Begriff der „R-Indikatoren".[17] R-Indikatoren sollen statistische Indikatoren zur Beurteilung der potentiellen Verzerrung der Schätzungen auf der Basis einer Stichprobe darstellen.

In den Veröffentlichungen dieses EU-Projekts wird das Antwortverhalten in einem Survey als „repräsentativ" in Hinsicht auf eine Gruppe von Variablen bezeichnet, wenn die Responsepropensities für diese Variablen konstant sind. Da

---

[17] Die Homepage des Projekts findet sich unter www.risq-project.eu/.

die Responsepropensities unbekannt sind, müssen sie geschätzt werden.[18] Die Definition der R-Indikatoren impliziert, dass die Indikatoren immer nur in Hinsicht auf bestimmte Variablen beurteilt werden können. Vergleicht man mehrere Surveys, dann sollten nach Meinung der Autoren immer die gleichen Variablen zur Beurteilung herangezogen werden. Explizit empfehlen die Autoren die Verwendung demographischer Variablen, die in den meisten Surveys verfügbar sind.

Man kann diese Empfehlung für irreführend halten. Sollte der Nonresponsemechanismus nicht mit demographischen Variablen korreliert sein, bleibt der Bias unbemerkt. In vielen Fällen dürfte es plausibler sein, den für den jeweiligen Survey unangenehmsten Ausfallprozess mit den dann relevanten Variablen zu untersuchen. Dies kann z. B. durch die Angaben von konvertierten Verweigerern, mit Daten über die Befragungsversuche („Para-Daten") oder Registerdaten geschehen.

Die Konstruktion der Indikatoren ist durchaus interessant.[19] Derzeit liegen aber noch kaum Erfahrung in der Anwendung von R-Indikatoren vor. In den Veröffentlichungen des EU-Projekts wird leider eine Terminologie verwendet, die vermutlich zu erheblichen Missverständnissen Anlass sowie Gelegenheit zum Missbrauch geben wird.

7.5 Korrekturverfahren für Nonresponse

Im Laufe der letzten 70 Jahre wurden zahlreiche verschiedene Typen von Korrekturverfahren vorgeschlagen. Die folgende Darstellung folgt grob der zeitlichen Abfolge der Veröffentlichung der Verfahren.

Erreichbarkeitsgewichtung Eine der ersten Versuche zur Korrektur von Nonresponse war die von Politz/Simons (1949) vorgestellte Gewichtung nach der erfragten Erreichbarkeit der Befragten. Hierbei wird versucht, die Erreichbarkeit der Befragten durch die Frage nach der Anwesenheit zu Hause während der letzten

---

[18] Dies geschieht in der Regel mit einer logistischen Regression. Der R-Indikator ist dann definiert als

$$R(\rho) = 1 - 2S(\rho) \quad (7.3)$$

Bethlehem/Cobben/Schouten (2009, Gleichung 2.1.2), wobei $S(\rho)$ die Standardabweichung der Responsepropensities bezeichnet.

[19] Mit dieser Art der Modellierung ließe sich auch der maximal mögliche Bias ($B_{max}(Y, \rho)$) schätzen. Bezeichnet $S(Y)$ die Populationsvarianz der abhängigen Variablen und $\bar{\rho}$ den Mittelwert der geschätzten Responsepropensities, dann ist

$$B_{max}(Y, \rho) = \frac{(1 - R(\rho))S(Y)}{2\bar{\rho}} \quad (7.4)$$

Bethlehem/Cobben/Schouten (2009, Gleichung 3.2.2).

7.5 Korrekturverfahren für Nonresponse

12. Heute ist Mo Di Mi Do Fr Sa So.
Bitte umkreisen Sie den heutigen Wochentag. Vor Beantwortung der Frage 12a fügen Sie bitte das Kürzel des heutigen Wochentags in das leere Feld ein.

↓

12a. An wie vielen Abenden waren Sie seit [   ] **letzter Woche zu Hause?**
Bitte eintragen: [   ] Anzahl Abende zu Hause

Abbildung 7.9: Beispiel für die Frage nach der Erreichbarkeit der Befragten (Schnell/Kreuter 2000a)

Woche zu erfassen (vgl. Abbildung 7.9). Leider zeigen schon ältere Studien, dass die Antworten auf diese Frage kaum mit Interviewerangaben übereinstimmen (Ward et al. 1985). Die Korrelation zwischen den Angaben der Befragten und der von den Interviewern berichteten Anzahl der Kontakte scheint sehr gering zu sein. Dies lässt sich auch durch neuere Untersuchungen bestätigen.[20] Von der Verwendung einer Erreichbarkeitsgewichtung auf der Basis von Befragtenangaben muss daher abgeraten werden.

Oversampling „Oversampling" besteht in der einfachsten und gebräuchlichsten Form darin, die Stichprobe so zu vergrößern, dass die gewünschte Stichprobengröße trotz Nonresponse erreicht wird. Es ist bei diesem Vorgehen z. B. üblich, eine Stichprobe so zu ziehen, dass großstädtische Gebiete in der ursprünglichen Stichprobe überrepräsentiert sind, dann aber durch den zumeist höheren Anteil an Nonresponse in diesen Gebieten doch den tatsächlichen Bevölkerungsanteil dieser Gebiete in der realisierten Stichprobe erreichen.[21] Dieses Vorgehen verdeckt jedoch das Nonresponseproblem nur und führt in der Regel zu einer Vergrößerung eines Nonresponsebias.

Randverteilungsgewichtung und Zellengewichtung In der Praxis der Markt- und Sozialforschung außerhalb der Universitäten ist die Verwendung von Randverteilungsgewichten („Raking", „Redressment") am weitesten verbreitet. Das Verfahren besteht darin, die Randverteilungen einer Reihe von Variablen einer Stichprobe den bekannten Randverteilungen dieser Variablen in der Grundgesamtheit anzupassen. Typischerweise werden Altersgruppen, Geschlecht und Bildung

---

[20] Auf der Basis der Daten des Defect-Projekts (Schnell/Kreuter 2000a) zeigt sich in Hinsicht auf die Übereinstimmung der von den Befragten angegebenen Erreichbarkeit mit den Interviewerangaben eine Korrelation von -0.12 bei einem Institut, bei einem anderen Institut von 0.07. Dichotomisiert man beide Variablen am Median, so liegen die Übereinstimmungen bei 46% bzw. 51%. Die Angaben stellen damit keine Verbesserung gegenüber einer zufälligen Klassifikation „schwer" bzw. „leicht" erreichbar dar.
[21] Literaturhinweise und Varianten des Vorgehens finden sich bei Pickery/Carton (2008).

oder berufliche Stellung als Anpassungsvariablen gewählt. Die gemeinsamen Verteilungen (z. B. Alter*Geschlecht*Bildung) müssen bei dieser Art der Gewichtung nicht bekannt sein, es genügen die einzelnen Randverteilungen (z. B. Alter, Geschlecht, Bildung).[22] Am Ende der Berechnungen besitzt man für jede Beobachtung im Datensatz einen Gewichtungsfaktor. Gewichtet man die Beobachtungen mit diesem Gewichtungsfaktor, werden die vorgegebenen Randverteilungen exakt reproduziert.

Kennt man die gemeinsame Verteilung der interessierenden Variablen in der Grundgesamtheit, dann benötigt man kein Verfahren zur Berechnung der Gewichtungsfaktoren wie das Raking, sondern man kann ein anderes, noch einfacheres Gewichtungsverfahren verwenden: Zellengewichtung („cell weighting"). Hierbei wird für jede Zelle der Kreuztabelle aus den interessierenden Variablen lediglich ein einfaches Soll/Ist-Gewicht berechnet. Nimmt man im Beispiel mit den Variablen Alter, Geschlecht und Bildung an, dass jeweils 5, 2 und 4 Klassen vorliegen, dann erhält man eine Gewichtung auf der Grundlage von $5*2*4 = 40$ Zellen. Für jede Zelle erhält man einen Anteil in der Grundgesamtheit (Soll), den man durch den entsprechenden Anteil in der Stichprobe (Ist) dividiert. Das Ergebnis ist das Zellengewicht für jeden Fall in dieser Zelle. Mit diesem Verfahren werden nicht nur die Randverteilungen, sondern auch die Anteile in den Zellen der Kreuztabelle der Gewichtungsvariablen exakt reproduziert.

Beide Verfahren lösen das Nonresponseproblem in keiner Weise. Bei dieser Art von Gewichtung müssen – nachweisbar falsche – Homogenitätsannahmen gemacht werden: Innerhalb einer Gewichtungszelle müssen die Ausfälle unsystematisch sein. Entsprechend kann man zeigen, dass sich systematische Ausfallmechanismen durch solche Gewichtungsverfahren nur sehr bedingt korrigieren lassen. Da dies nicht unmittelbar einsichtig und Gewichtungsverfahren sehr verbreitet sind, soll das näher erläutert werden.

Die Abbildung 7.10a zeigt am Beispiel des ALLBUS 1980 die Veränderung des Mittelwerts des Postmaterialismusindex durch Löschen derjenigen Interviews, die jeweils erst nach 2, 3, 4 usw. Kontaktversuchen realisiert werden konnten. Jeder der reduzierten Datensätze wurde jeweils mit den Variablen Alter, Geschlecht und Bun-

---

[22] Das Verfahren wurde von Deming/Stephan (1940) vorgeschlagen. Erst durch die universelle Verfügbarkeit von Computern sind die iterativen Berechnungen des Verfahrens problemlos geworden. Das Verfahren konvergiert immer in wenigen Schritten und ist trivial programmierbar (es lässt sich aber auch mit fast jedem Statistikprogramm für log-lineare Modelle rechnen). Einzelheiten finden sich z. B. bei Frankel (2010).

7.5 Korrekturverfahren für Nonresponse

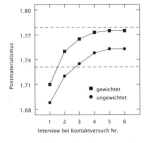

(a) Veränderung im Postmaterialismusindex. Die gestrichelten Linien geben das 95%-Konfidenzintervall an.

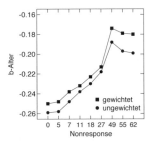

(b) Veränderung des Regressionskoeffizienten für Alter im Regressionsmodell zur Erklärung des Postmaterialismusindex

Abbildung 7.10: Veränderungen in den Schätzungen durch Nonresponse trotz Gewichtung durch Beschränkung auf leicht Erreichbare

desland neu gewichtet (Schnell 1993:25). Jeder gewichtete Datensatz entspricht also exakt der Sollvergabe der Kombination Alter, Geschlecht und Bundesland. Anders gesagt: Jeder Datensatz entspricht genau den Bevölkerungsanteilen in den entsprechenden Zellen. Trotzdem zeigen sich signifikante Abweichungen von den tatsächlichen Werten. Solche Veränderungen trotz Gewichtung zeigen sich auch in Regressionsmodellen: Ein Regressionsmodell zur Vorhersage des Postmaterialismusindex durch Alter und Bildung zeigt u. a. eine Veränderung der Regressionskoeffizienten für Alter durch den Ausfallmechanismus trotz Gewichtung jedes reduzierten Datensatzes (vgl. Abbildung 7.10b). Trotz ihrer theoretischen und praktischen Nachteile sind Gewichtungsverfahren im Gegensatz zu allen anderen Verfahren aber in der Praxis recht populär, da keine Brutto-Datensätze benötigt werden und dem gewichteten Datensatz kein Problem anzusehen ist.

Kalibrierung Ähnliche Vorbehalte gelten auch für modernere Gewichtungsverfahren, die in der neueren Literatur zusammenfassend als „Kalibrierung" („calibration") oder „GREG" bezeichnet werden.[23] Hierbei werden die Gewichte durch die Lösung einer Regressionsgleichung bestimmt. Dies erlaubt die Anpassung der Stichprobenrandverteilungen an viele verschiedene Randverteilungen in der Population; dabei sind Nebenbedingungen wie z. B. gleiche Gewichte für alle Personen im Haushalt leichter zu realisieren als in anderen Verfahren. In Hinsicht auf die

---

[23] Eine vergleichsweise einfache Übersicht findet sich bei Särndal/Lundström (2005). Ein geeignetes Programm zur Durchführung der Gewichtung findet sich in dem R-Paket „sampling" von Tille/Matei (2007). Eine Durchführung mit Stata ist durch den Macro „calibrate" (D'Souza 2011) möglich.

Korrektur von Nonresponse basiert auch Kalibrierung auf der MAR-Annahme: Die Variablen, die zur Gewichtung verwendet werden, müssen tatsächlich den Nonresponsemechanismus modellieren. Das ist in der Praxis häufig schwierig und wird sehr selten nachgewiesen, sondern in Ermangelung einer Alternative nur angenommen.

Sample-Selection-Modelle „Sample-Selection-Modelle" („Heckman-Korrekturen") basieren auf der Spezifikation einer Modellgleichung und einer Selektionsgleichung. Dank einiger Annahmen über die Korrelation der Fehlerterme kann – falls die Gleichungen empirisch erfüllt sind – die Modellgleichung korrekt geschätzt werden.[24] Diese Korrekturen eignen sich nur für die Schätzung von Regressionsparametern unter der Annahme korrekt spezifizierter Gleichungen. Anders gesagt: Man benötigt eine korrekte inhaltliche Theorie über den Gegenstandsbereich. Die statistischen Annahmen dieser Modelle sind mit den gegebenen Daten prinzipiell unüberprüfbar. In der Forschungspraxis außerhalb der Ökonometrie spielen diese Korrekturen außer zu Demonstrationszwecken kaum eine Rolle. Simulationsstudien lassen die Ergebnisse dieser Modelle eher skeptisch erscheinen (vgl. Stolzenberg/Relles 1997; Puhani 2000). Insgesamt muss festgehalten werden, dass es sich bei dieser Art von Modellen nicht um eine allgemeine statistische Lösung des Nonresponse-Problems handeln kann.[25]

Propensity-Gewichtung "Propensity-Gewichtung" basiert typischerweise auf der Schätzung der Teilnahmebereitschaft bzw. der Erreichbarkeit durch eine logistische Regression. Die vorhergesagten Wahrscheinlichkeiten werden dann für eine Gewichtung verwendet (Rosenbaum/Rubin 1983, 1984). Trivialerweise setzt eine Korrektur durch ein solches Verfahren eine korrekt spezifizierte Gleichung voraus. Generell kann festgehalten werden, dass die Auswahl der Variablen für ein solches Modell wichtiger ist als die exakte Form des Modells (Rizzo/Kalton/Brick 1994). Weiterhin benötigt man Angaben über die Nonrespondenten. Solche Modelle werden in der Praxis überwiegend für Panelstudien verwendet, z. B. innerhalb

---

[24] Zu den Modellerweiterungen, die gegenüber der üblichen Annahme der Normalverteilung der Fehler andere Annahmen erfordern, vgl. Vella (1998).
[25] Die Tatsache, dass Varianten der Sample-Selection-Modelle in Standardsoftware (wie Stata) leicht verfügbar sind, die abzuschreibenden drei Gleichungen ausreichen, um Nichtfachleute zu erschrecken und die Annahmen der Modelle nicht prüfbar sind, haben zu einer gewissen Popularität des Modells unter Sozialwissenschaftlern geführt. Dies gilt auch für die Verwendung eines vermeintlichen Tests auf Selektivität, der nur dann aussagekräftig wäre, wenn sowohl das inhaltliche als auch das Selektivitätsmodell korrekt spezifiziert wäre.

7.5 Korrekturverfahren für Nonresponse

des SOEPs. Weiterhin basieren viele Studien mit Web-Surveys auf dieser Art der Gewichtung. Zwar liegen die diagnostischen Methoden für solche Modelle auf der Hand (Eltinge 2002), sie werden aber in der Praxis kaum angewandt. Beurteilt man den tatsächlichen Modellfit solcher Verfahren, so ist das Ergebnis enttäuschend (Heller/Schnell 2000).

Imputationsverfahren „Imputationen" bestehen aus der Ersetzung fehlender Werte durch geschätzte Werte. Typischerweise werden Imputationen eher für Item-Nonresponse verwendet, aber Anwendungen auf Unit-Nonresponse sind möglich. Es gibt zahlreiche Verfahren (Hot-Deck, Mean-Substitution, Regressionsschätzungen), die sich in den jeweiligen Annahmen und Ergebnissen unterscheiden (vgl. Schnell 1986). Alle diese Verfahren basieren auf der Annahme, dass die Ausfälle zufällig erfolgen (genauer: MCAR, vgl. Little/Rubin 2002:12). Alle einfachen Imputationsverfahren führen zur Unterschätzung der Varianz der geschätzten Statistiken, d.h. imputierte Datensätze haben selbst im günstigsten Fall größere Konfidenzintervalle als es scheint. Einfache Imputationsverfahren werden fast ausschließlich für Item-Nonresponse verwendet, kaum je für Unit-Nonresponse.

Multiple Imputation Bei einer „multiplen Imputation" (MI) führt man Imputationen mehrfach durch. Dies erlaubt eine korrekte Schätzung der Varianz der geschätzten Statistiken. MI ist eine Monte-Carlo-Simulationsmethode, bei der ein Datensatz nicht nur einmal ergänzt wird, sondern mehrfach (typischerweise fünfmal). Jeder einzelne Datensatz wird mit Standardmethoden und Standardprogrammen analysiert, die Ergebnisse der multiplen Datensätze werden anschließend kombiniert (vgl. Abbildung 7.11).[26] Für die Durchführung der multiplen Imputationen existieren mehrere Softwareprogramme, die z.T. kostenfrei im Netz erhältlich sind.[27] Die korrekte Durchführung einer multiplen Imputation ist keine triviale Aufgabe, die man nach kurzer Lektüre eines Manuals durchführen kann. Die Berücksichtigung von Dummy-Variablen, Interaktionseffekten und Randbedingungen, die die imputierten Werte erfüllen müssen („constraints"), machen multiple Imputationen für Surveydatensätze rasch zu einer anspruchsvollen Aufgabe, die mehrere Monate Arbeit erfordern kann.

Die Anwendung dieser Techniken erfordert nicht mehr die Annahme rein zu-

---

[26] Diese Abbildung basiert auf einer Idee von Stef van Buuren, vgl. web.inter.nl.net/users/S.van.Buuren/mi/hmtl/whatis.htm.
[27] Einführungen geben Schafer/Olsen (1998), Schafer (1999), Collins/Schafer/Kam (2001), Schafer/Graham (2002) und Enders (2010). Am einfachsten ist die Durchführung mit Stata, vgl. Royston (2005) und Stata (2009).

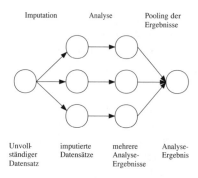

Abbildung 7.11: Multiple Imputation

fälligen Fehlens (MCAR), sondern nur noch die Annahme, dass die Tatsache, dass Daten fehlen, nicht von unbeobachteten Werten der beobachteten Variablen abhängen (MAR). Für die meisten sozialwissenschaftlichen Fragestellungen und Surveys erscheint MAR plausibel. Ausnahmen sind aber möglich, z. B. in medizinischen Surveys oder bei der Analyse seltener Subpopulationen. Leider ist diese Annahme nicht prüfbar; allerdings legen Simulationen die relative Robustheit von MI nahe. Damit besteht der wesentliche Nachteil der MI darin, dass nicht mehr eine Statistik für eine Frage berechnet werden muss, sondern ein Vektor. Man bekommt also nicht mehr eine Antwort, sondern mehrere. Trotz der praktischen Probleme dürften innerhalb der akademischen Statistik multiple Imputationen zukünftig Standard werden.

7.6 Umgang mit Nonresponse

Nonresponse kann weder vollständig vermieden noch ignoriert werden. Die häufig vorgeschlagene Verwendung anderer Stichprobenverfahren (z. B. Quota-Verfahren), Erhebungsverfahren (z. B. Internetsurveys) oder Gewichtungen bieten keine Lösung des Nonresponseproblems, sondern verschleiern das Problem lediglich.[28] Die einzig mögliche Antwort auf Nonresponse kann nur in der Berücksichtigung des Nonresponse bei der Planung eines Surveys, sorgfältiger Feldarbeit, deren

---

[28] Groves (2006) führt mehrere Argumente gegen die Verwendung von Nichtzufallsstichproben an. Bei Zufallsstichproben stehen häufig Informationen aus der Auswahlgrundlage zur Verfügung, mit der sich die Stichprobe besser beurteilen und gegebenenfalls korrigieren lässt als bei anderen Verfahren. Weiterhin lassen sich bei einer Zufallsstichprobe aus einer zuvor exakt definierten Population diejenigen Elemente, die nicht zur Grundgesamtheit gehören, ausschließen, was bei anderen Verfahren häufig schwierig ist. Schließlich lassen sich ohne Kenntnis des Auswahlprozesses nur sehr begrenzt Verfahren einsetzen, die eine Beurteilung des möglichen Effekts des Nonresponse erlauben.

7.6 Umgang mit Nonresponse

Dokumentation und einer statistischen Analyse, die auf Nonresponse Rücksicht nimmt, bestehen.

7.6.1 Verbesserung der Feldarbeit

Nonresponse muss bei der Planung einer Erhebung berücksichtigt werden. Um das Ausmaß an Nonresponse zu senken, sollten entsprechende Maßnahmen bereits vor der Erhebung einkalkuliert werden. Welche Maßnahmen geeignet sind, hängt natürlich davon ab, ob es sich um eine persönliche („Face-to-Face"), eine postalische, eine telefonische oder eine Internet-Befragung handelt. Einzelheiten finden sich in den späteren entsprechenden Kapiteln.

Allgemeine Maßnahmen Es kann davon ausgegangen werden, dass vor allem eine Kombination der folgenden Maßnahmen zur Reduktion von Nonresponse führen sollte:

- schriftliche Ankündigung der Befragung,
- Erhöhung der Anzahl der Kontaktversuche,
- Wechsel der Art der Kontaktaufnahme (z. B. von telefonisch auf schriftlich oder umgekehrt),
- erneute Kontaktierung und der Versuch der Konvertierung von Verweigerern,
- Verwendung von Befragungsanreizen („incentives").

Es sollte beachtet werden, dass isolierte Maßnahmen in der Regel nicht ausreichen, um eine erhebliche Reduktion des Nonresponse zu erreichen. Die Befragten müssen in ihren Befürchtungen und individuellen Handlungsabsichten ernst genommen und als absichtsvoll Handelnde behandelt werden. Die Befragten sind weder beliebig austauschbar noch zu einer Kooperation verpflichtet. Falls man eine niedrige Nonresponserate erreichen möchte, ist ein hoher individueller Aufwand für jeden einzelnen Befragten unvermeidbar und mit entsprechend hohen Kosten für jeden Fall verbunden.[29] Dies gilt vor allem für die beiden letzten erwähnten Maßnahmen zur Verringerung des Nonresponse. Da die Konvertierung von Verweigerern ausführlich in einem Unterkapitel des Interviewertrainings für persönliche Befragungen diskutiert wird (Kapitel 8.6.2), sollen hier nur der Einsatz von Befragungsanreizen detaillierter dargestellt werden.

Incentives Als Befragungsanreize oder „Incentives" werden kleine Geschenke (Kugelschreiber, Briefmarken etc.), seltener Dienstleistungen (Kinderbetreuung für

---

[29] Eine solche individualisierte Behandlung von Nonresponse lässt sich ohne ein entsprechendes softwaregestütztes Feldmanagement (vgl. Kapitel 8.10) kaum durchführen.

die Dauer der Befragung, medizinische Untersuchungen) und vor allem finanzielle Entlohnungen bezeichnet. Incentives waren in der Sozialforschung in Deutschland bis etwa zum Jahr 2000 außerhalb schriftlicher Befragungen weitgehend unüblich. Bei schriftlichen Befragungen wurden gelegentlich kleinere nicht-monetäre Incentives wie Kugelschreiber, Sondermarken und Gutscheine verwendet. In wenigen Panelstudien, die auf persönlichen Interviews beruhten, wurden besondere Incentives verwendet (so z. B. ein Jahreslos einer Lotterie oder Gebrauchsgegenstände mit dem Logo der Untersuchung). Lediglich bei der Befragung von Ärzten innerhalb kommerzieller Studien waren nahezu an reguläre Honorare grenzende finanzielle Incentives üblich. Dies hat sich in kurzer Zeit in der Forschungspraxis in der Bundesrepublik geändert. Vor allem bei Befragungen mit erhöhtem Aufwand (Panelstudien, Tagebuchführung) sowie bei als schwierig geltenden Populationen sind bei größeren Studien mittlerweile Incentives in der Höhe einer Arbeitsstunde einer studentischen Hilfskraft (2011: ca. 10 Euro) üblich.

In der Forschungsliteratur zur Wirkung von Incentives auf Nonresponse war die Wirkung verschiedener Formen von Incentives bei unterschiedlichen Erhebungsformen und deren Effekt auf die Datenqualität lange nicht geklärt. Dies hat sich vor allem durch die Arbeiten von Eleanore Singer (zusammenfassend: Singer u. a. 1999 sowie Singer 2002) verbessert. Etwas verkürzt lässt sich der Forschungsstand mit dem Titel eines früheren Artikels von Warriner u. a. (1996) wiedergeben: „Charities, No; Lotteries, No; Cash, Yes". Von Lotterien und Spenden für gemeinnützige Organisationen als Incentive sollte abgesehen werden; sichere (das bedeutet: vor der Befragung ausgezahlte) finanzielle Incentives wirken bei der allgemeinen Bevölkerung fast immer besser als andere Formen von Incentives. Dies gilt für alle Erhebungsformen; der Effekt von Incentives scheint mit der Höhe der Incentives zu wachsen und umso stärker zu sein, je belastender die Erhebung den Befragten erscheint. Es muss aber beim Einsatz besonders hoher Incentives in der allgemeinen Bevölkerung auch damit gerechnet werden, dass die ungewöhnlich hohe Vergütung zu Misstrauen und Reaktanz führt.

Der praktische Aufwand beim Einsatz von Incentives sollte nicht unterschätzt werden.[30] So muss in einer Studie mit Incentives darauf geachtet werden, dass

---

[30] Der administrative Aufwand der Auszahlung solcher Incentives vor allem bei universitärer und/oder öffentlich geförderter Forschung ist in der Bundesrepublik erheblich. Der Einsatz von Incentives bedarf in der Beantragung zumeist besonderer Begründungen. Auch aus diesem Grund wird häufig auch in den Fällen, in denen der Einsatz solcher Incentives sinnvoll wäre, auf ihre Verwendung verzichtet.

7.6 Umgang mit Nonresponse

alle Personen, die möglicherweise miteinander Kontakt haben könnten, auf gleiche Weise und zum gleichen Zeitpunkt ein Incentive erhalten: Erfahren Personen z. B. innerhalb eines Untersuchungsgebietes von ungleicher Entlohnung, dann ist mit erheblichen Reaktanzeffekten und entsprechend hohen Nonresponseraten zu rechnen.

7.6.2 Statistische Verfahren und Nonresponse

Nonresponse ist ein inhaltliches Problem, kein statistisches. Daher können statistische Verfahren allein nicht zu einer automatischen Nonresponse-Korrektur verwendet werden. Jede sinnvolle Anwendung eines statistischen Nonresponse-Verfahrens setzt inhaltliches Wissen über den Erhebungsvorgang und eine inhaltliche Theorie über den Responseprozess voraus. Seit ca. 1985 haben Statistiker an der Entwicklung von Verfahren gearbeitet, die eine Abschätzung der Unsicherheit der Schlussfolgerungen durch Nonresponse erlauben. Um solche Verfahren anwenden zu können, muss ein Datensatz eine Reihe von Informationen enthalten:

- Interviewer-ID,
- Sampling-Point-ID,
- Datum und Uhrzeit der Kontaktversuche und
- Anzahl aller Kontaktversuche (persönlich, telefonisch, schriftlich).

In der deutschsprachigen Literatur wurden solche Daten als „Kontaktprotokolle" bezeichnet; seit einigen Jahren wird der Begriff zunehmend durch den Begriff „Para-Daten" ersetzt (vgl. Abschnitt 12.6.1). Die Analyse von Para-Daten kann Hinweise auf die Ursachen von Nonresponse und damit auf mögliche Verzerrungen geben. Weiterhin können Para-Daten auch für Nonresponse-Korrekturverfahren verwendet werden. Para-Daten sind bei einer geordnet durchgeführten Datenerhebung prinzipiell nahezu kostenneutral zu gewinnen (vgl. Anhang I).

Die wichtigste praktische Schlussfolgerung aus den vorherigen Erörterungen des Nonresponse ist scheinbar trivial: Für eine Analyse, die Rücksicht auf Nonresponse nimmt, benötigt man immer Brutto-Datensätze, d.h. Records auch für Nichtbefragte. Ohne diese Brutto-Datensätze sind kaum Nonresponse-Analysen und nur sehr begrenzt eventuelle Korrekturen möglich. In der Forschungspraxis und in den Datenarchiven finden sich Brutto-Datensätze interessanterweise nur sehr selten, obwohl deren Erstellung, Speicherung und Weitergabe kaum Kosten verursacht.[31]

---

[31] Diese Tatsache ist ohne das weitverbreitete Desinteresse am Datenerhebungsprozess und den erhobenen Daten allgemein kaum verständlich. Einzelheiten dazu finden sich im Abschnitt 15.2.

Schließlich gehört zu einer Erhebung mit einem potentiellen Nonresponseproblem eine Nonresponsestudie.[32] Durch multiple Imputation, Simulationen, den Vergleich verschiedener Korrekturverfahren mit verschiedenen Annahmen, den Vergleich der Ergebnisse der Studie mit anderen Studien, Registerdaten oder sonstigen Informationsquellen kann und muss der Effekt des Nonresponse in jeder neuen Studie erneut abgeschätzt werden. Ein Hinweis allein auf eine Responsequote als vermeintliches Gütekriterium ist hierbei nicht angemessen.

---

[32] Das für die Durchführung amtlicher Erhebungen in den USA verantwortliche „Office of Management and Budget" (OMB) widmet mehr als 15 Seiten seiner Leitlinien für die Durchführung von Surveys ausschließlich Nonresponseproblemen. Hier findet sich der Hinweis, dass amtliche Surveys mit einer erwarteten Ausschöpfung unter 80% die geplanten Nonresponseanalysen beschreiben müssen.

Teil II
Erhebungsmodi

8 Persönliche Interviews („Face-to-Face"-Befragungen)

8.1 Voraussetzungen

Die tatsächliche Durchführung standardisierter Befragungen basiert auf einer Vielzahl objektiver Rahmenbedingungen. Neben der notwendigen Ressourcen-Ausstattung (Geld, Zeit, Personal) gibt es eine Reihe von sozialen Rahmenbedingungen. Hierzu gehören einerseits sozialstrukturelle Voraussetzungen, andererseits rechtliche Regelungen und deren Konsequenzen.

8.2 Soziale Voraussetzungen

8.2.1 Sprache

Eine eher trivial scheinende soziale Voraussetzung der Umfrageforschung ist die Existenz eines gemeinsamen sprachlichen Symbolsystems. Diese Voraussetzung ist in einigen praktisch relevanten Kontexten nicht gegeben:

- bei der Befragung von Ausländern
- bei der interkulturell vergleichenden Forschung
- bei der Existenz sprachlich heterogener Populationen (z. B. in Ländern mit mehreren Amtssprachen oder sprachlichen Subkulturen wie z. B. bei regionalen Dialekten).

In all diesen Fällen stellen sich zwei Probleme: einerseits die prinzipielle Zugänglichkeit der Zielpopulation, andererseits die tatsächliche Verständigung mit den Befragten. Falls Sprache als Abgrenzungsmerkmal verwendet wird, kann die faktische Zugänglichkeit von der Beherrschung der jeweiligen Sprache abhängen. Dies mag im Extremfall sogar für regionale Dialekte gelten.[1] Ohne empirische Voruntersuchungen wird sich die Notwendigkeit der Verwendung geeigneter Sprecher zur Lösung des Problems der Zugänglichkeit nicht klären lassen.

Das Problem der sprachlichen Verständigung wird in der Praxis grob auf zwei verschiedene Arten gelöst: einerseits durch den Ausschluss aller Subpopulationen, mit denen keine Verständigung in einer Amtssprache möglich ist, andererseits

---

[1] So findet sich in der qualitativen sozialwissenschaftlichen Folklore häufig das empirisch nicht begründete Urteil, dass eine Befragung türkischer Frauen in der Bundesrepublik allenfalls durch türkische Sprecher möglich sei, geeigneter seien aber weibliche türkische Sprecher. Die empirischen Ergebnisse von Allerbeck/Hoag (1985b) sowie von Blohm/Diehl (2001) zeigen aber, dass sowohl Befragungen durch Deutsche, als auch Befragungen durch Männer weitgehend problemlos sind.

durch die Verwendung von Fragebogen in verschiedenen Sprachen. Beide Vorgehensweisen sind problematisch.

Der Ausschluss ganzer Populationsteile kann je nach inhaltlicher Fragestellung des Forschungsprojekts natürlich zu selektiven Ausfällen führen. In solchen Fällen sind inhaltliche Artefakte durchaus möglich (z. B. sind schlecht assimilierte Ausländer in solchen Studien unterrepräsentiert).

Verwendet man hingegen Fragebogen in verschiedenen Sprachen, so besteht das Problem der Bedeutungsäquivalenz der verwendeten Fragen in verschiedenen Sprachen. In der Regel wird zwischen semantischer Äquivalenz, konzeptueller Äquivalenz und normativer Äquivalenz unterschieden. Semantische Äquivalenz bezieht sich auf die Verwendung gleicher Begriffe, konzeptuelle Äquivalenz bezieht sich auf das Ausmaß, in dem ein Konzept in beiden Sprachen existiert, normative Äquivalenz auf die erfolgreiche Berücksichtigung eventuell vorhandener Unterschiede in den gesellschaftlichen Regeln bei der Interpretation der Frageelemente. Für die meisten Surveyanwendungen dürfte das Ziel eher in der Herstellung konzeptueller Äquivalenz bestehen.

Verzichtet man schon bei der Konstruktion des Ausgangsfragebogens auf vermutlich schwer zu übersetzende Begrifflichkeiten (umgangssprachliche und technische Begriffe, verbale Abschwächungen oder Verstärkungen), wird das Erreichen des Ziels konzeptueller Äquivalenz einfacher (McKay u. a. 1996:102). Die Lösung der Probleme der interkulturellen Vergleichbarkeit von Surveyfragen wird in der Praxis häufig übertrieben vereinfacht (z. B. bei Behling/Law 2000). Die Bedeutungsäquivalenz von Begriffen wird so in der Regel lediglich durch Hin- und Rückübersetzung der Fragebogen („back translation") durch zwei verschiedene Muttersprachler zu gewährleisten versucht. Noch problematischer sind Surveys, bei denen auf das Vorliegen einer schriftlichen Übersetzung des Fragebogens verzichtet wird und eine Übersetzungsleistung von einem bilingualen Interviewer während des Interviews erwartet wird („oral translation"). Solche Verfahren garantieren in keiner Weise eine tatsächliche Bedeutungsäquivalenz. Als Standard kann mittlerweile ein durch ein Übersetzungsteam gemeinsam durchgeführter Übersetzungsprozess angesehen werden, bei dem die Schritte Vorbereitung, Übersetzung, Pretest, Revision und Dokumentation unterschieden werden (Pan/Puente 2005).[2] Selbstverständlich garantiert auch dieses Vorgehen in keiner Weise tatsäch-

---

[2] Für Einzelheiten muss auf die „Guideline for the Translation of Data Collection Instruments" der amerikanischen Zensusbehörde (Pan/Puente 2005) hingewiesen werden. Im Gegensatz zur sonst stark redundanten soziolinguistischen Literatur in diesem Bereich finden sich dort detaillierte und

8.2 Soziale Voraussetzungen

- Geben die Items eine positiv wirkende Einschätzung aller interessierenden Subgruppen wieder?
- Sind die Begriffe in allen Items für alle interessierenden Subgruppen in gleichem Maß bekannt?
- Setzen die Items Kenntnisse voraus, die vermutlich nicht dem Bildungsniveau der Befragten entsprechen?
- Sind die interessierenden Subgruppen im Fragebogen mindestens entsprechend ihrem Bevölkerungsanteil vertreten?
- Werden Angehörige aller interessierenden Subgruppen in gleicher Weise mit Titeln und Vornamen angesprochen?
- Werden Angehörige aller interessierenden Subgruppen in gleichen Situationen und Geschlechtsrollen angesprochen?
- Enthalten die Items Hinweise, die von einer interessierenden Subgruppe eher verstanden werden als von einer anderen Subgruppe?
- Enthalten die Items subgruppenspezifisch verstandene Formulierungen?
- Sind die Erläuterungen und Instruktionen zu den Fragen für alle interessierenden Subgruppen in gleichem Maß verständlich?

Abbildung 8.1: Checkliste für subgruppenspezifischen Item-Bias

liche Bedeutungsäquivalenz. Dieser Nachweis kann nur über verschiedene formale Techniken erfolgen.[3] Die Anwendung dieser statistischen Techniken gehört erstaunlicherweise bislang aber nicht zu den Standardverfahren der interkulturellen Surveyforschung. Empirische Untersuchungen zu diesen Problemen existieren daher bislang nur vereinzelt.[4]

8.2.2 Kulturelle Unterschiede zwischen den Zielgruppen

Soll der gleiche Fragebogen in kulturell und/oder ethnisch inhomogenen Populationen verwendet werden, dann muss der Fragebogen allen Teilpopulationen angemessen sein. In jedem Fall müssen die Formulierungen der Fragen, Antworten und Instruktionen für alle interessierenden Subgruppen gleich verständlich und neutral sein. Hambleton/Rodgers (1995, 1996) legen eine Checkliste vor, mit der die Ausgewogenheit eines Tests in Hinsicht auf interessierende Subgruppen beurteilt werden soll. Diese Checkliste kann leicht verändert auch für Befragungen

---

praktisch anwendbare Handlungsanweisungen für den Übersetzungsprozess.
[3] Dazu gehören zunächst Strukturgleichungsmodelle (SEMs), bei denen die Äquivalenz der Schätzungen in mehreren Gruppen gleichzeitig geprüft werden kann (Billiet 2003), Magnitudemessungen (Saris 2003) und vor allem gemischte Rasch-Modelle (vgl. Kapitel 4.4.3.1).
[4] Als Beispiel sei eine Studie von Peek-Asa/Garcia/McArthur (2002) erwähnt, bei der die unterschiedliche Wahrnehmung mehrerer Formen ehelicher Gewalt bei Mexikanerinnen und Amerikanerinnen untersucht wurde.

verwendet werden (vgl. Abbildung 8.1).[5]

„Gender-Mainstreaming" Ein besonderes Teilproblem der möglichen Existenz inhomogener Subgruppen könnte in geschlechtsspezifischen Befragungsbesonderheiten gesehen werden. Dies muss auf dem Hintergrund der politischen Diskussion um das sogenannte „Gender-Mainstreaming" gesehen werden.[6] Es ist zwar richtig, dass ein Fragebogen der Zielgruppe der Befragung immer angemessen sein muss. Entsprechend muss ein Fragebogen an die „allgemeine Bevölkerung" anders formuliert werden als ein Fragebogen an Feministinnen. Aber eine Erhebung soll ein für die Befragten möglichst müheloser Vorgang sein, keine politische Maßnahme oder Stellungnahme. Ein Erhebungsinstrument sollte für möglichst viele Befragte leicht verständlich und neutral sein. Diese Ziele lassen sich nicht für alle Befragten in gleichem Maße erreichen. Wenn politische Korrektheit und Verständlichkeit gegeneinander abgewogen werden müssen, dann hat in einer Erhebung für wissenschaftliche Zwecke die Verständlichkeit Vorrang.[7]

8.2.3 Zugänglichkeit

Eine scheinbar triviale Voraussetzung für Befragungen ist die prinzipielle Zugänglichkeit der Befragten. Hierzu gehören neben den – immer selektiven – technischen Voraussetzungen (feste Adresse, Verfügbarkeit von Kommunikationsgeräten wie Telefon oder Internetanschluss) auch soziale Voraussetzungen. Aus unterschiedlichen sozialen Gründen ist der Zugang zu einer ganzen Reihe von Spezialpopulationen in Industriegesellschaften erschwert: Dazu gehört vor allem die häufig sogenannte „Anstaltsbevölkerung", also u. a. die Bewohner von Pflegeheimen, Kli-

---

[5] Die Zahl und die Reihenfolge der Kriterien wurde in der Übersetzung durch den Autor gegenüber der Quelle geändert.

[6] Das Bundesministerium für Familie, Senioren, Frauen und Jugend vermeint 2007 feststellen zu können: „Gender Mainstreaming bedeutet, bei allen gesellschaftlichen Vorhaben die unterschiedlichen Lebenssituationen und Interessen von Frauen und Männern von vornherein und regelmäßig zu berücksichtigen, da es keine geschlechtsneutrale Wirklichkeit gibt." Dies ist für Wissenschaftler jenseits der Geisteswissenschaften sicherlich eine höchst erstaunliche Aussage.

[7] Eine Arbeitsgruppe des Verfassers hatte für eine kommunale Bürgerbefragung folgende Frage in mehreren Pretests getestet: „Bitte denken Sie an Ihren letzten Besuch bei der Stadtverwaltung. Waren Sie mit der Behandlung durch den für Sie zuständigen Sachbearbeiter zufrieden?" Nach dem Einspruch der Gleichstellungsbeauftragten änderte der Rat der Stadt die Formulierung in „Bitte denken Sie an Ihren letzten Besuch bei der Stadtverwaltung. Waren Sie mit der Behandlung durch den für Sie zuständigen Sachbearbeiter bzw. Amtsleiter bzw. der für Sie zuständigen Sachbearbeiterin bzw. Amtsleiterin zufrieden?" Die Arbeitsgruppe zog sich nach diesem Beschluss aus dem Projekt zurück.

niken, Gefängnissen, Klöstern und Kasernen.[8] Natürlich muss auch eine eventuell erschwerte physische Zugänglichkeit der Befragten erwähnt werden. So werden z. B. in vielen Befragungen des Vereinigten Königreichs die mehr als 25.000 Einwohner umfassende Bevölkerung der schottischen Inseln aus den Erhebungen prinzipiell ausgeschlossen. In der Bundesrepublik dürfte das den wenigen Bewohnern der Halligen und den ca. 4.000 Binnenschiffern entsprechen. Schließlich muss bedacht werden, dass Organisationen ihren Mitgliedern die Teilnahme an Befragungen untersagen bzw. die Teilnahme von einer expliziten Aussagegenehmigung abhängig machen können.[9] Dazu gehören z. B. Soldaten, ein Teil der Beamten und Angehörige von Wirtschaftsunternehmen. Solche Personen können dann nur außerhalb ihrer Organisationen als Privatpersonen befragt werden. Da die Befragten bei solchen Studien deutlich leichter reidentifiziert werden könnten, sind besondere Maßnahmen zum Schutz der Befragten vor Reidentifikation (bzw. Deanonymisierung) erforderlich.[10]

8.2.4 Konsequenzenlosigkeit der Teilnahme

Zu den wesentlichen sozialen Voraussetzungen der Durchführung von Befragungen gehört die Konsequenzenlosigkeit der Teilnahme.[11] Dies ist keineswegs selbstverständlich. In den USA sind Interviewer der amtlichen Statistik verpflichtet, Delikte, die ihnen während ihrer Tätigkeit zur Kenntnis kommen, zur Anzeige zu bringen. Leider sind solche Ausnahmen von der prinzipiellen Konsequenzenlosigkeit nicht auf die USA beschränkt. Die Bundesagentur für Arbeit führte 2005 eine Telefonaktion durch, bei der rund 180.000 Langzeitarbeitslose befragt wurden. Für diese damals kontaktierten Personen war die Teilnahme an einer telefonischen Befragung keineswegs konsequenzenlos. Für 29.000 ALG-II-Empfänger entstand durch die Befragung für die Bundesagentur „Klärungs- oder Änderungsbedarf" (Spiegel-Online vom 11. August 2005). Nicht nur die faktisch Betroffenen, sondern auch lediglich über diesen Vorgang informierte Leistungsbezieher dürften daher

---

[8] Eine erschöpfende Liste solcher aus allgemeinen Bevölkerungsumfragen ausgeschlossenen Subgruppen und der Versuch einer Größenschätzung all dieser Gruppen findet sich bei Schnell (1991c). Die statistische Literatur zu Stichproben behandelt solche Probleme unter dem Stichwort „undercoverage".

[9] Die selektive Erteilung solcher Genehmigungen kann gravierende Konsequenzen für die Verallgemeinerbarkeit der Ergebnisse besitzen.

[10] Einzelheiten zum „statisticial disclosure control" finden sich bei Hundepool u. a. (2009) und Duncan u. a. (2011).

[11] Zu den sozialen Voraussetzungen allgemein vgl. den (stark systemtheoretischen) Aufsatz von Hartmut Esser (1975).

zukünftigen Befragungen kritisch gegenüberstehen. Solche Koppelungen von Befragungen mit administrativen Maßnahmen müssen um jeden Preis verhindert werden, um die Befragungsbereitschaft nicht zu gefährden.[12]

8.2.5 Organisationsrahmenbedingungen

Die Bundesrepublik Deutschland verfügt aus historischen Gründen über kein öffentliches Forschungsinstitut, das mit einem eigenen Interviewerstab Erhebungen für öffentliche Auftraggeber plant und durchführt.[13] Aufgrund der Organisationsstrukturen der amtlichen Statistik in der Bundesrepublik kann die akademische Sozialforschung auch nicht auf die Infrastruktur der amtlichen Statistik zurückgreifen.[14] Die akademische empirische Sozialforschung ist daher (vor allem, aber nicht nur) bei bundesweiten persönlichen Befragungen auf die Infrastruktur der Markt- und Meinungsforschungsinstitute zwingend angewiesen. Angesichts der Entwicklung der Datenschutzgesetzgebung und der Verkrustung der sozialwissenschaftlichen Infrastruktureinrichtungen in der Bundesrepublik ist hier mit keiner

---

[12] Da Wissenschaftler kein Zeugnisverweigerungsrecht besitzen, wäre es möglich, dass eine Staatsanwaltschaft die Deanonymisierung eines Befragungsdatensatzes erzwingt. Dies ließe sich in der Bundesrepublik bislang nur durch die Hinterlegung der Kontaktadressen bei einem Notar verhindern. Beispiele für dieses Vorgehen sind dem Autor nicht bekannt.

[13] Entgegen der üblichen Argumentation ist dies ökonomisch durchaus machbar, wie überschlägige Rechnungen rasch zeigen: Im Jahre 2008 haben die Mitgliederinstitute des ADM in der BRD ca. 1.779 Milliarden Euro Umsatz erzielt. Davon wurde ca. die Hälfte im Inland erzielt, davon 92% durch quantitative Forschung. Dies entspricht ca. 818 Millionen Euro durch quantitative Forschung. Nimmt man an, dass die Anteile für öffentliche Auftraggeber gleich sind, dann muss dies mit dem Anteil aller öffentlichen Auftraggeber multipliziert werden, entsprechend ca. 16 Millionen Euro. Insgesamt führten die ADM-Mitglieder 18 Millionen quantitative Interviews durch. Bei einem Anteil von 2% öffentlicher Auftraggeber und 21% persönlicher Interviews wären dies ca. 75.600 Interviews. Legt man eine Durchschnittsgröße von 2000 Befragten zugrunde, ergeben sich ca. 38 Surveys. Wenn ein Interviewer nicht mehr als 10 Interviews pro Survey durchführen soll, sind dies 380 Interviews pro Interviewer pro Jahr. Bei 250 Arbeitstagen sind dies ca. 1.5 Interviews pro Tag, also etwas weniger als ein Halbtagsjob. Bei dieser Kalkulation würden 75.600/380 = 200 Interviewer benötigt. Geht man sicherheitshalber von der doppelten Zahl der Interviewer aus, so würden 400 Interviewer * 250 Tage * 4 Stunden * 10 Euro pro Stunde, also 4 Millionen Euro benötigt. Verdoppelt man diese Zahl aufgrund von Lohnnebenkosten, so lägen die reinen Feldkosten in der BRD für öffentliche Auftraggeber bei 8 Millionen Euro. Damit verblieben noch 8 Millionen Euro, das entspricht ca. 40% des Gesamt-Etats von GESIS (2010). Damit sollte ein öffentliches, nationales Survey-Institut finanzierbar sein. Natürlich werden genauere Machbarkeitsstudien notwendig sein als diese Rechnung, aber die vorgehende Rechnung sollte belegen können, dass das Standardargument der mangelnden Auslastung falsch ist.

[14] Zu den Problemen der amtlichen Statistik in der Bundesrepublik vgl. Kapitel 15.2.1.

8.2 Soziale Voraussetzungen

Veränderung zu rechnen.[15] Die privatwirtschaftliche Organisation der Feldarbeit durch die kommerziellen Markt- und Sozialforschungsinstitute unterliegt einer Vielzahl restriktiver Bedingungen, die nicht ohne Auswirkung auf die Art und selbst auf einige Inhalte der Forschung bleibt.

8.2.6 Arbeitsrechtliche Bedingungen

Interviewer gelten in der Bundesrepublik nach derzeitiger Rechtsprechung als freie Mitarbeiter. Damit sind sie nicht sozialversicherungspflichtig. Dies ist für die Sozial- und Marktforschungsinstitute von größter Bedeutung: Bei der geschätzten Zahl von bis zu 20.000 Interviewern könnten die Institute die andernfalls resultierenden Kosten kaum aufbringen. Daher sind die Institute notwendigerweise daran interessiert, den Status der meisten Interviewer als freie Mitarbeiter keinesfalls zu gefährden.[16] Dies widerspricht aber zumindest teilweise der wünschenswerten Standardisierung der Feldarbeit: Sollten die Institute stärker als bisher in die Arbeitsweise der Interviewer eingreifen (z. B. durch neue technische Möglichkeiten der Feldkontrolle, stärkere Interviewerschulung etc.), dann könnte der Status der Interviewer als freie Mitarbeiter juristisch gefährdet werden.[17] Zu den in der Bundesrepublik üblichen Arbeitsbedingungen der Interviewer gehört in der Regel die Bezahlung pro abgeschlossenes Interview, nicht hingegen die Bezahlung pro Kontaktversuch. Daher haben die Interviewer kein eigenes Interesse an der korrekten Angabe der Daten für Kontaktprotokolle: Es ist zusätzliche Arbeit, die weder bezahlt noch kontrolliert wird. Entsprechend häufig werden Kontaktprotokolle nur unvollständig ausgefüllt. Die Institute sind an einer Veränderung der Bezahlung hin zur Bezahlung der Kontaktversuche oder der Zahlung von Erfolgsprämien nicht

---

[15] Weder der Bericht der „Kommission zur Verbesserung der informationellen Infrastruktur" noch die neueren GESIS-Tätigkeitsberichte enthalten Hinweise auf ein nationales Interviewernetz.

[16] Das Problem besteht hier in der sogenannten „Scheinselbstständigkeit" der Interviewer. Dieses Problem beschäftigt die Arbeitsgerichte seit mehr als 30 Jahren. Nach einem Beschluss des Pfälzischen Oberlandesgerichts Zweibrücken (Az.: 4 W 67/09) liegt ein Arbeitsverhältnis nicht vor, wenn – unter anderem – der Mitarbeiter Einzelaufträge in freier Entscheidung annehmen oder ablehnen kann, für Konkurrenzunternehmen tätig sein kann und lediglich allgemeine Vorgaben zur Durchführung von Interviews erteilt werden (Schweizer 2010).

[17] Unter anderem aus diesem Grund sind die Institute bei der Übermittlung von Interviewermerkmalen als Bestandteil des Datensatzes für methodische Studien stark zurückhaltend. Der Katalog der Merkmale, die zu diesem Zweck erhoben werden, ist stark begrenzt, die Freiwilligkeit der Angaben wird sehr stark betont und entsprechend sind die Interviewerfragebogen häufig unvollständig. Müssen aus methodischen Gründen die Feldstäbe unterschiedlicher Institute verglichen werden, um z. B. zu verhindern, dass ein Interviewer in mehr als einem Erhebungsgebiet arbeitet, sind besondere (und vom Auftraggeber unkontrollierbare) Kooperationsabsprachen der Institute notwendig.

interessiert: Das würde u. a. die Kosten der Feldarbeit erhöhen. Veränderungen der Feldarbeit erscheinen aus den genannten Gründen daher in der Bundesrepublik innerhalb der kommerziellen Forschungsinstitute unter den gegebenen Rahmenbedingungen kaum realisierbar.

8.2.7 Datenschutzrechtliche Probleme der Datenerhebung

Im Gefolge der Diskussion um die geplante Volkszählung 1983 nahm das Bundesverfassungsgericht im sogenannten Volkszählungsurteil Bezug auf das „Recht auf informationelle Selbstbestimmung": die Befugnis des Einzelnen, grundsätzlich selbst über die Preisgabe und Verwendung seiner persönlichen Daten zu bestimmen. Die Interpretation dieses Grundsatzes durch die Datenschutzbeauftragten in der Bundesrepublik stellt die Praxis der empirischen Sozialforschung vor erhebliche Probleme.

8.2.7.1 Zugang zu Registern

Für die Ziehung von Stichproben auf der Basis der Einwohnermeldeämter ist die Mitarbeit der Einwohnermeldeämter unverzichtbar. Leider ist die Art des Zugangs zu diesen Daten nicht bundeseinheitlich geregelt.[18] Die Kooperation der Gemeinden ist nicht gesetzlich garantiert, die Gebührensätze schwanken zwischen den Gemeinden in erstaunlichem Ausmaß. Die Notwendigkeit der Kooperation mit mehreren Hundert Gemeinden mit Ermessensfreiheit über die prinzipielle Kooperation und die Gebührensätze bei einer bundesweiten Stichprobe führt zu hohen Kosten und einer langen Dauer der Stichprobenziehung.[19] Der Zugang zu anderen Registern (z. B. Krankenkassendaten, Krankenhausdaten oder Daten der Rentenversicherungsträger) für Validierungsstudien oder Längsschnittanalysen ist in der Bundesrepublik mit starken Auflagen verbunden, die derzeit fast immer die schriftliche Zustimmung der betroffenen Personen voraussetzt.[20] Faktisch ist es für die akademische Forschung mit Registerdaten häufig sehr viel einfacher, Datenbasen im Ausland (z. B. in den skandinavischen Ländern) zu verwenden.

---

[18] Die erlaubterweise übermittelbaren Daten variieren zwischen den Bundesländern. Zu den Details vgl. die Arbeit von Herzog (2001).
[19] Zu den vielfältigen praktischen Problemen der Ziehung von Stichproben aus Einwohnermelderegistern vgl. Albers (1997).
[20] Zu den juristischen Einzelheiten vgl. Metschke/Wellbrock (2002). Einzelheiten zu den prinzipiell verfügbaren Datenbeständen und Forderungen nach einer Änderung der gesetzlichen Grundlage finden sich im sogenannten „KVI-Gutachten" (KVI 2001).

8.2 Soziale Voraussetzungen

8.2.7.2 Umgang mit Adressen

Standardisierte Befragungen in der empirischen Sozialforschung erfolgen immer anonym, um den Befragten die absolute Konsequenzenlosigkeit ihrer Antworten zu garantieren. Für Wiederholungsbefragungen, zur Interviewerkontrolle und gegebenenfalls zum Datenabgleich mit anderen Datenbasen ist eine Speicherung der Namen und Adressen unverzichtbar. Damit handelt es sich bei diesen Adressdatenbeständen um personenbezogene Datenbestände, die besonderen Auflagen unterliegen.[21] Dies beinhaltet u. a. die getrennte Speicherung der Datenbestände, ein erheblich eingeschränkter Zugang zu diesen Daten und die Verpflichtung zur frühestmöglichen Löschung dieser Datenbestände. Schließlich gehört hierzu die Verpflichtung zur Aufklärung der Befragten über die Speicherung ihrer Adresse, des beabsichtigten Datums der Löschung usw.[22] Mit diesen Auflagen ist eine faktische Veränderung der Interviewsituation verbunden: Den Befragten müssen aus juristischen Gründen die Konsequenzen ihrer Einwilligung klar gemacht werden (Speicherung von Namen und Adresse, eventuell erneute Befragung oder Datenabgleich mit anderen Datenbasen). Vielen Befragten dürfte die faktische Konsequenzenlosigkeit bei einem Forschungsprojekt nur schwer vermittelbar sein, wenn zuvor Schlüsselworte wie „Speicherung" oder „Abgleich" genannt werden. Bei einer eventuell notwendigen schriftlichen Zustimmung wird sich dieses Problem der mangelnden Abschätzbarkeit der Konsequenzen in Teilen der Bevölkerung noch vergrößern.[23] Da umgekehrt denselben Befragten der Nutzen der Datenerhebung ebenfalls nur schwer vermittelbar ist, sind selektive Ausfälle wahrscheinlich. Insbesondere bei erheblich belastenden Panelstudien wie z. B. bei medizinischen Studien ist daher der Aufklärung der Befragten über die Konsequenzenlosigkeit der Teilnahme und den eventuellen individuellen Nutzen (z. B. durch „Incentives") besondere Aufmerksamkeit zu widmen.

8.2.7.3 Zustimmung zur Datenerhebung

Die derzeit in der Bundesrepublik geltenden rechtlichen Regelungen beinhalten bei der Verarbeitung personenbezogener Daten die Aufklärung der Betroffenen unter anderem über die konkrete Benennung des vorgesehenen Zwecks der Verwendung der Daten, in der Regel Schriftlichkeit der Einwilligung, die Freiwilligkeit der

---
[21] Zu den rechtlichen Details vgl. Metschke/Wellbrock (2002).
[22] Vgl. hierzu die Richtlinie des ADM zum Umgang mit Adressen in der Markt- und Sozialforschung (www.adm-ev.de).
[23] Empirische Untersuchungen zu diesem Problem aus der Bundesrepublik scheint es nicht zu geben.

Einwilligung und die Möglichkeit des Widerrufs der Einwilligung. Interpretiert man dies wie viele Datenschutzbeauftragte in Hinsicht auf Forschungsprojekte im Allgemeinen und in Hinsicht auf Befragungen im Besonderen, so wird der Katalog der zu übermittelnden Informationen umfangreich. Metschke/Wellbrock (2002:26) zählen dazu:

- verantwortlicher Träger und Leiter des Forschungsvorhabens,
- Zweck des Forschungsvorhabens,
- Art und Weise der Verarbeitung der Daten,
- Personenkreis, der von den personenbezogenen Daten Kenntnis erhält,
- in die Studie einbezogene Kooperationspartner, soweit sie mit eigenständigen Aufgaben bei der Verarbeitung personenbezogener Daten betraut sind,
- Zeitpunkt der Löschung bzw. Vernichtung der personenbezogenen Daten,
- evtl. Empfänger und Abrufberechtigte, denen die Daten verfügbar gemacht werden können.

Weiterhin sei der Befragte über sein Recht zu informieren, die Einwilligung in die weitere Verarbeitung seiner Daten zu widerrufen. Bei einer Laborstudie ist dies vermutlich noch einfach machbar, bei telefonischen Befragungen dürfte dies in dieser Form schlicht unmöglich sein. Für schriftliche und persönliche Interviews wird dieses Problem durch die Sozialforschungsinstitute durch das sogenannte „Datenschutzmerkblatt" des Arbeitskreises der deutschen Meinungsforschungsinstitute gelöst: Den Befragten wird durch den Interviewer ein Merkblatt überreicht (bzw. dem Fragebogen liegt das Merkblatt bei), das diese Angaben enthält.[24] Für telefonische Befragungen wird die Zustimmung zum Interview in der Regel durch die Tatsache der Nichtverweigerung als erteilt betrachtet. Ein besonderes Problem stellt die häufig von Datenschutzbeauftragten geforderte Schriftlichkeit der Einwilligung dar. Zwar kann rechtlich über das Recht auf informationelle Selbstbestimmung schriftlich wie mündlich verfügt werden, allerdings wird gelegentlich von (vor allem kommunalen) Datenschutzbeauftragten über die das geltende Recht hinaus als „eine die Grundrechtsausübung sichernde verfahrensrechtliche Vorkehrung" die Schriftlichkeit gefordert (Metschke/Wellbrock 2002:29). Im Allgemeinen wird von Datenschutzbeauftragten bei einmaligen Befragungen eine mündliche Einwilligung als ausreichend betrachtet.[25] In der sozialwissenschaftlichen For-

---

[24] Das Merkblatt findet sich auf der Homepage des ADM (www.adm-ev.de). Eine auf universitäre Institute adaptierte Fassung findet sich im Anhang F.
[25] Die Einwilligung zu einer Datenerhebung ist natürlich abhängig von der Fähigkeit des zu Befragenden, die Konsequenzen der Einwilligung zu übersehen. Für einen Teil der Bevölkerung ist dies

8.2 Soziale Voraussetzungen

schungspraxis wird auch bei Panelstudien auf die Schriftlichkeit der Einwilligung nach Überreichen des Datenschutzmerkblatts verzichtet, lediglich der Interviewer dokumentiert durch eine zusätzliche Unterschrift im Fragebogen die Übergabe des Datenschutzmerkblattes und die mündliche Einwilligung des Befragten. Dies gilt auch für die Speicherung der Telefonnummern für Nachbefragungen, wenn der Befragte dem explizit zugestimmt hat. Selbst bei persönlichen Befragungen erlaubt die übliche Praxis den Verzicht auf die Schriftlichkeit der Einwilligung dann, wenn die Adressenlisten mit Namen und Adressen (zur Interviewerkontrolle) getrennt gespeichert und nach der Kontrolle vernichtet werden.

Ein besonderes Problem entsteht in diesem Zusammenhang durch die Verweigerung eines Befragten. Bei einer restriktiven Interpretation der Rechtslage könnte man zu der Einschätzung gelangen, dass mit einer Verweigerung eine sofortige Löschung aller Daten des Befragten (Telefonnummer, Namen bzw. Adresse und die Tatsache der Verweigerung) erforderlich würde. In der Forschungspraxis wird dies in der Regel anders gehandhabt: Namen und Adressen bzw. Telefonnummern werden ohnehin getrennt gespeichert. Ein Forschungsdatensatz enthält anonymisiert die Tatsache der Verweigerung ohne jede direkte Personenkennzeichnung. Bei einer Verweigerung wird während der Feldarbeit in der Regel zwischen „harten" und „weichen" Verweigerungen unterschieden. Bei einer „weichen" Verweigerung erfolgt in der Regel durch den Befragten ein Hinweis auf „mangelndes Interesse" oder „keine Zeit", bei einer „harten" Verweigerung erfolgt hingegen zumeist eine Äußerung wie „nehme an solchen Untersuchungen grundsätzlich nicht teil" oder „lehne die Teilnahme prinzipiell ab". Die Institute in der Bundesrepublik gehen „harten" Verweigerern nicht nach, das heißt, solche Verweigerer werden nicht erneut kontaktiert. Den Auftraggebern werden die Namen und Adressen von Verweigerern auch nicht mitgeteilt. Diese in Übereinstimmung mit den Datenschutzbeauftragten in der Bundesrepublik übliche Praxis verringert die Möglichkeiten der Feldarbeit erheblich. Nonresponse-Studien sind daher in der Bundesrepublik kaum möglich. Damit sind auch Arbeiten zur Korrektur von Ausfällen oder der Entwicklung von Erhebungsalternativen im internationalen Vergleich sehr eingeschränkt.

8.2.7.4 Befragungen von Minderjährigen

Die rechtlichen Bedingungen für die Befragung von Minderjährigen machen Erhebungen dieser Population in der Bundesrepublik eher schwierig. Die Sozialforschungsinstitute orientieren sich in ihrer Praxis an der „Richtlinie für die Befra-

---

sicherlich nicht gegeben, z. B. für Kinder (vgl. Abschnitt 8.2.7.4).

gung von Minderjährigen" des Arbeitskreises deutscher Marktforschungsinstitute (ADM).[26]

Für die Befragung von Minderjährigen gelten zunächst dieselben Regeln wie für die Befragung von Volljährigen (Hinweis auf Freiwilligkeit der Teilnahme sowie Einholung der Einwilligung zur anonymisierten Nutzung der erhobenen Daten). Die Einwilligung setzt nicht die Geschäftsfähigkeit, sondern nur die Einsichtsfähigkeit der Befragten voraus. Bei Kindern unter 11 Jahren wird diese Einsichtsfähigkeit in keinem Fall als gegeben angesehen. Bei Kindern zwischen 11 und 14 Jahren kann im Einzelfall die Einsichtsfähigkeit gegeben sein; trotzdem verzichten die meisten Institute auf die Befragung von Kindern unter 14 Jahren. Bei Jugendlichen im Alter zwischen 14 und 17 Jahren wird grundsätzlich von der Einsichtsfähigkeit der Befragten ausgegangen.

Bei Schulklassenbefragungen ist in fast allen Bundesländern zunächst immer eine Genehmigung des Schulamtes (bzw. bei Befragungen in mehreren Regierungspräsidien: des Kultusministeriums) sowie der Schulleitung erforderlich. Zusätzlich ist immer die schriftliche Einwilligung der Eltern notwendig.[27]

Solange die Minderjährigen und gegebenenfalls die Erziehungsberechtigten mit der beabsichtigen Thematik einverstanden sind, gibt es kaum eine Beschränkung der möglichen Befragungsthemen.

Zwar ist in der Regel die Abwesenheit Dritter bei Befragungen wünschenswert, bei Befragungen mit Minderjährigen betrachtet der ADM aber einen Anwesenheitswunsch eines Erwachsenen als vorrangig. Die Richtlinie des ADM sieht aber vor, dem Erwachsenen einen Fragebogen vor der Befragung vorzulegen und dann mit seinem Einverständnis den Minderjährigen allein zu befragen (sollte der Erwachsene vor dem Interview Einsicht in den ausgefüllten Fragebogen nach dem Interview verlangen, wird – in Abhängigkeit vom Thema und Alter des Minderjährigen – der Verzicht auf das Interview nahegelegt).

Als unzulässig gelten Befragungssituationen, durch die Kinder in einen Konflikt mit ihren Eltern gebracht werden könnten.

---

[26] Alle ADM-Richtlinien finden sich unter www.adm-ev.de/richtlinien.html.
[27] Häufig wird bei der Planung solcher Klassenraumbefragungen vergessen, dass in der Regel deutlich weniger Schüler tatsächlich anwesend sind als vorgesehen (5–10% der Schüler sind üblich, vgl. Kapitel 7.3). Weiterhin fallen weitere einzelne Schüler durch Nonresponse aus. Schließlich muss mit geringen Anteilen unbrauchbarer Fragebogen gerechnet werden. Berücksichtigt man diese Ausfälle, dann ist es realistischer von 85% als von 100% Ausschöpfung bei Klassenraumbefragungen auszugehen, selbst dann, wenn Schulamt, Schulleitung und Eltern prinzipiell kooperativ sein sollten.

8.2.8 Probleme der Zusammenarbeit zwischen akademischer Sozialforschung und kommerziellen Instituten

Bei vielen Projekten in der Zusammenarbeit zwischen akademischer Sozialforschung und den kommerziellen Instituten kommt es zu Problemen und enttäuschten Erwartungen.

Die Ursachen liegen sicherlich zunächst in den unterschiedlichen ökonomischen Interessen: Die akademischen Budgets sind begrenzt, und die Vergabe der Aufträge erfolgt sehr häufig über den Preis. In Kenntnis dieses Sachverhalts werden die Projekte von kommerzieller Seite eher knapp kalkuliert. Daher existiert für eventuelle Teuerungen nur ein geringer Spielraum. Insbesondere bei akademischen Auftraggebern kommt erschwerend hinzu, dass die zumeist jungen Projektbearbeiter in der Regel keine oder nur wenig Erfahrung mit der Feldarbeit unter kommerziellen Bedingungen haben. Entsprechend unspezifiziert sind die Verträge, die mit kommerziellen Instituten getroffen werden. Viele Details sind den akademischen Projektmitarbeitern zu Beginn der Feldarbeit kaum klar und werden irrtümlich für nachträglich verhandelbar gehalten. Dies ist bei kommerziellen Instituten aber nur sehr begrenzt möglich: Die Projektkosten dürfen den vereinbarten Preis nicht überschreiten.

Diese Konstellation führt regelmäßig zu Frustrationen auf beiden Seiten: Die akademischen Auftraggeber klagen über zu viele Interviews pro Interviewer, schlecht ausgebildete und schlecht bezahlte Interviewer, zu wenig Callbacks und zu wenig Kontrollen, schlechte Datenaufbereitung und Dokumentation sowie über mangelnde Bereitschaft zu nachträglichen Änderungen des Fragebogens oder der Auswahlregeln. Dies sind aber in jedem Fall erhebliche Kostenfaktoren, die in kommerziellen Kontexten nur begrenzt nachträglich verhandelbar sind. Aufseiten der Institute sind die Klagen über die akademische Sozialforschung natürlich verhaltener, aber dennoch deutlich: Die mangelnde Erfahrung auf der akademischen Seite und die häufige Geringschätzung der Details der Datenerhebung führt zu unrealistischen Vorstellungen über Möglichkeiten der Datenerhebung (z. B. der Dauer von Befragungen oder der Ausschöpfungsrate) und zu vollkommen unprofessionellen Erhebungsinstrumenten.[28] Die Durchführung akademischer Projekte

---

[28] Gerade in der politisch motivierten Forschung – vor allem bei Genderforschung, der Forschung zu Minderheiten und scheinbar technischen Erhebungen wie zu Fragen der Verkehrsmittelnutzung – werden in der BRD Erhebungsprojekte von Ministerien häufig an mit quantitativer empirischer Datenerhebung völlig unvertraute Personen vergeben. Dies führt regelmäßig zu Studien, deren Konzeption allein schon kaum Aussagen erlaubt. Zusammen mit dem unqualifizierten Personal

wird so häufig aufseiten der Institute zu einer Nachhilfe in empirischer Sozialforschung für die akademische Sozialforschung – eine befremdliche Verkehrung der Orte, an denen man fachliche Kompetenz vermutet.[29]

Die häufig nur schwer kalkulierbaren Kosten haben zum Rückzug vieler Institute aus der akademischen Sozialforschung geführt: Faktisch sind nur noch eine Handvoll Institute in diesem Bereich tätig. Aufgrund der faktischen Undurchführbarkeit einiger Projektskizzen beteiligen sich häufig nur zwei oder drei Institute an einer Ausschreibung.[30] So kam es zu einem faktischen Oligopol bei der Durchführung akademischer Projekte: Wissenschaftliche Panelstudien werden in der BRD von zwei kommerziellen Instituten durchgeführt; andere akademische Projekte nur von wenigen weiteren Instituten.

Diese Situation wird lediglich durch die – zeitlich begrenzte – Ausweitung der CATI-Studien aufgefangen, wobei derzeit in der BRD mehrere universitäre (oder gar: „universitätsnahe") CATI-Studios Erhebungen durchführen. Diese sind aber in ihren Möglichkeiten – schon allein aufgrund der typischen Rekrutierung schlecht bezahlter Studenten als Interviewer – kaum eine Alternative für ernsthafte Forschungsprojekte. Dies gilt entsprechend für internetgestützte Surveys: Für einen kleinen Teil akademisch relevanter Projekte mag die erzielbare Surveyqualität ausreichen, aber nicht für den Großteil der Studien.

Entsprechend kann die Situation zunächst nur über eine Professionalisierung auf der akademischen Seite angegangen werden: Die Ausbildung der Studenten in realistischen Projekten mit kommerzieller Datenerhebung muss verbessert werden. Ebenso müssen die Projekte explizite umfangreiche Verträge mit den Instituten schließen. Weiterhin sollte die Zahl der Datenerhebungen zugunsten besser geplan-

---

führt dies gerade bei ministeriell veranlasster Forschung oft zu Projekten, deren Ergebnisse erst nach langer Zeit vorliegen, deren Datensätze nicht zugänglich sind und über die kaum Publikationen vorliegen. Aufgrund fehlender Kritik haben manche dieser Projekte ein jahrzehntelanges Eigenleben entwickelt.

[29] Diese Probleme sind nicht neu, wenn sie auch nur selten offen diskutiert werden. Eines der wenigen Beispiele ist die Auseinandersetzung zwischen Payne (1979) und Harrop (1980). Einig war man sich aber anscheinend über die mangelnde Datenerhebungskompetenz der meisten akademischen Soziologen: „The typical researcher is bad at this work, and he has no way of evaluating the firm's advice. Certainly, the firm is experienced in dealing with lunatic designs, and knows what its fieldforce can or cannot do ..." (Payne 1979:311) – „To the extent that Payne's article is used by sociologists as an excuse to continue producing technically incompetent survey research, it will harm the development of the discipline" (Harrop 1980:278).

[30] Viele Soziologen scheinen es in völliger Verkennung ihrer Kompetenz als Auszeichnung zu empfinden, wenn kaum ein Institut bereit ist, sich an einer Ausschreibung zu beteiligen.

8.2 Soziale Voraussetzungen

ter und durchgeführter Datenerhebungen verringert werden.[31]

8.2.9 Durchführungsvoraussetzungen professioneller Erhebungen

Die praktische Durchführung von Erhebungen für landesweite Surveys ist aufwendig. Je nach Erhebungsmodus und Art des Projekts sind Kenntnisse zahlloser technischer, rechtlicher und organisatorischer Details notwendig. Die Durchführbarkeit eines Projekts hängt oft von der Kenntnis besonderer länderspezifischer Organisationsdetails ab. Welche dieses genau sind, lässt sich vor Beginn eines Projekts kaum eindeutig klären. Häufig hängt die Lösung eines Erhebungsproblems davon ab, dass man die scheinbar trivialen Details einer technisch-bürokratischen Gesellschaft kennt. Dazu gehören unter anderem je nach Projekt spezielle Kenntnisse über:

- Schulpflicht und Schulferienzeiten,
- Regeln des öffentlichen Gesundheitswesens,
- Organisation der Sozialversicherungssysteme,
- Organisation des öffentlichen Dienstes,
- Verwaltungsabläufe und Verwaltungsorganisation der Kommunen,
- Einteilungen der Verwaltungsbezirke,
- Bestand und Zugang zu öffentlichen und kommerziellen Datenbanken,
- Einzelheiten des Melderechts,
- Datenschutzgesetze und die Organisation des Datenschutzes,
- Organisation des öffentlichen Nahverkehrs,
- technische Details der räumlichen Einteilung von Telekommunikationseinrichtungen,
- Details der Portokosten für besondere Situationen,
- arbeits- und finanzrechtliche Regelungen für Mitarbeiterbeschäftigungen,
- praktische Details üblicher Stichprobenpläne,
- Organisation und die Erhebungen der amtlichen Statistik und
- kommerzielle und akademische Datenerhebungsorganisationen.

---

[31] Langfristig sollte eine akademisch kontrollierte Datenerhebungsorganisation in der BRD etabliert werden. Dies erscheint aber bei der bestehenden Infrastruktur der akademischen Sozialforschung als kaum möglich. Weitere Einzelheiten finden sich in den Abschnitten 8.2.5 und 15.

Aus diesem Grund finden sich bei professionellen Surveyforschern im Bereich der tatsächlichen Feldarbeit kaum internationale Mobilität.[32] Aus dem gleichen Grund sollte die Feldarbeit eines Projekts nur von Personen geleitet werden, die sehr lange Zeit in dem Erhebungsland gelebt haben. Die praktischen Probleme der Feldarbeit großer Studien werden von akademischen Laien immer unterschätzt.

8.2.9.1 Lehrforschung

Primärdatenerhebungen durch Surveys werden in den Sozialwissenschaften häufig im Rahmen von Lehrforschungsprojekten durchgeführt. Solche Erhebungen besitzen zahlreiche methodische Probleme.

In der Regel sind solche Studien auf sehr wenige Regionen begrenzt. Damit sind regionale Verallgemeinerungen kaum möglich. Da die Regionen zudem häufig Universitätsstädte sind oder in ihrem Einzugsbereich liegen, entstehen weitere Probleme in Hinsicht der Verallgemeinerbarkeit der Ergebnisse.

Für die Durchführung eines Lehrforschungsprojekts steht selten mehr als ein Jahr zu Verfügung. Durch die vorlesungsfreie Zeit reduziert sich dies faktisch auf ca. 7 Monate. Klärung des Erhebungsziels, Instrumentenkonstruktion und Test nehmen den Großteil eines Semesters in Anspruch, wenn die Kenntnisse für die Durchführung dieser Arbeiten bereits vorhanden sind. Da im Regelfall diese Kenntnisse eher rudimentär sind, bleibt es bei Lehrforschungsprojekten häufig bei einer Ad-hoc-Konstruktion des Fragebogens und ungenügenden Pretests. Entsprechend haarsträubend sehen die Fragebogen solcher Erhebungen dann aus.

Für die Datenerhebung, Dateneingabe, Datenbereinigung, Datenanalyse und das Erstellen des Abschlussberichts verbleibt dann das zweite Semester. Auch hier gilt, dass diese Zeit für Anfänger eher deutlich zu kurz ist. Zusätzlich zu diesen praktischen Problemen gibt es gerade in diesen Bereichen häufig Ausbildungsdefizite der Lehrenden. Für eine professionelle Interviewerschulung und Interviewerkontrolle bleibt kaum Zeit, da man fälschlich hierauf zu verzichten können glaubt.[33]

Bei Lehrforschungsprojekten kann die Homogenität des Interviewerstabes in Hinsicht auf Bildung und Alter zu ungewöhnlich starken Interviewereffekten führen. Schließlich liegt bei diesen Projekten auch die Fallzahl pro Interviewer höher

---

[32] Für die Entwicklung innovativer Lösungen für Stichprobenprobleme sind weitere, oft zunächst abwegig erscheinende Kenntnisse notwendig (z. B. über Finanzdienstleister, Sozialversicherungssysteme oder Energierversorgungsunternehmen).

[33] Durch die Koppelung der Lehrforschung mit der Erbringung von Leistungsnachweisen wird die Wahrscheinlichkeit von Fälschungen bei Interviews durch Studenten vermutlich erhöht.

8.2 Soziale Voraussetzungen

als bei professionellen Surveys üblich, daher ist selbst bei idealer Durchführung mit größeren Klumpeneffekten zu rechnen. Da in Universitätsstädten zudem zahlreiche Erhebungen durch verschiedene Fakultäten zusätzlich zu den Erhebungen anderer Institute stattfinden, ist die Belastung der Befragten durch Befragungen lokal erhöht: Surveys leiden dort unter erhöhtem Nonresponse und bedingen für folgende Studien noch mehr Nonresponse.[34] Eine professionelle Durchführung eines Surveys erfordert aufgrund der erhöhten Mobilität der Bevölkerung immer längere Feldzeiten. Erhebungszeiträume von mehr als drei Monaten sind bei Bevölkerungssurveys üblich. Durch den Zeitmangel bei Erhebungen in Lehrforschungsprojekten ist hingegen eine angemessene Zahl an Wiederholungskontaktversuchen oder gar eine explizite aufwendige Konversion von Verweigerern in solchen Studien kaum möglich: Lehrforschungsprojekte besitzen also nicht nur höhere Nonresponsequoten, sondern der Nonresponse setzt sich auch anders zusammen als bei professionellen Studien.

Schließlich führt der Zeitdruck dieser Projekte dazu, dass oft nur eine unzureichende Kontrolle der Dateneingabe und der Datenbereinigung durchgeführt werden kann. Insbesondere die Datenbereinigung erfordert inhaltliche und technische Kenntnisse, die Anfänger selten besitzen. Zeit für Nacherhebungen bleibt daher kaum. Entsprechend dürften Datensätze aus Lehrforschungsprojekten im Vergleich zu professionellen Datensätzen mehr Datenfehler enthalten. Die Konsequenzen für eine anspruchsvolle Datenanalyse sind offensichtlich.[35]

Aufgrund der methodischen Probleme werden die Ergebnisse solcher Studien eher selten in methodisch anspruchsvollen Zeitschriften veröffentlicht. Daher stellen solche Erhebungen kaum Beiträge zur Forschung dar. Lehrforschung mit Surveys entspricht daher im Regelfall weder den akademischen Kriterien für Forschung noch für Lehre. Da die Durchführung eines solchen Lehrforschungsprojekts zu den eher weniger anspruchsvollen Aufgaben in der Lehre gehört, sind solche

---

[34] Eine überschlägige Berechnung für eine Universitätsstadt findet sich bei Schnell (1997a:252). Durch die hohe Belastung der Population durch Befragungen wird in solchen Städten die Annahme der Unabhängigkeit der Auswahl- und Nonresponsewahrscheinlichkeiten der Befragten verletzt: Die Befragten reden über Befragungsversuche untereinander. Die subjektive Belastung durch solche Befragungen ist daher höher als die tatsächliche. Durch die hohe Zahl an für die Befragten kaum unterscheidbaren Erhebungen wird das Gefühl der Beliebigkeit der Teilnahme ebenso verstärkt wie durch die in der Regel eher dilettantisch durchgeführten Erhebungen.

[35] Nur durch die Tatsache, dass Residuenanalysen kaum je in den Kursen multivariater Datenanalysen gelehrt werden und entsprechend selten in der Lehrforschung auftauchen, bleiben solche Probleme meist unbemerkt.

Projekte aber sowohl bei Lehrenden als auch bei Lernenden beliebt. Vielerorts sind Lehrforschungsprojekte in den Studienordnungen verankert. Obwohl aus methodischer Sicht nichts für die Durchführung solcher Studien spricht, werden sie trotzdem häufig durchgeführt.

Die zahlreichen methodischen Probleme der Lehrforschung sollten öffentliche und kommerzielle Auftraggeber veranlassen, von der Vergabe einer Datenerhebung an eine Universität im Rahmen eines Lehrforschungsprojekts in der Regel abzusehen.

8.2.10 Erhebungen im Rahmen von Qualifikationsarbeiten: Befragungen für BA- oder MA-Arbeiten und Dissertationen

Die Verfasser von Qualifikationsarbeiten sind in der Regel jüngere Studenten, die keine Erfahrungen mit Primärdatenerhebungen besitzen und die kaum mit den im Abschnitt 8.2.9 erwähnten Details der Randbedingungen vertraut sind. Entsprechend werden sowohl die Verfasser als auch ihre Betreuer durch die für sie unerwarteten Probleme oft überrascht. Aufgrund des dadurch inhärenten Risikos des Scheiterns der Qualifikationsarbeit werden dann die Ziele des Projekts neu definiert. Dies führt aber zu kaum veröffentlichungsfähigen Arbeiten. Daher ist die Empfehlung für die selbstständige Durchführung von Primärdatenerhebungen mit Surveys innerhalb von Qualifikationsarbeiten ebenso eindeutig und einfach wie unerwünscht: Niemals.

8.3 Auswahlgrundlagen für persönliche Interviews der allgemeinen Bevölkerung der Bundesrepublik

In seltenen Fällen verfügt man vor der Datenerhebung über eine vollständige Liste der Untersuchungspopulation, aus der dann eine einfache Zufallsauswahl erfolgen kann. Bei den meisten wissenschaftlichen Erhebungen mit standardisierten Befragungen ist allerdings die „allgemeine Bevölkerung" die angestrebte Grundgesamtheit;[36] in der Regel für die Bevölkerung eines Staatsgebietes („national surveys"). In der Bundesrepublik existiert für die allgemeine Bevölkerung kein

---

[36] Der Begriff der „allgemeinen Bevölkerung" ist keineswegs eindeutig definiert. In der Regel werden darunter die volljährigen Staatsbürger, die auf dem Staatsgebiet außerhalb von Anstalten, militärischen und exterritorialen Gebieten in Privathaushalten leben, verstanden. Nahezu kein Begriff in dieser Definition ist eindeutig. Entsprechend schwierig ist die Umsetzung einer solchen Definition in die Forschungspraxis. Tatsächlich werden in allen Surveys Teile der Population aus der „allgemeinen Bevölkerung" ausgeschlossen. Eine umfassende Liste und Größenschätzungen dieser Populationen finden sich bei Schnell (1991c).

8.3 Auswahlgrundlagen für persönliche Interviews

vollständiges Zentralregister, daher wird hier fast immer eines von zwei Verfahren eingesetzt, um trotzdem zu einer echten Zufallsstichprobe zu gelangen:[37] Die Auswahl aus den Einwohnermelde-Registern oder der sogenannte „Random-Walk".

8.3.1 Einwohnermeldeamt-Daten als Auswahlgrundlage

In der Bundesrepublik gelten die Daten der Einwohnermeldeämter als bestmögliche Auswahlgrundlage für Stichproben der allgemeinen Bevölkerung. Natürlich leiden auch diese Register unter Overcoverage und Undercoverage, allerdings war bislang wenig über das Ausmaß dieser Probleme bekannt. Im Rahmen der Vorbereitung der nächsten, als Registerzählung geplanten Volkszählung wurde durch das Statistische Bundesamt zum Stichtag 5. Dezember 2001 ein Registertest durchgeführt. Hierzu wurden 38.000 Gebäude in insgesamt 570 (von 13.811) Gemeinden ausgewählt. Die Daten der Melderegister für diese Gebäude wurden mit den durch Interviewer erhobenen Daten bei den Bewohnern der ausgewählten Gebäude verglichen (Braun 2004:5).[38] Zwar wurden weniger als 1% Personen entdeckt, die fälschlich mehrfach in den Registern enthalten waren; das Ausmaß der Untererfassung und der Übererfassung ist allerdings deutlich höher, als bislang erwartet wurde. Insgesamt wurden bundesweit 1.7% der Personen, die angetroffen wurden, nicht in den Registern gefunden (Undercoverage). Andererseits zeigte sich eine Übererfassung (Overcoverage) („Karteileichen") von 4.1% der Einträge bundesweit. Berücksichtigt man die zeitliche Verzögerung zwischen Bevölkerungsbewegungen und Registereinträgen („temporäre Karteileichen"), dann sinkt der Anteil der Karteileichen auf 2.9%. Die Registertests zeigten erhebliche Schwankungen dieser Zahlen zwischen den Bundesländern beim Overcoverage (2.6%–8.1%) und beim Undercoverage (1.0%–3.1%).[39] Wie die Abbildung 8.2 zeigt, ergeben sich noch deutlichere Unterschiede zwischen den Gemeindegrößenklassen. Insbesondere für Großstädte weisen diese Ergebnisse auf erhebliche Coverage-Probleme hin: Sollten sich (wie bei Coverage-Problemen üblich) Unterschiede in den Coverage-Raten

---

[37] Neben echten Zufallsstichproben werden in nicht-wissenschaftlichen Kontexten zahlreiche andere Stichprobentypen verwendet, die aber in keinem Fall die Eigenschaften echter Zufallsstichproben besitzen. Dazu gehören vor allem die in der amerikanischen Literatur als „convenience sample" bezeichnete Auswahl der verfügbaren oder sich selbstrekrutierenden Personen. Weiterhin gehört hierzu das sogenannte „Quotenverfahren", das aber in der wissenschaftlichen Literatur keine Rolle spielt. Zu den Details und der empirischen Kritik dieser Verfahren vgl. Schnell/Hill/Esser (2008:300–304).

[38] Die Interviewererhebungen dürften ebenfalls Defizite aufweisen, die aber bislang nicht dokumentiert wurden.

[39] Die Abbildung basiert auf Daten im Text von Braun (2004:5).

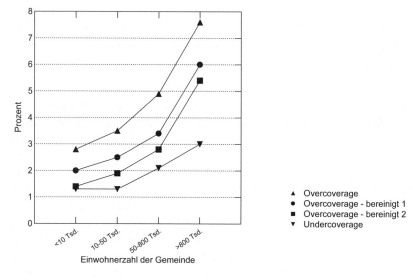

Abbildung 8.2: Overcoverage und Undercoverage im Zensustest 2001

zwischen sozio-demographischen Subgruppen zeigen, so sind Verzerrungen in den Schätzungen dieser Anteile zu erwarten.[40]

8.3.2 Random-Walk

In Ermangelung zeitnah verfügbarer vollständiger Listen der Zielpopulation wird in der BRD häufig ein Verfahren eingesetzt, das in anderen Ländern (z. B. den USA) weitgehend unbekannt ist. Dieses Verfahren wird als Random-Walk bezeichnet. In der Bundesrepublik wird bei einem Random-Walk in der Regel aus einer Datei der Stimmbezirke der Bundestagswahlen (ca. 80.000) eine Stichprobe von Stimmbezirken gezogen; typischerweise sind dies – je nach Verwendungszweck – Vielfache von 160, 210 oder 240.[41] In jedem dieser ausgewählten „Sampling Points" wird ein Startpunkt gewählt; möglich wäre dabei z. B. das Wahllokal des Stimmbezirks. Ausgehend vom Haupteingang des Gebäudes am Startpunkt werden Interviewer

---
[40] Wie die Ergebnisse des Vergleichs verschiedener Sampling-Frames in den USA und dem Vereinigten Königreich belegen, dürften die unterrepräsentierten Personen vor allem in den mobilen und sozial randständigen Bevölkerungsgruppen zu finden sein. Für die BRD liegen solche Untersuchungen bislang nicht vor; die Daten der Zensus-Testerhebung stehen für wissenschaftliche Analysen nicht zur Verfügung.
[41] Einzelheiten finden sich bei Schnell/Hill/Esser (2008).

8.3 Auswahlgrundlagen für persönliche Interviews

Random-Walk-Anweisungen
- Begeben Sie sich zur angegebenen Startadresse.
- Mit dem Rücken zum Gebäude der Startadresse: Nach rechts drehen und auf dieser Straßenseite zum nächsten Gebäude gehen.
- Enthält das Gebäude Wohnungen, dann werden die Wohnungsklingeln von rechts unten beginnend nach links oben (zeilenweise, entgegen der Leserichtung) durchgezählt.
- Jede dritte Klingel wird in das Adressenprotokoll eingetragen (Zielhaushalt).
- Nach dem Zählen und Eintragen der Klingeln eines Gebäudes geht man zum nächsten Gebäude.
- Man bleibt dabei solange auf derselben Straßenseite, bis sich die Möglichkeit ergibt, auf der anderen Straßenseite in eine andere Straße abzubiegen.
- Beim Abbiegen in eine andere Straße wird die Straßenseite gewechselt.

Die Grundregeln
- Links gehen, rechts abbiegen.
- Rechts gehen, links abbiegen.

Erläuterungen
- Als Straße gilt alles, was prinzipiell durch ein Auto befahrbar ist, auch wenn dies praktisch durch Absperrungen verhindert wird.
- Erreicht man die Ortsgrenze oder das Ende einer Sackgasse, wechselt man die Straßenseite und geht auf derselben Straße zurück.
- Befindet sich von der derzeitigen Adresse bis zur Ortsgrenze kein einziges Gebäude auf der derzeitigen Straßenseite, hingegen auf der anderen Straßenseite, so wird die Straßenseite gewechselt.
- Bei Hinterhäusern entspricht die Abfolge der Begehung ihren Hausnummern bzw. ihren Hausnummerzusätzen (a,b,c oder 1,2,3).

Abbildung 8.3: Random-Walk-Anweisungen

angewiesen, einen „Random-Walk" nach zuvor festgelegten Regeln durchzuführen. Die Regeln sollen dabei lediglich einen wirklich zufälligen Weg durch die ausgewählten Stimmbezirke ermöglichen. Wichtig bei diesen Regeln ist lediglich die exakte Klärung aller Zweifelsfälle, damit auch Personen in ungewöhnlichen Wohnsituationen eine Chance erhalten, in die Stichprobe aufgenommen zu werden. Die Regeln für einen Random-Walk variieren zwischen den Instituten. Ein Regelsatz, der von der Arbeitsgruppe des Verfassers im Rahmen des Defect-Projekts verwendet wurde, zeigt die Textbox 8.3.

Üblicherweise wird zwischen „Adress-Random" und „Standard-Random" unterschieden, wobei beim „Adress-Random" die Begehung zeitlich vorher und unabhängig von der Befragung erfolgt. Wünschenswert wäre aufgrund der geringeren Missbrauchsmöglichkeiten trotz des Problems minimal veralteter Anschriften die Durchführung des Adress-Random, vorherrschend aufgrund der höheren Geschwin-

direkt beobachtbar	persönliches Merkmal	Rollenmerkmal
ja	Ethnische Marker, Geschlecht, Alter, Stimme	Verbales und nichtverbales Verhalten
nein	Persönlichkeit	Erfahrung, Wissen oder Überzeugungen, Einstellungen, Erwartungen

Tabelle 8.1: Typologie von Interviewer-Merkmalen (gekürzt nach Schaeffer/Dykema/Maynard 2010:438)

digkeit und des niedrigeren Preises ist aber in der Praxis das Standard-Random.

8.4 Interviewer-Effekte

Interviewer können auf viele verschiedene Arten das Verhalten der Befragten beeinflussen. Dazu gehört der Einfluss auf die Bereitschaft zum Interview ebenso wie tatsächliche Fehler bei der Datenerhebung (z. B. durch falsche Auswahl der Befragten, falsche Filterführung, unzulässige Umformulierung der Fragen, falsches Protokollieren der Antwort) bis hin zur Veränderung der Antwort durch den Befragten, weil sichtbare Merkmale des Interviewers bestimmte Antworten als sozial unerwünscht erscheinen lassen. Da eine Vielzahl unterschiedlicher Effekte denkbar sind, empfiehlt sich für jede Analyse von Interviewer-Effekten, zwischen verschiedenen Arten von Interviewer-Merkmalen zu unterscheiden (vgl. Abbildung 8.1).

Am einfachsten nachweisbar sind Effekte durch direkt sichtbare Merkmale der Interviewer: Der Einfluss des Geschlechts oder der Hautfarbe des Interviewers wurde in vielen Studien als dann bedeutsam für das Antwortverhalten nachgewiesen, wenn dieses Merkmal in inhaltlichem Zusammenhang zu sozial wünschbaren Antwortverhalten stand. Der größte Teil der veröffentlichten Literatur zu Interviewer-Effekten konzentriert sich auf diese Art von Merkmalen.[42]

Etwas weniger offensichtlich sind Effekte des Alters des Interviewers (z. B. bei Studien zu Einstellungen Jugendlicher), seines Dialekts oder anderer sprachlicher Eigenarten, obwohl auch hier gelegentlich Effekte dieser Merkmale in einzelnen Studien nachgewiesen wurden.

Studien zu nicht direkt beobachtbaren Merkmalen des Interviewers existieren demgegenüber nur wenige. Da hier auch die Befragten nur sehr vermittelt auf

---

[42] Das Kapitel 8 in dem klassischen Lehrbuch von Groves (1989) ist immer noch eines der besten Übersichten über Interviewer-Effekte. Neuere knappe Übersichten über Interviewer-Effekte finden sich bei Weisberg (2005:53–63) und Schaeffer/Dykema/Maynard (2010:450–454).

8.4 Interviewer-Effekte

Interviewermerkmale reagieren, sollten diese Effekte auch deutlich schwächer sein als bei direkt sichtbaren und für das Antwortverhalten relevanten Merkmalen. Erwartungshaltungen und Erfahrungen des Interviewers wurden insbesondere in Hinsicht auf Unit-Nonresponse im Allgemeinen und Item-Nonresponse bei möglicherweise sensitiven Themen (vor allem dem Einkommen) untersucht und ebenfalls in manchen Studien als Einflussfaktoren nachgewiesen.

Schon als trivial müssen Effekte durch das aufgabenbezogene Verhalten der Interviewer betrachtet werden: Geben z. B. Interviewer unangemessenes Feedback auf Antworten der Befragten (durch Kopfnicken oder verbale Zustimmung), dann ist mit einer erhöhten Auftrittswahrscheinlichkeit des so verstärkten Antwortverhaltens des Befragten zu rechnen.[43]

8.4.1 Auswirkungen von Interviewer-Effekten

Interviewer-Effekte können sich auf zwei verschiedene Arten auf die Ergebnisse eines Surveys auswirken (vgl. Anhang B):
1. Die Zielgrößen der Studie werden systematisch unter- oder überschätzt („Interviewer-Bias").
2. Die Streuung zwischen unabhängigen Wiederholungen der Studie wird unterschätzt („Interviewer-Varianz").

In der sozialwissenschaftlichen Literatur finden sich überwiegend Studien zum Interviewer-Bias. Empirische Arbeiten zur Interviewer-Varianz finden sich in der gesamten Literatur deutlich seltener.[44] Der Effekt der Unterschätzung der Streuung führt dazu, dass die Präzision der Stichprobe überschätzt wird: Tatsächlich sind die Standardfehler der resultierenden Stichprobenstatistiken größer, als es die dann unangemessenen Formeln für einfache Zufallsstichproben erwarten lassen. Die effektive Stichprobengröße ist also kleiner als es scheint, entsprechend sind Konfidenzintervalle der Schätzungen und die Irrtumswahrscheinlichkeiten von Signifikanztests größer (vgl. hierzu den Abschnitt 8.5.3). Interviewer-Effekte führen so auf zwei Arten zu falschen Signifikanztests. Beim Testen von Unterschieden

---

[43] Zu dieser Art von Effekten vgl. Cannel (1977:37–51) und Fowler/Mangione (1990:48–50).

[44] Eine Ursache dafür besteht darin, dass systematische Unterschiede zwischen Interviewern immer durch die nichtzufällige Zuweisung der Interviewer zu den Befragten entstehen können. Dies ist nur bei telefonischen Interviews vergleichsweise einfach. Bei persönlichen Befragungen wird dies bei überlokalen Studien sehr schwierig. Die Lösung dieses Problems erfolgt über ein sogenanntes „interpenetrierendes Design", bei dem jeder Interviewer nur in einer räumlichen Einheit arbeitet, in jeder räumlichen Einheit aber immer mehrere Interviewer. Die erste Anwendung eines solchen Designs in Deutschland findet sich bei Schnell/Kreuter (2005), vgl. hierzu auch Kapitel 8.5.3.

auf der Basis von Befragungen wird bislang in der Regel zumindest die zweite Ursache für Interviewer-Effekte, die Unterschätzung der Varianz der Schätzungen, übersehen.

8.4.2 Minimierung von Interviewer-Effekten

Da Interviewer-Effekte das Ziel standardisierter Interviews (vergleichbare Datenerhebungsbedingungen für alle Befragten) gefährden, versucht man solche Effekte durch das Design eines Surveys zu minimieren.[45] Dies lässt sich insbesondere durch die Kombination mehrerer Maßnahmen erreichen:

- Die Fragen sollten so formuliert sein, dass den Interviewern möglichst wenig Spielraum bei der Interpretation der Fragen bleibt.
- Die Zahl der Interviews pro Interviewer (Workload) sollte möglichst gering sein.
- Die Bezahlung der Interviewer sollte unabhängig von der Dauer des einzelnen Interviews sein.
- Falls besonders sensitive Themen mit erkennbarem Bezug zu Interviewermerkmalen erfragt werden sollen, sollten die entsprechenden Merkmale des Befragten und des Interviewers übereinstimmen (Interviewer-Matching).
- Sollte Interviewer-Matching nicht möglich sein, können bei einzelnen sensitiven Fragen Randomized-Response-Techniken (vgl. Kapitel 4.7.1) eingesetzt werden.
- Interviewer-Training kann diejenigen Interviewer-Effekte minimieren, die durch das aufgabenbezogene Verhalten der Interviewer hervorgerufen werden.
- In besonderen Fällen sollten Erhebungsmodi ohne Interviewer (postalische oder Internet-Befragungen) zusätzlich zum Vergleich oder als Ersatz für interviewerbasierte Studien gewählt werden.
- Erhebungsmodi ohne Interviewer lassen sich auch in Verbindung mit persönlichen Interviews durchführen.[46]

---

[45] Ein Teil der nachfolgend beschriebenen Möglichkeiten finden sich bei Groves u. a. (2009:302–314) sowie bei Kreuter (2010).

[46] Der Interviewer kann z. B. einen schriftlichen Fragebogen beim Befragten mit der Bitte um Rücksendung zurücklassen („drop-off"). Eine andere Möglichkeit besteht darin, dass bei Anwesenheit des Interviewers ein Teil des Interviews vom Befragten an einem Laptop beantwortet wird, die Fragen dabei aber nicht auf dem Bildschirm stehen, sondern dem Befragten über einen Kopfhörer vorgespielt werden, so dass der Interviewer die Frage nicht kennt, auf die der Befragte antwortet (ACASI). Solche Kombinationen von Erhebungsmodi werden im Kapitel 12.5 behandelt.

Berücksichtigt man auf diese Weise mögliche Interviewer-Effekte schon beim Design eines Surveys, sollten Interviewer-Effekte in jedem Fall vernachlässigbar werden. Um dies tatsächlich zu erreichen, müssen entsprechende Artefakthypothesen schon bei der Planung eines Surveys berücksichtigt werden. Um dann nach der Datenerhebung die weitgehende Abwesenheit von Interviewer-Effekten auch nachweisen zu können, müssen die den expliziten Artefakthypothesen entsprechenden Variablen Bestandteil des Datensatzes werden.

8.5 Interviewer-Rekrutierung

Wird die Datenerhebung für persönliche Interviews nicht einem Institut mit einem bereits bestehenden Interviewerstab übertragen, dann müssen die Interviewer rekrutiert, geschult und überwacht werden. Der hierfür notwendige Organisationsaufwand ist für bundesweite Erhebungen beachtlich und wird in der Regel von Anfängern unterschätzt.

8.5.1 Rekrutierungskriterien und Rekrutierungsstrategien

Die persönlichen Voraussetzungen für eine erfolgreiche Tätigkeit als Interviewer sind sehr begrenzt.[47] Es gibt keine empirisch begründeten Hinweise darauf, dass man *vor* der tatsächlichen Interviewtätigkeit „gute" von „schlechten" Interviewern anhand standardisierter Tests oder gar nur persönlicher „Erfahrung" unterscheiden kann (Fowler/Mangione 1990:104–105).

Aufgrund der rechtlichen Rahmenbedingungen und der in der Regel geringen Bezahlung der Interviewer ist die Rekrutierung von Interviewern oft schwierig. Der erste Schritt besteht meist aus Stellenanzeigen in Tageszeitungen, hierbei empfiehlt sich eine realistische Beschreibung der Aufgaben und Einkommensmöglichkeiten. Sehr hilfreich ist ein telefonischer erster Kontakt: Hierbei können offensichtlich ungeeignete Kandidaten (z. B. Personen mit Sprechproblemen) früh erkannt werden. In der Praxis rekrutieren auch sehr häufig bereits arbeitende Interviewer neue Interviewer. Dies ist – wie bei jeder Sekte – eine der erfolgversprechendsten Rekrutierungsstrategien.[48]

---

[47] vgl. z. B. Stouthamer-Loeben/Kammen (1995:35–39) und Frey/Oishi (1995:113–117).
[48] Einige Institute zahlen Interviewern Prämien, wenn sie für besonders ungünstig gelegene Orte (z. B. die Innenstadt von Frankfurt/Main) geeignete und im Interviewerstab verbleibende Interviewer vermitteln können.

8.5.2 Zahl der benötigten Interviewer

Das Hauptproblem bei der Rekrutierung ist die beachtliche Verlustrate angeworbener Interviewer: Es ist nicht ungewöhnlich, dass von 100 eingeladenen Kandidaten 10 nicht erscheinen, sich weitere 10 nach dem ersten Gespräch als ungeeignet erweisen, weitere 10 nicht zur Schulung erscheinen und weitere 10 nach der Schulung abbrechen. Nach den ersten echten Interviews kann man mit weiteren Verlusten in der Größe von 10–20% rechnen. Entsprechend muss bei der Rekrutierung die 2–3fache Zahl von Interviewern eingeladen werden. Höchstens 1/3 der ursprünglich eingeladenen Personen verbleibt längere Zeit in einem Interviewerstab.

Um mögliche Interviewereffekte gering zu halten, wird in der Literatur empfohlen, die Zahl der Interviews pro Interviewer („workload") klein zu wählen. Üblicherweise werden maximal 15 Interviews pro Interviewer empfohlen (vgl. Kapitel 8.5.3). Abhängig von der Stichprobengröße und diesen Empfehlungen zur Zahl der Interviews pro Interviewer benötigt man mindestens einen Interviewer pro Samplingpoint. Berücksichtigt man die zu erwartenden Ausfälle von Interviewern während der Feldzeit (Krankheit, Urlaub, Jobwechsel), dann sollte eine Reserve von mindestens 5% vorhanden sein. Für die Nachbearbeitung von Problemfällen sollte frühzeitig ein besonderer Stab von Interviewern ausgebildet werden. Ein Überschuss von insgesamt 10% Personal ist daher empfehlenswert. Folglich sollten für eine Studie mit 2000 Befragten fast 300 Interviewer rekrutiert werden.[49]

8.5.3 Exkurs: Interviewereffekte und effektive Stichprobengröße

Eine Erklärung der benötigten Zahl der Interviewer setzt eine Rückbesinnung auf das Ziel eines Surveys voraus. Das statistische Ziel eines Surveys ist in der Regel die Schätzung eines Populationsparameters (typischerweise eines Anteilswertes) derart, dass wiederholte Stichproben aus der Population nur kleine Unterschiede zwischen den Schätzungen aufweisen. Genauer: Man wünscht sich kleine Standardfehler. Dies lässt sich durch große Stichproben erreichen (vgl. die Anhänge A und B).

Die für diese Berechnungen zumeist verwendeten Formeln gehen davon aus, dass die Elemente der Stichprobe unabhängig voneinander sind. Diese Annahme

---
[49] Geht man von 15 Interviews pro Interviewer aus und berücksichtigt einen Krankenstand von 10% sowie die oben erwähnten Verluste, dann sollten mehr als 266 Personen angeworben werden $(2000/15 \approx 133; 133 * 2 = 266)$. Berücksichtigt man die Ausfälle durch Krankheit und Urlaub mit 10%, dann erhöht sich die Zahl auf 293 Personen. Diese zunächst hoch erscheinende Zahl erklärt, warum viele akademische Projekte faktisch entgegen den Kunstregeln und Empfehlungen der Methodenliteratur mit hoher Fallzahl pro Interviewer durchgeführt werden.

8.5 Interviewer-Rekrutierung

ist bei komplexen Bevölkerungsstichproben aber nicht erfüllt. Bei bundesweiten persönlichen Befragungen erfolgt die Stichprobenziehung immer so, dass zunächst räumliche Einheiten (Gemeinden, Stimmbezirke) und dann Haushalte bzw. Personen innerhalb der gewählten Einheiten ausgewählt werden. Aus Kostengründen arbeitet innerhalb einer räumlichen Einheit in der Regel nur ein Interviewer. Damit haben alle Befragten innerhalb einer räumlichen Einheit sowohl die Merkmale dieser räumlichen Einheit (z. B. Gemeindegrößenklasse, Arbeitslosenrate etc.) als auch den Interviewer gemeinsam. Werden die Daten auf diese Weise erhoben, dann lassen sich die Effekte der räumlichen Einheiten nicht mehr eindeutig von den Interviewereffekten trennen.[50]

Allgemein ähneln sich die Antworten der Befragten innerhalb einer räumlichen Einheit bzw. innerhalb eines Interviewers untereinander stärker, als es durch Zufall zu erwarten wäre. Das Ausmaß dieser Ähnlichkeit der Antworten wird mit dem sogenannten „Intraklassenkorrelationskoeffizienten" ρ oder auch „ICC" berechnet.[51]

Das Ausmaß der Homogenität schwankt zwischen verschiedenen Studien.[52] Dies wird unter anderem durch verschiedene Fragen und deren Eigenschaften bedingt (Schnell/Kreuter 2005). Bei offenen Fragen und Fragen nach sensitiven Themen werden diese Interviewereffekte besonders stark und ρ damit besonders groß, da sich die Antworten der Befragten eines Interviewers besonders ähneln (vgl. Abbildung 8.4). Ironischerweise werden gerade bei Projekten mit sensitiven Themen (illegale Aktivitäten, psychische Probleme, Sexualverhalten, sexuelle Belästigung) häufig besonders wenige Interviewer eingesetzt. Dies führt zu besonders starken Interviewereffekten und faktisch zu einer dramatischen Reduktion der effektiven Stichprobengröße.[53]

---

[50] Für eine solche Trennung benötigt man ein sogenanntes „interpenetriertes Design", bei dem ein Interviewer entweder in mehreren räumlichen Einheiten oder bei dem innerhalb einer räumlichen Einheit mehrere Interviewer bei zufällig zugewiesenen Fällen arbeiten. Solche Designs sind außerordentlich selten; in der Bundesrepublik wurde dieses Design bei einer bundesweiten Erhebung bislang nur im Defect-Projekt (Schnell/Kreuter 2000) verwendet.

[51] ρ lässt sich am einfachsten über eine Varianzanalyse schätzen, vgl. z. B. Lohr (1999:138–139). Generell ist die Schätzung solcher Effekte nur durch einige vereinfachende Annahmen möglich; einige Einzelheiten hierzu finden sich bei Biemer (2010:42–44).

[52] Kreuter (2002:244) zeigt in einer Literaturübersicht über 18 Studien mittlere Intraklassenkorrelationen zwischen 0.0018 und 0.0163; die Maxima liegen zwischen 0.0097 und 0.171. In den Studien des Defect-Projekts (Schnell/Kreuter 2001) wurden auch höhere Koeffizienten gefunden.

[53] Die Relevanz dieses Ergebnisses für die Validität der Ergebnisse qualitativer Sozialforschung wurde bislang in den Lehrbüchern qualitativer Sozialforschung kaum thematisiert.

8 Persönliche Interviews („Face-to-Face"-Befragungen)

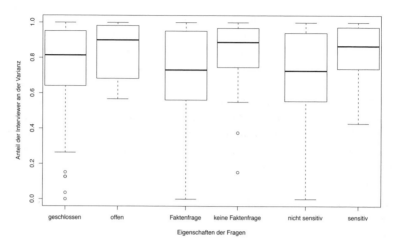

Abbildung 8.4: Boxplot der Anteile der durch Interviewer bedingten Varianz an der gesamten Varianz nach Art der Frage bei 196 Fragen im Defect-Survey. Die Abbildung basiert auf den Daten bei Schnell/Kreuter (2005).

Mit steigendem ρ verringert sich aber die Genauigkeit der Stichprobe: Die Standardfehler der Schätzungen werden größer. Diesen Effekt nennt man in der Statistik „Design-Effekt". Ein Design-Effekt ($deff$) ist definiert als das Verhältnis der Varianz eines Schätzers in der gegebenen Stichprobe zur Varianz des Schätzers in einer einfachen Zufallsstichprobe. Der Design-Effekt lässt sich am einfachsten schätzen mit

$$\text{deff} = \text{deft}^2 = 1 + (m-1) * \rho \qquad (8.1)$$

Dabei ist m die mittlere Zahl der Interviews pro Interviewer.[54] Die effektive Stichprobengröße ergibt sich dann als

$$n' = \frac{n}{\text{deff}} \qquad (8.2)$$

Die effektive Stichprobengröße hängt also von der Zahl der Interviews pro Interviewer und der Homogenität der Antworten innerhalb der Interviews, die einem Interviewer zugewiesen wurden, ab (vgl. Abbildung 8.5). Entsprechend der vermuteten Größe der Intraklassenkorrelation für einen Survey versucht man dann, eine Zahl der Interviews pro Interviewer zu finden, bei der die effektive Stichprobengröße die nominale Stichprobengröße nicht zu sehr unterschreitet. In Ermangelung

---
[54] Andere Verfahren erlauben bessere Schätzungen der Design-Effekte, vgl. hierzu Wolter (2007).

8.6 Interviewer-Training

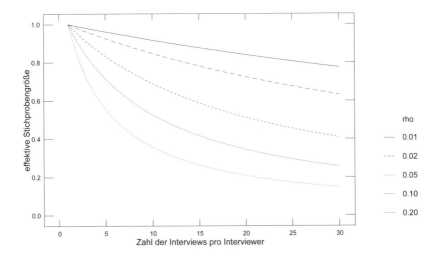

Abbildung 8.5: Effektive Stichprobengröße nach Zahl der Interviews und rho

harter Kriterien wurde häufig versucht, dies mit dem konventionellen Schwellenwert von 15 realisierten Interviews pro Interviewer zu erreichen.

Die Verringerung der effektiven Stichprobengröße durch die Interviewereffekte wird von Statistikern gelegentlich noch heute fälschlich vernachlässigt. Beim Design von Stichproben wird in der Regel höchstens die räumliche Homogenität von Erhebungseinheiten wie Gemeinden berücksichtigt, nicht aber die Homogenität durch die Interviewer. Entsprechend wurde z. B. beim Design des „European Social Surveys" dieser Effekt nicht berücksichtigt. Schnell/Kreuter (2005) konnten empirisch zeigen, dass der Effekt der Interviewer auf die Varianz der Schätzungen oft größer ist, als der Effekt der räumlichen Homogenität (vgl. Abbildung 8.6). Daher dürften z. B. die tatsächlichen Standardfehler des ESS über den im Design vorgesehenen liegen.

8.6 Interviewer-Training

Die Aufgaben für Interviewer in persönlichen Interviews umfassen vor allem die Kontaktherstellung zur Zielperson, die Sicherstellung der Kooperation der Zielperson, die Durchführung der eigentlichen Befragung sowie die Übermittlung der erhobenen Daten (Lessler/Eyermann/Wang 2008:443). Damit diese Aufgaben erfolgreich absolviert werden können, ist ein Training der Interviewer unverzicht-

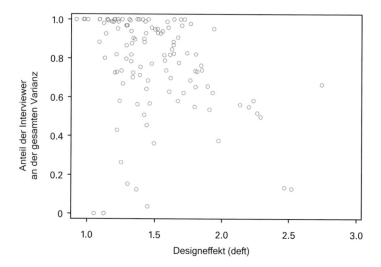

Abbildung 8.6: Anteile der durch Interviewer bedingten Varianz an der gesamten Varianz versus die Größe des Design-Effekts bei 196 Fragen im Defect-Survey. Die Abbildung basiert auf den Daten bei Schnell/Kreuter (2005).

Zeitplan des Interviewertrainings

10:00	Begrüßung, gegenseitige Vorstellung, Erhebung des Interviewerfragebogens
10:30	Warum auch erfahrene Interviewer an einem Training teilnehmen: Unterschiede in der Datenqualität und den Responsequoten
10:40	Refusal-Avoidance-Training
11:35	Pause
11:45	Vorbereiten eines Kontakts, Umgang mit besonderen Haushaltsformen, Terminvereinbarungen, Kontaktprotokolle
11:50	Bewertung der ersten Trainingsphase durch die Teilnehmer
13:00	Pause
13:45	Rollenspiel: Interviewen mit CAPI
15:00	Regeln standardisierter Befragungen
15:30	Pause
15:40	Besonderheiten des aktuellen Surveys
16:10	Bewertung der zweiten Trainingsphase durch die Teilnehmer
16:20	Drop-Offs, Qualitätsfeedback, Interviewerkontrolle
16:45	Supervision, Zeitplan, Entlohnung

Abbildung 8.7: Zeitplan eines Interviewertrainings für erfahrene Interviewer (nach Carton 2005)

8.6 Interviewer-Training

Checkliste zur Vorbereitung eines Kontaktversuchs

- Ziel des Projekts verstehen
- Fragebogen durcharbeiten
- Filterführungen einüben
- Adresse der Zielperson auf einem Stadtplan lokalisieren
- Fragebogen und eventuelles Zusatzmaterial (Antwortvorgabekarten, Bildvorlagen etc.) auf Vollständigkeit prüfen
- eventuelle Zusatzgeräte (Laptops, Rekorder etc.) auf Funktionsfähigkeit prüfen
- oben genanntes Material sorgfältig einpacken
- angemessen kleiden (weder „over-" noch „underdressed")
- mental auf den Kontaktversuch einstellen: Annahme, dass die Zielperson kooperativ sein wird und es nur um einen günstigen Zeitpunkt geht.
- Interview-Verweigerungs-Reduktions-Training wiederholen

Abbildung 8.8: Interviewer-Training: Checkliste vor der Kontaktaufnahme

bar.[55] Bei den meisten Instituten der akademischen Sozialforschung beansprucht das Interviewertraining einen Arbeitstag.[56]

8.6.1 Grundlegendes Training

Ein Interviewer-Training umfasst in der Regel eine kurze Einführung in das Institut, in die Technik des Survey-Research, das Stichprobenverfahren und das spezielle Projekt. Einen Überblick über die Gliederung eines solchen Training gibt die Abbildung 8.7.

Detaillierte Schulungshinweise, die direkt für ein Interviewer-Training verwendet werden können, finden sich in der deutschsprachigen Lehrbuchliteratur kaum. Daher wurden hier solche detaillierten Trainingshinweise basierend auf mehreren

---

[55] Wird ein Institut mit der Erhebung beauftragt, dann sollte beachtet werden, dass viele der eingesetzten Interviewer bereits mehrfach trainiert wurden. Dies kann je nach Fragestellung durchaus zu unerwünschten Effekten führen, da einerseits möglicherweise andere Regeln trainiert wurden als auch andererseits Widerwillen gegen zu häufige Wiederholung dann trivialer Regeln entstehen kann. Gerade beim Einsatz erfahrener Interviewer sollte dies mit dem beauftragten Institut vor dem Training diskutiert werden.

[56] Sieht man von der Höhe der Nonresponseraten ab, dann gibt es nur wenig veröffentlichte Studien zum Effekt des Interviewertrainings auf die Güte der Erhebungsergebnisse. Ein Training, das mehr als nur wenige Stunden an einem Tag umfasst, führt in der Regel zu besseren Ergebnissen (Billiet/Loosveldt 1988, Fowler/Mangione 1990:108–117). Die Effekte zeigen sich aber nicht bei allen Qualitätsindikatoren und nicht bei allen Fragen. Schließlich kann ein sehr langes Training (10 Tage bei Fowler/Mangione 1990) auch kontraproduktiv wirken.

Kontaktaufnahme

- Nehmen Sie immer zunächst an, dass die Zielperson willig ist befragt zu werden und es lediglich um einen günstigen Zeitpunkt geht.
- Nennen Sie Ihren vollständigen Namen und den Namen der Organisation, für die Sie arbeiten.
- Zeigen Sie Ihren Interviewerausweis.
- Geben Sie in einem Satz eine Zusammenfassung des Projektziels.
- Falls Ihr Besuch angekündigt wurde: Erwähnen Sie das Anschreiben.
- Entschuldigen Sie sich nicht für Ihre Anwesenheit oder Ihr Anliegen.

Abbildung 8.9: Interviewer-Training: Kontaktaufnahme

Verhalten während des Interviews

- Berühren Sie den Befragten zwischen Begrüßung und Abschied nicht.
- Vermeiden Sie alles, was den Befragten kränken könnte.
- Ein Interview ist kein Besuch, daher lehnen Sie höflich alles ab, was Ihnen angeboten wird.
- Verlieren Sie nie die Beherrschung während des Interviews.
- Beenden Sie ein Interview sofort, falls der Befragte
  - Sie beleidigt
  - Sie bedroht
  - sexuell anzüglich antwortet oder sich sexuell anzüglich verhält.

Abbildung 8.10: Interviewer-Training: Verhalten während des Interviews

amerikanischen Trainingsprogrammen, vor allem auf den Interviewerschulungen des „Missouri Institute of Mental Health" und des „Survey Research Centers" in Michigan, zusammengestellt. Die Schulungshinweise umfassen die Vorbereitung eines Kontakts, die Kontaktaufnahme, das Verhalten während des Interviews, den Umgang mit Behinderten, Ziel und Voraussetzungen standardisierter Befragungen, das Verlesen der Fragen, dem Umgang mit Unklarheiten und Nachfragen, der Behandlung von „Weiß-Nicht"-Antworten und offenen Fragen sowie der Führung von Kontaktprotokollen und der Nachbereitung eines Interviews. Diese vollständigen Trainingsanweisungen für Interviewer finden sich in den Abbildungen 8.8-8.19.

Insbesondere in akademisch durchgeführten Projekten werden in der Regel zwei – die Interviewer besonders interessierende – Aspekte zu spät oder gar nicht thematisiert: Entlohnung und Arbeitszeiten. Darüber hinaus muss unbedingt etwas über die formalen Aspekte des Beschäftigungsverhältnisses gesagt werden: regulärer

8.6 Interviewer-Training

Umgang mit Behinderten

- Scheuen Sie nicht davor zurück, dem Befragten zur Begrüßung die Hand zu schütteln.
- Zeigen Sie kein übertriebenes Mitleid.
- Falls Sie gezwungen sind, die Fragen mit einem Übersetzer zu stellen (z. B. Hör- oder Sprachbehinderten)
  - Schauen Sie immer den Befragten an, nicht den Übersetzer.
  - Sprechen Sie mit einer normalen Stimme, weder lauter noch leiser als üblich.
  - Lassen Sie wirklich alle Fragen und Antworten übersetzen.
  - Verlassen Sie sich nicht auf schriftliche oder graphische Hilfsmittel.
  - Schildern Sie die besonderen Umstände des Interviews nach dem Interview auf dem Fragebogen.

Abbildung 8.11: Interviewer-Training: Umgang mit Behinderten

Das Ziel des Interviews

Das Ziel des Interviews besteht in einer *standardisierten* Datenerhebung. Standardisierung bedeutet:
- Jedem Befragten werden dieselben Fragen in derselben Reihenfolge gestellt.
- Alle Antworten werden auf dieselbe Art und Weise protokolliert.
- Unterschiede in den Antworten sollten so lediglich auf Unterschieden zwischen den Befragten beruhen, nicht hingegen auf Unterschieden in der Art der Befragung.

Aus diesem Grund dürfen Sie den Befragten auch nicht den Fragebogen übergeben oder den Befragten den Fragebogen allein ausfüllen lassen. Sollte der Befragte danach fragen, erklären Sie ihm den Grund dafür.

Abbildung 8.12: Interviewer-Training: Ziel der Standardisierung

---

Voraussetzungen für die Standardisierung

- Äußern Sie keine Meinungen während des Interviews.
- Stimmen Sie dem Befragten nicht zu und lehnen Sie keine seiner Ansichten ab.
- Zeigen Sie ihre Zustimmung oder Ablehnung einer Äußerung des Befragten weder durch Worte noch durch Ihren Tonfall, Ihre Körperhaltung oder Ihren Gesichtsausdruck.
- Reden Sie mit dem Befragten nicht über Ihre eigenen Erfahrungen.

Abbildung 8.13: Interviewer-Training: Voraussetzungen der Standardisierung

Fragen verlesen

- Lesen Sie jede Frage exakt so vor, wie sie im Fragebogen steht.
- Lassen Sie keine Wörter weg, fügen Sie keine Wörter ein, ersetzen Sie keine Wörter.
- Lesen Sie jede Antwortkategorie vor.
- Lesen Sie jede Antwort auf den Antwortvorgabekarten vor.
- Betonen Sie *hervorgehobene* Wörter.
- Lesen Sie innerhalb der jeweiligen Filterführung jede Frage im Fragebogen in der im Fragebogen angegebenen Reihenfolge vor.
- Selbst wenn Ihnen die Antwort auf die nächste Frage nahezu sicher erscheint, stellen Sie immer dem Befragten selbst die Frage.
- Lesen Sie keine Interviewanweisungen (TEXTE IN GROSSBUCHSTABEN) vor.
- Sprechen Sie langsam, ca. zwei (kurze) Worte pro Sekunde.
- Sprechen Sie mit einer neutralen, professionellen Stimme, die keine Werturteile erkennen lässt.

Abbildung 8.14: Interviewer-Training: Fragen verlesen

Nach dem Verlesen einer Frage

- Lassen Sie dem Befragten Zeit zu antworten.
- Wiederholen Sie die Frage, falls Sie glauben, der Befragte hat die Frage nicht verstanden.
- Erläutern Sie keinesfalls die Frage oder einen Begriff in der Frage. Wiederholen Sie gegebenenfalls die Frage.
- Sollte der Befragte nach der Bedeutung eines Begriffs fragen, zucken Sie mit den Schultern und sagen Sie „Was immer *Sie* darunter verstehen".
- Sollte der Befragte auf einer Definition bestehen, erläutern Sie, dass Sie keine Definitionen geben dürfen.
- Falls Sie eine Antwort des Befragten nicht verstanden haben, wiederholen Sie die Antwort des Befragten.
- Antwortet der Befragte, bevor Sie alle möglichen Antworten verlesen haben, sagen Sie „Bitte warten Sie, bis ich alle Antworten vorgelesen habe" und lesen die Frage erneut.
- Antwortet der Befragte mit einer nicht vorgesehenen Antwort, wiederholen Sie die Antwortkategorien. Keinesfalls dürfen Sie interpretieren, welche der vorgesehenen Antwortmöglichkeiten der Befragte „gemeint" haben könnte.

Abbildung 8.15: Interviewer-Training: Nach dem Verlesen der Frage

8.6 Interviewer-Training

Umgang mit offenen Fragen

- Schreiben Sie die Antworten des Befragten wörtlich auf.
- Abkürzungen und Zusammenfassungen sind nicht erlaubt.
  - Geben Sie dem Befragten ein Feedback auf seine Antwort so sparsam wie möglich, ohne unhöflich zu sein, z. B. :
  - Danke.
  - Ah ja.
  - Aha.
  - hmmm.
  - (Bei offenen Listen gegebenenfalls:) Noch etwas?

Abbildung 8.16: Interviewer-Training: Umgang mit offenen Fragen

Umgang mit „Weiß-Nicht"-Antworten

Denken Sie darüber nach, was der Befragte damit meint:
- Hat der Befragte die Frage nicht verstanden? Dann wiederholen Sie die Frage.
- Braucht der Befragte mehr Zeit für eine Antwort? Dann warten Sie. Zählen Sie bis 10. Wiederholen Sie die Frage.
- Will der Befragte nicht antworten oder hat er wirklich keine Meinung? In beiden Fällen vermerken Sie „weiß nicht".

Abbildung 8.17: Interviewer-Training: Umgang mit „Weiß-Nicht"-Antworten

Beginn und Ende der Arbeit, Verhalten bei Krankheit und Unfällen, Rückmeldungsfristen bei der Projektleitung, Interviewer-Kontrolle und Maßnahmen bei Interviewerfälschungen oder Betrug durch die Interviewer. Diese Aspekte sind zwar sozial nicht besonders angenehm, aber für einen geordneten Feldablauf dringend erforderlich. Eine klare explizite Thematisierung verhindert zudem eine unprofessionelle „Laisser-faire"-Haltung bei allen Projektmitarbeitern. Um die

Nach jedem Kontaktversuch

- Füllen Sie das Kontaktprotokoll für das Interview (bzw. den Kontaktversuch) aus.
- Vermerken Sie Datum, Uhrzeit, Kontaktperson und Ergebnis im Kontaktprotokoll.
- Vermerken Sie eventuelle besondere Umstände des Kontaktversuchs im Kontaktprotokoll.
- Falls ein Termin vereinbart wurde, tragen Sie ihn jetzt in das Kontaktprotokoll ein.

Abbildung 8.18: Interviewer-Training: Kontaktprotokoll

> **Nach dem Interview**
>
> Denken Sie daran, dass die Qualität der Daten davon abhängt, wie gut Sie persönlich Ihre Arbeit erledigen.
> - Vergewissern Sie sich, dass jede Frage beantwortet wurde.
> - Sollten Sie Fragen vergessen haben, vermerken Sie das auf dem Fragebogen.
> - Versuchen Sie ohne explizite Aufforderung durch Ihre Supervisoren keinesfalls, vergessene Fragen bei einem neuen Kontakt zu stellen.
> - Raten Sie keine Antworten.
> - Korrigieren Sie jetzt eindeutige Änderungen der Antworten während des Interviews (falsche Kreuze etc.).
> - Falls Sie Abkürzungen verwendet haben, ersetzen Sie sie nun durch deren Erläuterung.
> - Vergewissern Sie sich, dass alle Antworten des Befragten auf offene Fragen lesbar und an der richtigen Stelle im Fragebogen sind.
> - Vergewissern Sie sich, dass alle Ihre Kommentare lesbar sind.
> - Denken Sie daran, dass zu jedem Interview ein Kontaktprotokoll gehört.

Abbildung 8.19: Interviewer-Training: Fragebogen-Editierung

Organisationsfähigkeit der Interviewer zu Beginn zu prüfen, werden Interviewerschulungen gelegentlich z. B. recht früh an nicht zentral gelegenen Orten einer Stadt durchgeführt. Interviewer, die auch nur wenige Minuten zu spät oder nicht erscheinen, werden möglicherweise auch Termine bei der Feldarbeit nicht einhalten und daher bereits von der Schulung ausgeschlossen.

Im Anschluss an das Interviewertraining ist eine möglichst unverzügliche Anwendung der erworbenen Fähigkeiten wünschenswert. Es hat sich bewährt, innerhalb von 10 Tagen nach dem Training die vollständige Durchführung von drei Interviews von jedem Interviewer zu erwarten. Die Fragebogen und die zugehörigen Kontaktprotokolle sollen innerhalb von 10 Tagen nach dem Training beim Institut eingegangen sein. Interviewer, die dem nicht nachkommen, müssen umgehend einzeln überprüft und gegebenenfalls ersetzt werden. Damit die Interviewer aus der Durchführung und Protokollierung der Interviews lernen können, ist eine rasche schriftliche Rückmeldung über die Datenqualität an die Interviewer erforderlich. Die Dauer bis zur Rückmeldung an die Interviewer sollte eine Woche keinesfalls übersteigen. Der schriftliche Bericht an jeden Interviewer sollte Einzelheiten der Interviewerkontrolle, der Überprüfung der Dauer einzelner Interviewteile und des gesamten Interviews, der Überprüfung der Vollständigkeit der Kontaktprotokolle, der Beantwortung offener Fragen und des Ausmaßes an nicht-substanziellen

8.6 Interviewer-Training

Antworten enthalten. Gegebenenfalls wird die Notwendigkeit von Nachschulungen oder – bei erkannten Fälschungen – Entlassungen schon hier deutlich. Erst nach dieser Rückmeldung sollten Interviewer die restlichen Interviews ihres zugewiesenen Sampling-Points bearbeiten. Insgesamt sollte ein Sampling-Point (16 Adressen) innerhalb von drei Wochen bearbeitet sein. Nach der Bearbeitung des ersten Sampling-Points erhalten die Interviewer wieder innerhalb einer Woche einen schriftlichen Bericht über die Qualität ihrer Arbeit. Dieser Bericht enthält zusätzlich zu den Details des ersten Berichts Angaben zur Kontrolle der Interviews, eine Beurteilung ihrer Kontaktstrategien (Verteilung der Kontakte über die Zeit, Variation der Kontaktmodi) einschließlich eines quantitativen Vergleichs ihrer Ergebnisse mit denen anderer Interviewer (z. B. Perzentilrang). Erst nach einer positiven Beurteilung der bisherigen Leistungen dürfen die Interviewer einen weiteren Sampling-Point bearbeiten.

8.6.2 Verweigerungs-Reduktions-Training

In der Datenerhebungspraxis der Bundesrepublik wird bei allen Formen der Datenerhebung mit Interviewern der Umgang mit Verweigerern den Interviewern weitgehend selbst überlassen. Zwar werden in einigen Interviewerhandbüchern Hinweise gegeben, von einem kontrollierten oder effektiven Umgang kann aber nicht gesprochen werden. Im Gegensatz dazu erarbeiteten Groves/Couper (1998) ein Konzept der befragten-spezifischen Aufrechterhaltung der Interaktion mit der Kontakt- oder Zielperson („tailoring and maintaining interaction"). Aufbauend auf dieses Konzept entwickelten einige Arbeitsgruppen Materialien zum Verweigerungs-Reduktions-Training für Interviewer. Die Entwicklung solcher Trainingseinheiten erfolgt in vier Schritten (Mayer/Obrien 2001):

1. Sammlung von wörtlichen Begründungen von Verweigerern,
2. Bereitstellung von Informationen, die solche Begründungen entkräften könnten,
3. Training der Interviewer zur Klassifikation der von Verweigerern genannten Gründe und
4. Training der Interviewer zu schnellen, dem Befragten sprachlich angemessenen Antworten auf deren Begründung.

Ein entsprechendes Interviewertraining versucht Interviewern die Fähigkeit zu vermitteln, den Einwänden der Kontaktperson aktiv zuzuhören. Die Aufgabe der Interviewer während des Kontaktgesprächs besteht dann darin, zunächst das Hauptproblem des Befragten zu klassifizieren, eine geeignete Antwort zu finden und

Angst Ich arbeite im Auftrag der Universität (...). Sie können die Universität unter dieser kostenlosen Nummer anrufen oder sich bei der Polizei in (...) erkundigen. **Verkaufsversuch** Ich will Ihnen nichts verkaufen. Sie müssen nichts unterschreiben. **Zeitmangel** Wir können einen Termin ausmachen, der eher Ihren Wünschen entspricht. Wir können auch jetzt beginnen und weitermachen, wann immer Sie wollen. **Jetzt ungünstig** Ich kann Sie auch morgen oder heute etwas später anrufen. Ich kann Sie auch am Wochenende anrufen, wenn Sie möchten. Wann wäre denn der für Sie günstigste Zeitpunkt? **Dauer** Das hängt davon ab, wie viel Sie mir später sagen möchten. Die meisten Befragungen dauern höchstens 30 Minuten. Lassen Sie uns anfangen, und wenn es Ihnen zu lange dauert, machen wir weiter, wann immer es Ihnen recht ist. **Ständige Befragungen** Das kann ich gut verstehen. Aber dies ist keine Meinungsumfrage, sondern ein wissenschaftliches Forschungsprojekt, bei dem wir Sie um Ihre Hilfe bitten.

Abbildung 8.20: RAT-Skripte: Angst, Zeit und Dauer

Prinzipiell keine Teilnahme an Befragungen Es wird nicht lange dauern, und Sie würden mir persönlich einen Gefallen tun. **Umfragen sind sinnlos** Es handelt sich hier um eine wissenschaftliche Studie der Universität (...). Sicherlich wird die Studie nicht sofort zu Verbesserungen führen, aber langfristig ist es hoffentlich ein erster Schritt. Lassen Sie uns bitte beginnen. **Keine Lust** Ihre Teilnahme ist wirklich wichtig für uns. Außerdem hat es fast allen, die ich bisher befragt habe, Spaß gemacht. Lassen Sie uns bitte beginnen, und wenn es Ihnen wirklich unangenehm sein sollte, können wir jederzeit abbrechen. **Thema interessiert nicht** Für die Forschung werden besonders Antworten von Personen benötigt, die sich nicht für das Thema interessieren. Ansonsten würde man die Wichtigkeit des Themas für die Bürger überschätzen. **Zu alt** Wir brauchen Antworten von jüngeren und älteren Menschen. Gerade die Älteren haben häufig andere Ansichten, Bedürfnisse und Sorgen und wir möchten gern wissen, welche. **Zu krank** Wenn Sie sich heute nicht wohlfühlen, kann ich Sie auch morgen oder in einer Woche anrufen. Wann wäre denn der für Sie günstigste Zeitpunkt?

Abbildung 8.21: RAT-Skripte: Mangelnde Motivation

rasch ein klares, kurzes Gegenargument zu nennen. Die Antworten werden den Interviewern in Form eines Antwort-Skripts vermittelt. Die Abbildungen 8.20 bis 8.23 zeigen die Interviewer-Skripte des Verweigerungs-Reduktions-Trainings (Schnell 2008). Wichtig bei einem solchen Training ist die Betonung einer dem Befragten angemessenen Antwort. Nicht nur der Inhalt der Antwort, sondern auch das Timing und die sprachliche Form der Antwort des Interviewers müssen dem

8.6 Interviewer-Training

Freiwilligkeit Natürlich ist die Teilnahme an dieser Studie freiwillig. Ich bitte Sie aber persönlich um Ihre Teilnahme, da die Antworten wirklich aller ausgewählten Personen wichtig sind. Wir können Sie nicht durch jemanden anderen ersetzen.

Datenschutz Die Datenschutzgesetze erlauben ausdrücklich solche Studien wie diese. Alle Ihre Angaben sind vertraulich. Die Einhaltung aller Datenschutzgesetze wird Ihnen von der Universität garantiert.

Das geht niemanden etwas an Es werden keine persönlichen Fragen gestellt. Es geht in dieser Studie um (...). Wenn Ihnen dabei eine Frage zu persönlich erscheinen sollte, sagen Sie es mir bitte, und wir werden diese Frage überspringen.

Sensitive Angaben Alle Ihre Angaben sind vertraulich. Ihre Angaben werden nicht mit Ihrem Namen oder Ihrer Telefonnummer zusammen gespeichert. Niemand wird jemals wissen, ob Sie befragt wurden oder welche Angaben Sie gemacht haben.

Abbildung 8.22: RAT-Skripte: Datenschutz

Warum ich Sie wurden nach einem wissenschaftlichen Verfahren ausgewählt. Wir können Sie nicht durch jemanden anderen ersetzen, da niemand genau so ist wie Sie. Ihre persönlichen Antworten sind für uns wichtig.

Woher haben Sie meine Nummer? Ihre Telefonnummer wurde von einem Computer zufällig erzeugt und automatisch angewählt. Ich persönlich kenne Ihre Telefonnummer nicht.

Ich wurde schon befragt Es gibt so viele Umfragen, dass man leicht das Gefühl haben kann, schon einmal befragt worden zu sein. Dies ist eine wissenschaftliche Untersuchung der Universität (...) zum Thema (...). Alle Befragungen in Ihrer Stadt führe ich durch und bislang haben wir, glaube ich, noch nicht miteinander gesprochen.

Abbildung 8.23: RAT-Skripte: Auswahl

jeweiligen Befragten angemessen sein. Ebenso wichtig ist die Kürze der Antworten. Eine zu lange Antwort führt zu einer erhöhten Wahrscheinlichkeit des Abbruchs der Interaktion durch den Befragten.

Ein spezielles Verweigerungs-Reduktions-Training ist nur ein Teil eines Interviewer-Trainings. Angesichts der zunehmenden technischen und sozialen Probleme der Datenerhebung in der BRD werden Veränderungen im Umfang und der Form des Interviewertrainings, der Interviewerrekrutierung und -kontrolle sowie nicht zuletzt der Interviewerentlohnung unvermeidlich sein.

8.6.3 Bezahlung

Die meisten Interviewer arbeiten als freie Mitarbeiter für kommerzielle Institute.[57] Da die Anlernzeit kurz ist, in der Regel kaum besondere Fähigkeiten vorausgesetzt werden und die tägliche Dauer der Beschäftigung eher kurz ist, ist diese Tätigkeit in der Regel eher eine Nebentätigkeit. Zwar gibt es zwischen den Instituten und zwischen verschiedenen Ländern Unterschiede in der Zusammensetzung der Interviewerstäbe, die Höhe der Bezahlung unterscheidet sich aber nur unwesentlich.[58]

Die meisten Institute verwenden eine Kombination verschiedener Bezahlungssysteme. Typisch ist ein sehr niedriges Grundgehalt mit einer Leistungsprämie, wobei diese neben der Zahl erfolgreicher Interviews, erfolgreicher Verweigerungskonvertierungen, Merkmalen der Datenqualität (z. B. durch Supervisoreinschätzung) gelegentlich auch eine Prämie für lange Zugehörigkeit zum Institut enthält. Trotzdem sind Interviewer eher schlecht bezahlt: 10–15% über dem gesetzlichen Mindestlohn ist in den USA üblich, in der Bundesrepublik finden sich oft Bezahlungen von ca. 10 Euro pro Stunde.[59]

---

[57] Die ADM-Institute haben 2008 ca. 18 Millionen standardisierte Interviews durchgeführt, davon ca. 63% als persönliches oder telefonisches Interview. Bei ca. 250 Interviewtagen pro Jahr (ohne Samstage, Sonntage und Feiertage) sind dies ca. 45.000 Interviews pro Tag. Bei 10 Interviews pro Tag erwarten wir 4.500 Interviewer. Nehmen wir an, dass ein Interviewer 2–3 Tage pro Woche arbeitet, können wir diese Zahl verdoppeln. Damit hätten die ADM-Institute allein mindestens 9.000 Interviewer (ohne Berücksichtigung von Mehrfachtätigkeiten). Da die ADM-Institute nur einen Teil der Sozial- und Marktforschung durchführen, kann man von mehr als 10.000 Interviewern in Nebentätigkeit ausgehen. Bade (1998) hat die Angaben der Institute im „Handbuch der Marktforschung" 1996 addiert und gibt 77.000 Interviewer an. Aufgrund der Tatsache, dass Interviewer auch für mehrere Institute tätig sind sowie der ökonomischen bedingten Motivation der Institute, sich bei den Angaben im Handbuch wenig konservativ über die Größe ihres Instituts zu äußern, dürfte diese Zahl eher eine deutliche Überschätzung darstellen. Die Zahl der Interviewer, die innerhalb des letzten Jahres mindestens 250 Interviews durchgeführt haben (also im Mittel mindestens eins pro Arbeitstag), dürfte deutlich unter der genannten Obergrenze liegen. Es wäre überraschend, wenn in der BRD mehr als 20.000 Interviewer professionell oder semi-professionell tätig wären: Der größte Anteil der Interviewer wird erst kurze Zeit oder in geringem Umfang als Interviewer tätig sein.

[58] Der Anteil weiblicher Interviewer ist in den USA zumindest bei F2F-Interviewern deutlich höher als in der Bundesrepublik, obwohl es auch hier deutliche Unterschiede zwischen den Instituten gibt. Solche Unterschiede können sich natürlich auch auf Ergebnisse der Feldarbeit auswirken. Diese Heterogenität in der Zusammensetzung der Interviewerstäbe könnte einen (kleinen) Teil der kaum untersuchten Effekte der Erhebungsinstitute („Haus-Effekte") hervorrufen. Die empirische Untersuchung solcher Effekte ist aufgrund der methodischen Probleme nicht-experimenteller Forschung außerordentlich erschwert.

[59] Es wäre zu prüfen, ob eine langfristig bessere Bezahlung positive Effekte auf die Datenqualität besitzt: Besser gebildete Personen mit einer langfristigen Jobperspektive dürften eher eine professionelle

8.7 Interviewerkontrolle

Bei größeren Erhebungen sind systematische Interviewerkontrollen üblich. Ziel dieser Kontrollen ist das Aufdecken von teilweise oder vollständig gefälschten Interviews. Diese Kontrollen können auf unterschiedliche Weise durchgeführt werden:

1. Falls die Stichprobe aus einer schon bestehenden Liste der Grundgesamtheit gezogen wurde, enthält diese Liste möglicherweise neben Namen und/oder Anschrift weitere Informationen, die für einen Vergleich mit den Interviewdaten verwendet werden können, z. B. Alter, Kinderzahl, Anzahl der Haushaltsmitglieder etc.

2. Im Regelfall stehen solche Zusatzinformationen nicht zur Verfügung. Dann bleibt kaum eine andere Möglichkeit als eine wiederholte Befragung einer Stichprobe der Zielpersonen durch andere Interviewer oder durch schriftliche bzw. telefonische Erhebungen.[60,61]

Hierbei wird nur selten das gesamte Interview wiederholt, sondern nur einige zentrale Fragen. Bei schriftlichen bzw. telefonischen Zweitkontakten wird meist nur nach der Durchführung des Interviews, der Länge, der Zusammensetzung des Haushalts und gegebenenfalls nach speziellen Besonderheiten der Befragung (Themen, Form der Erhebungsunterlagen etc.) gefragt. Schon aus ökonomischen Gründen können meist nicht alle Interviews auf diese Art validiert werden, es muss also mit einer Stichprobe gearbeitet werden.[62] Üblicherweise werden zwischen 10% und 25% der gesamten Stichprobe überprüft.

Identität ausbilden als dies unter den bisherigen Arbeitsbedingungen zu erwarten ist. Dies wäre kaum innerhalb eines einzelnen Projekts testbar, sondern nur innerhalb eines Erhebungsinstituts über längere Zeiträume.

[60] Es gibt eine Reihe weiterer Möglichkeiten. Hierzu zählen z. B. die Ausgabe von nicht existierenden Adressen an Interviewer oder die Zuweisung der Adressen von anderen Mitarbeitern der Erhebungsorganisation. Schließlich gibt es Möglichkeiten der Entdeckung durch auffällig hohe oder auffällig niedrige Ausfallquoten, durch ungewöhnliche Antwortmuster (vor allem geringe Streuung der Antworten) usw. Diese Möglichkeiten werden aber – aus unterschiedlichen Gründen – bis auf die Verwendung der ungewöhnlichen Ausfallquoten als Indikator in der Praxis kaum genutzt.

[61] Selbstverständlich müssen für eine effiziente Kontrolle der Interviewer die Namen und Anschriften der Befragten erhoben werden (diese Identifikationsmerkmale werden aber unmittelbar nach der Durchführung der Kontrollen von den Fragebogen getrennt und vernichtet).

[62] Biemer/Stokes (1989) entwickeln ein Modell, das auf Basis einiger Schätzungen und Annahmen die Berechnung der Entdeckungswahrscheinlichkeit gefälschter Interviews ermöglicht und den Entwurf eines in Hinsicht auf die Entdeckung von Interviewfälschungen optimales Design einer Stichprobe von Nachinterviews erlaubt.

Hierbei sind zwei Prinzipien wichtig:
- Jeder Interviewer muss zumindest einmal pro Feldzeit kontrolliert werden.
- Die Kontrolle muss für die Interviewer vollständig unvorhersehbar sein.

Genügen die Kontrollstichproben diesen Prinzipien nicht, so sinkt die Entdeckungswahrscheinlichkeit für Fälschungen stark ab.

In der BRD führen einige Erhebungsinstitute die Interviewerkontrollen mit einer schriftlichen Befragung mit kurzen Kontrollpostkarten durch. Diese bereits frankierten und an das Institut adressierten Kontrollkarten enthalten neben höflich gehaltenen Anschreiben meist maximal 4–5 Fragen (vgl. Abbildung 8.24). Der Rücklauf solcher Kontrollkarten lag bis in die späten 80er Jahre in der Regel

---

1. Wurden Sie oder jemand aus Ihrem Haushalt in letzter Zeit von einem Interviewer befragt?
   ☐ ja
   ☐ nein
   ☐ weiß nicht

2. Wie lang dauerte das Interview ungefähr?
   ☐☐ Minuten
   ☐ weiß nicht

3. Würden Sie uns bitte das Geschlecht der in Ihrem Haushalt befragten Person nennen?
   ☐ männlich
   ☐ weiblich

4. Würden Sie uns bitte das Alter der in Ihrem Haushalt befragten Person nennen?
   ☐☐ Jahre

5. Wurden der befragten Person Karten mit vorgedruckten Namen von Politikern vorgelegt?
   ☐ ja
   ☐ nein
   ☐ weiß nicht

Abbildung 8.24: Beispiel einer Kontrollpostkarte für persönliche Interviews

zwischen ca. 50% bis 60%, maximal 70%.[63] Meist werden von den zurückgekommenen Karten 95% bis 98% der Interviews bestätigt. Von den 2% bis 5% nicht bestätigten Interviews der rückgelaufenen Karten können in der Regel mindestens 70% zugunsten der Interviewer geklärt werden.

Eine Schätzung des Anteils der Fälschungen an allen Interviews auf der Basis

---

[63] Neuere Zahlen scheinen nicht publiziert worden zu sein. Da die Entwicklung vermutlich denen bei Befragungen allgemein ähnlich wird, dürften diese Zahlen vermutlich kaum noch über 30% liegen.

8.7 Interviewerkontrolle

solcher Kontrollen muss voraussetzen, dass die ausgewählten Interviews für die Kontrollen eine Zufallsstichprobe aus allen Interviews sind und der Rücklauf der Kontrollkarten unabhängig von der Tatsache erfolgt, ob eine Befragung stattgefunden hat oder nicht. Falls Befragte eher als Nichtbefragte die Kontrollkarten zurückschicken sollten, so wären diese schriftlichen Kontrollen unzureichend. Es gibt empirische Belege dafür, dass der Rücklauf der Kontrollkarten nicht unabhängig davon ist, ob ein Interview stattgefunden hat oder nicht.[64]

Es scheint daher höchst fragwürdig, darauf zu vertrauen, dass Nichtbefragte eine Kontrollkarte zurücksenden. Daher sollte auf andere Kontrolltechniken zurückgegriffen werden, auch wenn diese höheren Aufwand erfordern. Hierfür kommen vor allem erneute persönliche Befragungen und telefonische Kontrollen in Betracht. Gelegentlich werden solche Kontrollen gegenüber dem Befragten dann nicht als Interviewerkontrollen ausgewiesen, sondern als Nachfrage bei inhaltlichen Unklarheiten bezeichnet. Die persönliche oder telefonische Nachfrage führt in den meisten Fällen zu einer eindeutigen Klärung, allerdings sind auch hier verbleibende Unklarheiten und einige wenige Verweigerungen nicht ausgeschlossen.

Werden bei den Kontrollen Fälschungen entdeckt, so werden oftmals alle Interviews des betroffenen Interviewers aus der Stichprobe herausgenommen und der Interviewer in der Regel entlassen, manchmal allerdings nur verwarnt. Eine Reihe von Erhebungsorganisationen tauschen Informationen über ehemalige auffällig gewordene Mitarbeiter aus, die bei der Rekrutierung neuer Interviewer herangezogen werden. Für den Fall nachgewiesener Fälschungen drohen viele Institute in ihren Interviewerhandbüchern mit juristischen Schritten gegen den Interviewer.

8.7.1 Ausmaß von Interviewfälschungen

Obwohl solche Details der Erhebungen kaum publiziert werden, scheinen durch diese Art von Kontrollen meist weniger als 1% der Interviewer aufzufallen. Der Anteil der gefälschten Interviews dürfte wesentlich höher liegen. Obwohl nur sehr wenige Daten hierzu veröffentlicht werden, scheint eine Schätzung des Anteils gefälschter Interviews mit ca. 5% aller Interviews realistisch.

---

[64] Hauck (1969) berichtet von einer Studie, in der Kontrollkarten an 587 Befragte und 580 Nichtbefragte verschickt wurden. 49.1% der Befragten, aber nur 9.5% der Nichtbefragten schickten die Postkarte zurück. 2.1% der antwortenden Befragten gab an, nicht befragt worden zu sein. Von den antwortenden Nichtbefragten (n=55) gaben 14.4% an, doch befragt worden zu sein. Ältere, höher Gebildete und Weiße schickten die Kontrollkarten eher zurück. Moser/Kalton (1971:293) berichten von einer unveröffentlichtem Studie von E. Reigrotzki, bei der nur 9 der 100 Nichtinterviewten die Kontrollkarte zurückschickten.

Biemer/Stokes (1989:25) berichten die Ergebnisse eines zwischen 1982 und 1985 durchgeführten Projekts der amerikanischen Zensusbehörde zu Interviewerfälschungen. Hierbei konnten 3--5% aller Interviewer eine Fälschung nachgewiesen werden. Case (1971:42) berichtet von 13 Studien, bei denen zusammen 2449 Befragte für eine Kontrolle der Interviewer ausgewählt wurden. Hiervon konnten 89% telefonisch erreicht werden. 4.1% der Interviews wurden als Fälschung erkannt, bei weiteren 22.7% gab es Durchführungsprobleme.

Vollständige Fälschungen sind für Interviewer schwierig herzustellen.[65] Wesentlich einfacher als vollständige Fälschungen sind Teilfälschungen, bei denen nur einige Basisinformationen erfragt werden (z. B. telefonisch, bei Nachbarn oder bei einem anderen Haushaltsmitglied.[66] Weiterhin können Interviewer fälschen, indem sie das Interview verkürzen. Hierzu können sie einzelne Fragen weglassen, Satzteile überlesen oder Filterfragen so beantworten, dass die Fragen im Filter übersprungen werden (vgl. hierzu Kapitel 8.8). Schließlich gibt es für die Interviewer noch die Möglichkeit der Befragung der falschen Zielperson. Diese Möglichkeit ist insbesondere dann gegeben, wenn der Interviewer sowohl den Zielhaushalt als auch die Zielperson selbst auswählt und dann auch das Interview führt. Selbst wenn der Zielhaushalt festgelegt sein sollte, kann der Interviewer eine andere Person befragen, als es nach den Auswahlregeln notwendig wäre. So kann der Interviewer z. B. einfach auf die Auflistung der Haushaltsmitglieder verzichten und eine beliebige Person aus dem Haushalt befragen. Bei nicht ausreichend überwachten CATI-Interviews scheinen Interviewer gern auf die Anwendung einer Personenauswahl im Haushalt zu verzichten. Schließlich kann der Interviewer noch Angaben über die eigentliche Zielperson von einer anderen Person erfragen, z. B. indem er den Ehepartner befragt. Solche sogenannten „Proxy-Interviews" sind selbstverständlich fast ohne Ausnahmen unzulässig. Der Nachweis von Fälschungen durch die Verletzung der Auswahlregeln ist eigentlich nur über Wiederholungsbefragungen möglich.[67]

---

[65] Converse/Schuman (1974:110) geben eine Legende des Faches wieder, nachdem der beste bekannte Fälscher ein Doktorand der Psychologie gewesen sein soll, der auch Novellen schrieb.

[66] Es gibt einige unveröffentlichte kleine Arbeiten zur Qualität gefälschter Interviews. Hierbei wird Interviewern eine kleine Zahl von in der Regel leicht beobachtbaren demographischen Variablen vorgegeben. Die Interviewer sollen dann andere Variablen, wie z. B. Einstellungsitems, vorhersagen. Diese Vorhersagen werden daraufhin mit entsprechenden realen Daten verglichen. Übereinstimmend kommen die Studien (Hippler 1979, Schnell 1991a) zu dem Ergebnis, dass sich ein erstaunlich hoher Anteil „korrekter" Schätzungen (bei Hippler (1979:11), z. B. je nach Interviewer zwischen 35% und 50%) ergibt.

[67] Zu den Interviewerkontrollen wird vor allem in der BRD häufig auch die Qualitätskontrolle der im

8.7 Interviewerkontrolle

Biemer/Stokes (1989:25) berichten, dass 72% aller Fälschungen Totalfälschungen waren, weitere 17% der Fälschungen bestanden aus der falschen Angabe, dass eine Wohnung unbewohnt sei. Im National Crime Survey (NCS) bestanden 20 der 26 bestätigten Fälschungen aus der Befragung der falschen Person („Proxy−Interviews"). Es ist daher kaum erstaunlich, dass in dieser Studie fast 3/4 aller Fälschungen nur durch eine Wiederholungsbefragung entdeckt wurden.

Da sich Interviewer nach Kosten-Nutzen-Erwägungen verhalten, variiert das Ausmaß der Fälschungen mit den Erhebungsbedingungen. So zeigt Case (1971:43) für 2186 Befragte bei der telefonischen Kontrolle von Interviews einen Zusammenhang des Anteils der Fälschungen mit der Erreichbarkeit beim Kontrollanruf. Biemer/Stokes (1989:25) berichten von einem signifikant höheren Anteil von Fälschungen in Städten gegenüber ländlichen Gebieten. Interviewer scheinen also Interviews eher dann zu fälschen, wenn sie die Befragten nicht erreichen können und die Nichterreichbarkeit kein akzeptables Ergebnis darstellt. Dieses Problem lässt sich möglicherweise über eine faire Interviewerbezahlung, die z. B. auch Kontaktversuche honoriert und nicht nur durchgeführte Interviews, vermindern.[68]

Die Wahrscheinlichkeit, ein Interview zu fälschen, unterscheidet sich zwischen den Interviewern. Es gibt Hinweise darauf, dass sich die Fälschungen bei wenigen Interviewern konzentrieren: Case(1971:42) berichtet, dass von den beteiligten 632 Interviewern seiner 13 Studien mehr als 45% der Fälschungen und Fehler auf ca. 18% der Interviewer entfielen. Fast die Hälfte der Interviewer wies keinerlei Probleme auf, bei ca. 35% gab es gelegentliche Durchführungsfehler. In der Studie von Biemer/Stokes (1989:25) schien der Anteil der Fälschungen mit der Zahl der Jahre als Interviewer zu sinken. Biemer/Stokes (1989:25) erwähnen selbst, dass dies auch bedeuten kann, dass erfahrene Interviewer besser fälschen.[69] Betrachtet man nur die nachgewiesenen Fälschungen, so fälschten erfahrene Interviewer einen kleineren Anteil ihrer Interviews als weniger erfahrene Interviewer (19% der Interviews vs. 30%). Die erfahreneren Interviewer begingen auch weniger Totalfälschungen (13%) gegenüber den unerfahrenen Interviewern (ca. 50%). Erfahrene

---

Institut eingegangenen Interviews durch Codierer auf Vollständigkeit, Fehlerfreiheit und eklatante Widersprüche gezählt. Für die Entdeckung von Fälschungen sind solche Mittel allerdings weitgehend untauglich.

[68] vgl. auch Buchhofer (1979:196, Fußnote 150).

[69] Wobei eine bessere Fälschung nur bedeutet, dass hier eine geringere Entdeckungswahrscheinlichkeit besteht. Es könnte sein, dass erfahrene Interviewer die Befragten zu stark typisieren und daher inhaltlich „schlechtere" Fälschungen produzieren und trotzdem geringere Entdeckungswahrscheinlichkeiten besitzen.

8 Persönliche Interviews („Face-to-Face"-Befragungen)

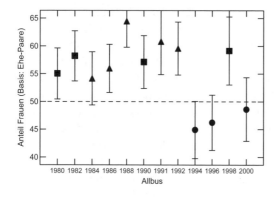

Abbildung 8.25: Anteil der befragten Frauen (Basis: Ehepaare) in den ALLBUS-Erhebungen

Interviewer modifizieren eher die Auswahlregeln für die Befragten in ihrem Sinne (Schreiner/Pennie/Newbrough 1988:492).

Dass diese Art der Fälschung durch Auswahl der falschen Zielperson in der Praxis tatsächlich häufig zu beobachten ist, zeigt das Beispiel der Allbus-Erhebungen 1980–2000. Die Abbildung 8.25 zeigt für die zum Zeitpunkt der Befragung verheirateten und zusammenlebenden Ehepaare den Anteil von befragten Frauen im Datensatz. Sollten die Interviewer innerhalb eines Haushaltes tatsächlich zufällig auswählen bzw. die zufällig ausgewählte Person tatsächlich befragen, dann sollte der Anteil der Frauen bei 50% liegen.[70] Wie deutlich zu sehen ist, liegen sowohl bei der Adress-Random als auch bei der Standard-Random-Technik die Anteile der Frauen immer oberhalb des Sollwertes, bei 8 von 9 Befragungen umschließt das (naive) 95%-Konfidenzintervall nicht den Parameter. Alle drei Einwohnermeldeamtsstichproben erbringen Ergebnisse unterhalb des Sollwertes; jedes dieser Konfidenzintervalle enthält den Parameter. Damit kann für die Allbus-Erhebungen auf eine Systematik der Intervieweratuswahl geschlossen werden: Innerhalb des Haushaltes wählen die Interviewer eher die in der Regel leicht erreichbaren Frauen aus, wenn das Auswahlverfahren ihnen diesen Spielraum erlaubt.[71]

Zusammenfassend muss festgehalten werden, dass bei professionellen Interviewern eher mit der Auswahl der falschen Zielperson als mit Totalfälschungen

---

[70] Die Idee zu dieser internen Konsistenzprüfung eines Surveys stammt von Wolfgang Sodeur (1997, 2007). Für die Überlassung dieser Daten (Stand: Frühjahr 2003) danke ich ihm.
[71] Eine Anwendung dieser internen Gütekriterien auf eine Reihe europäischer Surveys findet sich bei Kohler (2007).

zu rechnen ist. Je höher der Anteil der Fälschungen bei einem Interviewer und je länger der Interviewer für die Organisation tätig ist, desto höher ist natürlich auch die Wahrscheinlichkeit, eine Fälschung zu entdecken. Da Totalfälschungen mit den üblichen Kontrolltechniken leichter zu entdecken sind, sind bei langjährigen Interviewern Totalfälschungen daher kaum zu erwarten: Entweder meiden diese Interviewer solche Fälschungen bewusst, oder die Erhebungsorganisationen haben im Laufe der Zeit die Interviewer mit weniger subtilen Fälschungen entdeckt und entlassen.

8.7.2 Verhinderung von Fälschungen

Alle Maßnahmen zur Verhinderung von Fälschungen müssen zunächst an den Arbeitsbedingungen der Interviewer ansetzen. Simpel formuliert: Wird der relative Nutzen einer Fälschung verringert, so wird das Ausmaß der Fälschung zurückgehen. Also empfiehlt sich zunächst eine Honorierung der Interviewer nach ihrem tatsächlichen Aufwand, keinesfalls (ausschließlich) nach der Zahl durchgeführter Interviews. Werden Interviewer auch für Kontaktversuche bezahlt, so wird vermutlich die Zahl der Fälschungen sinken. Weiterhin werden die bisher nur in Ausnahmefällen zu erhaltenen (und aus methodischen Gründen höchst wünschenswerten) ausführlichen Kontaktprotokolle leichter zu erhalten sein, da ohne diese kaum eine Abrechnung der Kontaktversuche erfolgen kann. Das Risiko der Entdeckung einer Fälschung muss erstens durch geeignete Maßnahmen objektiv hochgehalten und zweitens den Interviewern auch subjektiv deutlich gemacht werden. Die Betonung der Kontrollen während der Ausbildung und die regelmäßige Meldung von erfolgreichen (und erfolglosen) Interviewbestätigungen sowie der Bericht von Qualitätskontrollen durchgeführter Interviews in relativ kurzen Abständen dürften daher zu einem niedrigen Ausmaß an Fälschungen führen. Dies setzt aber eine enge und kostspielige Zusammenarbeit der Erhebungsorganisation mit den Interviewern voraus.[72]

Weiterhin kann das Problem der Interviewerfälschungen durch technische Maßnahmen reduziert werden. Werden z. B. alle Interviews mit CAPI-Systemen aufgezeichnet und diese dann stichprobenartig kontrolliert, werden Fälschungen für Interviewer kompliziert und risikoreich.[73] Im Falle eines Fälschungsverdach-

---

[72] In der BRD scheinen einige Institute die Kontrolle über die Interviewer zum Teil verloren zu haben. Anders wäre es kaum zu erklären, dass einige Institute nicht wissen, welche Person tatsächlich unter einer Interviewernummer das Interview durchführte.

[73] Bei telefonischen Interviews besteht die Möglichkeit (und Notwendigkeit) der Kontrolle der Interviewer durch das elektronische Mithören der Gespräche. Falls die Einschaltung in das Interview

tes ließen sich (falls die Aufzeichnungen über längere Zeit aufbewahrt würden) vollständige Kontrollen aller Interviews eines Interviewers auch nachträglich durchführen.[74] Das Aufzeichnen der Interviews ist aber bisher nicht üblich.

Bei computerunterstützten persönlichen Interviews kann eine sehr indirekte Kontrolle dadurch erfolgen, dass der Befragungscomputer die Zeit zwischen dem Erscheinen der Frage auf dem Schirm und dem Tippen der Antwort automatisch protokolliert.[75] Weiterhin lässt sich der Befragungszeitpunkt durch den Rechner erfassen.[76] Durch solche Maßnahmen werden die Kosten der Herstellung eines gefälschten Interviews für die Interviewer wesentlich höher, vollständig verhindern lassen sich Fälschungen natürlich nicht.

8.7.3 Statistische Verfahren zur Entdeckung von Fälschungen

Es liegt nahe, auf bereits erhobene Daten statistische Verfahren anzuwenden, um nachträglich Fälschungen zu erkennen. Obwohl sich im Regelfall bei deskriptiven Statistiken keine großen Unterschiede zwischen gefälschten und echten Daten zeigen lassen, ist bei Fälschungen von Antworten eine Stereotypisierung nachweisbar: Die Interviewer arbeiten mit zumindest impliziten Modellen des Antwortverhaltens (Schnell 1991a). Damit stellt sich die Frage, ob die Stereotypisierung stark genug ist, um zur Identifikation gefälschter Interviews verwendet werden zu können.

In der Literatur finden sich vor allem verschiedene Maßzahlen für die Abweichung verdächtiger Interviews von anderen Interviews.[77] Murphy u. a. (2004)

---

technisch so vorgenommen werden kann, dass kein Hinweis auf das Mithören entsteht (Schaltgeräusche, Verminderung der Lautstärke), ist dies die effektivste Art der Interviewerkontrolle. Im Rahmen der Interviewerschulung muss schon aus ethischen Gründen auf solche Kontrollen natürlich explizit hingewiesen werden.

[74] Da die Aufzeichnungen anonymisiert aufbewahrt werden können, kann hier auch keine Datenschutzproblematik entstehen.

[75] Eine Diskussion dieser Idee findet sich bei Murphy u. a. (2004). Es ist naheliegend, die in modernen Computern oder Handys eingebauten GPS-Geräte zur Kontrolle der Interviewer zu verwenden. Dies wirft vor allem rechtliche Probleme auf. Neben dem – vermutlich lösbaren – Datenschutzproblem entsteht hier vor allem ein Problem in Hinsicht auf die arbeitsrechtliche Selbstständigkeit kommerzieller Interviewer (vgl. Kapitel 8.2.6).

[76] Bushery u. a. (1999) schlugen vor, extreme Anzahlen von Interviews pro Tag (insbesondere gegen Ende der Feldzeit) als Warnzeichen für möglicherweise gefälschte Interviews zu verwenden. Ihre empirische Untersuchung legt nahe, dass sich derart grobe Indikatoren nicht zur Identifikation von Fälschungen eignen.

[77] Es wurden zwar zahlreiche statistische Modelle für die Analyse solcher Antwortmuster verwendet (z. B. Cluster-Analyse, Korrespondenzanalyse oder Konfigurationsfrequenzanalyse); aber wie stets ist die Wahl des Modells recht beliebig, falls die Daten keine ausreichende Redundanz für eine Prognose enthalten.

8.7 Interviewerkontrolle

erwähnen u. a. den Bericht signifikant unterschiedlicher Häufigkeiten und ungewöhnlicher Merkmalskombinationen. Einen ebenfalls auf der Abweichung vom Gesamtmittelwert der jeweiligen Antworten basierenden Abweichungsindex verwenden Schäfer u. a. (2005).

Statistisch besonders elegant ist die Analyse der Verteilung von Ziffern bei numerischen Angaben. Die Ziffern in empirisch generierten Daten sind entgegen der naiven Erwartung nicht gleichverteilt, sondern folgen der Verteilung $P_d = log_{10}\left(1 + \frac{1}{d}\right)$, für $d = 1, \ldots, 9$. Diese Verteilung wird in der Regel als Benfords-Gesetz bezeichnet. Das Ausmaß der Abweichung von dieser Verteilung wird z. B. bei der Untersuchung von Buchhaltungsbetrug zur Entdeckung von Fälschungen verwendet.[78]

Trotz der wachsenden Zahl von Arbeiten zur statistischen Identifikation von Fälschungen muss festgestellt werden, dass die vorgeschlagenen Tests für praktische Anwendungen kaum ausreichen.[79] Das Hauptproblem dieser Art von Tests dürfte darin bestehen, dass nur Interviewanfänger auf die vermutete Art und Weise fälschen. Die absichtlich fälschliche Befragung einer anderen Zielperson ist deutlich schwieriger nachweisbar und dürfte für einen erfahrenen Interviewer eher das Mittel der Wahl darstellen.

8.7.4 Konsequenzen gefälschter Interviews

Obwohl der Anteil der Fälschungen vermutlich klein ist, kann das Problem dennoch nicht ignoriert werden. So unbedeutend Interviewerfälschungen für univariate Statistiken wie Anteile, Mittelwerte oder Streuungen sein mögen, so fatal können sich selbst einzelne Fälschungen auf multivariate Analysen auswirken. Für univariate Statistiken mag die Hoffnung einiger Praktiker, dass eine Stichprobe von 2000 Befragten statistisch zu robust sei, „(...) um von einem Zwanzigstel unkorrekter Antworten verbogen werden zu können" (Kirschhofer-Bozenhardt/Kaplitza 1982:133), noch einigermaßen begründet sein, bei anspruchsvolleren Datenanalysetechniken, die gerade für eine theoretisch orientierte Sozialwissenschaft unverzichtbar sind, gilt dies allerdings nicht mehr. Bei multivariaten Analysen, die auf dem allgemeinen linearen Modell basieren (wie z. B. Faktoren- und Varianzanalysen, multiple Regressionen, Pfadanalysen), reichen wenige Fälle zur grundlegenden Veränderung

---

[78] Die Nutzung der Benford-Verteilung zur Entdeckung von Interviewerfälschungen wurde erstmals von Diekmann (2002) vorgeschlagen. Bei Schräpler (2010) findet sich eine detaillierte Anwendung auf Fälschungen im SOEP.

[79] Interessanterweise berichtet keine der publizierten Arbeiten die für diagnostischen Tests üblichen statistischen Kriterien (z. B. Sensitivität, Spezifität, positiv prädiktiver Wert, vgl. Pepe 2004).

der Ergebnisse vollständig aus. Gerade die Verwendung solcher Techniken setzt daher vor der Analyse eine ungewöhnlich umfangreiche und auf die Betrachtung einzelner abweichender Fälle orientierte Datenprüfung und Bereinigung („Data Screening") voraus.[80] Die Berücksichtigung mindestens der Interviewernummer und einiger Interviewermerkmale im Datensatz ist daher unverzichtbar.[81,82]

8.7.5 Exkurs: Abschätzung der Verzerrungen durch Fälschungen

Die Möglichkeit der Abschätzung der Effekte wird durch die Überlegung ermöglicht, dass ein Datensatz mit Fälschungen einem Datensatz, bei dem fehlende Daten durch Ersetzungen geschätzt wurden („Imputationen") entspricht.[83] Die Ersetzung fehlender Werte in Datensätzen durch Expertenratings unterscheidet sich nur durch die quantifizierbare Güte der Expertenschätzung gegenüber der Interviewerfälschung. Schließlich ersetzt bei einer Fälschung der Interviewer als Experte fehlende Daten durch seine Schätzung. Die Verzerrung der Schätzungen durch Fälschungen und die Verzerrung durch Ersetzung fehlender Werte ist daher formal identisch. Fälschungen stellen also so betrachtet lediglich eine Variante eines speziellen „Missing-Data-Problems" dar. Da die Auswirkungen gefälschter Interviews daher den Auswirkungen von Nonresponse ähneln, können die Formeln zur Berechnung des Nonresponsebias auf dieses Problem angewendet werden (Kalton 1983:6–10). Der einfachste Fall betrifft die statistische Schätzung von Anteilswerten einer Variablen. Die mögliche Verzerrung der Schätzung der Anteilswerte kann nicht größer sein als der Anteil der Fälschungen insgesamt. Der sich ergebende Anteilswert (p_g) ist eine Funktion der Differenz zwischen dem Anteil

---

[80] Eine Einführung in Techniken des „Data Screening" geben Tabachnick/Fidell (1989:58–22).

[81] Bei vielen Instituten arbeiten unter einer Interviewernummer mehr als ein Interviewer, z. B. arbeiten Ehepartner oder Freunde unter einer Nummer, so dass die tatsächliche Zahl der Interviewer oft höher liegt als die ausgewiesene Zahl der Interviewer. Im ALLBUS 1988 ändert sich bei 6 Interviewernummern das Geschlecht, bei 6 Interviewernummern variiert das Alter um mehr als 1 Jahr (zwischen 3 und 38 Jahren) während der Befragung. In diesen Fällen verbergen sich also (mit hoher Sicherheit) hinter einer Interviewernummer mindestens zwei Interviewer.

[82] Nur ca. 5% der im Datenarchiv für Sozialwissenschaften gespeicherten Studien enthalten eine Intervieweridentifikation als Merkmal, höchstens 3% der Studien enthalten Geschlecht und Alter. Berücksichtigt man, dass die im Archiv vorhandenen Datensätze eher zu den methodisch besseren Studien zählen dürften, so kann daraus auf einen verschwindend geringen Anteil von Untersuchungen geschlossen werden, bei denen bei der Datenanalyse auf Interviewermerkmale zurückgegriffen werden kann.

[83] Die erste veröffentlichte analytische Abschätzung der möglichen Effekte gefälschter Interviews auf die Verzerrung statistischer Schätzer findet sich bei Schnell (1991a), eine Abschätzung unter anderen Annahmen bei einer Weiterführung des Ansatzes geben Schräpler/Wagner (2005).

8.7 Interviewerkontrolle

in den echten Interviews (p_t) und dem Anteil in den gefälschten Interviews (p_f) gewichtet mit dem Anteil der Fälschungen an allen Fällen (a_f):

$$p_g = p_t - a_f(p_t - p_f) \tag{8.3}$$

Bei 5% Fälschungen kann sich also maximal eine Differenz von 5% gegenüber dem tatsächlichen Anteilwert ergeben. Sobald die Interviewer nur minimal bessere Schätzungen abgeben als durch Würfeln zu erreichen wäre, werden die Verzerrungen kleiner.

Für die Mittelwerte ergeben sich analog zu den Anteilswerten die Schätzungen:

$$\bar{x}_g = \bar{x}_t - a_f(\bar{x}_t - \bar{x}_f) \tag{8.4}$$

Die meisten Variablen der empirischen Sozialforschung besitzen sehr kleine Wertebereiche, z. B. 1 bis 7 oder 1 bis 10. Nur in seltenen Fällen wird der Wertebereich 0–100 überschritten. Bei 5% Fälschungen bedeutet dies also bei den 0–100 Skalen eine maximale Verzerrung von ±5, bei den 7-stufigen Skalen um ±0.3.

Die Verzerrung (B) von Subgruppenmittelwertdifferenzen $B_{\bar{x}}$ ist folglich

$$B_{\bar{x}} = a_{fa}(\bar{x}_{ta} - \bar{x}_{fa}) - a_{fb}(\bar{x}_{tb} - \bar{x}_{fb}), \tag{8.5}$$

wobei a_{fa} und a_{fb} die Anteile der Fälschungen in den Subgruppen a und b, $\bar{x}_{ta}$ und $\bar{x}_{tb}$ die Mittelwerte der echten Interviews in den Subgruppen und $\bar{x}_{fa}$ und $\bar{x}_{fb}$ die Mittelwerte der gefälschten Interviews in den Subgruppen sind. Da die gesamte Varianz mit

$$s^2 = (1 - a_f)s_t^2 + a_f s_f^2 + a_f(1 - a_f)(\bar{x}_t - \bar{x}_f)^2 \tag{8.6}$$

geschätzt werden kann, ergibt sich die Verzerrung der Varianz als

$$B_s^2 = a_f(s_t^2 - s_f^2) - a_f(1 - a_f)(\bar{x}_t - \bar{x}_f)^2. \tag{8.7}$$

Bei angenommenen 5% Fälschungen, einer 10% geringeren Varianz der Fälschungen und fast maximalen Differenzen der Mittelwerte von standardnormal verteilten Variablen (6.0) wäre bereits eine Überschätzung der Varianz um den Faktor 2.7 möglich. Geht man hingegen von realistischeren (fast) identischen Mittelwerten in beiden Gruppen aus, so wird bei 5% Fälschungen und standardnormalverteilten Variablen für eine 5%-Unterschätzung der Varianz die Annahme konstanter Werte für die Fälschungen (Varianz=0) erforderlich. Falls die fälschenden Interviewer nicht allzu unrealistische Mittelwerte produzieren, ist also bei 5% Fälschungen auch bei starker Homogenität der Fälschungen nur mit einer minimalen Verzerrung der Varianz zu rechnen.

Die sich ergebende Kovarianz lässt sich mit

$$s_{xy} = (1 - a_f)s_{txy} + a_f s_{fxy} + a_f(1 - a_f)(\bar{x}_t - \bar{x}_f)(\bar{y}_t - \bar{y}_f) \quad (8.8)$$

berechnen, wobei s_{xy} die geschätzte Kovarianz der Variablen x und y, s_{txy} und s_{fxy} deren Kovarianz für die echten bzw. gefälschten Daten und $\bar{x}_t$, $\bar{y}_t$ und $\bar{x}_f$, $\bar{y}_f$ deren Mittelwerte sind. Die Verzerrung der Kovarianz ist dann

$$Bs_{xy} = a_f(s_{txy} - s_{fxy}) - a_f(1 - a_f)(\bar{x}_t - \bar{x}_f)(\bar{y}_t - \bar{y}_f) \quad (8.9)$$

Bei Annahme identischer Mittelwerte ist der Bias eine einfache Funktion des Anteils der Fälschungen. Bei angenommenen 5% Fälschungen und einer Kovarianz von null bei den Fälschungen wird die Kovarianz folglich nur um 5% unterschätzt. Bei Annahme identischer Mittelwerte, 5% Fälschungen und einer nur im Vorzeichen unterschiedlichen Kovarianz bei den Fälschungen (die Interviewer würden hierbei von einer impliziten Theorie mit falschem Vorzeichen ausgehen) ergäbe sich also eine Unterschätzung der Kovarianz um 10%.

Bei realistischen Mittelwerten der Interviewerschätzungen sind also auch bei Kovarianzen kaum größere Verzerrungen zu erwarten. Für komplexere Statistiken, z. B. Regressionskoeffizienten, ist die Herleitung des Bias hingegen schwierig, in vielen Fällen kaum möglich. Für die praktische Abschätzung der möglichen Effekte bei komplexeren Statistiken muss daher auf einfache Simulationen zurückgegriffen werden. Zentral für solche Simulationen sind natürlich wiederum das vermutete Ausmaß der Fälschungen und die Güte der Fälschungen. Die Güte der Fälschung hängt ihrerseits von der Art der Fälschung ab. Das Ausmaß der Verzerrung komplexer Statistiken durch Fälschungen kann – wie bei fehlenden Werten allgemein – nicht analytisch abgeschätzt werden, sondern muss im Einzelfall über eine Art „multiple Imputation" (Rubin 1987) beurteilt werden.

8.8 Interviewer-Verhalten und Datenqualität

Matschinger/Bernert/Angermeyer (2005) bemerkten in einer deutschen Studie im Jahr 2000/2001 mit 4286 Befragten, dass der Anteil der positiv beantworteten Fragen, die weitere Nachfragen bedingt hätten, mit dem Fortschreiten der Feldarbeit monoton sank (vgl. Abbildung 8.26). Die Autoren erklären dies damit, dass die

8.9 Feldkontrolle bei F2F-Surveys

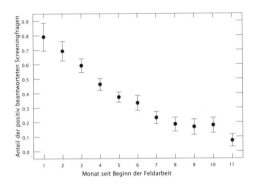

Abbildung 8.26: Anteil positiv beantworteter Screening-Fragen für die 11 Monate der Erhebungszeit. Die Fehlerbalken stellen naive 95%-Konfidenzintervalle dar. Die Abbildung basiert auf den Daten der Tabelle 1 bei Matschinger/Bernert/Angermeyer (2005:658). Die Konfidenzintervalle wurden vom Autor neu berechnet.

Interviewer lernten, dass positiv beantwortete Screeningfragen zu längeren Interviews führen und ein Teil der Interviewer dann diese Fragen nicht mehr stellten bzw. falsch codierten.

Ein ähnliches Phänomen vermuten Schnell/Kreuter (2000b) bei Viktimisierungsstudien: Interviewer mit besonders vielen Interviews ermittelten weniger Verbrechensopfer. Die Abbildung 8.27 zeigt Schätzungen für den Anteilswert und dessen Konfidenzintervall für den Anteil der Personen mit Opfererfahrung in zwei Viktimisierungsstudien mit identischen Fragen, gleicher Grundgesamtheit und identischem Institut zum gleichen Zeitpunkt. Die Schätzungen unterscheiden sich in der Art der Gewichtung und den Annahmen über die Art der Klumpung der Stichprobe. Unabhängig vom verwendeten Schätzverfahren sind die Unterschiede zwischen den Stichproben stark und nicht durch Zufall zu erklären.

Solche Probleme lassen sich nur durch Verringerung der Belastung der Befragten und der Interviewer sowie durch andere Bezahlung und intensive Kontrolle der Interviewer vermindern.

8.9 Feldkontrolle bei F2F-Surveys

Voraussetzung einer erfolgreichen Feldarbeit sind gründlich geschulte Interviewer (vgl. den Abschnitt 8.6 zum Interviewertraining). Zusätzlich ist eine angemessene Bezahlung der Interviewer erforderlich. Typischerweise werden Interviewer nur für erfolgreiche Interviews bezahlt. Unter dieser Bedingung erbringen erfolglose

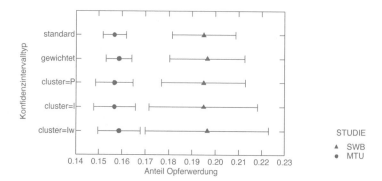

Abbildung 8.27: Fünf verschiedene Schätzungen für den Anteilswert und dessen Konfidenzintervall für den Anteil der Personen mit Opfererfahrung in zwei Viktimisierungsstudien (Mehrthemenumfrage MTU und SowiBus SWB) mit identischen Fragen, gleicher Grundgesamtheit, identischem Institut zum gleichen Zeitpunkt. Quelle: Schnell/Kreuter (2000b)

Kontaktversuche für Interviewer keinen Gewinn, sondern verursachen nur Kosten. Bei mangelnder Kontrolle der Kontaktversuche werden Interviewer daher vermeiden, Kontaktversuche herzustellen. Dies lässt sich für die Interviewer in der BRD am einfachsten dadurch erreichen, dass sie schwer Erreichbare als Verweigerer klassifizieren. Da diese Fälle kaum je validiert werden, ist dies für die Interviewer bei der bisherigen Verfahrensweise eine nahezu risikolose Strategie. Das Gleiche gilt für die wohl erfolgreichste Form der Interviewfälschung: Im Gegensatz zur weitverbreiteten Fiktion, Interviewfälschungen seien mehr oder weniger phantasievolle Kreationen der Interviewer, handelt es sich um einen vermeintlichen „Fehler" bei der Auswahl der Zielperson. Es wird somit z. B. eine leicht erreichbare Person anstelle der zufällig ausgewählten Zielperson befragt (vgl. Kapitel 8.7.1). Selbst in den eher seltenen Fällen, bei denen die falsche Auswahl der Zielperson durch Vergleich mit Registerangaben nachgewiesen werden kann, sind die zu erwartenden Sanktionen gering: In vielen Instituten gibt es keine Informationen über die individuelle Datenqualität der Interviewer über die Zeit, daher werden abweichende Interviewer erst relativ spät auffällig. Weiterhin scheinen die Institute untereinander kaum Informationen über Interviewer auszutauschen. Da zudem in einigen großstädtischen Gebieten Interviewer äußerst schwer ersetzbar sind und Schadensersatzklagen gegen Interviewer bislang – in der BRD – anscheinend nicht vorkamen, sind Fälschungen durch falsche Auswahl der Zielperson nahezu

8.10 Feldmanagement-Systeme

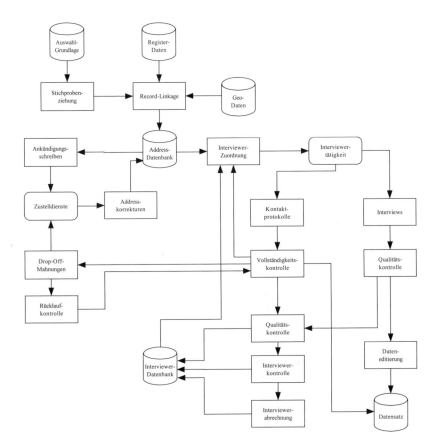

Abbildung 8.28: Informationsfluss in einem Feldmanagement-System

risikolos für Interviewer.[84]

8.10 Feldmanagement-Systeme

Zunehmend werden in professionellen Erhebungen spezielle Computerprogramme zur Steuerung und Kontrolle der Feldarbeit verwendet.[85] Diese „Feldmanagement-

---

[84] Welch geringer Wert häufig auf die Datenqualität gelegt wird, lässt sich daran ablesen, dass erkannte Fälschungen gelegentlich auch über Jahre Bestandteil des Datensatzes bleiben. Ein Beispiel ist der ALLBUS 1980, vgl. Schnell (1994:41).

[85] Diese Programme sind zur Zeit ausschließlich jeweils institutseigene Softwarelösungen. Weder diese noch andere Programme sind käuflich zu erwerben; akademische Programme existieren bislang noch

Systeme" bestehen aus mehreren untereinander verknüpften Datenbanken mit den entsprechenden Bearbeitungsmöglichkeiten (vgl. Abbildung 8.28).

Ausgehend von den Auswahlgrundlagen (z. B. Einwohnermeldedateien) können Stichproben gezogen und mit den Daten aus anderen Registern (z. B. Telefonbüchern) und geographischen Informationssystemen zu einem Adressbestand der Stichprobe zusammengefügt werden (Record-Linkage). Basierend auf diesem Datenbestand können Ankündigungsschreiben versandt werden. Sollten Adressenkorrekturen notwendig werden, werden diese nur in dieser Datenbank gespeichert. Die Adressen aus dieser Datenbank werden entsprechend den Erfordernissen der Studie und den in der Interviewerdatenbank gespeicherten Möglichkeiten der Interviewer auf die Interviewer der Studie verteilt. Die aus der Tätigkeit der Interviewer hervorgehenden Interviews werden nach einer Qualitätskontrolle (deren Ergebnisse wieder Bestandteil der Interviewerdatenbank werden) und der Dateneditierung Bestandteil des Analysedatensatzes. Die ebenfalls aus der Tätigkeit der Interviewer hervorgehenden Kontaktprotokolle werden auf Vollständigkeit geprüft. Eventuell zeigt sich hier, dass ein Neueinsatz anderer Interviewer notwendig ist.[86] Bei manchen Studien ist zusätzlich eine Mahnung des schriftlichen Teils einer Befragung bei den Befragten erforderlich. Nach einer Qualitätskontrolle werden die Kontaktprotokolle zusammen mit den Ergebnissen der Interviewerkontrolle (Prüfung auf Fälschungen, korrekte Auswahl der Zielperson) schließlich auch wieder Bestandteil der Interviewerdatenbank.[87] Selbstverständlich wird auch die finanzielle Abrechnung der Studie mit den Interviewern, basierend auf den Daten der Interviewerdatenbank, mit Unterstützung des Feldmanagementsystems durchgeführt.

---

nicht einmal in Ansätzen.

[86] Eines der Probleme der bislang in der BRD üblichen Interviewereinsatzkontrolle besteht darin, dass ein – wie auch immer – bedingter Ausfall eines Interviewers erst so spät bemerkt wird, dass ein Sampling-Point völlig ausfällt, da keine einzige Adresse während der Feldzeit kontaktiert werden kann. Schnell (1997:72) zeigt in einer Übersicht über 169 Studien, dass bis zu 15% (im Mittel: 1.7%) des Stichprobenbruttos bundesweiter Erhebungen durch nichtbearbeitete Adressen ausfallen.

[87] Die in solchen Feldmanagement-Systemen gesammelten Daten der Kontaktprotokolle sollten immer Bestandteil des ausgelieferten Analysedatensatzes werden. Dies ermöglicht einerseits eine problemlose Zusammenstellung der Informationen für den Erhebungsbericht der Studie (vgl. Anhang I), andererseits erlauben die dann vorhandenen Daten („Para-Daten", vgl. Kapitel 12.6.1) besondere methodische Analysen über das Verhalten der Interviewer und dessen Konsequenzen, vor allem in Hinsicht auf Nonresponse.

9 Postalische Befragungen („Mail-Surveys")

In der englischsprachigen Literatur bezeichnet der Begriff „Mail-Survey" eindeutig eine postalische Befragung. In der deutschsprachigen Literatur werden gelegentlich postalische (individuelle) Befragungen einerseits und schriftliche Befragungen in Gruppen (z. B. in Klassen- oder Seminarräumen) andererseits in irreführender Weise vermengt. Um solche – manchmal vermutlich intendierten – Missverständnisse zu vermeiden, wird hier der eindeutige Begriff „postalische Befragung" verwendet. Im Folgenden werden als Anwendungen schriftlicher Befragungen ausschließlich postalische Befragungen behandelt, da im Zusammenhang mit der Befragung von Zufallsstichproben der „allgemeinen Bevölkerung" schriftliche Befragungen in Gruppen keine Rolle spielen.[1]

9.1 Vor- und Nachteile postalischer Befragungen

Vier Vorteile postalischer Befragungen werden gelegentlich genannt:

1. Geringe Kosten,
2. Möglichkeit der Nutzung von Akten, Urkunden usw. durch die Befragten,
3. Zugang zu schwer zugänglichen Populationssegmenten und
4. geringere Effekte sozialer Wünschbarkeit.

---

[1] In der Psychologie sind hingegen schriftliche Befragungen in Gruppen weitverbreitet. Solche Befragungen rufen besondere Probleme hervor. Neben rechtlichen Zugangsproblemen (z. B. bei Klassenraumbefragungen) sind hier vor allem häufig dramatische Verletzungen der Annahme, dass die Befragungen unabhängig voneinander erfolgen, zu erwähnen. Diesen Problemen muss vor der Erhebung durch geeignete Maßnahmen begegnet werden. Ebenso müssen diese Probleme in der Datenanalyse explizit durch Ausfallanalysen einerseits und die korrekte Berechnung von Klumpeneffekten (Designeffekten) andererseits berücksichtigt werden. Schließlich muss vor allem bei der Befragung von Studenten damit gerechnet werden, dass ein Teil der Studenten die Befragung nicht ernst nimmt oder gar bewusst sabotiert. Dies ist nicht immer erkennbar. Schließlich muss berücksichtigt werden, dass Studenten kaum eine Zufallsstichprobe aus westlichen Gesellschaften und noch weniger aus menschlichen Populationen allgemein darstellen (die Beschränkung auf westliche Gesellschaften wurde von Henrich u. a. (2010) mit dem leicht erinnerlichen Begriff WEIRD (Western, Educated, Industrialized, Rich, Democratic) zusammengefasst). Generell sollte daher von der Befragung von Studenten in Gruppen abgesehen werden; dies gilt vor allem für vermeintliche Methodenstudien. Die Behandlung der Ergebnisse einer schriftlichen Befragung in Gruppen in der gleichen Weise wie die Ergebnisse einer postalischen Befragung ist methodisch unhaltbar und grob irreführend.

Zumindest die beiden ersten Argumente sind höchstens bedingt korrekt und werden daher etwas ausführlicher diskutiert.[2]

9.1.1 Kosten postalischer Befragungen

Im Vergleich zu persönlichen oder telefonischen Interviews sind die Kosten postalischer Befragungen sicherlich geringer. Trotzdem sind die Kosten einer korrekt durchgeführten postalischen Befragung deutlich höher, als Unkundige es vermuten. Neben Druck- und Portokosten für Fragebogen und Mahnpostkarten entstehen Personalkosten durch die Untersuchungsplanung (Personal, Sachmittel), Stichprobenziehung, Adress- und Rücklaufverwaltung, Dateneingabe und Datenbereinigung sowie die Entsorgung der Befragungsunterlagen. Bei einer Befragung von 2000 Personen sind allein mit diesen Tätigkeiten zwei Halbtagskräfte mehr als 10 Wochen beschäftigt. Zusätzlich müssen die Fragebogen geplant, das Layout vorgenommen und Pretests durchgeführt werden. Darüber hinaus ist in der Regel ein umfangreicher Briefwechsel mit Datenschützern, Polizeidienststellen, Gewerkschafts- oder anderen Interessenvertretern, Druckereien, Geldgebern usw. notwendig. Schließlich erfordert auch die Datenanalyse Zeit und Kompetenz. Für diese zusätzlichen Tätigkeiten ist mindestens ein erfahrener wissenschaftlicher Mitarbeiter notwendig. Damit liegen die tatsächlichen Gesamtkosten einer postalischen Befragung von 1000 Personen in der Größenordnung des Jahresgehaltes eines wissenschaftlichen Mitarbeiters.[3] Diese Kalkulation stellt die Untergrenze der Kosten dar.[4]

---

[2] Eine vergleichende Diskussion der Effekte der sozialen Wünschbarkeit in verschiedenen Erhebungsmodi findet sich im Kapitel 12.3.

[3] Bei vier Arbeitsmonaten ergeben sich bei einem wissenschaftlichen Mitarbeiter und zwei studentischen Hilfskräften Arbeitskosten in Höhe von 18.200 Euro. Rechnet man die Porto- und Druckkosten für Ankündigung, Fragebogen und Erinnerungen pro Fall mit der Hälfte des Stundensatzes einer Hilfskraft, dann werden für 1000 tatsächlich Befragte Sachkosten in Höhe von ca. 11.600 Euro notwendig. Die Gesamtkosten einer postalischen Befragung von 1000 Personen liegen damit bei nahezu 30.000 Euro.

[4] In akademischen Projekten wird die Arbeit der Hilfskräfte häufig durch untrainierte vorhandene Arbeitskräfte (Sekretärinnen, Examenskandidaten) übernommen. Gerade in diesem Fall ist eine besonders intensive tägliche Kontrolle und Anleitung durch einen mit solchen Projekten erfahrenen wissenschaftlichen Mitarbeiter unverzichtbar. Die gelegentlich an Universitäten zu findende Praxis, eine vollständige Datenerhebung durch eine postalische Befragung im Rahmen einer Bachelor- oder Masterabeit bzw. einer Dissertation allein durch Studenten durchführen zu lassen, ist in jeder Hinsicht unverantwortlich und führt nahezu immer zu unbrauchbaren Ergebnissen (vgl. Kapitel 8.2.10).

9.1.2 Möglichkeiten der Nutzung von Dokumenten durch die Befragten

Obwohl es prinzipiell möglich ist, Befragte während eines persönlichen oder telefonischen Interviews um die Nutzung von Dokumenten zur Klärung von Faktenfragen (z. B. Miethöhe oder kalendarische Details der Biographie) zu bitten, werden solche Anforderungen nur selten gestellt. Neben der impliziten potentiellen Unhöflichkeit des Begehrens (man unterstellt, dass der Befragte „offensichtliche" Details nicht erinnert) liegt die Ursache für die Meidung dieses Vorgehens in der Befürchtung, den Ablauf des Interviews zu verlängern oder sogar den Abbruch zu verursachen. Bei postalischen Befragungen bestehen die Bedenken in Hinsicht auf diese potentielle Unhöflichkeit nicht. Allerdings scheint es mehr als fraglich, dass ein Anschreiben allein Befragte dazu motivieren kann, nicht nur einen Fragebogen zu beantworten und zurückzusenden, sondern auch noch zusätzlich Dokumente zu Rate zu ziehen. Erscheint schon in Organisationen der Zugriff auf relevante Dokumente problematisch, so dürfte dies für Privatpersonen in noch stärkerem Ausmaß gelten.[5]

9.2 Besonderheiten der Stichprobenziehung

9.2.1 Befragungen der allgemeinen Bevölkerung

Postalische Befragungen der allgemeinen Bevölkerung der gesamten Bundesrepublik scheinen außerordentlich selten durchgeführt worden zu sein. Der Aufwand für die Erstellung der Auswahlgrundlage ist in einem solchen Fall erheblich.[6] Aus Kostengründen wird daher vor allem bei bundesweiten Studien in der Regel eine telefonische Erhebung einer postalischen vorgezogen, da die Kosten für das Erstellen einer Telefonstichprobe deutlich unter den Kosten der Erstellung einer Adressenstichprobe liegen.

Für die seltene Verwendung postalischer Befragungen der allgemeinen Bevölkerung gibt es vor allem zwei Gründe:

- Einerseits mangelt es häufig an geeigneten Auswahlgrundlagen für die Stichprobenziehung,
- andererseits sind Angehörige spezieller Populationen in der Regel leichter über das Untersuchungsthema zu motivieren.

---

[5] Empirische Studien zum Ausmaß der tatsächlichen Nutzung von Dokumenten durch die Befragten während einer postalischen Befragung scheinen bislang nicht veröffentlicht worden zu sein.
[6] Einzelheiten zur Durchführung der anscheinend bislang einzigen öffentlich dokumentierten Studie finden sich bei Schnell/Kreuter (2000a).

Idealerweise steht eine vollständige Namens- und Adressenliste der zu befragenden Personen einer geplanten postalischen Befragung zur Verfügung. Dies wird nahezu immer nur bei thematisch oder räumlich abgegrenzten Spezialpopulationen der Fall sein. Bei räumlich abgegrenzten Populationen, wie z. B. bei Bürgerbefragungen einer Gemeinde, stehen in der Regel bei öffentlich geförderten Forschungsprojekten die Einwohnermelderegister der Gemeinden für eine Stichprobenziehung zur Verfügung. Diese Register sind für Befragungen einzelner Personen nahezu der Idealfall einer Auswahlgrundlage.[7] Allerdings enthalten die Einwohnermelderegister der Kommunen in der BRD keinerlei Angaben über Haushalte oder gar „Haushaltsvorstände".[8]

9.2.2 Befragung von Spezialpopulationen, für die Register vorhanden sind

Ist bei einer Untersuchung die Zielpopulation nicht räumlich abgegrenzt, sondern sachlich über das Untersuchungsthema, stehen in vielen Fällen Mitgliederlisten von Organisationen, denen die Mitglieder der Zielpopulation angehören, zur Verfügung. Hierzu gehören z. B. Mitgliederbefragungen von Krankenkassen oder Befragungen von Fachärzten. Neben der vergleichsweise einfachen Ziehung einer Stichprobe bieten solche Register einen weiteren Vorteil: Sie enthalten neben den Anschriften und Namen häufig weitere Daten, die den Erhebungsdaten der Befragten zugespielt werden können. Dadurch können sowohl die Fragebogen oft gekürzt als auch Untersuchungen über die Zuverlässigkeit der Angaben und eventuell systematische Ausfallprozesse durchgeführt werden. Bei postalischen Befragungen sollten daher soweit wie möglich zusätzliche Registerdaten aus der Auswahlgrundlage in den Analysedatensatz übernommen werden. Dies gilt auch für Daten über diejenigen, die nicht auf die Befragung antworten: Nur durch die Angaben in den Registern über die Nonrespondenten sind dann Analysen über mögliche Nonresponse-Effekte überhaupt möglich.

9.2.3 Befragung seltener Populationen

Häufig werden Befragungen verwendet, um die Mitglieder seltener Populationen, für die keine Register vorhanden sind, zu finden (vgl. Kapitel 14.3). Beispiele hierfür sind Patienten mit speziellen Erkrankungen, Angehörige besonderer Berufsgruppen oder Haushalte mit ungewöhnlichen Familienkonstellationen. Insbesondere bei medizinischen Forschungsprojekten werden gelegentlich postalische

---

[7] Natürlich besitzen auch diese Register Mängel, vgl. hierzu Kapitel 8.3.1.
[8] Die Kommunen verwenden Programme, mit denen für statistische Analysen (nicht: Auswahlverfahren) Haushalte anhand plausibel erscheinender Kriterien „generiert" werden.

9.2 Besonderheiten der Stichprobenziehung

Befragungen durchgeführt, um solche seltenen Subgruppen zu identifizieren. Da die sozialen Voraussetzungen (Bekanntheit der gesuchten Merkmale; Bereitschaft, diese Merkmale mitzuteilen; Akzeptanz der Teilnahme an weiteren Erhebungen; vgl. Kapitel 14.3) selbst bei medizinischen Erhebungen in der Regel nicht vorausgesetzt werden kann, ist vor allem bei der Verwendung postalischer Befragungen für das Screening mit hohen und systematischen Ausfällen zu rechnen. Daher sollte auf postalische Screeningverfahren weitgehend verzichtet werden.

9.2.4 Undercoverage-Probleme

Durch den Erhebungsmodus werden bei postalischen Befragungen Teile der Bevölkerung aus der Stichprobe ausgeschlossen. Je nach Erhebungsthema kann dies die Ergebnisse einer Studie wesentlich beeinträchtigen. So darf nicht vergessen werden, dass mehr als 7.5 Millionen Erwachsene zwischen 18–64 Jahren in Privathaushalten als funktionelle Analphabeten gelten.[9] Insbesondere bei Studien zur sozialen Ungleichheit kann diese Gruppe nicht einfach ignoriert werden.[10] Bei vielen Fragestellungen spielen diese Probleme der faktischen Grundgesamtheit aber eine vergleichsweise geringe Rolle, da postalische Befragungen vor allem bei Befragungen spezieller Populationen verwendet werden. Bei speziellen Populationen sind diese problematischen Subgruppen zumeist sehr klein.

9.2.5 Auswahl im Haushalt

In vielen Fällen verfügt man über Haushaltsanschriften mit dem Nachnamen einer Person im Haushalt, nicht aber über die Namen aller Personen im Haushalt.[11] In solchen Fällen muss die Auswahl der Personen im Haushalt durch die Mitglieder

---

[9] Grotlüschen/Riekmann (2011) berichten auf der Grundlage der besten derzeit verfügbaren Studie 4.5% der Erwachsenen zwischen 18 und 64 Jahren in Privathaushalten als Analphabeten im engeren Sinn und weitere 10% funktionelle Analphabeten. Bei Einbeziehung der höheren Altersgruppen und der Anstaltsbevölkerung läge dieser Anteil noch wesentlich höher. Angesichts der methodischen Probleme der Studie (vor allem die Anlage als Random-Walk; vgl. dazu den Methodenbericht von Bilger u. a. 2011) müssen selbst diese Zahlen als Untergrenze betrachtet werden.

[10] Weiterhin leben in der BRD mehr als 145.000 erwachsene Blinde. Insgesamt kann man von ca. einer halben Million schwer sehbehinderter bzw. blinder Personen in der BRD ausgehen; dies entspricht mehr als 0.7% der erwachsenen Bevölkerung. Daneben gibt es weitere Subpopulationen der allgemeinen Bevölkerung, die aus postalischen Befragungen faktisch ausgeschlossen sind, weil sie in Einwohnermelderegistern nur unvollständig verzeichnet sind. Ein Überblick findet sich bei Schnell (1991c).

[11] Entsprechend sieht Dillman (2008:894) die Abwesenheit geeigneter Auswahlgrundlagen (Adresslisten) und die Auswahl im Haushalt als größte Probleme des Einsatzes schriftlicher Befragungen der allgemeinen Bevölkerung an.

des Haushaltes selbst erfolgen. Hierzu kann man die „Next-Birthday"-Methode verwenden: Man bittet die Mitglieder des Haushaltes um die Auswahl der Person, die als nächstes Geburtstag hat und volljährig ist.[12] Wird die Zielperson im Haushalt auf diese Weise ausgewählt, muss in einem Viertel aller Fälle mit der Auswahl der falschen Zielperson gerechnet werden.[13]

9.3 Besonderheiten des Fragebogens

Da bei einer postalischen Befragung kein Interviewer anwesend ist, der bei Verständnis- oder Beantwortungsproblemen korrigierend eingreifen könnte, muss ein Fragebogen einer schriftlichen Befragung alle potentiellen Probleme während der Befragung durch außergewöhnlich sorgfältige Vorbereitung vermeiden helfen. Anschreiben, Frageformulierung, Antwortmöglichkeiten, Lesbarkeit, Filterführung und Art der Rücksendung müssen bei einer postalischen Befragung in jedem Detail durch wiederholte Pretests ausführlich getestet worden sein.[14]

Außerhalb professionell durchgeführter Erhebungen ist dies bis heute selten der Fall. Daher ist die Ausschöpfungsrate bei postalischen Befragungen häufig so niedrig,[15] dass postalische Befragungen innerhalb der akademischen Sozialforschung lange Zeit den Ruf einer „quick-and-dirty"-Methode besaßen. Dies änderte sich erst mit der Veröffentlichung von Don Dillmans Buch „Mail- and Telephone-Surveys" im Jahre 1978.

9.4 Durchführung von Mailsurveys nach der „Total Design Method"

Die von Dillman als „Total Design Method" bezeichnete Zuwendung zu jedem Detail der Datenerhebung – von der Papierqualität über die Art der Faltung und das Layout einzelner Fragen und des Fragebogens bis zu den Zeitpunkten der Mahnschreiben – besteht im Wesentlichen aus der Grundidee, dem Befragten die

---

[12] „Next-birthday" scheint für viele Befragte weniger Probleme als „Last-birthday" zu verursachen: Fälschlich wird häufig das jüngste Haushaltsmitglied anstelle der Person, die zuletzt Geburtstag hatte, ausgewählt.

[13] Dies entspricht ca. 1/3 der Mehrpersonenhaushalte. Vor allem vergleichsweise junge Haushaltsmitglieder (z. B. volljährige Kinder) und mit zunehmendem Alter eher weibliche Haushaltsmitglieder werden auf diese Weise eher aus der Stichprobe ausgeschlossen, vgl. hier zu Schnell/Ziniel/Coutts (2006).

[14] Einzelheiten zum visuellen Layout des Fragebogens finden sich in Kapitel 5.3, Einzelheiten zu Pretests in Kapitel 6.

[15] Selbst in diesem Jahrtausend finden sich in führenden deutschsprachigen Soziologiezeitschriften Artikel, die selbst bei lokalen Studien ungestraft Ausschöpfungsquoten weit unter 30% als „zufriedenstellend" bezeichnen. Die häufigste Ursache für solche Ergebnisse sind unzureichend durchgeführte Lehrforschungserhebungen, die mit geringem Etat in vollkommen überforschten Gebieten stattfinden.

9.4 Durchführung von Mailsurveys nach der „Total Design Method"

Beantwortung der Fragen so einfach wie möglich zu machen.
Die überarbeitete Fassung des Buchs von Dillman erschien 2000 unter dem Titel „Mail and Internet Surveys". Hier schlug Dillman eine Reihe von Modifikationen der TDM vor, die er nun als „Tailored Design Method" bezeichnete. In der praktischen Umsetzung besteht die nunmehr klassische Form des „Total Designs" (Dillman 2008:894) vor allem in:

- der Anordnung der Fragen derart, dass der Fragebogen mit den Fragen beginnt, von denen angenommen wird, dass sie den Befragten am stärksten interessieren bis zu den Fragen, die ihn am wenigsten interessieren,
- dem Druck der Fragebogen als kleine Broschüre (Booklet), so dass er gefaltet in einen Geschäftsumschlag passt,
- der Verwendung besonderer Anschreiben,
- der Personalisierung der Anschreiben durch Verwendung der Namen und Anschriften der Befragten,
- einem sorgfältigen Layout des Fragebogens,
- einer festgelegten zeitlichen Abfolge von fünf Kontakten (Ankündigungsschreiben, Fragebogen, Erinnerungspostkarte, Ersatzfragebogen, weiterer Kontakt),
- sowie der Verwendung frankierter Rücksendeumschläge.

Vor allem in der Praxis der Forschung für Qualifikationsarbeiten, der Lehrforschung und in den Erhebungen von Medizinern wird das Total-Design häufig fälschlich lediglich auf die festgelegte Abfolge der Kontakte verkürzt. Der dann eher rituelle Verweis auf Dillmans Buch ignoriert die Tatsache, dass der Anteil der Seiten, die in Dillmans Buch der Formulierung und Gestaltung der Fragen gewidmet sind, mit jeder Auflage stieg und nun bei mehr als einem Drittel der Seiten liegt. Da die meisten Prinzipien des Total-Designs für postalische Fragebögen auf alle Erhebungsmodi zutreffen, wird hier auf das Kapitel zur visuellen Gestaltung des Fragebogens (Kapitel 5.3) verwiesen. Es muss nochmals betont werden, dass die optimale visuelle Gestaltung des Fragebogens unverzichtbarer Bestandteil des Total-Designs ist. Ignoriert man dies, wird man die Konsequenzen in Hinsicht auf eine unzureichende Rücklaufquote bei gleichzeitig inakzeptabler Datenqualität tragen müssen.

9.4.1 Art und Datierung der Kontakte

Dillman/Smyth/Christian (2009:243) empfehlen für die Durchführung einer postalischen Befragung eine Abfolge von 5 Schritten (vgl. Abbildung 9.1):

Stufe	Aktion	Kalenderwoche						
		1	2	3	4	5	6	7
1.	Ankündigungsschreiben	•						
2.	Fragebogen mit Anschreiben		•					
3.	Erinnerungspostkarte			•				
4.	Ersatzfragebogen					•		
5.	Erinnerungsanruf							•

Abbildung 9.1: Zeitlicher Ablauf einer postalischen Befragung nach der „Tailored Design Method"

1. schriftliche Vorankündigung der Befragung einige Tage vor dem Versand des Fragebogens,
2. Versand des Fragebogens samt Anschreiben einschließlich eines eventuellen Incentives,
3. Versand einer Dankes- bzw. Erinnerungspostkarte wenige Tage bis zu einer Woche nach dem Versand des Fragebogens,
4. Versand eines Ersatzfragebogens zwei bis vier Wochen nach dem Versand der Fragebogen und
5. ein weiterer Kontakt zwei bis vier Wochen nach dem letzten Versand eines Fragebogens. Dieser Kontakt sollte auf eine andere Weise (z. B. telefonisch) erfolgen als die vorherigen Kontakte.

Dieses fünfstufige Kontaktierungsverfahren bildet den Kern der TDM-Methode. Wichtig ist dabei nicht nur der zeitliche Abstand, sondern vor allem auch der Inhalt der jeweils verwendeten Schreiben.

9.4.1.1 Ankündigungsschreiben

Die Literatur zu den Ausschöpfungsraten von Befragungen zeigt nahezu einheitlich über alle Erhebungsmodi, dass Ankündigungsschreiben einen positiven Effekt auf das Ausmaß der Ausschöpfung besitzen (Schnell 1997:184–187). Dillman/Smyth/Christian (2009:244–245) empfehlen im Rahmen der TDM kurz gehaltene Ankündigungsschreiben zu verwenden, die eine positive Erwartungshaltung bei den Befragten aufbauen sollen. Das Ankündigungsschreiben sollte (falls möglich) den Namen des Befragten in der Anschrift, eine persönliche Anrede sowie eine handschriftliche Unterschrift enthalten. Das Schreiben sollte kurz das Thema und das Ziel der Befragung erwähnen, die Wichtigkeit des Befragten hervorheben und den möglichen Nutzen für den Befragten erläutern. Falls ein Incentive verwendet wird, sollte dies in der Ankündigung ohne nähere Details erwähnt werden.

9.4 Durchführung von Mailsurveys nach der „Total Design Method"

Wird die Studie für oder durch eine allgemein respektierte Organisation erhoben, sollte das Logo der Organisation auf dem Schreiben erkennbar sein. Ein Beispiel für ein entsprechend formuliertes und formatiertes Ankündigungsschreiben findet sich im Anhang M.

9.4.1.2 Begleitschreiben

Das Begleitschreiben muss geeignet sein, den Befragten Vertrauen in die Befragung aufbauen und den Sinn der Befragung erkennen zu lassen. Dazu sollte eine explizite Bitte um Hilfe, eine Anonymitätszusicherung (vgl. hierzu ausführlich den Abschnitt 9.4.3), eine Erläuterung des Auswahlverfahrens und detaillierte Kontaktinformationen zu den Durchführenden der Befragung enthalten sein. Das Ziel und der Sinn der Befragung müssen kurz erläutert werden. Der Nutzen der Befragung insbesondere für den Befragten selbst sollte erklärt und ein eventuell beigelegtes Incentive (Geld, Gutscheine etc.) erwähnt werden.

Wie das Ankündigungsschreiben, so sollte auch das Begleitschreiben so weit wie möglich personalisiert sein, also den Namen des Befragten in der Anschrift, eine persönliche Anrede sowie eine handschriftliche Unterschrift enthalten. Ein Beispiel für ein Begleitschreiben findet sich im Anhang M.

9.4.1.3 Erinnerungsschreiben

Das erste Erinnerungsschreiben besteht in der Regel aus einer personalisierten Danksagungspostkarte, die für den Fall einer bisherigen Nichtantwort nochmals um die Rücksendung des Fragebogens bittet. Die Postkarte sollte eine Kontaktnummer enthalten, bei der gegebenenfalls ein Ersatzfragebogen angefordert werden kann.

Das zweite Erinnerungsschreiben sollte zusammen mit einem Ersatzfragebogen (und einem adressierten und frankierten Rückumschlag) verschickt werden. Dieser personalisierte Brief sollte die erste Sendung des Fragebogens erwähnen und nochmals die Wichtigkeit der Studie und der Antwort des Befragten betonen. Es empfiehlt sich, die Anonymitätszusicherung (Abschnitt 9.4.3) und die Kontaktinformationen zu wiederholen. Im Anhang M finden sich Beispiele für eine Erinnerungspostkarte und ein zweites Erinnerungsschreiben.

9.4.2 Letzter Kontaktversuch

Sollten die bisherigen Kontaktversuche nicht erfolgreich sein, erscheint es wenig plausibel, von einer gleichartigen Kontaktaufnahme nun eine Antwort zu erwarten. Dillman/Smyth/Christian (2009:256–259) empfehlen daher, für den letzten Kontaktversuch eine andere Art der Kontaktaufnahme zu verwenden. Minimale

Änderungen, wie z. B. andere Farben oder Umschläge der Anschreiben dürften dabei kaum als Veränderung wahrgenommen werden. In früheren Arbeiten empfahl Dillman den Versand des Fragebogens als Einschreiben. Mittlerweile wird dies aufgrund der eventuell damit verbundenen Unannehmlichkeiten für die Befragten kritisch beurteilt und nicht mehr empfohlen. Eine Alternative böte hier der Einsatz eines Kurierdienstes, aber dies wurde bislang in Deutschland nicht systematisch geprüft. In vielen Fällen kann aber der Erhebungsmodus gewechselt werden. Die preiswerteste Lösung besteht dabei in einer telefonischen Kontaktaufnahme, bei der telefonisch lediglich erinnert wird. Da in der Regel nicht für alle Nonrespondenten eine Telefonnummer ermittelt werden kann, ist dies zumeist nur für einen Teil der Befragten möglich. Liegen für die ausgewählten Personen Informationen über andere Kontaktmöglichkeiten (z. B. E-Mail-Anschriften) vor, könnten prinzipiell auch diese genutzt werden.

9.4.3 Anonymitätszusicherung

Den Befragten muss die vollständige Vertraulichkeit ihrer Angaben zugesichert werden. Dies geschieht üblicherweise im Begleitschreiben der Befragung, z. B. durch einen Text wie:

> „Diese Befragung wird anonym durchgeführt. Ihr Name, Ihre Anschrift oder Ihre Telefonnummer wird nicht erfragt. Die Ergebnisse werden nur in Form statistischer Zusammenfassungen veröffentlicht, aus denen keine Namen ersichtlich sind."

Dies kann durch eine entsprechende Wiederholung am Ende des Fragebogens noch verstärkt werden:

> „Bitte unterschreiben Sie den Fragebogen nicht. Bitte schreiben Sie weder Ihren Namen noch Ihre Anschrift auf den Umschlag. Vielen Dank für Ihre Mühe."

Für die Durchführung der unverzichtbaren Mahnaktionen benötigt man die Information, welcher Fragebogen bereits zurückgeschickt wurde. In der Regel wird dies durch das Aufdrucken einer Identifikationsnummer an einer Stelle auf dem Fragebogen erreicht. Diese Nummer kann bei den Befragten Misstrauen über die Anonymität bzw. Vertraulichkeit der Angaben hervorrufen. Es wird ein offener Umgang mit dieser Nummer empfohlen: Die Aufgabe der Nummer sollte im Anschreiben erklärt werden. Ein bewährter Text (vgl. Anhang M) lautet:

9.5 Nonresponse in postalischen Befragungen

> „Ich garantiere Ihnen den vertraulichen Umgang mit Ihren Angaben. Der Rückumschlag enthält aus versandtechnischen Gründen eine laufende Nummer. Diese wird aus der Versandliste gestrichen, sobald Sie den Fragebogen zurückgeschickt haben. Rückumschlag und Fragebogen werden sofort nach Eingang Ihrer Sendung getrennt. Ihre Antworten bleiben somit vollkommen anonym."

Die Verwendung eines solchen Texts setzt natürlich voraus, dass eine Trennung von Identifikationsnummer und Fragebogen für den Befragten offensichtlich physisch möglich ist. Bei sehr sensiblen Themen kann man den Fragebogen (samt Rücksendeumschlag) auch vom Prozess der Rücklaufkontrolle trennen, indem man zusätzlich den Befragten mit dem Anschreiben, dem Fragebogen und dem Rücksendeumschlag eine weitere, bereits adressierte und frankierte Postkarte, die nur die laufende Nummer enthält, übersendet. Man bittet dann den Befragten, diese Rücklaufpostkarte getrennt, aber zeitgleich mit dem Fragebogen zurückzuschicken. Verlässliche empirische Studien zur Überprüfung dieser Methode scheinen aber bislang nicht veröffentlicht worden zu sein.

9.4.4 Rücklaufkontrolle

Für die korrekte Durchführung einer postalischen Befragung ist eine genaue und tägliche Kontrolle des Rücklaufs von großer Bedeutung. Es empfiehlt sich hierbei, entweder eine spezialisierte Datenbank oder die Datenmanagementmöglichkeiten eines Statistiksystems zu verwenden.[16] In die Datenbank sollte das Datum des Versands aller Unterlagen, die Namen und laufenden Nummern sowie das Datum jedes diesen Fall betreffenden Ereignisses sowie die Art des Ereignisses (Anruf, Protestschreiben, Erhalt des ausgefüllten Fragebogens, Dispositionscodes) festgehalten werden. Nur die Datenmanagementfunktionen einer solchen Datenbank (Fallselektion, Sortierung) zusammen mit den Exportmöglichkeiten und der Dokumentation jeder Änderung des Datensatzes erlaubt das Reagieren auf unerwartete Ereignisse und die Einhaltung des Terminplans. Die Existenz und Aktualisierung eines solchen Rücklaufkontrollsystems ist für die Durchführung eines postalischen Surveys unverzichtbar. Das Ausmaß der erforderlichen Arbeit zur Aktualisierung dieser Datenbank ist immer höher als erwartet; mit mehreren Stunden pro Tag muss gerechnet werden.

---

[16] Von der Verwendung von Textverarbeitungsprogrammen wie Word oder Buchhaltungsprogrammen wie Excel muss für professionelles Datenmanagement immer abgeraten werden.

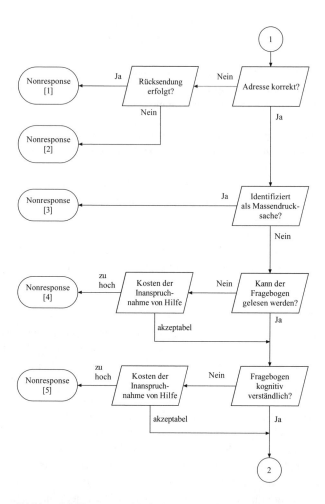

Abbildung 9.2: Nonresponse-Mechanismen in postalischen Befragungen I

9.5 Nonresponse in postalischen Befragungen

Die Entstehung und die Konsequenzen von Nonreponse in postalischen Befragungen können ohne detaillierten Nachvollzug der Antwortprozesse nicht verstanden werden. Daher werden zunächst die Mechanismen, dann das Ausmaß des Nonresponse detailliert erläutert.

9.5 Nonresponse in postalischen Befragungen 255

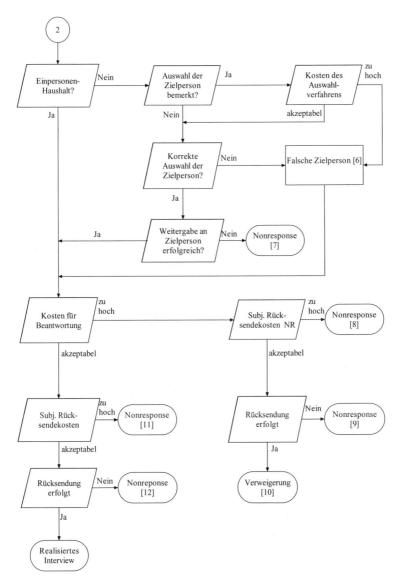

Abbildung 9.3: Nonresponse-Mechanismen in postalischen Befragungen II

9.5.1 Nonresponse-Mechanismen in postalischen Befragungen

Ein großer Teil der Literatur zum Nonresponse bei postalischen Befragungen berücksichtigt in keiner Weise den Prozess der Beantwortung eines postalisch zugesandten Fragebogens. Dieser Prozess ist etwas komplizierter als ein einfaches Stimulus-Response-Modell nahelegen würde. Die Abbildungen 9.2 und 9.3 geben eine Übersicht über die wichtigsten möglichen Mechanismen.

Trivialerweise muss zunächst die Anschrift korrekt sein; die Qualität des Adressenmaterials und die Qualität der Rückmeldung über die Tatsache, dass die Adresse falsch war, kann leider systematisch mit Untersuchungsvariablen variieren.[17] Entsprechend kann sich allein auf Gründen unterschiedlicher Adressengüte die Höhe einer Rücklaufquote unterschiedlich auf die interessierenden Variablen auswirken.

Es gibt eine umfangreiche Literatur über die Verwendung unterschiedlicher Papierqualitäten, Farben, Briefmarken, Absender usw. auf die Rücklaufquoten. Der Mechanismus hinter diesen Variablen ist einfach, auch wenn er kaum je explizit wird: Wird ein Brief als individuell wichtige Sendung oder als Massendrucksache wahrgenommen? Die Wahrnehmung als individuell wichtige Sendung lässt sich auf unterschiedlichste Art und Weise erreichen; daher sind unterschiedliche Effekte bei unterschiedlichen Kombinationen erwartbar. Für akademische Erhebungen dürfte ein seriöses Anschreiben mit dem Absender „Universitätsklinik" auch in amtsgrau höhere Rücklaufquoten erzielen als ein leuchtend orangefarbener Hochglanzumschlag mit Wohlfahrtsbriefmarken einer unbekannten Marktforschungsfirma.

Bei allgemeinen Bevölkerungsumfragen wird häufig übersehen, dass ein Teil der Zielpopulation nicht in der Lage ist, zu lesen bzw. zu schreiben (Nonresponse[4] in der Abbildung 9.2). Es handelt sich um funktionelle Analphabeten sowie um ernsthaft Sehbehinderte. Diese beiden Subgruppen allein dürften mehrere Prozent der allgemeinen Bevölkerung bilden (vgl. Kapitel 9.2.4). Für beide Subgruppen stellt sich die Frage, ob sie die Mühe einer Beantwortung durch die Inanspruchnahme von Hilfe auf sich nehmen. Dies wird sicherlich unter anderem von Themen und Art der Ansprache abhängen. Ähnliches gilt für die kognitive Verständlichkeit des Fragebogens: Für einen nicht unbeträchtlichen Teil der in der BRD lebenden Migranten dürften akademische Fragebogen kaum verständlich sein; dies gilt aus anderen Gründen vermutlich auch für einen Teil der einheimischen Bevölkerung. Auch hier dürfte die Inanspruchnahme von Hilfe je nach vermutetem Zweck und

---

[17] Nur für einen Teil der falschen Adressen bekommt man eine Rückmeldung über diesen Ausfallgrund; daher wird in der Abbildung zwischen Nonresponse[1] und Nonresponse[2] unterschieden.

9.5 Nonresponse in postalischen Befragungen

subjektiver Bedeutung dieses Zwecks variieren (Nonresponse[5] in der Abbildung 9.2). Interessant ist die nahezu vollständige Vernachlässigung der Auswahl der Zielperson im Haushalt bei postalischen Befragungen in der Literatur. Im Regelfall liegt bei einer postalischen Befragung der Name der Zielperson vor der Befragung vor; gelegentlich muss aber an eine Adresse geschrieben und um die Auswahl im Haushalt gebeten werden. In beiden Fällen kann aber die Auswahl übersehen oder ignoriert werden, so dass die falsche Zielperson den Fragebogen beantwortet (vgl. die Pfade zum Kasten 6 in der Abbildung 9.3). In diesem Fall erhält man möglicherweise eine Verzerrung durch eine höhere Ausschöpfung. Dies liegt bei der Verwendung hoher Incentives durchaus nahe: Es wäre denkbar, dass die Person, die den Brief öffnet, den Fragebogen stellvertretend beantwortet und das Incentive für sich reklamiert. Wird hingegen die Weitergabe an die eigentliche Zielperson beachtet, so sind von Erhebungsdetails abhängige unterschiedliche Wahrscheinlichkeiten der Übergabe an die Zielperson mit entsprechenden möglichen Folgen für den Rücklauf denkbar (Nonresponse [7] in der Abbildung 9.3).

Zentral ist natürlich die subjektive Kostenschätzung des Befragten für die Beantwortung und Rücksendung des Fragebogens. Hier können Sponsor-Effekte, Interesse am Thema sowie Incentives eine bedeutsame Rolle spielen. Man beachte, dass hier – neben der eigentlichen Verweigerung der Befragung (Nonresponse[11]) – auch die Nichtrücksendung des bereits ausgefüllten Fragebogens (Nonresponse[12]) zu einem Ausfall führen kann. Das gleiche gilt für eine explizite Verweigerung, die die Zielperson ausdrücklich mitzuteilen gedachte. Hier können die subjektiven Rücksendekosten zu hoch liegen (Nonresponse[8]) oder trotz akzeptabler Kosten die Rücksendung nicht erfolgen (Nonresponse[9]). Lediglich in empirisch seltenen Fällen wird eine explizite Verweigerung der Untersuchungsgruppe auch mitgeteilt („Verweigerung").

Aus den Flussdiagrammen wird deutlich, dass einem Nonresponse in einer postalischen Befragung zahlreiche unterschiedliche Mechanismen zugrunde liegen können und nur zwei davon ([1] und [10] in den Abbildungen) erkennbar sind. Entsprechend sind große Unterschiede zwischen Studien, die sich unterschiedlich auf die einzelnen Pfade zum Nonresponse auswirken, erwartbar. Ansonsten wären die Schwankungen zwischen den Studien kaum verständlich.

9.5.2 Ausmaß des Nonresponse bei postalischen Befragungen

Das Ausmaß des Nonresponse bei postalischen Befragungen hängt von vielen Details der Durchführung der Studie ab. Bei professioneller Durchführung nach den TDM-Prinzipien des Abschnitts 9.4 kann derzeit bei Befragungen der „allgemeinen Bevölkerung" mit etwas mehr als 50% Antworten gerechnet werden.[18] Dies gilt nur dann, wenn auch den kleinsten Details der Durchführung größte Aufmerksamkeit geschenkt wird.[19]

Bei kommunalen TDM-Studien der allgemeinen Bevölkerung kann eine Entwicklung der Ausschöpfung erwartet werden, die der Abbildung 9.4 entspricht.[20,21]

Obwohl der größte Teil der Antworten innerhalb weniger Tage nach dem Versand der Fragebogen erfolgt, flacht der Rücklauf der Antworten erst nach ungefähr einem Monat so sehr ab, dass nur noch vereinzelte Fragebogen eintreffen. Trotzdem muss noch Monate nach dem Versand der Fragebogen mit einzelnen Nachzüglern gerechnet werden.[22]

Ein Bericht über die Erhebung sollte – soweit die jeweilige Versandorganisation diese Informationen zur Verfügung stellt – möglichst detailliert die einzelnen Ausfallursachen getrennt angeben. Die von der AAPOR entwickelten Dispositionscodes für postalische Befragungen sind dabei hilfreich (vgl. Abbildung E.4 im Anhang).

---

[18] Bei postalischen Befragungen spezieller Populationen kann dann mit etwas höheren Ausschöpfungen gerechnet werden, wenn die spezielle Population Interesse am Befragungsgegenstand besitzt und keine negativen Konsequenzen der Teilnahme befürchtet. So konnten Bergk u. a. (2005) bei einer Erhebung bei Allgemeinmedizinern ohne Incentives eine Responserate von 60.8% erreichen. Bei vielen Studien werden die beiden genannten notwendigen Bedingungen für die Durchführung schriftlicher Befragungen ignoriert (z. B. bei vielen Mitarbeiterbefragungen) – was die Studien dann wertlos macht.

[19] Durch Mehrthemenbefragungen mit großem Umfang, für die Allgemeinbevölkerung absurde Themen („Sicherheit von gentechnologischen Agrarexperimenten"), unübersichtliches Layout, nachlässige Mahnaktionen, unglaubwürdige Anonymität und Einsparungen beim Versand lassen sich problemlos Ausschöpfungen unter 15% erzielen.

[20] Bundesweite postalische Befragungen der allgemeinen Bevölkerung finden sich aufgrund der Probleme der Beschaffung geeigneter Auswahlgrundlagen kaum. Bei einer der wenigen dieser Studien konnten Schnell u. a. (2006) eine Ausschöpfung von 55% erzielen.

[21] Die Abbildung basiert auf den Ergebnissen einer schriftlichen Befragung von 2000 zufällig aus den Einwohnermelderegistern der Stadt Konstanz ausgewählten Personen im Januar-März 2002. Einzelheiten finden sich bei Schnell/Ziniel/Coutts (2006).

[22] In der Regel wird das Ende der Befragung durch die Erfordernisse der Datenerfassung und Datenanalyse definiert. Um Missverständnisse über nicht ausgewertete aber vorhandene Fragebogen zu vermeiden, empfiehlt es sich, das Ende der Feldzeit vor Beginn der Studie festzulegen.

9.6 Fehlervermeidung bei postalischen Befragungen

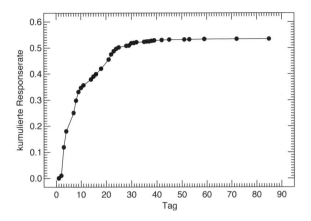

Abbildung 9.4: Kumulierte Responserate nach Tagen

9.6 Vermeidung von Fehlern bei der Durchführung

Um Fehler bei der Durchführung postalischer Befragungen zu vermeiden, finden sich im folgenden Abschnitt eine Reihe von Checklisten sowie ein Beispiel einer tatsächlich durchgeführten Studie, bei der sich nahezu jeder mögliche Fehler bei der Durchführung findet.

9.6.1 Checklisten zur Durchführung postalischer Befragungen

Basierend auf den bisher in diesem Kapitel gegebenen Empfehlungen wird hier eine Reihe von Checklisten vorgestellt, die die gravierendsten Fehler bei der Durchführung postalischer Befragungen verhindern sollen. Die Checklisten behandeln das Anschreiben (Abbildung 9.5), die Vergabe von Incentives (Abbildung 9.6), die Erklärung zum Datenschutz (Abbildung 9.7) sowie den Fragebogen (Abbildung 9.8).

9.6.2 Fehler bei der Durchführung postalischer Befragungen an einem Beispiel aus der medizinischen Forschung

Die gravierendsten Fehler können an einem einzigen Beispiel illustriert werden. Als Beispiel dient hier eine Befragung der allgemeinen Bevölkerung durch das deutsche Krebsforschungszentrum in Heidelberg im November 2007. Die methodischen Schwächen dieser Studie sollen etwas ausführlicher als üblich behandelt werden, weil man gerade anhand einer solchen Anhäufung von Problemen lernen kann, Fehler zu vermeiden.

	Anschreiben	ja	nein
1	Erfolgt die Anrede im Anschreiben mit Titel, Vorname und Nachname?	☐	☐
2	Stimmt die Anrede mit dem Adressfeld des Umschlags überein?	☐	☐
3	Stimmen die Anreden in allen Datenbanken, die für den Sampling-Frame verwendet wurden, überein?	☐	☐
4	Stimmt das Datum im Anschreiben mit dem Versanddatum überein?	☐	☐
5	Ist das Anschreiben nicht länger als eine Seite?	☐	☐
6	Wird ein persönlich für die Studie Verantwortlicher namentlich genannt?	☐	☐
7	Enthält das Anschreiben eine (gegebenenfalls auch gescannte) Unterschrift der persönlich verantwortlichen Person?	☐	☐
8	Enthält das Anschreiben den Hinweis auf eine für den Befragten kostenlose Möglichkeit, die persönlich verantwortliche Person telefonisch zu erreichen?	☐	☐
9	Ist eine Kontaktperson unter den angegebenen Nummern tatsächlich erreichbar (zumindest bis 21 Uhr, auch am Wochenende)?	☐	☐
10	Ist außerhalb der anzugebenden Kontaktzeiten ein Anrufbeantworter erreichbar?	☐	☐
11	Wird eine E-Mail-Adresse angegeben?	☐	☐
12	Werden eingegangene E-Mails innerhalb von 24 Stunden beantwortet?	☐	☐
11	Gibt es eine Homepage des Projekts für Studienteilnehmer?	☐	☐
12	Stimmt das im Anschreiben genannte Studienziel mit den Zielen überein, über die sich die Studienteilnehmer aus anderen Quellen informieren können?	☐	☐
13	Sind die im Anschreiben genannten Ziele der Erhebung für *alle* Fragen im Fragebogen plausibel?	☐	☐
14	Enthält das Anschreiben den Namen der Studie, den Namen der durchführenden Institution und deren Logo?	☐	☐
15	Ist die Schriftgröße des Anschreibens für alle Befragten ohne Hilfsmittel lesbar (größer als 11pt)?	☐	☐
16	Wurde die Rechtschreibung des Anschreibens von projektfremden Experten korrigiert?	☐	☐

Abbildung 9.5: Checkliste für das Anschreiben in schriftlichen Befragungen

9.6 Fehlervermeidung bei postalischen Befragungen

2.	Incentives	ja	nein
2a	Keine Deadlines	☐	☐
2b	Keine Lotterien	☐	☐

Abbildung 9.6: Checkliste zur Vermeidung ungeeigneter Incentives in schriftlichen Befragungen

	Erklärungen zum Datenschutz	ja	nein
1	Liegt dem Anschreiben neben dem Fragebogen eine Druckseite bei, die ausschließlich die Datenschutzprobleme erläutert?	☐	☐
2	Wird eine für die Einhaltung der Datenschutzbestimmungen verantwortliche Person namentlich mit Anschrift benannt?	☐	☐
3	Wird eine Trennung zwischen personenbezogenen Angaben und den Angaben im Fragebogen garantiert?	☐	☐
4	Lässt der Druck des Fragebogens diese Trennung tatsächlich zu?	☐	☐
5	Die Erklärung erlaubt und erklärt die getrennte Aufbewahrung der Anschriften für Wiederholungsstudien.	☐	☐
6	Der Text erlaubt und erklärt die Weitergabe der Daten ohne personenbezogene Daten ausschließlich für wissenschaftliche Zwecke.	☐	☐
7	Der Text erklärt die Veröffentlichung aggregierter Daten.	☐	☐
8	Wird das Auswahlverfahren erklärt?	☐	☐
9	Wird das Mahnverfahren erklärt?	☐	☐
10	Enthält der Fragebogen höchstens an einer Stelle eine Identifikationsnummer?	☐	☐
11	Wird die Notwendigkeit der Codenummer erklärt?	☐	☐
11	Der Fragebogen enthält keine Barcodes.	☐	☐
12	Der Fragebogen enthält keine versteckten Markierungen.	☐	☐

Abbildung 9.7: Checkliste für die Erklärungen zum Datenschutz in schriftlichen Befragungen

Das bei dieser Studie verwendete und dem Verfasser vorliegende Anschreiben enthält ein falsches Datum. Das allein ist nicht besonders ärgerlich, aber wie kann man den Befragten die Dringlichkeit einer Erhebung demonstrieren, wenn im November ein Fragebogen mit einer Deadline von 14 Tagen zugestellt wird, das Anschreiben aber 3 Monate alt ist? Im Fragebogen wird zusätzlich noch das Datum des Ausfüllens abgefragt. Warum wird – wenn eine Beantwortung innerhalb von

	Fragebogen	ja	nein
1	Der Fragebogen kann mit jedem Schreibwerkzeug ausgefüllt werden.	☐	☐
2	Der Fragebogen enthält keine Variablennamen oder Codeziffern.	☐	☐
3	Die Nummerierung der Fragen ist korrekt.	☐	☐
4	Die Filterführung der *letzten* Version wurde von jemandem außerhalb der Forschungsgruppe überprüft.	☐	☐
5	Die Rechtschreibung der *letzten* Version wurde von jemandem außerhalb der Forschungsgruppe überprüft.	☐	☐
6	Die Filterführungen sind durch visuelle Hilfsmittel (Farbe, Einrückungen, Pfeile) gekennzeichnet.	☐	☐
7	Jede Filterfrage ist von jedem Befragten eindeutig zu beantworten.	☐	☐
8	Die Zuordnung der Antwortkategorien zu den Antwortfeldern ist eindeutig.	☐	☐
9	Die Antwortmöglichkeiten sind immer an der gleichen Spalte auf einer Seite (also immer links oder immer rechts).	☐	☐
10	Es gibt höchstens zwei Hybridfragen, also geschlossene Fragen mit einer offenen Antwortkategorie („Welche?").	☐	☐
11	Es gibt höchstens eine offene Frage im Fragebogen.	☐	☐
12	Diese offene Frage ist die letzte Frage im Fragebogen.	☐	☐
13	Für jede Frage im Fragebogen gibt es eine explizite inhaltliche theoretische Rechtfertigung.	☐	☐
13	Die demographischen Fragen finden sich am Ende des Fragebogens.	☐	☐
14	Die demographischen Fragen werden *nicht* mit „Fragen zur Statistik" eingeleitet.	☐	☐
14	Jede einzelne demographische Frage ist für das theoretische Ziel der Studie unverzichtbar.	☐	☐

Abbildung 9.8: Checkliste für den Fragebogen in schriftlichen Befragungen

14 Tagen notwendig sein sollte – das Jahr des Ausfüllens abgefragt?

Das Anschreiben richtet sich an „Sehr geehrte Damen und Herren": Zwar konnte man auf jeden Fragebogen den Namen drucken, aber nicht den Namen auf das Anschreiben. Die „sehr geehrten Damen und Herren" lohnen offensichtlich nicht den Aufwand der Personalisierung des Anschreibens. Natürlich ist das Anschreiben auch nicht unterzeichnet, noch nicht einmal eine gescannte Unterschrift

9.6 Fehlervermeidung bei postalischen Befragungen

ist zu finden.

Es werden drei Ansprechpartner genannt, die alle nur über normale Telefonnummern (also auf Kosten des Befragten) zu erreichen wären („Bitte wenden Sie sich mit Ihren Fragen zur Studie jederzeit an (...)". An drei aufeinanderfolgenden Tagen (insbesondere am Tag des Eintreffens des Schreibens) war unter keiner der drei Nummern jemand erreichbar; noch nicht einmal ein Anrufbeantworter.

Eine Homepage des Projekts wird nicht angegeben. Mit Mühe war zum Zeitpunkt des Versands eine mehr als ein Jahr alte Webseite zu finden: Die knappe Projektskizze zeigte, dass das Thema der Studie in keiner Weise zutreffend im Anschreiben beschrieben wird: Die Befragung ist ein Vorwand; eigentlich wird für eine Längsschnittstudie rekrutiert.[23]

Das Anschreiben garantiert Anonymität. Der Fragebogen enthält auf der ersten Seite Namen und Anschrift. Die Personenangaben können physisch nicht vom Fragebogen getrennt werden. Auf der Ebene des physischen Fragebogens ist die Trennung der personenbezogenen Daten vom Fragebogen unmöglich. Dies wird den Befragten kaum verborgen bleiben. Jede Seite des Fragebogens enthält eine Codenummer und zusätzlich einen Barcode. Vermutlich als Erinnerung für den Befragten, dass es sich um eine anonyme Studie handelt.

Auf der ersten Seite wird nach Geschlecht, Geburtsdatum, Geburtsort und Geburtsland, Familienstand sowie nach Körpergröße und Gewicht gefragt. Allein damit ist eine nahezu sichere Re-Identifikation garantiert. Zusammen mit der (in keiner Weise begründeten) Frage nach einer Telefonnummer wird den Befragten hier ein gründliches Maß an Vertrauen abgefordert. Wie auch immer – für welche medizinische Fragestellung benötigt man die Angabe eines tagesgenauen Geburtsdatums? Oder des Geburtsortes? Selbst die inhaltliche Begründung der Frage nach dem gegenwärtigen Familienstand dürfte bei einer Studie zu Lungenkrebs schwierig werden.

Der Fragebogen soll maschinell gelesen werden. Dies erfordert von den Befragten eine außerordentliche Disziplin beim Ausfüllen (schwarzer Kugelschreiber, Druckbuchstaben, Schreiben nur in den Feldern, keine Korrekturmöglichkeit). Warum sollten die Befragten diese zusätzlichen Mühen auf sich nehmen? Diese

---

[23] Der Name des Projekts wurde weder im Anschreiben noch auf der Homepage des Projekts genannt. Nach Durchsicht aller Projekte des DKFZ handelt es sich offenbar um die Lungenkrebs-Früherkennungsstudie LUSI. Insgesamt waren im Herbst 2007 120.000 Personen angeschrieben worden. Mittlerweile wird offen rekrutiert: Wer will und die Screeningkriterien erfüllt, kann teilnehmen. Die aus solchen Verfahren resultierenden Probleme werden in der Medizin kaum thematisiert.

Art der Befragung übermittelt die Botschaft: „Wir wollen wenig Mühe, besser Sie machen sich die Arbeit, dann haben wir es leichter."

Das Anschreiben enthält keinen Hinweis darauf, dass die Teilnahme freiwillig ist. Dafür wird die Versicherung gegeben, dass die personenbezogenen Daten derjenigen, die nicht teilnehmen, gelöscht werden. Die personenbezogenen Daten der Teilnehmer werden also nie gelöscht? Weiterhin wird versichert, dass „Dritten" kein Einblick in die Originalunterlagen gewährt wird. Vermutlich also nur in Kopien der Originalunterlagen. Und wer sind diese „Dritten"? Alle Personen außerhalb der Forschungsgruppe? Personen außerhalb der Universität oder der Wissenschaft allgemein?

Das Beispiel dieser Befragung belegt – wie zahllose andere – dass die vermeintlich geringen Kosten schriftlicher Befragungen und die von ungeschulten Erstanwendern (z. B. Studenten, Behörden und Ärzten) fälschlich vermutete Einfachheit der Methode immer wieder zu den gleichen Fehlern bei der Durchführung schriftlicher Befragungen führen. Solche dilettantischen „Umfragen" gefährden die Praktikabilität von Erhebungsmethoden für ernsthafte Forschungsprojekte erheblich und sind gegenüber den Befragten respektlos und unverantwortlich.

9.7 Die Zukunft schriftlicher Befragungen

Die Ausschöpfungsraten in allen Erhebungsformen gehen zurück. Es wird objektiv immer schwieriger, ausgewählte Zielpersonen zu erreichen. Da Internet-Surveys schon allein aufgrund mangelnder Bevölkerungsabdeckung als auch aufgrund fehlender Auswahlgrundlagen für Bevölkerungsumfragen ausscheiden und telefonische Surveys immer geringere Ausschöpfungen erreichen, bleiben langfristig möglicherweise lediglich persönliche und postalische Befragungen als gangbare Wege für Bevölkerungsbefragungen. Postalische Befragungen leiden häufig unter einem beträchtlichen Bildungsbias, da hoch gebildete Personen eher motiviert und befähigt sind, schriftliche Befragungen zu beantworten. Genau diese Personen sind aber in der Regel schwerer erreichbar als weniger gebildete Personen. Es scheint daher nicht unplausibel, bei qualitativ hochwertigen Erhebungen diese beiden Erhebungsformen zu kombinieren: Der größte Teil der Erhebung wird als persönliche Befragung durchgeführt, der kleinere Teil mehrfach nicht-erreichter Personen als postalische Befragung. Die Einzelheiten und Ergebnisse solcher Kombinationen hängen stark von den kulturellen und infrastrukturellen Details des Landes ab, in dem die Erhebung stattfindet. Deshalb sind internationale Erfahrungen hier nur bedingt verallgemeinerbar. Daher besteht in diesem Bereich auch in der Bundesrepublik Forschungsbedarf für die zukünftige Durchführung qualitativ hochwertiger Studien. Sicher ist bislang nur, dass die Kosten der Durchführung solcher Studien weit über den bisher üblichen Kosten von Befragungen liegen werden.

10 Telefonische Befragungen

Der Anteil telefonischer Befragungen hat in den letzten Jahren weltweit zugenommen. Die Ursachen hierfür liegen zum einen in gesunkenen Telekommunikationskosten und zunehmender Telefondichte, zum anderen an den steigenden Kosten persönlicher Befragungen. Da die Erhebungskosten eines telefonischen Interviews nur einen Bruchteil der Kosten eines persönlichen Interviews betragen, ist die Popularität dieses Erhebungsmodus kaum verwunderlich. Die technische Möglichkeit, telefonische Befragungen auch bundesweit durchführen zu können, hat die Zahl von Erhebungsinstituten, die solche Studien durchführen, erheblich ansteigen lassen. So haben mehrere Universitäten in Deutschland eigene Telefonstudios für Befragungszwecke. Fast alle telefonischen Befragungen werden mittlerweile von zentralen Telefonstudios als computer-gestützte Telefoninterviews (CATI: *computer aided telephone interviewing*) durchgeführt. CATI-Surveys besitzen eine Reihe von technischen Besonderheiten gegenüber persönlichen Befragungen, die nun vergleichsweise kurz diskutiert werden.

10.1 Besonderheiten der Stichprobenziehung

Im Vergleich zu den Stichprobendesigns für bundesweite Erhebungen durch persönliche Interviews erscheint die Stichprobenziehung bei telefonischen Erhebungen Anfängern häufig konzeptuell deutlich einfacher: Eine einfache Zufallsauswahl aus einer Liste der Telefonanschlüsse mutet zunächst unproblematisch an. Tatsächlich ist die Stichprobenziehung für CATI-Stichproben mit zahlreichen Problemen behaftet.

10.1.1 Probleme der Stichprobenziehung bei Telefonsurveys

In der Regel existiert für die bei einer Befragung interessierende Population keine aktuelle und vollständige Liste der Telefonnummern.[1]

---

[1] Besteht die Zielpopulation aus Individuen, dann existieren zumeist nur bei Kundenbefragungen im weitesten Sinn vollständige Listen. Ein Beispiel wäre die Datei der Bezieher von Leistungen nach dem Sozialgesetzbuch bei der Bundesagentur für Arbeit in Nürnberg. Selbst diese Datei ist unvollständig und enthält einen hohen Anteil veralteter Telefonnummern. Bei Betriebsbefragungen, bei denen die Elemente der Grundgesamtheit nicht Personen, sondern Betriebe sind, kann man aufgrund des Eigeninteresses der meisten Betriebe davon ausgehen, dass sich eine Nummer im Telefonbuch findet – die fehlenden Betriebe, die keinen Eintrag besitzen, dürften für viele Fragestellungen aber von besonderem Interesse sein.

Häufig wird bei der Auswahl für eine telefonische Befragung nicht das Telefonbuch, sondern eine andere Liste als Auswahlgrundlage verwendet. So finden sich häufig Fragestellungen, bei denen aus einem Register (z. B. einem Krankheitsregister oder einer Kundendatei einer Krankenkasse) Personen mit bestimmten Merkmalen zufällig ausgewählt werden. Anschließend wird versucht, die ausgewählten Personen in Telefonbüchern zu finden.[2] Je nach Population variiert der Anteil der auffindbaren Einträge (derzeit in der Bundesrepublik bestenfalls mit Mühe ca. 55% bei Personen, ca. 60% bei Betrieben). In anderen Ländern liegt der Anteil deutlich darunter.[3]

Nur wenige Länder verfügen über vollständige Listen aller aktiven Telefonnummern. Selbst die Listen eingetragener Festnetznummern liegen nur in wenigen Ländern nutzungsbereit vor.[4] In den meisten Ländern fehlen in den zugänglichen Listen die Mobilfunknummern. Schließlich fehlen in fast allen Ländern in den für wissenschaftliche Zwecke zugänglichen Listen diejenigen, die sich nicht in öffentliche Verzeichnisse eintragen lassen wollen.

Das Problem nicht-eingetragener Telefonnummern lässt sich prinzipiell auf zwei Arten lösen: Entweder man verwendet Listen eingetragener Nummern und modifiziert diese („RLD") oder man erzeugt innerhalb der Menge der technisch möglichen Telefonnummern eine Teilmenge („RDD"). Beide Verfahren setzen Informationen über die Nummern voraus: Entweder wird eine möglichst vollständige Liste von Telefonnummern benötigt oder zumindest Informationen über die

---

[2] Dies kann manuell oder zumindest teilweise maschinell mit Software zum Record-Linkage (vgl. Kapitel 12.6.5) erfolgen.

[3] In Luxemburg lassen sich z. B. im Jahr 2009 nur ca. 29% der erzeugten Telefonnummern im Telefonbuch finden. Ebenso liegt der Anteil der Anschlüsse, die nicht zu einem Privathaushalt gehören, höher als in Deutschland: In den ersten sechs Monaten des Jahres 2009 wurden für den „Labor Force Survey" (LFS) in Luxemburg 50232 Telefonnummern erzeugt und angerufen. Von den erfolgreich kontaktierten 27467 Telefonnummern erwiesen sich 10572 (also mehr als 38%) als nicht zu einem Privatanschluss gehörig. Rechnet man die 3511 Fax- und Modemnummern dazu, liegt der Anteil der Geschäftsanschlüsse bei 51% (die Zahlen stammen aus einer Analyse des Kontaktdatensatzes durch den Verfasser).

[4] Erst seit Mitte der 90er Jahre liegen für die Bundesrepublik CDs mit Telefonnummern vor (zuvor wurden Stichproben mühselig aus gedruckten Telefonbüchern gezogen). Aus kommerziellen und auch aus Datenschutzgründen ist in vielen Ländern der maschinelle Export größerer Mengen von Telefonnummern entweder technisch erschwert und/oder rechtlich untersagt. Trotzdem werden in fast allen Ländern die Telefon-CDs als Ausgang für die Konstruktion von Telefonstichproben verwendet. Die aus den Telefon-CDs exportierten Listen von Telefonnummern müssen syntaktisch überprüft und – in der Regel – um Dubletten bereinigt werden. Hinweise zur Lösung dieser Aufgaben finden sich bei Schnell (1997b).

10.1 Besonderheiten der Stichprobenziehung

Struktur möglicher Telefonnummern, z. B. die technisch möglichen Mindest- und Maximallängen.[5]

Die Erzeugung von ausschließlich aus Zufallszahlen bestehenden Telefonnummern innerhalb der technisch möglichen Nummernbereiche ist zwar problemlos möglich, aber in hohem Maße ineffizient. In den meisten Ländern ist nur ein kleiner Teil der möglichen Telefonnummern tatsächlich vergeben. Daher würde die vollständige Generierung einer Telefonnummer in den meisten Fällen zu dem Ergebnis führen, dass dieser Nummer kein Anschluss zugeordnet ist. Da solche Anwahlen kaum vollständig kostenneutral sind, findet dieses Verfahren in der Praxis kaum Anwendung.

Die Verwendung modifizierter eingetragener Nummern ist das am weitesten verbreitete Verfahren für Telefonstichproben. Typischerweise wird die letzte Ziffer einer eingetragenen Telefonnummer durch eine zufällig erzeugte Ziffer ersetzt und die gesamte entstehende Nummer als Telefonnummer ersetzt. Dieses Verfahren wird „randomized last digit" (RLD) genannt. Das Verfahren basiert auf der Annahme, dass die nicht eingetragenen Nummern in Hinsicht auf die Verteilung der Endziffern und in Hinsicht auf die Verteilung der Anfangsziffern keine andere Verteilung besitzen als die eingetragenen Nummern. Dies ist vermutlich nicht vollkommen korrekt, aber die resultierenden Abweichungen von identischen Auswahlwahrscheinlichkeiten werden im Allgemeinen im Vergleich zu anderen Effekten bei der Auswahl als vernachlässigbar angesehen.

Der Unterschied zwischen den beiden Verfahren besteht nur darin, dass bei RLD die Wahrscheinlichkeit einer der neu generierten Telefonnummern innerhalb eines Blocks proportional zur Zahl eingetragener Nummern innerhalb des Blocks ist, bei der RDD hingegen unabhängig davon. Liegen bei einem RLD innerhalb eines Blocks 8 Nummern, innerhalb eines anderen Blocks nur eine Nummer, dann besitzt innerhalb des 8-Nummern-Blocks jede Nummer die 8-fache Wahrscheinlichkeit generiert zu werden wie innerhalb des Blocks mit nur einer Nummer; bei RDD besitzen alle Nummern hingegen die gleiche Chance.[6]

---

[5] Sollten innerhalb des möglichen Nummernraums Teilmengen besonderen Dienstleistungsanbietern vorbehalten sein (in der BRD zum Beispiel 110 und 112; weiterhin alle 0800-Nummern und alle kostenpflichtigen Vorwahlen), ist die Entfernung dieser Bereiche aus den potentiell anzuwählenden Nummern wünschenswert. Die länderspezifischen Regeln sind schon innerhalb der EU erstaunlich umfangreich und unterschiedlich; der Aufwand zur Erstellung dieser Regeln sollte nicht unterschätzt werden.

[6] Es sei denn, innerhalb eines Blocks sind keine Nummern eingetragen: Dann besitzt der Block in beiden Verfahren eine Auswahlwahrscheinlichkeit von Null.

Ein solches Verfahren kann man prinzipiell leicht selbst durchführen. Wenn es die gesetzlichen Rahmenbedingungen in einem Land gestatten, exportiert man aus einer Telefon-CD den Nummernbestand und bereinigt den Datenbestand.[7] Bei dieser Bereinigung werden syntaktisch falsche Einträge (z. B. Sonderzeichen inmitten von Ziffern) ebenso gelöscht wie Nummern aus dem Ausland, Dubletten und Sondernummern (kostenpflichtige Vorwahlnummern, Notrufnummern). Schließlich werden in der Regel Behördennummern und Blöcke, die ausschließlich Unternehmen zugeteilt sind, gelöscht.[8]

„Predictive Dialer" Basiert der Sampling-Frame einer CATI-Stichprobe auf RLD oder RDD, dann werden sehr viele Nummern generiert, die nicht angeschlossen sind. Ein kleiner Teil der funktionierenden Nummern gehört zu Faxgeräten. Weitere Anschlüsse sind dauerhaft besetzt, werden nicht erreicht oder erzeugen kein erkennbares Signal. Ökonomisch sinnvoll wäre es daher, die Anwahl und die Analyse des Antwortsignals einer Maschine zu überlassen und nur bei einem erkannten Kontakt zu einem Menschen einen Interviewer in die Leitung zu schalten. Genau diese Aufgabe übernehmen bei professionellen CATI-Systemen Geräte, die als „predictive dialer" (oder meist nur kurz als Dialer) bezeichnet werden. Dialer bestehen aus einer in der Regel preiswerten Hardware (modifizierte Modems) und sehr teurer Software (die Preise übersteigen in einigen Fällen die Kosten eines vollständigen Telefonstudios). Ohne menschlichen Eingriff wählt ein Dialer die ausgewählten Telefonnummern automatisch und erkennt Anrufbeantworter, Faxgeräte, besetzte Nummern, nicht existierende Nummern. Die Anwahlintervalle und die Zahl angewählter Nummern richten sich unter anderem sekundengenau nach der Zahl verfügbarer Interviewer.[9] Mit solchen Dialern können die verfügbaren

---

[7] Aufgrund der hohen Anzahl von in der Regel mehreren Millionen Nummern sind dies keine vollständig trivialen Aufgaben. Am einfachsten lassen sich solche Probleme mit Skriptsprachen wie AWK, oder Python lösen. Hinweise auf die Verwendung von AWK für solche Aufgaben finden sich bei Schnell (1997b).

[8] So plausibel dies ist, so irreführend kann dies sein. So kann es z. B. bei Gebäuden, die von Verwaltungsgebäuden in Wohngebäude umgewidmet wurden, vorkommen, dass sich die zugeordneten Telefonnummern aus technischen Gründen nie geändert haben. Alle Privatwohnungen innerhalb solcher Gebäude besitzen nach einer Filterung eine Auswahlwahrscheinlichkeit von Null. Weiterhin verbergen sich hinter vielen vermeintlichen Geschäftsnummern tatsächlich Privathaushalte (für die USA: Merkle u. a. 2009). Entsprechend vorsichtig muss man bei der Löschung potentieller Geschäftsnummern vorgehen.

[9] Dialer ermöglichen außerdem die automatische Wahl der Nummern zu einem optimal gewählten Zeitpunkt, wobei die Wahl des optimalen Zeitpunkts unter anderem vom Ergebnis vorheriger Kontaktversuche abhängen kann („call-scheduling"). In der Praxis werden diese Möglichkeiten in der

10.1 Besonderheiten der Stichprobenziehung

Ressourcen an Interviewern für tatsächliche Interviewzeit anstelle von Wahlversuchen verwendet werden. Angesichts der hohen Kosten und der Möglichkeit, dass ein Teilnehmer erreicht wird, aber kein Interviewer zur Verfügung steht, sollte die Anschaffung von solchen Dialern für akademische Studien, vor allem bei reinen Lehrforschungsprojekten, sorgfältig abgewogen werden.

Telefonbücher als Auswahlgrundlage Telefonnummern und (maschinenlesbare) Telefonbücher wurden und werden häufig als Ausgangspunkt für die Konstruktion von Auswahlgrundlagen („Sampling Frames") verwendet. Abgesehen von den Problemen der (unerkennbar) mehrfachen Einträge eines Haushalts (z. B. über die verschiedenen Nachnamen eines Paares), den nicht eingetragenen Nummern, den Mobilfunknummern usw. entstehen insbesondere für die Stichprobenkonstruktion dadurch Probleme, dass Telefonnummern in immer größerem Ausmaß keine Adresse zugeordnet werden kann: Innerhalb eines Ortsnetzes – und in einigen speziellen Fällen auch darüber hinaus – kann eine Telefonnummer bei einem Umzug beibehalten werden. Damit liegen numerisch ähnliche Nummern unter Umständen räumlich weit entfernt. Bei einem hohen Ausmaß der Verbreitung solcher Nummern werden Telefonnummern nicht mehr für die Konstruktion von Flächenstichproben verwendbar sein.

10.1.2 Personen ohne Telefonanschluss

Durch traditionelle Telefonstichproben werden Personen, die in Haushalten ohne Festnetzanschluss leben, nicht erreicht. Das Statistische Bundesamt gibt für die Haushalte der BRD 2008 89.7% Festnetzanschlüsse und 86.3% Mobiltelefone an.[10] Insgesamt werden vom Statistischen Bundesamt 99.0% der Haushalte mit Telefonen nachgewiesen. Die Basis für diese Zahlen ist allerdings die sogenannte „Einkommens- und Verbrauchsstichprobe" (EVS) des Statistischen Bundesamtes; die Zahlen dürften daher Überschätzungen darstellen.[11] Nur wenige Prozent der Haushalte werden keinen Telefonanschluss besitzen. Für das Jahr 2001 wurde dieser Anteil für die BRD von kommerziellen Instituten auf der Basis von

---

BRD selten genutzt.
[10] Statistisches Bundesamt, Fachserie 15, Heft 1, Stand: 2.12.2008
[11] Die EVS leidet unter zahlreichen Problemen: Es handelt sich um eine Quotenstichprobe, für die man sich explizit selbst rekrutieren kann, es werden umfangreiche Erhebungsinstrumente verwendet, Selbstständige und Landwirte sowie Haushalte mit einem monatlichen Haushaltsnettoeinkommen von 18.000 Euro und mehr werden ausgeschlossen (zum Stichprobendesign der EVS vgl. Kühnen 1999). Zusammen dürften die Erhebungsprobleme tendenziell zu einem Ausschluss bildungsferner Schichten und damit zu einer erheblichen Überschätzung der Ausstattung führen.

Zufallsstichproben auf ca. 5% geschätzt (Klingler/Müller 2001:435).

10.1.3 Nicht eingetragene Telefonnummern

Der Anteil der nicht eingetragenen Telefonnummern variiert im Laufe der Zeit und regional innerhalb der BRD. So scheint der Anteil nicht eingetragener Telefonnummern in den neuen Bundesländern sowie in Großstädten höher zu liegen als im Bundesdurchschnitt. Für das Jahr 2001 berichten Klingler/Müller (2001:436) auf der Basis von 54.000 zufällig generierten und erfolgreich kontaktierten Telefonnummern von 24% nicht eingetragenen Telefonnummern bundesweit; in den neuen Bundesländern hingegen von 34.3%. Zwischen den Bundesländern werden Raten von 18.9% bis 39.5% angegeben.[12]

10.1.4 Personen, die ausschließlich über ein Mobiltelefon verfügen

In allen Industrieländern steigt der Anteil der Personen, die nur über ein Mobiltelefon erreicht werden können. Für telefonische Befragungen entstehen damit drei Probleme:

1. In der Regel existieren keine geeigneten Auswahlgrundlagen für Mobilfunknummern,
2. vermutlich stellen Personen, die nur über Mobiltelefone erreichbar sind, keine Zufallsstichprobe aus der angestrebten Population dar,
3. die Befragungssituation dürfte sich bei Mobiltelefoninterviews häufig von der Situation bei Festnetzbefragungen unterscheiden.

Alle drei Probleme sollen kurz dargestellt werden.

Auswahlgrundlagen für Mobilfunknummern Für die Anwahl von Mobiltelefonen benötigt man eine Nummer. In nur wenigen Ländern (wie z. B. der Schweiz) sind die Mobilfunknummern zentral erfasst und damit prinzipiell in einer Liste für eine Auswahl verfügbar. In den meisten Ländern stehen für Mobilfunknummern aber solche vollständigen Listen einzelner Nummern nicht zur Verfügung.

Zur Konstruktion solcher Auswahlgrundlagen können z. B. die technisch prinzipiell verfügbaren Nummern wie beim RDD generiert und getestet werden.[13] Dieses Vorgehen ist aber aufgrund der hohen Zahl möglicher Nummern sehr ineffizient.[14]

---

[12] Berücksichtigt man, dass diese Zahlen auf kontaktierten Telefonnummern basieren, so könnte der tatsächliche Anteil nicht eingetragener Telefonnummern noch deutlich darüber liegen.

[13] Dieses Vorgehen ist nicht in allen Ländern gesetzlich zulässig. In den USA ist z. B. der automatisierte Anruf von Mobiltelefonen seit 1991 verboten (Kempf/Remington 2007:120).

[14] Günstiger ist die Verwendung sogenannter „sequenzieller Stichprobenverfahren", bei denen Stichproben von Telefonnummernblöcken gezogen werden und deren Aktivierungsstatus empirisch bestimmt

10.1 Besonderheiten der Stichprobenziehung

In der Regel wird auf Angaben staatlicher Regulierungsbehörden oder Mobilfunkanbieter über die vergebenen Nummernbereiche zurückgegriffen. Die Vollständigkeit solcher Listen aktivierter Nummernblöcke ist aber immer fraglich. Keinesfalls kann die Vollständigkeit solcher Listen einfach unterstellt werden. Gelegentlich werden daher solche Listen auch durch Einbeziehung anderer Datenquellen (z. B. durch den Einsatz von speziell programmierten Internetsuchrobotern, sogenannte „Crawler") ergänzt.

Durch die Verwendung solcher spezieller Auswahlgrundlagen zusätzlich zu Standardlisten wie beim RDD würden aber Personen, die auch über Mobilnummern erreichbar sind, eine höhere Auswahlwahrscheinlichkeit erhalten. Daher muss bei Stichproben, bei denen auch Mobilfunknummern einbezogen werden sollen, ein Verfahren zur Kombination zweier Auswahlgrundlagen verwendet werden, dass die Berechnung der Auswahlwahrscheinlichkeiten aller Personen erlaubt. Solche Verfahren werden „Dual-Frame-Ansätze" genannt. In den USA werden solche Ansätze bereits seit längerem für Mobiltelefonsurveys verwendet (vgl. z. B. Blair/Blair 2006, Brick/Edwards/Lee 2007).

Nimmt man eine Reihe plausibler Vereinfachungen an (z. B. ein Mobiltelefon ist genau einer Person zugeordnet, ein Festnetzanschluss ist jeder Person im Haushalt zugeordnet, die Wahrscheinlichkeit gleichzeitig für beide Teilstichproben ausgewählt zu werden ist Null), dann sind die Auswahlwahrscheinlichkeiten recht einfach berechenbar.[15] Entscheidend für die Verwendung der letztlich trivialen Formel ist die empirische Bestimmung der darin vorkommenden Größen.

Ein Teil der Angaben wird durch die Befragung der Zielperson gewonnen

---

wird. Je nach dem vermuteten Status wird dann in einem Block weiter gezogen oder nicht. Solche zweistufigen Verfahren, bei denen das weitere Vorgehen vom Ergebnis der ersten Auswahlstufe abhängt, scheinen bislang für CATI-Surveys in der BRD nicht vorgeschlagen worden zu sein. Ein entsprechendes Design für seltene Populationen mit der Bezeichnung „TCS" („Telephone Cluster Sampling") wird derzeit in einem BMBF-Projekt des Verfassers untersucht. Einzelheiten finden sich auf der Homepage des Projekts unter www.uni-due.de/methods.

[15] Mit diesen Annahmen reduziert sich die Gleichung für die Wahrscheinlichkeit der i-ten Person ausgewählt zu werden auf

$$\pi_i = k_i^F \frac{n^F}{N^F} \frac{1}{z_i} + k_i^C \frac{n^C}{N^C}, \qquad (10.1)$$

wobei k_i^F die Zahl der Nummern, unter der ein Haushalt über das Festnetz erreicht werden kann, k_i^C die Zahl der Nummern, unter der eine Person über Mobiltelefone erreicht werden kann, n die Zahl der Telefonnummern in der Stichprobe, N die Zahl der Nummern in der Grundgesamtheit und z_i die Zahl der Personen im Haushalt ist (F bezieht sich dabei auf das Festnetz, C auf die Mobiltelefone) (Häder/Gabler/Heckel 2009). Das Gewicht ergibt sich dann als Kehrwert der Auswahlwahrscheinlichkeit.

und ist damit zunächst einmal schon allein aufgrund der potentiellen Unkenntnis der Befragten fehleranfällig.[16] Bei anderen Zahlen ist man auf die Angaben der Bundesnetzagentur angewiesen.[17] Empirische Ergebnisse zur Validierung des Verfahrens liegen bislang nicht vor.

Besonderheiten von Personen, die nur über Mobilfunknummern erreicht werden können Empirische Ergebnisse zu Personen, die nur über Mobiltelefone erreicht werden können, liegen bislang nur vereinzelt vor. Das Statistische Bundesamt gab für 2008 (Statistisches Bundesamt 2009a) an, dass 9% aller Haushalte nur über Handys und nicht mehr über Festnetzanschlüsse erreichbar seien. Der Anteil läge in den Haushalten der unter 25-Jährigen bei 35% und würde mit steigendem Alter der Haupteinkommensbezieher sinken. Ein entsprechendes Gefälle zeige sich auch im Einkommen: In der untersten Einkommensklasse bis 900 Euro lag der Anteil bei 23% gegenüber 3% in den Einkommensklassen ab 2600 Euro; 21% der Arbeitslosenhaushalte, 11% der Arbeitnehmerhaushalte sowie 6% der Selbstständigenhaushalte besäßen ausschließlich Mobiltelefone und keinen festen Telefonanschluss mehr. Nur noch 90% der Haushalte insgesamt seien über Festnetzanschlüsse erreichbar (Statistisches Bundesamt 2009c:9).

Trotz der methodischen Probleme dieser Angaben bestehen zum derzeitigen Zeitpunkt unbestreitbar demographisch unterschiedliche Verteilungen zwischen den reinen Mobilfunkhaushalten und anderen Haushalten.[18] In der Regel werden Befragungsergebnisse aber durch Gewichtungsverfahren den Verteilungen der demographischen Variablen in der Grundgesamtheit (zumeist auf der Basis der Daten des Mikrozensus) angeglichen. Ein Problem könnte nur dadurch entstehen, dass Personen in reinen Mobilfunkhaushalten zwar die gleichen Ausprägungen demographischer Variablen, in Hinsicht auf andere interessierende Variablen (z. B. Mobilität, Wahlverhalten) aber andere Merkmale besäßen. Nur unter dieser Voraussetzung würden selbst einfache Gewichtungsverfahren den Effekt demographischer

---

[16] Dies gilt für k_i^C und k_i^F sowie z_i in der Gleichung 10.1. Die Zahl der in der Stichprobe verwendeten Nummern n^F und n^C ist zumindest prinzipiell bekannt.

[17] Dies gilt für N^F und N^C in der Gleichung 10.1. In dem von Häder/Häder herausgegebenen Band (2009) werden sehr unübersichtlich über mehrere Seiten und Tabellen verstreut letztlich für Juli 2007 die Zahlen $N^F = 125.314.800$, $N^C = 178.050.000$ sowie am Beispiel einer Studie $n^C = 23.955$ und $n^F = 16.154$ angegeben. Diese große Zahl an Nummern war notwendig, um 2171 Personen zu befragen.

[18] Die Angaben des Statistischen Bundesamtes basieren auf den Daten der Einkommens- und Verbrauchsstichprobe (EVS). Aufgrund der Vielzahl der methodischen Probleme der EVS (vgl. Kapitel 10.1.2) dürften diese Angaben überhöht sein.

10.1 Besonderheiten der Stichprobenziehung

Unterschiede zwischen diesen Teilgruppen nicht auffangen können. Empirische Ergebnisse, die dies belegen, wurden bislang nicht veröffentlicht. Anders gesagt: Haushalte, die nur über Mobiltelefone erreicht werden können, erfordern sicherlich die Anwendung von Gewichtungsverfahren; Hinweise darauf, dass die gewichteten Ergebnisse von Populationsschätzungen abweichen, gibt es aber bislang nicht.

Unterschiede in der Befragungssituation bei Mobiltelefonen Bei Verwendung von Mobiltelefonen könnte die Wahrscheinlichkeit, Personen in Situationen anzutreffen, die sich nicht für eine Befragung eignen (Arbeitskontexte, Führen eines Fahrzeugs) deutlich erhöht sein. Entsprechend kann mit höheren Anteilen situational bedingter Verweigerung der Teilnahme gerechnet werden. Zusätzlich wird der Anteil der Abbrüche während des Interviews vermutlich höher liegen als bei Festnetzbefragungen. Ebenso muss mit einer höheren Wahrscheinlichkeit der Anwesenheit dritter Personen gerechnet werden (z. B. im öffentlichen Nahverkehr). Zusammenfassend muss festgestellt werden, dass bislang kaum empirisch haltbare Ergebnisse zu den genannten Problemen vorliegen.[19] Da aber solche Befragungen derzeit noch selten sind, stellt sich die Frage nach der Gültigkeit solcher Ergebnisse, sollten Befragungsversuche per Handy so häufig werden wie Befragungen per Festnetz: Aus Neugier während der Einführungsphase einer Technik wird rasch Verdruss bei Überbeanspruchung. Insbesondere die Teilnahmebereitschaft könnte aufgrund des verstärkten Einsatzes solcher Befragungen rasch weiter sinken. Da aufgrund der Konstruktion der Erhebungsgrundlagen auch keine vorherigen Anschreiben oder vorher übersandte sichere Incentives möglich sind, muss die Entwicklung des Anteils der Verweigerungen bei Mobilfunkbefragungen skeptisch beurteilt werden. Trotz dieser Bedenken wird sicherlich in wenigen Jahren eine Veränderung der derzeit üblichen Praxis, nämlich Mobiltelefone prinzipiell aus den Befragungen auszuschließen, stattfinden.[20]

10.1.5 Anrufbeantworter und Anrufererkennung

Standardpraxis in der BRD ist das erneute Anrufen eines Anschlusses mit Anrufbeantworter, ohne eine Nachricht zu hinterlassen. Am Ende der Feldzeit wird die Zahl der Anschlüsse, bei denen bei allen Kontaktversuchen nur ein Anrufbeantworter erreicht wurde, getrennt ausgewiesen. Etwas seltener üblich ist das Hinterlassen

---

[19] vgl. z. B. die Arbeiten in dem von Häder/Häder (2009) herausgegebenen Band.
[20] Die derzeitigen Empfehlungen für den Umgang mit Mobiltelefonen in telefonischen Befragungen in den USA finden sich in dem Bericht einer „Taskforce" der „American Association of Public Opinion Research" (AAPOR 2010).

Mein Name ist (…). Ich rufe im Auftrag des Methodenzentrums der Universität Duisburg-Essen an. Wir führen in Ihrer Gemeinde eine Befragung zu politischen Themen durch. Ihre Telefonnummer wurde zufällig ausgewählt, und alle Ihre Antworten werden anonym bleiben. Wir werden uns Morgen nochmals bei Ihnen melden. Vielen Dank.

Abbildung 10.1: Text zum Hinterlassen auf Anrufbeantwortern

einer Nachricht auf dem Anrufbeantworter (vgl. die Abbildung 10.1 in Anlehnung an Xu/Bates/Schweitzer 1993:234).

Das Hinterlassen einer (und nur einer) Nachricht auf dem Anrufbeantworter scheint einen positiven Effekt auf verbesserte Kontaktwahrscheinlichkeiten und verringerte Verweigerungswahrscheinlichkeiten zu besitzen (Xu/Bates/Schweitzer 1993:236).[21]

Ein großer Teil der Telefonnummern mit Anrufbeantwortern scheint bei sehr hoher Zahl der Kontakte dennoch erreichbar: Piazza (1993:223) berichtet, dass selbst nach mehr als 50 vorherigen Kontakten zu einem Anrufbeantworter noch Interviews unter der angewählten Nummer realisiert wurden. Ebenso bemerkenswert ist die Tatsache, dass die Realisationswahrscheinlichkeit für ein Interview, gegeben einen Kontakt, weitgehend unabhängig von der Anzahl vorheriger Kontakte zu einem Anrufbeantworter unter dieser Nummer zu sein scheint (Piazza 1993:223). Mit anderen Worten: Schwer Erreichbare verweigern nicht eher als leicht Erreichbare.

Anrufbeantworter werden in der amerikanischen Literatur gelegentlich als „TAMs" („telephone answering machine") abgekürzt, die Möglichkeit der Anruferkennung wird als Verwendung von „Caller-IDs" bezeichnet. Aufgrund der technischen Probleme scheint die Anzeige der Rufnummer oder eines Namens des Anrufers im Display des Telefons derzeit noch kein ernstes Problem darzustellen. Dies könnte sich durch die Zunahme programmierbarer Telefoneinrichtungen ändern (vgl. Abschnitt 10.7). Neuere Geräte erlauben z.B. die Speicherung von Telefonnummern, die überhaupt als Anrufer zugelassen sind. Nicht gespeicherte Nummern erreichen einen speziellen Anrufbeantworter oder ein Frei- oder Besetztzeichen. Vereinfachend lassen sich die erwähnten Selektionsschritte anhand der Abbildung 10.2 zusammenfassen.[22]

---

[21] Xu/Bates/Schweitzer geben als zusätzlichen Beleg für dieses Ergebnis eine Studie von Tuckel/Feinberg (1991) an, die sie aber mit falschem Titel zitieren. Die Studie am angegebenen Ort enthält keine Hinweise auf ein solches Ergebnis.

[22] Die Idee zu dieser Abbildung verdanke ich der Abbildung bei Kempf/Remington (2007:115).

10.1 Besonderheiten der Stichprobenziehung

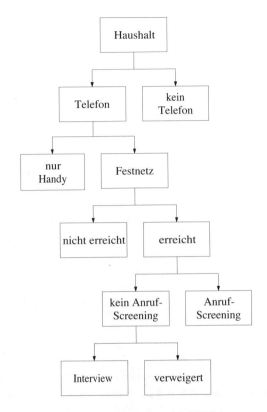

Abbildung 10.2: Selektionsebenen bei CATI-Surveys

10.1.6 Auswahl im Haushalt

Telefonische Befragungen auf der Basis zufallsgenerierter Telefonnummern erfordern eine Auswahl der zu befragenden Person (Zielperson, ZP) im Haushalt. Hierzu wurden eine ganze Reihe von Verfahren vorgeschlagen. Wie bei persönlichen Interviews kann man mit einer Auflistung aller Personen im Haushalt beginnen und dann über ein Zufallsverfahren eine Person auswählen („Schwedenschlüssel", „Kish-grid"). Gerade am Telefon wird einer vollständigen Haushaltsauflistung vor dem Interview von vielen Kontaktpersonen am Telefon mit Misstrauen begegnet. In der Praxis werden daher häufiger Geburtstagsverfahren wie „Last Birthday" oder „Next Birthday" verwendet, bei denen die Kontaktperson (KP) gefragt wird, wer

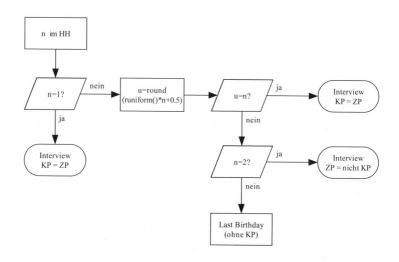

Abbildung 10.3: Auswahl im Haushalt nach dem Vorschlag von Rizzo/Brick/Park (2004). Die Erzeugung der Zufallszahl entspricht in der Abbildung der Stata-Syntax für die Erzeugung gleichverteilter ganzzahliger Zufallszahlen zwischen 1 und n

als letzter bzw. nächster im Haushalt Geburtstag hat: Die entsprechende Person wird ausgewählt. Es ist mit Fehlern bei dieser Art von Auswahlen zu rechnen; je nach Untersuchungspopulation und Methode schwanken die ermittelten Fehlerquoten der Studien erheblich. Auf der Basis einer schriftlichen Befragung mit bekannten Geburtstagen im Haushalt ermittelten Schnell/Ziniel/Coutts (2006) eine Fehlerrate von 25%. Diese Fehlerrate ließe sich vermutlich senken, falls man eine von Rizzo/Brick/Park (2004) vorgeschlagene Variante verwenden würde. Hierbei wird zunächst nur nach der Zahl der Personen n im Haushalt gefragt. Bei Einpersonenhaushalten ist die Auswahl damit beendet; bei Mehrpersonenhaushalten wird eine gleichverteilte Zufallszahl zwischen 1 und n erzeugt und die Kontaktperson mit n bezeichnet. Wird die Zufallszahl n erzeugt, dann ist die Kontaktperson als Zielperson ausgewählt. Bei zwei Personen im Haushalt ist die Auswahl an diesem Punkt auch abgeschlossen: Wird als Zufallszahl nicht n erzeugt, dann ist die andere Person im Haushalt die Zielperson. Nur bei mehr als zwei Haushaltsmitgliedern ist im Anschluss an die Erzeugung der Zufallszahl ein zusätzliches traditionelles Auswahlverfahren (bei dem die Kontaktperson dann aber ausgeschlossen wird) wie der Schwedenschlüssel oder ein Geburtstagsverfahren erforderlich. Da aber nur bei einem Teil der Mehrpersonenhaushalte ausgewählt werden muss, ist die Zahl der Fehlermöglichkeiten reduziert. Zusammenfassend muss aber festgestellt werden, dass die vorhandene Literatur bislang keine Aussage über die Überlegenheit der einen oder anderen Methode der Auswahl im Haushalt erlaubt (Gaziano 2005).

10.1.7 Verringerung der effektiven Stichprobengröße durch Interviewereffekte

Zu den Vorteilen der Telefonsurveys wird gelegentlich (z. B. bei Häder/Glemser 2004:150–151) die Abwesenheit von Klumpeneffekten gezählt. Solche Aussagen sind bestenfalls irreführend: Je nach Art der Stichprobenziehung können Klumpungen durch räumlich bedingte Ähnlichkeiten der Untersuchungseinheiten durch eine telefonische Befragung zwar vermieden werden, die Effekte durch die Homogenisierung durch Interviewer werden hierbei aber entweder vergessen oder absichtlich verschwiegen. Wie im Kapitel 8.5.3 beschrieben, verringert sich die effektive Stichprobengröße je nach Homogenität ρ der Antworten innerhalb der Befragten, die von einem Interviewer befragt werden. Der Effekt ergibt sich aus dem Produkt von ρ und der mittleren Anzahl m der Interviews pro Interviewer (vgl. Gleichungen 8.1 und 8.2).

Durch die in der Regel deutlich höhere Zahl der Interviews pro Interviewer bei CATI-Studien sind die Effekte durch die Interviewer oft stärker als die räumlichen Effekte bei persönlichen Befragungen. Die effektive Stichprobengröße bei CATI-Studien ist daher faktisch oft kleiner als bei nominell gleich großen F2F-Studien.[23] Daher werden die Standardfehler und damit auch die Signifikanztests auf der Basis von CATI-Surveys immer dann falsch berechnet, wenn der Effekt der Interviewer auf die effektive Stichprobengröße nicht berücksichtigt wurde. Viele publizierte signifikante Ergebnisse auf der Basis solcher Datensätze werden daher tatsächlich falsch positive Artefakte sein.

10.2 Rekrutierung von Telefon-Interviewern

Ebenso wie bei persönlichen Befragungen gibt es keine empirisch belegten Kriterien für die Vorauswahl geeigneter Interviewer bei telefonischen Befragungen (vgl. Kapitel 8.5). Viele Institute rekrutieren Telefon-Interviewer in der Weise, dass

---

[23] Im „Labor Force Survey" Luxemburgs lag 2004 die maximale Zahl der Interviews, die ein Interviewer bearbeitete, bei 3312, selbst der Mittelwert lag bei 1120.7 Interviews pro Interviewer (Schnell 2006:6). Bei speziellen Telefonstichproben, so z. B. bei Dual-Frame-Designs (vgl. hierzu Kapitel 10.1.4) kommen zu den Interviewereffekten noch der Effekt der zusätzlichen Variation durch die Gewichtungen hinzu.

die Bewerbung bereits telefonisch erfolgen muss. So lassen sich offensichtlich sprachlich ungeeignete Bewerber leicht rasch identifizieren. Ansonsten wird in der Regel nur nach intelligenten und zuverlässigen Personen gesucht, die bereit sind, für die vergleichsweise geringen Entlohnungen zu arbeiten. Personen, die in Call-Centern gearbeitet haben, scheinen sich kaum noch auf die gänzlich anderen Anforderungen bei Befragungen umstellen zu können: Von deren Einsatz als Interviewer wird dringend abgeraten (Frey/Oishi 1995:112). Ebenso kann Erfahrung in der kommerziellen Marktforschung oder die Arbeit für mehrere Institute durch die unterschiedlichen Anforderungen bei akademischen Projekten durchaus hinderlich sein (Gwartney 2007:47). Der Anteil der Bewerber, die während der Rekrutierung, Schulung und der Feldarbeit ausfällt, ist geringer als bei persönlichen Interviews. Trotzdem müssen zumeist erheblich mehr Interviewer rekrutiert und geschult werden als tatsächlich dauerhaft zum Einsatz kommen.

10.3 Interviewertraining

Das Interviewertraining für CATI-Interviews muss gegenüber dem Interviewertraining bei persönlichen Interviews ohne Rechnerunterstützung abgewandelt werden, da eine Reihe technischer Details erörtert werden müssen. Das Interviewertraining erfolgt zudem immer zentral innerhalb des CATI-Studios, so dass die Korrekturmöglichkeiten deutlich erhöht sind. Den Ablauf eines Interviewertrainings von der Begrüßung bis zum ersten CATI-Interview zeigen die Abbildungen 10.4 und 10.5.[24]

10.4 Organisation der Feldarbeit bei CATI-Studien

In den meisten größeren kommerziellen Instituten ist die Feldarbeit bei CATI-Studien ähnlich organisiert. Während sich die Institutsleitung um Einwerbung neuer Projekte, die Rekrutierung von Nachwuchs und die wissenschaftlichen Konzeptionen der Studien kümmert, obliegt die Durchführung der Projekte in der Regel den Projektleitern, die höchstens für einige wenige Projekte verantwortlich sind, aber jedes ihrer Projekte von der Konzeption bis zum Abschlussbericht betreuen. Während der Dauer der Feldarbeit einer Studie arbeiten die Projektleiter mit der Feldleitung zusammen, die sich zentral für alle Projekte um technische Details

---

[24] Ein nahezu vollständiges Trainingshandbuch für Telefoninterviewer ist das außerordentlich detaillierte Buch von Gwartney (2007). Die speziell auf das verwendete CATI-Programm und das jeweilige spezielle Projekt bezogenen Teile des Trainings müssen ergänzt werden. Die Adaption eines solchen Trainings auf die Verhältnisse in Deutschland würde aufgrund der zahlreichen anderen rechtlichen und technischen Rahmenbedingungen umfangreich sein.

10.4 Organisation der Feldarbeit bei CATI-Studien

8:30	Begrüßung, Vorstellung des Instituts
8:35	Arbeitszeiten, Entlohnung, Vertragsbedingungen
8:50	Informationen zum Datenschutz
8:55	Unterzeichnung einer Verpflichtung zur vollständigen Verschwiegenheit
9:00	Übersicht über Datenerhebungs- und Datenanalysemethode
	o Auswahl der Telefonnummern
	o Auswahl im Haushalt
	o Verfahren bei Nichterreichten, Verweigerern, Erkrankten
	o Datenanalyse und Bericht
10:00	Pause
10:15	Erläuterung zum Ziel und Inhalt des Projekts
10:30	Erläuterung des Fragebogens des Projekts
11:30	Pause
12.30	Verhaltensregeln während des Interviews
13:30	Pause
13.45	Paarweise gegenseitige Interviews unter Supervision
15:00	Pause
15:15	Erläuterung technischer Details
	o Bedienung der Telefone
	o Zuteilung der Headsets
	o Erklärung der Formulare
	o Bedienung des CATI-Programms
	o Umgang mit Online-Hilfen
	o Durchführen von Korrekturen, insbesondere bei Filterführungen
	o Erläuterung der Dispositionscodes
	o Vorgehen bei Terminverabredungen
17:00	Ende

Abbildung 10.4: CATI-Interviewer-Training (1.Tag)

der Verfügbarkeit der CATI-Stationen und der Telefonnummern sowie um die Arbeitspläne der Interviewer kümmert. Die tatsächliche Überwachung der Tätig-

8:30	Wiederholung der Verhaltensregeln während des Interviews
8:40	Wiederholung der Programmbedienung
8:50	Paarweise gegenseitige Telefoninterviews
10:00	Pause
10:15	Telefoninterviews mit Supervisor
11:30	Pause
11:45	Probe-Interviews mit echten RLD-Nummern unter permanenter Supervision
12:30	Pause
14:00	Beginn der Feldarbeit

Abbildung 10.5: CATI-Interviewer-Training (2.Tag)

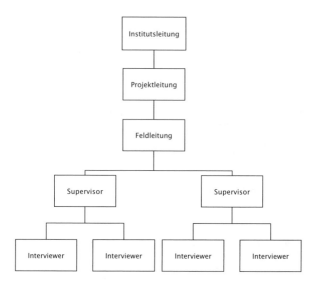

Abbildung 10.6: Üblicher Aufbau kommerzieller CATI-Institute

keit der Interviewer sowie die Behandlung besonderer Problemsituationen mit Interviewern und/oder Befragten liegt bei Supervisoren.[25] In der Regel verwenden anspruchsvollere Studien ein Verhältnis von 5-10 Interviewern pro Supervisor. Bei den kleineren Instituten werden viele dieser Aufgaben von derselben Person wahrgenommen – mit den entsprechenden organisatorischen Vor- und Nachteilen. Zusätzlich zu den Aufgaben in der Abbildung 10.6 sind weitere Tätigkeiten für die Durchführung einer CATI-Studie notwendig, so vor allem Konfiguration und Wartung der Maschinen und Telefone, Programmierung der Fragebogen, Stichprobenziehung und Stichprobenaufbereitung, Datenaufbereitung und Datenanalyse. In der Regel werden diese Aufgaben zumindest in den größeren Instituten durch

---

[25] Zur Qualitätssicherung jedes einzelnen Interviews empfiehlt sich die Verwendung einer Telefonanlage, die es den Supervisoren erlaubt, jederzeit ein Interview mitzuhören, ohne dass dies den Interviewern ersichtlich ist. Nur so können Abweichungen der Interviewer von den vorgeschriebenen Auswahlverfahren und Regeln standardisierter Interviews bemerkt und unmittelbar nach dem Interview für spätere Interviews korrigiert werden. Eine solche Qualitätskontrolle ist mit den – vor allem in Universitäten – gelegentlich üblichen Kontrollen durch auf- und abgehende Supervisoren keinesfalls möglich. Da Interviews nicht aufgezeichnet werden, den Interviewern die Tatsache des Mithörens mitgeteilt wurde und die Supervisoren ebenso wie die Interviewer eine Verpflichtung zur absoluten Vertraulichkeit der Angaben unterzeichnet haben, ist das stichprobenweise Mithören der Supervisoren auch datenschutzrechtlich unbedenklich.

10.5 Ergebnis der Feldarbeit

Code	Bezeichnung
1	Keine Antwort
2	Besetzt
3	Anrufbeantworter
4	Geschäftsanschluß
5	Kein Anschluß unter dieser Nummer
6	Anschluß vorübergehend nicht erreichbar
7	Fax/Modem etc.
8	Nur ausgewählt, aber kein Kontaktversuch
9	Verabredung zum Interview vereinbart
10	Weiche Verweigerung (keine Zeit, kein Interesse etc).
11	Verweigerung durch Kontakt, nicht Zielperson
12	Harte Verweigerung
13	Sprachproblem durch mangelnde Deutschkenntnisse
14	Sonstiges Kommunikationsproblem (Schwerhörigkeit etc.)
15	leichte Erkrankung
16	schwere Erkrankung
17	Verzogen
18	Zielperson unbekannt
19	Zielperson verstorben
20	Abbruch, endgültig (nach der ersten Frage)
21	Abbruch, Rückruf möglich
22	Programmfehler
23	Technische Störung
24	Interview abgeschlossen

Abbildung 10.7: Beispiel für CATI-Dispositions-Codes

weitere Personen wahrgenommen. Als Faustregel sollte mit zwei Vollzeitstellen für hochqualifizierte Mitarbeiter zusätzlich zu den Supervisoren und Interviewern für die Laufzeit der Datenerhebung gerechnet werden.

10.5 Ergebnis der Feldarbeit

Für jede ausgewählte Telefonnummer muss am Ende der Feldzeit ein eindeutiges Bearbeitungsergebnis vorliegen. Diese Bearbeitungsergebnisse werden als (endgültige) „Dispositionscodes" bezeichnet. Ein Beispiel für eine solche Liste zeigt die Abbildung 10.7.[26]

---

[26] Diese Liste wurde Weitkunat (1998:A55) entnommen. Eine ausführliche Liste findet sich im Anhang E, Abbildung E.3.

10.6 Datenprüfung

Die Datenprüfung bei einer CATI-Studie umfasst zunächst die üblichen Datenprüfungen wie die Suche nach versehentlich doppelt eingegebenen Fällen oder doppelten Identifikationsnummern und Identifikationsnummern ohne weitere inhaltliche Daten. Von besonderer Bedeutung ist hierbei unmittelbar nach den ersten Interviews die Kontrolle, ob die Filterführungen korrekt programmiert wurden: Das CATI-Programm muss ausgehend von einer Filterfrage immer an die korrekte Sprungadresse springen, die übersprungenen Fragen mit dem korrekten „Frage nicht gestellt"-Code versehen usw.[27] Darüber hinaus sind Kontrollen der automatisch erstellten Kontaktprotokolle notwendig:[28]

- Sind Interviews mit dem Dispositionscode „abgeschlossen" tatsächlich abgeschlossen?
- Sind Abbrüche vollständig korrekt codiert?
- Sind vorläufige Dispositionscodes abgearbeitet?
- Sind Verweigerungen und andere nicht durchgeführte Interviews vollständig korrekt codiert?
- Sind die Wertbereiche der Uhrzeiten möglich?
- Sind die tatsächlich gewählten Telefonnummern Bestandteil der Stichprobe?

Die Zahl der möglichen Fehlerquellen durch CATI-Programme ist immer wieder erstaunlich. Nicht nur sind Fehler bei der Programmierung eines Fragebogens möglich, sondern auch durch die Programmierung des CATI-Systems selbst. So fällt bei der Durchsicht von Feldberichten von CATI-Studien immer wieder die hohe Zahl „technisch bedingter" Abbrüche auf. Weiterhin muss bedacht (und immer wieder geprüft) werden, ob die von den Programmen erstellten Records tatsächlich der Dateneingabe entsprechen. Es ist durch Programmfehler durchaus möglich, dass Antworten korrekt eingegeben, aber falsch codiert im Datensatz auftauchen. Ebenso ist es möglich, dass spätere Eingaben frühere Eingaben überschreiben.[29] Entsprechend kann die Notwendigkeit extensiver Tests des CATI-Programms all-

---

[27] Diese Prüfungen sind aufwändig, anstrengend und zeigen in vielen Fällen nach Beginn der Feldarbeit immer noch Fehler im Instrument. Da die CATI-Fragebogen dann bereits für Interviews verwendet werden, ist dies in der Regel eine sehr stressreiche Phase der Erhebung: Daher sollte bei Beginn der Feldarbeit dafür gesorgt werden, dass ausreichend technisch qualifiziertes Personal während dieser Phase der Feldarbeit im CATI-Studio anwesend ist.

[28] Die Liste ist an die Liste bei Weitkunat (1998:A34–A35) angelehnt.

[29] In einem Projekt des Autors protokollierte ein kommerzielles CATI-Programm (CI-3) nur die ersten drei und den letzten Kontakt: Alle anderen Kontakte gingen verloren.

gemein und des speziellen Programms vor, während und nach der Feldphase nicht stark genug betont werden.

10.7 Die Zukunft der telefonischen Befragungen

Die Zunahme der Zahl der Personen, die nur noch über Mobiltelefone erreicht werden können, wird die Verwendung von Dualframe-Surveys erzwingen. Dies bedeutet aber auch, dass Personen zunehmend an ihren Arbeitsplätzen und in ihrer Freizeit um ein Interview gebeten werden. Da es keine Möglichkeit gibt, die Zahl der Bitten um ein Interview zu begrenzen, ist mit einem Anstieg der telefonischen Kontaktversuche durch Erhebungsinstitute zu rechnen. Langfristig wird dies zu einer weiteren Verschlechterung der Möglichkeiten führen, Befragungen über das Telefon durchzuführen: Befragte können entweder Kontaktversuche durch Unbekannte ignorieren oder eine Teilnahme verweigern.[30] In der Bundesrepublik berichten alle Erhebungsinstitute von einem dramatischen Anstieg des Anteils an Verweigerungen in telefonischen Befragungen während der letzten Jahre. Die Ursachen liegen in der systematischen Übernutzung dieses Erhebungsmodus für Werbezwecke und qualitativ minderwertige Surveys. Es muss damit gerechnet werden, dass langfristig telefonische Befragungen nur noch für kleine Teilpopulationen nach vorheriger Vereinbarung möglich sein werden.

---

[30] Zumindest für die Institute des ADM ist durch einen Beschluss des ADM eine Rufnummerunterdrückung seit dem 30.6.2009 nicht mehr zulässig. Ebenso verbietet das Gesetz zur Bekämpfung unerlaubter Telefonwerbung vom 29.7.2009 die Unterdrückung der Telefonnummer bei Werbung mit einem Telefonanruf. Befragte können Kontaktversuche von Nummern, die ihnen nicht explizit bekannt sind, technisch automatisch ignorieren lassen.

11 Web-Surveys

Jedes neue Kommunikationsmedium wurde bislang als Datenerhebungsmethode vorgeschlagen und zumindest zur Demonstration einer Befragung genutzt. So gibt es Beispiele für Fax-Befragungen, SMS-Surveys, Disk-by-mail-Erhebungen usw.[1] Mit der Verbreitung der Nutzung von Computernetzwerken wurden zunächst Befragungen innerhalb von lokalen Netzwerken, dann innerhalb des Internets vorgeschlagen. Allen Formen dieser Datenerhebung liegen zwei prinzipielle Probleme zugrunde:
1. Der Zugang zum Kommunikationsmedium und
2. die Motivation der Zielpersonen.

Jede Verwendung eines „neuen" Kommunikationsmediums für Bevölkerungsbefragungen setzt entweder die exakt gleiche Verteilung dieser beiden Bedingungen in allen Subgruppen der interessierenden Population voraus oder sowohl die Verteilung dieser Subgruppen in der Stichprobe und in der Population als auch der Zusammenhang dieser Variablen mit den interessierenden Variablen muss bekannt sein. Sind diese Voraussetzungen nicht erfüllt, dann werden die Ergebnisse der Erhebung umso stärker verzerrt sein, als die Motivation der Zielpersonen und das Ausmaß der Zugangsmöglichkeiten mit den interessierenden Variablen kovariieren.

Erhebungen mit „neuen" Kommunikationsmedien leiden immer unter den beiden genannten Problemen. Sind diese nicht eindeutig lösbar (und das heißt: quantifizierbar), dann ist das jeweilige Kommunikationsmedium für Bevölkerungsbefragungen nicht verwendbar. Neue Medien werfen damit immer sowohl ein Undercoverage-Problem als auch ein Nonresponse-Problem auf.

11.1 Unterschiede in den Zugangsmöglichkeiten zum Internet

Obwohl die Zugangsmöglichkeiten zum Internet täglich zunehmen, muss damit gerechnet werden, dass auch langfristig zumindest einige Subgruppen faktisch auf diesem Weg nicht erreicht werden können (das gilt bis heute z. B. selbst für das Telefon). Die ungleiche Verteilung des Zugangs zum Internet lässt sich problemlos zeigen: Die Abbildung 11.1 zeigt die Entwicklung der Internetnutzung („ever used") in Großbritannien zwischen Juli 2000 und Februar 2006.[2] Obwohl

---

[1] So wurde bis 2005 der ZEW-Konjunkturindex ausschließlich als Faxbefragung durchgeführt.
[2] Die Daten stammen aus dem „UK National Omnibus-Survey". Der Survey wurde im Rahmen einer nationalen CAPI-Erhebung achtmal jährlich an einer Zufallsstichprobe der über 16-Jährigen in

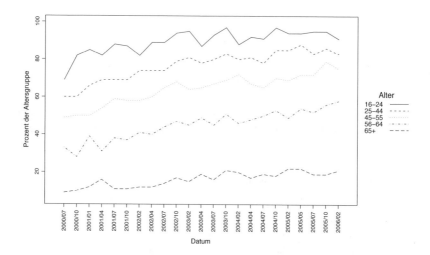

Abbildung 11.1: Prozent der Internetnutzer („ever used") nach Altersgruppe in Großbritannien 2000–2006 („UK National Omnibus-Survey")

die Zunahme der Nutzung unverkennbar ist, unterscheiden sich die Altersgruppen in ihrer Nutzung deutlich; die Unterschiede in der Nutzung nehmen nur langsam ab.³ Diese ungleiche Verteilung des Internetzugangs lässt sich auch für die Bundes-

---

Privathaushalten mit einer realisierten Stichprobengröße von jeweils ca. 1900 Fällen erhoben. 2003 wurde eine Ausschöpfung von ca. 66% erreicht. Die Daten der Surveys sind öffentlich zugänglich. Einzelheiten finden sich auf der Homepage der britischen „National Statistics" unter www.statistics. gov.uk. Diese Studie wurde hier gewählt, da bei den wenigen vergleichbaren Studien aus der BRD entweder die Frageformulierungen oder die Art der Stichproben unzureichend sind. Fast alle bislang vorliegenden deutschen Studien überschätzen durch diese beiden Fehlerquellen vermutlich die Verbreitung der Internetnutzung.

³ Ebenso sollte beachtet werden, dass die Kurven deutliche Schwankungen zeigen. Bei der Art der Fragestellung sollten kaum Rückgänge zu erwarten sein, trotzdem zeigen sich deutliche Einbrüche von bis zu 8%. Solche Stichprobenschwankungen entstehen rein zufällig durch den Prozess der Stichprobenziehung („Standardfehler", vgl. den Anhang A). Da hier Aussagen über Subgruppen getroffen werden, muss die Größe der Subgruppe im Survey für die Berechnung der Standardfehler verwendet werden. Die größte Subgruppe umfasst in diesem Fall ca. 680 Personen, daher wären selbst bei einer einfachen Zufallsstichprobe Schwankungen um mehr als ± 5% hier nicht inhaltlich interpretierbar. Bei kleineren Subgruppen und mehrstufigen Stichproben (wie in diesem Fall) muss mit deutlich größeren Standardfehlern gerechnet werden. Selbst die hier maximal beobachten -8% sind vermutlich durch reinen Zufall entstanden.

11.1 Unterschiede in den Zugangsmöglichkeiten zum Internet

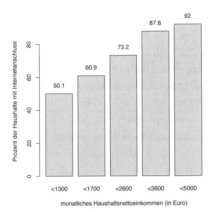

(a) Anteil der Haushalte mit Internetanschluss nach Haushaltsnettoeinkommen in Euro.

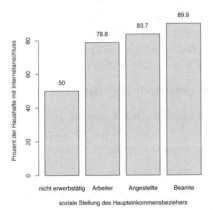

(b) Anteil der Haushalte mit Internetanschluss nach sozialer Stellung des Haupteinkommensbeziehers.

Abbildung 11.2: Anteil der Haushalte mit Internetanschluss nach Einkommen und sozialer Stellung. Die Daten wurden der laufenden Wirtschaftsrechnung des Statistischen Bundesamtes 2009 (Statistisches Bundesamt 2010) entnommen.

republik demonstrieren.[4] Sowohl nach Einkommen und sozialer Stellung lassen sich Unterschiede von bis zu 40% der Ausstattung privater Haushalte mit einem Internetzugang belegen (vgl. die Abbildung 11.2). Selbst in den – vermutlich zu optimistischen – Daten des Statistischen Bundesamtes für das Jahr 2009 lassen sich bedeutsame Subgruppen an Haushalten in der Bundesrepublik identifizieren, bei denen gerade die Hälfte der Haushalte einen Internetanschluss besitzt: Haushalte mit einem Nettoeinkommen unter 1300 Euro (50.1%), Haushalte von nicht Erwerbstätigen (52.3%) sowie Alleinlebende (55.4%).[5]

Internetgestützte Bevölkerungsbefragungen besitzen derzeit also ein erhebliches und zumeist unterschätztes Undercoverage-Problem. Ob dieses zukünftig weitgehend verschwinden wird, muss angesichts der notwendigen technischen Kompetenz, der nicht unerheblichen Kosten des Zugangs sowie medizinischer Einschränkungen (z. B. Parkinson-Patienten, altersdemente Personen) zweifelhaft erscheinen. Derzeit wird in der Anwendungspraxis in der Regel versucht, den Undercoverage durch Gewichtungsverfahren auszugleichen (vgl. Kapitel 11.5). Solche Verfahren basieren auf der Annahme, dass innerhalb der zur Gewichtung verwendeten Klassen die Ausfälle bzw. der Undercoverage nicht mehr mit inhaltlich interessierenden Variablen zusammenhängt. Sollte diese Annahme falsch sein, können die Gewichtungsverfahren den Undercoverage nicht ausgleichen. Genau diese Annahme wurde bisher nur selten überprüft.

11.2 Vorteile internetgestützter Befragungen

Vor allem außerhalb der akademischen Sozialforschung werden seit einigen Jahren Befragungen über das Internet („Online-Befragungen", „Web-Surveys" etc.) zunehmend populär. Die Ursachen hierfür sind offensichtlich: Die Befragungen

---

[4] Bei solchen Zahlen sollte immer auf die Art der Operationalisierung geachtet werden: Welches Kriterium für die Nutzung wird verwendet? Das schwächste Kriterium ist sicherlich die Frage danach, ob das Internet jemals genutzt wurde, während die tägliche private Nutzung vermutlich ein härteres Kriterium darstellt. Weiterhin muss zwischen Zugang im Haushalt und eigener Nutzung unterschieden werden. Schließlich muss die Art der Stichprobenziehung und der Befragung beachtet werden.

[5] vgl. Statistisches Bundesamt (2010:34). Interessanterweise berichtet das Statistische Bundesamt auf Basis der sogenannten IKT eine Ausstattung privater Haushalte von 73% für den Januar 2009; für das Vorjahr von 69% (Statistisches Bundesamt 2009b). Auf der Basis der EVS berichtet das Statistische Bundesamt (2009:12) ebenfalls für Januar 2008 eine Ausstattung von 64.4%. Auf der Basis der laufenden Wirtschaftsrechnung gibt das Statistische Bundesamt für 2007 60.0% an, für 2009 68.9% (Statistisches Bundesamt 2010:12). Bei den gegebenen Stichprobengrößen wäre ein 95%-Konfidenzintervall kleiner als $\pm$ 1%.

11.3 Formen der internetgestützten Befragung

sind schneller durchführbar, man benötigt keine Interviewer, die erhobenen Daten müssen nicht erfasst werden, graphische Vorlagen hoher Komplexität sowie Audio- und Videosequenzen können im Erhebungsinstrument eingesetzt werden usw. Von besonderer Bedeutung sind die im Vergleich zu anderen Erhebungsmodi vernachlässigbaren Erhebungskosten. Insgesamt scheinen Internet-Surveys zunächst zahllose Vorteile aufzuweisen.[6] So modern der Einsatz von Internet-Surveys auch erscheinen mag – die schwerwiegenden methodischen Probleme aller Formen von Internet-Surveys werden den Einsatz dieser Erhebungsform für fast alle ernsthaften wissenschaftlichen Zwecke lange Zeit unmöglich machen.[7] Die Begründung dieser Aussage bedarf zunächst der Unterscheidung verschiedener Formen von internetgestützten Befragungen.

11.3 Formen der internetgestützten Befragung

Eine grobe Unterscheidung zwischen Formen der internetgestützten Befragung differenziert danach, ob ein Fragebogen als E-Mail versandt und/oder zurückgesandt werden soll („E-Mail-Befragung") oder ob der Fragebogen als Programm auf einem Web-Server ausgeführt wird („Web-Survey"). Natürlich sind zahllose Kombinationen der Ansprache, des Versandes, des Ausfüllens und des Zurücksendens möglich (vgl. Couper 2000). Sinnvoller als eine auf diesen Kombinationsmöglichkeiten aufbauende Typologie erscheint eine Typologie anhand der verwendeten Auswahlverfahren (vgl. Abbildung 11.3). Wie bei jeder Stichprobe, stellt sich auch bei Internet-Surveys zunächst die Frage, ob es sich um eine Zufallsstichprobe aus einer angebbaren Grundgesamtheit handelt oder nicht. Für jedes Auswahlverfahren ist es erforderlich, dass die Grundgesamtheit, für die Aussagen beabsichtigt werden, vor der Erhebung definiert wird. Für diese definierte Grundgesamtheit benötigt man dann *vor* Durchführung der Auswahl eine vollständige Liste der Elemente der Grundgesamtheit.

Damit sind für die Verallgemeinerbarkeit der Ergebnisse die folgenden Fragen entscheidend:

---

[6] Entsprechend massiv wird von Interessenverbänden für diese Art von Erhebungen geworben. So gibt es in Deutschland eine Lobby-Organisation für die Durchführung von Internet-Surveys, die „Deutsche Gesellschaft für Online-Forschung DGOF". Ihr gehören unter anderem einige Marktforschungsunternehmen, die „Online-Forschung" betreiben, an.

[7] Daran ändern auch entsprechende Normen nichts. So gibt es zwar seit 2009 eine ISO-Norm (Nummer 26362:2009) zur Durchführung von Access-Panels („Access panels in market, opinion and social research – Vocabulary and service requirements"). Diese Norm ist jedoch so ungenau formuliert, dass daraus keine eindeutigen Handlungsempfehlungen oder gar Sanktionen herleitbar wären.

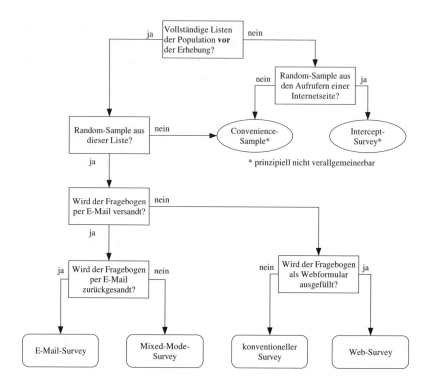

Abbildung 11.3: Formen internetgestützter Befragungen (Schnell/Hill/Esser 2005:378)

- Existiert eine Liste der interessierenden Population vor Durchführung der Auswahl?
- Erfolgt aus dieser Liste eine Stichprobenziehung mit vor der Auswahl angebbarer Ziehungswahrscheinlichkeit?
- Ist die Wahrscheinlichkeit einer tatsächlichen Antwort für alle ausgewählten Personen gleich oder kann sie zumindest numerisch bestimmt werden?

Muss eine oder mehrere dieser Fragen verneint werden, handelt es sich nicht um eine Zufallsstichprobe aus einer angebbaren Grundgesamtheit. Nur auf der Basis echter Zufallsstichproben kann mit angebbarer Genauigkeit auf die entsprechende Grundgesamtheit verallgemeinert werden. Alle anderen Stichproben sind prinzipiell nicht verallgemeinerbar und werden als „willkürliche Auswahlen" bezeichnet.

11.3 Formen der internetgestützten Befragung

11.3.1 Internetgestützte Surveys auf der Basis willkürlicher Auswahlen

In der Praxis der sogenannten „Online-Forschung" finden sich vor allem zwei verschiedene Formen willkürlicher Auswahlverfahren, die beide zu nicht verallgemeinerbaren Stichproben führen. Da die beiden Formen sehr weit verbreitet sind, sollen sie etwas ausführlicher dargestellt werden.

11.3.1.1 Ausschließlich im Internet rekrutierte Access-Panels

Am häufigsten in der sogenannten Online-Forschung sind Surveys, deren potentielle Teilnehmer für wiederholte Befragungen ausschließlich im Internet gewonnen wurden („online rekrutiertes Access-Panel"). Die potentiellen Teilnehmer werden in der Regel über Anzeigen auf Webseiten oder in Suchmaschinen sowie über Schneeballverfahren gesucht. Häufig werden dabei verschiedene Formen von Incentives in Aussicht gestellt.[8]

Die auf diese Weise gewonnenen Teilnehmer stellen natürlich keine Zufallsstichprobe aus einer zuvor angebbaren Grundgesamtheit dar. Statt einer exakten Definition der Grundgesamtheit finden sich in bei der Verwendung internetgestützter Surveys in der Praxis dagegen eher unklare Begriffe wie „Online-Population" oder „Gesamtheit der Internet-Nutzer". Solche unpräzisen Benennungen enthalten keine räumliche, sprachliche oder zeitliche Eingrenzung einer Objektmenge. Da die Auswahlwahrscheinlichkeit einer Person damit nicht bestimmt werden kann (und die Annahme gleicher Auswahlwahrscheinlichkeiten absurd wäre), handelt es sich bei diesen „online rekrutierten" Surveys immer um „willkürliche Auswahlen" (sogenannte „convenience samples"). Ergebnisse solcher willkürlichen Auswahlverfahren können nicht mit berechenbarer Irrtumswahrscheinlichkeit auf eine angebbare Population verallgemeinert werden. Diese Art von Stichproben eignet sich daher nicht für ernsthafte Bevölkerungsbefragungen, sondern sie dient bestenfalls in begrenztem Umfang psychologischen Experimenten. Viele solcher Befragungen werden besser als Unterhaltung denn als Forschung betrachtet.[9]

---

[8] Eine Meta-Analyse über die Effektivität nach Art der Incentives findet sich bei Göritz (2006).
[9] Ein Beispiel hierfür stellt die Veröffentlichung von Otten (2008) dar. Der sogenannten „50+ Studie" liegt ein Web-Survey von Personen zugrunde, die angeben, zwischen 1938 und 1958 geboren zu sein. Die unvermeidbaren Coverageeffekte, die eine Internet-Befragung von 50–70 Jahre alten Personen in Hinsicht auf die inhaltlichen Ergebnisse haben müssen, werden in der Veröffentlichung kaum diskutiert: Es findet sich der Hinweis auf nicht näher beschriebene Gewichtungsverfahren (S.36) sowie die Feststellung, dass diese Altersgruppe bei der Internetnutzung besonders rasch wüchse. Die Stichprobe basiert auf dem E-Mail-Adressenbestand eines kommerziellen Adressanbieters. Aus dieser Menge wurden 100.000 Personen per E-Mail um Teilnahme gebeten. Es antworteten 7.8%.

11.3.1.2 Website-Intercept-Surveys

Auf den ersten Blick mag es so scheinen, als ob es bei „online rekrutierten" Stichproben eine Ausnahme von der Klassifikation als willkürliches Auswahlverfahren gäbe: Die sogenannten „Website-Intercept-Befragungen". Hierbei wird z. B. jeder n-te Besucher einer Website – in der Regel durch ein beim Besuch der Seite sich öffnendes Fenster – um die Beantwortung einiger Fragen gebeten. Werden die Ergebnisse dabei ausschließlich auf die Besucher der Website verallgemeinert, mag der Eindruck entstehen, es handele sich um eine Zufallsstichprobe aus den Besuchern der Internetseite. Diejenigen ausgewählten Personen, die sich zu einer Teilnahme entschließen, stellen aber keine Zufallsstichprobe aus allen Besuchern der Webseite dar. Es handelt sich um eine selbst-rekrutierte Stichprobe: Weder gibt es eine Möglichkeit der Überprüfung, ob die Teilnehmer sich in irgendeiner Hinsicht von Nicht-Teilnehmern unterscheiden, noch können potentielle Nicht-Teilnehmer von der Teilnahme überzeugt werden. Für viele Fragestellungen lassen sich systematische Unterschiede zwischen Teilnehmern und Nicht-Teilnehmern vermuten (z. B. Zeitdruck, Ernsthaftigkeit etc.). Weiterhin ist der Anteil der Personen, die solche „Website-Intercept-Befragungen" beantworten, sehr klein.[10] Beide Faktoren führen dazu, dass bei Befragungen dieses Typs deutlich verzerrte Ergebnisse selbst dann erwartbar sind, wenn nur auf die Besucher der Webseite verallgemeinert werden soll. Auf der Basis einer „Website-Intercept-Befragung" kann man daher legitimerweise auf keine Grundgesamtheit schließen. Solche Studien sind wissenschaftlich wertlos (in der Abbildung 11.3 wurden diese Formen daher besonders gekennzeichnet).

11.3.2 Internetgestützte Surveys auf der Basis echter Zufallsstichproben

Die Probleme willkürlicher Stichproben lassen sich nur durch die Verwendung echter Zufallsstichproben vermeiden. Für internet-basierte Bevölkerungbefragungen existieren geeignete Auswahlgrundlagen, also Listen aller Elemente der interessierenden Population, nicht. In den Fällen, in denen einzelne Organisationen vollständige Listen ihrer Mitglieder besitzen, sind E-Mail-Befragungen echter Zufallsstichproben möglich. Daher wird dieser Befragungstyp im nächsten Abschnitt kurz erläutert.

Dies wird von Otten als „hochsignifikantes Sample", als „hochrepräsentative Stichprobe" sowie als „repräsentatives Internetpanel" (S.38) bezeichnet. Alle diese Begriffe sind statistisch unsinnig und irreführend. Die Studie basiert auf einer nicht verallgemeinerbaren willkürlichen Auswahl.

[10] vgl. Hauptmanns (1999) und Hauptmanns/Lander (2001).

11.3.2.1 E-Mail-Befragungen

Das Kennzeichen von E-Mail-Befragungen ist die Versendung eines Fragebogens an den Befragten per E-Mail. Die Voraussetzung für die Durchführung einer E-Mail-Befragung ist die Existenz einer vollständigen Liste der E-Mail-Adressen einer Population. Damit scheiden faktisch alle Populationen mit Ausnahme weniger hoch organisierter Gruppen (z. B. Fachverbände für Hochschullehrer eines Fachgebiets) für solche Erhebungen aus. Nur auf der Basis solcher vollständigen Listen sind echte Zufallsstichproben (oder Vollerhebungen) möglich, die dann aber auch nur auf diese Population verallgemeinert werden können. Daher eignen sich solche Surveys fast ausschließlich für Befragungen innerhalb homogener Organisationen mit vollständigen E-Mail-Listen, standardisierter Hard- und Software und hoch motivierten Angehörigen. Die US-Airforce ist ein Beispiel für diese seltene Kombination.[11]

Sollten diese genannten Voraussetzungen erfüllt sein, empfiehlt es sich, auch bei der Durchführung von E-Mail-Surveys sowohl in Hinsicht auf den Fragebogen als auch in Hinsicht auf die Durchführung alle Details der „Total-Design"-Methode zu beachteten. Insbesondere Vorankündigungen und Mahnungen sind hier ebenso notwendig wie bei traditionellen schriftlichen Befragungen.

Bei der Durchführung solcher Befragungen muss man zwei Formen der Befragung unterscheiden: Wird ein Fragebogen per E-Mail zum Befragten gesandt und auch per E-Mail zurückgesandt, so handelt es sich um einen E-Mail-Survey (vgl. Abbildung 11.3). Soll der Befragte den Fragebogen hingegen ausdrucken, beantworten und als Brief zurücksenden, so kann man von einer Form eines „Mixed-Mode-Surveys" sprechen. Hierbei gelten dann alle Regeln und Empfehlungen für traditionelle schriftliche Befragungen. Allerdings muss bedacht werden, dass diese Antwortmodalität für den Befragten erhebliche Kosten und Mühen verursacht; daher wird der Anteil an Nonresponse hoch und die Unterschiede zwischen Antwortenden und Nicht-Antwortenden beträchtlich sein.[12]

Bei echten E-Mail-Befragungen erfolgen Versand und Antwort per E-Mail. Neben dem kaum lösbaren Problem unvollständiger E-Mail-Listen treten bei dieser Form der Befragung erhebliche technische Probleme auf. Die technischen Details des E-Mail-Anschlusses können den Empfang der E-Mail (und eventueller

---
[11] Tatsächlich gibt es eine „USAF Surveys Branch", die E-Mail-Surveys durchführt. Zu Einzelheiten vgl. Schonlau/Fricker/Elliott (2001:56).
[12] Zusätzlich treten durch die Unterschiedlichkeit traditioneller Dateiformate häufig entstellende Formatierungen beim Ausdruck auf.

Ankündigungen der Befragung sowie eventueller Antwortmahnungen) generell verhindern. Falls die E-Mail den Empfänger überhaupt erreicht, ist die Verbindlichkeit einer E-Mail-Aufforderung in der Regel deutlich geringer als die Aufforderung durch einen vor der Tür stehenden Interviewer. E-Mail-Surveys weisen fast immer untragbare Nonresponse-Raten auf.

Weiterhin zwingen Unterschiede in den verwendeten E-Mail-Programmen den Fragebogenkonstrukteur zur Verwendung nur sehr elementarer Möglichkeiten des Fragebogen-Layouts. Je nach verwendetem Programm kann selbst eine technisch einfache E-Mail drastisch unterschiedliche Formatierungen erzeugen. Dies lässt sich nur verhindern, wenn man die Befragten zur Benutzung spezieller Softwareerweiterungen zwingen möchte. Da auch hier die Befragten in aller Regel die Möglichkeit einer Verweigerung besitzen, werden solche Maßnahmen die ohnehin hohen Anteile an Nonresponse erhöhen und zu noch stärkeren Unterschieden zwischen Teilnehmern und Nicht-Teilnehmern führen.

Die genannten Probleme haben dazu geführt, dass E-Mail-Befragungen dieses Typs nur noch selten durchgeführt werden. Viel häufiger werden E-mail-Listen nur noch für den Versand von Teilnahmeaufforderungen für Web-Surveys genutzt.

11.3.2.2 Außerhalb des Internets rekrutierte Web-Surveys

Da keine vollständigen Listen derjenigen Personen der allgemeinen Bevölkerung, die Zugang zum Internet besitzen, existieren, müssen für echte Zufallsstichproben andere Möglichkeiten der Stichprobenziehung gefunden werden. Üblich ist die Verwendung einer traditionell gezogenen Stichprobe, bei der z. B. durch einen Random-Walk oder eine Einwohnermeldeamtstichprobe Personen ausgewählt und persönlich befragt werden. Nach dem Interview wird die befragte Person gebeten, zukünftig an weiteren Befragungen teilzunehmen. Willigt die Person ein, wird sie Mitglied eines Web-Access-Panels. Diese Form der Rekrutierung potentieller Panel-Teilnehmer wird gelegentlich als „Offline-Rekrutierung" bezeichnet. Als Gegenleistung für die Teilnahme erhält der Teilnehmer in der Regel eine finanzielle Entschädigung, manchmal in Form der Herstellung und/oder der Unterhaltung eines Internet-Zugangs.[13] Je nach Fragestellung eines Projekts zieht der Betreiber

---

[13] Selbstverständlich können Personen auch die Herstellung eines Internetzugangs verweigern. So berichten Leenheer/Scherpenzeel (2011:6) von nur 35% einer erfolgreichen Rekrutierung bei denjenigen Haushalten, die vorher nicht über einen Internetzugang verfügten. Die wenigen vorhandenen Daten zu dieser Art von Panel zeigen, dass vor allem ältere und weniger gebildete Personen in diesen Studien weniger vertreten sind, als es ihrem Bevölkerungsanteil entspricht. Im niederländischen LISS-Panel liegt der Anteil der Personen mit den niedrigsten Bildungsabschlüssen in allen

11.3 Formen der internetgestützten Befragung 297

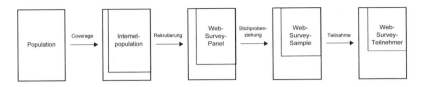

Abbildung 11.4: Selektionsstufen bei internet-basierten Access-Panels

eines Access-Panels nach den bereits bekannten Merkmalen der Befragten eine Unterstichprobe, deren Mitglieder dann um Teilnahme an dieser Befragung gebeten werden. In der Folge werden die Mitglieder eines Access-Panels regelmäßig um Teilnahme an Befragungen gebeten.

Diese Art von Webpanel-Stichproben resultiert also aus mehreren, unterschiedlichen Selektionsstufen (vgl. Abbildung 11.4).[14] Es ist wichtig, die Selektivitätseffekte der verschiedenen Stufen voneinander zu unterscheiden. Den Selektionsstufen liegen unterschiedliche Mechanismen mit in der Regel unterschiedlichen Konsequenzen zugrunde.

Das Ausmaß des Schwunds potentieller Teilnehmer von der Auswahl der Befragten bis zur tatsächlichen Teilnahme ist erheblich. Anhand der Daten eines entsprechenden Experiments im ALLBUS 2006 wird dies deutlich: Der ALLBUS selbst hatte eine Responsequote von 41.0%. Von denjenigen, die sich im ALLBUS befragen ließen (=100%), verfügten nach ihren Angaben 46% über einen Internetanschluss in ihren Wohnungen, 17% erklärten sich zur Teilnahme an einem Web-Survey bereit, 11% nahmen tatsächlich teil (Bandilla u. a. 2009:134).

Nur wenn der Selbstselektionsprozess keinerlei Zusammenhang zu interessierenden Variablen aufweist, kann eine Verallgemeinerung auf die Ursprungspopulation erfolgen. Leider weisen solche Access-Panels zusätzliche Ausfälle im Laufe der Zeit sowie Veränderungen durch die wiederholten Befragungen („Panel-Effekt") auf.

Es ist plausibel, unterschiedliche Bleibewahrscheinlichkeiten in Access-Panels zu vermuten. In der Regel wird versucht, den hohen Ausfallraten in Access-Panels

---

Altersgruppen oberhalb von 24 Jahren zwischen 29% und 52% des jeweiligen Bevölkerungsanteils (berechnet aus den Angaben der Tabelle 5 bei Knoef/de Vos 2009:8). Bemerkenswert in dieser Studie ist weiterhin, dass auch Personen mit Universitätsabschluss weniger in der Studie vertreten sind als in der Bevölkerung: Je nach Altersgruppe liegt der Anteil hier bei 77%–95%. Aus diesen Gründen müssen Versuche, verallgemeinerungsfähige Befragungen der allgemeinen Bevölkerung auf diese Art durchzuführen, skeptisch beurteilt werden.

[14] Diese Art der Darstellung findet sich bei Lee (2006:330).

durch Incentives entgegen zu wirken. Die derzeitige Forschungslage legt es nahe, dass ökonomisch weniger gut gestellte Personen durch Incentives eher zur fortgesetzten Teilnahme motiviert werden können (Göritz 2008). Dies kann über die Professionalisierung der Befragten (unter anderem der Teilnahme an vielen Access-Panels) zu erheblichen Paneleffekten führen. Zur vermeintlichen Korrektur des Undercoverage, der Selbstselektion und zusätzlicher Ausfälle werden in der Praxis häufig Gewichtungsverfahren verwendet, deren Wirksamkeit nicht unumstritten ist (vgl. Kapitel 11.5). Veränderungen durch wiederholte Messungen lassen sich durch Gewichtungsverfahren ohnehin nicht korrigieren. Access-Panels eignen sich für verallgemeinerbare Aussagen mit angebbarer Irrtumswahrscheinlichkeit daher nicht.

11.4 Technische Einzelheiten zur Durchführung von Web-Surveys

Das Kennzeichen für Web-Surveys ist ein Fragebogen, der als Programm auf einem Web-Server ausgeführt wird. Für den Befragten sieht ein solcher Fragebogen wie ein Formular auf einer Webseite in einem Internetbrowser aus. In diesem Abschnitt sollen zunächst die prinzipiellen methodischen Probleme der Fragebogenkonstruktion behandelt werden, danach die Probleme der Durchführung von Web-Surveys.[15]

11.4.1 Fragebogenkonstruktion für Web-Surveys

Bei der Konstruktion von Fragebogen für Web-Surveys muss beachtet werden, dass zahllose Unterschiede in der Ausstattung und Konfiguration der Hard- und Software auf der Seite der Befragten existieren. Zunächst unterscheiden sich die Anbindungen der PCs der Benutzer an das Internet und damit die Übertragungsgeschwindigkeiten der Inhalte einer Seite. Was bei der Entwicklung auf dem eigenen Rechner nahezu verzögerungsfrei auf dem Bildschirm erscheint, mag bei einer Modem-Verbindung minutenlang dauern – entsprechend niedrig wird die Motivation eines Befragten sein, einen solchen Fragebogen zu beantworten. Weiterhin unterscheiden sich die Betriebssysteme und die verwendeten Browser. Selbst inner-

---

[15] Die technische Erstellung solcher Bildschirm-Masken ist durch zahlreiche (auch kostenlos erhältliche) Hilfsprogramme trivial geworden. Problematischer ist die technisch korrekte Durchführung der Befragung. Hierzu werden etwas tiefere technische Kenntnisse in der Einrichtung und im Betrieb von Datenbanksystemen benötigt. Es gibt kommerzielle Anbieter, die vollständig konfigurierte Befragungssysteme im Internet vermieten. Aufgrund der raschen Veränderung des Marktes ist jede gedruckte Übersicht in kürzester Zeit veraltet; eine aktuelle Übersicht sowohl über Programme als auch technische Dienstleister findet sich auf der Seite www.websm.org der Universität Ljubljana. Einführende Hinweise zur Wahl der Software finden sich bei Kaczmirek (2008).

11.4 Technische Einzelheiten zur Durchführung von Web-Surveys

halb eines Browsers können unterschiedliche Konfigurationen unterschiedliches Verhalten des Programms bedingen. Die vermeintlichen Vorteile einer multimedialen Gestaltung des Fragebogens verschwinden bei der Berücksichtigung der technischen Gegebenheiten bei den Befragten zumeist rasch: Nur Webseiten mit elementaren Bestandteilen werden bei verschiedenen Programmen halbwegs ähnlich dargestellt.[16] Zusammen mit den sehr unterschiedlichen Vorkenntnissen der Befragten im Umgang mit dem Internet erfordert die technische Heterogenität besonders intensive Pretests der Fragebogen.

Im Allgemeinen gelten die Hinweise für die Gestaltung von Fragebogen bei schriftlichen Befragungen ebenso für Web-Surveys.[17]

Entsprechend dem Anschreiben und dem Deckblatt einer schriftlichen Befragung soll der erste Bildschirm, den der Befragte sieht, den Befragten zur Teilnahme motivieren. Der Gegenstand der Befragung und die durchführende Organisation müssen daher klar benannt werden. Die Bedeutung der Teilnahme für den Befragten und/oder die durchführende Institution muss erkennbar sein. Trotzdem muss der Inhalt dieses Begrüßungsbildschirms knapp gehalten werden.

Der ersten Frage kommt erhebliche Bedeutung zu, da von ihr die Kooperation des Befragten in besonderem Maße abhängt. Dem Befragten irrelevant, sensitiv oder kompliziert erscheinende Fragen werden zum Abbruch der Befragung durch den Befragten führen. Die Fragen sollten ähnlich wie bei schriftlichen Befragungen entsprechend den Empfehlungen der „Total Design Method" („Minimiere die subjektiven Kosten für den Befragten") dargestellt werden:

- Fragenummern sollten abgetrennt links in einer eigenen Spalte stehen.
- Antwortkategorien sollten vertikal übereinander immer in der gleichen Spalte stehen.
- Alle Antwortkategorien sollten gleichzeitig angezeigt werden. Entsprechend sind „Drop-Down-Boxen" nicht empfehlenswert.[18]
- Fragen in Form einer Antwortmatrix sollten vermieden werden.
- Offene Fragen sollten allenfalls am Ende des Fragebogens („Gibt es noch

---

[16] Schon die Unterschiede in der graphischen Auflösung der Bildschirme (Zahl der Pixel) und im Bildschirmformat (Normal- oder Breit-, Hoch- oder Querformat) führen zu unterschiedlichen Darstellungen und Handhabungen des Fragebogens auf den Bildschirmen der Benutzer.

[17] vgl. Dillman (2000:352–411) oder – völlig theorielos – Best/Krueger (2004:43–73). Die bislang umfassendste Darstellung gibt das Buch von Couper (2008).

[18] Dies sind Elemente von Bildschirmmasken, bei denen die Antwortmöglichkeiten erst durch Rollen mit dem Cursor bzw. der Maus in einem Auswahlfenster sichtbar werden.

etwas, was Sie uns mitteilen möchten?") verwendet werden.
- Unterschiedliche Farben sollten vermieden werden.[19]
- Instruktionen für den Befragten sollten sich an der Stelle im Fragebogen finden, wo sie benötigt werden, nicht an einer Stelle als Block.[20]
- Instruktionen sollten anders erscheinen als Fragen (Wechsel der Schriftart oder Größe).
- Instruktionen sollten stets an der gleichen Stelle (auf der linken Seite) erscheinen; Fragen entsprechend auf der rechten Seite.
- Auf keinen Fall empfiehlt es sich, zu versuchen, die Befragten zur Beantwortung einer Frage zu zwingen.[21]
- Es sollte für den Befragten stets erkennbar sein, an welcher Stelle im Fragebogen er sich befindet. Ein solcher „Fortschrittsindikator" kann als Balkendiagramm oder einfacher als Nummerierung (z. B. „Frage 12 von 30") dargestellt werden.
- Trotz der einfachen technischen Realisierbarkeit der Filterführung bei elektronischen Fragebogen, sollten Filter eher sparsam verwendet werden.[22]
- Fragebogen bei Web-Surveys lassen sich bildschirmweise aufbauen (eine Frage pro Bildschirm) oder als eine Seite, bei dem der Bildschirm manuell „gerollt" („scrolled") werden muss. In der Regel ist „Scrolling" bei kurzen Fragebogen für den Befragten einfacher.
- Alle Fragebogen benötigen umfangreiche inhaltliche Pretests, auch Web-Surveys.

---

[19] Unterschiedliche Browser- und Monitoreinstellungen können sehr unterschiedliche Farbdarstellungen erzeugen. Diese können zu schwer lesbaren oder gänzlich anderen Darstellungen führen. Weiterhin wird ein bedeutender Teil der Befragten farbenblind sein.

[20] Also weder am Anfang, noch am Ende; optionale Erläuterungen („pop-up help") sind weitgehend sinnlos.

[21] Die Befragten müssen weder den Fragebogen noch eine bestimmte Frage beantworten. Der Versuch, vollständige Antworten zu erzwingen, wird eine hohe Zahl von Abbrüchen bedingen. Zudem werden sich diese reaktanten Befragten systematisch von den nicht-reaktanten Befragten unterscheiden.

[22] Komplexe Filterführungen besitzen zwei Nachteile: Erstens lassen sich Fortschrittsindikatoren bei Filterführungen nur sehr ungenau angeben, zweitens entstehen Probleme bei dem eventuellen Versuch des Befragten, eine frühere Antwort zu ändern. Sowohl die Löschung der Antworten auf alle Folgefragen als auch der Erhalt der Antwort auf alle Folgefragen kann den Befragten frustrieren – und damit wieder zum Abbruch führen. Zwar sind angepasste technische Lösungen in vielen Fällen möglich, aber in der Entwicklung aufwändig. Noch kostenintensiver sind die Tests aller möglichen Pfade durch einen elektronischen Fragebogen.

11.4 Technische Einzelheiten zur Durchführung von Web-Surveys

- Sehr sorgfältiges und langwieriges Pretesten der technischen Durchführbarkeit der Befragung auf unterschiedlichsten PCs ist unverzichtbar.

11.4.2 Durchführung von Web-Surveys

Die Erstellung eines Fragebogens stellt nur den kleineren Teil der Durchführung von Web-Surveys dar. Neben der Notwendigkeit der Ziehung einer echten Zufallsstichprobe aus einer definierten und bekannten Grundgesamtheit muss der Fragebogen korrekt administriert werden. Dies bedeutet in der Praxis, dass der Zugang zu der Web-Seite mit dem Fragebogen verwaltet, konkreter: begrenzt werden muss. Jede ausgewählte Person darf den Fragebogen nur einmal beantworten; daher müssen wiederholte Beantwortungen technisch ausgeschlossen werden. In der Regel wird die Vergabe eines Benutzernamens und eines Passwortes verwendet.[23] Nach einmaliger Nutzung wird die entsprechende Kennung gelöscht. Solche Zugangsregelungen implizieren aber die prinzipielle Identifizierbarkeit des Antwortenden. Damit muss ein Befragter den Zusicherungen der Anonymität oder Vertraulichkeit der Angaben Glauben schenken. Gerade dann, wenn die technischen Voraussetzungen für die Durchführung von Web-Surveys gegeben sind (z. B. innerhalb von Organisationen), kann das Misstrauen der Befragten so die Anwendbarkeit verhindern (z. B. bei Mitarbeiterbefragungen).[24]

11.4.3 Technische Voraussetzungen zur Durchführung von Web-Surveys

Bei den technischen Voraussetzungen müssen die Anforderungen auf Seiten der Befragten von den Anforderungen an das Befragungssystem unterschieden werden.

11.4.3.1 Technische Voraussetzungen auf der Seite der Befragten

In der Regel wird bei der Programmierung von Web-Surveys großer Wert darauf gelegt, dass die Befragung weitgehend unabhängig von der speziellen Hard- und

---

[23] Dies bedingt zusätzliche Probleme durch die Tatsache, dass Befragte ihre Kennungen vergessen, verlegen oder sich bei der Eingabe vertippen. Weiterhin entstehen Probleme durch unterbrochene oder abgebrochene Beantwortungsprozesse. Andere technische Lösungen wie z. B. die Verwendung von hardwarebasierten Schlüsseln (z. B. Rechnerkonfigurationsmerkmale) sind aber technisch anfälliger und datenschutzrechtlich bedenklich.

[24] Über die IP-Nummer lässt sich innerhalb einer Organisation in der Regel feststellen, von welchem PC aus der Survey beantwortet wurde. Damit setzt eine Web-Befragung innerhalb einer Organisation erhebliches Vertrauen der Befragten voraus. Im Prinzip gilt dieses Argument aber für jeden Web-Survey: Wird nach strafrechtlich relevanten Themen gefragt, sind in der Bundesrepublik weder die Server der Web-Survey-Betreiber noch die Protokolle der Internetprovider sicher vor einer Beschlagnahme mit dem Ziel der Identifizierung des Befragten. Streng genommen ist ein Web-Survey daher kaum als „anonym" zu betrachten.

Software der Befragten möglich ist. Diese Anforderung nach Kompatibilität des Befragungssystems zieht zahlreiche technische Probleme nach sich.[25] Fast immer erfordert dies bei der Programmierung die Reduktion auf die elementarsten Möglichkeiten des Seitenlayouts.[26]

11.4.3.2 Voraussetzungen des Befragungssystems

Zu den Voraussetzungen zur Durchführung eines Web-Surveys gehört selbstverständlich die technische Funktionsfähigkeit des Befragungssystems. Zu diesen Funktionen zählen:

1. Zeitnahe und hohe Verfügbarkeit: Die tatsächliche Verfügbarkeit des Fragebogens im Netz unmittelbar nach der Ankündigung und für den gesamten Zeitraum der Befragung muss gewährleistet sein.
2. Hohe Belastbarkeit: Das Befragungssystem muss der Belastung durch zahlreiche zeitgleiche Beantworter standhalten.[27]
3. Restart-Fähigkeit: Das System muss die Möglichkeit bieten, nach einer technisch bedingten Unterbrechung die Befragung ohne Verlust bereits beantworteter Fragen fortsetzen zu können.
4. Kompatibilität: Das System muss weitgehend unabhängig von der Hardware und der Software der PCs der Befragten funktionieren.

Diese technischen Voraussetzungen mögen trivial erscheinen, sind es aber nicht. Durch das Fehlen dieser Voraussetzungen kommt es zu technischen Verzögerungen oder gar Abbrüchen, die von den Befragten in der Regel nicht toleriert werden. Solche scheinbaren Selbstverständlichkeiten können so zu einem systematischen

---

[25] Die Programmierung muss trotz unterschiedlicher Web-Browser, Betriebssysteme, Bildschirmauflösungen, Schriftarten und variierenden Sicherheitsanforderungen (Pop-up-Blocker, Cookie-Einstellungen, Java-Script-Einstellungen) ähnliche Bildschirmansichten ermöglichen. Schon diese Verträglichkeitstests können sehr aufwändig werden. Zusätzliche Probleme entstehen durch die Unterschiede in der Geschwindigkeit der Netzwerkanbindungen der Befragten: Je nachdem, ob die Anbindung über Mobiltelefone oder über Breitbandanschlüsse erfolgt, kann die Geschwindigkeit der Übertragung einer Seite um 2–3 Zehnerpotenzen variieren.

[26] Potaka (2008) beschreibt die Adaption eines Fragebogens für eine neuseeländische Internetbefragung, bei der die Übersetzung des Fragebogens in eine Eingeborenensprache (Maori) nur dann eingeblendet wurde, wenn sich der Mauszeiger über dem englischen Originaltext befand („hovering"). Solche Möglichkeiten existieren nur dann, wenn technische Besonderheiten des Web-Browsers vorausgesetzt werden. Experimentelle Studien mit allgemeinen Populationen und belastbaren Fallzahlen zu den Befragungseffekten solcher Techniken im Vergleich zu traditionellen Instrumenten gibt es bislang kaum.

[27] Vor allem unmittelbar nach der Ankündigung kann die Zahl der zeitgleichen Anfragen mehrere Hundert überschreiten. Viele Befragungssysteme sind einer solchen Belastung nicht gewachsen.

Nonresponse-Bias führen, falls sich potentielle Frühbeantworter von Spätbeantwortern unterscheiden. Die Herstellung und Prüfung dieser Voraussetzungen ist in der Praxis nicht einfach.[28]

11.5 Exkurs: Gewichtung von Internet-Surveys

Natürlich kann man prinzipiell Internet-Surveys wie jeden anderen Survey auch gewichten, z. B. durch eine Zellengewichtung oder ein Raking-Verfahren (vgl. Kalton/Flores-Cervantes 2003). Bei Web-Surveys, insbesondere bei Access-Panels, wird aber vor allem ein anderes Verfahren verwendet. Es handelt sich hierbei um eine Propensity-Gewichtung. Dieses Verfahren wurde von der amerikanischen Firma „Harris Interactive" zum ersten Mal verwendet und hat sich zum Standardverfahren zur Gewichtung von Web-Surveys entwickelt (Terhanian/Bremer 2000, Terhanian u. a. 2000).[29] Das Verfahren besteht aus mehreren Schritten:

1. Zunächst wird der Web-Survey s^W der Größe n^W mit einer Referenzstichprobe s^R der Größe n^R zu einer gemeinsamen Stichprobe s der Größe $n = n^W + n^R$ zusammengefasst.

2. Mit den Daten aus s wird eine logistische Regression des Propensity-Scores der Zugehörigkeit des Elements i zum Web-Survey geschätzt:

$$Pr(i \in s^W | x_i, \text{für } i = 1, \ldots, n) = e(x) \qquad (11.1)$$

3. Die geschätzten Propensity-Scores $\hat{e}(x)$ werden nach ihrer Größe sortiert und die Verteilung in fünf gleich große Klassen (Quintile) geteilt. In jeder Klasse s_c gibt es n_c Elemente, wobei jeweils n_c^W Elemente aus s^W und n_c^R Elemente aus s^R stammen: $n_c = n_c^W + n_c^R$.

4. Für jede Klasse c wird ein Korrekturfaktor f_c berechnet. Wurden beide Teilstichproben als einfache Zufallsstichproben gezogen, dann ist der Korrekturfaktor

$$f_c = \frac{n_c^R / n^R}{n_c^W / n^W}. \qquad (11.2)$$

Dieser Korrekturfaktor soll bewirken, dass die Verteilungen im Web-Survey den Verteilungen im Referenz-Survey ähneln. Entsprechend lässt sich die für den

---

[28] Aufgrund mangelhafter Belastungstests und schlechter Koordination der beteiligten Subunternehmen weisen selbst die Internetbefragungen großer Unternehmen regelmäßig solche Probleme auf.
[29] Die folgende Darstellung basiert auf Lee (2006:332–335).

Propensity-Score gewichtete Zahl der Personen in der Klasse c schätzen als

$$\hat{N}_c^{W.PSA} = \hat{N}^W \frac{\hat{N}_c^R}{\hat{N}^R}. \qquad (11.3)$$

Daher wird ein entsprechend gewichteter Mittelwert aus dem Web-Survey berechnet mit

$$\hat{\bar{y}}^{W.PSA} = \frac{\sum_c \sum_{j \in (s_c^W)} f_c y_j}{\sum_c \sum_{j \in (s_c^W)} f_c}. \qquad (11.4)$$

Man beachte, dass für diese Schätzung keine Daten der Referenzstichprobe verwendet werden. Die Referenzstichprobe dient nur zur Berechnung der Gewichte. Daher müssen die Referenzstichprobe und die Studie des Web-Surveys nur diejenigen Variablen gemeinsam enthalten, die als Kovariate für die Berechnung der Propensity-Scores verwendet werden sollen. Das Verfahren funktioniert nur dann, wenn die Wahrscheinlichkeit des Zugangs zum Internet nicht von Variablen abhängt, über die im Referenzsurvey keine Informationen vorliegen.[30] Dies sollte bei der Anwendung dieses Korrekturverfahrens empirisch nachgewiesen werden, da die Voraussetzungen keinesfalls allein durch die Verwendung demografischer Variablen erfüllt werden.

Da die Referenzstichprobe in der Regel deutlich kleiner als die Stichprobe des Web-Surveys ist und die Referenzstichproben vor allem bei Access-Panels nicht immer neu gezogen werden, falls konstante Bedingungen für die Selektion in die Stichprobe vorausgesetzt werden können, ließe sich durch diese Art der Gewichtung der erhebliche Kostenvorteil von Web-Surveys nutzen.[31] Leider scheinen aber die Voraussetzungen für das Verfahren bislang nicht ausreichend erfüllt, um das Coverage-Problem auffangen zu können.[32] Die in der Regel zur Verfügung

---

[30] Betrachtet man den Undercoverage durch den Internetzugang als Nonresponseproblem, dann darf hier kein MNAR („missing not at random", vgl. Kapitel 7.4.2) vorliegen. Das impliziert zusätzlich, dass auch die Referenzstichprobe nicht unter NMAR leiden darf. Schließlich muss die Teilnahmewahrscheinlichkeit am Web-Survey daher für jedes Element der Population größer Null sein.

[31] Die Referenzstichprobe muss aber genügend groß sein, um die Propensity-Schätzung mit kleinen Standardfehlern durchführen zu können. Eine zu kleine Referenzstichprobe führt ansonsten durch die Gewichtung zu einer kleineren effektiven Stichprobengröße des Web-Surveys (Bethlehem 2009:307).

[32] vgl. Bethlehem (2009:293–307). Als weiteres mögliches Problem erwähnt Bethlehem einen Bias durch Modus-Effekte, da der Referenzsurvey in einem anderen Modus erhoben wird als der Web-Survey.

stehenden Kovariaten erklären anscheinend bisher weder die Verfügbarkeit der Internetanschlüsse noch die tatsächliche Teilnahme an diesen Surveys.[33] Ob solche Verfahren daher eine nachträgliche Rechtfertigung einer Stichprobe tatsächlich verlässlich in der Praxis erlauben, erscheint angesichts der geschilderten Probleme für unabsehbare Zeit fraglich.

11.6 Methodische Probleme internetgestützter Befragungen

Die schwerwiegendsten methodischen Probleme aller internetgestützten Befragungen liegen in der Stichprobenziehung und in der Kooperation der Befragten begründet.[34] Dies trifft auf alle Formen der zahllosen Varianten internetgestützter Befragungen zu. Existiert keine Liste der Population vor der Durchführung der Studie und wird aus dieser Liste nicht zufällig ausgewählt, dann kann die Studie nicht verallgemeinert werden. Weder Gewichtungsverfahren noch hohe Fallzahlen können dieses fundamentale Problem beseitigen.

Trotz der hohen Erwartungen, die in internetgestützte Surveys anfänglich gesetzt wurden (und von Unkundigen immer noch gesetzt werden), bleibt deren Anwendung für wissenschaftliche verallgemeinerbare Studien für lange Zeit sehr speziellen, hochmotivierten Teilpopulationen einerseits, begrenzten experimentellen Studien andererseits, vorbehalten.

---

[33] In der Literatur finden sich sowohl die Zuhilfenahme anderer Variablen (Schonlau/Soest/Kapteyn 2007) als auch die zusätzliche Anpassung an andere bekannte Randverteilungen nach der Propensity-Gewichtung durch Kalibrierung (Lee/Valliant 2009).

[34] Der größte Teil der vorgeblich methodischen Veröffentlichungen zu Internet-Surveys widmet sich überwiegend den im Vergleich zu den Stichprobenproblemen unbedeutenden Fragen der Gestaltung der Erhebungsinstrumente. Viele dieser Publikationen enthalten in Hinsicht auf Probleme der Stichprobenziehung und Nonresponse fehlerhafte Aussagen.

12 Wahl des Erhebungsmodus und andere Erhebungsformen

Bei der Planung eines Forschungsprojekts wird manchmal durch die Besonderheiten der Fragestellung ein bestimmter Erhebungsmodus erzwungen. So kommt für eine Panelstudie mit einem Abstand von nur wenigen Tagen zwischen den Erhebungswellen vermutlich nur eine telefonische Befragung oder ein Web-Survey in Betracht, da nur hierbei die Dauer der Feldzeit durch die hohe Zahl möglicher Kontaktversuche gering gehalten werden kann. Entsprechend sind Studien, bei denen eine besondere Vertrauensbasis zwischen Erhebungsinstitut und Befragtem aufgebaut werden muss (z. B. bei der Rekrutierung für ein lebenslanges medizinisches Panel nicht erkrankter Personen), kaum ohne persönlichen Kontakt möglich.

12.1 Zur Verfügung stehende Ressourcen

In den meisten Fällen erfolgt die Wahl des Erhebungsmodus in der Praxis der akademischen Sozialforschung über die Kosten der Erhebung. In der universitären Forschung finden sich daher vor allem diejenigen Modi, die geringe Kosten pro Fall verursachen: postalische Befragungen, Web-Surveys und Telefonsurveys.[1]

Der Effekt des Kostendrucks zeigt sich auch in der Veränderung der Erhebungsmodi in der Praxis der Erhebungsinstitute des Arbeitskreises Deutscher Marktforschungsinstitute (ADM). Die Abbildung 12.1 zeigt die Entwicklung des Anteils der Erhebungsmodi an allen Interviews der ADM-Institute zwischen 1990 und 2008.[2]

Auffällig ist neben dem starken Anstieg des Anteils der Online-Interviews die Verringerung des Anteils der schriftlichen und persönlichen Interviews. Der Anstieg des Anteils der telefonischen Befragungen scheint sich hingegen zu verlangsamen. Insgesamt nimmt der Anteil der Modi mit geringeren Erhebungskosten offensichtlich zu.

---

[1] In der Bundesrepublik ist es immer noch üblich, im Rahmen von Lehrforschungsprojekten schlecht ausgebildete Studenten mit häufig dilettantischen Fragebogen die allgemeine Bevölkerung universitätsnaher Gemeinden durch persönliche Interviews befragen zu lassen. Da aus dieser Art von Projekten fast nie eine Veröffentlichung in einer Zeitschrift mit Peer-Review resultiert, sollte auf solche Projekte verzichtet werden.

[2] Die ADM-Institute führten 2008 insgesamt 18 Millionen Interviews durch. Die Daten für die Abbildung stammen aus den Angaben in den ADM-Jahresberichten. Da die Angaben nicht immer übereinstimmen, wurde jeweils die letzte Angabe berücksichtigt. Es sollte berücksichtigt werden, dass die Zahl und die Zusammensetzung der ADM-Mitgliedsinstitute über die Zeit variiert.

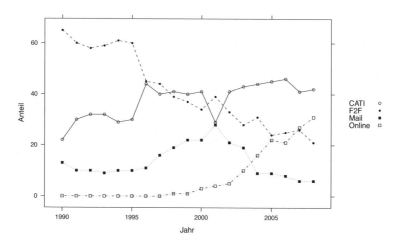

Abbildung 12.1: Anteil der Erhebungsmodi an allen Interviews der ADM-Institute zwischen 1990 und 2008 (in %)

12.2 Vergleich der Vor- und Nachteile verschiedener Erhebungsmodi

Wie in den vorherigen Kapiteln einzeln erwähnt, besitzen alle Erhebungsmodi besondere Vor- und Nachteile. Eine zusammenfassende Übersicht gibt die Tabelle 12.1.[3]

Da zumeist die Befragten nicht ungewöhnlich stark am Untersuchungsthema interessiert sind, kann die Motivation zur Teilnahme in der Regel nur durch starke Incentives oder die Anwesenheit des Interviewers hergestellt werden. Daher eignen sich vor allem F2F-Befragungen für längere Interviews. Bei dieser Art der Befragung können auch am ehesten Probleme mit unzureichenden Auswahlgrundlagen (Coverageprobleme) und die unter anderem daraus resultierenden Nonresponse- und Selektivitätseffekte durch den Einsatz geeigneter Mittel durch die Interviewer ausgeglichen werden.[4] In diesem Modus lässt sich auch am ehesten feststellen, dass der Befragte tatsächlich die ausgewählte Person ist.

Aufgrund der Anwesenheit des Interviewers (und der in der Regel geringe-

---

[3] Die in der Tabelle zusammengefassten Einschätzungen geben lediglich die Auffassungen des Autors wieder. Details zu den Modus-Unterschieden finden sich u. a. bei Tourangeau/Rips/Rasinski (2000:289–312), Biemer/Lyberg (2003:188–215) und Bowling (2005).

[4] Die länderspezifischen Unterschiede in den verfügbaren Sampling-Frames sowie die unterschiedlichen Rechtsgrundlagen führen zu jeweils anderen Möglichkeiten der Stichprobenziehung und der Feldarbeit. Beim Vergleich von Modus-Effekten werden diese länderspezifischen Bedingungen meist übersehen.

12.2 Vergleich der Vor- und Nachteile verschiedener Erhebungsmodi

	F2F	CAPI	CATI	Mail	Email	Web
Maximale Dauer (Minuten)	60	60	20	15	15	15
Coverage	++	++	+	+	- -	- -
Selektivität	++	++	+	+	- -	- -
Mögliche Responserate	++	++	+	+	-	- -
Identität der Zielperson	+	+	+	-	+	-
Offene Fragen	+	-	-	- -	-	-
Nachfragen	++	+	+	- -	- -	- -
Visuelle Stimuli	++	+	- -	+	+	+
Soziale Erwünschtheit	- -	- -	+	++	+	++
Filterführung	+	++	++	-	-	++
Dependent-Interviewing	-	++	++	-	+	+
Dauer der Feldarbeit	- -	- -	+	+	++	++
Kosten	- -	- -	+	-	++	++

Tabelle 12.1: Vergleich der Vor- und Nachteile der Erhebungsmodi

ren Geschwindigkeit bei der Durchführung) eignen sich F2F-Befragungen auch eher für die Erhebung offener Fragen mit längeren Antworten. Nur die Modi mit physischer oder technisch vermittelter Anwesenheit eines Interviewers erlauben sinnvolle Nachfragen bei unklaren Antworten des Befragten. Diese Vorteile durch die Anwesenheit des Interviewers werden allerdings mit tendenziell stärkeren Effekten sozialer Erwünschtheit erkauft.

Einer der Nachteile von CATI-Erhebungen besteht in dem Problem, dass keine visuellen Stimuli bei der Befragung eingesetzt werden können. Ein Vorteil aller computergestützten Methoden besteht darin, dass komplexe Filterführungen sowie die Nutzung bereits zuvor erhobener Angaben („dependent interviewing") möglich sind. Die Anwesenheit eines Interviewers erleichtert dabei die Klärung eventuell widersprüchlicher Angaben.

Die vielfältigen Möglichkeiten und Vorteile des Einsatzes von Interviewern bedingen im Vergleich zu anderen Modi erhebliche Kosten. Weiterhin wird durch die Knappheit des Personals die Feldarbeit umso länger, je stärker Interviewer in die Datenerhebung einbezogen werden. Die geringsten Kosten fallen daher bei den Modi ohne Interviewer an. In diesen Modi können dann aber auch die Vorteile von Interviewern nicht genutzt werden. Kann aber – wie in der Regel bei Web-Surveys – kein für den jeweiligen Zweck der Erhebung ausreichende geringe Nonresponserate und Selektivität der Ausfälle erreicht werden, werden diese Geschwindigkeits- und Kostenvorteile rasch bedeutungslos.

Die Entscheidung für einen Erhebungsmodus sollte daher die Vielzahl der jeweiligen Vor- und Nachteile für den jeweiligen Zweck der Erhebung sorgfältig abwägen.

12.3 Modus-Effekte

Im Allgemeinen sind die zu erwartenden Unterschiede zwischen den Ergebnissen verschiedener Erhebungsmodi eher gering.[5] Die stärksten Unterschiede finden sich in der Regel beim Vergleich von Erhebungsmodi mit oder ohne Anwesenheit eines Interviewers.

Die Anwesenheit eines Interviewers kann zahlreiche unterschiedliche Effekte in Hinsicht auf das Antwortverhalten bedingen.[6] Ein Interviewer kann eine Vertrauensbeziehung zwischen Befragten und der Erhebungsorganisation aufbauen, die Geschwindigkeit der Befragung steuern und sowohl den Antwortprozess als auch die Anwesenheit Dritter sowie die Aufmerksamkeit des Befragten überwachen. Dem Interviewer stehen sowohl die Möglichkeiten nonverbaler als auch die besonderen Möglichkeiten direkter verbaler Kommunikation (Betonung, Akzent, Aussprache) zur Verfügung. Schließlich kann die Anwesenheit einer Person dem Befragten soziale Normen in das Gedächtnis rufen oder die Wahrnehmung der Anonymität der Erhebung verändern.

Angesichts der großen Zahl verschiedener Mechanismen und möglicher Effekte sind die eher kleinen Unterschiede zwischen den Erhebungsmodi zunächst überraschend. Dies gilt aber nur, falls die Methode prinzipiell für die beabsichtigte Population geeignet ist. Zwar würde vermutlich kaum jemand eine postalische Befragung bei Blinden versuchen, es wird aber kaum lange dauern, bis jemand einen Web-Survey für Zahnprothesenträger durchführen wird. Etwas technischer formuliert: Unterschiedliche Erhebungsmodi leiden unter unterschiedlichen Coverage-Problemen. Das allein kann zu Unterschieden zwischen Erhebungen mit verschiedenen Erhebungsmodi führen.

Ebenso unterscheiden sich die Erhebungsmodi in Hinsicht auf die Möglichkei-

---

[5] Die empirische Literatur zu diesem Problem ist vergleichsweise wenig umfangreich. Eine Meta-Analyse früherer Studien findet sich bei De Leeuw (1992), eine neuere umfassende qualitative Darstellung bei Bowling (2005).

[6] Die folgende Liste basiert auf Aufzählungen bei Bowling (2005:282) und Lynn (2009).

12.3 Modus-Effekte

ten, einen Befragten zur Beantwortung des Surveys zu motivieren.[7] In der Regel kann man bei entsprechendem Aufwand vor allem bei F2F-Erhebungen das Ausmaß des Nonresponse senken; mit Sicherheit sind aber schon Unterschiede in der Art der Ausfälle je nach Erhebungsmodus erwartbar. Detaillierte empirische Untersuchungen zu diesem Problem sind selten, randomisierte Studien scheinen kaum zu existieren.

Ähnliches gilt für Item-Nonresponse. Aufgrund der Abwesenheit eines Interviewers wird häufig von höherem Item-Nonresponse bei postalischen Befragungen berichtet (zusammenfassend: Bowling 2005:285). Das Ausmaß des Item-Nonresponse mag zwar vereinzelt für elektronische Erhebungsformen geringer erscheinen, allerdings ist die Gültigkeit der Angaben dann möglicherweise fraglich. Die Frage der Gültigkeit der Antworten gemessen an einem externen Kriterium im Vergleich verschiedener Erhebungsmodi hat aber bislang in der Literatur erstaunlich wenig Aufmerksamkeit gefunden. Dies gilt selbst für einfach scheinende biographische Faktenfragen.

Ein großer Teil der Literatur zu den Unterschieden in den Antworten je nach Erhebungsmodus ist dem Problem der sozialen Erwünschtheit im weitesten Sinn gewidmet. Mehrere Studien berichten höhere Anteile sozial unerwünschter Antworten bei computergestützten Antwortmodi ohne direkte Beteiligung von Interviewern (Bowling 2005:288).[8] Es gibt aber zu jedem empirischen Ergebnis in diesem Bereich immer auch Studien, die keine Unterschiede zwischen den Modi zeigen. Tendenziell scheinen aber Unterschiede zwischen den Modi in Hinsicht auf soziale Erwünschtheit stärker und systematischer als andere Unterschiede zu sein.[9]

---

[7] Der naheliegende Gedanke, das Ausmaß des Nonresponse zu verringern, indem man dem Befragten die Auswahl des Erhebungsmodus überlässt, scheint nach den wenigen bisher vorliegenden empirischen Untersuchungen zu keiner Verbesserung zu führen (De Leeuw/Dillman/Hox 2008:306). Angesichts des im Allgemeinen geringen Unterschieds im Aufwand für den Befragten zwischen den Modi ist dies wenig überraschend, vermag aber durch den ersparten Entwicklungsaufwand die Kosten der Erhebung zu senken.

[8] Dazu gehören auch die im Kapitel 12.5 vorgestellten Möglichkeiten audiogestützter Befragungen in Anwesenheit eines Interviewers, z. B. das sogenannte „Audio Computer Aided Self Interviewing" (ACASI).

[9] Dies gilt z. B. für die in Kapitel 2.3.2 und 4.4.2 erwähnten Effekte durch veränderte Abfolgen von Antwortmöglichkeiten („response order effect"). Erhöhte Nennungen von zuletzt genannten Antwortkategorien („recency effect") wurden vor allem bei mündlichen Befragungen berichtet, während erhöhte Nennungen der zuerst genannten Antwortkategorie („primacy effect") eher bei Erhebungsmodi mit visueller Präsentation der Antwortmöglichkeiten beobachtet wurden (Holbrook 2008). Die Wahrscheinlichkeit solcher Effekte hängt aber von den kognitiven Fähigkeiten und der

Sollten bei einer konkreten Fragestellung Unterschiede durch den Effekt sozialer Erwünschtheit erwartet werden, lassen sich diese Effekte durch Drop-offs, die technischen Möglichkeiten der audiobasierten Selbstinterviews (vgl. Kapitel 12.5) und der „Randomized-Response-Technique" (vgl. Kapitel 4.7.1) relativ leicht verringern.

12.4 Kombination der Erhebungsmodi: Mixed-Mode-Surveys

Die unterschiedlichen Schwächen und Stärken der Erhebungsmodi legen es nahe, in einer Erhebung mehrere Erhebungsmodi zu kombinieren. Allgemein werden solche Surveys als „mixed mode surveys" bezeichnet. Die Terminologie in diesem Bereich ist aber außergewöhnlich konfus (vgl. De Leeuw/Dillman/Hox 2008), so dass zahlreiche unterschiedliche Kombinationen der Erhebungsmodi mit dem gleichen Begriff bezeichnet werden.

12.4.1 Verschiedene Formen von Mixed-Mode-Surveys

Um Missverständnisse durch die Terminologie zu vermeiden, empfiehlt es sich, zwischen der Kontaktphase und der Datenerhebungsphase bei einer Befragung zu unterscheiden. In der Praxis werden für die Kontaktphase häufig andere Modi verwendet als in der Datenerhebung. So kann man z. B. die Kombination einer schriftlichen Ankündigung, einer telefonischen Vorbefragung zu Screeningzwecken und die Durchführung spezialisierter Interviews als persönliches Interview einsetzen. In diesem Fall würde man aber kaum von einem „Mixed-Mode"-Survey sprechen. Es empfiehlt sich für die Entscheidung, ob es sich um einen Mixed-Mode-Survey handelt oder nicht, als Kriterium lediglich die Art der Datenerhebung während der Datenerhebungsphase einer Befragung zu verwenden.

Werden während der Datenerhebungsphase einer Befragung für Teilmengen der Befragten verschiedene Erhebungsmodi verwendet, dann kann man berechtigterweise von einem Multi-Modus-Survey oder einem Mixed-Modus-Survey sprechen.[10]

Die Benennung als Mixed-Mode-Survey ist aber auch dann üblich, wenn verschiedene Teile eines Fragebogens für denselben Befragten mit unterschiedlichen

---

Motivation der Befragten ab; daher sind instabile Effekte zu erwarten. Entsprechend uneinheitlich sind die empirischen Ergebnisse zu dieser Art von Effekten (vgl. die Übersichten bei Bowling 2005 und Holbrook 2008).

[10] In Einzelfällen ist dies auch bei traditionellen Erhebungen gelegentlich der Fall, so wenn z. B. während eines Projekts mit persönlichen Befragungen einzelne, schwer erreichbare Personen schriftlich oder telefonisch befragt werden. Solche Einzelfälle werden aber in der Regel nicht zum Anlass genommen, eine solche Studie als Mixed-Mode-Survey zu bezeichnen.

12.4 Mixed-Mode-Surveys

Modi erhoben werden (z. B. dann, wenn in einer persönlichen Befragung besonders sensitive Themen als schriftliche Befragung in einem „Drop-Off"-Verfahren erhoben werden).[11]

Ebenso ist es üblich, dass nach einer Verweigerung in einem Erhebungsmodus eine erneute Kontaktierung in einem anderen Erhebungsmodus erfolgt (z. B. erster Kontakt als schriftliche Befragung, dann als telefonische Befragung). Entsprechendes gilt für Studien, bei denen mehr als eine Auswahlgrundlage verwendet wird („multiple frames") und sich der Befragungsmodus nach der Auswahlgrundlage richtet. Ein Beispiel ist eine Einwohnermeldeamtstichprobe, bei der alle im Telefonbuch zu findenden Personen zunächst telefonisch befragt werden sollen und die nicht zu findenden Personen schriftlich. Ähnlich könnte bei einer geschichteten Stichprobe der Modus nach Schicht unterschiedlich sein. Man könnte z. B. Kleinbetriebe (die notorisch geringe Ausschöpfungen bei schriftlichen Betriebsbefragungen besitzen) telefonisch befragen, Großbetriebe aber schriftlich, da es hier oft schwerer fällt, den für die Befragung zuständigen Mitarbeiter zu erreichen und Nonresponse eher ein kleines Problem darstellt.

Schließlich werden bei Panelstudien häufig die Erhebungen der ersten Welle in einem anderen Modus durchgeführt als die Erhebungen der späteren Wellen. Auch dieses Design wird vereinzelt als Mixed-Mode-Survey bezeichnet.

Diese Aufzählung sehr unterschiedlicher Survey-Designs, die alle als Mixed-Mode-Surveys bezeichnet werden, belegt die Notwendigkeit, exakt anzugeben, welche Art von Mixed-Mode-Survey verwendet wird.

Sinnvoll ist dabei einer Unterscheidung anhand einer Klassifikation der Grundformen (vgl. Abbildung 12.2). Diese Typologie sollte die Diskussion um die Vor- und Nachteile der verschiedenen Formen von Surveys mit unterschiedlichen Erhebungsformen deutlich vereinfachen und die meisten Konfusionen beseitigen.[12]

---

[11] Bei sogenannten „Drop-offs" wird bei einer persönlichen Befragung dem Befragten im Anschluss an das Interview ein schriftlicher Fragebogen überreicht, der vom Befragten allein ausgefüllt werden soll. Dies sind keine „Mixed-Mode-Surveys", sondern „Multi-Mode-Surveys": Es werden unterschiedliche Modi für unterschiedliche Fragen verwendet. Typischerweise (aber nicht nur) werden Drop-offs für sozial sensitive Themen verwendet.

[12] In der Erhebungspraxis werden vermutlich selbst innerhalb einer Studie zahlreiche Kombinationen der Grundformen entstehen. Die im nächsten Abschnitt beschriebenen methodischen Probleme treffen auf Erhebungen mit Kombinationen der Grundformen in erhöhtem Ausmaß zu. Für methodologische Untersuchungen werden sich solche Studien daher kaum eignen.

> **Multi-Mode-Survey:** Alle Befragte werden zu einem Zeitpunkt in mehreren Modi befragt (z. B. Drop-off).
> **Multi-Mode-Panel:** In einer Panelstudie werden alle Befragte zu verschiedenen Zeitpunkten mit demselben, aber zeitlich variierenden Modus befragt.
> **Mixed-Mode-Survey:** Unterschiedliche Subgruppen von Befragten werden in unterschiedlichen Modi befragt. Die Zuordnung jedes Befragten zu den Gruppen erfolgt durch das Design der Studie und liegt zu Beginn der Studie fest.
> **Survey mit gewähltem Modus:** Die Wahl des Modus erfolgt durch den Befragten. Dazu gehören auch Surveys mit Moduswechsel nach den ersten Kontaktversuchen.

Abbildung 12.2: Eine Klassifikation der Grundformen von Multi-Mode- und Mixed-Mode-Designs

12.4.2 Methodische Probleme von Surveys mit mehreren Erhebungsmodi

Das zentrale Problem von Surveys mit mehreren Erhebungsmodi besteht darin, dass eventuelle Unterschiede in den Ergebnissen der verschiedenen Modi nicht eindeutig auf den Erhebungsmodus zurückgeführt werden können (vgl. u. a. Bowling 2005:288). Werden die Personen nicht durch einen echten Zufallsmechanismus den Erhebungsmodi zugeteilt, sondern erfolgt diese Zuteilung durch bestimmte Merkmale der Befragten (z. B. Erreichbarkeit über das Telefon oder Internet, Bildungsmerkmale) oder wählen die Befragten die Befragungsart selbst (und sei es durch Verweigerung einer Befragung), dann sind eventuell beobachtbare Unterschiede zwischen den Subgruppen entweder durch die unterschiedliche Art der Befragung oder durch tatsächliche Unterschiede zwischen den Befragten erklärbar. Bei der Verwendung mehrerer Modi ist daher fast immer mit Unterschieden zwischen den Modi zu rechnen. Entscheidend ist aber auch hier nicht die Frage, ob es signifikante Unterschiede zwischen den Erhebungsmodi gibt, sondern nur die Frage, ob die Unterschiede im praktischen Einsatz der Methoden bedeutsam sind (Jäckle/Roberts/Lynn 2010). Dies muss – trotz des unzureichenden Forschungsstands – für jeden neuen Verwendungszweck erneut beurteilt werden.

12.4.3 Uni-Mode-Design

Man kann durch eine entsprechende Gestaltung der Fragebogen versuchen, eventuelle Moduseffekte zu verringern. Dillman (2000:232) nennt dies ein „unimode"-Design: Fragen werden hierbei auf eine Art und Weise formuliert und den Befragten präsentiert, die unabhängig vom Erhebungsmodus den gleichen mentalen Stimulus darstellen sollen. Eine Übersetzung der von Dillman (2000:232-240) vorgeschlage-

12.4 Mixed-Mode-Surveys

nen Prinzipien eines solchen Fragebogendesigns, das über mehrere Modi hinweg den gleichen Stimulus zu garantieren versucht, zeigt die Abbildung 12.3.

- Verwende in allen Modi übereinstimmende Antwortmöglichkeiten und übernimm die Antwortmöglichkeiten in den Kern der Frage.
- Vermeide eine Veränderung der Fragestruktur zwischen den Modi.
- Verringere die Zahl der Antwortkategorien.
- Verwende die gleichen deskriptiven Antwortkategorien in allen Modi, damit keine visuellen Hilfen für das Verständnis einer Skala erforderlich sind.
- Falls mehrere Items in eine Rangfolge gebracht werden sollen, stelle zuvor eine entsprechende Rating-Frage.
- Konstruiere vergleichbare (nicht notwendigerweise für alle Modi identische) Filteranweisungen für Filter, die von den Antworten auf mehrere Items abhängen.
- Vermeide zweistufige Fragen (unfolding).
- Ändere die Reihenfolge der Antwortkategorien in der Hälfte der Fragebogen.
- Falls es Hinweise auf erforderliche Erklärungen durch die Interviewer bei der Beantwortung von Fragen gibt, baue diese Erklärungen in die Frage ein.

Abbildung 12.3: Prinzipien des Unimode-Designs

Empirische Untersuchungen zu den Unterschieden zwischen Uni-Mode-Designs und klassischen Mixed-Mode-Surveys existieren kaum. Daher kann die Effektivität der durchaus plausiblen Designprinzipien des Uni-Mode-Designs bislang nicht empirisch beurteilt werden.

12.4.4 Verwendung mehrerer Erhebungsmodi

Derzeit sind Surveys, bei denen verschiedene Erhebungsmodi von Anfang an geplant eingesetzt werden, in der akademischen Sozialforschung noch eher selten. Daher existiert auch kaum Literatur zu den Besonderheiten solcher Designs.

Außerhalb Deutschlands werden häufiger Surveys mit mehreren Modi verwendet als in der Bundesrepublik. Zum einen waren durch ungünstige geographische Gegebenheiten (abgelegene Inseln oder Gebirgsteile, große Entfernungen) und deutlich höhere Kriminalitätsbelastungen Sozialforscher in anderen Ländern eher gezwungen, mehrere Erhebungsformen innerhalb eines Surveys zu verwenden. Zum anderen standen und stehen immer noch organisatorische Probleme dem Einsatz mehrerer Modi entgegen. So haben einige große Erhebungsorganisationen ihre interne Struktur nach Erhebungsmodi gegliedert. In diesen Fällen erfordert ein

Moduswechsel für einen Fall den Transfer von Daten, Zuständigkeiten und Geldern zwischen – im ungünstigsten Fall – juristisch unabhängigen Organisationen. Es ist daher nicht verwunderlich, dass solche Organisationen von dem Einsatz mehrerer Modi abraten oder nicht als Dienstleistung anbieten.

Aufgrund der zunehmenden Probleme bei der Durchführung der Feldarbeit ist damit zu rechnen, dass der Anteil von Surveys mit mehreren Erhebungsmodi an den Datenerhebungen in der Zukunft steigen wird. Dies wird zu einer weiteren Verlagerung der Datenerhebungskompetenz in wenige große kommerzielle Institute führen.

12.5 Weitere Befragungsmodusvarianten

Neben den bisher erörterten Erhebungsmodi gibt es zahlreiche Varianten, bei denen elektronische Hilfsmittel für die Datenerhebung genutzt werden. Aufgrund der rapiden technischen Entwicklung ist hier ständig mit neuen Möglichkeiten zu rechnen. Bei allen neuen Techniken stellen sich aber immer zwei Probleme, an denen neue Befragungsvarianten fast immer scheitern:

- Für eine inhaltlich relevante Population muss eine faktisch hohe und nichtselektive Verbreitung des technischen Zugangs zum verwendeten Medium bereits gegeben sein.

- Der erwartete Nutzen der Teilnahme muss für jeden Befragten höher sein als der erwartete Nutzen der Nicht-Teilnahme.

Die aus geringer und/oder selektiver Verbreitung eines technischen Mediums resultierenden Coverage-Probleme sind offensichtlich.[13] Noch problematischer ist häufig das zweite Problem: Warum sollte ein Befragter an einer Studie teilnehmen, die – durch die verwendete Technik letztlich anonym – an ihn herangetragen wird. Sollten durch die Befragung Kosten entstehen (Telekommunikationskosten und/oder Transaktionskosten und/oder Opportunitätskosten), dürfte ein Befragungsbegehren den meisten Befragten kaum lohnend erscheinen.[14]

---

[13] Mehrfach wurden Versuche unternommen, denjenigen Subgruppen, die nicht über eine geeignete Technik verfügten, diese – meist kostenfrei – zur Verfügung zu stellen. Dies ist nahezu immer nur für eine selbstselektierte Teilgruppe möglich. Selbstverständlich kann die so gewonnene Teilgruppe wieder eine selektive Stichprobe darstellen, so dass Verallgemeinerungen problematisch sein können. Zusätzlich zum Stichprobenproblem leiden solche Versuche unter der Möglichkeit, dass die Bereitstellung der erforderlichen Technik zu einer Veränderung der Merkmale der Befragten führen kann.

[14] Derzeitige (2011) Beispiele für solche vermeintlichen Versuche sind Befragungen per SMS, vollständig automatisierte telefonische Befragungen (der Fragebogen wird von einem Computer verlesen, die Dateneingabe erfolgt durch TDE oder VRE) oder Touchscreenbefragungen mit öffentlich aufge-

12.5 Weitere Befragungsmodusvarianten

Modus	ohne Computer	computergestützt
Telefonisch	traditionell	Computer Aided Telephone Interviewing Touchtone Data Entry
Postalisch	Self-Administered Questionnaire	Disk By Mail
Internet	—	Prepared Data Entry Web-Surveys
F2F	traditionell Self-Administered Questionnaire Audio Self-Administered Questionnaire	Computer Aided Personal Interviewing Computer Aided Self Interviewing Audio Computer Aided Self Interviewing

nach: Tourangeau et al. (2000:292)

Tabelle 12.2: Datenerhebungsmethoden

Um sich einen Überblick über diese Befragungsvarianten und deren Abkürzungen zu verschaffen, ist eine von Tourangeau/Rips/Rasinski (2000:292) stammende Klassifikation hilfreich (vgl. Tabelle 12.2). Je nach dem prinzipiellen Erhebungsmodus und der Art der elektronischen Unterstützung der Erhebung lassen sich zahlreiche Varianten unterscheiden.

Eine elektronische Variante der schriftlichen Befragung bestand in dem Versuch, Befragte zur Beantwortung eines Fragebogens zu veranlassen, der ihnen postalisch als Diskette gesandt wurde („disk by mail": DBM). Mit der Verbreitung des Internets ist diese obskure Variante wieder verschwunden.

Im Rahmen von Betriebsbefragungen findet sich gelegentlich eine Datenerhebung mithilfe von Fax-Geräten: Ein traditioneller Fragebogen wird per Fax verschickt; die Antwort des Befragten wird ebenso per Fax erwartet. Obwohl hier ein elektronisches Transportmedium verwendet wird, handelt es sich um eine besondere Form einer klassischen schriftlichen Befragung. Außerhalb von Betriebsbefragungen ist dieses Verfahren kaum anwendbar und dürfte auch hier durch die Ablösung des Fax durch E-Mail langfristig kaum noch anwendbar sein.

Ähnliche Einschränkungen gelten für die telefonische Datenerhebung durch Eingabe von Wahltönen eines Tastentelefons (TDE) oder durch Spracherkennungssoftware („Voice Recognition Entry": VRE).

Die bekannteste Variante computergestützter Befragung ist die telefonische Befragung mithilfe eines Computerprogramms für Befragungen (CATI). Wird das

---

stellten Befragungsgeräten. Alle diese Kunststücke leiden unter prinzipiell unlösbaren Stichprobenproblemen durch selbstselektierte Stichproben.

CATI-Interview als persönliches Interview ohne Telefon durchgeführt, spricht man heute von einer „CAPI"-Befragung. Wird der Interviewer nur verwendet, um den Computer samt Befragungsprogramm zum Befragten zu bringen und lässt den Befragten die Eingaben selbst vornehmen, spricht man heute häufig von „CASI"-Befragungen. Wird der Fragebogen dem Befragten lediglich akustisch vorgespielt, wird dies als „Audio Self-Administered Questionnaire" (ASAQ) bzw. „Audio Computer Aided Self Interviewing" (ACASI) bezeichnet. Diese beiden Erhebungsmodi werden gelegentlich verwendet, um die Effekte der Anwesenheit Dritter zu verringern, z. B. bei der Befragung zum Drogenkonsum von Minderjährigen bei Anwesenheit der Eltern.

12.6 Ergänzung von Surveys durch Erhebung nicht erfragter Merkmale

Die vielfältigen Probleme der Datenerhebung durch Befragung legen es nahe, Surveys über die erfragten Merkmale hinaus durch Beobachtungen und Messungen weiterer Merkmale zu ergänzen.

12.6.1 Kontaktprotokolle (Para-Daten)

Üblicherweise werden ergänzende Merkmale durch den Interviewer gesammelt. So werden in den Kontaktprotokollen der Interviewer oft zahlreiche erhebungstechnische Merkmale (z. B. Anwesenheit Dritter, Kooperationsbereitschaft, Unterbrechungen) festgehalten. Diese werden überwiegend für methodologische Analysen verwendet.[15]

12.6.2 Interviewer als Beobachter

Darüber hinaus wurden Interviewer gelegentlich als Auskunftsperson über die Befragten und deren Lebenssituation befragt. So haben Interviewer Wohngegenden, Häuser, Wohnungen und die Befragten selbst anhand von Schätzskalen bewertet. Zu den eingeschätzten Merkmalen gehören z. B. Art der Bebauung der Straße, Anwesenheit von Grünflächen, Kinderspielplätzen und Haltestellen, Bauart und Baujahr der Häuser, Anwesenheit von Sicherheitseinrichtungen wie Alarmanlagen oder Wachhunden, Einrichtungsstil der Wohnungen sowie Gesundheitszustand und Attraktivität des Befragten. Systematische Analysen zur Gültigkeit der Interviewerangaben sind bislang selten.

---

[15] Eine kurze Übersicht und zahlreiche Literaturhinweise geben Kreuter/Casas-Cordero (2010).

12.6.3 Biologisch relevante Daten

Insbesondere in medizinischen Surveys werden zahlreiche Variablen zum tatsächlichen Gesundheitszustand der Befragten erhoben. Neben dem tatsächlichen Gewicht und der Körpergröße wurde z. B. der Hüft- und Taillenumfang, Blutdruck und die Greifstärke gemessen. Ebenso wurde ein Lungenfunktionstest mit einem einfachen Instrument („Peak-Flow-Meter") durchgeführt. Für Erhebungen zur tatsächlichen Behinderung im Alltag wurde die Möglichkeit geprüft, mit den Fingern im Stand die Zehenspitzen zu erreichen und die Dauer bis zum Aufheben eines Bleistifts vom Fußboden gemessen. Im Rahmen medizinischer Erhebungen wurden auch Körperflüssigkeiten und anderes Biomaterial der Befragten gesammelt, so z. B. Haare und Fingernägel, Speichel sowie in einigen Fällen auch Blut und Urinproben.[16]

Schließlich wurden aus der Wohnumgebung des Befragten Boden-, Leitungswasser und Luftproben gesammelt (zur Messung der Umweltbelastung) und das objektive Ausmaß an Lärmbelastung gemessen. Mit Einverständnis der Befragten wurden alltägliche Gebrauchsgegenstände aus den Wohnungen der Befragten eingesammelt (in der Regel gegen neue Produkte ausgetauscht): Dazu gehörten Zahnbürsten, Spülschwämme, Kämme und Staubsaugerbeutel.

Da auch die Sozialwissenschaften zunehmend die Bedeutung biologischer Variablen zur Erklärung sozialwissenschaftlicher Probleme erkennen, wird die Erhebung biologischer Variablen in sozialwissenschaftlichen Surveys vermutlich rasch zunehmen.[17]

12.6.4 Geo-Daten

Immer mehr administrative Datenbanken enthalten räumlich bezogene Informationen. Es liegt nahe, diese Informationsquellen zur Anreicherung des Datensatzes über den Befragten heranzuziehen. Verwendet man eine (aus Datenschutzgrün-

---

[16] In Studien an speziellen Populationen, z. B. an übergewichtigen Kindern oder Diabetikern, wurden auch Langzeitmessgeräte verwendet. Dazu gehören z. B. Messungen der Herzfrequenz, des Blutdrucks, des Blutzuckers und des Ausmaßes an körperlicher Bewegung. Die Zahl der Studien mit solchen Messungen wird aufgrund der technischen Entwicklung kleinerer und immer weniger invasiver Techniken sicherlich stark zunehmen. So sind z. B. ohne besonders großen Aufwand kontinuierliche Messungen des Blutzuckerspiegels ohne Beeinträchtigung der untersuchten Person über einen Tag außerhalb eines Labors möglich (Dye et al. 2010). Ein Überblick über die schon älteren Möglichkeiten findet sich bei Fahrenberg/Myrtek (1996).

[17] Die Möglichkeiten der Erhebung biologisch relevanter Merkmale in Surveys werden bei Schnell (2009) diskutiert. Beispiele für solche „Biosocial Surveys" finden sich in einem von Weinstein/Vaupel/Wachter (2008) herausgegebenen Band.

den deutlich vergröberte) Wohnungsadresse des Befragten als Schlüssel, spricht man von Geo-Koordinaten. In Industrieländern fallen zahlreiche Informationen über medizinische und verhaltensrelevante Aspekte der Wohnumgebung an, die einem Datensatz hinzugefügt werden können, wobei dann die Geo-Koordinaten aus dem Datensatz gelöscht werden. Zu solchen Zusatzinformationen gehören Mietpreise, Arbeitslosenquote, die Anzahl der Straftaten, die Entfernung zu Schulen, Krankenhäusern und anderen Infrastruktureinrichtungen sowie Lärm- und Schadstoffbelastung. Für die Untersuchung von Heiratsmärkten können Informationen über die demographische Struktur der Handlungsräume der Befragten als Kontextmerkmale zugefügt werden; ähnlich kann die Ausstattung eines Wohngebietes mit ethnischer Infrastruktur die Handlungsoptionen von Migranten beeinflussen und entsprechend dem Datensatz zugefügt werden. Verschiedene kommerzielle Anbieter ermöglichen den Zugriff auf weitere kleinräumig bezogene Datenbestände, z. B. eine Einschätzung der Kreditwürdigkeit der Haushalte für ein Aggregat von 15 Haushalten.[18]

12.6.5 Record-Linkage

Von besonderer Bedeutung sind Studien, bei denen den Befragten über einen Verknüpfungsschlüssel – wie z. B. eine Sozialversicherungsnummer – eigene Daten aus anderen Datenbanken zugespielt werden können. Solche Studien werden als „Record-Linkage-Studien" bezeichnet.[19] Solche individuellen Datenzuspielungen erfordern aus rechtlichen Gründen fast immer die explizite Zustimmung der Befragten. Diese kann aber durch eine nachvollziehbare Begründung gegenüber den Befragten erstaunlich oft erreicht werden: Je nach Untersuchungspopulation, Thema und der Formulierung der Einwilligung konnten in der BRD von einem Institut in Bevölkerungsumfragen Einwilligungsquoten von 69% – 97.5% erzielt werden (Hess 2007). Es muss beachtet werden, dass solche Einwilligungsraten nur dann erzielt werden können, wenn den Befragten der Sinn des Record-Linkage vermittelt werden kann und die Zahl solcher Einwilligungsanfragen stark begrenzt bleibt.[20]

---

[18] Eine solche Datei wurde z. B. für die Konstruktion einer Niedrigeinkommensstichprobe (Schnell 2007) verwendet.

[19] In der Statistik wird zwischen „Statistical Matching" und „Record-Linkage" unterschieden. Beim „Record-Linkage" werden Datensätze zusammengeführt, die sich auf dasselbe Objekt (Personen, Haushalte) beziehen. Im Gegensatz dazu werden beim „Statistical Matching" (auch „Datenfusion" genannt) Daten unterschiedlicher Objekte zusammengeführt (vgl. z. B. D'Orazio/DiZio/Scanu 2006). In diesem Zusammenhang ist nur Record-Linkage von Interesse.

[20] Judson (2007:485) berichtet, dass in den USA die Frage nach der Sozialversicherungsnummer zunehmend verweigert wird. Das US Census Bureau würde daher nicht mehr danach fragen.

12.6 Ergänzung von Surveys durch Erhebung nicht erfragter Merkmale

Record-Linkage-Studien spielen bislang vor allem in der Sozialstaatsforschung und bei medizinischen Erhebungen eine große Rolle. Die Existenz der entsprechenden Datenbanken und Lösungen der Datenschutzprobleme vorausgesetzt, bieten Record-Linkage-Studien Forschungsmöglichkeiten, die weit über das hinausgehen, was mit Surveys allein möglich ist. Dazu gehören z. B. Studien mit exakten Einkommensdaten, tagesgenauen Beschäftigungsverhältnissen, Lebenserwartungsstudien ohne selektive Ausfälle usw.[21]

12.6.6 Nutzung von Dokumenten

Bei der Datenerhebung für Mietspiegel ist es durchaus üblich, die Befragten um Einblick in den Mietvertrag zu bitten. Im Rahmen des SOEP werden seit einigen Jahren die Mütter von Neugeborenen nach den Angaben aus den Mütterpässen über das Geburtsgewicht und die Körpergröße der Neugeborenen gefragt.

Seit vielen Jahren werden Befragte in Surveys angehalten, Tagebücher über bestimmte Verhaltensweisen zu führen.[22] Zu solchen Tagebüchern gehören Mobilitätstagebücher, Einkaufstagebücher, Ernährungstagebücher, Schmerztagebücher und Zeitverwendungstagebücher. Tagebücher besitzen drei Hauptprobleme: Der hohe Aufwand bei der Führung der Tagebücher führt sowohl zu unvollständigen Einträgen (Ereignisse werden ausgelassen) als auch zur erhöhten Neigung, die Studie zu verlassen. Die verbleibende und damit Daten generierende Population ist deshalb in der Regel kaum noch eine Zufallsstichprobe aus der Ausgangspopulation. Schließlich kann das Schreiben der Tagebücher zu Verhaltensänderungen führen: Schon die Notwendigkeit der Dokumentation des Ernährungsverhaltens kann Veränderungen der Essgewohnheiten bedingen.

12.6.7 Kontinuierliche Verhaltensmessungen

Benötigt man Verlaufsdaten, dann wären weniger reaktive Messverfahren eigentlich wünschenswerter als verbale Berichte. Genau hier setzen weitgehend nicht-reaktive kontinuierliche Messverfahren wie die berühmten Telemeter (Erfassung der Fern-

---

[21] Einen detaillierten Überblick über die Techniken des probabilistischen Record-Linkages geben Herzog/Scheuren/Winkler (2007). Ein entsprechendes, auch dann anwendbares Programm, wenn als Verbindungsschlüssel nur fehlerhafte Namen zur Verfügung stehen, beschreiben Schnell/Bachteler/Reiher (2005). Ein von den Verfassern neu entwickeltes technisches Verfahren zur Lösung der datenschutzrechtlichen Probleme bei der Verwendung von Namen beim Record-Linkage wird bei Schnell/Bachteler/Reiher (2009a, 2009b) beschrieben.

[22] vgl. die Übersicht bei Bolger/Davis/Rafaeli (2003).

sehgewohnheiten) an.[23] Eine technisch interessante Weiterentwicklung ist das seit 2000 in der Schweiz zur Messung der Radio-Hörgewohnheiten verwendete „Radiocontrol"-System.[24] Hierbei tragen die Mitglieder einer Zufallsstichprobe von ca. 800 Personen in der Schweiz für eine Woche eine spezielle Digitaluhr, die in jeder Minute 4 Sekunden lang Umgebungsgeräusche der Uhr aufzeichnet. Diese digitalen Aufzeichnungen werden später mit den zeitgleichen Sendungen aller in der Schweiz zu hörenden Radiosender verglichen. Auf diese Weise erhält man ein minutengenaues Protokoll der Sender, die in der Umgebung der Uhr gehört wurden. Zu dieser Klasse von kontinuierlich arbeitenden Messgeräten gehören auch andere Geräte, wie z. B. GPS-Module in Laptops oder Fahrzeugen, um die räumliche Mobilität ihrer Besitzer zu erfassen.[25] Kombinationen von Handys mit eingebauten GPS-Systemen oder auch nur „Smartphones" allgemein werden hier völlig neue Möglichkeiten der Mobilitätsforschung schaffen.[26] Die weitere Einführung von sogenannten „RFID-Chips", mit denen verschleiß- und berührungsfreie Messungen der Position gekennzeichneter Objekte möglich sind, wird technisch ebenso interessante wie völlig nicht-reaktive und damit datenschutzrechtlich höchst bedenkliche Wege der Datenerhebung ermöglichen.

---

[23] In der BRD wird im sogenannten „Fernsehpanel" durch ein spezielles Messgerät (Telecontrol) in 5560 Haushalten automatisch gemessen, welcher Fernsehsender empfangen wird. Nachts werden diese Ergebnisse über das Telefon automatisch an einen zentralen Rechner übermittelt. Technische Einzelheiten finden sich bei der „Arbeitsgemeinschaft Fernsehforschung" (www.agf.de).
[24] Einzelheiten finden sich unter www.radiocontrol.ch.
[25] Geräte, die die Position registrieren und kontinuierlich speichern, heißen GPS-Logger. Solche Geräte sind kleiner und leichter als Handys. Die Kosten liegen derzeit bei der Hälfte der Kosten eines F2F-Interviews.
[26] Erste Anwendungen von Smartphones für die Sozialforschung beschreiben Raento/Oulasvirta/Eagle (2009).

Teil III
Anwendungen

13 Panel-Studien

Panelstudien sind wiederholte Untersuchungen der gleichen Personen bzw. Untersuchungseinheiten. Daher handelt es sich bei Panelstudien um Längsschnittstudien (Longitudinalstudien). Neben Personenpanels gibt es Panelstudien mit anderen Erhebungseinheiten, wie z. B. Betriebs- oder Wohnungspanel.[1] Eine Spezialform von Panelstudien sind Kohortenstudien, bei denen Personen, die ein Ereignis zum gleichen Zeitpunkt erfahren haben, für eine Panelstudie ausgewählt werden. Beispiele für solche Kohorten sind Geburts-, Schul-, Heirats- und Scheidungskohorten.

13.1 Design eines Panels

Beim Design eines Panels müssen vor allem folgende Fragen geklärt werden:[2]
- Welchen zeitlichen Abstand sollen die Erhebungen (Panelwellen) besitzen?
- Wie viele Panelwellen sind beabsichtigt?
- Soll das Panel für alle Teilgruppen zum selben Zeitpunkt beginnen?[3]
- Wie groß soll die Stichprobe sein?
- Soll die Stichprobe geschichtet werden?
- Sollen im Laufe der Studie neue Elemente aus der Grundgesamtheit in das Panel aufgenommen werden und falls ja, wie?
- Wie werden Auflösungen bzw. Abspaltungen oder Verschmelzungen von Untersuchungseinheiten behandelt?[4]
- Wie soll die Gewichtung der Stichprobe im Detail erfolgen?
- Falls die Untersuchungseinheiten ihre Adresse zwischen den Wellen verändern, sollen sie dann weiter beobachtet werden und wie soll die Adressände-

---

[1] Die Objekte, an denen tatsächlich Daten erhoben werden, sind fast immer Personen. Hieraus entstehen häufig methodologische Probleme: So bleiben in der Regel die Untersuchungseinheiten stabil, die Auskunft gebenden Personen hingegen wechseln. Bleibt dies unerkannt (so z. B. bei vielen Betriebsbefragungen), sind vermeintliche Änderungen in den Angaben häufig ein Artefakt, das durch unterschiedliche Bewertungsmaßstäbe, Kenntnisse oder Motivation der Auskunft gebenden Personen entsteht.

[2] Die folgende Liste wurde gegenüber der Liste von Kalton/Citro (1993) erweitert.

[3] Um die Belastung für die Befragten zu senken, wird vor allem in der amtlichen Statistik häufig ein sogenanntes „rotierendes" Panel verwendet. Hierbei wird z. B. bei einem Panel, das für jeden Befragten vier Jahre dauert, jedes Jahr ein Viertel der Stichprobe ausgetauscht. Damit überlappen sich die Panelwellen jeweils für drei Viertel der Stichprobe.

[4] Dazu gehören z. B. Haushaltsauflösungen durch Scheidungen, Entstehung neuer Haushalte durch Auszug der Kinder oder Unternehmensfusionen.

rung überwacht werden?
- In welchem Erhebungsmodus sollen die Befragungen durchgeführt werden?
- Sollen Daten, die in früheren Wellen erhoben wurden, bei der Datenerhebung einer neuen Welle verwendet werden?
- Ist die Verwendung von Proxy-Interviews erlaubt?[5]
- Sollen Befragungsanreize verwendet werden?

Alle diese Fragen sollten vor Beginn der Datenerhebung vollständig geklärt sein.[6] Der vollständige Entwurf eines Panels ist daher keine triviale Aufgabe. Leider gibt es für viele Designprobleme eines Panels kaum empirisch fundierte Literatur, so dass auf Erfahrungsberichte bestehender Panelstudien zurückgegriffen werden muss. Da Panelstudien aufgrund ihrer Größe selten sind, ist die empirische Grundlage vieler Empfehlungen sehr begrenzt.[7]

13.2 Besonderheiten von Panelstudien

Panelstudien besitzen vor allem drei zusätzliche methodische Probleme gegenüber wiederholten Querschnittsstudien:

1. Veränderung der Untersuchungsobjekte durch die Panelteilnahme („Panel-Conditioning"),
2. Die Möglichkeit potentieller Artefakte bei Veränderungsmessungen („Seam-Effekte") und
3. Ausfälle von Panelteilnehmern („Panel-Attrition").

Diese Probleme sollen in den folgenden Abschnitten relativ kurz und im Umfang entsprechend ihrer Bedeutung dargestellt werden. Für weitere Details muss auf die zitierte Literatur verwiesen werden.

---

[5] Es muss beachtet werden, dass in der Literatur sowohl Angaben über abwesende oder erkrankte Zielpersonen als auch Angaben über Eigenschaften des Haushalts (z. B. Zahl der zum Haushalt gehörenden Kraftfahrzeuge) als Proxy-Angaben bezeichnet werden.

[6] Interessanterweise scheint bei den neueren großen Panelstudien in der Bundesrepublik das Design der Studien eher vernachlässigt worden zu sein: Für die größten derzeit anlaufenden Panelstudien (die „Nationale Kohorte" der Medizin und das „Nationale Bildungspanel") liegen die hier angesprochenen Details bei Beginn der Datenerhebung noch nicht fest; eine wissenschaftliche Diskussion um das Design dieser Studien hat nicht stattgefunden.

[7] Die derzeit umfangreichste Zusammenstellung der Literatur zum Design von Panelstudien findet sich in den Beiträgen in einem von Lynn (2009) herausgegebenen Band. Für das Design einer Panelstudie lernt man am meisten durch die Dokumentation älterer Panelstudien. Daher stellt der Entwurf des Sozio-Ökonomischen Panels (Hanefeld 1987) immer noch eine lesenswerte Fallstudie dar.

13.3 Panel-Conditioning

Unter „Panel-Conditioning" versteht man den Effekt einer Datenerhebung innerhalb eines Panels auf das Antwortverhalten in späteren Erhebungen in diesem Panel. Eine wiederholte Befragung nach Symptomen von Arthritis könnte so z. B. zu einer erhöhten Anzahl von Arztbesuchen und damit zu einer höheren Wahrscheinlichkeit der Diagnose einer Arthritis führen (vgl. Wilson/Howell 2005).

Als Mechanismen zur Erklärung des (meist veränderten) Antwortverhaltens durch Panel-Conditioning schlugen Waterton/Lievesley (1989) vor:

1. Veränderung des Verhaltens oder der Einstellung durch erhöhte Aufmerksamkeit
2. Festhalten an einer Einstellung („freezing")
3. ehrlicherer Bericht sozial erwünschten Verhaltens
4. verbessertes Verständnis der Regeln des Interviews
5. höhere Motivation
6. geringere Motivation.

Probleme durch Panel-Conditioning lassen sich prinzipiell kaum vermeiden. Der Effekt scheint aber bei den meisten Fragestellungen eher gering zu sein.[8] Erscheinen solche Effekte beim Entwurf eines Panels für wichtige inhaltliche Fragestellungen plausibel und bedeutsam, dann verbleibt die Möglichkeit, die Stärke dieser Effekte durch zeitgleiche unabhängige Querschnittsstudien mit ansonsten gleichen Erhebungsbedingungen zu kontrollieren (vgl. Kapitel 3.4.5).

13.4 Seam-Effekte

Die Möglichkeiten individueller Veränderungsmessungen in einem Panel eröffnen auch Möglichkeiten für Messartefakte. Werden die Befragten bei wiederholten Befragungen um Auskunft über angrenzende Berichtszeiträume gebeten, dann finden sich an den Übergangsstellen zweier benachbarter Berichtszeiträume (Seam-Zeitpunkt) häufig mehr Ereignisse als innerhalb einer gleichlangen Periode innerhalb eines Berichtszeitraumes (vgl. Abbildung 13.1). Diesen Effekt bezeichnet man als „Seam-Effekt".

---

[8] Cantor (2007:132) berichtet in seiner Literaturübersicht von einem Effekt von 5–15% (berechnet als $(C - P) * 100/C$ wobei C die Schätzung auf der Basis eines Querschnitts, P die Schätzung auf der Basis eines Panels ist). Cantor betont die große Streuung der Effekte, selbst bei gleicher Fragestellung.

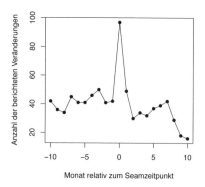

Abbildung 13.1: Seam-Effekt in der Panelstudie PASS (Eggs et al. 2009)

Als Ursachen für diesen Effekt wurden in der Literatur (Callegaro 2008) genannt:
- Dateneingabefehler
- Fehler durch Ersetzungsverfahren für fehlende Werte
- unterschiedliche Vercodung der Antworten
- Antwortfehler der Befragten
- Strategien der Befragten zur Minimierung des Aufwands („Satisficing", vgl. Kap. 2.3.2)
- Erinnerungsfehler der Befragten.

Abbildung 13.2: Seam-Effekt: Die berichteten Zustandswechsel sind zwischen den Berichtszeiträumen höher als innerhalb der Berichtszeiträume. Die Abbildung basiert auf der Abbildung bei Tourangeau/Rips/Rasinski (2000:123).

Der Mechanismus der hier relevanten Erinnerungsfehler der Befragten bedarf der näheren Erläuterung. Betrachtet man die Abbildung 13.2, so wird klar, dass der Befragte sich an der Übergangsstelle zwischen erstem und zweitem Berichtszeitraum bei seinem ersten Interview (im Juni) nur an den vorgehenden Monat (Mai) erinnern muss, bei seinem zweiten Interview (im Oktober) muss er sich an einen Zustand vier Monate vorher (Juni) erinnern. Bei länger zurückliegenden Ereignissen sind die Erinnerungen in der Regel fehlerbehafteter. Entsprechend könnte ein Teil der Seam-Effekte auf diese Unterschiede in der Größe der Erinnerungsfehler zurückzuführen sein (Tourangeau/Rips/Rasinski 2000:124).

Wie bei allen Erhebungsproblemen kann man eine Verringerung des Problems entweder durch eine Verbesserung der Datenerhebung beabsichtigen oder eine nachträgliche statistische Korrektur anstreben.

Die bislang vorgeschlagenen statistischen Verfahren basieren entweder auf unplausiblen Annahmen oder müssen angesichts fehlender Validierung der Modelle anhand externer Daten als experimentell bezeichnet werden.[9]

Eher aussichtsreich sind vermutlich Versuche, den Seam-Effekt durch den Einsatz besonderer Befragungshilfsmittel zu verringern. Hier erscheint vor allem die Verwendung einer besonderen Form der computergestützten Datenerhebung, bei der Informationen aus den Antworten des Befragten bei früheren Erhebungen während der erneuten Befragung automatisch eingespielt werden, als hilfreich („dependent interviewing", vgl. Kapitel 4.7.4). Weiterhin scheint die Verwendung eines Life-History-Kalenders (vgl. Kapitel 4.7.3) den Effekt zu verringern.[10]

13.5 Nonresponse in Panelstudien

Bei einer wiederholten Befragung fallen von Welle zu Welle Personen oder Untersuchungseinheiten aus der Befragung aus. Diese Ausfälle bei Panelstudien werden als „Attrition" bezeichnet.[11] Es muss zwischen dem Ausfall bei der Rekrutierung des Panels („initial wave nonresponse") und Panel-Attrition unterschieden werden.

---

[9] Zu den Verfahren mit unplausiblen Annahmen gehören die Ersetzung der Angaben durch Schätzungen auf der Basis einer Gleichverteilung, die Aufnahme einer Indikatorvariablen für den Zeitpunkt des Wechsels der Berichtsperiode und die Verwendung nur der Angaben für den letzten Monat der Berichtsperiode (vgl. hierzu die knappe Übersicht bei Lynn u. a. 2005:45–46). Als experimentell müssen die von Miller/Lepkowski/Kalton (1992) vorgeschlagene Gewichtung, die Anwendung von Latent-Class-Modellen bei Bassi u. a. (2000) sowie ein von Romeo (2001) spezifiziertes Modell zur Schätzung von Fehlerwahrscheinlichkeiten angesehen werden.

[10] Natürlich wurden auch andere Maßnahmen vorgeschlagen, so z. B. die Verwendung des gleichen Interviewers sowie die Veränderung der Abfolge der Abfrage (anstelle des üblichen chronologischen Ablaufs eine umgekehrt chronologische Abfolge derart, dass mit den jüngst zurückliegenden Ereignissen begonnen wird und die Befragung dann nach immer länger zurückliegenden Ereignissen fragt). Für die Beurteilung dieser Vorschläge liegen bislang aber noch keine ausreichenden empirischen Belege vor (vgl. Callegaro 2008:401–402).

[11] Daneben findet sich auch der Begriff „Panelmortalität". Da aber auch das Versterben von Befragten innerhalb eines Panels als „Mortalität" bezeichnet wird, ist der Begriff „Panelmortalität" mehrdeutig.

13.5.1 Ausfälle bei der ersten Welle eines Panels

Ausfälle bei der Rekrutierung des Panels führen zu einem Nonresponseproblem wie bei bei jeder anderen Studie auch. Da die erste Welle bei einem Panel von besonderer Bedeutung für alle Folgewellen ist, wird der ersten Welle eines Panels meist besondere Aufmerksamkeit in Hinsicht auf die Reduktion von Nonresponse zuteil. Die Maßnahmen und Konsequenzen von Nonresponse unterscheiden sich aber nicht prinzipiell zwischen einem Survey in einer Panelstudie und einem Survey in einer Querschnittsstudie. Daher gelten die Ausführungen über Nonresponse im Kapitel 7 uneingeschränkt auch für diese Art von Ausfällen in einem Panel.

13.5.2 Panelbereitschaft

Bei einem Panel wird üblicherweise am Ende der ersten erfolgreichen Befragung nach der Einwilligung zur Teilnahme an weiteren Erhebungen gefragt. Diese sogenannte „Panelbereitschaft" schafft eine zusätzliche Selbstselektionsstufe in der Rekrutierung, die man explizit berücksichtigen muss.

In Ländern mit einem ausgeprägten rechtlichen Regelwerk zum Datenschutz müssen die Befragten am Ende einer Befragung der Speicherung ihrer Adressen für eine wiederholte Befragung zustimmen. Diese Zustimmung stößt auf zwei Probleme: juristische Probleme einerseits, befragungstechnische andererseits.

Die Vorstellungen der Datenschützer in der BRD beinhalten hier häufig den Wunsch, dass die Befragten dieser Speicherung schriftlich zustimmen. Ein solches Vorgehen wird bei Teilen der allgemeinen Bevölkerung Misstrauen hervorrufen, da am Ende einer „Meinungsumfrage" üblicherweise keine Unterschrift erforderlich ist. Da solche Befragten dann aus der Befürchtung ihnen häufig unklarer Konsequenzen die Unterschrift oft ablehnen, ist mit selektiven Ausfällen bei diesem Vorgehen zu rechnen. Sollte die datenschutzrechtliche Prüfung der Erhebung auf einer Einverständniserklärung durch Unterschrift bestehen, sollte über mildere Formen der Zustimmung diskutiert werden. Dies könnte z. B. die Überlassung einer adressierten, frankierten Postkarte sein, mit der die Befragten die Genehmigung der Adressenspeicherung widerrufen können. Lässt sich kein solcher Kompromiss finden, kann der Erhebungsmodus zu telefonischen Befragungen gewechselt werden, bei der in der Regel eine mündliche Einverständniserklärung ausreicht. Sollte eine schriftliche Einverständniserklärung unvermeidlich erscheinen, sind Fragestellungen denkbar, bei denen auf eine Befragung der allgemeinen Bevölkerung eher verzichtet werden sollte, als eine in hohem Maß selektive Stichprobe zu befragen.

Das Ausmaß der Zustimmung zu einer Panelbefragung variiert auch bei Ver-

13.5 Nonresponse in Panelstudien

zicht auf eine schriftliche Einverständniserklärung sehr stark. Für die Entscheidung der Befragten spielt hierbei vor allem die Erfahrung mit dem zurückliegenden Interview eine Rolle: War die Erfahrung unangenehm, langweilig oder auch nur zeitraubend, dann wird der Wiederholung kaum zugestimmt. Entsprechend variiert der Anteil der Befragten, die einer Wiederholungsbefragung zustimmen, selbst innerhalb der gleichen Erhebung zwischen den Interviewern (manchmal zwischen 0 und 100%). Bei professionell durchgeführten, kurzen Befragungen der allgemeinen Bevölkerung sind unter Verwendung von kleinen Incentives Einwilligungen von mehr als 80% erreichbar, bei Spezialpopulationen aufgrund von Zeitrestriktionen (Ärzte, Hochschullehrer) oder besonderen Belastungen (ältere oder pflegebedürftige Befragte) auch deutlich weniger. Vorsichtshalber muss darauf hingewiesen werden, dass eine Überprüfung auf Selektivität der Panelbereitschaft mit den Daten der ersten Erhebung schon allein logisch unmöglich ist.[12]

13.5.3 Ausmaß und Formen der Panel-Attrition

Das größte methodische Problem bei Panelstudien ist die sogenannte Panel-Attrition, also Nonresponse nach der ersten Welle. Selbst bei außergewöhnlich hohem Aufwand sind die Verluste durch Attrition bei einem Panel in der Regel beachtlich. Je nach Art der Untersuchung, der Belastung der Befragten und des betriebenen Aufwandes muss selbst bei idealen Voraussetzungen von einem Verlust von mindestens 3–5% der jeweiligen Welle gerechnet werden.

Als Beispiel soll das bekannteste deutsche Panel, das „Sozio-Ökonomische Panel" (SOEP) dienen. Das SOEP ist das seit 1984 laufende umfangreichste bundesdeutsche Panel. Im SOEP werden jährlich alle über 16-jährigen Haushaltsangehörigen von ca. 6000 Haushalten (über 12000 Personen) befragt.[13] Die Abbildung 13.3 zeigt die Entwicklung der Stichprobe des SOEP für die Wellen 1–25.[14] Nur

---

[12] Sollte sich die Selektivität nur in Hinsicht auf abhängige Variablen, die erst nach der Erhebung der ersten Welle messbar werden, zeigen, dann benötigt man für die Analyse potentieller Verzerrungen entweder Daten der späteren Wellen (die man aber eben nicht besitzt), externe Daten über diese Messungen (die man in der Regel auch nicht besitzt) oder man muss annehmen, dass der Prozess hier mit anderen Prozessen, für die man die genannten Daten besitzt, gleich abläuft. Diese Annahme ist immer unbeweisbar.

[13] Das SOEP wurde von der Deutschen Forschungsgemeinschaft gefördert und wird vom DIW (Deutsches Institut für Wirtschaftsforschung) geleitet. Die Feldarbeiten werden von Infratest (München) durchgeführt. Zu den Einzelheiten des ursprünglichen Designs vgl. Hanefeld (1987), zur weiteren Entwicklung des Panels vgl. Wagner/Frick/Schupp (2007).

[14] Teilstichproben A und B des SOEP; Stichprobengröße in Welle 1: 12245 Personen, 5921 Haushalte. Die Daten wurden Kroh (2009:5) entnommen.

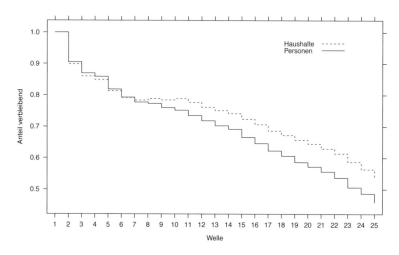

Abbildung 13.3: Panel-Attrition im SOEP von 1984-2008

durch sehr hohen Aufwand bei der Panelpflege konnten in der Welle 25 noch Daten für 46% der Personen und 53% der Haushalte erhoben werden.

Da sich bei jeder Welle eines Panels ein Teilnehmer zur Teilnahme oder Nicht-Teilnahme entschließen kann, entstehen bei m Wellen 2^m mögliche Muster der Teilnahme bzw. Nichtteilnahme („Attrition-Pattern").[15] Die Berücksichtigung der verschiedenen Teilnahmemuster ist für das Design und die Analyse von Panelstudien von großer Bedeutung. Hierbei gilt den sogenannten „monotonen" Teilnahmemustern besondere Aufmerksamkeit.

Die Tabelle 13.1 zeigt die möglichen monotonen Teilnahmemuster bei einem 7-Wellen-Panel. Das Muster Nr. 1 entspricht der vollständigen Teilnahme, das Muster Nr. 8 der vollständigen Nicht-Teilnahme. Die Muster 2–7 sind monotone Ausfallmuster, d.h. ein einmal nicht mehr teilnehmender Panelteilnehmer nimmt an keiner der folgenden Wellen teil. Monotone Ausfallmuster sind wesentlich leichter zu analysieren als nicht-monotone Ausfallmuster.[16] Fast immer existieren bei einem Panel aber nicht nur monotone Ausfallmuster, sondern auch einige nicht-monotone Muster.

---

[15] Faktisch werden bei den meisten Panel-Studien nach wiederholter Nichtteilnahme die entsprechenden Elemente des Panels von einer weiteren Teilnahme ausgeschlossen. Dies gilt insbesondere für die Nichtteilnehmer der ersten Welle.

[16] So existieren spezielle Schätzverfahren beim Vorliegen monotoner Ausfallmuster, vgl. Little/Rubin (2002).

13.5 Nonresponse in Panelstudien

	Welle						
Muster	1	2	3	4	5	6	7
1	•	•	•	•	•	•	•
2	•	•	•	•	•	•	
3	•	•	•	•	•		
4	•	•	•	•			
5	•	•	•				
6	•	•					
7	•						

Tabelle 13.1: Mögliche monotone Teilnahmemuster bei einem 7-Wellen-Panel

Land	komplett	monoton	nicht monoton
UK	70.8	24.4	4.8
Portugal	67.4	25.6	7.0
BRD	67.4	27.4	5.3
Italien	61.3	31.9	6.8
Niederlande	56.1	35.6	8.3
Griechenland	54.8	38.3	6.9
Frankreich	54.7	39.0	6.3
Belgien	54.2	39.7	6.1
Spanien	47.7	42.8	9.6
Dänemark	45.5	42.9	11.6
Irland	34.2	62.8	2.9

Tabelle 13.2: Relative Häufigkeit der Teilnahmemuster über sieben Wellen für alle Teilnehmer der ersten Welle im ECHP (Angaben in Prozent je Zeile)

Als Beispiel zeigt die Tabelle 13.2 den Anteil der verschiedenen Teilnahmemuster für alle Befragten der ersten Welle des „European Community Household Panel" (ECHP) über die ersten sieben Wellen des Panels.[17] Zwar ist das häufigste Muster die Teilnahme an allen Wellen („komplett"), die Häufigkeit dieses Musters variiert aber zwischen den Ländern zwischen 34% und 70%. Das zweithäufigste Muster ist das monotone Ausfallmuster. Berechnet man den Anteil des monotonen Musters an allen unvollständigen Mustern, so schwankt dieser hier zwischen 79% und 96%. Entsprechend finden sich 4% bis 21% nicht-monotone Teilnahmemuster.

---
[17] Diese Tabelle basiert auf der Tabelle 2 bei Vandecasteele/Debels (2004:14). Berücksichtigt wurden nur diejenigen Länder, für die Daten aller sieben Wellen vorlagen.

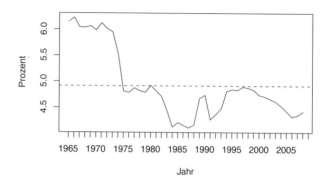

Abbildung 13.4: Umzüge über die Gemeindegrenze in Deutschland, 1965–2008. Die horizontale Linie ist das langjährige Mittel (4.9%). Berechnet aus Angaben des Statistischen Bundesamts.

Ursachen der Panel-Attrition Panel-Attrition hat mehrere Ursachen. Zwischen zwei Untersuchungszeitpunkten

- ziehen einige Befragte um (Panel-Mobilität),
- sterben einige Befragte („natürliche Panel-Mortalität"),
- verweigern einige Befragte die weitere Teilnahme.

Diese verschiedenen Ursachen müssen für die Analyse, Verminderung und Korrektur von Panel-Attrition getrennt behandelt werden.

13.5.4 Panel-Mobilität

In der Bundesrepublik zieht innerhalb eines Jahres ca. 10% der Bevölkerung um. Ein beträchtlicher Teil entfällt dabei auf Umzüge innerhalb einer Gemeinde, aber selbst bei Umzügen über die Gemeindegrenzen hinweg liegt der Anteil im langjährigen Mittel bei fast 5% (vgl. Abbildung 13.4).[18]

Würde man das hohe Ausmaß der räumlichen Mobilität bei einer Panel-Studie nicht berücksichtigen, so würde man im Laufe der Zeit nur einen immer kleineren Teil der Stichprobe bei dem Versuch einer Wiederholungsuntersuchung antreffen. Der mobile Teil einer Stichprobe unterscheidet sich in vielen Variablen vom immobilen Teil einer Stichprobe. Mobile sind eher jünger, gesünder und verfügen

---

[18] Überraschenderweise hat sich während der letzten 40 Jahre der Anteil eher verringert. Die Zahlen stellen den Anteil der Wanderungen in eine andere Gemeinde innerhalb der Bundesrepublik Deutschland (ab 1991 für das gesamte Bundesgebiet) an der Bevölkerung in Prozent dar. Die Daten basieren auf den Fachserien 1, Reihe 1.1 (Bevölkerungsfortschreibung, 2010, S.6) sowie der Fachserie 1, Reihe 1.2 (Wanderungen, 2010, Tabelle 1.1) des Statistischen Bundesamts.

seltener über Wohneigentum.[19] Daher muss eine Längsschnittuntersuchung den mobilen Teil einer Stichprobe schon beim Forschungsdesign berücksichtigen. Dies erfolgt durch einen hohen Aufwand schon vor dem potentiellen Kontaktverlust. Die entsprechenden Maßnahmen werden in der Literatur als „Respondent-Tracking" bezeichnet (vgl. Abschnitt 13.5.7.1).

13.5.5 Versterben der Befragten

In der Bundesrepublik verstirbt pro Jahr ca. 1% der Bevölkerung.[20] Entsprechend sollte der Anteil der durch Tod aus einem Panel ausscheidenden Teilnehmer eines Panels bei einer Zufallsstichprobe aus der Bevölkerung in der gleichen Größenordnung liegen. Für Panelstudien ergeben sich durch den Tod von Panelmitgliedern zwei Probleme:

- Die Tatsache, ob eine Person verstirbt („Vitalstatus"), muss ermittelt werden.
- Verstorbene könnten sich in Hinsicht auf viele untersuchungsrelevante Variablen systematisch von Überlebenden unterscheiden.

Viele Länder haben zentrale Sterberegister, wie z. B. die USA mit ihrem „National Death Index". In diesen Ländern ist die Recherche, ob jemand verstorben ist oder nicht, meist einfach. In der Bundesrepublik gibt es bislang kein solches Sterberegister. Die Totenscheine werden von den statistischen Landesämtern lediglich gesammelt, aber nicht namentlich maschinenlesbar aufbereitet.[21] Damit ist im Falle eines nicht mehr erreichbaren Befragten in einer Panelstudie eine kostenpflichtige Recherche bei dem jeweiligen Einwohnermeldeamt notwendig (sogenannte „besondere Melderegisterauskunft"). Unter Umständen sind für einen Fall Auskünfte mehrerer Einwohnermeldeämter notwendig.[22]

Verstorbene Mitglieder eines Panels können sich in Hinsicht auf viele untersuchungsrelevante Variablen von Überlebenden im Panel unterscheiden, z. B. ist die Selbstmord-Rate bei Depressiven deutlich erhöht (Burgess u. a. 2000), die

---

[19] Die Aussage basiert u. a. auf einer Replikation der Modelle zur Vorhersage der Kontaktwahrscheinlichkeiten bei Folgewellen im Sozio-Ökonomischen Panel, vgl. Heller/Schnell (2000).
[20] Für 2009 gibt das Statistische Bundesamt 854.545 Verstorbene an. Dies entspricht 1.04% der Bevölkerung (www.destatis.de, 24.8.2010).
[21] Einzelheiten zu den Problemen der amtlichen Todesursachenstatistik in der BRD finden sich bei Schelhase/Rübenach (2006).
[22] Im SOEP dauerte die Recherche für die zwischen 1985 und 1998 aus dem SOEP ausgeschiedenen ca. 8000 Personen in ca. 1150 Gemeinden bei bis zu 5 Ämtern pro Fall mehr als ein Jahr. Diese Verbleibstudie konnte 720 der 7902 (9.1%) namentlich bekannten Personen, die aus dem SOEP ausschieden und deren Vitalstatus bis dahin unbekannt war, als verstorben identifizieren (Rosenbladt/Gensicke/Stutz 2002:9).

Lebenserwartung verwitweter Männer gegenüber verheirateten Männern deutlich verringert (Mineau u. a. 2002) usw. Weiterhin führt die erhöhte Morbidität der Befragten vor ihrem Tod zwangsläufig zu einer geringeren Teilnahmebereitschaft.[23] Wird diese natürliche Panelmortalität bei der Analyse der erhaltenen Daten nicht berücksichtigt (z. B. weil der Vitalstatus unbekannt ist), werden der Gesundheitszustand und alle damit positiv korrelierten Variablen der Population überschätzt.[24]

Aus diesem Grund müssen die häufig sogenannten „demographischen Ausfälle" beim Design, der Feldarbeit und der Datenanalyse eines Panels explizit berücksichtigt werden.

13.5.6 Verweigerung der weiteren Teilnahme

Die Verweigerung der weiteren Teilnahme nach der ersten Welle bildet einen beträchtlichen Anteil an den Ausfällen eines Panels.

Die Abbildung 13.5 zeigt die Entwicklung des Anteils der Befragten, die die Teilnahme am Panel verweigerten, für die Teilstichproben A-E des Sozio-Ökonomischen Panels zwischen 1985–2008. Tendenziell (erkenntlich durch die Lowess-Glätter in der Abbildung) scheint die Verweigerungsrate in den ersten Jahren aller Teilstichproben zunächst zu sinken, um dann wieder anzusteigen. In den neueren Teilstichproben liegt der Anteil der Verweigerungen zum gleichen Zeitpunkt höher als in den langlaufenden Teilstichproben. Im Mittel über alle Jahre liegt in diesen Teilstichproben der Anteil der Ausfälle durch Verweigerung pro Jahr bei fast 10%.

Da für die Verweigerung der weiteren Teilnahme an einem Panel die Daten der vorherigen Wellen zur Verfügung stehen, gibt es eine relativ umfangreiche Literatur, die die Unterschiede zwischen weiteren Teilnehmern und nicht mehr teilnehmenden Personen untersucht.[25] Im Allgemeinen sind die Zusammenhänge

---

[23] Im Umkehrschluss konnten so Heller/Schnell (2000) für das SOEP zeigen, dass nachgewiesener Tod in einer späteren Welle ein sehr guter Prädiktor für den Gesundheitszustand in einer früheren Welle war (vgl. Abschnitt 7.1.2).

[24] Entsprechende Probleme finden sich selbst in sehr bekannten Studien. So versuchte – ohne zwischenzeitliche Panelpflege – der sogenannte „Lebenserwartungssurvey" des Bundesinstituts für Bevölkerungsforschung 1998 einen Teil einer Stichprobe aus den Jahren 1984–1986 erneut im Rahmen einer schriftlichen Befragung zu befragen. Für 23% der für die Panelbefragung ausgewählten 8474 Fälle konnte nicht festgestellt werden, ob die Personen zum Zeitpunkt der zweiten Befragung noch lebten oder nicht (berechnet aus den Angaben bei Salzmann/Bohk 2009).

[25] Die Literatur ist hier durch die häufige Vermischung verschiedener Erhebungsformen, unterschiedlicher Definitionen von Nonresponse und Verweigerung, die Einbeziehung von Access-Panels, die

13.5 Nonresponse in Panelstudien

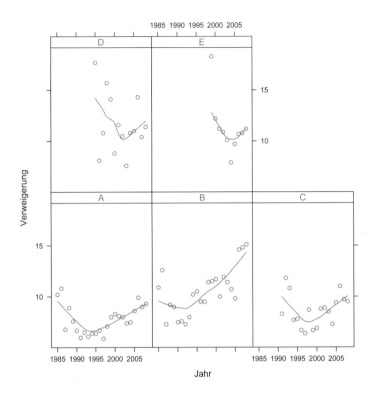

Abbildung 13.5: Anteil der Ausfälle durch Verweigerung der Teilnahme in den Teilstichproben A-E des Sozio-Ökonomischen Panels für den Zeitraum 1985–2008 (in Prozent). Die Daten wurden aus den Angaben der Tabelle 4 bei Kroh (2009:26) berechnet. Die Linien in den Plots sind Lowess-Glättungen.

zu demographischen Variablen eher gering, lediglich höhere Bildung scheint – wie bei Nonresponse allgemein – zu geringeren Verweigerungsraten zu führen. Die eher kleinen Effekte demographischer Variablen auf die Teilnahmebereitschaft ist in Hinsicht auf Nonresponseeffekte durch Verweigerung in einem Panel ein eher willkommenes Ergebnis (Watson/Wooden 2009:171). Wie schon beim Nonresponse für einmalige Studien festgestellt, scheinen demographische Variablen kaum systematische Zusammenhänge zur Verweigerung der Befragung zu besitzen (Schnell 1997a).

Verwendung unterschiedlich lang laufender Panels usw. voller potentiell konfundierter Effekte. Eine knappe Übersicht über die neuere Literatur findet sich bei Watson/Wooden (2009).

Dagegen besitzen Variablen, die zumindest teilweise unter Kontrolle der Panelbetreiber stehen, stärkere Effekte auf die Wiederteilnahmewilligkeit. Weitgehend Einigkeit besteht in der Literatur, dass die Verwendung von Befragungsanreizen (Incentives) sowie vor allem das Ausmaß, in dem die vorherigen Befragungen als angenehm empfunden werden, positiv auf die weitere Teilnahmebereitschaft wirkt. Entsprechend stark und je nach Survey unterschiedlich sind die Effekte der Interviewer auf die Verweigerung. Aus diesem Grund richten sich bei der Durchführung eines Panels die Bemühungen in Hinsicht auf die Verringerung der Ausfälle in der Regel auf studienspezifische Erhebungsdetails.

13.5.7 Maßnahmen zur Verringerung der Panelattrition

In der empirischen Sozialforschung werden alle Maßnahmen, die zur Verringerung der Panelattrition führen sollen, als Panelpflege bezeichnet. Dazu gehören sowohl Maßnahmen, die den Kontakt zu den Teilnehmern des Panels erhalten bzw. wiederherstellen sollen, als auch Maßnahmen zur Erhaltung der Kooperationsbereitschaft.

Bereits die Kosten der Adressenpflege und der Wiederauffindung der Mitglieder eines Panels können erheblich sein. So geben Laurie/Smith/Scott (1999:275) hierfür etwas mehr als 15 Euro pro Person im „British Household Panel" (BHPS) an. Rechnet man die Kosten für die Aufrechterhaltung der Kooperationsbereitschaft hinzu, dann kann allein der Aufwand für die Panelpflege die Kosten einer kleinen Querschnittsbefragung überschreiten. Bei der Planung eines Projekts müssen daher die entsprechenden finanziellen, personellen und zeitlichen Ressourcen für die Panelpflege berücksichtigt werden.

13.5.7.1 Respondent-Tracking

Bei einer Panelstudie müssen besondere Methoden ergriffen werden, damit der Kontakt zu den Befragten nicht abreißt. Kann ein Befragter nicht mehr an der letzten bekannten Adresse kontaktiert werden, wird versucht, den Befragten wieder aufzufinden. Diesen Prozess der Wiederauffindung von Befragten nennt man „Respondent-Tracking". Tracking ist wesentlich aufwändiger und teurer als eine einfache Aktualisierung der Adressen unter Mitarbeit der Befragten, daher wird angestrebt, den Abriss des Kontakts zu den Befragten von vornherein zu verhindern (vgl. die ersten Punkte in der Abbildung 13.6 sowie einige Punkte in der Abbildung 13.8).

Um eine nachträgliche Recherche nach dem Verbleib der Befragten zu erleichtern, empfiehlt sich schon bei der ersten Befragung die Erhebung zusätzlicher

13.5 Nonresponse in Panelstudien

- Aufklärung der Zielpersonen über die Dauer der Studie und die Wichtigkeit vollständiger Longitudinal-Daten
- Ausstattung der Befragten mit Projekt-Visitenkarten und Postkarten für Adressänderungen
- Einrichtung einer kostenlosen Hotline und einer Homepage für die Befragten
- Einholung der schriftlichen Zustimmung der Befragten zur Recherche zukünftiger Adressen
- Erhebung möglichst vieler potentieller personeller Identifikationsmerkmale, wie Geburtsnamen (auch der Eltern), Geburtsdaten, Sozialversicherungs- und Personalnummern, Namen der Schulen und Arbeitsstätten etc.
- Erhebung von Namen, Anschriften und Telefonnummern von Personen, von denen die Zielpersonen annehmen, dass diese ihren zukünftigen Aufenthaltsort immer benennen können
- Rekrutierung von freundlichem, hochmotivierten Personal eigens für das Respondent-Tracking
- Verwendung eines Datenbanksystems mit einer eigenen Datenbank für das Respondent-Tracking mit allen für den Kontakt relevanten Angaben der Zielperson

---

Abbildung 13.6: Maßnahmen zur Erhebung zusätzlicher Tracking-Daten

Angaben über die Befragten (Abbildung 13.6).[26] Zu diesen Informationen gehört vor allem eine Liste von Personen, die vermutlich auch in Zukunft Auskunft über den Aufenthaltsort von Befragten geben können.[27] Um mögliche Bedenken in Hinsicht auf die Weitergabe von Adressen durch benannte Informanten zu zerstreuen, kann man die Befragten um eine schriftliche Erklärung bitten, dass sie Erkundigungen über ihren Verbleib im Rahmen des Forschungsprojekts zustimmen. Diese Erklärung kann dann später den benannten Informanten vorgelegt werden.

Geht der Kontakt zum Befragten tatsächlich verloren, dann kann durch umfang-

---

[26] Hier stößt man auf ein Datenschutzproblem, das zum Schaden der Projekte von vielen der großen akademischen Panelstudien in der Bundesrepublik übersehen wurde. Falls die Stichprobenziehung und Feldarbeit von einem kommerziellen Institut durchgeführt wird, so liegen die Namen und Adressen der Untersuchten nur dem Institut vor, nicht aber dem Auftraggeber. In aller Regel werden diese Informationen dem Auftraggeber nicht übermittelt. Um Datenschutzprobleme dieser Art zu vermeiden, kann man entweder die Befragten um die schriftliche Zustimmung zu einer Übermittlung von Namen und Anschrift an den Auftraggeber bitten oder die Stichprobenziehung als Auftraggeber selbst vornehmen. Da die schriftliche Zustimmung zur Adressenübermittlung erhebliche selektive Ausfälle bedingen wird, scheint die zweite Lösung geeigneter. Die in der Bundesrepublik übliche Praxis besitzt eine Reihe von Konsequenzen: Die Vergabe einer Panel-Studie an ein Institut impliziert fast immer, dass dieses Institut auch alle folgenden Wellen durchführen wird. Dies ist insbesondere dann problematisch, wenn das Institut schließt oder die Studie erst nachträglich zu einer Längsschnittstudie umgewandelt wird (dieser Fall tritt mit zunehmender Häufigkeit auf).

[27] In einigen Panelstudien wird in jedem Jahr nach potentiellen Kontaktpersonen gefragt. Dadurch ergeben sich im Laufe der Zeit oft mehrere Namen, die dann zu einer erhöhten Wahrscheinlichkeit der Wiederauffindung führen können (Laurie/Smith/Scott 1999:275).

- Anschreiben der Befragten (eventuell besteht ein Nachsendeantrag)
- Kontaktversuch per E-Mail
- Zustellung von Briefen durch private Zusteller wie z. B. UPS
- Telefonische Befragung der vom Befragten benannten Auskunftspersonen
- Telefonische Befragung der Nachbarn
- Auskunftsersuchen an Einwohnermelderegister
- Telefonische Befragung der Arbeitgeber
- Anschreiben der Auskunftspersonen, Nachbarn etc. mit der Bitte um Weiterleitung eines Briefes an die Zielperson
- Vor-Ort-Recherche (Nachbarn, Geschäfte etc.)
- Namenssuche in Telefon-CDs
- Namenssuche in Suchmaschinen des Internets
- Recherchen bei Vereinen, Schulfreunden, beruflichen Vereinigungen etc.
- außerhalb der BRD: Verwendung der Datenbasen spezieller Organisationen, wie z. B. Wählerregister, Heiratsregister, Arbeitsämter, Energieversorgungsunternehmen, Krankenkassen, Krankenhäuser, Gefängnisse, Kfz-Zulassungsstellen, Banken, Militär, öffentliches Gesundheitswesen, Sterberegister etc.

Abbildung 13.7: Maßnahmen zur Adressenverfolgung

reiche Recherchen unter Zuhilfenahme der zusätzlichen Informationen versucht werden, eine neue Adresse zu ermitteln (vgl. Abbildung 13.7).

Durch die konsequente Anwendung eines solchen Katalogs lassen sich selbst in den USA auch bei Zielpopulationen mit besonderen Zugangsproblemen (z. B. Obdachlose oder Frauenhausbewohnerinnen) regelmäßig Wiederauffindungsquoten von über 98% pro Jahr erreichen. Selbst bei einem Abstand von mehr als 10 Jahren finden sich Angaben über 97% nicht selten.[28] Für die Bundesrepublik liegen kaum Angaben vor. Für alle Teilstichproben des SOEP werden für den Zeitraum 1985–2008 zwischen 96.9% und 99.9% erfolgreiche Kontakte angegeben.[29] Für den Familiensurvey 1994 als Nachfolgewelle des Familiensurveys 1988 konnten 11.1% der Adressen nicht mehr ermittelt werden (allein 3.8%, weil die Ursprungsadresse unvollständig oder nicht lesbar war). Im Gegensatz zu den USA wurden in der Bundesrepublik kaum Studien über die Erfolgswahrscheinlichkeiten und Kosten verschiedener Trackingstrategien durchgeführt.[30] Wird eine Studie nicht von

---

[28] Eine Übersicht über Respondent-Tracking bei marginalisierten Populationen findet sich bei McKenzie u. a. (1999).

[29] Diese Angaben sollten vorsichtig interpretiert werden: „A contact is regarded as successful if the interviewer documented a completed interview or refusal in the address protocol" (Kroh 2009:21; die Daten finden sich in der Tabelle auf Seite 22).

[30] Der Grund dafür dürfte in der vermeintlichen Trivialität des Problems liegen. Die veröffentlichte

13.5 Nonresponse in Panelstudien

- Projekt-Logo und Projekt-Layout aller Unterlagen, die die Befragten sehen
- Geschenke („Incentives") mit Projekt-Logo
- Projekt-Homepage und/oder Newsletter
- Geburtstagspostkarten
- häufiger und regelmäßiger Kontakt zu den Zielpersonen durch Postkarten oder Anrufe
- bei erfreulicher Interaktion mit dem Interviewer Verwendung desselben Interviewers über mehrere Wellen

Abbildung 13.8: Maßnahmen zu Förderung der Identifikation mit dem Projekt

vornherein als Panelstudie konzipiert und regelmäßige Panelpflege durchgeführt, scheinen irreparable Verluste in der Größenordnung von deutlich mehr als 10% der Anschriften alle 5 Jahre realistisch.

Aufgrund der persönlichen Betroffenheit der Untersuchten und der Wichtigkeit des Namens und des Geburtsdatums für die Abrechnung medizinischer Dienstleistungen scheint der Erfolg des Respondent-Trackings bei medizinischen Längsschnittstudien in der BRD demgegenüber eher größer.[31]

13.5.7.2 Maßnahmen zur Aufrechterhaltung der Kooperationsbereitschaft

Zur Aufrechterhaltung der Kooperationsbereitschaft der Befragten werden bei Panelstudien besondere Maßnahmen notwendig, da ansonsten durch Selbstselektion der kooperativsten Befragten systematisch verzerrte Ergebnisse resultieren können. Obwohl ein Teil der Maßnahmen der Adressenpflege (z. B. die bei großen Studien üblichen Geburtstagspostkarten) auch zu den Kooperationsbereitschaft erhaltenden Maßnahmen gezählt werden kann, gehören hierzu vor allem die Maßnahmen zur Verstärkung der Identifikation mit dem Projekt, die Vermeidung eines Interviewerwechsels und die Verwendung von Befragungsanreizen.

Maßnahmen zur Verstärkung der Identifikation mit dem Projekt Insbesondere bei langlaufenden Panels wird häufig durch zahlreiche Maßnahmen versucht, die persönliche Bindung der Befragten mit dem Panel zu fördern (vgl. Abbildung 13.8). Welche konkreten Mittel dazu geeignet sind, hängt von der Untersuchungspopulation und Fragestellung des Panels ab. So wurden im NIFA-Panel (einer jährlichen 8-Wellen-Befragung aller Unternehmen des Maschinenbaus in

---

deutschsprachige Literatur (vgl. Fuchs/Roller 1980) zu diesem Thema ist aufgrund veränderter Regelungen der Post und der Telekom veraltet und nicht mehr anwendbar. Neuere Arbeiten aus der Bundesrepublik wurden nicht publiziert.

[31] Eine ausgezeichnete Übersicht über das Respondent-Tracking medizinischer Surveys in den USA bieten Hunt/White (1998).

> - direkte Entlohnung
>   - in der BRD meist nur bei besonderem Aufwand (Führen von Tagebüchern, medizinische Untersuchungen)
>   - bei speziellen Subpopulation (z. B. Ärzte oder Drogenabhängige)
>   - für selbstständige schriftliche oder telefonische Information durch die Befragten über Anschriftenänderungen
> - spezielle Incentives
>   - kostenlose medizinische Diagnostik
>   - Teilnahme an Lotterien
>   - Geschenke mit Projekt-Logo (Kaffeetassen, Telefonkarten, USB-Sticks)
>   - Nutzung von Befragungshilfsmitteln (z. B. Handys, Recorder, Timer, Fernseher oder PCs) außerhalb der Befragung
>   - Genussmittel (Schokolade, Zigaretten, Alkohol)
>   - bei Studenten: Leistungsnachweise
>   - bei Strafgefangenen: Vermerke über gute Führung
>   - Vergünstigungen wie z. B. Sonderurlaub oder Zusatzausbildungen

Abbildung 13.9: Incentives in Panelstudien

der Bundesrepublik, vgl. Widmeier/Schumann 2001) z. B. Kaffeetassen mit der Beschriftung „Expertenbefragung des Deutschen Maschinenbaus" verwendet, um die Befragten möglichst häufig an die Studie denken zu lassen. Sollte sich durch die Ergebnisse ein praktischer Informationsvorteil für die Teilnehmer des Panels ergeben, dann sollten auch diese Informationen für die Bindung an das Panel genutzt werden. Im Rahmen des NIFA-Panels wurde so für die befragten Experten insgesamt 21 mal (also 3 mal zwischen den Wellen) ein achtseitiger Newsletter („Mitteilungen für den Maschinenbau") herausgegeben.

Vermeidung von Interviewerwechseln Üblicherweise versucht man, einen Wechsel des Interviewers zwischen den Wellen zu vermeiden.[32] Derzeit legen die besten verfügbaren Studien aber eher die Abwesenheit eines direkten Effekts des Interviewerwechsels sowohl auf die Teilnahme als auch auf die Wiederauffindung nahe (vgl. Campanelli/O'Muircheartaigh 2002).

Befragungsanreize Als Befragungsanreize („*incentives*") werden in der Regel kleine indirekte finanzielle Anreize (z. B. Lotterielose), symbolische Geschenke

---

[32] Die Idee, immer denselben Interviewer für einen Befragten zu verwenden, findet sich schon vor 1985 in der seit 1968 laufenden amerikanischen „Panel Study of Income Dynamics" (Hill 1992). In der Bundesrepublik wurde diese Idee dann durch den Artikel von Rendtel (1990) bekannt. Experimentelle empirische Untersuchungen, ob dies tatsächlich die erwünschten Effekte zeigt, finden sich erst bei Pickery/Loosveldt (2002).

(z. B. Gebrauchsgegenstände wie Kugelschreiber, T-Shirts oder Kaffeetassen mit dem Logo der Studie) verwendet (vgl. Abbildung 13.9). Eher selten und nur bei besonderer Belastung durch die Befragung werden Vergünstigungen wie Übernahme von Fernsehgebühren oder (z. B. in den USA) regelmäßige kostenlose medizinische Untersuchungen gewährt.[33] Die Liste (Abbildung 13.9) soll die Vielfalt an Möglichkeiten illustrieren. Die Art der angemessenen Incentives hängt vom jeweiligen Projekt ab.[34]

Bei einer der Untersuchungspopulation angemessenen Wahl des Befragungsanreizes scheinen Incentives fast immer zu geringerer Panelattrition zu führen.[35]

Eine Schwierigkeit bei der Wahl der Incentives besteht darin, dass diese zwar verhaltenswirksam in Hinsicht auf die Kooperationsbereitschaft sein sollen, sich aber trotzdem nicht auf andere Verhaltensweisen auswirken sollen. Von besonderer Bedeutung ist die Möglichkeit, dass die Befragten durch die Belohnungen Veränderungen erfahren oder ihr Antwortverhalten ändern. Eindeutige Hinweise für langfristige Veränderungen der Befragten durch Befragungsincentives liegen bislang nicht vor.[36] Ob dieses Problem für eine geplante Studie relevant ist oder nicht, muss daher eventuell durch eigene Voruntersuchungen geklärt werden.

13.6 Gewichtung eines Panels

Da Panels unter Panelattrition leiden, stimmen in der Regel nach einiger Zeit die Schätzungen auf der Basis des Panels nicht mehr mit bekannten Parametern der Grundgesamtheit überein. Um diese Übereinstimmung zu erreichen, werden zumeist die einzelnen Beobachtungen in einer Panelstudie gewichtet. Das Gewicht einer Beobachtung ist ein Faktor, mit dem die Werte einer Beobachtung

---

[33] Gelegentlich werden wissenschaftliche Publikationen der Ergebnisse der Studie als vermeintlicher Anreiz angeboten. Nur in seltensten Fällen wird dies tatsächlich eine Belohnung darstellen; gerade in diesem Fall stellt sich dann aber die Frage, ob durch solche Informationen nicht ein Artefakt durch möglicherweise verändertes Verhalten der Befragten verursacht wird. Stark vereinfachte Zusammenfassungen im Stil einer Pressemitteilung erfüllen den Zweck solcher Informationsrückkoppelung eher.

[34] Ein besonderes Problem in der BRD liegt darin begründet, dass vor allem öffentliche und wissenschaftsinterne Geldgeber die direkte Entlohnung von Befragten bislang eher ablehnen (angesichts des rapiden Verfalls anderer generalisierter Tauschmedien eine Zeitfrage). Die Abrechnung von Incentives wirft vor allem innerhalb universitärer Projekte regelmäßig erhebliche administrative Probleme auf, die im Vorfeld eines Projekts im Detail geklärt werden sollten.

[35] Vermutlich unterscheiden sich Subpopulationen eines Panels in Hinsicht auf die Art der jeweils angemessenen Incentives. Effekte unterschiedlicher Incentives für unterschiedliche Subpopulationen eines Panels scheinen aber bislang nicht systematisch untersucht worden zu sein.

[36] Eine Übersicht über die Forschung zu Incentives gibt Singer u. a. (2002).

multipliziert werden. Das Gewicht selbst ist in der Regel das Produkt mehrerer Gewichtungsfaktoren: dem Designgewicht, einem eventuellen Transformationsgewicht, dem Querschnittsgewicht und dem Längsschnittgewicht.

In vielen Fällen sind die Ausgangsstichproben keine einfachen Zufallsstichproben, sondern disproportional geschichtete Stichproben. So ist es in der Bundesrepublik üblich, mehr Personen aus kleinen Bundesländern wie Bremen und dem Saarland in die Stichprobe aufzunehmen, als es den Bevölkerungsanteilen dieser Länder an allen Einwohnern der Bundesrepublik entspricht. Um die höheren Auswahlwahrscheinlichkeiten dieser Personen zu berücksichtigen, wird daher bereits die Ausgangsstichprobe entsprechend dem Design der Stichprobe gewichtet. Dieses Gewicht wird daher als „Design-Gewicht" bezeichnet.

In vielen Fällen werden Haushalte ausgewählt und jeweils nur eine zufällig ausgewählte Person pro Haushalt befragt. Falls Aussagen über Personen beabsichtigt sind, muss berücksichtigt werden, dass Personen aus Haushalten mit vielen Mitgliedern eine geringere Auswahlwahrscheinlichkeit besitzen als Personen in Einpersonenhaushalten. Der entsprechende Gewichtungsfaktor ist das „Transformations-Gewicht".

Das Querschnittsgewicht eines Panels berücksichtigt in der Regel mehrere Prozesse: zum einen Ausfälle (Nonresponse) durch Krankheit, Nichterreichbarkeit oder Verweigerung, zum anderen Veränderungen in der Haushaltsstruktur. Der Versuch, Ausfälle durch Gewichtung zu korrigieren, findet sich sehr häufig in der Literatur (vgl. dazu Kapitel 7). Zumeist werden die Häufigkeitsverteilungen von Variablen wie Alter, Geschlecht und Bundesland an ihre (z. B. aus Volkszählungen) bekannten Verteilungen angeglichen.[37]

Im Laufe eines Panels bleiben die Haushaltsstrukturen nicht konstant: Personen ziehen aus dem ausgewählten Haushalt aus, ziehen in einen neuen Haushalt mit anderen Mitgliedern ein, manchmal verschmelzen ausgewählte Haushalte zu einem Haushalt. Je nach der angestrebten Grundgesamtheit, über die Aussagen beabsichtigt sind, müssen dann Entscheidungen getroffen werden, wie diese Veränderungen im Panel berücksichtigt werden. So kann man z. B. alle Personen, die in Haushalten leben, in die eine ausgewählte Person einzieht, mit in die Stichprobe aufnehmen.

---

[37] Diese Angleichung wird häufig als „Redressment" oder „Poststratifizierung" bezeichnet. In der neueren Literatur wird der Begriff „Kalibrierung" verwendet, der meist in Hinsicht auf die Verwendung externer Datenquellen zusammen mit einer Klasse spezieller Schätztechniken („generalized regression estimators": GREG) gebraucht wird. Eine technische Darstellung findet sich bei Särndal/Lundström (2005).

Solche Haushaltsveränderungen erzwingen eine Anpassung der Gewichte, da sich die Auswahlwahrscheinlichkeiten der Personen verändern.[38] Längsschnittgewichte dienen vor allem zur Korrektur der Panelattrition. Der populärste Ansatz besteht zur Zeit aus sogenannten „propensity weights". Hierbei wird versucht, die Teilnahmewahrscheinlichkeit eines Haushaltes bzw. einer Person zu schätzen. Man kann z. B. die Wahrscheinlichkeit, dass ein Haushalt aufgefunden und kontaktiert werden kann, durch ein Modell vorhersagen. Für die kontaktierten Haushalte kann man dann mit einem anderen Modell vorhersagen, ob ein Interview gewährt wird oder nicht. Das „propensity weight" wäre in diesem Fall umgekehrt proportional zum Produkt der vorhergesagten Kontaktwahrscheinlichkeit und der vorhergesagten Interviewwahrscheinlichkeit.

Die tatsächliche Berechnung der Gewichte eines Panels ist keine triviale Aufgabe.[39] Neben der Notwendigkeit verlässlicher externer Daten sollte deutlich geworden sein, dass in die Berechnung der Gewichte inhaltliche Annahmen eingehen; dies ist vielleicht bei „propensity weights" leichter erkennbar als bei den anderen Gewichten.[40] Entsprechend vorsichtig sollten die Ergebnisse von Panelstudien interpretiert werden: Ohne Kenntnis der Einzelheiten der Paneldynamik und der Gewichtung ist eine Analyse kaum sinnvoll.

13.7 Analye von Panelstudien

Die meisten Analysen von Panelstudien verwenden die Datensätze lediglich wie Querschnittsstudien. Damit bleiben aber die besonderen Möglichkeiten von Paneldatensätzen ungenutzt. Zur Analyse von Paneldaten stehen mittlerweile zahlreiche spezielle Verfahren einschließlich ihrer Implementierung in Standardanalyseprogrammen zur Verfügung.[41] In den letzten Jahren findet sich in der statistischen

---

[38] Der bei weitem populärste Ansatz zur Berücksichtigung solcher Veränderungen wird „weight share approach" genannt, da die ursprünglichen Gewichte auf die Personen eines Haushalts aufgeteilt werden (vgl. hierzu Kalton/Brick 1995 und Lavallee 2007).

[39] Weder die statistische noch die methodische Lehrbuchliteratur zu diesem Problem ist dabei bislang hilfreich. Will (oder eher: muss) man tatsächlich ein Panel im Längsschnitt gewichten, empfiehlt sich eher die Lektüre der jeweiligen (oben zitierten) Originalarbeiten als die Lehrbuchkapitel. Am meisten lernt man, wenn man sich die Gewichtungen existierender Panel ansieht. Interessanterweise sind die meisten Panelgewichtungen in der Praxis recht einfach gehalten. Die Beschreibungen der Verfahren findet man fast immer in technischen Berichten der Panelstudien über die Internetseiten der Panels. Buch- oder Zeitschriftenpublikationen dieser Details sind außerordentlich selten.

[40] Sicherheitshalber soll darauf hingewiesen werden, dass auch die Nichtverwendung von Gewichten auf einem Modell basiert (gleiche Gewichte für alle): Dies ist vermutlich fast immer ein unangebrachtes Modell.

[41] Eine elementare Einführung gibt Twisk (2003), eine Alternative ist Frees (2004).

Literatur zur Analyse von Paneldaten eine starke Betonung der Probleme von fehlenden Werten („missing data") und Nonresponse, die aber noch nicht regelmäßig in der Anwendungsliteratur rezipiert wurde.[42] In vielen Fällen impliziert auch eine Analyse von Paneldaten mit Nonresponse die Notwendigkeit der Anwendung spezieller Missing-Data-Techniken. Müssen diese auf ein nicht triviales Stichprobendesign angewendet werden, dann werden die entstehenden Analyseprobleme rasch anspruchsvoll. Die Verringerung des Ausmaßes an Nonresponse und die Verwendung möglichst einfacher Zufallsstichproben erspart viele der Probleme einer statistisch korrekten Analyse eines Datensatzes mit erheblichem Nonresponse.

---

[42] Als Beispiele Molenberghs/Verbeke (2005) und Verbeke/Molenberghs (2009), sowie Diggle u. a. (2002) und Hedeker/Gibbons (2006); als Übersicht ist Fitzmaurice u. a. (2008) hilfreich.

14 Beispiele für besondere Anwendungen

Surveys werden in einer großen Zahl verschiedener Anwendungsfelder verwendet. Selbstverständlich sind die grundlegenden Prinzipien und Techniken in allen Feldern identisch. Lediglich die Zielsetzung und die Implementierungsprobleme variieren. Dies soll an einigen Anwendungsfeldern demonstriert werden.

14.1 Nationale Gesundheitssurveys

Nationale Gesundheitssurveys sind Erhebungen bzw. Befragungen der allgemeinen Bevölkerung eines Landes. Typischerweise werden in solchen Surveys sehr viele Personen untersucht, um auch für seltene Erkrankungen genügend Fälle für eine Analyse zu erhalten. Nationale Gesundheitssurveys umfassen in der Regel deutlich mehr als 5000 Personen. Gesundheitssurveys dienen vor allem zur Erhebung:

- der Prävalenz (Häufigkeit des Vorkommens) bestimmter Erkrankungen,,
- der Inzidenz (Häufigkeit von Neuerkrankungen) bestimmter Erkrankungen
- vermutlicher Risikofaktoren bestimmter Erkrankungen,
- der Ernährungsgewohnheiten und
- der Inanspruchnahme von Gesundheitsdienstleistungen.

Gesundheitssurveys sind sowohl für die Epidemiologie als auch für Planungszwecke unverzichtbar. Länder mit einem ausgebauten „Public Health"-Sektor, wie z. B. die USA, haben entsprechend zahlreiche Gesundheitssurveys für verschiedene Zwecke.[1] So erhebt das amerikanische „National Center for Health Statistics" (NCHS) eine ganze Reihe von Surveys, so vor allem den „National Health Interview Survey" (NHIS), den „National Immunization Survey" (NIS) und den „National Health and Nutrition Examination Survey".[2] Der NHIS erhebt jährlich Daten von über 100.000 Personen unter anderem zum Gesundheitszustand und der Inanspruchnahme des Gesundheitssystems. Innerhalb des NIS werden Eltern von Kindern im Alter von 19–35 Monaten zu den Impfungen ihrer Kinder befragt. Innerhalb von NHANES werden jährlich ca. 5000 Erwachsene untersucht. Die Untersuchung schließt die Messung von Laborwerten ein.

In der Bundesrepublik gibt es bislang keine so etablierte Gesundheitsberichterstattung auf der Basis von Surveys. Insbesondere gibt es bislang keine bundes-

---
[1] Daher stammen auch die meisten Messinstrumente und die Lehrbücher der Datenerhebung für Gesundheitssurveys (z. B. Aday/Cornelius 2006) aus den USA.
[2] Einzelheiten zu diesen Surveys finden sich über das NCHS: www.cdc.gov/nchs/express.htm.

weiten Panelstudien, die tatsächlich die Analyse der individuellen Veränderung des Gesundheitszustandes über die Zeit hinweg erlauben würden. Einen ersten systematischen Ansatz in der bundesweiten Gesundheitsberichterstattung bildet der „Bundesgesundheitssurvey 1998" des Robert-Koch-Instituts (RKI) in Berlin.[3] Hierbei wurden bei einer Responserate von 61% insgesamt 7124 Personen zwischen 18 und 79 Jahren ärztlich untersucht (einschließlich der Messung von Laborwerten) und unter anderem zur Morbidität und Gesundheitsvorsorge befragt. Seit 2002 führt das RKI Gesundheitssurveys als CATI-Studien durch. Die Erhebung (2009/2010) namens GEDA („Gesundheit in Deutschland aktuell") umfasste 21.262 befragte Personen.[4] GEDA erhebt aber im Gegensatz zum Bundesgesundheitssurvey nur Befragungsdaten.

Ein weiteres Gebiet, in dem Daten über den Gesundheitszustand der Bevölkerung erhoben werden, ist die psychiatrische Epidemiologie. Hierbei wird unter anderem die Verbreitung von Demenz, depressiven Störungen und Angsterkrankungen untersucht. Ein neueres Beispiel für eine solche Studie ist die „European Study on the Epidemiology of Mental Disorders".[5] Hierbei wurde in sechs europäischen Ländern gleichzeitig ein Survey durchgeführt, wobei in jedem Survey eine Zufallsstichprobe von 5000 über 18-jährigen Personen klinisch untersucht wurde. Diese Studie ermöglichte erstmals einen direkten Vergleich der Häufigkeit psychischer Störungen, ihrer Folgen und ihrer Behandlung in verschiedenen Ländern.

14.2 Viktimisierungssurveys

Das Ausmaß und die Entwicklung der Kriminalität sind sowohl von wissenschaftlichem als auch von politischem Interesse. Sieht man von den Problemen der Definition von Kriminalität ab, so gibt es drei prinzipielle Methoden zur Gewinnung von Daten über die Kriminalitätsentwicklung:[6]

1. amtliche Daten (Polizeistatistiken)
2. Täterbefragungen
3. Opferbefragungen („Viktimisierungssurveys").

---

[3] Näheres über das Robert-Koch-Institut findet sich unter www.rki.de.
[4] Müters u. a. (2010:11) berichten eine Ausschöpfung von 29.1% (AAPOR-RR3). Die unteren drei Bildungsgruppen seien deutlich unterrepräsentiert.
[5] Einzelheiten zu der Studie „ESEMeD-MHEDEA-2000" finden sich bei Alonso et al. (2004).
[6] Bei all diesen Methoden muss bedacht werden, dass sie bestenfalls nur Daten über „gewöhnliche" Kriminalität liefern können. Verbrechen ohne Opfer (Steuerhinterziehung etc.) und Verbrechen, bei denen die Opfer die Viktimisierung nicht bemerken (z. B. bei Betrug), können durch diese Methode nicht ermittelt werden. Zu allen genannten Problemen vgl. einführend Coleman/Moynihan (1996).

14.2 Viktimisierungssurveys

An amtlichen Kriminalitätsdaten ist problematisch, dass zahlreiche Verbrechen entweder den Strafverfolgungsbehörden nicht gemeldet (z. B. Gewalt in der Familie) oder nicht registriert werden (z. B. durch Definitionsprozesse bei Bagatelldelikten durch die Polizei). Amtliche Statistiken über Kriminalität werden daher in der Regel als Unterschätzung des tatsächlichen Wertes betrachtet („Dunkelziffer"). Dieses Problem lässt sich durch die Befragung der Täter einerseits und der Opfer andererseits angehen. Zur Schätzung der Verbreitung ernsthafter krimineller Handlungen scheinen Opferbefragungen geeigneter.[7] Seit Beginn der 70er Jahre wurden daher zahlreiche Opferbefragungen durchgeführt. Viktimisierungssurveys werden unter anderem für folgende Aufgaben verwendet:

- Art und Häufigkeit der Viktimisierung einer Person,
- Identifikation sozialer Ursachen der Viktimisierung,
- Tests von Viktimisierungstheorien,
- Studium der Veränderung des Anzeigeverhaltens,
- Veränderungen der Viktimisierungsrate über die Zeit und
- Beurteilung politischer Maßnahmen zur Kriminalitätsreduktion.

Viktimisierungssurveys haben eine Reihe interessanter methodischer Probleme, vor allem in Hinsicht auf die Größe und die Art der Stichprobe und in Hinsicht auf die Erinnerungsleistung der Befragten.[8] Um Unterschiede in kleinen Subgruppen (z. B. männliche Jugendliche in Kleinstädten) im Vergleich zu anderen Subgruppen analysieren zu können, werden für nationale Viktimisierungssurveys sehr große Stichproben erforderlich. Üblich sind bei Viktimisierungssurveys mehr als 10.000 Befragte. Um regionale Unterschiede entsprechend abbilden zu können, werden in der Regel regional geschichtete Stichproben verwendet. Weiterhin gibt es Hinweise, dass sowohl Täter (die eher auch selbst zu Opfern werden) als auch Opfer einiger Verbrechen (wie z. B. sexuelle Nötigung und Einbruch) in Opferbefragungen tendenziell unterrepräsentiert sind.[9] Um die Erinnerungsfehler der Befragten so gering wie möglich zu halten, empfiehlt sich die Verwendung kurzer Zeitabschnitte

---

[7] Täterbefragungen leiden sowohl unter Problemen der Stichprobenziehung als auch unter Konsequenzenbefürchtungen und Erinnerungsproblemen der Täter. Für eine Abschätzung der Kriminalitätsentwicklung werden solche Studien daher kaum verwendet. Zu den zahlreichen methodischen Problemen von Täterbefragungen vgl. Thornberry/Krohn (2000).

[8] Übersichten über diese Probleme finden sich bei Cantor/Lynch (2000) sowie in dem von Groves/Cork (2008) herausgegebenen Band; eine Fülle technischer Details erwähnt Fienberg (1980).

[9] Zu den Problemen des Entwurfs eines Viktimisierungssurveys für die Bundesrepublik Deutschland vgl. Schnell/Hoffmeyer-Zlotnik (2002).

(Referenzperioden), für die die Befragten ihre Opferwerdung berichten sollen.[10] Üblich sind 6 oder 12 Monate als Referenzperiode, wobei sich die Anbindung an ein Kalenderjahr empfiehlt. Um eine klare Zeitgrenze zu etablieren, ist aus methodischer Sicht eine Wiederholungsbefragung wünschenswert. Die genannten methodischen Probleme finden ihren Niederschlag im Design der beiden derzeit methodisch elegantesten Viktimisierungssurveys: dem amerikanischen NCS und dem britischen BCS.

Der „National Crime Survey" (NCS) wurde seit 1973 jährlich erhoben. 1991 wurde der NCS in „National Crime Victimization Survey" (NCVS) umbenannt. Zwischen 1992 und 1993 wurde die Erhebungsmethode geändert (NCVS-Redesign).[11] Die Veränderungen führten zu deutlichen Anstiegen der berichteten Viktimisierungen. Das derzeitige Design des NCVS basiert auf einer mehrfach geschichteten Stichprobe aus Personen in Privathaushalten. Im Jahr 2000 basierte die Auswahl auf 203 räumlichen Einheiten, aus denen im Zensus gesammelte Adressen von 42.000 Haushalten ausgewählt wurden. In jedem Haushalt werden alle Personen älter als 11 Jahre befragt, so dass der NCVS 2000 auf Interviews mit 79.710 Personen basiert (eine Responserate von 90%). Die Stichprobe basiert aus 6 Substichproben, die als Rotationsstichprobe drei Jahre lang alle sechs Monate erhoben werden. Die Befragten werden insgesamt siebenmal befragt, wobei das erste Interview als persönliches Interview geführt wird, die folgenden Interviews können telefonisch erfolgen. Das erste der sieben Interviews dient nur zur Etablierung eines festen Bezugsrahmens für die Befragten, so dass zwischen Verbrechen vor und nach dem ersten Interview gefragt werden kann.

Der „British Crime Survey" (BCS) wurde 1982, 1984, 1988, 1992, 1994, 1996, 1998, 2000 und seitdem jährlich durchgeführt. Die Erhebungstechnik wurde 2001 geändert.[12] Insgesamt werden nun jährlich 40.000 Personen befragt. Die nach

---

[10] Erinnerungsfehler scheinen mit der Ernsthaftigkeit des Deliktes zu variieren: Harmlose Delikte werden eher vergessen, ernsthafte Delikte außerhalb der Referenzperiode eher auch fälschlich als innerhalb der Referenzperiode berichtet (Mayhew u. a. 1993:6, zitiert nach Coleman/Moynihan 1996:79).

[11] Die Änderungen bestanden vor allem in der Verwendung einer anderen Einleitungsfrage („Screener-Question"), veränderten Definitionen von Mehrfach-Verbrechen und anderen statistischen Anpassungsverfahren an bekannte Randverteilungen, um so die Unterschätzung kritischer Subpopulationen durch den Zensus auszugleichen. Einzelheiten finden sich auf der Homepage des NCVS beim „Bureau of Justice Statistics" (www.ojp.usdoj.gov/bjs/cvict_rd.htm).

[12] Innerhalb des BCS 2001 existiert eine fast 9000 Personen umfassende Substichprobe, die auf die gleiche Art erhoben wurde wie die früheren Studien. Damit kann der Einfluss der Erhebungstechniken auf die Ergebnisse beurteilt werden.

Polizeibezirken geschichtete Stichprobe basiert auf den Postadressen in England und Wales. Innerhalb eines Hauses wird durch Zufall eine Person über 15 Jahre ausgewählt und befragt.[13] Die von einem kommerziellen Institut erhobene Stichprobe wird als computergestützte persönliche Befragung durchgeführt. Das Interview dauert im Durchschnitt 49 Minuten; in dieser Zeit konnten 75% der ausgewählten Befragten tatsächlich befragt werden.[14]

In anderen Ländern sind Viktimisierungssurveys nicht so etabliert und etatisiert wie in den USA und England. Entsprechend sind die Stichproben in der Regel kleiner oder lokal begrenzt. Einige wenige Industrieländer (wie z. B. die Bundesrepublik) verfügen bislang über keine amtlichen Viktimisierungssurveys. Dies dürfte sich langfristig ändern, da die durch diese Surveys zu gewinnenden Daten durch keine andere Methode erhoben werden können. Spätestens für den Vergleich regionaler Disparitäten in Europa werden ländervergleichende Surveys unverzichtbar werden.[15]

14.3 Screening-Interviews zur Suche nach seltenen Populationen

Sowohl in theorietestenden Grundlagenstudien als auch in angewandten Erhebungen werden häufig Stichproben „seltener Populationen" benötigt, für die keine vollständigen Register zur Verfügung stehen.[16] Solche speziellen Populationen erfordern besondere Auswahlverfahren.[17] Besonders häufig wird hierbei ein „Screening"-Verfahren verwendet.[18] Ausgehend von einer sehr großen Zufallsstichprobe wird eine kompetente Auskunftsperson im Haushalt gefragt, ob eine Person

---

[13] Geändert wurde u. a. das Gewichtungsverfahren: Es wird jetzt ein Life-Event-Kalender verwendet, und die Referenzperiode bezieht sich nun auf die letzten 12 Monate, nicht mehr auf das letzte Jahr. Weiterhin erfolgt die Befragung nun kontinuierlich über das Jahr.

[14] Einzelheiten zum BCS finden sich auf der BCS-Homepage: www.homeoffice.gov.uk/rds/bcs1.html\#relatedinfo.

[15] Ansätze zu solchen Studien finden sich in den „International Crime Victimisation Surveys". Der ICVS wurde 1989, 1992, 1996 und 2000 durchgeführt. Im ICVS 2000 waren 17 Länder beteiligt, u. a. Australien, die Niederlande, die Schweiz, Portugal und Japan (die Bundesrepublik gehörte nicht dazu). In den meisten Ländern wurde der ICVS als Telefonstichprobe mit jeweils ca. 2000 Befragten erhoben (die Ausschöpfungsrate lag im Durchschnitt bei 64%). Technische Einzelheiten zum ICVS finden sich bei van Kesteren/Mayhew/Nieuwbeerta (2001).

[16] In der angewandten Statistik spricht man in der Regel von „seltenen" Populationen, wenn diese weniger als 5% der „Allgemeinbevölkerung" umfassen.

[17] vgl. hierzu Schnell/Hill/Esser (2008:294–297).

[18] In der epidemiologischen Literatur werden solche Verfahren häufig etwas missverständlich als „two-stage-sampling" bezeichnet. Man beachte, dass mehrstufige Zufallsauswahlen, „two-stage-sampling" und „two-phase-sampling" unterschiedliche Verfahren mit unterschiedlicher Zielsetzung darstellen. Einzelheiten finden sich z. B. bei Kauermann/Küchenhoff (2011:189–210).

im Haushalt lebt, die der gesuchten seltenen Population angehört. Die Auskunftsperson sollte in der Regel volljährig sein, zum Haushalt gehören, deutschsprachig und weder hör-, sprach- noch geistig behindert sein. Fast immer werden diese implizit erforderten Merkmale nicht explizit abgefragt, sondern solange als erfüllt angesehen, bis durch die Interviewer-Befragten-Interaktion das Gegenteil ersichtlich wird. Selbstverständlich sind durch diese implizite „Abfrage" bei einigen inhaltlichen Fragestellungen Selektionseffekte prinzipiell möglich.[19] Darüber hinaus müssen für ein erfolgreiches Screening einige Voraussetzungen erfüllt sein:

1. Das erfragte Screening-Kriterium muss für Haushaltsmitglieder offensichtlich sein. Das hier entstehende Problem ist identisch mit dem Problem der Proxy-Interviews (vgl. Kapitel 2.2.1.1): Die Kenntnis selbst einfach erscheinender Merkmale wie Familienstand, Alter, Berufsgruppe oder Körperbehinderung ist innerhalb eines Haushalts nicht vollständig oder fehlerfrei.

2. Das Screening-Merkmal muss vom Befragten als unproblematisch in Hinsicht auf die soziale Erwünschtheit des Merkmals betrachtet werden. Screening-Fragen nach bestimmten Krankheiten, Arbeitslosigkeit, Viktimisierung oder Straffälligkeit sind problematisch und werden zu verringerten Auswahlwahrscheinlichkeiten dieser Subpopulationen führen.

3. Die Befragung darf den Auskunftspersonen nicht so aufwändig erscheinen, dass Sie den Zielpersonen die (vermeintliche) Mühe der Befragung ersparen wollen.

Um diese Probleme gering zu halten, wird daher hier empfohlen, auch Screening-Interviews wie normale Haushaltsinterviews durchzuführen, d.h. keine Proxy-Auskünfte zu akzeptieren, sondern potentielle Zielpersonen über ein Zufallsverfahren im Haushalt (vgl. Kapitel 9.2.5) auszuwählen und die dann erreichte Zielperson nur zu ihren eigenen Merkmalen zu befragen. Nur auf diese Weise bleibt die Auswahlwahrscheinlichkeit einer Person berechenbar, und nur so lässt sich auf der Basis einer Stichprobe eine Aussage über einen Bevölkerungsanteil der seltenen Population rechtfertigen.

Es empfiehlt sich in der Regel, Screening-Interviews als eigene Erhebung durchzuführen und die Screening-Fragen nicht im Anschluss an ein sachlich unverwandtes normales Interview stellen. Für solche Anschluss-Screenings lassen sich

---

[19] So kann z. B. durch die erhöhte Antreffenswahrscheinlichkeit von Kinderbetreuungspersonal bei berufstätigen Müttern die Auswahlwahrscheinlichkeit für einige Berufsgruppen niedriger als erwartet sein, da den Auskunftspersonen die korrekte Information über die Berufsgruppe der Mütter fehlt, diese Tatsache aber nicht berichtet wird.

starke Effekte des Interviewverlaufs (Dauer, empfundene Belastung) auf die Wahrscheinlichkeit der berichteten Erfüllung der Screening-Kriterien zeigen: Selbst bei gleichem Fragebogen und identischen Randbedingungen können die Screening-Raten zwischen Interviewern zwischen Null und mehr als dem erwarteten Anteil der seltenen Population schwanken.[20] Gelegentlich sinkt die Screeningrate mit zunehmender Erfahrung des Interviewers in einer Studie (vgl. Kapitel 8.8).

In aller Regel werden in der Bundesrepublik zur Zeit eigenständige Screening-Interviews als CATI-Interviews durchgeführt. Angesichts der hohen Fallzahl von Screening-Interviews pro Interviewer sind bei solchen Interviews besonders intensive Kontrollen der Interaktion zwischen Interviewer und Auskunftsperson durch die Supervisoren erforderlich.

14.4 Kundenbefragungen

Zu Kundenbefragungen im weiteren Sinne gehören z. B. Patientenbefragungen, Bibliotheksbefragungen, Mitarbeiterbefragungen, Bürgerbefragungen, Absolventenbefragungen und Lehrzufriedenheitsbefragungen. Zu fast allen speziellen Formen der Kundenbefragung gibt es vermeintliche Spezialllehrbücher, die nahezu immer lediglich elementare Kurzversionen der Lehrbücher empirischer Sozialforschung ohne Zusatzinformationen darstellen.

Diese speziellen Anwendungen von Befragungen haben drei Grundprobleme:
1. In einigen Anwendungsfeldern gibt es soziale Implementierungsprobleme.
2. Es gibt für den Untersuchungsgegenstand „Zufriedenheit mit einem Produkt" keine prognosefähigen Theorien.
3. Viele dieser Studien leiden unter Selbstselektionsproblemen.

Wie bereits mehrfach betont, lassen sich Befragungen gegen den Willen der Befragten, ihrer Vertretungen oder gegebenenfalls ihrer Vorgesetzten kaum durchführen. In der Praxis ist häufig eine intensive sozialtechnologische Vor- und Nacharbeit erforderlich, deren Umfang leicht den Aufwand der eigentlichen Erhebung überschreitet. Die Überwindung solcher sozialen Implementierungsprobleme sind aber kaum wissenschaftliche oder technische Probleme.

Die Abwesenheit tatsächlich prognosefähiger Theorien bedingt alle Probleme der Konzeptspezifikation und Instrumentenkonstruktion. In der Regel muss für

---

[20] Ob dies eher durch das intendierte Verhalten der Interviewer (je nach Interviewerentlohnungsmodalität durch Abkürzen des Fragebogens einerseits, berichtete Falsch-Positive andererseits) oder durch die wahrgenommene Belastung des Befragten verursacht wird, kann durch die bislang veröffentlichten Studien nicht beurteilt werden.

jede konkrete Anwendung das Konzept der jeweiligen „Kundenzufriedenheit" neu spezifiziert und anschließend operationalisiert werden. Prinzipiell ist dies technisch unkompliziert, aber trotzdem aufwändig, da sich umfangreiche Pretests nicht vermeiden lassen. Das Hauptproblem hierbei besteht in der Existenz und korrekten Identifikation von Non-Attitudes sowie der starken Abhängigkeit der für die Befragten unwichtigen Aspekte des Produkts von der jeweiligen Situation. Schließlich muss mit strategischem Antwortverhalten gerechnet werden: Wenn der Befragte ein bestimmtes Ziel erreichen will (z. B. einen Anbieter schädigen möchte), dann wird er seine Antworten entsprechend gestalten. Aufgrund der genannten Messprobleme sind Prognosen tatsächlichen Verhaltens auf der Basis solcher Erhebungen problematisch und in der Praxis häufig unbefriedigend.

Kundenbefragungen leiden in besonderem Maße unter Selektionsproblemen. Dies resultiert häufig schon aus der Konzeption der Studien, da sich das Interesse eigentlich auf potentielle oder ehemalige Kunden richtet, die aber nicht mehr Bestandteil der Untersuchungspopulation sind. Dieses Problem besitzen z. B. Kundenbefragungen der Deutschen Bahn: Enttäuschte Kunden finden sich nicht mehr in den Zügen, in denen die Bahn einen Teil ihrer Erhebungen durchführt. Das gleiche Argument gilt für Vorlesungen, Mensen, Bibliotheken, überlebende Patienten etc. Die verbleibenden Kunden sind über ihre Selbstselektion nur in besonderen Fällen Zufallsstichproben aus der eigentlich interessierenden Population. Selbst wenn sich das Interesse auf verbleibende Kunden beschränkt, können Selbstselektionseffekte ein Ergebnis unbrauchbar machen. Gerade besonders zufriedene und besonders unzufriedene Kunden können sich eher an solchen Befragungen beteiligen – oder auch nicht: Man schädigt einen Anbieter auch dadurch, dass man ihn nicht kritisiert, wenn er danach fragt. Bei Kundenbefragungen aller Art sind daher genaue Definitionen der Population, über die man Aussagen machen möchte, notwendig. Schließlich muss den Selbstselektionseffekten durch eine sorgfältige Analyse der Ausfälle Rechnung getragen werden. Der bloße Hinweis auf eine übliche oder gar überdurchschnittliche „Rücklaufquote" ist hier nur ein bedeutungsloser ritueller Akt und keineswegs eine Untersuchung möglicher Alternativhypothesen.

Die Eigenheiten und Probleme einiger Formen der Kundenbefragung sollen im Folgenden etwas näher erläutert werden.

14.4.1 Benutzerbefragungen in Bibliotheken

Spätestens seit den 70er Jahren werden an Bibliotheken in der BRD Benutzerbefragungen durchgeführt (Kreuter/Schnell 2000:9). Alle diese Befragungen haben eine Erfassung der Kundenwünsche zur Verbesserung der Dienstleistungsaufgabe einer Bibliothek zum Ziel. Die Erhebungen sollen der Identifikation von Stärken und Schwächen der jeweiligen Bibliothek in der Wahrnehmung ihrer Benutzer dienen. Sinnvoll werden solche Erhebungen vor allem durch den Vergleich der Ergebnisse im zeitlichen Verlauf oder mit denen anderer Bibliotheken. So führte das Hochschulbibliothekszentrum Nordrhein-Westfalen im Juni/Juli 2001 in allen Universitätsbibliotheken in NRW eine Benutzerbefragung mit mehr als 12.000 Befragten durch; 2003 führte Österreich eine Befragung in 10 Universitätsbibliotheken durch.

In der Regel werden in solchen Befragungen folgende Punkte erhoben:
- Angaben zur Person (Semesterzahl, Zugehörigkeit zu einer Fakultät, seltener Alter und Geschlecht),
- Häufigkeit der Nutzung einzelner Einrichtungen,
- Einschätzung der elementaren Leistungen der Bibliothek (Auskunft, Literaturbestand, Schulungen, Ausleihe),
- Einschätzung der Bibliothek als Arbeitsraum (Einschätzung zur Anzahl der Arbeitsplätze und zu den Arbeitsbedingungen, z. B. Lichtverhältnisse und Lärm),
- Öffnungszeiten,
- Orientierung in der Bibliothek sowie
- Kompetenz und Freundlichkeit der Mitarbeiter.

Zumeist werden diese Befragungen als schriftliche Befragung durchgeführt – was angesichts der Zielgruppe zumindest kaum auf technische Schwierigkeiten stoßen sollte. Als Auswahlverfahren wird in der Praxis meist die Auslage der Fragebogen in den Bibliotheken verwendet. Auf diese Weise wird aber eine äußerst selektive Stichprobe realisiert, die kaum Aussagen über alle Bibliotheksnutzer erlaubt: Es handelt sich um diejenige Teilmenge der Benutzer, die
- im Auslagezeitraum in der Bibliothek ist,
- die den Fragebogen bemerkt,
- ihn dann auch ausfüllt und
- zurückgibt.

Bei allen Schritten reduziert sich die Zahl der Benutzer. Noch wichtiger ist die

Tatsache, dass diejenigen, die einen ausgefüllten Fragebogen zurückgeben, keine Zufallsstichprobe aus allen Benutzern sind. Weiterhin erlaubt diese Art der Stichprobenziehung noch nicht einmal Aussagen über die Zahl der Nichtantwortenden. Statt dieses Auswahlverfahrens sollte im Regelfall eher eine echte Zufallsstichprobe der Bibliotheksnutzer gezogen werden. Je nach Definition eines Bibliotheksnutzers könnte dies z. B. eine Auswahl aus der Liste aller Inhaber eines Bibliotheksausweises oder über einen langen Zeitraum hinweg die Auswahl jedes n-ten Benutzers beim Betreten der Bibliothek sein. Die Aussagemöglichkeiten jeder Befragung hängen von der Definition der Grundgesamtheit, der Stichprobenziehung, der Stichprobenrealisierung, dem Erhebungsinstrument und den Details des Datenerhebungsprozesses ab und nicht nur vom Erhebungsinstrument.[21] Bei korrekter Durchführung solcher Erhebungen lassen sich Hinweise auf die Wünsche und Bedürfnisse aller Nutzer gewinnen. Insbesondere in Zeiten schwindender ökonomischer Ressourcen können Nutzerbefragungen zur Allokation knapper Ressourcen hilfreich sein.

14.4.2 Mitarbeiterbefragungen

Mitarbeiterbefragungen sind ein sehr populäres Instrument der Mitarbeiterführung.[22] Die meisten Großunternehmen führen mehr oder weniger regelmäßig Mitarbeiterbefragungen durch; entsprechend gibt es zahllose kleine Marktforschungsinstitute, die sich auf Mitarbeiterbefragungen spezialisiert haben. Diese Befragungen werden zumeist zur Erkennung von Problemen im Arbeitsablauf sowie zur Überwachung von Veränderungsprozessen eingesetzt. Dies bedeutet in der Regel, dass mehr als eine Erhebung erforderlich ist, um Veränderungen feststellen zu können. Bei Mitarbeiterbefragungen werden fast immer Zufriedenheitsurteile der Mitarbeiter mit der Vergütung, Aufstiegs- und Fortbildungsmöglichkeiten, den physischen Arbeitsplatzbedingungen sowie dem Betriebsklima und dem Informationsfluss erhoben. Zwar gibt es eine Reihe von Standardfragebogen für diese Befragungen; allerdings liefern diese kaum Informationen für die konkrete Situation in der entsprechenden Organisation. Die damit fast immer notwendige Anpassung der Fragebogen ist aufwändiger als es im Allgemeinen erwartet wird.

---

[21] Technische Einzelheiten der Stichprobenziehung, Instrumentenkonstruktion (samt Fragebogen und dessen detaillierten Pretestergebnissen) sowie der Durchführung einer Bibliotheksbefragung finden sich bei Kreuter/Schnell (2000). Ein sehr ähnliches Instrument wurde dann später bei der Benutzerbefragung aller Universitätsbibliotheken in NRW im Jahre 2001 verwendet, wobei hier die Erhebung aber leider durch Auslage der Fragebogen erfolgte.

[22] Der folgende Absatz orientiert sich an Bungard u. a. (1997) sowie Görtler/Rosenkranz (2006).

14.4 Kundenbefragungen

Mitarbeiterbefragungen werden fast ausschließlich als schriftliche Befragung und als Vollerhebung durchgeführt. Häufig geschieht dies im Rahmen einer Betriebsversammlung, bei der die ausgefüllten Fragebogen in eine „Wahlurne" geworfen und die Namen auf einer Namensliste abgehakt werden. Mitarbeiterbefragungen stellen methodisch kein Problem dar. Die Entwicklung des Fragebogens ist zwar aufwändiger als Laien dies erwarten, aber technisch völlig unkompliziert. Die Probleme liegen eher bei den sozialen Rahmenbedingungen der Erhebungen. Hierzu gehören unklare Ziele der Befragung, die Vernachlässigung der Einschaltung des Betriebsrates sowie mangelnde frühzeitige Information der Mitarbeiter sowie das Problem, dass die Ergebnisse gegen die Befragten verwendet werden könnten. Aufgrund solcher Implementierungsdefizite wecken solche Befragungen daher häufig Erwartungen, die nicht eingelöst werden können. In wissenschaftlicher Hinsicht sind fast alle diese Erhebungen wertlos: Weder wird etwas Neues gelernt, noch werden Hypothesen geprüft. In den meisten Fällen erfolgt auch keine Publikation der Ergebnisse.

14.4.3 Bürgerbefragungen

Bürgerbefragungen als Befragungen der Einwohner einer Gemeinde werden aufgrund mangelnder Infrastruktur und den Möglichkeiten der Kostendeckung aus unterschiedlichen Quellen innerhalb einer Verwaltung nahezu ausschließlich als schriftliche Befragung in Eigenregie der Verwaltungen durchgeführt. Da es sich fast immer um kommunale Befragungen handelt, steht als Auswahlgrundlage in der Regel die Einwohnermeldedatei zur Verfügung.[23] Im Vergleich zu anderen postalischen Erhebungen der allgemeinen Bevölkerung kann mit etwas höheren Rücklaufquoten gerechnet werden.[24] Bei Beachtung der Regeln für eine schriftliche Befragung ist die technische Durchführung einer solchen Befragung daher weitgehend unproblematisch. Dies gilt aber nicht für die Inhalte.[25]

Bürgerbefragungen sind bis auf wenige Ausnahmen politische Maßnahmen, keine wissenschaftlichen Erhebungen. Entsprechend häufig wird von Mandatsträ-

---

[23] Eine kostenpflichtige bibliografische Datenbank („KommDEMOS") wird vom Deutschen Institut für Urbanistik betrieben. Die Datenbank enthält ca. 1700 standardisierte Beschreibungen kommunaler Umfragen sowie ca. 700 Originalfragebogen. Einzelheiten finden sich unter www.irbdirekt.de/kommdemos/.

[24] Hüfken (2003:27) gibt für den Zeitraum 1990–2002 für 30 kommunale Befragungen eine mittlere Ausschöpfung von 43.3% an. Nur etwa die Hälfte der Befragungen (exakt: 17) verwendeten Mahnschreiben. Für diese gibt er eine Rücklaufquote von 48.2% an.

[25] Eine Übersicht über übliche Erhebungsgegenstände gewinnt man durch Bartella u. a. (1997) sowie Bick u. a. (1995).

gern und Interessengruppen in die Gestaltung der Erhebung und des Erhebungsinstrumentes aufgrund von Partikularinteressen eingegriffen. In der Regel sind diese Erhebungen nahezu vollständig theorielos; interessant wären die Studien fast immer nur im Rahmen eines Vorher-Nachher-Designs bei einer Maßnahme oder entsprechend als längere Zeitreihe. Gerade die unkalkulierbaren Eingriffe von Mandatsträgern oder Interessengruppen bis auf die Ebene einzelner Frageformulierungen machen solche Designs aber schwer durchsetzbar. Aus wissenschaftlicher Sicht sind Bürgerbefragungen daher fast immer weitgehend wertlos.[26]

14.5 Wahlprognosen

Häufig werden sogenannte „Wahlprognosen" fälschlich als Beispiel für die Anwendung und den Erfolg bzw. Misserfolg standardisierter Bevölkerungsumfragen betrachtet.[27] Dies ist aus mehreren Gründen unangemessen, wie im Folgenden dargestellt wird.

14.5.1 Methodische Probleme von Wahlprognosen

Wahlprognosen basieren auf standardisierten Interviews einer Zufallsauswahl aus den Wahlberechtigten vor der Wahl („pre-election polling").[28] Die Durchführung

---

[26] Es empfiehlt sich, zu Beginn eines solchen Projekts vertraglich zu fixieren, dass die Erhebungsdetails (Stichprobenziehung, Frageformulierung) nach den abschließenden Pretests nicht mehr geändert werden. Ebenso sollte ein wissenschaftliches Veröffentlichungsrecht ohne Zustimmung der Gemeinde und ihrer Vertreter vertraglich vereinbart werden.

[27] In wissenschaftlichen Kontexten ist es üblich, den logischen Schluss von einem allgemeinen Gesetz bei Vorliegen der entsprechenden Randbedingung auf ein zukünftiges Ereignis als „Prognose" zu bezeichnen. Liegt einer Vorhersage kein allgemeines Gesetz zugrunde, handelt es sich nicht um eine Prognose, sondern – bestenfalls – um eine Trendextrapolation. Dies sind Spezialfälle sogenannter „unvollständiger Erklärungen", deren Problem darin besteht, dass nicht angegeben werden kann, wann die Extrapolation ungültig wird (vgl. z. B. Schnell/Hill/Esser 2008:69–72). Die Bezeichnung „Wahlprognose" ist daher – genau genommen – irreführend.

[28] Es muss immer zwischen Wahlprognosen auf der Basis von Befragungen vor der Wahl („pre-election polling"), Wählerbefragungen nach der Abgabe der Stimme im Wahllokal („exit-polls") und Hochrechnungen auf der Basis tatsächlicher Abstimmungsergebnisse unterschieden werden. Nur Hochrechnungen sind methodisch weitgehend unproblematisch und daher auch präzise. Die größte Aufmerksamkeit gilt in der Regel den Pre-Election-Polls, da hier tatsächlich eine zeitliche Vorhersage versucht wird. Exit-Polls („Befragungen nach der Wahl") sind in der BRD typischerweise nur deshalb von Interesse, weil die ersten veröffentlichten Ergebnisse nach Schließung der Wahllokale um 18:00 am Wahltag auf diesen Befragungen (von ca. 25.000 Wählern in ca. 400 Wahllokalen) basiert. Die methodischen Probleme von Hochrechnungen sind gänzlich andere als die von Exit-Polls oder Pre-Election-Polls.

14.5 Wahlprognosen

einer solchen Auswahl steht vor mehreren Problemen.[29]

Die Menge der tatsächlich Wählenden bei einer Wahl ist vor der Wahl aus mehreren Gründen unbekannt: In der Regel steht als Auswahlgrundlage für eine Befragung kein Wählerverzeichnis zur Verfügung. Auswahlgrundlagen wie Telefonnummernbestände oder Einwohnermeldeamtsdateien sind einerseits immer unvollständig und enthalten andererseits zahlreiche Nicht-Wahlberechtigte. Weiterhin ist die Feststellung der Wahlberechtigung während eines Interviews sicherlich mit Fehlern behaftet. Unterscheiden sich die unter- bzw. übererfassten Personen in ihrem bekundeten Wahlverhalten von den Wahlberechtigten, wird die Datengrundlage der Prognose verfälscht.

Für eine Befragung steht immer nur eine endliche Zeit vor einer Wahl zu Verfügung, daher wird jede Stichprobe schwer erreichbare Personen in geringerem Umfang enthalten als leicht erreichbare Personen. Weiterhin verweigert bei einer Befragung zu politischen Themen ein Teil der ausgewählten Personen die Auskunft. Unterscheiden sich schwer Erreichbare und/oder Verweigerer in ihrem Wahlverhalten von den Erreichbaren und Kooperativen, muss dies mit expliziten Modellen für diese Zusammenhänge korrigiert werden. Solche Modelle existieren bislang nicht.

In den Fällen, in denen tatsächlich Wählerverzeichnisse verwendet werden können, muss für eine Wahlprognose auch vorhergesagt werden, wer tatsächlich wählen wird: Jede Wahlprognose muss Annahmen über die Wahlbeteiligung treffen. Explizite und bewährte Modelle für diesen Prozess scheint es nicht zu geben.

Die Frage nach der Wahlabsicht ist eine hypothetische Frage. Dies führt zu mehreren Problemen. Ein Teil der Befragten ist zum Zeitpunkt der Befragung tatsächlich unentschieden und bekundet dies auch. Jede Wahlprognose muss Annahmen über die Verteilung dieser Unentschiedenen auf die Parteien bei einer Wahl treffen. Auch hier fehlen explizite und bewährte Modelle. Ein anderer Teil der Befragten ist unentschieden und bekundet dies nicht und gibt stattdessen eine Wahlabsicht an. Sollte die dann bekundete Wahlabsicht nicht gleichmäßig über die Parteien streuen, wird die Datengrundlage der Prognose verzerrt. Dies gilt ebenso für mögliche Interviewereffekte bei der Befragung: Unter bestimmten Umständen geben Befragte sozial erwünschte Antworten, z. B. bei einer sozial unerwünscht scheinenden Parteipräferenz. Insbesondere die Anteile extremer Parteien dürften so eher unterschätzt werden. Schließlich enthält die hypothetische Frage nach

---

[29] Die detaillierteste Darstellung der methodischen Probleme von Pre-Election-Polls ist immer noch das Buch von Crespi (1988).

der Wahlabsicht das Problem, dass die Befragten ihr Verhalten unter konstant scheinenden Bedingungen vorhersagen müssen. Die genannten Probleme werden von denjenigen Instituten, die Wahlprognosen veröffentlichen, nicht gelöst, sondern durch Anwendung von – im Detail fast nie explizierten – Gewichtungsverfahren verdeckt. Neben den in der Praxis ebenso üblichen wie weitgehend nutzlosen Gewichtungen nach demographischen Merkmalen findet sich eine zumeist als „Recall-Verfahren" bezeichnete Gewichtung.[30] Hierbei wird das Wahlergebnis der letzten Wahl mit dem berichteten Wahlverhalten für die letzte Wahl verglichen. Die sich daraus ergebenden Gewichte werden dann zur Gewichtung der aktuell bekundeten Wahlabsichten verwendet. Dieses Vorgehen muss annehmen, dass die aus den genannten Fehlern resultierenden Verzerrungen bei der Vorhersage der letzten Wahl den Verzerrungen bei der bevorstehenden Wahl sehr ähnlich sind. Unterscheiden sich die Mechanismen, die für die Verzerrungen der bekundeten Wahlabsicht gegenüber der tatsächlichen Wahl verantwortlich sind, zwischen den Wahlen, muss dieser Korrekturversuch scheitern. Da die Mechanismen der Verzerrung nicht expliziert werden, kann auch nicht geprüft werden, ob die Voraussetzungen für die Recall-Gewichtung erfüllt sind. Entsprechend werden so gewichtete Prognosen bei unbeobachteten Veränderungen des Antwort- oder Auswahlprozesses zu dramatischen Fehlern führen.[31]

14.5.2 Zur tatsächlichen Genauigkeit von Wahlprognosen

Die genannten Probleme zeigen sich bei den häufig spektakulären Fehlprognosen. Leider werden die unvermeidlichen Fehlprognosen in der Regel von den Konsumenten dieser Zahlen rasch vergessen. Zwar liegen die mittleren Abweichungen der Wahlprognosen in der Bundesrepublik bei ca. 2.1% (Groß 2010:176), die Werte für einzelne Wahlen und Parteien weichen allerdings häufiger und stärker von den Wahlergebnissen ab, als dies bei Annahme ausschließlich stichprobenbedingter Fehler zu erwarten wäre. Groß (2010) hat einen Datensatz mit den Ergebnissen der Wahlabsicht („Sonntagsfrage") aus 3610 Befragungen in der Bundesrepublik zwischen 1949 und 2009 zusammengestellt.[32] Beschränkt man sich auf Bundestagswahlen und diejenigen Befragungen, die höchsten 31 Tage vor der

---

[30] zur Kritik der Gewichtung nach demographischen Variablen vgl. Schnell (1993) und Schnell (1997a).
[31] Eine ausführliche Kritik der Recall-Gewichtung – die aber leider selbst häufig auf impliziten Argumenten basiert – findet sich auf den Internetseiten von Fritz Ulmer (www.wahlprognosen-info.de). Eine Darstellung des Effekts dieser Gewichtung durch den Vergleich der ungewichteten mit den so gewichteten Daten anhand der Politbarometer-Daten findet sich bei Groß (2010:161–173).
[32] Für die Überlassung dieses Datensatzes danke ich Jochen Groß.

14.5 Wahlprognosen

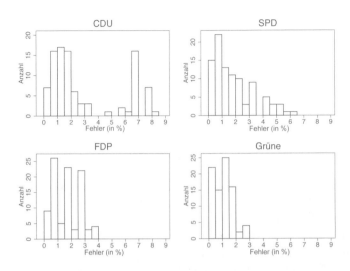

Abbildung 14.1: Häufigkeiten der absoluten Fehler bei 96 Wahlprognosen für Bundestagswahlen 1957–2009. Quelle der Daten der Wahlprognosen: Groß (2010)

Wahl veröffentlich wurden und für die eine Fallzahl vorliegt, dann reduziert sich die Zahl der Studien auf 96. Betrachtet man den Absolutwert der Differenz zwischen dem Wahlergebnis und der Vorhersage für die einzelnen Parteien, dann ergibt sich die Verteilung der Abbildung 14.1. Deutlich erkennt man die zum Teil beachtlichen Abweichungen zwischen Vorhersage und dem Wahlergebnis. Berechnet man die dazugehörigen üblichen Konfidenzintervalle, dann zeigt sich, dass 144 der 371 Konfidenzintervalle (38.8%) das Wahlergebnis nicht enthalten.[33] Es sollten aber nur 5% sein. Der tatsächliche Fehler ist also wesentlich größer, als es die – in der Berichterstattung immer falsch berechneten – Konfidenzintervalle suggerieren.

14.5.3 Exkurs: „Demoskopie"

In diesem Zusammenhang muss der Vollständigkeit halber kurz auf den Begriff „Demoskopie" eingegangen werden. Dieses Kunstwort findet sich nur im deut-

---

[33] In der Regel werden bei dieser Anwendungen unabhängige Konfidenzintervalle unter der Annahme der Binomialverteilung gerechnet. Angemessener wären hier Konfidenzintervalle unter Annahme einer Multinomialverteilung. Bei diesen Daten enthalten dann 96 der 371 Konfidenzintervalle (25.9%) nicht das Wahlergebnis. Auch diese Konfidenzintervalle sind immer noch zu klein, da Designeffekte und der Effekt der Gewichtung nicht berücksichtigt werden. Diese notwendigen Angaben finden sich aber in der Wahlberichterstattung nie.

schen Sprachraum und wird in der wissenschaftlichen Literatur nicht verwendet (die akademischen Kriterien entsprechenden Techniken finden sich unter „survey methodology"), sondern nur von Journalisten und Politikern.

Das Wort wird fast immer im Zusammenhang mit dem „Institut für Demoskopie" in Allensbach verwendet. Die Bekanntheit dieses Instituts steht in keinem Verhältnis zu seiner Größe (tatsächlich existieren Dutzende Institute in der BRD, die bis zu 15-mal größer sind) oder seiner wissenschaftlichen Leistungen. Die Studien dieses Instituts weisen einige Besonderheiten auf: Es handelt sich fast immer um Quotenauswahlen, Mehrthemenbefragungen und die Verwendung idiosynkratischer Frageformen wie z. B. „Dialogfragen". Diese Eigenheiten sind in der wissenschaftlichen Literatur mehr als umstritten. Die Begründungen für die Verwendung dieser Eigenheiten basieren in der Regel auf nur schwer zugänglichen hauseigenen Publikationen des Instituts. Selbst auf Anfrage werden die Datensätze, auf denen diese Studien basieren, nicht zur Verfügung gestellt, sondern allenfalls tabellierte Ergebnisse. Kaum ein Datensatz des Instituts findet sich im Datenarchiv für Sozialforschung. Entsprechend bilden nur tabellierte Ergebnisse, nicht aber die Datensätze selbst die Basis einiger Veröffentlichungen in Fachzeitschriften (manchmal ist dies den Veröffentlichungen kaum anzusehen).

Vertreter des Instituts begegnen methodischen Bedenken mit dem Argument, dass die Wahlprognosen des Instituts die Gültigkeit des Vorgehens unter Beweis gestellt hätten. Das ist schon logisch falsch: Selbst wenn die Prognosen korrekt wären, würde daraus die Gültigkeit des Vorgehens nicht folgen. Aber selbst die Grundlage für diese Behauptung ist inkorrekt: Bei der Bundestagswahl 2002 wurde von diesem Institut für die FDP ein Anteil von 12% der Stimmen vorhergesagt. Das Wahlergebnis lag bei 7.4%. Bei der Bundestagswahl 1990 prognostizierte das Institut noch am Tag der Wahl 8.5% für die Grünen. Das Wahlergebnis lag bei 4.8%. Bei der Landtagswahl im Saarland 1985 überschätzte das Institut die CDU um fast 10% (47.0 statt 37.3), unterschätzte die SPD um 5% (44.2 statt 49.2), überschätzte die Grünen um 4% (6.5 statt 2.5) und unterschätzte die FDP um 8.1% (1.9 statt 10.0).[34]

---

[34] Die Angaben über die Wahlprognosen basieren auf der Homepage von Fritz Ulmer (www.wahlprognosen-info.de); die Angaben über das tatsächliche Wahlergebnis im Saarland 1985 stammen vom Statistischen Landesamt des Saarlandes (www.statistik.saarland.de/medien/inhalt/stala_LW8004_Kreise.pdf).

14.5.4 Erfolgreiche Prognosen trotz methodischer Probleme?

„Wahlprognosen" sind mit zahlreichen methodischen Problemen behaftet, die auch langfristig kaum lösbar erscheinen. Zusätzlich sind die tatsächlichen Schwankungen zwischen den Stichproben (der Standardfehler, vgl. den Anhang A) so groß, dass bei vertretbarem Aufwand die Ergebnisse für praktische Zwecke bedeutungslos sind. Schließlich stellen erfolgreiche Wahlprognosen prinzipiell kein Kriterium für den Erfolg einer Methode dar: Die amerikanischen Besucher von „Harry's New York Bar" in Paris (5 rue Daunou) haben bei Abstimmungen über den zukünftigen Gewinner der amerikanischen Präsidentenwahl zwischen 1924 und 2000 von den 19 Wahlen 18 korrekt vorgesagt (die Ausnahme war 1976). Auch eine so lange Erfolgsgeschichte bei „Wahlprognosen" gibt keine Garantie für zukünftige Prognosen: Auch die Wahl 2004 wurde inkorrekt vorhergesagt. Die letzte Vorhersage von 2008 war dann wieder richtig. Ein Verfahren, das manchmal funktioniert und manchmal nicht, ohne dass man dafür – am besten vorher – eine Erklärung hat, ist eben kein wissenschaftliches Verfahren. Wahlprognosen sind sicherlich kein geeignetes Mittel, um ein Verfahren zu validieren.

15 Surveymethodologie in der Bundesrepublik

Die Bundesrepublik spielt in der internationalen Methodendiskussion zur Surveymethodologie bislang nur eine Nebenrolle. Sowohl Ursache als auch Folge davon ist ein nahezu vollständiger Mangel an Interesse gegenüber den Details von Datenerhebungen. Dass die Kenntnis der Details der Datenerhebung zur Beurteilung der Gültigkeit der Ergebnisse einer Studie unverzichtbar ist, scheint in der täglichen Praxis kaum einer Organisation, einschließlich zentraler wissenschaftlicher Einrichtungen, eine Rolle zu spielen. Einige Folgen und die Ursachen dieses Zustandes sollen in diesem Abschnitt erörtert werden.

15.1 Beispiele für das Desinteresse gegenüber der Datenerhebung

Für jede Wissenschaft sollte es selbstverständlich sein, dass die Vorgehensweisen und Daten, die zu veröffentlichten Schlussfolgerungen führen, öffentlich zugänglich sein müssen. Im Bereich von Surveys scheint dies oft nicht zu gelten. Zwei willkürliche Beispiele sollen diese Aussage illustrieren.

Beispiel 1: Demokratie in Ostdeutschland Am 14.9.2006 meldete die „Welt" unter der Überschrift: „Deutsche zweifeln an der Demokratie":

„Lediglich 38 Prozent der Ostdeutschen waren im vergangenen Jahr überzeugt, dass die 'Demokratie in Deutschland' die beste Staatsform ist. (...) Dies ist das Ergebnis des Datenreports 2006, den das Statistische Bundesamt gestern vorgestellt hat. Der Datenreport ist zusammen mit Forschern des Wissenschaftszentrums Berlin (WZB) sowie des Zentrums für Umfragen, Methoden und Analysen (ZUMA) erstellt worden."

Tatsächlich findet sich im Datenreport 2006 auf der Seite 644 diese Zahl in einer Tabelle. Als Datenbasis wird dabei „Bürger und Gesellschaft 2005" angegeben. Weder wird im 678 Seiten umfassenden Datenreport eine Quelle für diese Studie genannt noch irgendetwas über die Datenerhebung mitgeteilt, noch nicht einmal die Fallzahl, die Erhebungsmethode oder die Autoren der Studie. Ebenso wenig wird die Frage zitiert, lediglich ein Item, dem zugestimmt werden konnte, wird genannt. Die Äußerung im Datenreport lautet: „Die Demokratie in Deutschland ist die beste Staatsform." Ohne Nennung der Frage ist dies eine recht beliebige Äußerung. Ohne Nennung der Datenerhebungsdetails bedeutet die Zahl nichts. Wissenschaftlich sind solche Veröffentlichungen nicht nur wertlos, sondern stellen explizite Verstöße gegen die Regeln guter wissenschaftlicher Praxis sowie der Ethik-Richtlinien der Markt- und Sozialforschung dar. Skandalös wird dies vor dem Hintergrund, dass das Statistische Bundesamt der Herausgeber ist, der Datenreport von der Bundeszentrale für politische Bildung veröffentlicht wird und die Verantwortung für den Abschnitt beim „Zentrum für Umfragen, Methoden und Analysen" in Zusammenarbeit mit dem „Wissenschaftszentrum Berlin" liegt.[1]

Beispiel 2: Nutzung von Mobiltelefonen Die „Tagesschau" vom 24.9.2006 berichtete unter Berufung auf „Angaben der Europäischen Union", dass zwölf Prozent der Bundesbürger zwar ein Handy- aber keinen Festnetzanschluss mehr besitzen – daraus resultiere ein Problem der Wahlforschung, da diese Handy-Nutzer aus den Befragungen ausgeschlossen seien (vgl. Schölermann 2006). Diese Begründung ist zwar fast korrekt (viele Handynutzer besitzen für ihr Handy eine scheinbare Festnetznummer), aber die Zahl selbst ist in mehrfacher Hinsicht fragwürdig. In der Langform des Berichts wird für die BRD (S.27) 11% genannt, nicht 12%. Die Zahl basiert auf einem Survey, den die EU in Auftrag gab („Special Eurobarometer 249").[2] Der technische Bericht (mit einem Umfang von 130 Seiten) enthält als Feldbericht eine Seite (Druckseite 11).[3] Für eine Erhebung in mehr als 25 Ländern bleibt für jedes Land eine Zeile in einer Tabelle. Dieser Zeile kann man entnehmen, dass die Untersuchung auf 1515 Interviews basiert, wobei die Auswahl durch Random-Route erfolgte. Die Befragung fand zwischen dem 9. und dem 23.12.2005 statt, d. h. die Feldzeit betrug zwei Wochen (die Zeile enthält zudem einen offensichtlichen Tippfehler). Die Konsequenzen einer solchen Stichprobe leicht erreichbarer Personen auf die Schätzung bleiben ebenso undiskutiert wie das Nonresponseproblem. Selbst ohne Nonresponse reicht bei einer solchen Stichprobe das Konfidenzintervall von ca. 9.5% bis 12.7%.[4] Ohne weitere Informationen ist die Veränderung der Schätzung durch Nonresponse nicht möglich. Geht man von

---

[1] Selbst auf eine Anfrage des Autors konnte das WZB innerhalb von zwei Wochen keine Quelle für die Zahlen nennen.
[2] Basis für die Zahl laut Abbildung ist die Frage „Q1". Laut Fragebogen ist Q1 „What is your nationality?". Die Frage QB1 ist hingegen „For each of the following please tell me how many of them are available in your household"; es folgt eine Liste mit 11 Items. Die Validität dieser Art der Abfrage sollte nachgewiesen werden und nicht unterstellt werden.
[3] ec.europa.eu/information_society/policy/ecomm/doc/info_centre/studies_ext_consult/ecomm_household_study/eb_jul06_main_report_de.pdf
[4] Berücksichtigt man die zu erwartenden Klumpeneffekte (mit deft=1.4), dann reicht das Intervall schon von 8.7% bis 13.3%.

ca. 50% Nonresponse aus (dies wurde im Bericht nicht dokumentiert), dann wären Werte zwischen 5.6% und 55.6% möglich (wobei dies unwahrscheinliche Extreme darstellen). Die Ergebnisse dieser Erhebung sind aus mehreren Gründen daher einer kritischen Interpretation würdig. Bemerkenswert hier ist vor allem die Tatsache, dass die EU einen Bericht über eine Befragung von 29.248 Personen akzeptiert, der nahezu keine Angaben über die Datenerhebungsdetails enthält. Damit kann die Tragfähigkeit der Erhebung in keiner Weise abgeschätzt werden. Dass dazu noch eine Art der Abfrage geduldet wird, die ein zentrales Item in einer Liste von 10 anderen Items verbirgt, ist bemerkenswert. Bei einer sozialwissenschaftlich, methodisch und ökonomisch relevanten Fragestellung und Erhebungskosten weit jenseits von 1.5 Millionen Euro und einem öffentlichen Auftraggeber ist dies zumindest erstaunlich.[5]

Systematische Ursachen für das Desinteresse an der Datenerhebung Diese beiden nur wenige Tage auseinander liegenden und jeweils öffentlich wirksam mitgeteilten „Ergebnisse" illustrieren das Desinteresse an den Details von Datenerhebungen eindrucksvoll. Die Liste dieser Beispiele ließe sich problemlos fortschreiben. Selbst die EU, die amtliche Statistik und zentrale akademische Institutionen ignorieren selbstverständliche Grundsätze wissenschaftlicher Arbeit, wenn es um die Veröffentlichung von Survey-Ergebnissen geht. Für wiederholtes Verhalten sollte es systematische Ursachen geben. Zur Erklärung bedarf es der Analyse der Interessen der beteiligten Akteure.

15.2 Das Desinteresse an der Datenerhebung in den Institutionen der empirischen Sozialforschung

Man kann in der Bundesrepublik drei Arten von Institutionen unterscheiden, die sich professionell mit Problemen der Datenerhebung beschäftigen:

- die amtliche Statistik,
- die kommerziellen Institute und
- die Universitäten.

Diese drei Gruppen unterscheiden sich in Hinsicht auf ihr Interesse an methodischer Forschung über Datenerhebungen wesentlich.

---

[5] Natürlich werden diese Kosten nicht veröffentlicht. Die Schätzung resultiert auf der Annahme der Hälfte der Erhebungskosten pro Fall wie für den ESS multipliziert mit der Fallzahl. Vermutlich werden die reinen Erhebungskosten darunter, der Overhead darüber liegen.

15.2.1 Amtliche Statistik

Zentrale amtliche Statistikbehörden sind weltweit Organisationen, bei denen Innovationen eher problematisch umzusetzen sind.[6] In der Bundesrepublik ist die Lage der amtlichen Statistik zusätzlich durch drei besondere Eigenheiten geprägt.

Zunächst ist das Statistische Bundesamt „(...) eine selbständige Bundesoberbehörde im Geschäftsbereich des Bundesministers des Innern" (Bundesstatistikgesetz §2,1). Im Gegensatz zu vielen anderen Ländern ist die amtliche Statistik des Bundes also keine unabhängige Forschungseinrichtung, sondern ein exekutives Organ des Innenministeriums. Diese gesetzliche Situation hat interessante Konsequenzen. Die Leitung des Statistischen Bundesamtes hat in der Bundesrepublik in der Regel ein Jurist oder ein Ökonom inne.[7]

Weiterhin besteht in der Bundesrepublik die Notwendigkeit einer gesetzlichen Grundlage für jede Erhebung (Legalitätsprinzip).[8] Diese rechtliche Bindung erfordert z. B. für jede Veränderung des Fragekatalogs einer Erhebung ein Gesetz. Dies erlaubt keinerlei Flexibilität in der Datenerhebung. Da weiterhin fast jede methodische Studie die Einbeziehung von „Hilfsmerkmalen" wie Interviewernummer, Uhrzeit und Ort der Datenerhebung benötigt, diese Hilfsmerkmale aber aufgrund der bestehenden gesetzlichen Regelungen nicht zur Verfügung stehen, sind mit den Daten der amtlichen Statistik in der Bundesrepublik methodische Studien kaum möglich.[9]

---

[6] vgl. den Beitrag von Dillman (1996) und die nachfolgende Diskussion im „Journal of Official Statistics".

[7] Derzeit (2011) wird das Statistische Bundesamt, – wie meistens – von einem Verwaltungsbeamten geleitet, das „US Bureau of the Census" hingegen von einem der bekanntesten Survey-Methodologen: Robert Groves.

[8] Die juristischen Einzelheiten sind im Bundesstatistikgesetz vom 22. Januar 1987 geregelt. Das Legalitätsprinzip (§5(1): „Die Bundesstatistiken werden, soweit in diesem Gesetz oder in einer sonstigen Rechtsvorschrift nichts anderes bestimmt ist, durch Gesetz angeordnet") erfordert in jedem Fall die Zustimmung des Bundesrates.

[9] Zwar erlaubt der §7(2) des Bundesstatistikgesetzes explizit Methodenstudien („Zur Klärung wissenschaftlich-methodischer Fragestellungen auf dem Gebiet der Statistik dürfen Bundesstatistiken ohne Auskunftspflicht durchgeführt werden"), beschränkt diese aber im Umfang (§7(4): „Bundesstatistiken nach den Absätzen 1 und 2 dürfen jeweils höchstens 20.000 Befragte erfassen") und der Dauer (§7(5) „Wiederholungsbefragungen sind auch zum Zweck der Darstellung eines Verlaufs bis zu fünf Jahren nach der ersten Befragung zulässig"). Der §12(1) erwingt die Löschung der methodisch bedeutsamen Variablen („Hilfsmerkmale sind (...) zu löschen, sobald bei den statistischen Ämtern die Überprüfung der Erhebungs- und Hilfsmerkmale auf ihre Schlüssigkeit und Vollständigkeit abgeschlossen ist. Sie sind von den Erhebungsmerkmalen zum frühestmöglichen Zeitpunkt zu trennen und gesondert aufzubewahren").

15.2 Das Desinteresse an der Datenerhebung

Die dritte Eigenheit besteht in der föderalen Struktur der Bundesrepublik:

„Nach Artikel 30 Grundgesetz ist die Ausübung staatlicher Befugnisse und die Erfüllung staatlicher Aufgaben Sache der Länder. Sie führen nach Artikel 83 Grundgesetz die Bundesstatistiken – wie alle anderen Bundesgesetze – als eigene Angelegenheit aus. Für die amtliche Statistik bedeutet dies, dass grundsätzlich die Länder die Erhebungen durchführen, die gewonnenen Daten aufbereiten und in nahezu allen Fällen auch die Kosten der Durchführung tragen" (Fürnrohr 2008:2).

Da es in der Bundesrepublik 14 statistische Landesämter gibt,[10] werden die Datenerhebungen von 14 unabhängigen Organisationen durchgeführt. Dies wäre methodisch nur dann akzeptabel, wenn es eine weisungsbefugte Zentrale samt zentraler Qualitätskontrolle gäbe. Dies ist aber in der Bundesrepublik nicht der Fall: „Das Verhältnis zwischen StBA und StLÄ ist nicht von Weisungsbefugnis, sondern von wohlwollender Kooperation geprägt" (Birnstiel 2001:38). Selbst das Statistische Bundesamt hat keinen Zugang zu den „Hilfsmerkmalen" der Erhebungen: Damit ist eine zentrale Methodenforschung (z. B. zu Unterschieden zwischen den Erhebungsorganisationen der Bundesländer) mit den erhobenen Daten unmöglich.[11]

Diese strukturellen Rahmenbedingungen führen dazu, dass die Organisationen der amtlichen Statistik in der Bundesrepublik kaum als Forschungseinrichtungen konzipiert sind, sondern als Vollzugsorgane für gesetzliche Regelungen.[12] Die

---

[10] Hamburg und Schleswig-Holstein einerseits sowie Berlin und Brandenburg andererseits besitzen jeweils ein gemeinsames statistisches Landesamt.

[11] Die Datensätze, die das Statistische Bundesamt erhält, sind immer bereits bereinigte Nettodatensätze, d.h. es sind keinerlei Angaben über Nonrespondenten verfügbar. Das macht die Anwendung nahezu jeder neueren Korrekturtechnik für Nonresponse unmöglich.

[12] Die Zugehörigkeit zur EU bringt das Statistische Bundesamt daher in besondere Handlungszwänge: Die EU-Richtlinien fordern die Erhebung von Daten, die mit den bestehenden Instrumenten des Statistischen Bundesamtes, den sehr begrenzten finanziellen Mitteln und unter den rechtlichen Rahmenbedingungen in der Bundesrepublik kaum methodischen Standards entsprechend erhoben werden können. Dies hat bislang zu zahlreichen methodisch waghalsigen Erhebungen geführt, die erstaunlicherweise kaum wissenschaftliche Kritik hervorgerufen haben. Vorrangig ist hier neben der „Einkommens- und Verbrauchsstichprobe (EVS)" (eine Quotenstichprobe) vor allem die sogenannte „Dauerstichprobe befragungsbereiter Haushalte" (ein Access-Panel) sowie die sogenannte „IKT-Erhebung" (Nutzung von Informations- und Kommunikationstechnologien), eine postalisch erhobene Quotenstichprobe, zu nennen. Diese Stichproben führen aufgrund ihrer Selbstselektionsprobleme regelmäßig zu Schätzungen, die sich mit Schätzungen auf der Basis von Zufallsstichproben nicht vereinbaren lassen.

Handlungslogik der amtlichen Statistik ist daher durch die Maxime des Vollzugs eines Gesetzes zu verstehen, nicht unter der Maxime eines wissenschaftlichen Erkenntnisfortschritts. So wird verständlich, warum es keine ernsthafte wissenschaftliche Methodendiskussion der amtlichen Statistik in der BRD gibt. Am Beispiel der Volkszählung lässt sich dies einfach demonstrieren: Aufgrund der Rechtsvorschriften stehen einer wissenschaftlichen Methodendiskussion weder die detaillierten Verfahrensabläufe noch die Daten zur Verfügung.[13]

Entsprechend findet Methodenforschung innerhalb der amtlichen Statistik unter erschwerten Bedingungen statt. Faktisch gibt es keine öffentliche wissenschaftliche Diskussion der Erhebungs- und Aufbereitungsprobleme der amtlichen Statistik in der Bundesrepublik: Es gibt nur wenige Publikationen aus dem Statistischen Bundesamt und wenn, dann fast immer mit erheblichem zeitlichen Verzug. Eine international wettbewerbsfähige Methodenforschung mit den Daten des Statistischen Bundesamtes ist aus den zuvor beschriebenen rechtlichen Gründen, unter denen die amtliche Statistik in der BRD arbeiten muss, vollkommen unmöglich. Die Ursachen für diesen Zustand sind also ausschließlich eine Folge der politischen Bedingungen.

Die Konsequenzen dieser Struktur kann man bei fast jeder wissenschaftlichen internationalen Konferenz oder in jeder wissenschaftlichen internationalen Zeitschrift zur amtlichen Statistik, zur statistischen Theorie oder zur Erhebungsmethodologie erkennen: Die Amtliche Statistik der Bundesrepublik ist nicht vertreten.

Sollten sich die politischen Randbedingungen der Arbeit der amtlichen Statistiken nicht ändern, ist daher von dieser Seite kaum ein Beitrag zur Methodenforschung oder Verbesserung laufender Erhebungen auf internationalem Niveau erwartbar.

15.2.2 Kommerzielle Institute

Im Gegensatz zu vielen anderen Ländern verfügt weder die zentrale Statistikbehörde noch die akademische Sozialforschung in der Bundesrepublik über eine

---

[13] Da der nächste Zensus in der BRD – der Zensus 2011 – zu großen Teilen ein Record-Linkage-Projekt sein wird, dessen methodische Probleme in keiner Weise öffentlich wissenschaftlicher Kritik ausgesetzt wurden, ist zu befürchten, dass der Zensus 2011 unter unlösbaren Methodenproblemen leiden wird. Angesichts der politischen Durchsetzungsschwierigkeiten des traditionellen Zensus ist es allerdings fraglich, ob die Veröffentlichungen zum Zensus die methodischen Probleme überhaupt erkennbar lassen werden. Der Erhebungsbericht der Volkszählung 1987 kann in dieser Hinsicht als Lehrstück zur Verdeckung der Erhebungsprobleme der amtlichen Statistik dienen (Statistisches Bundesamt 1992). Dort wird z. B. der Umfang von Imputationen aufgrund von Verweigerungen in einer Fußnote auf S.166 diskutiert.

15.2 Das Desinteresse an der Datenerhebung

eigene Datenerhebungsinfrastruktur für persönliche Interviews.[14] Für die Erhebung persönlicher Interviews, die zur Zeit vor allem für komplexe Haushaltsbefragungen verwendet werden, ist die akademische Forschung auf die Feldarbeit kommerzieller Institute angewiesen. Der Anteil der akademischen Sozialforschung am Umsatz der kommerziellen Markt- und Sozialforschung liegt deutlich unter 2%.[15]

Für kommerzielle Anbieter sind akademische Projekte in der Regel ein uninteressantes Geschäft: Unrealistische Ansprüche der Kunden (unter anderem die Forderung nach Abweichung von Institutsroutinen), geringer finanzieller Spielraum und bei Versagen die Garantie schlechter Werbung durch die Publikationen der Projekte (vgl. Kapitel 8.2.8). Daher haben sich viele Institute aus der akademischen Sozialforschung zurückgezogen.[16]

Nahezu der gesamte Umsatz der Sozial- und Marktforschungsinstitute wird mit kommerziellen Kunden erzielt. Nur wenige dieser Kunden interessieren sich für die Erhebungsdetails ihrer Studien. Dies hat vor allem zwei Ursachen: Erstens sind die meisten kommerziellen Auftraggeber in Hinsicht auf die Methoden der Sozialforschung inkompetent und zweitens sind die kommerziellen Kunden in vielen Fällen nicht an den Forschungsergebnissen interessiert.

Während die methodische Inkompetenz über die mangelnde Ausbildung in Methoden und Statistik bei den meisten Betriebswirten und Juristen noch leicht erklärbar erscheint, löst die Feststellung des Desinteresses an Ergebnissen zumeist zunächst Unglauben aus. Aus der Sicht rationaler Ökonomen ist das Desinteresse an den Ergebnissen ihrer eigenen Erhebungen vieler kommerzieller Auftraggeber kaum nachvollziehbar. In vielen Unternehmen werden Erhebungen aber lediglich

---

[14] Für einen Interviewerstab, der mehr als eine bundesweite Erhebung mit persönlichen Interviews durchführen kann, benötigt man mindestens 400–600 Interviewer. Unter den gegebenen gesetzlichen Bedingungen der Beschäftigung im öffentlichen Dienst der Bundesrepublik sind die in kommerziellen Instituten üblichen und erforderlichen kurzfristigen Einstellungen und Entlassungen schlicht unmöglich. Zwar wäre die Finanzierung eines akademisch orientierten Erhebungsinstituts in der Bundesrepublik wohl möglich (vgl. 8.2.5), aber unter den gegebenen Beschäftigungsregelungen im öffentlichen Dienst zum Scheitern verurteilt.

[15] Die Jahresberichte des Arbeitskreises Deutscher Markt- und Sozialforschungsinstitute weisen nur den Anteil öffentlicher Auftraggeber aus. Dieser Anteil sinkt stetig, da der Gesamtumsatz steigt, das Auftragsvolumen öffentlicher Auftraggeber aber bestenfalls konstant bleibt.

[16] Entsprechend ist die Zahl der Institute, die sich auf Ausschreibungen der akademischen Sozialforschung für bundesweite Erhebungen mit persönlichen Interviews bewerben, auf derzeit zumeist zwei zurückgegangen: Infas und Infratest. Akademische Panelstudien werden derzeit entweder von Infas oder Infratest durchgeführt. Bei einem neueren Projekt (AIDA) führen die beiden Institute die Feldarbeit gemeinsam durch. Eine solche Konzentration beschränkt die Möglichkeiten, wie empirische Sozialforschung in der Praxis betrieben werden kann.

zur nachträglichen Legitimation von Entscheidungen herangezogen. Sieht man sich an, welche Unterlagen von den Erhebungsinstituten von Seiten kommerzieller Auftraggeber angefordert werden (sehr oft nur eine Power-Point-Präsentation der Ergebnisse, sehr selten ein Datensatz, noch seltener ein Erhebungsbericht), dann wird diese Funktion kommerzieller Marktforschung deutlicher.[17] Das Analysepotential der erhobenen Daten wird von kaum einem Unternehmen genutzt, explizite ergebnisoffene experimentelle Vorstudien oder systematische Evaluationen finden sich in der Praxis kommerzieller Marktforschung mit Surveys sehr selten. Aus diesem Grund kann sich auf dem Markt der Marktforschung auch keine Datenerhebungsqualität über die Güte der Ergebnisse durchsetzen: Da die Studien nicht zur Vorhersage verwendet werden, wird die Güte der Studie auch nicht an ihrer Vorhersagegüte gemessen. Damit können qualitativ schlechte Anbieter von Surveys in der Marktforschung auch nicht über die mangelnde Qualität ihrer Ergebnisse vom Markt verdrängt werden.

Da die meisten Auftraggeber darüber hinaus kaum methodische Kenntnisse besitzen, können die meisten Kunden auch die Effekte der Datenerhebungsdetails auf die Ergebnisse nicht beurteilen. Die meisten Kunden der Marktforschung besitzen daher keine Kriterien, die ihnen eine Unterscheidung zwischen verschiedenen Anbietern erlaubt. Folglich interessiert diese Kunden nur der Preis der scheinbar gleichen Angebote. Daher ist zwischen den Instituten ein Preiswettbewerb entstanden, der die Erhebungskosten immer weiter senkt. Dies ist nur zu Lasten der Qualität der Datenerhebungen möglich.

Der britische Marktforscher Brown (1994:241) stellt fest: „In a highly competitive market, no survey company is going to offer a service more refined (and thus expensive) than the market minimally demands." Der Markt der Marktforschung ist durch diesen Preiswettbewerb ohne Qualitätsstandards geprägt.

In einer solchen Situation ohne auf dem Markt durchsetzbare Qualitätsstandards ist zu erwarten, dass auch die Standesorganisationen keine Macht besitzen. Und genau dies ist tatsächlich der Fall: Die Standesorganisationen der Marktforscher sind bei der Kontrolle der Einhaltung der Standesrichtlinien und der Sanktionierung bei Verstößen recht zögerlich.[18] Es gibt zwar eine Organisation, die die Einhaltung

---

[17] Als Beispiel sei die Planung der Einführung eines neuen Preissystems der Deutschen Bahn im Jahr 2001 erwähnt. Die Bahn wurde lange vor der Einführung des neuen Preissystems von mehreren Instituten (und vom Verfasser) auf die methodischen Probleme der damals vorliegenden Studien hingewiesen, und das vermutliche Scheitern des Preissystems wurde ihr angekündigt. Der Vorstand der Bahn ignorierte diese Hinweise und sah sich wenig später gezwungen, die Reform zurückzunehmen.

[18] Noch nicht einmal Verhaltensweisen, die den Minimalstandards für ethisches Verhalten wider-

15.3 Akademische Sozialforschung

der Berufsgrundsätze und der Standesregeln sichern soll, diese wird aber bislang nur auf Antrag tätig.[19] Unprofessionelles oder unethisches Verhalten kommerzieller Institute wird daher nicht prinzipiell sanktioniert.[20] Von Seiten der kommerziellen Institute allein kann daher keine Verbesserung der Praxis der Survey-Forschung erwartet werden.

15.3 Akademische Sozialforschung

Die Sozialwissenschaften und hier vor allem die Soziologie haben in den letzten 20 Jahren eine eigentümliche Entwicklung erfahren.[21] Man kann feststellen, dass das Ausmaß kompetenter Primärdatenerhebung durch Soziologen in diesem Zeitraum in der Bundesrepublik zurückgegangen ist. Dafür gibt es mehrere Ursachen.

15.3.1 Die Besetzung der Professuren

Die angeblichen methodischen Diskussionen um eine „qualitative Sozialforschung" und die daraus resultierende Besetzung der Lehrstühle mit quantitativ nur rudimentär ausgebildeten Professoren haben die universitäre empirische Sozialforschung

---

sprechen, die sich die Marktforscher in Europa gegeben haben (dem ESOMAR-Kodex), werden sanktioniert. Als Beispiel kann das Verhalten des Marktforschungsinstituts Forsa dienen, das in diesem Zusammenhang gleich zweimal öffentlich diskutiert wurde. Der „Deutsche Rat für Public Relations" (DRPR) stellte in seinem Ratsbeschluss vom 24.8.2009 fest: „Des Weiteren gab Berlinpolis [eine PR-Agentur, R.S.] eine Umfrage zum Thema Bahnprivatisierung bei Forsa in Auftrag. Die Fragen waren einseitig bahnfreundlich formuliert und die daraus resultierenden bahnfreundlichen Ergebnisse wurden entsprechend publiziert und von den Medien auch aufgegriffen." Die PR-Agentur Berlinpolis wurde dafür vom DRPR öffentlich gerügt. Am 10.6.2009 berichtete der NDR über eine andere Abfragung von Forsa, bei der die folgende Frage gestellt wurde: „Soll sich die Gewerkschaft der Lokführer (GDL) auf das fünfte Angebot der Deutschen Bahn, wonach das Fachpersonal einen eigenen Tarifvertrag, 4,5 Prozent mehr Lohn und eine Einmalzahlung von 2000 Euro erhalten solle, zufrieden geben?" (Forsa im Auftrag von berlinpolis). 64 Prozent antworteten mit „ja". Die Standesorganisationen der Marktforscher haben das Verhalten von Forsa in keinem dieser Fälle kritisiert.

[19] Der „Rat der Deutschen Markt- und Sozialforschung" (http://rat-marktforschung.de) wurde als Verein im Jahr 2001 vom Arbeitskreis Deutscher Markt- und Sozialforschungsinstitute (ADM), der Arbeitsgemeinschaft Sozialwissenschaftlicher Institute (ASI) und vom Berufsverband Deutscher Markt- und Sozialforscher (BVM) gegründet. Auf seiner Hompepage werden Rügen für begrenzte Zeit veröffentlicht; ein zugängliches Archiv der erteilten Rügen gibt es nicht.

[20] Das gilt selbst für Verhaltensweisen, die langfristig die Teilnahmebereitschaft an Befragungen gefährden. Als Beispiel: 2009 wurde in der BRD eine Studie durchgeführt, bei der nach Fragen, die der Feststellung der Verfügbarkeit des Befragten für eine Partnervermittlung dienen, diesen Befragten ein Gutschein für die Inanspruchnahme einer Partnervermittlung „als Dank für die Teilnahme" zur Verfügung gestellt wurde. Dies verletzt eines der wichtigsten Grundsätze der Datenerhebung: Die Teilnahme darf auf gar keinen Fall die Situation der Befragten beeinträchtigen.

[21] vgl. z. B. die bemerkenswerten Aussagen von Bunge (1996:108).

an vielen Universitäten auf das Niveau schlechter Einführungsveranstaltungen zurückgeführt. Entsprechend hoch ist die Zahl der Professoren, die auch ohne eine einzige methodologische Veröffentlichung mit „peer-review" oder die Leitung der Feldarbeit auch nur eines nationalen Surveys als Experten für Erhebungsmethoden auftreten (vgl. Kapitel 8.2.8.). An den wenigsten Universitäten gibt es Lehrstühle für empirische Sozialforschung, die sich nur Methodenfragen widmen. In den meisten soziologischen Instituten wird empirische Sozialforschung von einer primär inhaltlich ausgerichteten Professur (zumeist: Sozialstrukturanalyse) zusätzlich gelehrt. Wird dies bei Berufungen noch mit der Forderung nach qualitativer Forschungskompetenz kombiniert, kann man sicher sein, in Hinsicht auf Surveys und Statistik keinen Experten auf eine Professur zu berufen.

15.3.2 Sekundäranalysen statt Primärdatenerhebungen

Die meisten Publikationen der empirischen Sozialforschung beruhen in der Bundesrepublik auf nur sehr wenigen Datensätzen, mittlerweile überwiegend auf dem Sozio-Ökonomischen Panel. Die Ursache für diese Entwicklung liegt in den Anreizen des Universitätssystems für das Publikationsverhalten: Belohnt werden vor allem zahlreiche Publikationen in Zeitschriften mit einem Reviewer-System. Das lässt selbst Lehrstuhlinhabern eine Investition in eine langjährige Datenerhebung im Vergleich zu einer kurzfristigen Investition in eine Datenanalyse risikoreich erscheinen.

Vor allem bundesweite Primärdatenerhebungen mit persönlichen Interviews sind außerordentlich teuer, langwierig und setzen eine umfangreiche Organisation voraus. Aufgrund der hohen Kosten für Primärdatenerhebungen nimmt die dann rational nahe liegende Tendenz zur Sekundäranalyse bereits erhobener Daten zu. Um die Datenerhebungskompetenz nicht völlig zu vernachlässigen, werden zwar an vielen Instituten Lehrforschungsprojekte angeboten, diese halten aber kaum je einer methodischen Kritik stand (vgl. Kapitel 8.2.9.1).[22] Tatsächliche Datenerhebungskompetenz für die empirische Sozialforschung in Hinsicht auf ernsthafte bundesweite Erhebungen (persönliche Befragungen, Panelstudien) wird sich langfristig daher immer weniger in den Universitäten finden. Seit Jahren klagen die kommerziellen Datenerhebungsinstitute über die mangelnde Zahl von Universitätsabsolventen, die Datenerhebungsmethoden auf einem professionellen Niveau beherrschen (vgl. Gabriel 2002:162–163, Wildner 2002:112–115).

---

[22] In den wenigen Fällen, in denen aus dieser Art Forschung Publikationen resultieren, erfolgen diese in Sammelbänden.

15.3.3 Akademische Auftragsforschung für Ministerien

Die Bundes- und Länderministerien vergeben in größerem Umfang Auftragsforschungsprojekte auch an Universitäten („Ressortforschung"). Gerade im Bereich der Sozialwissenschaften werden viele dieser Projekte nur bedingt nach den Regeln guter wissenschaftlicher Praxis durchgeführt. Besonders augenfällig ist dies in den Bereichen der sogenannten „Evaluationsforschung", bei der sich häufig methodisch kaum haltbare Projekte finden. Gerade bei dieser Art von Projekten wird oft auf eine Veröffentlichung in wissenschaftlichen Zeitschriften verzichtet. Ebenso ist es durchaus üblich, dass Datensätze erst nach mehreren Jahren oder gar nicht öffentlich zugänglich gemacht werden.[23] Unter solchen Randbedingungen ist die Ausprägung eines Methodenbewusstseins bei jungen Politik- und Sozialwissenschaftlern, die in solchen Projekten als Hilfskräfte arbeiten, kaum zu erwarten.

Andererseits hat eine ernsthafte Evaluationsforschung, wie man sie in der Medizin oder Ökonomie finden kann, ein methodisches Niveau erreicht, das für die wenigsten nicht quantitativ spezialisierten Sozialwissenschaftler nachvollziehbar ist.[24] Entsprechend knapp ist dann der Nachwuchs an quantitativ kompetenten Sozialwissenschaftlern.[25] In den wenigen Fällen, in denen Ministerien tatsächlich am Erfolg einer Maßnahme interessiert sind, werden dann selbst sozialwissenschaftliche Evaluationsaufträge auch eher an Ökonometriker oder Biostatistiker vergeben. Daher wird es für die Sozialwissenschaften schwierig werden, dieser Abwärtsspirale der sozialwissenschaftlichen Evaluationsforschung zu entkommen.

15.4 Veränderungspotentiale

Die einzige Hoffnung für eine langfristige Verbesserung der Methodenforschung in der Bundesrepublik scheint in den harten Fakten des demographischen Wandels und den ökonomischen Folgekosten der Globalisierung zu liegen: Der unvermeidbare Umbau des Systems der medizinischen Versorgung wird immer mehr und methodisch abgesicherte Evaluationen medizinischer Maßnahmen erfordern.

---

[23] Der Verzicht auf wissenschaftliche Kriterien findet sich gelegentlich schon im Ausschreibungstext ministerieller Projekte, so wenn z. B. bei der Evaluation einer Berufsförderungsmaßnahme gefordert wird, dass ausschließlich eine qualitative Befragung derjenigen, die die Maßnahme durchführen, erfolgen soll.

[24] Als Einführung in die mikro-ökonometrische Evaluationsforschung eignen sich Angrist/Pischke (2009) und Lee (2005); als Einführung in die Meta-Analyse Littell/Corcoran/Pillai (2008).

[25] Ein empirischer Beleg findet sich in einer Analyse der Qualifikationsprofile aller bei der Bundesagentur für Arbeit gemeldeten arbeitslosen Sozialwissenschaftler bei Schnell (2002a).

Ähnliches gilt für sozialpolitische Aufgabenfelder, bei denen die zu erwartenden Verteilungsprobleme ein Anwachsen des Bedarfs an nachweisbar belastbaren Daten erzwingen werden. Dafür wird man Kenntnisse über Details der Datenerhebung in weit größerem Ausmaß benötigen als bisher. Langfristig ist daher mit einer Verbesserung der Datenerhebungen und ihrer Dokumentation schon allein aus ökonomischen Gründen zu rechnen.

Die aus dem Gutachten der „Kommission für die Verbesserung der informationellen Infrastruktur" (2001) hervorgegangenen neuen Infrastruktureinrichtungen (die Forschungsdatenzentren und der 2004 gegründete Rat für Sozial- und Wirtschaftsdaten (RatSWD)) mögen mittelfristig zu einer Schärfung des Methodenbewusstseins bei Produzenten und Konsumenten von Surveydaten führen.[26] Ebenso positiv könnte die Einrichtung neuer Masterstudiengänge und Promotionsstudiengänge für Survey-Methodologie durch Behebung des Mangels an qualifizierten Methodologen wirken.[27]

Eine strukturelle Verbesserung der Forschung im Bereich der Survey-Methodologie ist in der Bundesrepublik kurzfristig kaum zu erwarten. Der beste akademische Nachwuchs scheint derzeit eher eine entsprechende Wirkungsstätte in den USA oder in Großbritannien zu suchen. Das Niveau an den sozialwissenschaftlichen Hochschulen der Bundesrepublik wird dadurch sicherlich nicht steigen.

---

[26] Nicht zuletzt scheinen die Veröffentlichungen des RatSWD (www.ratswd.de/publ/workingpapers.php) neue Anstöße für eine Methodendiskussion in der Bundesrepublik zu liefern.

[27] Einen Promotionsstudiengang „Survey Methodology" gibt es in der Bundesrepublik bislang nicht. Einen entsprechenden Masterstudiengang gibt es seit dem Wintersemester 2010/2011 an der Universität Duisburg-Essen (www.uni-due.de/surveys). Eine Übersicht über andere relevante Studiengänge findet sich auf der Homepage der „European Survey Research Association" (ESRA, http://surveymethodology.eu).

16 Schlussbemerkung

Dieses Buch ist das Ergebnis von mehr als 20 Jahren Forschung mit und über sozialwissenschaftliche Surveys. Diese langjährige Beschäftigung mit Surveys hat mich zu einigen unangenehmen Einsichten geführt:

- Surveys besitzen ein ungeheures sozialwissenschaftliches Potential, das sowohl aus methodologischer Unkenntnis als auch aus Bequemlichkeit nicht genutzt wird. Durch die amateurhafte Nutzung und den Missbrauch der Befragungen – nicht zuletzt durch die akademische Forschung – werden die sozialen Voraussetzungen der Anwendbarkeit von Surveys langfristig gefährdet.
- Surveys besitzen inhärente methodische Probleme, die prinzipiell nicht lösbar sind. Dazu gehören wesentlich die menschlichen kognitiven Grenzen.[1]
- Will man valide Daten über das Verhalten von Personen, muss man das Verhalten von Personen im Zeitablauf beobachten und nicht durch Befragung erschließen.

Eine der wenigen Möglichkeiten, die Forschung mit Surveys prinzipiell zu verbessern, ist die Verknüpfung und Analyse prozessproduzierter und biometrischer Daten mit Befragungsdaten.[2] Surveys werden bei solchen Forschungsstrategien vor allem für die Gewinnung der Mitglieder einer Zufallsstichprobe zur Zusammenarbeit mit dem Untersuchungsteam verwendet: Befragungsdaten sind hierbei nur ein Teil der Datenerhebung. Angesichts der wachsenden Probleme der Datenerhebung scheint mir diese Art der Veränderung der Datenerhebungspraxis nicht nur in den Sozialwissenschaften langfristig unvermeidlich.

---

[1] Diese Grenzen werden von den Vertretern der als qualitative Forschung bezeichneten Richtungen innerhalb der Soziologie in aller Regel übersehen.
[2] Einzelheiten zu technischen und juristischen Problemen der Datenverknüpfung finden sich bei Schnell (2009) sowie bei Schnell/Bachteler/Reiher (2009a, b). Einzelheiten zu biometrischen Daten finden sich bei Schnell (2009a).

Anhang

A Ermittlung der benötigten Stichprobengröße

Die Frage nach der notwendigen Stichprobengröße ist wohl die häufigste Frage, der man bei der Beratung von Datenerhebungsprojekten begegnet. Erfahrungsgemäß entspricht die korrekte Antwort nicht den Erwartungen der Fragenden: Das hängt vom Untersuchungsgegenstand und der Untersuchungsfragestellung ab. In den meisten Fällen sind die Fragestellungen kaum präzise, daher ist die Frage nach der erforderlichen Stichprobengröße ohne Klärung des Verwendungszwecks der Stichprobe nicht zu beantworten.

A.1 Konfidenzintervalle und die Größe der Stichprobe

Die benötigte Größe einer Stichprobe hängt von einer Reihe von Voraussetzungen und Parametern ab. Zunächst muss die Stichprobe eine Zufallsstichprobe sein, d. h. für jedes Element der Grundgesamtheit ist eine Wahrscheinlichkeit größer Null berechenbar, mit der das Element in die Stichprobe gelangt.[1] Weiterhin müssen die Ziehungen der einzelnen Elemente unabhängig voneinander erfolgen.[2]

Die Statistiken einer Stichprobe dienen in der Regel zur Schätzung der unbekannten Parameter einer Grundgesamtheit. Das Ausmaß der Unsicherheit einer Schätzung kann für Zufallsstichproben über die Berechnung von Konfidenzintervallen angegeben werden. Wird die Ziehung einer Stichprobe mehrfach wiederholt, so gibt ein Konfidenzintervall an, mit welcher Wahrscheinlichkeit die Wiederholungen der Ziehung den tatsächlichen (unbekannten) Parameter enthalten. 95%-Konfidenzintervalle enthalten so in 95% der Fälle den tatsächlichen Wert.

Die Größe eines Konfidenzintervalls hängt vom Standardfehler ab. Der Standardfehler ist die Standardabweichung der Schätzungen eines Parameters bei wiederholter unabhängiger Ziehung aus einer Population. Bei der Schätzung eines Anteilswertes wird der Standardfehler aus dem Anteilswert selbst und der Stich-

---

[1] Einzelheiten zu den Voraussetzungen solcher Berechnungen und ihrer Interpretation finden sich in den moderneren englischsprachigen Lehrbüchern zur Ziehung von Stichproben, wie z. B. bei Lohr (1999). Einen knappen Überblick über die Probleme und die Literatur gibt Lenth (2001).
[2] Sind sie das nicht, dann werden in der Regel größere Stichproben erforderlich. Dies wird unter dem Stichwort „Design-Effekt" etwas später in Abschnitt A.2 näher erläutert.

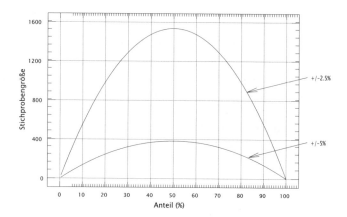

Abbildung A.1: Notwendige Stichprobengrößen für gegebene Anteilswerte und verschiedene Breiten des Konfidenzintervalls

probengröße geschätzt.[3] Interessanterweise spielt die Größe der Grundgesamtheit keine Rolle: Ob man z. B. die Wahlbeteiligung für eine Großstadt oder für die BRD schätzen möchte, ist für die Berechnung der Stichprobengröße irrelevant.[4]

Der Zusammenhang zwischen der Breite eines Konfidenzintervalls und der Stichprobengröße lässt sich am leichtesten mit einem Nomogramm veranschaulichen (vgl. Abbildung A.1): Das Konfidenzintervall ist für einen Anteil von 50% am größten. Entsprechend umfasst bei einer Stichprobe von n=1.000 das 95%-Konfidenzintervall für einen Anteil von 50% mehr als 6%. Um die Breite des Intervalls auf 1% zu reduzieren werden hingegen schon mehr als 30.000 Fälle benötigt.

---

[3] Der Standardfehler ist also die Standardabweichung der Stichprobenkennwerteverteilung. Im Fall einer einfachen Zufallsstichprobe kann der Standardfehler eines Anteilswertes p mit

$$se(p) = \sqrt{\frac{p(1-p)}{n}}$$

geschätzt werden.

[4] Dies gilt nur bei großen Grundgesamtheiten: Ist der Anteil der Stichprobe an der Grundgesamtheit groß (Faustregel: größer als 5%), dann werden die Schätzungen genauer als es die hier verwendeten Formeln erwarten lassen. Die Konfidenzintervalle verkleinern sich (für den Mittelwert und bei einfachen Zufallsstichproben) dann um den Faktor $\sqrt{1 - n/N}$. Der Faktor $1 - n/N$ wird als „finite Populationskorrektur" oder „fpc" bezeichnet. Einzelheiten finden sich in den mathematischen Lehrbüchern zur Stichprobentheorie, z. B. bei Lohr (1999:33).

Zwar wünscht man sich immer sehr kleine Konfidenzintervalle, diese sind aber zumeist nur mit unrealistisch großen Stichproben zu erreichen. Daher muss man eine Irrtumswahrscheinlichkeit spezifizieren, mit der die Grenzen des Konfidenzintervalls den tatsächlichen Anteilswert nicht enthalten. Diese Wahrscheinlichkeit wählt man möglichst klein, üblich ist hierbei 0.05. Dieser Wert wird als Wert für die Wahrscheinlichkeit eines Alpha-Fehlers oder kurz als Alpha-Fehler bezeichnet. Bei einem 95%-Konfidenzintervall wurde Alpha also auf 5% festgesetzt.

Für die Berechnung der Größe einer Stichprobe zur Schätzung eines Anteilswertes benötigt man also nicht nur eine möglichst genaue Vorstellung über den Anteilswert (den man eigentlich schätzen möchte), sondern auch die Angabe einer Irrtumswahrscheinlichkeit Alpha.[5]

A.2 Designeffekte

Die benötigten Fallzahlen sind als Mindestgrößen unter idealen Bedingungen zu verstehen. In praktischen Anwendungen der empirischen Sozialforschung mit komplexen Stichproben(z. B. aus der allgemeinen Bevölkerung) sind die den Berechnungen zugrunde liegenden Standardfehler größer als es aufgrund einfacher Zufallsstichproben erwartbar wären. Diese sogenannten „Designeffekte" führen dazu, dass die benötigten Stichprobengrößen deutlich größer sind, als es bei einfachen Zufallsstichproben der Fall wäre.[6] Die Berechnung der benötigten Stichprobengröße in diesem Fall ist etwas kompliziert, als Faustformel kann man grob von einer Verdopplung des Stichprobenumfangs ausgehen.[7]

---

[5] Die Breite des Konfidenzintervalls erhält man durch

$$\Delta_{crit(\%)} = \frac{n}{n + z_{\alpha/2}^2} \left[P + \frac{z_{\alpha/2}^2}{2n} \pm z_{\alpha/2} * \sqrt{\frac{PQ}{n} + \frac{z_{\alpha/2}^2}{4n^2}} \right] \quad (A.1)$$

wobei P und Q Schätzwerte für den Parameter in Prozent (also p*100) darstellen und z den Z-Wert der inversen Standardnormalverteilung für die gegebene Irrtumswahrscheinlichkeit (Bortz 1999:103, Formel 3.25). Grob lässt sich der benötigte Stichprobenumfang schätzen als

$$n = \frac{4 * z_{\alpha/2}^2 PQ}{KIB^2} \quad (A.2)$$

wobei KIB die Breite des Konfidenzintervalls darstellt (Bortz 1999:103, Formel 3.26).

[6] Allgemein zu Designeffekten vgl. Lohr (1999:289–378) sowie Wolter (2007). Zu Schätzungen der Designeffekte bei Surveys in der BRD vgl. Schnell/Kreuter (2000a).

[7] Die benötigte Stichprobengröße n^* ergibt sich durch Multiplikation der Stichprobengröße n mit dem Quadrat des Designeffekts: $n^* = n * deft^2$.

Insgesamt erreicht man rasch die Grenzen dessen, was in der Bundesrepublik durch die Organisation der Feldarbeit praktisch realisierbar ist: Stichproben mit mehr als 30.000 Befragten sind in der Bundesrepublik zumindest als Face-to-Face-Befragung kaum realisierbar.

A.3 Stichprobengrößen für Vergleiche

Die Angabe eines Anteilswertes mit der Angabe der Breite eines Konfidenzintervalls (also z. B. 40% ± 5%) ist allein selten aussagekräftig. Meist interessiert weniger die absolute Größe eines Kennwertes als seine eventuelle Veränderung in der Zeit oder der Unterschied zwischen verschiedenen Gruppen. In der Regel möchte man also ein Ergebnis mit einem anderen Wert vergleichen, z. B. mit einer Subgruppe oder dem Vorjahresergebnis. Möchte man also z. B. testen, ob sich ein Anteilswert von 50% auf 45% oder 55% im Laufe eines Jahres verändert hat, dann müssen weitere Parameter für die Berechnung der Stichprobengröße berücksichtigt werden.

Unterstellt man, dass die Stichproben unabhängig voneinander gezogen wurden und gleich groß sind, dann muss man neben der Irrtumswahrscheinlichkeit Alpha (der Wahrscheinlichkeit, fälschlich einen Effekt zu berichten, obwohl in der Grundgesamtheit keine Veränderung stattgefunden hat) eine Irrtumswahrscheinlichkeit Beta angeben, die der Wahrscheinlichkeit entspricht, eine tatsächliche Veränderung in der Grundgesamtheit fälschlich nicht zu berichten. Die Differenz $1 - Beta$ wird als „Power" bezeichnet. Man wünscht sich eine hohe Power eines Tests, üblich sind Werte wie z. B. 0.8 oder 0.9. Bei einer Power von 0.9 wird eine tatsächliche Veränderung mit 90% Sicherheit entdeckt. Für die Berechnung der Power benötigt man die Angabe einer Prozentzahl, die die Stärke des zu erwartenden Effekts wiedergeben soll (also z. B. eine Steigung eines Anteils von 5% auf 6%).[8] Die

---

[8] Für die Berechnung der Stichprobengröße zur Entdeckung der Differenz zweier gleich großer unabhängiger Stichproben wird meist die Formel für den Zwei-Stichprobentest für die Gleichheit zweier Anteilswerte unter Verwendung der Normalverteilungsapproximation mit Kontinuitätskorrektur verwendet (Fleiss/Levin/Paik 2003:72):

$$n = \frac{\acute{n}}{4}\left(1 + \sqrt{1 + \frac{4}{\acute{n}\,|p_2 - p_1|}}\right)^2 \quad \text{(A.3)}$$

wobei

$$\acute{n} = \frac{\left(z_{\alpha/2}\sqrt{2PQ} + z_\beta\sqrt{p_1 q_1 + p_2 q_2}\right)^2}{(p_2 - p_1)^2} \quad \text{(A.4)}$$

A.4 Beispiel: Veränderung von Arbeitslosenquoten 385

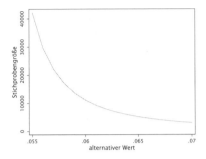

Abbildung A.2: Notwendige Stichprobengröße für die Feststellung einer Veränderung von 5% auf 5.5% bis 7% bei Alpha=0.05 und einer Power von 0.9

notwendige Größe einer Stichprobe lässt sich also nicht ohne die Kenntnis einiger Größen der Grundgesamtheit, dem geplanten Verwendungszweck der Daten sowie einer Festlegung der tolerierbaren Irrtumswahrscheinlichkeit Alpha und der gewünschten Power festlegen. Eine solche Berechnung soll an einem Beispiel demonstriert werden.

A.4 Beispiel: Veränderung von Arbeitslosenquoten

In vielen Ländern werden Arbeitslosenquoten durch Befragungen ermittelt (sogenannte „Labor Force Surveys", LFS).[9] Interessant sind bei diesen Quoten vor allem die Entwicklungen über die Zeit. Veränderungen dieser Quoten im Laufe der Zeit werden häufig zur Beurteilung von politischen Maßnahmen verwendet. Basieren diese Quoten auf Stichproben, dann werden für eine zuverlässige Beurteilung der Entwicklung erstaunlich große Stichproben benötigt. Liegt der Anteil der Arbeitslosen z. B. bei 5%, dann reicht das 95%-Konfidenzintervall selbst bei einer einfachen Zufallsstichprobe von 10.000 Beobachtungen von 4.58% bis 5.45%. Noch bei einer ungewöhnlich großen Stichprobe von 50.000 Beobachtungen liegt die Breite des Intervalls bei 0.38%. In der Praxis bedeutet dies, dass Schwankungen der Arbeitslosenquote um 0.5% auf der Basis von Stichproben kaum interpretierbar sind.[10] Möchte man tatsächlich eine Differenz von 1% entdecken (also von 5% auf 6%), dann benötigt man zu zwei Zeitpunkten jeweils eine Stichprobe von jeweils 11.120 Beobachtungen (Alpha wurde mit 0.05, die Power mit 0.9 festgesetzt).

---

[9] Einzelheiten der europäischen LFS finden sich in einem Manual von Eurostat (Eurostat 2003).
[10] Genauer: Bei einem Anteil von 5% ist eine tatsächliche Veränderung auf 4.5% bzw. 5.5% bei einer Irrtumswahrscheinlichkeit von 0.05 selbst bei zwei Stichproben von jeweils 25.000 Beobachtungen nur mit einer Wahrscheinlichkeit von 0.7 zu entdecken.

Für kleinere Veränderungen als 1% benötigt man deutlich größere Stichproben. Die Abbildung A.2 zeigt dies für das gewählte Beispiel einer Veränderung der Arbeitslosenquote von 5% auf 6%. Für die Feststellung einer Veränderung von 5% auf 5.5% würde man zwei Stichproben mit jeweils 42.212 Beobachtungen benötigen. Stichproben dieser Größe sind in der Praxis kaum realisierbar.[11]

Das Beispiel zeigt, dass es legitime Fragestellungen gibt, deren Beantwortung mit Bevölkerungsstichproben allein kaum möglich ist. Dies gilt insbesondere für Probleme, bei denen Anteilswerte mit sehr hoher Genauigkeit geschätzt werden sollen.[12]

---

[11] In der Praxis der amtlichen Statistik ist es bei solchen Fragestellungen üblich, rotierende Panelstichproben zu verwenden, bei denen zwischen 50 und 75% der Personen einer Befragung an der nächsten Befragung teilnehmen. Durch diese Überlappung können statistische Schätztechniken verwendet werden, durch die die benötigte Fallzahl pro Befragung bei gleicher Genauigkeit (etwas) sinkt. Das Ausmaß des Gewinns durch die Überlappung aufeinanderfolgender Wellen hängt von der Korrelation des interessierenden Merkmals zwischen den Wellen ab: Je höher die Korrelation, desto kleiner können bei gleicher Präzision die Stichproben sein. Eine Einführung in diese Techniken findet sich bei Binder/Hidiroglou (1988).

[12] Ein anderes Beispiel sind sehr seltene Populationen, deren Anteilswert deutlich unter 0.1% der Bevölkerung liegt, z. B. Personen mit bestimmten Erkrankungen. Sollen solche Subgruppen aus einer Stichprobe der allgemeinen Bevölkerung allein durch Screening ermittelt werden, dann sind die resultierenden Kosten und das Ausmaß der Belästigung der durch die Ziehung befragten, aber nicht betroffenen Bevölkerung fast nie zu verantworten.

B Das Total-Survey-Error-Modell

In der Diskussion um die Qualität eines Surveys spielt zunehmend ein statistisches Fehlermodell eine zentrale Rolle. Dieses Fehlermodell wird als „Total-Survey-Error"-Modell bezeichnet.[1] Definiert man den Fehler der Schätzung einer Statistik $\hat{\mu}$ eines Parameters μ für einen Survey als

$$Fehler = \hat{\mu} - \mu, \qquad (B.1)$$

dann ist das in der Surveystatistik übliche Gütemaß für die Schätzung der sogenannte „mean-squared error" (MSE).[2] Der MSE ist eine Kombination des Ausmaßes der Abweichung der Schätzungen vom Populationswert (Bias) und des Ausmaßes der Streuung der Schätzungen vom Populationswert (Varianz der Schätzungen):

$$MSE(\hat{\mu}) = B^2 + Var(\hat{\mu}), \qquad (B.2)$$

wobei $B = E(\hat{\mu} - \mu)$ den Bias, E den Erwartungswert und $Var(\hat{\mu})$ die Varianz der Schätzungen darstellt. Beim Design und der Durchführung eines Surveys versucht man den MSE für die interessierenden Schätzungen zu minimieren. Üblicherweise führt man in der Gleichung für die Schätzung des MSEs die Quellen des Bias eines Surveys einzeln auf:

$$\begin{aligned}MSE = (B_{spez} + B_{nr} + B_{cover} + B_{mess} + B_{da})^2 \\ + Var_{sampling} + Var_{mess} + Var_{da},\end{aligned} \qquad (B.3)$$

---

[1] Eine Einführung in formale Modelle findet sich bei Biemer (2010) und Biemer (2011); eine detailliertere Darstellung geben Biemer/Trewin (1997). Eine neuere Übersicht über die inhaltlichen Studien zu den einzelnen Fehlerquellen werden ohne mathematische Details bei Weisberg (2005) dargestellt.
[2] Die Darstellung folgt hier Biemer (2010).

wobei

B_{spez} = Spezifikationfehler
B_{nr} = Nonresponsebias
B_{cover} = Coveragebias
B_{mess} = Messfehler
B_{da} = Datenaufbereitungsbias
$Var_{sampling}$ = Varianz der Kennwerteverteilung
Var_{mess} = Messfehlervarianz
Var_{da} = Datenaufbereitungsvarianz

(Biemer/Lyberg 2003:59). Nonresponse- und Coveragebias sowie Messfehler wurden in diesem Buch bereits ebenso erwähnt wie die Varianz der Kennwerteverteilung, die dem Quadrat des Standardfehlers entspricht. Neu sind hier die Begriffe „Spezifikationsfehler" sowie der „Datenaufbereitungsbias" und dessen Varianz.

Als Spezifikationsfehler werden Unterschiede zwischen den tatsächlich gemessenen Variablen und dem eigentlichen Messziel bezeichnet, wobei es sich nicht um Messfehler, sondern um Probleme einer für das Ziel des Surveys unangemessenen Operationalisierung handelt.[3]

Zu den Datenaufbereitungsfehlern gehören Fehler durch die Dateneingabe, die Codierung der Antworten, in der Gewichtung und der Datenanalyse. Für Fehler in diesen Stufen einer Erhebung muss auf die entsprechende Literatur verwiesen werden (vgl. z. B. Schnell/Hill/Esser 2008:430–439).

Im Prinzip ist die Schätzung aller einzelnen Bestandteile des MSE zumindest mit vereinfachenden Annahmen möglich, wenn dies auch außerordentlich aufwendig wäre. Das Modell des Total-Survey-Errors wird daher fast immer nur als regulative Idee verwendet.

---

[3] Biemer (2011:8) warnt vor der Verwechslung des Spezifikationsfehlers mit dem Begriff der Fehlspezifikation in der Ökonometrie: Fehlspezifikation bezieht sich auf die Vernachlässigung unabhängiger Variablen in einem statistischen Modell.

C Selbst generierte Codes für Panelstudien

Bei Wiederholungsstudien in institutionellen Kontexten wie z. B. bei Befragungen innerhalb von Schulen, Behörden oder Firmen steht man vor dem Problem, eine Gruppe von Personen wiederholt befragen zu müssen. Für eine sinnvolle Analyse müssen die Antworten der gleichen Person bei wiederholten Befragungen einander zugeordnet werden. Bei postalischen Befragungen und Face-to-Face-Surveys ist diese Zuordnung über den Namen und die Anschrift möglich, bei telefonischen Befragungen über die Telefonnummer und eine Kombination aus Alter/Geschlecht/Vorname. Bei schriftlichen Befragungen in institutionellen Kontexten vermeidet man die Angabe des Namens auf dem Fragebogen, da mit erheblichen Bedenken der Befragten oder einer Verfälschung der Antworten gerechnet werden muss. Aus den gleichen Gründen werden die in der Regel in jeder Organisation vorhandenen Identifikationsnummern (Wehrpassnummer, Mitarbeiternummer, Matrikelnummer) ungern für die Identifikation verschiedener Fragebogen der gleichen Person verwendet. Insbesondere bei Datenschutzbeauftragten findet sich entsprechend die Empfehlung, von den Befragten selbst generierte Codes zu verwenden. Ein einfaches Beispiel für solche selbst generierten Schlüssel für eine Befragung von Jugendlichen zeigt die Abbildung C.1.[1] Zwar ist offensichtlich, dass die Verwendung solcher Codes zu Problemen führen muss, diese werden aber häufig fälschlich für vernachlässigbar klein gehalten.

C.1 Eine empirische Studie zur Leistungsfähigkeit einfacher Panelcodes

Um das Ausmaß der oben erwähnten Probleme einschätzen zu können, wurde vom Verfasser ein Test der dargestellten Methode selbst generierter Codes durchgeführt. In einer Pflichtveranstaltung des zweiten Semesters einer politikwissenschaftlichen Fakultät wurde den Hörern im Abstand von einer Woche dreimal ein Lehrevaluationsfragebogen vorgelegt. Dieser Fragebogen enthielt zudem eine Codierungsanweisung ähnlich der Abbildung C.1. Den Studenten wurde der Experimentcharakter dieser Codierung mitgeteilt. Unter Betonung der besonderen Vertraulichkeit der Angaben und der vollständigen Konsequenzenlosigkeit jedweder Antwort wurden die Studenten zusätzlich um die Angaben ihrer Matrikelnummer gebeten.

---

[1] Andere Beispiele finden sich u. a. bei Metschke/Wellbrock (2002:64) und Pöge (2011:119). Hinweise auf die Verwendbarkeit unterschiedlicher Merkmale für die Codebestandteile finden sich bei Schnell/Bachteler/Reiher (2010).

> **Hinweise:**
> - Falls Sie eine Antwort nicht kennen oder die Frage nicht zutrifft, tragen Sie bitte **XX** bzw. **X** ein.
> - Ä, Ü, Ö, ß bitte **nicht** nach AE, UE, OE bzw. SS auflösen.
>
> Ihr Geburtsort, 1. und 2. Buchstabe
> (Beispiel: **GÖ**ttingen) ⎵⎵
>
> Ihre aktuelle Körpergröße, vorletzte Stelle der Zahl
> (Beispiel: 1,**7**8m) ⎵
>
> Ihr aktuelles Körpergewicht, erste Stelle der Zahl
> (Beispiel: **6**7,2kg) ⎵
>
> Name Ihrer ersten Schule, 1. und 2. Buchstabe
> (Beispiel: **FR**iedrich-Silcher-Grundschule) ⎵⎵
>
> Name Ihrer letzten Schule, 1. und 2. Buchstabe
> (Beispiel: **BU**nsen-Gymnasium) ⎵⎵
>
> Vorname Ihres Vaters, 1. und 2. Buchstabe
> (Beispiel: **KL**aus) ⎵⎵
>
> Nachname Ihres Vaters, letzter und vorletzter Buchstabe
> (Beispiel: Schröd**ER**) ⎵⎵
>
> Vorname Ihrer Mutter, 1. und 2. Buchstabe
> (Beispiel: **MA**rtina) ⎵⎵
>
> Geburtsname Ihrer Mutter, 1. und 2. Buchstabe
> (Beispiel: Ruth Schröder, geb. **MÜ**ller) ⎵⎵
>
> Zahl der Geschwister Ihrer Mutter
> (Beispiel: **02**) ⎵⎵
>
> Erster Buchstabe Ihres Geburtsmonats
> (Beispiel: **J**uni) ⎵
>
> Zahl Ihrer (lebenden) älteren Geschwister
> (Beispiel: **00**) ⎵⎵
>
> Geburtsjahr Ihrer Mutter, die letzten beiden Stellen
> (Beispiel: 19**63**) ⎵⎵
>
> Geburtsjahr Ihres Vaters, die letzten beiden Stellen
> (Beispiel: 19**59**) ⎵⎵

Abbildung C.1: Instruktionen für selbst generierte Codes

Von den 166 Studenten der ersten Vorlesung gaben 154 gültige Matrikelnummern bei allen drei Vorlesungen an. Damit konnten über die Matrikelnummer 93% korrekt zugeordnet werden.

In der zweiten Welle gaben 113 Studenten einen Code an. Von diesen hatten 9 keinen Code in der ersten Welle angegeben. Von den verbleibenden 104 Studenten gaben 94 den gleichen Code an, wie in Welle 1. Es ergab sich also nach nur einer Woche ein Verlust von 9.6% durch Verwendung der Codes (zwei Verluste resultierten aus Ziffernwechsel, 8 durch Buchstabenveränderungen). Zusätzlich vergaben zwei Studenten identische Codes, so dass nur 92 von 104 zugeordnet werden konnten. Damit reduziert sich die Ausgangsmenge um 12%.

Bei einem Vergleich der Codes der Welle 3 mit den Codes der Welle 2 stimmen 11 der 94 möglichen Codes nicht überein. Damit beträgt der Verlust von Welle 2 zu Welle 3 11.7%. Insgesamt gaben 88 Studenten einen Code für alle drei Wellen an, der bei 76 Fällen in allen drei Wellen übereinstimmte. Damit sind gegenüber der Zuordnung durch eine Matrikelnummer 85% zuzuordnen.

Zusammenfassend muss festgehalten werden, dass bei Verwendung selbst generierter Codes mit Verlusten durch Dubletten, nicht angegebene Codes und Codeänderungen gerechnet werden muss. Das Problem wird je nach Population und Fragestellung ein unterschiedliches Ausmaß annehmen. Häufig wird es sich bei der untersuchten Population um Studenten handeln. In diesem Fall scheint ein Verlust von 15% gegenüber der Matrikelnummer erwartbar.[2] Bei anderen Populationen kann – je nach Rückhalt der Untersuchung bei den Befragten und den kognitiven Fähigkeiten der Befragten – auch mit deutlich höheren Verlustraten gerechnet werden. McAllister/Gordon (1986) berichten für einen anderen einfachen Code bei Jugendlichen selbst im günstigsten Fall einen Verlust von 1/3 der Personen nach einem Jahr durch nicht übereinstimmende Codes.

C.2 Planung von Erhebungen mit selbst generierten Schlüsseln

Bei der Planung einer Erhebung mit selbst generierten Schlüsseln muss beachtet werden, dass es bei Verwendung solcher Codes durch unterschiedliche Mechanismen zu Ausfällen kommt:

1. Ein Teil der Untersuchungspersonen betrachtet jeden denkbaren Schlüssel als prinzipiell zur Deanonymisierung geeignet und gibt absichtlich falsche oder keine Codes an.
2. Erinnerungsfehler bei der Rekonstruktion der Codeteile führen zu Ausfällen.
3. Schreibfehler oder nicht lesbare Codes führen zu Ausfällen.
4. Sowohl die Populationsdynamik (Tod, Umzug, Zuzug) als auch variierende Anwesenheitsmuster zu den Erhebungszeitpunkten führen zu Ausfällen.

Alle Mechanismen können systematisch mit Erhebungsvariablen kovariieren.[3] Entschließt man sich zur Verwendung selbst generierter Codes, sollten mehr als sechs oder sieben verschiedene Codebestandteile verwendet werden. Übliche

---

[2] Bei allzu optimistischen Erwartungen gegenüber der Teilnehmerzahl sei darauf hingewiesen, dass bei dieser Pflichtveranstaltung innerhalb von drei Wochen nur 51% der Studierenden in allen drei Veranstaltungen anwesend und kooperativ waren.

[3] Vereinzelte Hinweise belegen diese Vermutung: So berichten McAllister/Gordon (1986:856), dass Jugendliche, die erfolgreich über mehrere Wellen einander zugeordnet werden konnten, eher keiner ethnischen Minderheit angehörten, weniger Zigaretten und weniger Marihuana rauchten. Systematische, methodisch haltbare Studien zu Ausmaß und Trennung der Mechanismen, die zu einer nicht erfolgreichen Zusammenführung beitragen, scheinen bislang nicht veröffentlicht worden zu sein.

Codes sind Teile des eigenen Vornamens und Nachnamens, entsprechende Teile des Namens der Eltern und/oder Großeltern (mit vorher definierten Angaben im Falle unbekannter Personen), Geschlecht, Geburtsort, Muttersprache etc.

Bei der Erhebung muss sowohl die Wichtigkeit der korrekten Erinnerung der Codebestandteile als auch die Lesbarkeit des generierten Codes betont werden. Ebenso ist der Verzicht auf jedweden Deanonymisierungsversuch glaubhaft zu versichern. Schließlich sollte unabhängig von den Codes auf den Fragebogen eine Teilnehmerliste in Klarschrift für jede Sitzung erstellt und aufgehoben werden.[4]

C.3 Umgang mit partiell übereinstimmenden Codes

In der Regel erfolgt die Zuordnung der Codes zu den Befragten so, dass nur eine exakte Übereinstimmung des gesamten Codes zur Zuordnung führt. Entsprechend hoch sind die Verluste durch nicht zuordnungsfähige Codes. Für eine Studie von Studenten mit 1493 erhaltenen Fragebogen über ein Jahr berichten Dilorio u. a. (2000:171) über eine Übereinstimmung von 61.2% in allen acht verwendeten Codeteilen, 9.5% in 7 Codeteilen und 2.2% in 6 Codeteilen, wobei 24.1% nicht zugeordnet werden konnten (und 2.9% keine Codes enthielten).

Üblicherweise wird bei Studien, in denen partielle Codes zur Zuordnung verwendet werden, eine semi-manuelle Zuordnung nach der exakten Übereinstimmung vorgenommen. Hierbei werden aber Informationen über die relative Häufigkeit der Codes und der relativen Wahrscheinlichkeiten der Fehler nicht genutzt. Dies wird möglich, wenn ein formales probabilistisches Record-Linkage verwendet wird (Schnell/Bachteler/Reiher 2006).[5] Damit sollte ein größerer Teil der partiellen Codes zugeordnet werden können. Schließlich ist die Verwendung spezieller Algorithmen dann möglich, wenn die Menge der zuzuordnenden Objekte in den zu verknüpfenden Datensätzen unverändert geblieben ist (z. B. in Schulklassen), da dann eine 1-1-Zuordnung berechnet werden kann (Schnell/Bachteler/Reiher 2010).

---

[4] Dadurch ist eine Trennung der Effekte der Populationsdynamik von den Effekten fehlerhafter Codes möglich. Diese sonst nicht zu findende Idee verdanke ich McAllister/Gordon (1986:858).

[5] Ein entsprechendes Programm (die „Merge-Toolbox" (MTB), Schnell/Bachteler/Reiher 2005) findet sich unter www.methodenzentrum.de.

D Kontaktprotokolle und Dispositioncodes für F2F-Interviews

Die allermeisten Datensätze enthalten keinerlei Mikrodaten der Feldarbeit, weil sie von den Auftraggebern nicht gefordert werden. Enthalten die Datensätze solche Kontaktdaten, dann sind sie fast immer auf die Netto-Datensätze beschränkt, d.h. es liegen nur Angaben für realisierte Interviews vor, nicht aber für die Ausgangsstichprobe. Für Nonresponse-Analysen sind aber detaillierte Angaben über jeden einzelnen Fall einer Brutto-Stichprobe unverzichtbar.

In den wenigen Datensätzen, die Kontaktprotokolle enthalten, ist in der Bundesrepublik die Datenqualität der Protokolle häufig unzureichend. Die Ursache liegt darin, dass die Arbeitsbedingungen der Interviewer einer sorgfältigen Dokumentation der Zwischenschritte bei der Bearbeitung einer Adresse oft abträglich sind. Bei den meisten Instituten werden die Protokolle der Ergebnisse der Feldarbeit nicht getrennt vergütet und eine nachlässige Dokumentation in keiner Weise sanktioniert, so dass eine sorgfältige Dokumentation der Feldarbeit nicht im rationalen Eigeninteresse der Interviewer ist. Ein einzelnes akademisches Projekt mit anderer Vergütung kann die Gepflogenheiten eines etablierten Feldteams kaum ändern, daher kann man von einer einmaligen zusätzlichen Entlohnungsart der Dokumentation keine Verbesserung erwarten. Entsprechend schlecht ist die Datenqualität der Mikrodaten der Feldarbeit (den sogenannten „Para-Daten") in fast allen Studien in der BRD.

Selbst bei günstigen Randbedingungen ist die Dokumentation der Ergebnisse der Feldarbeit oft schwierig. Die Codeschemata decken das tatsächliche Geschehen im Feld nur unvollkommen ab. Dies gilt insbesondere für Codeschemata, die nur sehr wenige verschiedene Ergebnisgruppen unterscheiden. Prinzipiell geeigneter erscheinen differenziertere Codeschemata, die die zahlreichen Widrigkeiten bei der Realisierung eines Interviews wiedergeben können. Die Anwendung differenzierterer Codeschemata stößt auf ein praktisches Problem bei der Datenerhebung.

Das praktische Problem besteht in der Erfassung eines komplizierten Prozesses in ein kategoriales System. Am einfachsten ist diese Erfassung, wenn die Interviewer unmittelbar nach jedem Kontakt sofort eine Codierung anhand eines Flussdiagramms (vgl. Abbildungen D.1 - D.4) vornehmen.

394 D Kontaktprotokolle und Dispositioncodes für F2F-Interviews

Ein solches Codeschema führt zu mehr als 25 verschiedenen Ergebniscodes („Dispositionscodes"). Schemata mit weniger Codes verschenken Informationen über die Ausfallprozesse und führen zur Vermischung heterogener Prozesse bei der statistischen Modellierung des Ausfallprozesses.[1]

---

[1] Leider entsteht durch differenzierte Codierung das Problem, dass die einzelnen Kategorien nur selten vergeben werden und statistische Analysen der Übergangswahrscheinlichkeiten von einem Ergebniscode zu einem anderen rasch durch zu kleine Fallzahlen an ihre Grenzen gelangen. Hier muss dann zwar in irgendeiner Art und Weise eine Zusammenfassung von Codes oder Kontaktversuchen erfolgen, aber die vorherige differenzierte Codierung erlaubt je nach Analysezweck variierende Zusammenfassungen. Werden die Codes bereits bei der Erhebung zusammengefasst, sind variierende Recodierungen hingegen nur sehr begrenzt möglich.

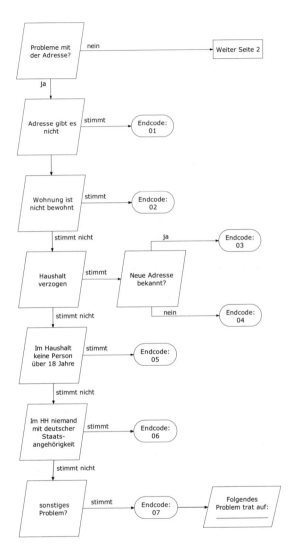

Abbildung D.1: Dispositionscodes I: Adressenprobleme

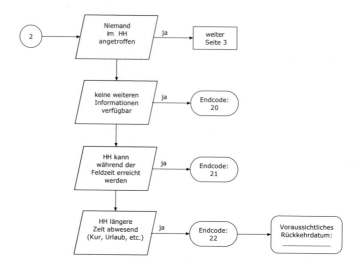

Abbildung D.2: Dispositionscodes II: Niemand angetroffen

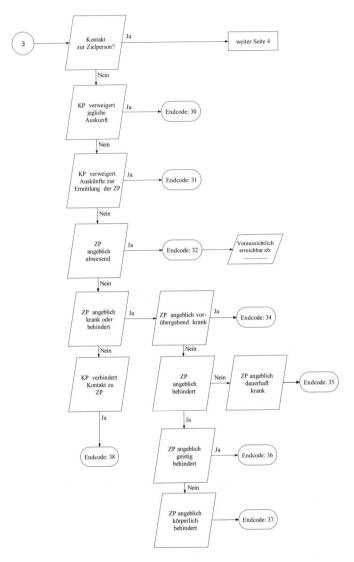

Abbildung D.3: Dispositionscodes III: Kontakt zum Haushalt

D Kontaktprotokolle und Dispositioncodes für F2F-Interviews

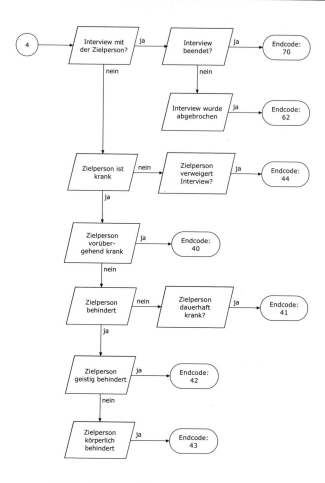

Abbildung D.4: Dispositionscodes IV: Zielperson erreicht

E Nonresponsecodes der AAPOR

Die AAPOR hat für mehrere Erhebungsmodi detaillierte Dispositionscodes vorgeschlagen. Da bislang eine entsprechende Liste für den deutschen Sprachraum nicht existiert, werden die AAPOR-Listen hier in deutscher Übersetzung dokumentiert. Es muss beachtet werden, dass die Codes der postalischen Befragungen natürlich von den Regeln der jeweiligen Zustellorganisationen abhängen. Die amerikanischen Codes sind detaillierter als es die Regeln der Deutschen Post ermöglichen.[1]

Im Folgenden finden sich die Dispositionscodes für
1. Internet-Surveys mit namentlich bekannten Personen: Abbildung E.1,
2. Persönliche Interviews: Abbildung E.2,
3. RDD-CATI-Surveys: Abbildung E.3,
4. Postalische Befragungen: Abbildung E.4.

---

[1] Einzelheiten zu den Regeln des amerikanischen Postwesens finden sich in den „Mailing Standards of the United States Postal Service Domestic Mail Manual", http://pe.usps.com/text/dmm300/DMM300_landing.htm. Ein entsprechendes Manual für die Deutsche Post existiert nach Auskunft der Pressestelle der Deutschen Post nicht.

Beschreibung	Code
Fragebogen ausgefüllt	1.0
vollständig	1.1
partiell oder Abbruch mit ausreichenden Angaben	1.2
Zielperson gehört zur Grundgesamtheit [kein Interview]	2.0
Abbruch oder partiell mit unzureichenden Angaben	2.10
explizite Verweigerung	2.11
implizite Verweigerung	2.12
eingelogged, kein Item beantwortet	2.121
Lesebestätigung der Einladung erhalten	2.122
kein Kontakt	2.20
Zielperson während der Feldzeit nicht erreichbar	2.26
Fragebogen vollständig, aber außerhalb der Feldzeit	2.27
andere	2.30
Sprachbarriere	2.33
Zugehörigkeit der Zielperson zur Grundgesamtheit nicht bekannt [kein Interview]	3.0
nichts über Zielperson oder Adresse bekannt	3.10
Einladung nicht verschickt	3.11
keinerlei Rücksendung erhalten	3.19
Einladung kam unzugestellt zurück	3.30
Einladung kam mit neuer Anschrift zurück	3.40
andere	3.90
Antwort von einer nicht ausgewählten E-Mail-Adresse	3.91
Zielperson gehört nicht zur Grundgesamtheit [Antwort erhalten]	4.0
Zielperson gehört nicht zur Grundgesamtheit	4.10
Quote erfüllt	4.80
doppelter Eintrag	4.90

basierend auf AAPOR (2008:48)

Tabelle E.1: Dispositions-Codes für Internet-Surveys mit namentlich bekannten Personen

Beschreibung	Code
Interview	1.0
vollständig	1.1
partiell	1.2
Zielperson gehört zur Grundgesamtheit [kein Interview]	2.0
Verweigerung oder Abbruch	2.10
Verweigerung	2.11
Kontaktperson verweigert	2.111
Zielperson verweigert	2.112
Abbruch	2.12
kein Kontakt	2.20
kein Zutritt zum Haus möglich	2.23
niemand angetroffen	2.24
Zielperson nicht angetroffen/nicht verfügbar	2.25
andere	2.30
tot	2.31
dauerhaft körperlich oder geistig unbefragbar	2.32
Sprache	2.33
niemand im Haushalt spricht eine Interviewsprache	2.331
Zielperson spricht keine Interviewsprache	2.332
kein Interviewer für die erforderliche Sprache verfügbar	2.333
sonstige Gründe	2.36
Zugehörigkeit der Zielperson zur Grundgesamtheit nicht bekannt [kein Interview]	3.0
unbekannt, ob es sich um ein Wohnhaus handelt	3.10
nicht bearbeitet	3.11
Adresse befindet sich in einer gefährlichen Gegend	3.17
Adresse nicht gefunden	3.18
Wohnhaus [Unbekannt ob Zielperson zur Grundgesamtheit gehört]	3.20
Screeningfragen unvollständig	3.21
andere	3.90
Zielperson gehört nicht zur Grundgesamtheit	4.0
gehört nicht zur Grundgesamtheit	4.10
kein Wohnhaus	4.50
Geschäft, öffentliche Verwaltung, andere Organisation	4.51
Institution	4.52
Gemeinschaftsunterkunft (Kaserne etc.)	4.53
unbewohntes Haus	4.60
leer stehende Wohnung oder Haus	4.61
Ferienhaus	4.62
andere	4.63
niemand im Haushalt gehört zur Grundgesamtheit	4.70
Quote erfüllt	4.80

basierend auf AAPOR (2008:46)

Tabelle E.2: Dispositions-Codes für persönliche Interviews

Beschreibung	Code
Interview	1.0
vollständig	1.1
partiell	1.2
Zielperson gehört zur Grundgesamtheit [kein Interview]	2.0
Verweigerung oder Abbruch	2.10
Verweigerung	2.11
Kontaktperson verweigert	2.111
Zielperson verweigert	2.112
Abbruch	2.12
kein Kontakt	2.20
Zielperson nie erreicht	2.21
Anrufbeantworter (Ansage bestätigt Privathaushalt)	2.22
Nachricht hinterlassen	2.221
keine Nachricht hinterlassen	2.222
andere	2.30
tot	2.31
dauerhaft körperlich oder geistig unbefragbar	2.32
Sprache	2.33
niemand im Haushalt spricht eine Interviewsprache	2.331
Zielperson spricht keine Interviewsprache	2.332
kein Interviewer für die erforderliche Sprache verfügbar	2.333
unzureichende Tonqualität	2.34
Ort oder Tätigkeit erlaubt kein Interview	2.35
sonstige	2.36
Zugehörigkeit der Zielperson zur Grundgesamtheit nicht bekannt [kein Interview]	3.0
unbekannt, ob es sich um einen Privathaushalt handelt	3.10
nicht bearbeitet	3.11
immer besetzt	3.12
niemand nimmt ab	3.13
Anrufbeantworter (unbekannt, ob Privatanschluss)	3.14
technische Barriere, z. B. Anrufblockierung	3.15
technisches Telefonproblem	3.16
uneindeutige Telefonansage	3.161
Privatanschluss, unklar ob Zielperson zur Grundgesamtheit gehört	3.20
Screening unvollständig	3.21
unklar, ob Kontaktperson zum Haushalt gehört	3.30
andere	3.90

basierend auf AAPOR (2008:45)

Tabelle E.3: Dispositions-Codes für RDD-Surveys

Beschreibung	Code
Zielperson gehört nicht zur Grundgesamtheit	4.0
Zielperson gehört nicht zur Grundgesamtheit	4.10
Fax/Modem	4.20
kein Anschluss	4.30
kein Signal	4.31
nicht angeschlossen	4.32
vorübergehend nicht erreichbar	4.33
besondere technische Probleme	4.40
Nummernänderung	4.41
Anrufweiterleitung	4.43
Privathaushalt an anderen Privathaushalt	4.431
Geschäftsanschluss an Privathaushalt	4.432
Pager	4.44
Mobiltelefon	4.45
Festnetz	4.46
kein Privathaushalt	4.50
Geschäft, öffentliche Verwaltung, andere Organisation	4.51
Institution	4.52
Gemeinschaftsunterkunft (Kaserne etc.)	4.53
Kontaktperson gehört nicht zum Haushalt	4.54
niemand im Haushalt gehört zur Grundgesamtheit	4.70
Quote erfüllt	4.80

basierend auf AAPOR (2008:45)

Tabelle E.3: Dispositions-Codes für RDD-Surveys *(Fortsetzung)*

Beschreibung	Code
ausgefüllter Fragebogen zurück erhalten	1.0
vollständig	1.1
partiell	1.2
Zielperson gehört zur Grundgesamtheit [kein Interview]	2.0
Verweigerung oder Abbruch	2.10
Verweigerung	2.11
andere Person verweigert	2.111
Zielperson verweigert	2.112
leerer Fragebogen zurückgeschickt [implizite Verweigerung]	2.113
Abbruch: Fragebogen zu unvollständig	2.12
kein Kontakt	2.20
Benachrichtigung durch Dritte, dass Zielperson während der Feldzeit nicht erreichbar	2.26
vollständiger Fragebogen, aber nach der Feldzeit zurückgeschickt	2.27
andere	2.30
tot	2.31
dauerhaft körperlich oder geistig unbefragbar	2.32
Sprache	2.33
Zielperson spricht keine Interviewsprache	2.332
Fragebogen in falscher Sprache verschickt	2.333
Analphabetismus	2.34
sonstige	2.36
Zugehörigkeit der Zielperson zur Grundgesamtheit nicht bekannt [kein Interview]	3.0
nichts über Zielperson oder Adresse bekannt	3.10
kein Fragebogen verschickt	3.11
keinerlei Rücksendung erhalten	3.19
unbekannt, ob die Zielperson zur Grundgesamtheit gehört	3.20
Screening unvollständig	3.21
Postcode: Annahme durch Adressaten verweigert	3.23
Postcode: Annahme verweigert	3.231
Postcode: Porto nicht gezahlt	3.232
Postcode: Zurück, da Empfänger gegen Postbestimmung verstieß	3.24
Postcode: Kann nicht zugestellt werden	3.25
Postcode: Nicht lesbare Adresse	3.251
Postcode: Ungenügende Adressangabe bei der Weiterleitung	3.252
Postcode: Kein Briefkasten	3.253
Postcode: Weiterleitung an Zustellagentur durch die Post verweigert	3.254

basierend auf AAPOR (2008:47)

Tabelle E.4: Dispositions-Codes für postalische Befragungen

Beschreibung	Code
unbekannter Aufenthaltsort, Postsendung kam unzustellbar zurück	3.30
kann nicht zugestellt werden wie adressiert	3.31
Postcode: Empfänger unbekannt	3.311
Postcode: Postfach existiert nicht	3.312
Adresse existiert nicht	3.313
Postcode: Nummer existiert nicht	3.3131
Postcode: Postleitzahl existiert nicht	3.3132
Postcode: Straße existiert nicht	3.3133
Postcode: leer stehend	3.3134
nicht zugestellt wie adressiert	3.314
Postcode: kann nicht weitergeleitet werden	3.3141
Postcode: außerhalb der Zustellungsgrenzen	3.3142
Postcode: zurück mit Bitte um bessere Adresse	3.3143
Postcode: Unbekannt verzogen	3.32
Postcode: Unzureichend frankiert	3.33
Postcode: Zeitweilig abwesend: Aufbewahrte Sendung nicht abgeholt	3.34
Postcode: Aufbewahrte Sendung nicht abgeholt	3.35
Postcode: Niemand quittierte den Empfang	3.36
Zurückgesendet mit Weiterleitungsinformation	3.40
Ungeöffnet zurückgesendet mit Adresskorrektur	3.41
Geöffnet zurückgesendet mit Adresskorrektur	3.42
andere	3.9
Zielperson gehört nicht zur Grundgesamtheit [Antwort erhalten]	4.0
Zielperson gehört nicht zur Grundgesamtheit	4.10
niemand gehört zur Grundgesamtheit	4.70
Quote erfüllt	4.80
doppelter Eintrag	4.90

basierend auf AAPOR (2008:45)

Tabelle E.4: Dispositions-Codes für postalische Befragungen *(Fortsetzung)*

F Datenschutzmerkblatt

Bei allen Studien müssen die Befragten über den Schutz ihrer persönlichen Daten informiert werden. Dies geschieht in der Regel durch die Übergabe oder den Versand eines Merkblattes zum Datenschutz. Ein Beispiel in Anlehnung an die Vorlagen des ADM und Metschke/Wellbrock (2002:58) zeigt die folgende Abbildung:

Erklärung zum Datenschutz und zur absoluten Vertraulichkeit Ihrer Angaben

Diese Studie wird vom Methodenzentrum der Universität Duisburg-Essen durchgeführt. Die Arbeit des Methodenzentrums folgt streng den Vorschriften des Bundesdatenschutzgesetzes.

Ihre Antworten werden unter Wahrung der datenschutzrechtlichen Bestimmungen ausschließlich für dieses Forschungsprojekt wissenschaftlich ausgewertet. Hierzu werden Ihre Antworten im Fragebogen in Zahlen umgewandelt und ohne Ihren Namen oder Ihre Adresse in einen Computer eingegeben. Dieser Computer erstellt aus den Angaben aller Befragten z. B. Tabellen mit Häufigkeiten und Mittelwerten. Die Ergebnisse der Befragung werden also ausschließlich in anonymisierter Form ausgewertet. Das bedeutet, niemand kann später aus den Ergebnissen erkennen, von welcher Person die Angaben gemacht worden sind.

Die Angaben aus dem Fragebogen werden nur durch eine Codenummer mit Ihrem Namen und Ihrer Anschrift verknüpft. Ihr Name und Ihre Anschrift werden stets getrennt von den Angaben im Fragebogen aufbewahrt und sind nur über die Codenummer verbunden. Spätestens am Ende des Forschungsprojekts in 12 Monaten werden die Codenummern vernichtet. Eine Zuordnung der Antworten zu einer Person ist dann unmöglich. Ihre Teilnahme an dieser Befragung ist freiwillig. Durch die Nicht-Teilnahme entstehen Ihnen keine Nachteile. Ich möchte Sie aber um Ihre Unterstützung bitten, da wir die Angaben wirklich aller ausgewählten Personen benötigen. Sie können absolut sicher sein,

- dass niemand erfährt, welche Antworten Sie gegeben haben,
- Ihr Name und Ihre Anschrift nicht an Dritte weitergegeben werden und
- keine Daten an Dritte weitergegeben werden, die eine Identifizierung Ihrer Person erlauben.

Für die Einhaltung der Datenschutzbestimmungen bin ich persönlich verantwortlich. Ich danke Ihnen für Ihre Unterstützung und Ihr Vertrauen.

(Prof. Dr. – –, Projektleiter)

Abbildung F.1: Datenschutzmerkblatt

G Zugang zur Forschungsliteratur

Die Literatur zu neueren Ergebnissen der Survey-Methodologie liegt fast ausschließlich in englischer Sprache vor. Die gründlichste allgemeine Einführung in die Survey-Methodologie ist das Lehrbuch von Groves et al. (2009); die beste statistische Einführung in das Thema das Buch von Bethlehem (2009). Im Gegensatz zu fast allen anderen vermeintlichen Lexika, Enzyklopädien und Handbüchern im Umkreis der Survey-Methodologie ist die von Lavrakas (2008) herausgegebene Enzyklopädie wirklich nützlich, wenn man sich in die Literatur zu einem Thema einarbeiten will. Diese Lehrbücher und Lexika bieten nur einen Einstieg; die Fachdiskussion findet ausschließlich in den wissenschaftlichen Zeitschriften statt.

Die wichtigsten Periodika, die regelmäßig neuere Ergebnisse zu Surveyproblemen veröffentlichen, sind derzeit das seit 50 Jahren erscheinende *Public Opinion Quarterly* und das von der schwedischen Zensusbehörde veröffentlichte *Journal of Official Statistics*. Etwas stärker an den Sozialwissenschaften orientiert ist die neugegründete Open-Access-Zeitschrift *Survey Research Methods* (surveymethods.org). Eher mathematische Probleme von Survey-Stichproben werden in der kanadischen *Survey Methodology* behandelt. In den letzten Jahren finden sich zunehmend interessante Arbeiten in der Erhebungsmethoden allgemein gewidmeten Zeitschrift *Field Methods*.

Eine Fülle von Material enthalten die jährlich erscheinenden *Proceedings of the Joint Statistical Meetings* der „American Statistical Association". Die Webseiten der „Survey Research Division" der amerikanischen Zensusbehörde („U.S. Bureau of the Census") geben einen interessanten Überblick über die aktuelle Methodenforschung der Zensusbehörde: www.census.gov/srd/www/byyear.html. Obwohl die Jahrbücher *Sociological Methodology* und die Zeitschriften *Sociological Methods and Research* und *Quality & Quantity* eher einen Schwerpunkt auf Datenanalyse als auf Datenerhebung legen, finden sich auch hier häufiger wichtige Arbeiten.

Im deutschsprachigen Raum existieren nur eine fast ausschließlich der Survey-Methodologie gewidmete Zeitschrift: Die seit 2007 von GESIS herausgegebene Zeitschrift *Methoden, Daten, Analysen* (www.gesis.org). Diese Zeitschrift ist die Nachfolgerin der ehemaligen Hauszeitschriften des Zentralarchivs für Empirische Sozialforschung in Köln und des Zentrums für Umfragen, Methoden und Analysen in Mannheim (*ZA-Informationen* bzw. *ZUMA-Nachrichten*). Die bei deutschsprachigen Soziologen bekannteren Zeitschriften *Kölner Zeitschrift für*

Soziologie und Sozialpsychologie und die *Zeitschrift für Soziologie* enthalten nur noch selten Arbeiten zum Thema. Daneben existieren zwei Periodika der kommerziellen Marktforscher, die interessante Einblicke in die Praxis der Markt- und Meinungsforschung ermöglichen: *Planung und Analyse* sowie der „vertrauliche Informationsdienst" *Context*.

Um den Überblick über neue Arbeiten zu behalten, empfiehlt sich die regelmäßige Abfrage der Literaturdatenbanken des Faches.[1] Dazu gehören vor allem die *Sociological Abstracts* und für die deutschsprachige Literatur die Datenbank *SOLIS*. Arbeiten zu medizinischen Surveys findet man über die Datenbank *Pubmed*. Die eher technische Literatur zu Surveys findet man am einfachsten mit dem *Current Index to Statistics*; die eigentliche Marktforschungsliteratur mit *Business Premier*. Schließlich empfiehlt sich die regelmäßige Lektüre der Kataloge der beiden wichtigsten Verlage für Survey-Literatur: *Sage* und *Wiley*.

Die größte Spezialbibliothek zur Survey-Methodologie findet sich in der BRD im Datenarchiv für Sozialwissenschaften in Köln. Der Katalog der Bibliothek (einschließlich vieler Zeitschriftenartikeltitel) kann über das Internet durchsucht werden: http://www.gesis.org/das-institut/gesis-bibliothek.

---

[1] Diese Datenbanken sind mit Ausnahme von „Pubmed" kostenpflichtig.

H Institutsverträge

In der Bundesrepublik gibt es keine akademische Institution, die über die für eine bundesweite mündliche Datenerhebung notwendige Anzahl fest angestellter Interviewer verfügt. Umfangreichere Erhebungsarbeiten werden daher fast immer an Privatunternehmen (die Marktforschungsinstitute) vergeben. In der akademischen Sozialforschung wird den Instituten in der Regel nur die Datenerhebung übertragen.[1] Meistens wird dem mit der Datenerhebung beauftragten Institut ein bereits vollständig entwickelter Fragebogen übermittelt. Das Institut führt dann die Datenerhebung und Datenerfassung durch und übergibt dem Auftraggeber einen maschinenlesbaren Datensatz. Die Datenanalyse und Publikation übernimmt der Auftraggeber.

H.1 Ausschreibung des Projekts

Der erste Schritt eines Projekts, bei dem die Datenerhebung durch ein kommerzielles Institut durchgeführt werden soll, besteht aus der Ausschreibung des Projekts. In der Praxis wird meist eine relativ kleine Zahl von Instituten um einen Kostenvoranschlag für ein Forschungsprojekt gebeten. Um Missverständnisse und spätere Probleme zu vermeiden, sollten die vom Erhebungsinstitut geforderten Dienstleistungen so detailliert wie möglich in der Anfrage bei den Instituten formuliert werden.[2] Es ist durchaus möglich, dass Institute einen bestimmten Auftrag ablehnen. Dies ist häufig ein ernster Hinweis auf die tatsächliche Undurchführ-

---

[1] Im Rahmen angewandter Sozialforschung (z. B. im Auftrage von Bundeseinrichtungen oder Ministerien) bezieht sich der Auftrag an das Institut häufig auf den gesamten Forschungsprozess einschließlich der Datenanalyse. Häufig besteht diese Analyse nur aus der Erstellung eines „Tabellenbandes" oder eines kurzen Berichts. Für diese Praxis spricht nur die Bequemlichkeit der Auftraggeber. Übernimmt hingegen nach einer öffentlichen Ausschreibung eines Forschungsprojekts ein Universitätsinstitut die Konzeption der Studie und die Datenanalyse, so sollte in der Regel mit der Einhaltung hoher wissenschaftlicher Standards gerechnet werden können. Es sollte aber während der Ausschreibung in jedem Fall geprüft werden, ob ein erfahrener Methodologe zur Arbeitsgruppe gehört.

[2] Es empfiehlt sich, den Vertragsentwurf eher von einem mit den Besonderheiten der Bundesrepublik vertrauten Methodologen prüfen zu lassen, als von einem Juristen oder Ökonomen. Diese schlagen z. B. häufig Vertragsstrafen vor, die in der Praxis kaum durchsetzbar sind, da man den Instituten unkalkulierbare Risiken zumuten würde. Ebenso wenig ist als man einzelner Kunde eines Institutes in einer Verhandlungsposition, um eine ernsthafte Veränderung der Standardverfahren der Institute zu fordern. Dies trifft z. B. auf die Art der Interviewerbezahlung zu.

barkeit eines Projekts.[3] In der Regel erhält man aber für jedes Projekt mehrere Kostenvoranschläge. Bei nominell vergleichbarem Leistungsumfang gibt es häufig große Unterschiede in den veranschlagten Kosten. Dies liegt nicht zuletzt in den unterschiedlichen Qualitätsstandards der Institute begründet. Da sich der tatsächliche Leistungsumfang nur schwer exakt beschreiben lässt, kann trotz eines detaillierten Leistungskatalogs nur selten der Preis allein die Entscheidung für ein bestimmtes Institut rechtfertigen. Die Zusammenarbeit zwischen akademischer Sozialforschung und den kommerziellen Instituten ist in der Praxis keineswegs immer unproblematisch. Es empfiehlt sich daher immer, Erkundigungen über die Art der Zusammenarbeit mit einem Institut bei mehreren Wissenschaftlern aus verschiedenen Projekten einzuholen, die mit diesem Institut schon gearbeitet haben. Da das Personal in den Instituten häufig rasch wechselt, sollten diese Erfahrungen nicht allzu lange zurückliegen. Auf der Basis der Kostenvoranschläge und den Erkundigungen über das Institut sollte eine vorläufige Entscheidung für ein Institut gefällt werden.

H.2 Vertragliche Regelungen mit dem Erhebungsinstitut

Mit dem ausgewählten Institut sollte ein Vertrag abgeschlossen werden, der alle wichtigen Aspekte des Auftrags regelt. Die wichtigsten Aspekte sollen hier kurz erwähnt werden.

Die Definition der Grundgesamtheit (einschließlich des Alters der Befragten, z. B. nur über 18-Jährige), das verwendete Auswahlverfahren für Sekundär- und Primäreinheiten und vor allem die Details der Auswahl der Zielperson sollten bei der Auftragserteilung schriftlich festgehalten werden. Explizit ausgeschlossen werden sollte die Vergabe von mehr Adressen pro Interviewer als Interviews beabsichtigt sind, da sonst die Gefahr besteht, dass Interviewer schwer erreichbare Personen durch leicht erreichbare Personen ersetzen. Art und Umfang der Schulung und Kontrolle der Interviewer sollten vertraglich geregelt werden. Ebenso wichtig ist eine Klärung der Anzahl der Versuche, die unternommen werden müssen, um eine Zielperson anzutreffen und zu befragen.

Die immer notwendigen Pretests zur Verbesserung des Erhebungsinstruments sollten vom Auftraggeber selbst durchgeführt werden. Pretests des Erhebungsinstituts sollten nur der Verfahrenskontrolle und der Einschätzung der Dauer der

---

[3] Da viele akademische Sozialforscher kaum eigene Praxis in der Datenerhebung besitzen, werden die Institute gelegentlich mit nicht-realisierbaren Zielvorstellungen konfrontiert (z. B. wenn maximal 10% Nonresponse gefordert wird oder Interviews mit 90 Minuten erforderlich wären).

Befragung dienen. Werden dem Institut auch die Pretests zur Verbesserung des Erhebungsinstruments übertragen, sollten die Details dieser Tests (Tonbänder, Protokolle, Häufigkeitsauszählungen der Probleme) explizit festgelegt werden. Globale Einschätzungen, ob ein Fragebogen Probleme bereitet oder nicht, sind als Pretest gänzlich ungeeignet.

Besondere Probleme werfen sogenannte Omnibus-Surveys auf.[4] Falls eine Omnibus-Erhebung geplant ist, sollten die Auftraggeber vom Institut über die anderen Themen der Erhebung im Detail informiert werden. Dies bedeutet konkret, dass der vollständige Fragebogen des Omnibus-Surveys dokumentiert werden muss. Nur so sind mögliche Effekte der Themenreihenfolge überhaupt zu entdecken. Bei einem Omnibus-Survey werden vor allem demographische Variablen nur einmal für alle beteiligten Projekte erhoben. Daher muss der genaue Wortlaut der Fragen und die Art der Codierung der demographischen Variablen bekannt sein.

Zum vertraglich zu fixierenden Leistungsumfang gehört auch die Festlegung der Art des zu liefernden Datensatzes. Viele Probleme können vermieden werden, wenn die Lieferung einer analysefähigen Systemdatei eines Standardprogramms einschließlich aller Variablen- und Value-Label vereinbart wird. Sollten offene Fragen erhoben worden sein, muss die Art der maschinenlesbaren Speicherung der wörtlichen Mitschriften und der Zuordnung zu den Befragten festgelegt werden.

Bei der Zusammenarbeit mit einigen Instituten kommt es immer wieder zu Problemen durch nicht eingehaltene Liefertermine entweder des Datensatzes oder der Dokumentation der Erhebung. Um diese Probleme zu umgehen, empfiehlt sich in jedem Fall, die Liefertermine des Datensatzes und der Dokumentation vertraglich zu vereinbaren. Schließlich sollte Art und Häufigkeit der Unterrichtung des Auftraggebers während der eigentlichen Datenerhebungsarbeit geregelt werden.

H.3 Erhebungsvariablen im Datensatz

Der Datensatz jedes Surveys sollte einige Variablen zur Beschreibung des Interviews enthalten. Für viele inhaltliche und einige methodische Probleme benötigt man eine möglichst genaue regionale Identifikation (meist genügt hier Stadt oder Regierungsbezirk).

---

[4] Bei einem Omnibus-Survey bietet ein Marktforschungsinstitut die Durchführung eines Surveys unter besonderen Bedingungen an. Bei dieser Art von Surveys liegt die Grundgesamtheit der Untersuchung, der Untersuchungszeitraum, die Stichprobengröße sowie das Auswahlverfahren unabhängig vom Auftraggeber fest. Mehrere unabhängige Auftraggeber beauftragen das Institut mit der Erhebung einzelner Fragen innerhalb der Omnibus-Studie. Für die Fragen wird ein Einzelpreis pro Frage erhoben.

Die Interviewer müssen bei der Durchführung von Interviews Protokolle darüber führen, wann sie einen Haushalt kontaktierten (Datum/Uhrzeit) und zu welchem Ergebnis dieser Kontaktversuch führte (z. B. nicht angetroffen oder Durchführung des Interviews). Diese „Kontaktprotokolle" sollten, wann immer es möglich ist, Bestandteil des Datensatzes werden. Ideal, aber in der Bundesrepublik nur schwer durchsetzbar, ist die Aufnahme der Kontaktprotokolle in den Datensatz auch für diejenigen Zielpersonen, mit denen kein Interview zustande kam. Nur durch solche Angaben werden Forschungen zu den Ursachen für Ausfälle möglich.[5]

Für jedes durchgeführte Interview sollte Datum, Beginn und Ende des Interviews und die Anwesenheit Dritter (Ehegatte etc.) im Datensatz als Variable vorhanden sein. Für methodische Analysen ist darüber hinaus eine eindeutige Interviewernummer unentbehrlich.[6]

Wann immer es möglich ist, sollte der Datensatz auch Angaben über den Interviewer enthalten. Dies gilt insbesondere dann, wenn erwartet werden muss, dass sichtbare oder leicht erschließbare Merkmale des Interviewers Einfluss auf das Antwortverhalten des Befragten haben können. Hierzu gehören vor allem Geschlecht, Alter und berufliche Stellung und/oder Bildung. Weiterhin gehört zu diesen Variablen die Interviewerfahrung des Interviewers (Anzahl der bereits durchgeführten Interviews insgesamt oder Dauer der Tätigkeit als Interviewer). Obwohl diese Variablen für die Erhebungsinstitute prinzipiell leicht verfügbar sind und fast kostenneutral den Datensätzen zugefügt werden könnten, sind gerade diese Angaben nur schwer von den Instituten erhältlich.

---

[5] Sollte die Aufnahme der Kontaktprotokolle in den Datensatz finanziell nicht möglich sein, sollten die Auftraggeber Einsicht in die Kontaktprotokolle verlangen. Verzichtet der Auftraggeber auf diese Einsichtnahme, verliert er jede Kontrollmöglichkeit über die Datenerhebung.

[6] In der Bundesrepublik verbergen sich hinter einer Interviewernummer häufig mehrere Interviewer, z. B. Mitglieder einer Familie. Um die Feldarbeit tatsächlich beurteilen zu können, benötigt man daher Angaben über den Interviewer, der tatsächlich das Interview durchführte. Ist das Institut dazu nicht in der Lage, wird es auch kaum eine angemessene Schulung des Interviewers garantieren können.

I Dokumentation der Datenerhebung

Um die Qualität einer Untersuchung beurteilen zu können, sind eine Vielzahl von technischen Informationen erforderlich. Ähnliche Informationen werden benötigt, um z. B. bei späteren Analysen Hinweise für mögliche Unterschiede zwischen verschiedenen Erhebungen zu bekommen. Daher müssen die Details der Datenerhebung jedes Surveys durch einen schriftlichen Bericht dokumentiert werden. Solche sogenannten „Feldberichte" sind für die wissenschaftliche Auswertung jedes Projekts unentbehrlich.

I.1 Feldbericht

Ein Feldbericht sollte mindestens folgende Punkte umfassen:

1. Projektidentifikation
   - Name des Projekts
   - Zeitraum des Projekts
   - Name des Projektleiters
   - Institutszugehörigkeit
   - Namen aller Projektmitarbeiter
   - Auftraggeber oder fördernde Institution
   - interne Nummer des Projekts beim Auftraggeber oder der fördernden Institution
   - Liste aller projektbezogenen Publikationen
2. Erhebungsinstrumente
   - Kopie des vollständigen Fragebogens
   - Kopien aller Befragungshilfen (Karten, Listen, etc.)
   - Kopien eventueller spezieller Interviewerinstruktionen
   - Detaillierte Beschreibung aller Pretests und deren Ergebnisse
3. Datenerhebungsinstitut
   - Name und Sitz des Instituts
   - Name des Projektleiters im Erhebungsinstitut
   - interne Nummer des Projekts im Erhebungsinstitut

4. Stichprobe
   - Beschreibung der angestrebten Grundgesamtheit und der Auswahlgesamtheit
   - detaillierte Beschreibung des Stichprobenverfahrens (Primär- und Sekundäreinheiten, eventuelle Schichtungsvariablen, Klumpengröße etc.)
   - Beschreibung der Zielpersonenauswahl
   - angestrebte Stichprobengröße

5. Feldarbeit
   - Zeitpunkt der Datenerhebung
   - Anzahl der tatsächlich eingesetzten Interviewer
   - Beschreibung des Interviewerstabes
   - Art der Schulung der Interviewer
   - Verteilung der Zahl der Interviews pro Interviewer
   - Anzahl der maximalen Kontaktversuche pro Zielperson
   - Ausfälle durch:
     - nicht aufgefundene Adressen
     - Personen, die nicht zur Grundgesamtheit gehören
     - Interviewerausfälle
     - Nichterreichbarkeit einer Kontaktperson
     - Nichterreichbarkeit der Zielperson
     - Krankheit der Zielperson
     - Verweigerung der Kontaktperson
     - Verweigerung der Zielperson
     - Abbruch während des Interviews
     - Interviewertäuschungen
     - Interviewerfehler
     - Datenerfassungs- und Datenaufbereitungsfehler
   - Art, Umfang und Ergebnis der Interviewerkontrollen
   - Beschreibung aller sonstigen Probleme, die bei der Feldarbeit auftraten

6. Datenaufbereitung
   - Informationen über die Art der Datenerfassung
   - Detaillierte Beschreibung der Datenbereinigung
   - Kopie eventueller maschineller Prüf- und Bereinigungsregeln
   - Genaue Angaben zur Berechnung von Gewichtungsfaktoren

7. Datensatz
   - Codeplan für den Datensatz
   - Genaue technische Beschreibung des Datenträgers (Art des Datenträgers, Formatierung, Codetabellen, verwendetes Betriebssystem, verwendetes Dateiformat, verwendetes Datenanalysesystem und Versionsnummer)
   - Angaben über die Zugänglichkeit des Datensatzes (Datenarchiv der Sozialwissenschaften, Institutsarchiv, Universitätsinstitut etc.)

Ein Feldbericht mit all diesen Angaben wird kaum jemals weniger als 50 Seiten umfassen können. Wird die Datenerhebung durch ein Marktforschungsinstitut durchgeführt, sollte die Erstellung derjenigen Teile eines Feldberichts, die die eigentliche Feldarbeit betreffen (Punkte 3-6, eventuell zusätzlich 2 und 7), für jedes Erhebungsinstitut selbstverständlich sein und keine weiteren Kosten verursachen. Der Inhalt und der Abgabetermin des endgültigen Feldberichts des Erhebungsinstituts sollte Bestandteil des Vertrages mit dem Erhebungsinstitut sein.

I.2 Datensicherung und Datenweitergabe

Jeder im Rahmen der empirischen Sozialforschung erstellte Survey-Datensatz sollte so bald wie möglich zusammen mit einem Feldbericht und den Erhebungsunterlagen dem Datenarchiv für Sozialwissenschaften der GESIS in Köln (www.gesis.org) übergeben werden. In den Universitäten und Instituten gehen Datensätze und deren Dokumentation aufgrund mangelnder Technik, Sorgfalt und Konstanz des Personals häufig schon nach kurzer Zeit verloren. Durch die Speicherung im Datenarchiv kann hingegen die Verfügbarkeit der Daten und der Dokumentation über lange Zeiträume gewährleistet werden.[1] Weiterhin wird durch die Übergabe an das Datenarchiv der Datensatz anderen Wissenschaftlern zugänglich gemacht.[2] Nur so ist die – für das Funktionieren einer Wissenschaft notwendige – kritische Prüfung veröffentlichter Ergebnisse möglich.

---

[1] Hinweise für die Aufbereitung eines Datensatzes für die Speicherung in einem Datenarchiv finden sich in einer Veröffentlichung des niederländischen Datenarchivs (Data Archiving and Networked Services 2010).

[2] Das Datenarchiv für Sozialwissenschaften unterscheidet drei verschiedene sogenannte „Zugangsklassen", die unterschiedliche Möglichkeiten des Zugangs zu archivierten Daten regeln. Datensätze der Klasse „A" sind für alle Interessierten uneingeschränkt zugänglich, bei der Klasse „B" wird der Datengeber nach einem kurzen schriftlichen Antrag des Interessenten über die Datenweitergabe informiert. Bei der Zugangsklasse „C" wird der Datensatz erst nach ausdrücklicher schriftlicher Zustimmung des Datengebers an den Interessenten weitergegeben.

J „Think-Aloud"-Instruktionen

In Anlehnung an die Vorlage von George F. Bishop (1992:161-162) kann der Text der Abbildung J.1 als Einführung für ein kognitives Interview verwendet werden.

Einführung in die Technik des kognitiven Interviews

Wir sind an dem Vorgang interessiert, was Sie denken, wenn Sie Fragen beantworten. Ich werde Ihnen gleich einige Fragen stellen. Bei der Beantwortung der Fragen sollen Sie „laut denken" Mit „laut denken" ist gemeint, dass Sie vom ersten Moment an, wenn Sie die Frage hören, bis zu Ihrer Antwort mir alles sagen, was Sie denken. Sprechen Sie bitte ununterbrochen ab dem Zeitpunkt, wenn ich die Frage gestellt habe. Hören Sie erst dann mit dem Reden auf, wenn Sie meine Frage beantwortet haben. Beim „laut denken" sollen Sie nicht versuchen zu planen oder mir zu erklären, was Sie sagen wollen. Verhalten Sie sich einfach so, als ob Sie allein wären und zu sich selbst sprechen würden. Am Wichtigsten ist, dass Sie immer weitersprechen. Wenn Sie über einen längeren Zeitraum still sind, werde ich Sie auffordern, weiter zu sprechen. Verstehen Sie, was Sie tun sollen?

Abbildung J.1: Instruktionen zum Think-Aloud-Interview

Im Anschluss daran folgen die Übungen der Abbildung J.2. Erst nach dem erfolgreichen Absolvieren solcher Übungen sollten die eigentlichen Fragen vorgelegt werden.[1]

---

[1] Für ihre Unterstützung bei dieser Anleitung danke ich Sonja Haug.

Übungen zur Technik des kognitiven Interviews

Beginnen wir mit einigen Übungsfragen. Die erste Übungsfrage lautet:
- Wie oft waren Sie in den letzten 12 Monaten bei einem Arzt oder Zahnarzt oder in einem Krankenhaus zur Behandlung?

Nun möchte ich wissen, was Sie zwischen dem Zeitpunkt meiner Frage und Ihrer Antwort gedacht haben. Wir sind an den Gedanken interessiert, an die Sie sich wirklich erinnern können, nicht aber daran, was Sie Ihrer Meinung nach gedacht haben sollten. Wenn es möglich ist, erzählen Sie mir Ihre Gedanken bitte in der Reihenfolge, in der Sie die Gedanken hatten. Bitte sagen Sie es mir, wenn Sie unsicher sind, ob Sie einen der erinnerten Gedanken wirklich hatten oder nicht. Ich möchte nicht, dass Sie einzelne Arztbesuche aufzählen, sondern dass Sie einfach alles erzählen, woran Sie gedacht haben, als Sie die Frage beantworteten. Bitte sagen Sie mir jetzt, woran Sie sich erinnern.

Ich werde Ihnen noch zwei weitere Übungsfragen stellen, bevor wir mit dem Interview fortfahren. Machen Sie bitte dasselbe für jede der beiden Fragen. Denken Sie wie eben über die Frage laut nach. Nachdem Sie die Frage beantwortet haben, werde ich Sie darum bitten, mir zu erzählen, an welche ihrer Gedanken Sie sich erinnern. Haben Sie noch Fragen?

Hier ist die nächste Übungsfrage:
- Wie viele Fenster waren in Ihrem Elternhaus?
- Nun erzählen Sie mir bitte für diese Frage die Gedanken, an die Sie sich erinnern.

Schön, nun stelle ich Ihnen eine weitere Übungsfrage:
- Nennen Sie 20 Tiere.
- Nun erzählen Sie mir bitte für diese Frage die Gedanken, an die Sie sich erinnern.

Schön, nun denken Sie bitte weiter laut nach, während ich Ihnen einige weitere Fragen stelle.

Abbildung J.2: Übungen zum Think-Aloud-Interview

K Software

Die meisten Forschungsprojekte der empirischen Sozialforschung verwenden neben der gängigen Bürosoftware (und eventuell einem CATI-Programm) lediglich ein Datenanalysesystem. Dadurch wird das Endprodukt der Datenerhebung häufig unprofessioneller als es mit den gegebenen Mitteln möglich wäre. Die Durchführung von Forschungsprojekten lässt sich durch die Verwendung nahezu immer kostenlos erhältlicher Software wesentlich erleichtern und verbessern.[1] Wichtiger ist aber die Verringerung der Fehlerquellen und die Möglichkeiten besserer Dokumentation der Erhebungen durch den Einsatz geeigneter Programme.

K.1 Projektplanung

Obwohl sich Projektplanung prinzipiell ohne Programmunterstützung durchführen lässt, werden solche Aufgaben durch spezielle Programme einfacher. Kommerzielle Programme zur Projektplanung sind in der Regel außerordentlich teuer und kompliziert, da diese Programme auch für die Bearbeitung sehr komplexer Projekte (z. B. Staudammbauten) entwickelt wurden. Für die Projekte der empirischen Sozialforschung ist einfachere Projektmanagementsoftware ausreichend.[2]

K.2 Projektdokumentation

Bei der Durchführung eines Forschungsprojekts ergeben sich ständig neue Informationen, die in der Regel zunächst nur von kurzfristigem Interesse zu sein scheinen. Spätestens bei der Datenanalyse oder dem Schreiben eines Abschlussberichts wird dann zumeist bemerkt, dass die notwendigen Informationen nicht mehr auffindbar sind. Um solche Probleme zu vermeiden, empfiehlt sich die Verwendung eines Programms zur Organisation unstrukturierter Texte („information manager", „outliner"). Mithilfe solcher Programme lassen sich sehr einfach Projekttagebücher führen, in denen z. B. täglich Informationen über das Feldgeschehen, Codierungsentscheidungen, Dateinamen, Aufbereitungs- und Analyseschritte dokumentiert werden können. Aufgrund zahlreicher Strukturierungshilfen (Farben, Icons, Tabs), Ein- und Ausblendungen von Unterpunkten, Sortier- und Suchfunktionen sind solche Programme der üblichen Dokumentation durch unstrukturierte Sammlun-

---

[1] Die Nichtverwendung dieser Hilfsmittel lässt sich daher wohl nur durch die in akademischen Umgebungen kaum relevanten Lernkosten und die kaum je erfolgenden Kontrollen der Qualität der Dokumentation und Erhebungen erklären.

[2] Dazu gehören z. B. *Planner*, *Taskjuggler* und *GanttProject*.

gen von Textverarbeitungsdateien weit überlegen.[3] Bei Projekten mit absehbar längerer Laufzeit oder größerem Personalbestand ist darüber hinaus der Einsatz eines gemeinsamen Servers, bei dem alle Dokumente eines Projekts in einem gemeinsamen Dokumentenmanagementsystem gespeichert werden, empfehlenswert. Mit solchen Systemen ist erkennbar, wer wann welches Dokument bearbeitet hat und welche der vorhandenen Dateien die letzte Version ist.[4]

K.3 Dokumentation des Fragebogens

Die zunehmende Verwendung kognitionspsychologischer Methoden bei der Entwicklung von Fragebogen hat insbesondere bei methodisch anspruchsvollen Studien dazu geführt, dass der früher übliche einmalige Pretest durch die Anwendung einer Reihe verschiedener Pretestmethoden abgelöst wurde. Dies führt dazu, dass während der Entwicklung eines Fragebogens Dutzende Varianten des Instruments erstellt und wieder verworfen werden. Einem bereits fertiggestellten Instrument sind die Gründe für einzelne Formulierungen oder Formatierungen nicht mehr anzusehen. Eine vollständige schriftliche Dokumentation der Änderungen und der Gründe für die Änderungen entwickelt sich zwangsläufig zu einem kaum handhabbaren, umfangreichen Dokument. Fast immer geht daher das Wissen, das zu einer Änderung der Frage, der Antwortkategorie, der Formatierung oder der Abfolge führte, vollständig verloren. Die Konsequenzen für einen kumulativen Wissensfortschritt sind offensichtlich.

Aus diesem Grund wurde von einer Arbeitsgruppe des Verfassers das Programm QDDS entwickelt.[5] QDDS ist ein Datenbanksystem mit graphischer Benutzeroberfläche, das für jede Frage eines Fragebogens die vollständige Änderungsgeschichte dokumentieren kann. Damit ist jederzeit jede alte Version eines Fragebogens samt den Gründen, die zur Änderung führten, wieder abrufbar.[6] Das

---

[3] Um diese Dateien auch noch in 20 Jahren problemlos lesen und verarbeiten zu können, sollte die Speicherung ausschließlich als ASCII-File erfolgen. Zu den Programmen mit diesen Eigenschaften gehören z. B. *Keynote NF* und *Wikipad*.

[4] Zu den kostenlos verfügbaren Mitgliedern dieser Programmklasse gehören z. B. *OpenDocMan* sowie *Open Source Document Management*.

[5] Das DFG-Projekt QDDS wurde vom Verfasser initiiert und gemeinsam mit Jürgen Krause sowie Maximilian Stempfhuber beantragt und geleitet (Schnell/Krause/Stempfhuber 2004, Schnell 2011). Nach dem Ausscheiden aus dem Informationszentrum Sozialwissenschaften wurde Gesis deren Rechtsnachfolger. QDDS wurde nicht von Gesis initiiert, konzeptualisiert oder wissenschaftlich begleitet.

[6] Das Programm, die Dokumentation und Beispiele können über die Projekthomepage des Verfasssers unter der Adresse www.methodenzentrum.de kostenlos heruntergeladen und für nicht-kommerzielle

Programm kann Fragebogen für alle Erhebungsmodi erfassen und unter anderem als Datei für ein Textverarbeitungssystem speichern.

K.4 Datenerhebung

Üblicherweise werden Programme zur Datenerhebung in der akademischen Sozialforschung allenfalls in Form von CATI-Programmen eingesetzt (vgl. hierzu Anhang L). Für postalische oder persönliche Befragungen werden von akademischen Instituten keine speziellen Programme verwendet. Während sich postalische Befragungen noch unproblematisch mit einfachen Datenbankstrukturen innerhalb von Bürosoftware (Spreadsheets) planen und überwachen lassen, gilt dies für persönliche Befragungen nicht mehr. Hier müssen Hunderte von Interviewern mit Daten über Dutzende Kontakte zu Tausenden von Zielpersonen erfasst und analysiert werden. Einige (aber nicht alle) der größten Sozialforschungsinstitute verwenden solche Systeme. Kommerzielle Produkte scheinen für solche Programme nicht zu existieren; es werden daher institutseigene Softwarelösungen verwendet. Bei größeren akademischen Projekten mit eigener Organisation der Feldarbeit bleibt derzeit keine Alternative zur Programmierung eines solchen Systems in einer Standarddatenbank. Die Publikation eines solchen Programms wäre in höchstem Maße wünschenswert.

K.5 Datenerfassung

Einzelheiten zum Vorgehen bei der Erfassung der Daten empirischer Erhebungen finden sich bei Schnell/Hill/Esser (2008). Die Datenerfassung kann bei wissenschaftlichen Erhebungen mit speziellen Dateneingabeprogrammen wesentlich erleichtert werden. Mit solchen Programmen werden Bildschirmmasken erzeugt, die den Fragebogen ähneln. In die Leerstellen der Bildschirmmasken werden die Informationen aus den Fragebogen getippt. In akademischen Arbeitsumgebungen außerhalb der Sozialwissenschaften entwickelt sich in den letzten Jahren das Programm *EpiData* zum Standardprogramm für die Dateneingabe.[7] Aufgrund der zahllosen Möglichkeiten, Eingabe- und Bedienungsfehler zu verursachen, sind Spreadsheet-Programme wie z. B. *Excel* zur Dateneingabe (und zur Datenanalyse) vollkommen unbrauchbar.

Zwecke kostenfrei genutzt werden.

[7] EpiData kann kostenlos von der Homepage des Projekts bezogen werden (www.epidata.dk). Eine leicht verständliche Einführung in die Dateneingabe und das Datenmanagement mit EpiData geben Bennett u. a. (2001).

K.6 Datensicherung

Hier muss zwischen den Erfordernissen des Datenschutzes und der physischen Datensicherung unterschieden werden.

Originalerhebungsunterlagen sollten unmittelbar nach der Erhebung erfasst bzw. digitalisiert werden. So rasch wie möglich sollten personenbezogene Merkmale wie Namen etc. von den Erhebungsunterlagen getrennt („pseudonymisiert") werden.[8] Erst nach der Datenprüfung und der Erstellung mehrerer Kopien der Datenbestände können die Originalerhebungsunterlagen vernichtet werden.[9]

Vertrauliche Daten wie Namen, Anschriften oder medizinische Daten sollten immer verschlüsselt gespeichert werden. Ein geeignetes stabiles und frei verfügbares Verschlüsselungsprogramm für viele verschiedene Betriebssysteme ist *Truecrypt* (www.truecrypt.org). Um die Daten auch nach langer Zeit nutzen zu können, müssen Datensicherungen auf mehreren, technisch unterschiedlichen Datenträgern (CD-ROM, Festplatten) durchgeführt werden. Jede Kopie eines solchen Datenträgers sollte auch eine Kopie des verwendeten Verschlüsselungsprogramms enthalten. Jeder dieser Datenträger muss eindeutig beschriftet und mit Datum versehen sein. Das Passwort der Verschlüsselung muss mehreren Personen bekannt und an mehreren Orten geschützt aufbewahrt werden.

Die Bedeutung der physischen Datensicherung wird von vielen Anfängern unterschätzt. Bei einer heutigen Festplatte beträgt die Wahrscheinlichkeit für einen physikalischen Defekt innerhalb von 5 Jahren ca. 8%. Dazu kommen Fehler des Betriebssystems, Bedienungsfehler, Personalwechsel, Diebstähle, Überschwemmungen und Brände.[10] Daher empfiehlt sich dringend eine unabhängige Datensicherung an einem weit entfernten Ort.[11] Jeder im Rahmen der empirischen Sozialforschung

---

[8] „Pseudonymisierung" bedeutet die Vergabe einer Codenummer, die den inhaltlichen Datenbeständen einer Erhebungseinheit (also z. B. dem Fragebogen eines Haushalts) als Datensatz A und den personenbezogenen Merkmalen (Namen, Anschriften, Identifikationsnummern wie z. B. Sozialversicherungsnummer oder Matrikelnummer) als Datensatz B eineindeutig zugeordnet werden. Sowohl A als auch B enthalten dann diese Codenummer. Der Datenbestand A enthält aber keine personenbezogenen Daten, und der Datenbestand B enthält keine inhaltlichen Variablen. Beide Datenbestände müssen dann getrennt aufbewahrt werden. Es empfiehlt sich eine Verschlüsselung der beiden Datenbestände mit unterschiedlichen Passwörtern.

[9] Die an vielen Universitäten übliche einfache Papierentsorgung reicht für Forschungsprojekte nicht aus: Bei potentiell sensiblen Daten müssen Aktenvernichter („Papier-Schredder") verwendet werden.

[10] 2002 verlor ein statistisches Bundesamt in Europa große Teile seiner historischen Datenbestände durch eine Überschwemmung. Die Sicherungskopien wurden durch das Hochwasser ebenfalls vernichtet. 2006 brannte das Göttinger Institutsgebäude der Sozialwissenschaften aus.

[11] Viele Universitätsrechenzentren bieten einen automatisierbaren Backupdienst. Kommerzielle Anbie-

erstellte Datensatz sollte so bald wie möglich zusammen mit einem Feldbericht und den Erhebungsunterlagen dem „Archiv für Sozialforschung" (www.gesis.org) an der Universität Köln übergeben werden. Durch die Speicherung in diesem Archiv kann die Verfügbarkeit der Daten und der Dokumentation über lange Zeiträume gewährleistet werden.

K.7 Datenanalyse

Wissenschaftliche Erhebungen werden nahezu immer mit speziellen Datenanalyseprogrammen ausgewertet.[12] Die in den Sozialwissenschaften am weitesten verbreiteten Statistikprogrammpakete heißen *SAS*, *SPSS* und *Stata*. SAS ist ein außerordentlich umfangreiches Programm, das insbesondere außerhalb der Sozialwissenschaften weit verbreitet ist. SPSS war in seinen verschiedenen Versionen viele Jahre das Standardpaket für Sozialwissenschaftler. Aufgrund seiner Größe, seines Preises und seiner Unflexibilität wird SPSS innerhalb der Universitäten zunehmend von anderen Programmen verdrängt. Stata hat in den letzten Jahren in den Sozialwissenschaften stark an Bedeutung gewonnen, da das Programm leicht um neue Prozeduren ergänzt werden kann.[13]

K.8 Publikation

Die technische Dokumentation eines Forschungsprojekts der empirischen Sozialforschung stellt eine umfangreiche und komplexe Publikation dar. Die meisten Projektberichte werden mit für diese Zwecke völlig ungeeigneten Standardtextverarbeitungsprogrammen erstellt. Die Erstellung solcher Dokumente ist mit einem Programm, das eigens für die Produktion umfangreicher wissenschaftlicher Publikationen geschaffen wurde, wesentlich leichter. Hier ist das kostenlose Programm LaTeX unübertroffen. Zusammen mit einer geeigneten Benutzeroberfläche erhält man sehr stabile, unter mehreren Betriebssystemen verwendbare und typographisch

---

ter von Online-Backup-Systemen bieten für Datenbestände von Forschungsprojekten ausreichenden Speicherplatz zum Teil kostenlos an.

[12] Die Analyse offener Fragen ist mit statistischen Datenanalysesystemen etwas mühselig. Es empfiehlt sich, für die Codierung offener Fragen geeignetere Programme zu verwenden. Es gibt eine Reihe spezieller Programme für diese Arbeiten, die aber zumeist sowohl in den Anschaffungs- als auch Lernkosten für gelegentliche Anwender prohibitiv sind. Eine Ausnahme ist das Programm *AnSWR* („Analysis Software for Word-based Records") des CDC, das speziell für dieses Problem entwickelt wurde.

[13] Hinweise auf zahlreiche andere verfügbare Datenanalyseprogramme finden sich auf der Homepage von Stata (www.stata.com).

ansprechende Dokumente.[14,15] Der anfängliche Lernaufwand zahlt sich durch Vermeidung von Textverlust und die Abwesenheit von technisch bedingten Fehlern des Textverarbeitungsprogramms nach kurzer Zeit aus.

---

[14] Dazu gehören z. B. *TeXnicCenter* (www.toolscenter.org) unter Windows, *Texshop* unter MacOS und *Kile* unter Linux.

[15] Dies gilt auch für Fragebogen. Die Erstellung von Fragebogen ist mit LaTeX problemlos, wenn man eine entsprechende Sammlung von Makros verwendet. In Ermangelung einer veröffentlichten Sammlung wurden innerhalb des DFG-Projekts QDDS des Verfassers zwei solcher Sammlungen entwickelt. Sie können von der Projektseite unter www.methodenzentrum.de heruntergeladen werden.

L Hard- und Software für CATI

CATI-Interviews werden fast immer in einer oder mehreren zentralen Einrichtungen, den CATI-Studios, durchgeführt. Ein modernes CATI-Studio in der BRD besteht zumeist aus einem oder mehreren Räumen, in denen 10–20 Interviewer-Arbeitsplätze untergebracht sind. Die einzelnen Interview-Arbeitsplätze werden entweder gar nicht oder nur durch Sichtblenden voneinander getrennt (der resultierende Hintergrundlärm soll die Befragten davon überzeugen, dass der Anruf kein „Freak-Anruf" ist).[1]

Die Arbeitsplätze bestehen zumeist nur aus PCs geringer Leistung (die für diese Aufgabe vollkommen ausreichen) und einem Telefon (meist – aber nicht immer – mit einem eigenen Headset für jeden Interviewer). Die PCs sind untereinander in einem Netzwerk mit einem gemeinsamen Server (einem etwas leistungsfähigeren PC) verknüpft. Der Server sollte über eine unterbrechungsfreie Stromversorgung (UPS), ein automatisches Backup-System und ein besonders zuverlässiges Plattensystem (RAID) verfügen. Zumeist findet sich zumindest ein weiterer PC-Arbeitsplatz, der dem Supervisor und dem Systemadministrator zugeteilt wird.[2] Die Kosten für die Elektronik-Hardware eines 20-Platz-Studios liegen derzeit deutlich unter 15.000 Euro.[3]

Den Kern eines CATI-Studios bildet natürlich die Software. Die eigentliche Software zur Durchführung der Interviews ist relativ einfach und erfordert keine besonderen Programmiertechniken. Dies ändert sich aber dramatisch durch das Call-Management. Hierdurch werden z. B. zentrale Datenbanken und Datensicherungen erforderlich. Weiterhin werden Programme zur Entwicklung, Modifizierung und Kontrolle der Fragebogenprogramme benötigt. Entsprechend sind vollständige

---

[1] Detaillierte Einzelheiten zur Einrichtung eines CATI-Studios (Raumaufteilung, Telefontechnik, Organisation etc.) finden sich bei Kelly u. a. (2008).
[2] Viele CATI-Studios in der BRD verzichten auf die technischen Möglichkeiten, die die Computerunterstützung bietet. Sogar größere Studios verfügen über keine Hardware, die automatisches Wählen der Telefonnummern erlaubt. Nur wenige CATI-Studios in der BRD verfügen über die Möglichkeit, dass der Supervisor sich unbemerkt in die laufenden Interviews einschalten kann, um auf diese Weise die Interviewer zu überwachen. Ebenso verfügen nur wenige Studios über die Möglichkeit, die Gespräche digital aufzuzeichnen.
[3] In der BRD müssen insbesondere bei universitären Einrichtungen eine Unzahl von Vorschriften (Arbeitsplatzrichtlinien, Lüftung) beachtet werden. Den entsprechenden finanziellen und organisatorischen Aufwand bei der Einrichtung eines CATI-Labors sollte man nicht unterschätzen.

CATI-Systeme vergleichsweise komplexe Programmsysteme.[4] Daher existieren derzeit nur wenige Programme, die zumindest die meisten wünschenswerten Eigenschaften eines CATI-Systems besitzen.[5] Zu diesen umfassenden Programmen gehören z. B. BLAISE,[6] CASES,[7] Ci3, Ci3 für Windows und WinCati[8] sowie Quancept CATI, Surveycraft, In2quest[9] und Winquery.[10] Viele große kommerzielle Institute der Bundesrepublik verwenden derzeit das NIPO-System.[11]

Für alle diese Programme liegen die Basispreise zwischen 5.000 und 10.000 Euro für 20 Arbeitsstationen, in einigen Fällen kommen Kosten für Zusatzprogramme (wie z. B. „predictive dialing") hinzu. Gelegentlich (z. B. bei BLAISE) werden diese Kosten jährlich fällig. Um diese Kosten zu sparen, werden in einigen Universitäten einfache selbstgeschriebene Programme verwendet. Diesen fehlen aber die eigentlich interessanten Vorteile von CATI-Programmen, wie z. B. das Call-Management.

---

[4] Eine Übersicht über die Funktionen eines Feldmanagement-Systems für CATI-Surveys findet sich bei Hansen (2008).

[5] Es muss betont werden, dass alle diese Programme im Praxisbetrieb z. T. erhebliche Mängel aufweisen. Hierzu gehören vor allem Systemabstürze, die immer wieder zum Verlust eines beachtlichen Anteils bereits fertiger oder im Gange befindlicher Interviews führen. Ebenso deckt sich die Ausgabe in den Datendateien und den Protokolldateien nicht immer mit den Handbüchern. In der Praxis sollte kein System eingesetzt werden, das nicht in Pilot-Studien getestet wurde.

[6] BLAISE (neon.vb.cbs.nl/blaise) wurde von der niederländischen Census-Behörde entwickelt.

[7] CASES (cases.berkeley.edu:7504/cases_5_3.htm) wurde von der University of Berkeley entwickelt.

[8] Alle drei CATI-Programme stammen von Sawtooth Software (www.sawtooth.com/products/cati/index.htm).

[9] Alle drei Programme werden von SPSS vertrieben (www.spss.com/spssmr/products/cati).

[10] Das Programm stammt von der Firma „The Analytical Group" (www.acsinfo.com/winquery.htm).

[11] Der Hersteller (www.niposoftware.com) gehört zu einem multinationalen Unternehmen namens WPP.

M Beispiele für Anschreiben einer postalischen Befragung

Die folgenden Anschreiben wurden im Rahmen des Defect-Projekts von der Projektgruppe „Defect" entwickelt.[1] Alle Schreiben wurden mehrfachen kognitiven Pretests unterworfen und mehrfach revidiert. Jeder inhaltliche Punkt, jede Formulierung und jedes einzelne Wort wurde sorgfältig in Hinsicht auf seine Wirkung auf die Respondenten gewählt. In dieser Weise eignen sich die Schreiben nur für universitätsbasierte postalische Befragungen. Bei anderen Projekten müssen die Schreiben entsprechend sorgfältig modifiziert werden. In jedem Fall sind mehrfache kognitive Pretests der Anschreiben mit Personen aus der Zielpopulation unverzichtbar.

---

[1] Die Projektgruppe „Defect I" bestand aus Elisabeth Coutts, Daniela Thume, Frauke Kreuter; die Projekt-Gruppe „Defect II" bestand aus Elisabeth Coutts, Helene Venningen und Claudia Queißer Projektleiter beider Projekte war der Autor. Einzelheiten zum Projekt finden sich bei Schnell/Kreuter (2000a).

M Beispiele für Anschreiben einer postalischen Befragung

Universität Konstanz, Postfach D92, 78457 Konstanz

Familie -------

8645 Bad Elster / Mühlhausen

Universität Konstanz
Fakultät für
Verwaltungswissenschaft

Prof. Dr. Rainer Schnell
Methoden der empirischen
Politik- und
Verwaltungsforschung

Postfach D 92
78457 Konstanz
Telefax: (07531) 88-4483
Telefon: (07531) 88-2341

Konstanz, 22.10.99

Sehr geehrte Dame, sehr geehrter Herr,

innerhalb der nächsten Tage werden Sie von meiner Forschungsgruppe einen kurzen Fragebogen erhalten. Wir möchten erfahren, wie sicher sich Menschen in verschiedenen Gegenden Deutschlands fühlen.

Dieser Fragebogen ist Teil eines Forschungsprojekts zum Problem der Kriminalitätsentwicklung in der Bundesrepublik. Das Forschungsprojekt soll eine Bestandsaufnahme des Sicherheitsgefühls der Bevölkerung zu Beginn des neuen Jahrtausends liefern.

Die Beantwortung des Fragebogens wird nur etwas mehr als eine Viertelstunde in Anspruch nehmen. Ich möchte Sie schon jetzt bitten, sich die Zeit für unsere Fragen zu nehmen.

Vielen Dank für Ihre Unterstützung.

Mit freundlichen Grüßen

(Prof. Dr. Rainer Schnell)

Abbildung M.1: Ankündigungsschreiben für eine postalische Befragung

Universität Konstanz, Postfach D92, 78457 Konstanz

Universität Konstanz
Fakultät für
Verwaltungswissenschaft
Prof. Dr. Rainer Schnell
Methoden der empirischen
Politik- und
Verwaltungsforschung

Fam. --------

8645 Bad Elster /Mühlhausen

Postfach D 92
78457 Konstanz
Telefax: (07531) 88-4483
Telefon: (07531) 88-2341

Konstanz, 29.10.99

Sehr geehrte Dame, sehr geehrter Herr,

ich führe mit meiner Forschungsgruppe eine bundesweite Befragung zum Thema Kriminalität durch. Dabei bitte ich Sie um Ihre Hilfe. Die eigene Einschätzung, wie stark man im Alltag durch kriminelle Handlungen bedroht wird, unterscheidet sich zwischen den Bürgern verschiedener Gemeinden. In einigen Orten spielt Kriminalität eine große Rolle, in anderen ist dies kein Thema. Wir möchten wissen, wie es bei Ihnen ist.

Wir befragen Haushalte in fast 200 Gemeinden der Bundesrepublik. Die Haushalte wurden aus allen Haushalten der Gemeinden nach einem wissenschaftlichen Verfahren zufällig ausgewählt. Ihre Adresse gehört zu den ausgewählten.

Um repräsentative Ergebnisse zu bekommen, müssen wir in jedem angeschriebenen Haushalt eine Person befragen, die wir zufällig auswählen. In Ihrem Haushalt müssen wir das Haushaltsmitglied befragen, welches als **letztes Geburtstag** hatte **und mindestens 18 Jahre** alt ist. Diese Person ist unsere Ansprechperson. Nur sie soll den Fragebogen ausfüllen.

Ich garantiere Ihnen den vertraulichen Umgang mit Ihren Angaben. Der Rückumschlag enthält aus versandtechnischen Gründen eine laufende Nummer. Diese wird aus der Versandliste gestrichen, sobald Sie den Fragebogen zurückgeschickt haben. Rückumschlag und Fragebogen werden sofort nach Eingang ihrer Sendung getrennt. Ihre Antworten bleiben somit vollkommen anonym.

Für Rückfragen können Sie meine Forschungsgruppe kostenfrei unter 0800 - 10 - 000 - 19 erreichen. Selbstverständlich stehe ich Ihnen auch persönlich unter 07531 / 88 - 3679 für ein Gespräch zur Verfügung. Die Polizeidirektion Konstanz (Tel.: 07531-995-1020 oder –1022) ist über unser Vorhaben ebenfalls informiert.

Die Verwendbarkeit der Ergebnisse hängt entscheidend davon ab, daß jeder Fragebogen ausgefüllt und zurückgeschickt wird. Ich bitte Sie daher herzlichst, die Ansprechperson zu bestimmen oder - falls Sie selbst diese Person sind - sich die Zeit für die Beantwortung unserer Fragen zu nehmen. Sie helfen mir dadurch wirklich sehr.

Vielen Dank für Ihre Unterstützung.

Mit freundlichen Grüßen

(Prof. Dr. Rainer Schnell)

Abbildung M.2: Begleitschreiben einer postalischen Befragung

M Beispiele für Anschreiben einer postalischen Befragung

Konstanz, 9.11.99

Sehr geehrte Dame, sehr geehrter Herr,

letzte Woche hat Ihnen meine Forschungsgruppe einen Fragebogen zugesandt mit der Bitte, Ihre Einschätzung zur Sicherheit in Ihrer Gemeinde anzugeben.

Falls Sie diesen Fragebogen bereits ausgefüllt und zurückgeschickt haben, möchte ich mich ganz herzlich bei Ihnen bedanken. Falls nicht, bitte ich Sie, dies noch heute zu erledigen.

Nur wenn alle ausgewählten Haushalte den Fragebogen zurückschicken, spiegeln die Ergebnisse der Umfrage die tatsächlichen Verhältnisse in der Bundesrepublik Deutschland wider. Wir sind deshalb auf Ihre Hilfe angewiesen.

Vielen Dank für Ihre Unterstützung.

(Prof. Dr. Rainer Schnell)

Falls Sie keinen Fragebogen bekommen haben, oder er verlegt wurde, rufen Sie uns bitte für Sie kostenfrei unter 0800-10-000-19 an. Wir werden Ihnen sofort einen neuen Fragebogen zuschicken.

Abbildung M.3: Postkarte der ersten Mahnung einer postalischen Befragung

Universität Konstanz, Postfach D92, 78457 Konstanz

Universität Konstanz
Fakultät für
Verwaltungswissenschaft
Prof. Dr. Rainer Schnell
Methoden der empirischen
Politik- und
Verwaltungsforschung

Familie -----

8645 Bad Elster / Mühlhausen

Postfach D 92
78457 Konstanz
Telefax: (07531) 88-4483
Telefon: (07531) 88-2341

Konstanz, 29.10.99

Sehr geehrte Dame, sehr geehrter Herr,

vor 3 Wochen hat meine Forschungsgruppe Ihrem Haushalt einen Fragebogen zur Sicherheit in Ihrer Gemeinde zugeschickt. Wir hatten darum gebeten, daß die Person, welche als letztes Geburtstag hatte und mindestens 18 Jahre alt ist, den Fragebogen ausfüllt. Leider haben wir bisher aus Ihrem Haushalt keinen ausgefüllten Fragebogen erhalten.

Damit wissenschaftlich zuverlässige Aussagen über das Sicherheitsgefühl der Bürger der Bundesrepublik möglich sind, benötigen wir aber dringend die Antworten der entsprechenden Person jedes ausgewählten Haushaltes.

Falls Sie bislang keine Gelegenheit gefunden haben, den Fragebogen auszufüllen, möchte ich Sie herzlichst bitten, uns nun zu antworten. Sollten sie uns bereits geantwortet haben, bitte ich um Ihre Nachsicht und bedanke mich für Ihre Unterstützung.

Wenn Sie Fragen zu dieser Studie haben, können Sie meine Forschungsgruppe gebührenfrei unter 0800-10-000-19 erreichen. Gegebenenfalls kann Ihnen die Polizeidirektion Konstanz (07531-995-1020) die Seriosität unserer Studie bestätigen. Natürlich stehe ich Ihnen auch weiterhin persönlich unter 07531-88-3679 für ein Gespräch zur Verfügung.

Ihre Antwort wird uns wirklich helfen.

Mit freundlichen Grüßen,

Prof. Dr. Rainer Schnell

P.S. Für den Fall, daß unsere erste Sendung des Fragebogens verloren ging, haben wir ein Ersatzexemplar beigelegt.

Abbildung M.4: Begleitbrief der zweiten Mahnung einer postalischen Befragung

N Mögliche Ursachen für Unterschiede in Survey-Ergebnissen

Zahlreiche – in der Regel nicht dokumentierte – Details der Durchführung eines Surveys können in zum Teil erheblichen Unterschieden in den Ergebnissen zwischen verschiedenen Surveys resultieren.[1] Um beurteilen zu können, ob tatsächliche Unterschiede zwischen zwei Surveys vorliegen oder nicht, müssen zumindest die plausibelsten möglichen Ursachen für Unterschiede in den Ergebnissen ausgeschlossen werden. Falls zunächst unerklärlich scheinende Unterschiede auftreten, sollten die folgenden Erhebungsdetails zwischen den Surveys verglichen werden:[2]

- Definition der Grundgesamtheit
  - Geografische Abgrenzungen
  - Altersabgrenzung
  - Nationalitätsdefinitionen
  - Erkrankungdefinitionen
  - Haushaltsdefinition
- Overcoverage
- Undercoverage
- Stichprobenverfahren
- Auffindungsregeln bzw. Verfolgungsregeln bei Panels
- Kontaktversuche
  - Festlegung der Zeitpunkte der Kontaktversuche
  - Festlegung der Anzahl der Kontaktversuche
  - Form der Kontaktversuche
  - Ankündigung der Kontaktversuche
  - Interviewerunterstützende Maßnahmen
- Nonresponse
  - Behandlung von Verweigerungen
  - Behandlung von Nicht-Befragbaren
  - Zulassung von Proxy-Befragungen

---

[1] Eine empirische Untersuchung der möglichen Ursachen für beobachtete Unterschiede trotz identischer Fragen, identischer Zielpopulation und gleichem Zeitpunkt findet sich bei Schnell/Kreuter (2000b).
[2] Die Idee zu einer solchen Liste verdanke ich Elisabeth Martin (1983).

N Mögliche Ursachen für Unterschiede in Survey-Ergebnissen

- Erhebungsmodus
  - Ein Erhebungsmodus vs. „Mixed-Mode"-Surveys
  - Art der Zuweisung der Erhebungseinheiten zu den Modi
  - relativer Anteil der Erhebungsmodi an allen Interviews
- Feldorganisation
  - Zahl der Interviews pro Interviewer
  - Art und Häufigkeit der Rückmeldung der Interviewer an das Institut
  - Rückmeldung der Qualität der Ergebnisse an den Interviewer
  - Art und Häufigkeit der Supervision des Interviewers
  - Art und Häufigkeit der Interviewerkontrolle
  - Konsequenzen von Täuschungen
  - Dauer der Feldarbeit
  - Zeitpunkt der Feldarbeit
  - Allokation anderer Interviewer bei Problemen
- Interviewerverhalten
  - Interviewertraining
  - Interviewererfahrung
  - Interviewermerkmale
  - Interviewerentlohnung
  - Interviewererwartungen
  - Motivierung des Befragten durch den Interviewer (Sorgfalt, Geschwindigkeit)
- Frageform
  - Frageformulierung
  - Verwendung von Befragungshilfsmitteln wie Antwortkarten, Listen etc.
  - Antwortvorgaben vs. offene Fragen
  - Behandlung von „weiß-nicht" Antworten
  - Behandlung von Verweigerungen
  - Zeitlicher Bezug zu den Fragen
  - Abfolge der Antwortvorgaben
  - Abfolge der Fragen
  - Kontexteffekte durch andere Frageblöcke

- Explizite oder implizite „weiß-nicht" Antwortvorgaben
- Datenerfassung
  - Art der Datenerfassung
  - Feldcodierung vs. zentrale Codierung
  - Code-Schemata
  - Art der Codierung offener Antworten
  - Zahl der Codierer
  - Art der Kontrolle der Codierung
  - Art der Handhabung von Inkonsistenzen zwischen Codierern
- Editing
  - Konsistenzprüfungen
  - Wertebereichsprüfungen
  - Manuelles vs. automatisches Editieren
  - Art der Inkonsistenzbeseitigung
  - Imputationsverfahren
- Gewichtungsverfahren
- Datenanalyse
  - Datentransformationen
  - Subset-Bildungen
  - Art der Handhabung fehlender Werte
  - Verwendung unterschiedlicher Berechnungsformeln
  - Rundungsfehler durch unterschiedliche Algorithmen
  - Programmierfehler[3]
  - Übertragungsfehler
  - Vorzeichenfehler bei der Interpretation
  - Inkorrekte Interpretation durch falsch berechnete Konfidenzintervalle[4]

---

[3] Die Hersteller der Datenanalyseprogramme wie z. B. SPSS und SAS sind bei der Veröffentlichung solcher Probleme im Allgemeinen sehr zurückhaltend. Die Häufigkeit solcher Fehler wird daher oft unterschätzt.

[4] Vernachlässigung von Design-Effekten durch Klumpung oder Interviewer, vgl. O'Muircheartaigh/Campanelli (1998) sowie Schnell/Kreuter (2005).

Literaturverzeichnis

AAPOR Cell Phone Task Force (2010): *New Considerations for Survey Researchers When Planning and Conducting RDD Telephone Surveys in the U.S. With Respondents Reached via Cell Phone Numbers.* Technischer Bericht, American Association for Public Opinion Research, Deerfield

AAPOR (2008): *Standard Definitions: Final Dispositions of Case Codes and Outcome Rates for Surveys Revised 2008.* The American Association for Public Opinion Research, Lenexa, Kansas, 5. Auflage

Aday, L. A., Cornelius, L. J. (2006): *Designing and Conducting Health Surveys. A Comprehensive Guide.* Jossey-Bass, San Francisco, 3. Auflage

Ahearn, E. P. (1997): The Use of Visual Analog Scales in Mood Disorders: A Critical Review. In: *Journal of Psychiatric Research*, 31, 5, S. 569–579

Ajzen, I., Fishbein, M. (2005): The Influence of Attitudes on Behavior. In: Albarracin, D., Johnson, B. T., Zanna, M. P. (Herausgeber) *The Handbook of Attitudes*, Lawrence Erlbaum, Mahwah, S. 173–221

Albers, I. (1997): Einwohnermelderegister-Stichproben in der Praxis. In: Gabler, S., Hoffmeyer-Zlotnik, J. (Herausgeber) *Stichproben in der Umfragepraxis.* Westdeutscher Verlag, Opladen, S. 117–126

Allerbeck, K., Hoag, W. J. (1985a): Jugend ohne Zukunft. München

Allerbeck, K. R., Hoag, W. J. (1985b): Wenn Deutsche Ausländer befragen. Ein Bericht über methodische Probleme und praktische Erfahrungen. In: *Zeitschrift für Soziologie*, 14, 3, S. 241–246

Alonso, J., Angermeyer, M., Bernert, S., Bruffaerts, R., Brugha, T. (2004): Sampling and Methods of the European Study of the Epidemiology of Mental Disorders (ESEMeD) Project. In: *Acta Psychiatrica Scandinavica*, Supplementum 420, S. 8–20

Alwin, D. F. (1997): Feeling Thermometers Versus 7-Point Scales. In: *Sociological Methods and Research*, 25, 3, S. 318–340

Alwin, D. F. (2007): *Margins of Error. A Study of Reliability in Survey Measurement.* Wiley, Hoboken

Amoo, T., Friedman, H. H. (2001): Do Numeric Values Influence Subjects Responses to Rating Scales? In: *Journal of International Marketing and Marketing Research*, 26, S. 41–46

Anderson, M. J., Fienberg, S. E. (1999): *Who Counts? The Politics of Census Taking in Contemporary America.* Russel Sage, New York

Angrist, J., Pischke, J. (2009): *Mostly Harmless Econometrics: An Empiricist's Companion.* Princeton University Press, Princeton

Baier, D., Pfeiffer, C., Simonson, J., Rabold, S. (2009): *Jugendliche in Deutschland als Opfer und Täter von Gewalt. Erster Forschungsbericht zum gemeinsamen Forschungsprojekt des Bundesministeriums des Innern und des KFN.* Forschungsbericht 107, Kriminologisches Forschungsinstitut Niedersachsen, Hannover

Bandilla, W., Kaczmirek, L., Blohm, M., Neubarth, W. (2009): Coverage- und Nonresponse-Effekte bei Online-Bevölkerungsumfragen. In: Jackob, N., Schoen, H., Zerback, T. (Herausgeber) *Sozialforschung im Internet.* VS Verlag für Sozialwissenschaften, Wiesbaden, S. 129–143

Barclay, S., Todd, C., Finlay, I., Grande, G., Wyatt, P. (2002): Not Another Questionnaire! Maximizing the Response Rate, Predicting Non-response and assessing Non-response Bias in Postal Questionnaire Studies of GPs. In: *Family Practice*, 19, 1, S. 105–111

Bartella, R. (1997): *Methodik kommunaler Bürgerumfragen. Eine Arbeitshilfe zur Vorbereitung, Durch-*

führung und Auswertung. Deutscher Städtetag, Köln

Baruch, Y., Holtom, B. C. (2008): Survey Response Rate Levels and Trends in Organizational Research. In: *Human Relations*, 61, 8, S. 1139–1160

Bassi, F., Hagenaars, J. A., Croon, M. A., Vermunt, J. K. (2000): Estimating True Changes When Categorical Panel Data are Affected by Uncorrelated and Correlated Classification Errors. In: *Sociological Methods & Research*, 29, 2, S. 230–268

Bassili, J., Scott, B. (1996): Response Latency as a Signal to Question Problems in Survey Research. In: *Public Opinion Quarterly*, 60, 3, S. 390

Behling, O., Law, K. S. (2000): *Translating Questionnaires and other Research Instruments: Problems and Solutions*. Sage, Thousand Oaks

Belli, R. (1998): The Structure of Autobiographical Memory and the Event History Calendar: Potential Improvements in the Quality of Retrospective Reports in Surveys. In: *Memory*, 6, S. 383–406

Belli, R. F. (2003): *The Integration of a Computer Assisted Interviewing Event History Calendar in the Panel Study of Income Dynamics*. Technischer Bericht, PSID, Institute for Social Research, University of Michigan, Ann Arbor

Belli, R. F., Stafford, F. P., Alwin, D. F. (Herausgeber) (2009): *Calendar and Time Diary: Methods in Life Course Research*. Sage, Thousand Oaks

Belson, W. (1981): The Design and Understanding of Survey Questions. Aldershot

Bender, S., Hethey, T. (2011): Persönliche Mitteilung an den Autor. Nürnberg (IAB)

Bennett, S., Myatt, M., Jolley, D., Radalowicz, A. (2001): Data Management for Surveys and Trials. A practical primer using epidata. The EpiData Association; http://Www.epidata.dk/Downloads/Notes/Dmepidata.pdf

Bergk, V., Gasse, C., Schnell, R., Haefeli, W. E. (2005): Mail Surveys: Obsolescent Model or Valuable Instrument in General Practice Research? In: *Swiss Medical Weekly*, 135, 13-14, S. 189–191

Bernard, H., Killworth, P., Kronenfeld, D., Sailer, L. (1984): The Problem of Informant Accuracy: The Validity of Retrospective Data. In: *Annual Review of Anthropology*, 13, S. 495–517

Best, S., Krueger, B. (2004): *Internet Data Collection*. Sage, Thousand Oaks

Bethlehem, J. (2009): *Applied Survey Methods. A Statistical Perspective*. Wiley, Hoboken

Bethlehem, J., Cobben, F., Schouten, B. (2009): Challenges, Achievements and New Directions Indicators for the Representativeness of Survey Response. In: *Proceedings of Statistics Canada Symposium 2008 Data Collection*. Statistics Canada

Bick, W. (1995): *Standardindikatoren für kommunale Bürgerumfragen. Eine Arbeitshilfe*. Deutscher Städtetag, Köln

Biemer, P., Lyberg, L. (2003): *Introduction to Survey Quality*. Wiley, Hoboken

Biemer, P., Stokes, S. (1989): Optimal Design of Quality Control Samples to Detect Interviewer Cheating. In: *Journal of Official Statistics*, 5, S. 23–39

Biemer, P. P. (2010): Overview of Design Issues. In: Marsden, P. V., Wright, J. D. (Herausgeber) *Handbook of Survey Research*, Emerald, Bingley, S. 27–57. 2. Auflage

Biemer, P. P. (2011): *Latent Class Analysis of Survey Error*. Wiley, Hoboken

Biemer, P. P., Jordan, B. K., Hubbard, M., Wright, D. (2005): A Test of the Item Count Methodology for Estimating Cocaine Use Prevalence. In: Kennet, J., Gfroerer, J. (Herausgeber) *Evaluating and Improving Methods Used in the National Survey on Drug Use and Health*, SAMHSA, Office of Applied Studies, Rockville, S. 149–174

Literaturverzeichnis

Biemer, P. P., Trewin, D. (1997): A Review of Measurement Error Effects on the Analysis of Survey Data. In: Lyberg, L., Biemer, P., Collins, M., de Leeuw, E., Dippo, C., Schwarz, N., Trewin, D. (Herausgeber) *Survey Measurement and Process Quality*, Wiley, New York

Bilger, F., Hartig, J., Jäckle, R., von Rosenbladt, B., Strauß, A. (2011): *leo. - Level-One Studie: Literalität von Erwachsenen auf den unteren Kompetenzniveaus*. Methodenbericht, TNS-Infratest, München

Billiet, J., Loosveldt, G. (1988): Improvement of the Quality of Responses to Factual Survey Questions by Interviewer Training. In: *Public Opinion Quarterly*, 52, 2, S. 190–211

Billiett, J. (2003): Cross-cultural Equivalence With Structural Equation Modeling. In: Harkness, J. A., van de Vijver, F. R.., Mohler, P. (Herausgeber) *Cross-cultural Survey Methods*, Wiley, New York, S. 247–263

Binder, D., Hidiroglou, M. (1988): Sampling in Time. In: Krishnaiah, P., Rao, C. (Herausgeber) *Handbook of Statistics*. Elsevier, Amsterdam, Band 6, S. 187–211

Birnbaum, M. H. (2004): Human Research and Data Collection via the Internet. In: *Annual Review of Psychology*, 55, 1, S. 803–832

Birnstiel, C. (2001): *Amtliche Statistik im Spannungsfeld zwischen wissenschaftlichem Anspruch und politischen Vorgaben*. Dissertation, Universität der Bundeswehr München, Fakultät für Sozialwissenschaften

Bishop, G. (1992): Qualitative Analysis of Question Order and Context Effects: The Use of Think-Aloud Responses. In: Schwarz, N., Sudman, S. (Herausgeber) *Context Effects in Social and Psychological Research*, Springer, New York, S. 149–162

Blair, E., Blair, J. (2006): Dual Frame Web-Telephone Sampling for Rare Groups. In: *Journal of Official Statistics*, 22, S. 211–220

Blohm, M., Diehl, C. (2001): Wenn Migranten Migranten befragen. Zum Teilnahmeverhalten von Einwanderern bei Bevölkerungsbefragungen. In: *Zeitschrift für Soziologie*, 30, 3, S. 223–242

Boeing, H., Schlehofer, B., Wahrendorf, J. (1997): Diet, Obesity and Risk For Renal Cell Carcinoma: Results From a Case Control-study in Germany. In: *Zeitschrift für Ernährungswissenschaft*, 36, 1, S. 3–11

Bohrnstedt, G. (1983): Measurement. In: Rossi, P., Wright, J., Anderson, A. (Herausgeber) *Handbook of Survey Research*. Academic Press, Orlando, S. 69–121

Bolger, N., Davis, A., Rafaeli, E. (2003): Diary Methods: Capturing Life As It Is Lived. In: *Annual review of psychology*, 54, S. 579–616

Borenstein, M., Hedges, L. V., Higgins, J. P., Rothstein, H. R. (2009): *Introduction to Meta-Analysis*. Wiley, Chichester

Bortz, J. (1999): *Statistik für Sozialwissenschaftler*. Springer, Berlin, 5. Auflage

Bourque, L. B., Fielder, E. P. (1995): *How To Conduct Self-administered and Mail Surveys*. Sage, Thousand Oaks

Bowling, A. (2005): Mode of Questionnaire Administration Can Have Serious Effects on Data Quality. In: *Journal of Public Health*, 27, 3, S. 281–291

Brace, I. (2008): *Questionnaire Design: How to Plan, Structure and Write Survey Material for Effective Market Research*. Kogan Page, London, 2. Auflage

Bradburn, N., Huttenlocher, J., Hedges, L. (1994): Telescoping and Temporal Memory. In: Schwarz, N., Sudman, S. (Herausgeber) *Autobiographical Memory and the Validity of Retrospective Reports*. Springer, New York, S. 203–215

Bradburn, N. M., Wansink, B., Sudman, S. (2004): *Asking Questions: The Definitive Guide to Questionnaire Design—for Market Research, Political Polls, and Social and Health Questionnaires.* Jossey-Bass, San Francisco, 2. Auflage

Braun, R. (2004): Zensustest 2001. In: *Statistisches Monatsheft Baden-Württemberg*, 5, S. 3–10

Breslow, N. (2005): Case-Control-Studies. In: Ahrens, W., Pigeot, I. (Herausgeber) *Handbook of Epidemiology.* Springer, Berlin, S. 287–319

Brick, J. M., Edwards, W. S., Lee, S. (2007): Sampling Telephone Numbers and Adults, Interview Length, and Weighting in The California Health Interview Survey Cell Phone Pilot Study. In: *Public Opinion Quarterly*, 71, 5, S. 793–813

Buchhofer, B. (1979): *Projekt und Interview. Eine empirische Analyse über den sozialwissenschaftlichen Forschungsprozeß und seine sozio-ökonomischen Bedingungen.* Beltz, Hamburg

Bulmer, M., Gibbs, J., Hyman, L. (2010): *Social Measurement Through Social Surveys: An Applied Approach.* Ashgate, Farnham

Bundesministerium für Familie, Senioren, Frauen und Jugend (2007): Definition Gender Mainstreaming. Internet-Redaktion des BMFSFJ

Bungard, W., Jöns, I., Schultz-Gambard, J. (1997): Sünden bei Mitarbeiterbefragungen. In: Bungard, W., Jöns, I. (Herausgeber) *Mitarbeiterbefragung - Ein Instrument des Innovations- und Qualitätsmanagements*, Psychologie Verlags Union, Weinheim, S. 441–455

Bunge, M. (1996): In Praise of Intolerance to Charlatanism in Academia. In: Gross, P., Levitt, N., Lewis, M. (Herausgeber) *The Flight from Science and Reason.* New York Academy of Sciences, New York, S. 96–115

Burgess, P., Pirkis, J., Morton, J., Croke, E. (2000): Lessons from a Comprehensive Clinical Audit of Users of Psychiatric Services who Committed Suicide. In: *Psychiatric Services*, 51, 12, S. 1561–1567

Burkhauser, R., Smeeding, T. M. (2000): Microdata Panel Data and Public Policy: National and Cross-National Perspectives. Center for Policy Research, Working Paper Series No. 23

Bushery, J., Reichert, J., Albright, K., Rossiter, J. C. (1999): Using Date and Time Stamps to Detect Interviewer Falsification. In: *Proceedings of the Survey Research Methods Section, American Statistical Association*, S. 316–320

Callegaro, M. (2008): Seam Effects in Longitudinal Surveys. In: *Journal of Official Statistics*, 24, 3, S. 387–409

Campanelli, P., O'Muircheartaigh, C. (2002): The Importance of Experimental Control in Testing the Impact of Interviewer Continuity on Panel Survey Nonresponse. In: *Quality & Quantity*, 36, 2, S. 129–144

Campbell, D., Stanley, J. (1966): *Experimental and Quasi-Experimental Designs for Research.* Houghton Mifflin, Boston

Cannel, C. (1977): *A Summary of Research Studies of Interviewing Methodology, 1959-1970.* National Center of Health Statistics, Rockville, MD

Cannell, C., Lawson, S., Hausser, D. (1975): A Technique for Evaluating Interviewer Performance. Survey Research Center, Institute for Social Research, University of Michigan, Ann Arbor

Cannell, C., Robins, S. (1971): *Analysis of Individual Questions.* Technischer Bericht, Survey Research Center, Institute for Social Research, University of Michigan

Cannell, C. F. (1984): Antwortverzerrungen im Interview: Wie läßt sich die Güte der Daten verbessern. In: *ZUMA Nachrichten*, 15, S. 3–17

Literaturverzeichnis 443

Cannell, C. F., Oksenberg, L., Converse, J. (Herausgeber) (1979): *Experiments in Interviewing Techniques. Field Experiments in Health Reporting, 1971-1977*. Survey Research Center, University of Michigan, Michigan

Cantor, D. (2007): A Review and Summary of Studies on Panel Conditioning. In: Menard, S. (Herausgeber) *Handbook of Longitudinal Research: Design, Measurement, and Analysis*, Academic Press, Amsterdam/Boston, S. 123–138

Cantor, D., Lynch, J. P. (2000): *Self-Report Surveys as Measures of Crime and Criminal Victimization*, Band Vol. 4: Measurement and Analysis of Crime and Justice von *Criminal Justice 2000*. National Institute of Justice

Caplovitz, D. (1983): *The Stages of Social Research*. Wiley, Chichester

Carton, A. (2005): Interviewer-Training. Presentation at the QMSS Workshop on Data Quality (Lugano)

Case, P. (1971): How to Catch Interviewer Errors. In: *Journal of Advertising Research*, 11, 2, S. 39–43

Chaudhuri, A., Mukerjee, R. (1988): *Randomized Response: Theory and Techniques*. Dekker, New York

Citro, C., Cohen, M. (Herausgeber) (1985): *The Bicentennial Census. New Directions for Methodology in 1990*. National Academy Press, Washington

Coleman, C., Moynihan, J. (1996): *Understanding Crime Data: Haunted By the Dark Figure*. Open University Press, Buckingham

Collins, L. M., Schafer, J. L., Kam, C. K. (2001): A Comparison of Inclusive and Restrictive Strategies in Modern Missing-data Procedures. In: *Psychological Methods*, 6, S. 330–351

Conrad, F. G., Schober, M. F. (1999): Conversational Interviewing and Data Quality. In: *Federal Committee on Statistical Methodology Research Conference*. U.S. Bureau of the Census, Suitland, MD, Band 4, S. 21–30

Converse, J., Schuman, H. (1974): *Conversations at Random: Survey Research as Interviewers see it*. Wiley, New York

Converse, J. M., Presser, S. (1986): *Survey Questions: Handcrafting the Standardized Questionnaire*. Sage, Beverly Hills, CA

Converse, P. E. (1964): The Nature of Belief Systems in Mass Publics. In: Apter, D. (Herausgeber) *Ideology and Discontent*, Free Press, New York, S. 206–261

Couper, M. (2000): Web Surveys. A Review of Issues and Approaches. In: *Public Opinion Quarterly*, 64, S. 464–494

Couper, M. P. (2008): *Designing Effective Web Surveys*. Cambridge University Press, Cambridge

Coutts, E., Jann, B. (2008): *Sensitive Questions in Online Surveys: Experimental Results for the Randomized Response Technique (RRT) and the Unmatched Count Technique (UCT)*. Technischer Bericht, ETH Zürich

Cowan, N. (2001): The Magical Number 4 in Short-term Memory: A Reconsideration of Mental Storage Capacity. In: *Behavioral and Brain Sciences*, 24, S. 87–114

Cox, D. R., Reid, N. (2000): *The Theory of the Design of Experiments*. CRC, Boca Raton

Cycyota, C. S., Harrison, D. A. (2006): What (Not) to Expect When Surveying Executives: A Meta-Analysis of Top Manager Response Rates and Techniques over Time. In: *Organizational Research Methods*, 9, 2, S. 133–166

Czaja, R., Blair, J. (1996): *Designing Surveys*. Pine Forge, Thousand Oaks

Czaja, R., Blair, J., Bickart, B., Eastman, E. (1994): Respondent Strategies for Recall of Crime Viktimization Incidents. In: *Journal of Official Statistics*, 10, 3, S. 257–276

Dalton, D. R., Wimbush, J. C., Daily, C. M. (1994): Using the Unmatched Count Technique (UCT) to Estimate Base Rates for Sensitive Behavior. In: *Personnel Psychology*, 47, 4, S. 817–828

Data Archiving and Networked Services (DANS) (2010): *Preparing Data for Sharing. Guide to Social Science Data Archiving*. DANS Data Guide 8. Pallas Publications, 4. Auflage

Dawe, F., Knight, I. (1997): A Study of Proxy Response on the Labour Force Survey. In: *Survey Methodology Bulletin*, 40, S. 30–36

De Gruijter, D. N. M., Van der Kamp, L. J. T. (2008): *Statistical Test Theory for the Behavioral Sciences*. Chapman & Hall, Boca Raton

De Leeuw, E. (1992): *Data Quality in Mail, Telephone and Face to Face Surveys*. T. T. Publikaties, Amsterdam

De Leeuw, E., Dillman, D., Hox, J., (2008): Mixed Mode Surveys: When and Why? In: De Leeuw, E., Hox, J., Dillman, D. (Herausgeber) *International Handbook of Survey Methodology*, Erlbaum, New York, S. 299–316

DeMaio, T. (1983): *Approaches to Developing Questionnaires*. Technischer Bericht 10, Office of Management and Budget, Washington, DC

Deming, W. E., Stephan, F. F. (1940): On a Least Squares Adjustment of a Sampled Frequency Table When the Expected Marginal Totals are Known. In: *The Annals of Mathematical Statistics*, 11, 4, S. 427–444

DFG (1999): *Qualitätskriterien der Umfrageforschung*. Akademie-Verlag, Berlin

Diamond, P. A., Hausman, J. A. (1994): Contingent Valuation: Is Some Number Better than No Number? In: *Journal of Economic Perspectives*, 8, 4, S. 45–64

Diekmann, A. (2002): *Diagnose von Fehlerquellen und methodische Qualität in der sozialwissenschaftlichen Forschung*. Manuskript 06/2002, Institut für Technikfolgenabschätzung, Wien

Diggle, P., Heagerty, P., Liang, K., Zeger, S. (2002): *Analysis of Longitudinal Data*. Oxford University Press, Oxford, 2. Auflage

Dijkstra, W. (2002): Transcribing, Coding, and Analyzing Verbal Interactions in Survey Interviews. In: Maynard, D. W., Houtkoop-Steenstra, H., van der Zouwen, J., Schaeffer, N. C. (Herausgeber) *Standardization and Tacit Knowledge: Interaction and Practice in the Survey Interview*, Wiley, New York, S. 401–426

Dillman, D. A. (1978): *Mail and Telephone Surveys: The Total Design Method*. Wiley, New York

Dillman, D. A. (1996): Why Innovation Is Difficult in Government Surveys. In: *Journal of Official Statistics*, 12, 2, S. 113–124

Dillman, D. A. (2000): *Mail and Internet Surveys. The Tailored Design Method*. Wiley, New York, 2. Auflage

Dillman, D. A. (2007): *Mail and Internet Surveys. The Tailored Design Method*. 2007 Update. Wiley, New York, 3. Auflage

Dillman, D. A. (2008): Total Design Method (TDM). In: Lavrakas, P. (Herausgeber) *Encyclopedia of Survey Research Methods*, Sage, Thousand Oaks, S. 892–896

Dillman, D. A., Gertseva, A., Mahon-Haft, T. (2005): Achieving Usability in Establishment Surveys Through the Application of Visual Design Principles. In: *Journal of Official Statistics*, 21, 2, S. 183–214

Dillman, D. A., Smyth, J. D., Christian, L. M. (2009): *Internet, Mail, and Mixed-Mode Surveys. The*

Tailored Design Method. Wiley, Hoboken, 3. Auflage

Dilorio, C., Soet, D., Van Marter, J., Woodring, T., Dudley, W. (2000): An Evaluation of a Self-Generated Identification Code. In: *Research in Nursing and Health*, 23, S. 167–174

D'Orazio, M., DiZio, M., Scanu, M. (2006): *Statistical Matching: Theory and Practice*. Wiley, New York

Draisma, S., Dijkstra, W. (2004): Response Latency and (Para) Linguistic Expressions as Indicators of Response Error. In: Presser, S., Rothgeb, J., Couper, M., Lessler, J., Martin, E., Martin, J., Singer, E. (Herausgeber) *Methods For Testing and Evaluating Survey Questionnaires*, Wiley, Hoboken, S. 131–147

D'Souza, J. (2011): *calibrate: Calibrates survey datasets to population totals*. Stata-macro, National Centre for Social Research

Duncan, G. T., Elliott, M., Salazar-Gonzalez, J.-J. (2011): *Statistical Confidentiality. Principles and Practice*. Springer, New York

Dye, L., Mansfield, M., Lasikiewicz, N., Mahawish, L., Schnell, R., Talbot, D., Chauhan, H., Croden, F., Lawton, C. (2010): Correspondence of Continuous Interstitial Glucose Measurement Against Arterialised and Capillary Glucose Following an Oral Glucose Tolerance Test in Healthy Volunteers. In: *British Journal of Nutrition*, 103, 1, S. 134–140

Edwards, A. (1957a): *Techniques of Attitude Scale Construction*. Appleton-Century-Crofts, New York

Edwards, P., Roberts, I., Clarke, M., DiGuiseppi, C., Pratap, S., Wentz, R., Kwan, I. (2002): Increasing Response Rates to Postal Questionnaires: Systematic Review. In: *BMJ*, 324, 7347

Eggs, J., Behr, S., Schill, W., Schnell, R., Pigeot, I., Trappmann, M., Müller, G. (2009): Recall Error in the Panel ›Labour Market and Social Security‹. Vortrag, International Conference in Bremen: Improving Survey Methods 12.11.2009

Eltinge, J. (2002): Diagnostics for the Practical Effects of Nonresponse Adjustment Methods. In: Groves, R., Dillman, D., Eltinge, J., Little, R. (Herausgeber) *Survey Nonresponse*. Wiley, New York, S. 431–443

Enders, C. (2010): *Applied Missing Data Analysis*. Guilford Press, New York

Esser, H. (1975): Differenzierung und Integration sozialer Systeme als Voraussetzungen der Umfrageforschung. In: *Zeitschrift für Soziologie*, 4, 4, S. 316–334

Esser, H. (1976): Interaktionsstrategien in nicht-definierten Situationen. In: *Kölner Zeitschrift für Soziologie und Sozialpsychologie*, 28, S. 690–705

Esser, H. (1977): Response Set – Methodische Problematik und soziologische Interpretation. In: *Zeitschrift für Soziologie*, 6, S. 253–263

Esser, H. (1986a): Können Befragte lügen? Zum Konzept des „wahren Wertes" im Rahmen der handlungstheoretischen Erklärung von Situationseinflüssen bei der Befragung. In: *Kölner Zeitschrift für Soziologie und Sozialpsychologie*, 38, 2, S. 314–336

Esser, H. (1986b): Über die Teilnahme an Befragungen. In: *ZUMA-Nachrichten*, 18, S. 38–47

Esser, H. (1990): Habits, Frames und Rational Choice. In: *Zeitschrift für Soziologie*, 19, 4, S. 231–247

Esser, H. (1996): Die Definition der Situation. In: *Kölner Zeitschrift für Soziologie und Sozialpsychologie*, 48, 1, S. 1–34

Esser, H. (1999): *Soziologie: Spezielle Grundlagen. Band 1: Situationslogik und Handeln*. Campus, Frankfurt

Esser, H., Friedrichs, J. (Herausgeber) (1990): *Generation und Identität*. Westdeutscher Verlag, Opladen

Eurostat (2003): *The European Union Labour Force Survey: Methods and Defintions-2001*. Luxembourg

Evans, J. S. B. T. (2008): Dual-Processing Accounts of Reasoning, Judgment, and Social Cognition. In: *Annual Review of Psychology*, 59, S. 255–278

Fahrenberg, J., Myrtek, M. (Herausgeber) (1996): *Ambulatory Assessment: Computer Assisted Psychological and Psychophysiological Methods in Monitoring and Field Studies*. Hogrefe & Huber, Seattle

Faulbaum, F., Prüfer, P., Rexroth, M. (2009): *Was ist eine gute Frage? Die systematische Evaluation der Fragenqualität*. VS Verlag für Sozialwissenschaften, Wiesbaden

Fehr, E., Fischbacher, U., von Rosenbladt, B., Schupp, J., Wagner, G. G. (2002): A Nation-wide Laboratory - Examining Trust and Trustworthiness by Integrating Behavioral Experiments into Representative Surveys. In: *Schmollers Jahrbuch*, 122, 4, S. 519–542

Fienberg, S. (1980): The Measurement of Crime Victimization: Prospects for Panel Analysis of a Panel Survey. In: *The Statistician*, 29, S. 313–350

Fink, A. (1995): *How to Design Surveys*. Sage, Thousand Oaks

Firebaugh, G. (1997): *Analyzing Repeated Surveys*. Sage, Thousand Oaks

Fitzmaurice, G., Davidian, M., Molenberghs, G. (2008): *Longitudinal Data Analysis: A Handbook of Modern Statistical Methods*. Chapman & Hall, London

Fleiss, J., Levin, B., Paik, M. (2003): *Statistical Methods for Rates and Proportions*. Wiley, New York, 3. Auflage

Fowler, F., Mangione, T. (1990): *Standardized Survey Interviewing: Minimizing Interviewer-Related Error*. Sage, Newbury Park

Fox, J., Tracy, P. (1984): Measuring Associations with Randomized Response. In: *Social Science Research*, 13, S. 188–197

Fox, J., Tracy, P. (1986): *Randomized Response. A Method for Sensitive Surveys*. Sage, Beverly Hills

Frankel, M. (2010): Sampling Theory. In: Marsden, P., Wright, J. D. (Herausgeber) *Handbook of Survey Research*, Emerald, Bingley, S. 83–137. 2. Auflage

Freedman, D., Thornton, A., Camburn, D., Alwin, D., Young-Demarco, L. (1988): The Life History Calendar: A Technique for Collecting Retrospective Data. In: *Sociological Methodology*, 18, S. 37–68

Frees, E. W. (2004): *Longitudinal and Panel Data: Analysis and Applications in the Social Sciences*. Cambridge University Press, Cambridge

Frey, J. H., Oishi, S. M. (1995): *How to Conduct Interviews by Telephone and in Person*. Sage, Thousand Oaks

Fürnrohr, M. (2008): *Organisation und Durchführung des Zensus 2011 in Bund, Ländern und Gemeinden*. Statement zum Hintergrundgespräch Zensus 2011 in Deutschland, Statistisches Bundesamt, Wiesbaden

Fuchs, D., Roller, E. (1980): Die Wiederauffindung von Personen bei Wiederholungsbefragungen. In: *ZUMA-Nachrichten*, 7, S. 35–41

Fuchs, J., Hansmeier, T. (1996): Ein Krankheitsersatzindex: Konstruktion und Validierung. In: *Sozial- und Präventionsmedizin*, 41, S. 231–239

Gabriel, M. (2002): Hochschulausbildung in Methoden empirischer Sozialforschung aus Marktforschungssicht. In: Engel, U. (Herausgeber) *Praxisrelevanz der Methodenausbildung*. Informationszentrum Sozialwissenschaften, Bonn, S. 159–170

Gaziano, C. (2005): Comparative Analysis of Within-Household Respondent Selection Techniques. In: *Public Opinion Quarterly*, 69, 1, S. 124–157

Geer, J. G. (1988): What Do Open-Ended Questions Measure? In: *Public Opinion Quarterly*, 52, 3, S. 365–367

Geer, J. G. (1991): Do Open-Ended Questions Measure „Salient" Issues? In: *Public Opinion Quarterly*, 55, 3, S. 360–370

Geis, A., Hoffmeyer-Zlotnik, J. (2000): Stand der Berufsvercodung. In: *ZUMA-Nachrichten*, 47, S. 103–128

Gerber, E., Keeley, C., Wellens, T. (1997): The Use of Vignettes in Evaluating Household Roster Information: Does Anybody Read the Rules? In: *ASA Proceedings of the Section on Survey Research Methods*. American Statistical Association, Alexandria, VA, S. 1058–1063

GfK-Gruppe (2009): Lagebericht der GfK-Gruppe. www.gfk.com/gb2008

Günther, M., Vossebein, U., Wildner, R. (2006): *Marktforschung mit Panels*. Gabler, Wiesbaden, 2. Auflage

Graesser, A. C., Cai, Z., Louwerse, M. M., Daniel, F. (2006): Question Understanding Aid (QUAID): A Web Facility that Tests Question Comprehensibility. In: *Public Opinion Quarterly*, 70, 1, S. 3–22

Gramlich, T., Bachteler, T., Schimpl-Neimanns, B., Schnell, R. (2009): *Panelerhebungen der amtlichen Statistik als Datenquellen für die Sozialwissenschaften*. Working Paper 132, Rat für Sozial- und Wirtschaftsdaten

Greenberg, D., Shroder, M. (1997): *The Digest of Social Experiments*. Urban Institute Press, Washington, 2. Auflage

Greene, W. H., Hensher, D. A. (2010): *Modeling Ordered Choices: A Primer*. Cambridge University Press, Cambridge

Grice, H. (1975): Logic and Conversation. In: Cole, P., Morgan, J. (Herausgeber) *Speech Acts*, Academic Press, Band Syntax and Semantics, S. 41–58 [Deutsch: Logik und Konversation, Übersetzung durch A. Kemmerling, in: Meggle, G. (Hrsg.): Handlung, Kommunikation, Bedeutung. Frankfurt, S. 243–265.]

Göritz, A. S. (2006): Incentives in Web Studies: Methodological Issues and a Review. In: *International Journal of Internet Science*, 1, 1, S. 58–70

Göritz, A. S. (2008): The Long-Term Effect of Material Incentives on Participation in Online Panels. In: *Field Methods*, 20, 3, S. 211–225

Groß, J. (2010): *Die Prognose von Wahlergebnissen*. VS Verlag für Sozialwissenschaften, Wiesbaden

Grotlüschen, A., Riekmann, W. (2011): *leo. - Level-One Studie Literalität von Erwachsenen auf den unteren Kompetenzniveaus*. Presseheft, Universität Hamburg, Hamburg

Grotpeter, J. K. (2008): Respondent Recall. In: Menard, S. (Herausgeber) *Handbook of Longitudinal Research: Design, Measurement, and Analysis*, Elsevier, S. 109–121

Groves, R., Fowler, F., Couper, M., Lepkowski, J., Singer, E., Tourangeau, R. (2004): *Survey Methodology*. Wiley, Hoboken

Groves, R., Fowler, F., Couper, M., Lepkowski, J., Singer, E., Tourangeau, R. (2009): *Survey Methodology*. Wiley, Hoboken, 2. Auflage

Groves, R. M. (1989): *Survey Errors and Survey Costs*. Wiley, New York

Groves, R. M. (2006): Nonresponse Rates and Nonresponse Bias in Household Surveys. In: *Public Opinion Quarterly*, 70, 5, S. 646–675

Groves, R. M., Cork, D. L. (Herausgeber) (2008): *Surveying Victims: Options for Conducting the National Crime Victimization Survey*. National Academies Press, New York

Groves, R. M., Couper, M. (1998): *Nonresponse in Household Interview Surveys*. Wiley, New York

Groves, R. M., Peytcheva, E. (2008): The Impact of Nonresponse Rates on Nonresponse Bias: A Meta-Analysis. In: *Public Opinion Quarterly*, 72, 2, S. 167–189

Groves, R. M., Singer, E., Corning, A. (2000): Leverage-Saliency Theory of Survey Participation. Description and an Illustration. In: *Public Opinion Quarterly*, 64, S. 299–308

Görtler, E., Rosenkranz, D. (2006): *Mitarbeiter- und Kundenbefragungen*. Hanser, München

Guo, S., Fraser, M. W. (2010): *Propensity Score Analysis: Statistical Methods and Applications*. Sage, Thousand Oaks

Gwartney, P. A. (2007): *The Telephone Interviewer's Handbook*. Jossey-Bass, San Francisco

Hambleton, R., Rodgers, J. (1995): Item Bias Review. In: *Practical Assessment, Research & Evaluation*, 4, 6

Hambleton, R. K., Rodgers, H. J. (1996): *Developing an Item Bias Review Form*. Technischer Bericht, Clearinghouse on Assessment and Evaluation, http://ericae.net/ft/tamu/biaspub2.htm

Hanefeld, U. (1987): *Das Sozio-ökonomische Panel: Grundlagen und Konzeption*. Campus, Frankfurt und New York

Hansen, S. E. (2008): CATI Sample Management Systems. In: Lepkowski, J. M., et al. (Herausgeber) *Advances in Telephone Survey Methodology*, Wiley, Hoboken, S. 340–358

Harrop, M. (1980): Social Research and Market Research: A Critique of a Critique. In: *Sociology*, 14, S. 277–281

Hauck, M. (1969): Is Survey Postcard Verification Effective? In: *Public Opinion Quarterly*, 33, S. 117–120

Hauptmanns, P. (1999): Grenzen und Chancen von quantitativen Befragungen mit Hilfe des Internet. In: Batinic, B., Werner, A., Gräf, L., Bandilla, W. (Herausgeber) *Online-Research Band 1*. Hogrefe, Göttingen, S. 21–38

Hauptmanns, P., Lander, B. (2001): Zur Problematik von Internet-Stichproben. In: Theobald, A., Dreyer, M., Starsetzki, T. (Herausgeber) *Online-Marktforschung*. Gabler, Wiesbaden, S. 27–40

Häder, M., Häder, S. (Herausgeber) (2009): *Telefonbefragungen über das Mobilfunknetz*. VS Verlag für Sozialwissenschaften, Wiesbaden

Häder, S., Gabler, S., Heckel, C. (2009): Stichprobenziehung für die CELLA-Studie. In: Häder, M., Häder, S. (Herausgeber) *Telefonbefragungen über das Mobilfunknetz*, VS Verlag für Sozialwissenschaften, Wiesbaden, S. 21–49

Häder, S., Glemser, A. (2004): Stichprobenziehung für Telefonumfragen in Deutschland. In: Diekmann, A. (Herausgeber) *Methoden der Sozialforschung*, Westdeutscher Verlag, Opladen, Band Sonderheft 44 von *KZfSS*, S. 148–171

Hedeker, D., Gibbons, R. D. (2006): *Longitudinal Data Analysis*. Wiley, Hoboken

Heitjan, D. F. (2006): *Modeling Heaping in Self-Reported Cigarette Counts*. School of Medicine, University of Pennsylvania

Heller, G., Kauka, A., Schnell, R., Schroer, A., Goerke, K., Remschmidt, U., Mueller, U. (1999): Subpartuale Aziditätssteigerung und spätere neurologische und kognitive Entwicklung. In: *Zeitschrift für Geburtshilfe und Neonatologie*, 203, 2, S. 94

Heller, G., Schnell, R. (2000): The Choir Invisible: Zur Analyse der gesundheitsbezogenen Panelmortalität im Sozio-Ökonomischen Panel (SOEP). In: Helmert, U., other (Herausgeber) *Müssen Arme früher sterben? Soziale Ungleichheit und Gesundheit in Deutschland*, Juventa, Weinheim, S. 115–134

Henrich, J., Heine, S. J., Norenzayan, A. (2010): The Weirdest People in the World? In: *Behavioral and Brain Sciences*, 33, 2-3, S. 61–83

Herzog, A. (2001): *Möglichkeiten der Stichprobenziehung aus dem Melderegister*. Technischer Bericht 2, Universität Konstanz

Herzog, T. N., Scheuren, F. J., Winkler, W. E. (2007): *Data Quality and Record Linkage Techniques*. Springer, New York

Hess, D. (2005): Persönliche Mitteilung an den Autor. Bonn (Infas)

Hess, D. (2007): Persönliche Mitteilung an den Autor. Bonn (Infas)

Hüfken, V. (2003): Erhebungsdesign und Rücklauf. Analyse kommunaler postalischer Bevölkerungsumfragen auf der Basis der KommDEMOS-Datenbank. In: *Stadtforschung und Statistik*, 15, 1, S. 22–32

Hill, M. (1992): The Panel Study of Income Dynamics. A users's guide. Newbury Park

Hippler, H.-J. (1979): *Untersuchung zur ›Qualität‹ von absichtlich gefälschten Interviews*. Technischer Bericht, ZUMA, Mannheim

Hobbs, F. (2004): Age and Sex Composition. In: Siegel, J. S., Swanson, D. A. (Herausgeber) *The Methods and Materials of Demography*, Elsevier, Amsterdam, S. 125–173. 2. Auflage

Hoffmann-Lange, U., Kutteroff, A., Wolf, G. (1982): Projektbericht: Die Befragung von Eliten in der Bundesrepublik Deutschland. In: *ZUMA-Nachrichten*, 10, S. 35–53

Hoffmeyer-Zlotnik, J. H., Hess, D., Geis, A. (2004): Computerunterstützte Vercodung der International Standard Classification Of Occupations (Isco-88). In: *Zuma-Nachrichten*, 28, 55, S. 29–52

Hoffmeyer-Zlotnik, J. H., Wolf, C. (Herausgeber) (2003): *Advances in Cross-National Comparison: A European Working Book for Demographic and Socio-Economic Variables*. Kluwer Academic Publishers, New York

Holbrook, A. (2008): Response Order Effects. In: Lavrakas, P. (Herausgeber) *Encyclopedia of Survey Research Methods*, Sage, Thousand Oaks, Band 2, S. 754–755

Holst, C. (2003): The Validity of Income Measurements in Comparative Perspective. In: Hoffmeyer-Zlotnik, J. H., Wolf, C. (Herausgeber) *Advances in Cross-National Comparison: A European Working Book for Demographic and Socio-Economic Variables*, Kluwer Academic Publishers, New York, S. 367–385

Hosmer, D., Lemeshow, S. (2000): *Applied Logistic Regression*. Wiley, New York, 2. Auflage

Hox, J. J., Kreft, I. G. G., Hermkens, P. L. J. (1991): The Analysis of Factorial Surveys. In: *Sociological Methods & Research*, 19, S. 493–510

Hundepool, A., et al. (2009): *Handbook on Statistical Disclosure Control*. ESSNet SDC

Hunt, J. R., White, E. (1998): Retaining and Tracking Cohort Study Members. In: *Epidemiological Reviews*, 20, 1, S. 57–70

Hunt, S. D., Sparkman, R. D., Wilcox, J. B. (1982): The Pretest in Survey Research: Issues and Preliminary Findings. In: *Journal of Marketing Research*, 19, 2, S. 269–273

ISO (2006): *DIN ISO 20252: Markt-, Meinungs- und Sozialforschung. Begriffe und Dienstleistungsanforderungen*. Beuth Verlag, Berlin

Jabine, T. B. (1985): Flow Charts: A Tool for Developing and Understanding Survey Questionnaires.

In: *Journal of Official Statistics*, 1, 2, S. 189–207

Jahr, S., Edinger, M. (2008): Parlamentarier am Telefon: Erfahrungsbericht einer Erhebung von Rollenverständnis und mandatsbezogenen Einstellungen deutscher Abgeordneter. In: Martens, B., Ritter, T. (Herausgeber) *Eliten am Telefon: Neue Formen von Experteninterviews in der Praxis*, Nomos, Baden-Baden, S. 23–39

Jasso, G. (2006): Factorial Survey Methods for Studying Beliefs and Judgments. In: *Sociological Methods Research*, 34, 3, S. 334–423

Jäckle, A. (2008): *Measurement Error and Data Collection Methods: Effects on Estimates from Event History Data*. ISER Working Paper 2008-13, University of Essex

Jäckle, A., Roberts, C., Lynn, P. (2010): Assessing the Effect of Data Collection Mode on Measurement. In: *International Statistical Review*, 78, 1, S. 3–20

Jenkins, C., Dillman, D. (1997): Towards a Theory of Self-Administered Questionnaire Design. In: Lyberg, L., et al. (Herausgeber) *Survey Measurement and Process Quality*, Wiley, New York

Johnson, T., van de Vijver, F. J. (2002): Social Desirability in Crosscultural Research. In: Harkness, J., van de Vijver, F. J., Mohler, P. (Herausgeber) *Cross-Cultural Survey Methods*, Wiley, New York, S. 193–202

Jolliffe, I. T. (2002): *Principal Component Analysis*. Springer, New York, 2. Auflage

Judson, D. (2007): Information Integration for Constructing Social Statistics: History, Theory and Ideas Towards a Research Programme. In: *Journal of the Royal Statistical Society: Series A*, 170, 2, S. 483–501

Juster, F. T. (1966): Consumer Buying Intentions and Purchase Probability: An Experiment in Survey Design. In: *Journal of the American Statistical Association*, 61, 315, S. 658–696

Kaczmirek, L. (2008): Internet Survey Software Tools. In: Fielding, N., Lee, R., Blank, G. (Herausgeber) *The Sage Handbook of Online Research Methods*, Sage, London, S. 236–254

Kalton, G. (1983): *Introduction to Survey Sampling*. Sage, Newbury Park

Kalton, G., Brick, J. (1995): Weighting Schemes for Household Panel Surveys. In: *Survey Methodology*, 21, S. 33–44

Kalton, G., Citro, C. F. (1993): Panel Surveys: Adding the Fourth Dimension. In: *Survey Methodology*, 19, S. 205–215

Kalton, G., Flores-Cervantes, I. (2003): Weighting Methods. In: *Journal of Official Statistics*, 19, 2, S. 81–97

Kalton, G., Piesse, A. (2007): Survey Research Methods in Evaluation and Case-control Studies. In: *Statistics in Medicine*, 26, 8, S. 1675–1687

Kauermann, G., Küchenhoff, H. (2011): *Stichproben. Methoden und praktische Umsetzung mit R*. Springer, Heidelberg

Kelly, J., Link, M. W., Petty, J., Hobson, K., Cagney, P. (2008): Establishing a New Survey Research Call Center. In: Lepkowski, J. M., et al. (Herausgeber) *Advances in Telephone Survey Methodology*, Wiley, Hoboken, S. 315–339

Kempf, A. M., Remington, P. L. (2007): New Challenges for Telephone Survey Research in the Twenty-First Century. In: *Annual Review of Public Health*, 28, 1, S. 113–126

Kühnen, C. (1999): Das Stichprobenverfahren der Einkommens- und Verbrauchsstichprobe 1998. In: *Wirtschaft und Statistik*, 2, S. 111–115

Kim, J.-M., Warde, W. D. (2005): Some New Results on the Multinomial Randomized Response Model.

In: *Communications in Statistics - Theory and Methods*, 34, S. 847–856

King, G., Keohane, R. O., Verba, S. (1994): *Designing Social Inquiry. Scientific Inference in Qualitative Research.* Princeton University Press, Princeton, New Jersey

King, G., Murray, C. J. L., Salomon, J. A., Tandon, A. (2004): Enhancing the Validity and Cross-Cultural Comparability of Measurement in Survey Research. In: *American Political Science Review*, 98, 1, S. 191–207

Kirschhofer-Bozenhardt, A., Kaplitza, G. (1982): Das Interviewernetz. In: Holm, K. (Herausgeber) *Die Befragung*, Francke, München, Band 1, S. 127–135. 2. Auflage

Klingler, W., Müller, D. K. (2001): MA 2001 Radio: Kontinuität bei Methode und Ergebnissen. In: *media perspektiven*, S. 434–449

Knoef, M., de Vos, K. (2009): *The Representativeness of LISS, an Online Probability Panel.* Technischer Bericht, CentERdata, Tilburg

Kohler, U. (2007): Surveys From Inside: An Assessment of Unit Nonresponse Bias With Internal Criteria. In: *Survey Research Methods*, 1, 2, S. 55–67

Kommission zur Verbesserung der informationellen Infrastruktur zwischen Wissenschaft und Statistik (2001): *Wege zu einer besseren informationellen Infrastruktur.* Nomos, Baden-Baden

Korczak, D. (2011): Looking Back to Market Research in 2010 and the Prospects for 2011. Pressemitteilung des Präsidenten der ESOMAR

Kreiselmaier, J., Prüfer, P., Rexroth, M. (1989): *Der Interviewer im Pretest. Evaluation der Interviewerleistung und Entwurf eines neuen Pretestkonzepts.* Technischer Bericht ZUMA-Arbeitsbericht Nr. 89/14, ZUMA, Mannheim

Kreuter, F. (2002): *Kriminalitätsfurcht: Messung und methodische Probleme.* Leske + Budrich, Opladen

Kreuter, F. (2010): Interviewer Effects. In: Lavrakas, P. (Herausgeber) *Encyclopedia of Survey Research Methods*, Sage, Thousand Oaks, S. 369–371

Kreuter, F., Casas-Cordero, C. (2010): *Paradata.* Working Paper 136, Rat für Wirtschafts- und Sozialdaten, Berlin

Kreuter, F., Eckman, S., Maaz, K., Watermann, R. (2010): Children's Reports of Parent's Education Level: Does it Matter Whom You Ask and What You Ask About? In: *Survey Research Methods*, 4, 3, S. 127–138

Kreuter, F., Schnell, R. (2000): Die Bibliothek in den Augen der Studierenden: Ergebnisse der Befragung der Studierenden an der Universität Konstanz. In: *Bibliothek Aktuell*, Sonderheft 15

Kroh, M. (2009): *Documentation of Sample Sizes and Panel Attrition in the German Socio-Economic Panel (SOEP) (1984 until 2008).* Data Documentation 47, DIW, Berlin

Krosnick, J., Narayan, S., Smith, W. (1996): Satisficing in Surveys: Initial Evidence. In: Braverman, M., Slater, J. (Herausgeber) *Advances in Survey Research*, Jossey-Bass, San Francisco, S. 29–44

Krosnick, J., Presser, S. (2010): Question and Questionnaire Design. In: Marsden, P., Wright, J. D. (Herausgeber) *Handbook of Survey Research*, Emerald, Bingley, S. 263–313. 2. Auflage

Krosnick, J. A. (1991): Response Strategies for Coping With the Cognitive Demands of Attitude Measures in Surveys. In: *Applied Cognitive Psychology*, 5, S. 213–236

Krosnick, J. A. (1999): Survey Research. In: *Annual Review of Psychology*, 50, S. 537–567

Krosnick, J. A., Alwin, D. F. (1987): An Evaluation of a Cognitive Theory of Response Order Effects in Survey Measurement. In: *Public Opinion Quarterly*, 51, S. 201–219

Krosnick, J. A., Holbrook, A. L., Berent, M. K., Carson, R. T., Hanemann, W. M., Kopp, R. J., Mitchell,

R. C., Presser, S., Ruud, P. A., Smith, V. K., Moody, W. R., Green, M. C., Conaway, M. (2002): The Impact of ›No Opinion‹Response Options on Data Quality: Non-Attitude Reduction or an Invitation to Satisfice? In: *Public Opinion Quarterly*, 66, 3, S. 371–403

Krosnick, J. A., Judd, C. M., Wittenbrink, B. (2005): The Measurement of Attitudes. In: Albarracin, D., Johnson, B. T., Zanna, M. P. (Herausgeber) *The Handbook of Attitudes*. Lawrence Erlbaum, Mahwah, S. 21–76

Kuk, A. Y. C. (1990): Asking Sensitive Questions Indirectly. In: *Biometrika*, 77, S. 436–438

Labaw, P. (1982): Advanced Questionnaire Design. Cambridge, Mass

Laurie, H., Smith, R., Scott, L. (1999): Strategies for Reducing Nonresponse in a Longitudinal Panel Survey. In: *Journal of Official Statistics*, 15, 2, S. 269–282

Lavallee, P. (2007): *Indirect Sampling*. Springer, New York

Lavrakas, P. (Herausgeber) (2008): *Encyclopedia of Survey Research Methods*. Sage, Thousand Oaks

Lee, L., Brittingham, A., Tourangeau, R., Willis, G., Ching, P., Jobe, J. e. a. (1999): Are Reporting Errors Due To Encoding Limitations or Retrieval Failure? Surveys of Child Vaccination as a Case Study. In: *Applied Cognitive Psychology*, 13, S. 43–63

Lee, M.-J. (2005): *Micro-econometrics for Policy, Program, and Treatment Effects*. Oxford University Press, Oxford

Lee, S. (2006): Propensity Score Adjustment as a Weighting Scheme for Volunteer Panel Web Surveys. In: *Journal of Official Statistics*, 22, 2, S. 329–349

Lee, S., Valliant, R. (2009): Estimation for Volunteer Panel Web Surveys Using Propensity Score Adjustment and Calibration Adjustment. In: *Sociological Methods Research*, 37, 3, S. 319–343

Leenheer, J., Scherpenzeel, A. (2011): *Loont het om huishoudens zonder internet op te nemen in een internetpanel?* Technischer Bericht, CentERdata, Tilburg

Lensvelt-Mulders, G. J. L. M., Hox, J. J., van der Heijden, P. G. M. (2005a): How to Improve the Efficiency of Randomised Response Designs. In: *Quality & Quantity*, 39, 3, S. 253–265

Lensvelt-Mulders, G. J. L. M., Hox, J. J., van der Heijden, P. G. M., Maas, C. J. M. (2005b): Meta-Analysis of Randomized Response Research: Thirty-Five Years of Validation. In: *Sociological Methods Research*, 33, 3, S. 319–348

Lenth, R. (2001): Some Practical Guidelines for Effective Sample Size Determination. In: *The American Statistician*, 55, 3, S. 187–193

Lessler, J. T., Eyermann, J., Wang, K. (2008): Interviewer Training. In: de Leeuw, E., Hox, J., Dillman, D. (Herausgeber) *International Handbook of Survey Methodology*, Erlbaum, New York, S. 442–460

Levinger, G. (1966): Systematic Distortions of Spouses' Reports of Preferred and Actual Sexual Behavior. In: *Sociometry*, 29, S. 291–299.

Lieberson, S. (2000): *A Matter of Taste. How Names, Fashions, and Culture Change*. Yale University Press, New Haven

Littell, J. H., Corcoran, J., Pillai, V. (2008): *Systematic Reviews and Meta-Analysis*. Oxford University Press, Oxford

Little, R. J. A., Rubin, D. B. (2002): *Statistical Analysis with Missing Data*. Wiley, New York

Loftus, E., Klinger, M., Smith, K., Fielder, J. (1990): A Tale of Two Questions: Benefits of Asking More Than One Question. In: *Public Opinion Quarterly*, 5, 3, S. 330–345

Loftus, E. F., Marburger, W. (1983): Since the Eruption of Mt. St. Helens, Has Anyone Beaten You Up? Improving the Accuracy of Retrospective Reports With Landmark Events. In: *Memory and*

Cognition, 11, S. 114–120

Lohr, S. (1999): *Sampling: Design and Analysis*. Duxbury, Pacific Grove

Lozano, L. M., García-Cueto, E., Muñiz, J. (2008): Effect of the Number of Response Categories on the Reliability and Validity of Rating Scales. In: *Methodology*, 4, 4, S. 73–79

Lynn, P. (Herausgeber) (2009a): *Methodology of Longitudinal Surveys*. Wiley, Hoboken

Lynn, P. (2009b): Mixed or Muddled? Combining Survey Modes in The 21st Century. Vortrag, European Survey Research Association, Warschau, 29.6.2009

Lynn, P., Buck, N., Burton, J., Jäckle, A., Laurie, H. (2005): *A Review of Methodological Research Pertinent to Longitudinal Survey Design and Data Collection*. ISER Working Papers 2005-29, Institute for Social and Economic Research, Colchester

Machatzke, J. (1997): Die Potsdamer Elitenstudie. Positionsauswahl und Ausschöpfung. In: Bürklin, W., Rebenstorf, H. (Herausgeber) *Eliten in Deutschland. Rekrutierung und Integration*, Leske + Budrich, Opladen, S. 35–68

Malhotra, N. (2008): Completion Time and Response Order Effects in Web Surveys. In: *Public Opinion Quarterly*, 72, 5, S. 914–934

Martin, E. (1983): Surveys as Social Indicators: Problems in Monitoring Trends. In: Rossi, P., Wright, J., Anderson, A. (Herausgeber) *Handbook of Survey Research*. Academic Press, Orlando, S. 677–743

Masters, G. N. (1982): A Rasch Model for Partial Credit Scoring. In: *Psychometrika*, 47, S. 149–174

Matschinger, H., Bernert, S., Angermeyer, M. C. (2005): An Analysis of Interviewer Effects on Screening Questions in a Computer Assisted Personal Mental Health Interview. In: *Journal of Official Statistics*, 21, 4, S. 657–674

Maxfield, M. G., Weiler, B. L., Widom, C. S. (2000): Comparing Self-Reports and Official Records of Arrests. In: *Journal of Quantitative Criminology*, 16, 1, S. 87–110

Mayer, T. S., O'Brien, E. M. (2001): Interviewer Refusal Aversion Training to Increase Survey Participation. In: *ASA Proceedings of the Joint Statistical Meetings*. American Statistical Association, Alexandria, VA

Mayerl, J. (2009): *Kognitive Grundlagen sozialen Verhaltens*. VS Verlag für Sozialwissenschaften, Wiesbaden

Mayhew, P., Aye Maung, N., Mirrlees-Black, C. (1993): *The 1992 British Crime Survey*, Band 132 von *Home Office Research Study*. HMSO, London

McAllister, A., Gordon, N. (1986): Attrition Bias in a Cohort Study of Substance Abuse Onset and Prevention. In: *Evaluation Review*, 10, 6, S. 853–859

McClendon, M. J. (1991): Acquiescence and Recency Response-order Effects in Interview Surveys. In: *Sociological Methods and Research*, 20, S. 60–103

McKay, R., Breslow, M., Sangster, R., Gabbard, S., Reynolds, R., Nakamoto, J., Tarnai, J. (1996): Translating Survey Questionnaires: Lessons Learned. In: *New Directions for Evaluation*, 70, Summer, S. 93–105

McKenzie, M., Tulsky, J., Long, H., Chesney, M., Moss, A. (1999): Tracking and Follow-up of Marginalized Populations: A Review. In: *Journal of Health Care for the Poor and Underserved*, 10, 4, S. 409–429

McKnight, P. E., McKnight, K. M., Sidani, S., Figueredo, A. J. (2007): *Missing Data. A Gentle Introduction*. Guilford Press, New York

Merkle, D. M., Langer, G., Cohen, J., Piekarski, L. B., Benford, R., Lambert, D. (2009): The Cost of

Purging Business Numbers in RDD Surveys. In: *Public Opinion Quarterly*, 73, 3, S. 484–496

Mertz, D. (2003): *Text Processing in Python*. Addison-Wesley, Reading/Mass.

Metschke, R., Wellbrock, R. (2002): *Datenschutz in Wissenschaft und Forschung*. Berliner Beauftragter für Datenschutz und Informationsfreiheit/Hessischer Datenschutzbeauftragter

Meulemann, H. (2007): Das DIN-Interview. Normierung und Standardisierung in der Umfrageforschung. In: *Soziologie*, 36, 3, S. 251–263

Meulemann, H., Wieken-Mayser, M. (1984): Kategorien der Sozialstatistik und Alltag der Familie. In: Meulemann, H., Reuband, K.-H. (Herausgeber) *Soziale Realität im Interview*, Campus, Frankfurt, S. 251–280

Miller, D., Salkind, N. (2002): *Handbook of Research Design and Social Measurement*. Sage, Thousand Oaks, 6. Auflage

Miller, G. A. (1956): The Magical Number Seven, Plus or Minus Two: Some Limits on Our Capacity for Processing Information. In: *Psychological Review*, 63, S. 81–97

Miller, P. (1984): Alternative Question Forms for Attitude Scale Questions in Telephone Interviews. In: *Public Opinion Quarterly*, 48, S. 766–778

Mineau, G. P., Smith, K. R., Bean, L. L. (2002): Historical Trends of Survival Among Widows and Widowers. In: *Social Science & Medicine*, 54, 2, S. 245–254

Molenberghs, G., Verbeke, G. (2005): *Models for Discrete Longitudinal Data*. Springer, Berlin

Moore, J. C. (1988): Self/Proxy Response Status and Survey Response Quality, A Review of the Literature. In: *Journal of Official Statistics*, 4, 2, S. 155–172

Morton-Williams, J. (1979): The Use of ›Verbal Interaction Coding‹ for Evaluating a Questionnaire. In: *Quality & Quantity*, 13, S. 59–75.

Moser, C., Kalton, G. (1971): *Survey Methods in Social Investigation*. Heinemann, London, 2. Auflage

Mosteller, F., Boruch, R. (Herausgeber) (2002): *Evidence Matters. Randomized Trials in Education Research*. Brookings Institution Press, Washington, D.C.

Müters, S., von der Lippe, E., Kamtsiuris, P., Kroll, L. E., Lange, C. (2010): *Dokumentation zur Response in der Studie Gesundheit in Deutschland aktuell 2009*. Methodische Beiträge zur Studie Gesundheit in Deutschland aktuell, Robert-Koch-Institut, Berlin

Murphy, J., Baxter, R., Eyerman, J., Cunningham, D., Kennet, J. (2004): A System for Detecting Interviewer Falsification. In: *Proceedings of the Joint Statistical Meeting*. American Statistical Association, S. 4968–4975

Neter, J., Waksberg, J. (1964): A Study of Response Errors in Expenditures Data From Household Interview. In: *Journal of the American Statistical Association*, 59, S. 18–55

Nisbett, R., Wilson, T. (1977): Telling More than We can Know: Verbal Reports on Mental Processes. In: *Psychological Review*, 84, S. 231–259

Norman, D. A. (2002): *The Design of Everyday Things*. (1. Auflage: 1988). Basic Books, New York

Oksenberg, L., Cannel, C., Kalton, G. (1991): New Strategies for Pretesting Survey Questions. In: *Journal of Official Statistics*, 7, 3, S. 349–365

Olson, K., Bilgen, I. (2011): The Role Of Interviewer Experience on Acquiescence. In: *Public Opinion Quarterly*, 75, 1, S. 99–114

OMB (2006): *Questions and Answers When Designing Surveys for Information Collections*. Executive Office of the President. Office of Management And Budget, Washington

O'Muircheartaigh, C., Campanelli, P. (1998): The Relative Impact of Interviewer Effects and Sample Design Effects on Survey Precision. In: *Journal of the Royal Statistical Society, A*, 161, S. 63–77

Ongena, Y. P. (2005): *Interviewer and Respondent Interaction in Survey Interviews*. Dissertation, Vrije Universiteit Amsterdam

Orr, L. (1999): *Social Experiments. Evaluating public programs with experimental methods*. Sage, Thousand Oaks

Ostini, R., Nering, M. L. (2005): *Polytomous Item Response Theory Models*. Sage, Thousand Oaks

Otten, D. (2008): *Die 50+ Studie*. Rowohlt, Reinbek

Pan, Y., de la Puente, M. (2005): *Census Bureau Guideline for the Translation of Data Collection Instruments and Supporting Materials: Documentation on How the Guideline Was Developed*. Research Report Series (Survey Methodology) 2005-06, Statistical Research Division, U.S. Bureau of the Census, Washington D.C.

Payne, G. (1979): Social Research and Market Research. A Critique of a Policy. In: *Sociology*, 31, 13, S. 307–313

Payne, S. (1951): *The Art of Asking Questions*. Princeton University Press, Princeton

Peikes, D., Moreno, L., Orzol, S. (2008): Propensity Score Matching: A Note of Caution for Evaluators of Social Programs. In: *American Statistician*, 62, 3, S. 222–231

Pepe, M. S. (2004): *The Statistical Evaluation of Medical Tests for Classification and Prediction*. Oxford University Press, Oxford

Petersen, T. (2002): *Das Feldexperiment in der Umfrageforschung*. Campus, Frankfurt

Peterson, R. A. (2000): *Constructing Effective Questionnaires*. Sage, Thousand Oaks

Peterson, R. A., Sharma, S. (1997): A Note on the Information Content of Rating Scales. In: *Proceedings of the American Marketing Association*. American Marketing Association, Chicago, S. 324–326

Peytchev, A. (2009): Survey Breakoff. In: *Public Opinion Quarterly*, 73, 1, S. 74–97

Pöge, A. (2011): Persönliche Codes bei Längsschnittuntersuchungen III. In: *Methoden – Daten – Analysen*, 5, 1, S. 109–134

Piazza, T. (1993): Meeting the Challenges of Answering Machines. In: *Public Opinion Quarterly*, 57, S. 219–231

Pickery, J., Carton, A. (2008): Oversampling in Relation to Differential Regional Response Rates. In: *Survey Research Methods*, 2, 2, S. 83–92

Pickery, J., Loosveldt, G. (2002): A Multilevel Multinomial Analysis of Interviewer Effects on Various Components of Unit Nonresponse. In: *Quality & Quantity*, 36, 4, S. 427–437

Politz, A., Simmons, W. (1949): An Attempt to get the „not-at-homes" into the Sample without Callbacks. In: *Journal of the American Statistical Association*, 44, S. 9–31

Poncheri, R. M., Lindberg, J. T., Thompson, L. F., Surface, E. A. (2008): Negativity Bias in Open-Ended Responses. In: *Organizational Research Methods*, 11, 3, S. 614–630

Popping, R. (2000): *Computer-Assisted Text Analysis*. Sage, London

Potaka, L. (2008): Comparability and Usability: Key issues in the design of internet forms for New Zealand's 2006 Census of Populations and Dwellings. In: *Survey Research Methods*, 2, 1, S. 1–10

Presser, S. (1984): The Use of Survey Data in Basic Research in the Social Sciences. In: Turner, C. F., Martin, E. (Herausgeber) *Surveying Subjective Phenomena*. Russell Sage Foundation, New York, Band 2, S. 93–114

Prüfer, P., Rexroth, M. (1985): Zur Anwendung der Interaction-Coding-Technik. In: *ZUMA-Nachrichten*, 17, S. 2–49

Puhani, P. A. (2000): The Heckman Correction for Sample Selection and its Critique. In: *Journal of Economic Surveys*, 14, 1, S. 53–68

Rabold, S., Görgen, T. (2007): Misshandlung und Vernachlässigung älterer Menschen durch ambulante Pflegekräfte. In: *Zeitschrift für Gerontologie und Geriatrie*, 40, 5, S. 366–374

Raento, M., Oulasvirta, A., Eagle, N. (2009): Smartphones: An Emerging Tool for Social Scientists. In: *Sociological Methods and Research*, 37, S. 426–454

Raghavarao, D., Federer, W. T. (1973): *Application of the BIB Designs as an Alternative to the Randomized Response Method in Survey Sampling*. Mimeo Series BU-490-M, Biometrics Unit, Cornell University, Ithaca, New York

Rea, L. M., Parker, R. A. (1992): *Designing and Conducting Survey Research: A Comprehensive Guide*. Jossey-Bass, San Francisco

Redline, C., Dillman, D. (2002): The Influence of Alternative Visual Designs on Respondents' Performance with Branching Instructions in Self-Administered Questionnaires. In: Groves, R., Dillman, D., Eltinge, J., Little, R. (Herausgeber) *Survey Nonresponse*. Wiley, New York, S. 179–193

Redline, C., Dillman, D., Dajani, A., Scaggs, M. (2003): Navigational Performance in Census 2000: An Experiment on the Alteration of Visually Administered Languages. In: *Journal of Official Statistics*, 19, S. 403–419

Reeve, B. B., Masse, L. C. (2004): Item Response Theory Modeling for Questionnaire Evaluation. In: Presser, S., et al. (Herausgeber) *Methods for Testing and Evaluating Survey Questionnaires*. Wiley, New York, S. 247–273

Rendtel, U. (1990): Teilnahmeentscheidung in Panelstudien. In: *Kölner Zeitschrift für Soziologie und Sozialpsychologie*, 42, 2, S. 280–299

Reuband, K. (1992): Veränderungen in den familialen Lebensbedingungen Jugendlicher seit der Jahrhundertwende. Eine Analyse auf der Basis retrospektiver Daten. In: *Zeitschrift für Sozialisationsforschung und Erziehungssoziologie*, 12, S. 99–113

Rizzo, L., Brick, J., Park, I. (2004): A Minimally Intrusive Method for Sampling Persons in Random Digit Dial Surveys. In: *Public Opinion Quarterly*, 68, S. 267–274

Rizzo, L., Kalton, G., Brick, J. (1994): *Weighting Adjustments for Panel Nonresponse in the SIPP. Final Report*. Technischer Bericht, Westat, Rockville

Robinson, J. P., Andrews, F. M. (Herausgeber) (2010): *Measures of personality and social psychological attitudes*. Digital print. Academic Press, San Diego

Robinson, J. P., Shaver, P. R., Wrightsman, L. S. (Herausgeber) (1999): *Measures of political attitudes*. Academic Press, San Diego

Rockwood, T. H., Sangster, R. L., Dillman, D. A. (1997): The Effect of Response Categories on Questionnaire Answers. In: *Sociological Methods & Research*, 26, 1, S. 118–140

Roediger, H. L. (2008): Relativity of Remembering: Why the Laws of Memory Vanished. In: *Annual Review of Psychology*, 59, S. 225–254

Rohrmann, B. (1978): Empirische Studien zur Entwicklung von Antwortskalen für die sozialwissenschaftliche Forschung. In: *Zeitschrift für Sozialpsychologie*, 9, S. 222–245

Rokeach, M. (1963): The Double Agreement Phenomenon: Three Hypotheses. In: *Psychological Review*, 70, 4, S. 304–309

Romeo, C. J. (2001): Controlling for Seam Problems in Duration Model Estimates. In: *Journal of Human Resources*, 36, 3, S. 467–499

Rose, D. (2000): Household Panel Studies: An Overview. In: Rose, D. (Herausgeber) *Researching Social and Economic Change*. Routledge, London, S. 3–35

Rosenbaum, P. R. (2002): *Observational Studies*. Springer, New York, 2. Auflage

Rosenbaum, P. R. (2010): *Design of Observational Studies*. Springer, New York

Rosenbaum, P. R., Rubin, D. B. (1983): The Central Role of the Propensity Score in Observational Studies for Causal Effects. In: *Biometrika*, 70, S. 41–55

Rosenbaum, P. R., Rubin, D. B. (1984): Reducing Bias in Observational Studies Using Subclassification on the Propensity Score. In: *Journal of the American Statistical Association*, 79, S. 516–524

Ross, L., Nisbett, R. E. (1991): *The Person and the Situation*. McGraw Hill, New York

Rossi, P., Anderson, A. (1982): The Factorial Survey approach: An introduction. In: Rossi, P., Nock, S. (Herausgeber) *Measuring social judgments: The Factorial Survey approach*, Sage, Beverly Hills, S. 15–67

Rost, J. (1991): A Logistic Mixture Distribution Model for Polychotomous Item Responses. In: *British Journal of Mathematical and Statistical Psychology*, 44, S. 75–92

Rost, J. (2004): *Lehrbuch Testtheorie-Testkonstruktion*. Huber, Bern, 2. Auflage

Royston, P. (2005): Multiple Imputation of Missing Values: Update of ICE. In: *Stata Journal*, 5, 4, S. 527–536

Rubin, D. (1976): Inference and Missing Data. In: *Biometrika*, 63, 3, S. 581–592

Rubin, D. (1987): *Using Multiple Imputations to Handle Survey Nonresponse*. Wiley, New York

Rubin, D., Wenzel, A. (1996): One Hundred Years of Forgetting: A Quantitative Description of Retention. In: *Psychological Review*, 103, S. 734–760

Rumsfeld, D. (2006): ›Comment‹. Zitiert nach Daniel Kurtzmans „Political Humor Blog"

Salzmann, T., Bohk, C. (2009): Überprüfung der im Rahmen des Lebenserwartungssurveys gemessenen Sterblichkeit auf Bevölkerungsrepräsentativität unter Berücksichtigung rechts- und intervallzensierter Ereignisse mit dem Konzept ›Relative Survival‹ . In: *Zeitschrift für Bevölkerungswissenschaft*, 33, S. 121–152

Santos, R. (2001): Annual Membership Meeting. In: *Public Opinion Quarterly*, 65, S. 740–478

Saris, W. (2003): Response Function Equality. In: Harkness, J., van de Vijver, F., Mohler, P. (Herausgeber) *Cross-cultural Survey Methods*, Wiley, New York, S. 275–288

Saris, W., Gallhofer, I. N. (2007a): *Design, Evaluation, and Analysis of Questionnaires for Survey Research*. Wiley, Hoboken

Saris, W. E., Gallhofer, I. (2007b): Estimation of the Effects of Measurement Characteristics on the Quality of Survey Questions. In: *Survey Research Methods*, 1, 1, S. 29–43

Saris, W. E., Revilla, M., Krosnick, J. A., Shaeffer, E. M. (2010): Comparing Questions with Agree/Disagree Response Options to Questions with Item-Specific Response Options. In: *Survey Research Methods*, 4, 1, S. 61–79

Schaeffer, N. C., Dykema, J., Maynard, D. (2010): Interviewers and Interviewing. In: Marsden, P. V., Wright, J. D. (Herausgeber) *Handbook of Survey Research*, Emerald, Bingley, S. 437–470. 2. Auflage

Schafer, J. L. (1999): Multiple imputation: A primer. In: *Statistical Methods in Medical Research*, 8, S. 3–15

Schafer, J. L., Graham, J. W. (2002): Missing Data: Our View of the State of the Art. In: *Psychological Methods*, 7, S. 147–177

Schafer, J. L., Olsen, M. K. (1998): Multiple Imputation for Multivariate Missing-data Problems: A Data Analyst's Perspective. In: *Multivariate Behavioral Research*, 33, S. 545–571

Scheers, N., Dayton, C. (1988): Covariate Randomized Response Models. In: *Journal of the American Statistical Association*, S. 969–974

Schelhase, T., Rübenach, S. e. a. (2006): Die Todesursachenstatistik – Methodik und Ergebnisse 2004. In: *Wirtschaft und Statistik*, 6, S. 614–629

Schäfer, C., Schräpler, J.-P., Müller, K.-R., Wagner, G. G. (2005): Automatic Identification of Faked and Fraudulent Interviews in Surveys. In: *Schmollers Jahrbuch - Zeitschrift für Wirtschafts- und Sozialwissenschaften*, 125, 1, S. 183–193

Schölermann, S. (2006): Der junge Mann als blinder Fleck. www.tagesschau.de/inland/meldung97582.html, 24.9.2006

Schnell, R. (1986): *Missing-Data-Probleme in der empirischen Sozialforschung*. Dissertation, Ruhr-Universität Bochum, (Volltext verfügbar unter http://nbn-resolving.de/urn:nbn:de:bsz:352-opus-5490)

Schnell, R. (1991a): Der Einfluß gefälschter Interviews auf Survey-Ergebnisse. In: *Zeitschrift für Soziologie*, 20, 1, S. 25–35

Schnell, R. (1991b): Die Vergleichsrichtung bestimmt *nicht* das Ergebnis von Vergleichsprozessen: Die Nichtreplikation der Ergebnisse von Schwarz & Scheuring (1989). In: *Zeitschrift für Sozialpsychologie*, 22, 1, S. 46–49

Schnell, R. (1991c): Wer ist das Volk? Zur faktischen Grundgesamtheit bei „allgemeinen Bevölkerungsumfragen": Undercoverage, Schwererreichbare und Nichtbefragbare. In: *Kölner Zeitschrift für Soziologie und Sozialpsychologie*, 43, 1, S. 106–154

Schnell, R. (1993): Die Homogenität sozialer Kategorien als Voraussetzung für „Repräsentativität" und Gewichtungsverfahren. In: *Zeitschrift für Soziologie*, 22, 1, S. 16–32

Schnell, R. (1994): *Graphisch gestützte Datenanalyse*. Oldenbourg, München (Volltext verfügbar unter: http://duepublico.uni-duisburg-essen.de/servlets/ DocumentServlet?id=18265)

Schnell, R. (1997a): *Nonresponse in Bevölkerungsumfragen: Ausmaß, Entwicklung und Ursachen*. Leske + Budrich, Opladen (Volltext verfügbar unter http://duepublico.uni-duisburg-essen.de/servlets/DocumentServlet?id=18266)

Schnell, R. (1997b): Praktische Ziehung von Zufallsstichproben für Telefon-Surveys. In: *ZA-Information*, 40, S. 45–59

Schnell, R. (1998): Besuchs- und Berichtsverhalten der Interviewer. In: Statistisches Bundesamt (Herausgeber) *Interviewereinsatz und -qualifikation*, Metzler-Poeschel, Stuttgart, Nummer 11 in Spektrum Bundesstatistik, S. 156–170

Schnell, R. (2002a): Ausmaß und Ursachen des Mangels an quantitativ qualifizierten Absolventen sozialwissenschaftlicher Studiengänge. In: Engel, U. (Herausgeber) *Praxisrelevanz der Methodenausbildung*, IZ Sozialwissenschaften, Bonn, Nummer 5 in Sozialwissenschaftliche Tagungsberichte, S. 35–44

Schnell, R. (2002b): s. v. Kausalität. In: Endruweit, G., Trommsdorff, G. (Herausgeber) *Wörterbuch der Soziologie*, Lucius & Lucius, Stuttgart, S. 270–271. 2. Auflage

Schnell, R. (2004): *Effekte des Wechsels des Erhebungsinstituts zwischen den Erhebungswellen bei*

Literaturverzeichnis

Panelstudien. Gutachten für das IAB, Universität Konstanz, Konstanz

Schnell, R. (2006): *Die Umstellung des LFS (Labour Force Survey) auf RDD-CATI (Random Digit Dialing – Computer Assisted Telephone Interviewing).* Working Paper 14, STATEC Luxembourg

Schnell, R. (2007): Alternative Verfahren zur Stichprobengewinnung für ein Haushaltspanelsurvey mit Schwerpunkt im Niedrigeinkommens- und Transferleistungsbezug. In: Promberger, M. (Herausgeber) *Neue Daten für die Sozialstaatsforschung: Zur Konzeption der IAB-Panelerhebung „Arbeitsmarkt und Soziale Sicherung"*, Bundesagentur für Arbeit, Nürnberg, IAB Forschungsbericht Nr. 12, S. 33–59

Schnell, R. (2008): *Umgang mit Verweigerungen. Schulungsunterlage für die Durchführung des ›Labour Force Survey (LFS)‹* . STATEC, Luxembourg

Schnell, R. (2009a): *Biologische Variablen in sozialwissenschaftlichen Surveys.* Working Paper 107, Rat für Sozial- und Wirtschaftsdaten

Schnell, R. (2009b): *Record-Linkage from a Technical Point of View.* Working Paper 124, Rat für Sozial- und Wirtschaftsdaten

Schnell, R. (2011): *QDDS-3: Softwareentwicklung zur studienübergreifenden Recherche in Fragebogen.* Endbericht an die DFG, Universität Duisburg-Essen

Schnell, R., Bachteler, T., Reiher, J. (2005): MTB: Ein Record-Linkage-Programm für die empirische Sozialforschung. In: *ZA-Information,* 56, S. 93–103

Schnell, R., Bachteler, T., Reiher, J. (2006a): Die Anwendung statistischer Record-Linkage-Methoden auf selbst-generierte Codes bei Längsschnitterhebungen. In: *ZA-Information,* 59, S. 128–142

Schnell, R., Bachteler, T., Reiher, J. (2009a): Entwicklung einer neuen fehlertoleranten Methode bei der Verknüpfung von personenbezogenen Datenbanken unter Gewährleistung des Datenschutzes. In: *Methoden – Daten – Analysen,* 3, 2, S. 203–217

Schnell, R., Bachteler, T., Reiher, J. (2009b): Privacy-preserving Record Linkage Using Bloom Filters. In: *BMC Medical Informatics and Decision Making,* 9, 41

Schnell, R., Bachteler, T., Reiher, J. (2010): Improving the Use of Self-Generated Identification Codes. In: *Evaluation Review,* 34, 5, S. 391–418

Schnell, R., Göritz, A. S. (2011): Verringerung des Heapings in Web-Surveys. Unveröffentlichtes Manuskript, Universität Duisburg-Essen

Schnell, R., Hill, P. B., Esser, E. (2008): *Methoden der empirischen Sozialforschung.* Oldenbourg, München, 8. Auflage

Schnell, R., Hoffmeyer-Zlotnik, J. H. (2002): *Methodik für eine regelmäßige Opferbefragung.* Gutachten im Auftrag des BMI/BMJ, Universität Konstanz

Schnell, R., Kohler, U. (1995): Empirische Untersuchung einer Individualisierungshypothese am Beispiel der Parteipräferenz von 1953–1992. In: *Kölner Zeitschrift für Soziologie und Sozialpsychologie,* 47, 4, S. 634–657

Schnell, R., Kopp, J. (2001): Zur Evaluation von Lehrveranstaltungen in den Sozialwissenschaften. In: *Soziologie,* 30, 3, S. 32–40

Schnell, R., Krause, J., Stempfhuber, M. (2004): *QDDS-2: Software-Entwicklung zur Dokumentation der Fragebogenentwicklung.* Antrag auf Sachbeihilfen bei der Deutschen Forschungsgemeinschaft, Universität Konstanz

Schnell, R., Kreuter, F. (2000a): Das DEFECT-Projekt: Sampling-Errors und Nonsampling-Errors in komplexen Bevölkerungsstichproben. In: *ZUMA-Nachrichten,* 24, 47, S. 89–102

Schnell, R., Kreuter, F. (2000b): Untersuchungen zur Ursache unterschiedlicher Ergebnisse sehr ähnlicher Viktimisierungssurveys. In: *Kölner Zeitschrift für Soziologie und Sozialpsychologie*, 52, 1, S. 96–117

Schnell, R., Kreuter, F. (2001): Neue Software-Werkzeuge zur Dokumentation der Fragebogenentwicklung. In: *ZA-Information*, 48, S. 56–70

Schnell, R., Kreuter, F. (2005): Separating Interviewer and Sampling-Point Effects. In: *Journal of Official Statistics*, 21, 3, S. 389–410

Schnell, R., Kreuter, F., Coutts, E., Thume, D., Venningen, H., Bachteler, T., Sander, C. (2006b): *Design-Effekte in Bevölkerungsstichproben. Dokumentation des DEFECT-Projekts*. Technischer Bericht, Zentrum für Quantitative Methoden und Survey Forschung, Universität Konstanz

Schnell, R., Ziniel, S., Coutts, E. (2006c): Inaccuracy of Birthday Respondent Selection Methods in Mail and Telephone Surveys. unveröffentlichtes Manuskript, Universität Konstanz

Schober, M., Conrad, F. (1997): Does Conversational Interviewing Reduce Survey Measurement Error? In: *Public Opinion Quarterly*, S. 576–602

Schonlau, M., Fricker, R., Elliott, M. (2001): *Conducting Research Surveys via E-mail and the Web*. Rand, Santa Monica

Schonlau, M., van Soest, A., Kapteyn, A. (2007): Are Webographic or Attitudinal Questions Useful for Adjusting Estimates from Web Surveys Using Propensity Scoring? In: *Survey Research Methods*, 1, 3, S. 155–163

Schonlau, M., Watson, N., Kroh, M. (2011): Household Survey Panels: How Much do Following Rules Affect Sample Size? In: *Survey Research Methods*, 5, 2, S. 53–61

Schreiner, I., Pennie, K., Newbrough, J. (1988): Interviewer Falsification in Census Bureau Surveys. In: *ASA Proceedings of the Section on Survey Research Methods*, S. 491–496

Schräpler, J.-P., Wagner, G. G. (2005): Characteristics and Impact of Faked Interviews in Surveys - An Analysis of Genuine Fakes in the Raw Data of SOEP. In: *Allgemeines Statistisches Archiv*, 89, 1, S. 7–20

Schuman, H. (1966): The Random Probe: A Technique for Evaluating the Validity of Closed Questions. In: *American Sociological Review*, 31, S. 218–222

Schwarz, N. (2007): Retrospective and Concurrent Self-Reports: The Rationale for Real-Time Data Capture. In: Stone, A., Shiffman, S., Atienza, A. A., Nebeling, L. (Herausgeber) *The Science of Real-Time Data Capture*, Oxford University Press, Oxford, S. 11–26

Schwarz, N., Hippler, H.-J., Deutsch, B., Strack, F. (1985): Response Scales: Effects of Category Range on Reported Behavior and Comparative Judgments. In: *Public Opinion Quarterly*, 49, 3, S. 388–395

Schwarz, N., Strack, F. (1988): *The Survey Interview and the Logic of Conversation*. Arbeitsbericht 88/03, ZUMA, Mannheim

Schweizer, R. (2010): Das ewige Thema: Arbeitnehmer/arbeitnehmerähnliche Person/freier Mitarbeiter. Zugriff am 5.8.2010

Shadish, W., Cook, T., Campbell, D. (2002): *Experimental and Quasi-experimental Design for Generalized Causal Inference*. Houghton-Mifflin, Boston

Singer, E. (2002): The Use of Incentives to Reduce Nonresponse in Household Surveys. In: Groves, R., Dillman, D., Eltinge, J., Little, R. (Herausgeber) *Survey Nonresponse*. Wiley, New York, S. 163–177

Singer, E., Van Hoewyk, J., Gebler, N., Raghunathan, T., McGonagle, K. (1999): The Effect of Incentives on Response Rates in Interviewer-Mediated Surveys. In: *Journal of Official Statistics*, 15, 2, S.

217–230

Skitka, L. J., Sargis, E. G. (2006): The Internet as Psychological Laboratory. In: *Annual Review of Psychology*, 57, 1, S. 529–555

Smith, T. (1987): The Art of Asking Questions, 1936-1985. In: *Public Opinion Quarterly*, 51, S. 95–108

Sniderman, P. M., Grob, D. B. (1996): Innovations In Experimental Design In Attitude Surveys. In: *Annual Review of Sociology*, 22, 1, S. 377–399

Sodeur, W. (1997): Interne Kriterien zur Beurteilung von Wahrscheinlichkeitsauswahlen. In: *ZA-Information*, 41, S. 58–82

Sodeur, W. (2007): Entscheidungsspielräume von Interviewern bei der Wahrscheinlichkeitsauswahl. In: *Methoden - Daten - Analysen*, 1, 2, S. 107–130

Särndal, C.-E., Lundström, S. (2005): *Estimation in Surveys with Nonresponse*. Wiley, Hoboken

Stata Corporation (2009): Multiple-Imputation Reference Manual. College Station, Texas

Statistics Canada (2009): *Statistics Canada Quality Guidelines*. Minister of Industry, Ottawa, 5. Auflage

Statistisches Bundesamt (1992): *Vorbereitung, Durchführung und methodische Untersuchungen zur VZ 1987*. Nummer 12 in Fachserie 1. Metzler-Poeschel, Stuttgart

Statistisches Bundesamt (Herausgeber) (2006): *Datenreport 2006. Zahlen und Fakten über die Bundesrepublik Deutschland*. Bundeszentrale für politische Bildung, Bonn

Statistisches Bundesamt (2009a): 73% der privaten Haushalte haben einen Internetzugang. Pressemitteilung Nr. 464 vom 03.12.2009, Wiesbaden

Statistisches Bundesamt (2009b): In fast jedem zehnten Haushalt ersetzen Handys das Festnetz. Pressemitteilung Nr. 184 vom 14.05.2009, Wiesbaden

Statistisches Bundesamt (2009c): Zuhause in Deutschland. Ausstattung und Wohnsituation privater Haushalte. Wiesbaden

Statistisches Bundesamt (2010): Laufende Wirtschaftsrechnungen. Ausstattung privater Haushalte mit ausgewählten Gebrauchsgütern: 2009. Fachserie 15, Reihe 2, Wiesbaden

Stolzenberg, R., Relles, D. (1997): Tools for Intuition about Sample Selection Bias and its Correction. In: *American Sociological Review*, 62, S. 494–507

Stone, A., Shiffman, S., Atienza, A. A., Nebeling, L. (2007a): Historical Roots and Rationale of Ecological Momentary Assessment (EMA). In: Stone, A., Shiffman, S., Atienza, A. A., Nebeling, L. (Herausgeber) *The Science of Real-Time Data Capture*, Oxford University Press, Oxford, S. 3–10

Stone, A., Shiffman, S., Atienza, A. A., Nebeling, L. (Herausgeber) (2007b): *The Science of Real-Time Data Capture*. Oxford University Press, Oxford

Stone, A. A., et al. (Herausgeber) (2000): *The Science of Self-Report. Implications for Research and Practice*. Erlbaum, Mahwah

Stoop, I. (2005): *The Hunt for The Last Respondent*. SCP, The Hague

Stoop, I., Billiet, J., Koch, A., Fitzgerald, R. (2010): *Improving Survey Response*. Wiley, Hoboken

Stoop, I. A. L. (2004): Surveying Nonrespondents. In: *Field Methods*, 16, 1, S. 23–54

Stouthamer-Loeber, M., Kammen, W. (1995): *Data Collection and Management*. Sage, Thousand Oaks

Strobl, C. (2010): *Das Rasch-Modell*. Rainer Hampp Verlag, München

Suchman, L., Jordan, B. (1990): Interactional Troubles in Face-to-face Survey Interviews. In: *Journal of the American Statistical Association*, 85, S. 232–241

Sudman, S., Bradburn, N. (1974): *Response Effects in Surveys*. Aldine, Chicago

Sudman, S., Bradburn, N. (1982): *Asking Questions. A Practical Guide to Questionaire Design.* Jossey-Bass, San Francisco

Sudman, S., Finn, A., Lannom, L. (1984): The Use of Bounded Recall Procedures in Single Interiews. In: *Public Opinion Quarterly*, 48, 2, S. 520–524

Sudman, S., Wansink, B. (2002): *Consumer Panels.* American Marketing Association, Chicago, 2. Auflage

Tabachnick, B., Fidell, L. (2001): *Using Multivariate Statistics.* Allyn and Bacon, Boston, 4. Auflage

Tan, M. T., Tian, G.-L., Tang, M.-L. (2009): Sample Surveys With Sensitive Questions: A Nonrandomized Response Approach. In: *The American Statistician*, 63, 1, S. 9–16

Tao, G.-L., Tang, M.-L., Liu, Z., Tan, M., Tang, N.-S. (2011): Sample Size Determination for the Non-randomised Triangular Model for Sensitive Questions in a Survey. In: *Statistical Methods in Medical Research*, 20, 3, S. 159–173

Terhanian, G., Bremer, J. (2000): *Confronting the Selection-Bias and Learning Effects Problems Associated With Internet Research.* White paper, Harris Interactive, Rochester, NY

Terhanian, G., Bremer, J., Smith, R., Thomas, R. (2000): *Correcting Data From Online Surveys for the Effects of Nonrandom Selection and Nonrandom Assignment.* White paper, Harris Interactive, Rochester, NY

Thissen, D., Steinberg, L., Wainer, H. (1993): Detection of Differential Item Functioning using the Parameters of Item Response Theory. In: Holland, P. W., Wainer, H. (Herausgeber) *Differential Item Functioning*, Erlbaum, Hillsdale, NJ, S. 67–114

Thomsen, I., Villund, O. (2011): Using Register Data to Evaluate the Effects of Proxy Interviews in the Norwegian Labour Force Survey. In: *Journal of Official Statistics*, 27, 1, S. 87–98

Thornberry, T. P., Krohn, M. D. (2000): The Self-report Method for Measuring Delinquency and Crime. In: Duffee, D., et al. (Herausgeber) *Innovations in Measurement and Analysis.* U.S. Department of Justice, Washington, Band 4 von *Criminal Justice 2000*, S. 33–83

Tian, G.-L., Yu, J.-W., Tang, M.-L., Geng, Z. (2007): A New Non-randomized Model for Analysing Sensitive Questions With Binary Outcomes. In: *Statistics in Medicine*, 26, 23, S. 4238–4252

Tillé, Y., Matei, A. (2007): *Package: sampling. Functions for Drawing and Calibrating Samples. Version: 0.9.* Technischer Bericht, R-library (CRAN)

Tillmann, F. (2004): Codierung offener Berufsangaben mit der KldB1992. In: *RBS-Mitteilungen*, 1, S. 79–91

TNS Opinion & Social (2010): *Eurobarometer 73.1 Biotechnology.* European Commission, Brüssel

Tomaskovic-Devey, D., Leiter, J., Thompson, S. (1994): Organizational Survey Nonresponse. In: *Administrative Science Quarterly*, 39, 3, S. 439–457

Torgerson, C., Torgerson, D., Birks, Y., Porthouse, J. (2005): A Comparison of Randomised Controlled Trials in Health and Education. In: *British Educational Research Journal*, 31, 6, S. 761–785

Tourangeau, R. (1984): Cognitive Science and Survey Methods. In: Jabine, T. B., Straf, M. L., Tanur, J. M., Tourangeau, R. (Herausgeber) *Cognitive Aspects of Survey Methodology: Building a Bridge Between Disciplines.* National Academy Press, Washington, D.C, S. 73–100

Tourangeau, R. (2003): *Recurring Surveys: Issues and Opportunities.* Technischer Bericht, National Science Foundation, New York

Tourangeau, R., Couper, M., Conrad, F. (2007): Color, Labels and Interpretative Heuristics for Response Scales. In: *Public Opinion Quarterly*, 71, 1, S. 91–112

Tourangeau, R., Rasinski, K. (1988): Cognitive Processes Underlying Context Effects in Attitude Measurement. In: *Psychological Bulletin*, 103, 3, S. 299–314

Tourangeau, R., Rips, L., Rasinski, K. (2000): *The Psychology of Survey Response*. Cambridge University Press, Cambridge

Tourangeau, R., Yan, T. (2007): Sensitive Questions in Surveys. In: *Pychological Bulletin*, 133, 5, S. 859–883

Tsuchiya, T., Hirai, Y., Ono, S. (2007): A Study of the Properties of the Item Count Technique. In: *Public Opinion Quarterly*, 71, S. 253–272

Tuckel, P. S., Feinberg, B. M. (1991): The Answering Machine Poses Many Questions for Telephone Survey Researchers. In: *Public Opinion Quarterly*, 55, 2, S. 200–217

Twisk, J. W. R. (2003): *Applied Longitudinal Data Analysis for Epidemiology: A Practical Guide*. Cambridge University Press, Cambridge

van de Vijve, F., Tanzer, N. K. (2004): Bias and Equivalence in Cross-cultural Assessment: An Overview. In: *Revue Européenne de Psychologie Appliquée*, 54, 2, S. 119–135

van den Hout, A., van der Heijden, P., Gilchrist, R. (2007): The Logistic Regression Model With Response Variables Subject to Randomized Response. In: *Computational Statistics and Data Analysis*, 51, 12, S. 6060–6069

van Kesteren, J., Mayhew, P., Nieuwbeerta, P. (2001): *Criminal Victimisation in Seventeen Industrialised Countries. Key findings from the 2000 International Crime Victims Survey*. Technischer Bericht 187, WODC (Research and Documentation Centre of the Dutch Ministry of Justice), The Hague

Vandecasteele, L., Debels, A. (2004): *Modelling Attrition in the European Community Household Panel: The Effectiveness of Weighting*. Technischer Bericht, Catholic University Leuven, Department of Sociology

Vaske, J. J., Beaman, J. (2006): Lessons Learned in Detecting and Correcting Response Heaping: Conceptual, Methodological, and Empirical Observations. In: *Human Dimensions of Wildlife*, 11, 4, S. 1–25

Vella, F. (1998): Estimating Models with Sample Selection Bias: A Survey. In: *Journal of Human Resources*, 33, S. 127–169

Verbeke, G., Molenberghs, G. (2009): *Linear Mixed Models for Longitudinal Data*. Springer, Berlin

von Davier, M., Carstensen, C. H. (Herausgeber) (2007): *Multivariate and Mixture Distribution Rasch Models. Extensions and Applications*. Springer, Berlin

von Freyhold, M. (1971): *Autoritarismus und politische Apathie: Analyse einer Skala zur Ermittlung autoritätsgebundener Verhaltensweisen*. Europäische Verlagsanstalt, Frankfurt

von Rosenbladt, B., Gensicke, A., Stutz, F. (2002): *Verbleibstudie bei Panelausfällen im SOEP*. Technischer Bericht, Infratest Sozialforschung, München

Wagner, G. G., Frick, J. R., Schupp, J. (2007): The German Socio-Economic Panel Study (SOEP). Scope, Evolution and Enhancements. In: *Schmollers Jahrbuch*, 127, 1, S. 161–191

Wainer, H. (2005): *Graphic Discovery*. Princeton University Press, Princeton

Wainer, H., et al. (2000): Computerized Adaptive Testing: A Primer. Mahwah

Wallander, L. (2009): 25 Years of Factorial Surveys in Sociology: A Review. In: *Social Science Research*, 38, 3, S. 505–520

Wang, H., Heitjan, D. F. (2008): Modeling Heaping in Self-reported Cigarette Counts. In: *Statistics in Medicine*, 27, 19, S. 3789–3804

Ward, J., Russick, B., Rudelius, W. (1985): A Test of Reducing Callbacks and Not-at-Home Bias in Personal Interviews by Weighting At-Home Respondents. In: *Journal of Marketing Research*, 22, S. 66–73

Warriner, K., Goyder, J., Gjertsen, H., Hohner, P., McSpurren, K. (1996): Charities, No; Lotteries, No; Cash, Yes. In: *Public Opinion Quarterly*, 60, 4, S. 542–562

Waterton, J., Lievesley, D. (1989): Evidence of Conditioning Effects in the British Social Attitudes Panel Survey. In: Kasprzyk, D., Duncan, G., Kalton, G., Singh, M. P. (Herausgeber) *Panel Surveys*, Wiley, New York, S. 319–339

Watson, N., Wooden, M. (2009): Identifying Factors Affecting Longitudinal Survey Response. In: Lynn, P. (Herausgeber) *Methodology of Longitudinal Surveys*, Wiley, Hoboken, S. 157–181

Weijters, B., Geuens, M., Schillewaert, N. (2010): The Stability of Individual Response Styles. In: *Psychological Methods*, 15, 1, S. 96–110

Weinstein, M., Vaupel, J., Wachter, K. (Herausgeber) (2008): *Biosocial Surveys*. The National Academy of Sciences, Washington

Weisberg, H. (2005): *The Total Survey Error Approach*. University of Chicago Press, Chicago

Weitkunat, R. (1998): *Computergestützte Telefoninterviews als Instrument der sozial- und verhaltensepidemiologischen Gesundheitsforschung*. Logos, Berlin

Wewers, M. E., Lowe, N. K. (1990): A Critical Review of Visual Analogue Scales in the Measurement of Clinical Phenomena. In: *Research in Nursing & Health*, 13, 4, S. 227–236

Widmeier, U., Schumann, D. (2001): Neue Informationstechnologien und flexible Arbeitssysteme: Das NIFA-Panelim deutschen Maschinen- und Anlagebau. In: *ZA-Informationen*, 48, S. 112–127

Wildner, R. (2002): Praxisrelevanz der Methodenausbildung aus der Sicht eines Marktforschungsinstituts. In: Engel, U. (Herausgeber) *Praxisrelevanz der Methodenausbildung*. Informationszentrum Sozialwissenschaften, Bonn, S. 109–116

Willimack, D., Nicholls, E., Sudman, S. (2002): Understanding Unit and Item Nonresponse in Business Surveys. In: Groves, R., Dillman, D., Eltinge, J., Little, R. (Herausgeber) *Survey Nonresponse*. Wiley, New York, S. 213–227

Willis, G. B. (2004): Cognitive Interviewing Revisited: A Useful Technique, in Theory? In: Presser, S., Rothgeb, J., Couper, M., Lessler, J., Martin, E., Martin, J., Singer, E. (Herausgeber) *Methods For Testing and Evaluating Survey Questionnaires*, Wiley, Hoboken, S. 23–43

Willis, G. B. (2005): *Cognitive interviewing: a tool for improving questionnaire design*. Sage, Thousand Oaks

Wilson, S. E., Howell, B. J. (2005): Do Panel Surveys Make People Sick? US Arthritis Trends in the Health and Retirement Survey. In: *Social Science and Medicine*, 60, S. 2623–2627

Wilson, T. D. (2002): *Strangers to Ourselves*. Belknap, Cambridge

Wolff, J., Augustin, T. (2003): Heaping and Its Consequences for Duration Analysis: A Simulation Study. In: *Allgemeines Statistisches Archiv*, 87, S. 59–83

Wolter, K. M. (2007): *Introduction to Variance Estimation*. Springer, New York, 2. Auflage

Xu, M., Bates, B., Schweitzer, J. C. (1993): The Impact of Messages on Survey Participation in Answering Machine Households. In: *Public Opinion Quarterly*, 57, 2, S. 232–237

Yan, T., Tourangeau, R. (2008): Fast Times and Easy Questions: The Effects of Age, Experience and Question Complexity on Web Survey Response Times. In: *Applied Cognitive Psychology*, 22, 1, S. 51–68

Yu, J.-W., Tian, G.-L., Tang, M.-L. (2008): Two New Models for Survey Sampling with Sensitive Characteristic: Design and Analysis. In: *Metrika*, 67, S. 251–263

Zühlke, S. (2008): Auswirkungen von Proxy-Interviews auf die Datenqualität des Mikrozensus. In: *Statistische Analysen und Studien NRW*, 53, S. 3–10

Abkürzungsverzeichnis

AAPOR	American Association for Public Opinion Research
ACASI	Audio Computer Aided Self Interviewing
ACS	American Community Survey
ADM	Arbeitskreis Deutscher Markt- und Sozialforschungsinstitute
ALG	Arbeitslosengeld
ALLBUS	Allgemeine Bevölkerungsumfrage der Sozialwissenschaften
ASAQ	Audio Self-Administered Questionnaire
ASCII	American Standard Code for Information Interchange
ASI	Arbeitskreis Sozialwissenschaftlicher Institute
BCS	British Crime Survey
BGS	Bundes-Gesundheitssurvey
BHPS	British Household Panel Study
BMBF	Bundesministerium für Bildung und Forschung
BVM	Berufsverband Deutscher Markt- und Sozialforscher
CAPI	Computer Aided Personal Interviewing
CASI	Computer Aided Self Interviewing
CATI	Computer Aided Telephone Interviewing
CDC	Center for Disease Control
CIS	Current Index to Statistics
CVM	Contingent Valuation Method
DBM	Disk By Mail
DFG	Deutsche Forschungsgemeinschaft
DIF	Differential Item Functioning
DIW	Deutsches Institut für Wirtschaftsforschung
DRPR	Deutscher Rat für Public Relations
ECHP	European Community Household Panel

Abkürzungsverzeichnis

EHC	Event History Calender
EMA	Ecological Momentary Assessment
EOS	Erweiterte Oberschule
ESOMAR	European Society for Opinion and Marketing Research
ESRA	European Survey Research Association
ESS	European Social Survey
EVS	Einkommens- und Verbrauchsstichprobe
GAO	Government Accountability Office
GESIS	Gesellschaft Sozialwissenschaftlicher Infrastruktureinrichtungen
GPS	Global Positioning System
GREG	General Regression Estimator
IAB	Institut für Arbeitsmarkt- und Berufsforschung
ICC	Intraclass Correlation
ICPSR	Interuniversity Consortium for Political and Social Research
ICVS	International Crime Victims Survey
IKT	Informations- und Kommunikationstechnologie
IRT	Item Response Theory
ISCO	International Standard Classification of Occupations
ISDN	Integrated Services Digital Network
ISO	International Organization for Standardization
KEI	Krankheitsersatzindex
KVI	Kommission zur Verbesserung der informationellen Infrastruktur
LFS	Labor Force Survey
LHC	Life History Calender
MAR	Missing At Random
MCAR	Missing Completely At Random
MMS	Multimedia Messaging Service
MNAR	Missing Not At Random
MTU	Mehrthemenumfrage

Abkürzungsverzeichnis

NCHS	National Center for Health Statistics
NCS	National Crime Survey
NCVS	National Crime and Victimization Survey
NES	National Election Studies
NHANES	National Health and Nutrition Examination Survey
NHIS	National Health Interview Survey
NIFA	Neue Informationstechnologien und flexible Arbeitszeitsysteme
NIS	National Immunization Survey
NMAR	Not Missing At Random
NRA	Non-randomized Response Approach
OMB	Office of Management and Budget
PAPI	Paper And Pencil Interviewing
PASS	Panel Arbeitsmarkt und Soziale Sicherung
PCM	Partial Credit Model
PSID	Panel Study of Income Dynamics
QUAID	Question Understanding Aid
QAS	Question Appraisal System
QDDS	Questionnaire Documentation System
RAID	Redundant Array of Independent Disks
RAT	Refusal Avoidance Training
RCT	Randomised Controlled Trials
RDD	Random Digit Dialing
RFID	Radio Frequency Identification
RKI	Robert-Koch-Institut
RLD	Randomized Last Digit
RRT	Randomized Response Technique
SAS	Statistical Analysis System
SEM	Structural Equation Model
SOEP	Sozio-Ökonomisches Panel

SOLIS	Sozialwissenschaftliches Literaturinformationssystem
SPSS	Statistical Package for the Social Sciences
SQB	Survey Question Bank
RatSWD	Rat für Sozial- und Wirtschaftsdaten
TAM	Telephone Answering Machine
TCS	Telefon Cluster Sampling
TDE	Touch-Tone Data Entry
TDM	Total Design Method
TNZ	Trifft Nicht Zu
UCT	Unmatched Count Technique
USAF	United States Air Force
VAS	Visual Analog Scale
VRE	Voice Recognition Entry
WEIRD	Western, Educated, Industrialized, Rich and Democratic
WTP	Willingness To Pay
WZB	Wissenschaftszentrum Berlin
ZEW	Zentrum für Europäische Wirtschaftsforschung
ZFS	Zeitschrift für Soziologie
ZUMA	Zentrum für Umfragen, Methoden und Analysen

Index

50+Studie
    Kritik der, 293

AAPOR, 18, 163
Abbruch, 84
Abfolge
    -Effekte, 37, 39, 120
    der Fragen, 120
ACASI, 59, 210, 311, 318
Access-Panel, 75, 291, 293, 296
    in der amtlichen Statistik, 369
acquiescence, 51, 54
Acquieszenz, 54
ACS, 131
adaptives Testen, 27
ADM, 29, 102, 195, 198, 285, 307, 373
    -Richtlinien, 198
Adressen
    Umgang mit Adressen, 195
Ärzte, 170, 182, 249, 258, 264
AIDA, 371
aided recall, 48
Akteurstheorie, 43
ALLBUS, 59, 63, 73, 161
    Fälschungen im, 241
Allgemeine Bevölkerung, 204, 258, 351
Allgemeine Bevölkerungsumfrage der Sozialwissenschaften, 73
Alpha-Fehler, 383
American Association for Public Opinion Research, 18
American Community Surveys, 131
Analphabeten, 247
anchoring, 39
Ankündigungsschreiben, 250
Anonymität, 258, 301
    Zusicherung der, 252
Anrufbeantworter, 275
Anschreiben, 429
Anstaltsbevölkerung, 190
AnSWR, 86, 425
Anwesenheit
    des Interviewers, 310
    Dritter, 59, 275, 310, 318
Arbeitsgemeinschaft Sozialwissenschaftlicher Institute, 373
Arbeitsrecht, 193
Archiv für Sozialforschung, 425
ASAQ, 59, 318
ASI, 102, 373
Assimilations-Effekt, 39
Attitude-Behavior-Kontroverse, 99
Attrition, 329
    -Pattern, 332
Ausfälle, *siehe* Nonresponse
Ausfallanalysen, 243
Auskunftsperson, 318
Aussagegenehmigung, 191
Ausschöpfungsrate, 163
Auswahl
    -grundlage
        Internet-Befragung, 292, 295, 296
        persönliche Befragung, 204–207
        postalische Befragung, 258
        telefonische Befragung, 271
    -verfahren, 351
    -willkürliche, 293
    im Haushalt, 247, 277, 344
autobiographical memory, 40
AWK, 86, 105, 270

BA-Arbeiten
    Surveyerhebungen für, 204
back translation, 188
Balancierung, 80
Bedeutungsäquivalenz, 188
Bedingungen der Feldarbeit, 61
Befragung
    Anreize, 181, 342
    Artefakte in der, 38
    Betriebs-, 167, 325
    E-Mail-, 295
    Experimente, 70
    in Gruppen, 243
    internetgestützte, 290
    Klassenraum-, 166, 198, 243, 392

kommunale, 357
Online-, 290
postalische, 243, 429
schriftliche, 243
Unternehmens-, 167
Website-Intercept-, 294
Begleitschreiben, 251
behavioral frequency questions, 52, 83
Behinderte, 36
Bekanntheitsgrad, 48
Benford-Gesetz, 235
Berufsklassifikationen, 102
Berufsverband Deutscher Markt- und Sozialforscher, 373
Beschäftigungsregeln, 371
Betriebsbefragung, 167
Bevölkerung
  allgemeine, *siehe* Allgemeine Bevölkerung
Bewusstseinsinhalte, 83
BHPS, 338
Bias, 170, 174, 387
Bildung
  Frage nach dem Bildungsabschluss, 102
  Panelstudie zur, 326
Biotechnologie
  Einstellungen zur, 129
BLAISE, 428
Blinde, 247
Bounded-Recall, 46
British Household Panel, 338
Brutto-Datensatz, 183
Bürgerbefragungen, 357
Bundesagentur für Arbeit, 191
Bundesstatistikgesetz, 368
BVM, 373

calibration, 99, 177
Call-Center, 280
Caller-ID, 276
call-scheduling, 270
CAPI, 233, 318
carryover, 39
CASI, 318
CATI, 267, 317
CDC, 425

cell weighting, 176
Checklisten für Surveyfragen, 143
Codierung, 105
Computerprogramme
  Feldmanagement-, 242
consistency, 39
contingent valuation method, 99
convenience sample, 205, 293
Coverage, 310
Crawler, 273
cross-sectional study, 72
cross-sectional time series, 74
cross-wise model, 110
cues, 51
CVM, 99

Daten
  -archiv für Sozialwissenschaften, 23, 410, 417
  -aufbereitungsbias, 388
  -aufbereitungsfehler, 388
  -bestandskatalog, 23
  -erfassung, 423
  -fusion, 320
  -qualität
    Digit-Präferenzen, 52
  -report, 365
  -schutz, 194, 424
    Record-Linkage, 321
  -sicherung, 417
  -weitergabe, 417
  prozessproduzierte, 23
Datierungsprobleme, 45
Dauerstichprobe befragungsbereiter Haushalte, 369
DBM, 317
Deanonymisierung, 191
Defect-Projekt, 14, 131, 213, 429
deff, 214
deft, 214
Demographie, 101
  Standard-, 102
demographischer Ausfall, 336
Demokratie in Ostdeutschland, 365
Demoskopie, 361

Index

dependent interviewing, 48, 76, 114, 309, 329
   proaktives, 115
   reaktives, 115
Design
   -Effekt, 214, 243, 279, 383
   -Gewicht, 344
   interpenetrierendes, 209
   interpenetriertes, 213
   unimode, 314
Deutsche Bahn, 372
Deutsche Post, 399
DI, 114
Dialogfrage, 87
DIF, 90, 112
Digit-Präferenzen, 52, 53
disclosure control, 191
disk by mail, 317
Dispositionscodes, 258, 393, 394, 399, 406
Dissertation
   Surveyerhebungen für, 204, 244
Dokumentenmanagementsystem, 422
Domestic Mail Manual, 399
double agreement, 54
Dreiecks-Modell, 110
drop-off, 210, 313
Dual-Frames, 273

E-Mail-Survey, 295
ECHP, 333
Echtzeit, 49
ecological momentary assessment, 49
EHC, 113
Ehepartnerbefragungen, 165
Einkommensfrage, 62, 121
Einstellungsmessung, 99
Einwohnermeldeamt, 194, 205, 335
Einwohnermelderegister, 246
Eliten, 170
EMA, 49
Email-Survey, *siehe* E-Mail-Survey
encoding, 40
Entropie, 93
EpiData, 423
Epidemiologie, 46, 69, 351
Erhebungs
   -details, 74
   -institut, 370
   -akademisches, 192, 371
   -modus, 55, 307, 308, 310, 312, 314–316
   Dauer, 117
Erinnerungsfehler, 45
Erinnerungsschreiben, 251
ESOMAR, 30
ESOMAR-Kodex, 373
ESRA, 376
ESS, 61, 62, 106, 157, 215
Eurobarometer, 62, 129, 366
Europäische Kommission, 129
European Social Survey, *siehe* ESS
European Survey Research Association, 376
Evaluationsforschung, 375
Event History Calendar, 113
EVS, 271, 274, 290, 369
exit-polls, 358
experience sampling, 49
Experimente, 111
   in Befragungen, 70
Expertenbefragung, 169
externe Validität, 70

Fälschungen, 227, 229
   ALLBUS, 241
   Art der, 230
   Ausmaß, 229
   Kontrollen, 228
   Kontrollpostkarten, 228
   Screeningfragen, 239
   statistische Konsequenzen, 235, 236, 238
   Ursachen, 231
   Verfahren zur Entdeckung, 234
   Verhinderung, 233
Fall-Kontrollstudie, 25, 69
Fax, 317
fehlende Werte, 59, 63, 172
Fehler zweiter Art, 76
Fehlspezifikation, 388
Feldbericht, 415
Feldmanagement, 181, 239
   -System, 242, 428
Fernsehpanel, 322

Festnetzanschlüsse, 271
field coding, 85
Filter
   -führung, 122, 127, 300
   -fragen, 127
   no-opinion, 129
finite Populationskorrektur, 382
Flächenstichprobe, 271
Forschung
   (s)-Design, 67
   -(s)-datenzentren, 376
   ministrielle, 21
   politisch motivierte, 199
Fortschrittsindikator, 300
fpc, 382
Frage
   -Reihenfolge, 39
   -batterie, 126
   -blöcke, 120
   -bogen
      -übersetzung, 188
      E-Mail-, 295
      Web-Survey-, 298
   -datenbanken, 106
   -formulierung, 79
   balancierte, 80
   demographische -(n), 101
   Einstellungs-, 99
   Matrix-, 126
   nach dem Beruf, 104
   nach dem Grund, 43
   Retrospektiv-, 40, 42
   sensitive, 58
   Suggestiv-, 79
   Warum-, 43
   zur Statistik, 121
Frames, 271
Führungskräfte, 169
fundamental attribution error, 63

Gallup, 106
Geburtsort, 83
Gedächtnis
   -hilfen, 48
   -modelle, 44

Kurzzeit-, 94
GEDA, 348
Gender
   -Mainstreaming, 190
   -forschung, 199
Geo-Daten, 319
Geo-Koordinaten, 320
GESIS, 23, 192, 422
Gesundheitssurveys, 347
Gesundheitszustand, 319
Gewichtung, 279, 303
   Propensity-, 303
GPS, 234, 322
GPS-Logger, 322
GREG, 177, 344
Grice-Maximen, 36
Gütekriterien, 28, 33, 387
   interne, 232

Halo-Effekt, 39
Handlungstheorie, 43
Harry's Bar, 363
Haus-Effekt, 226
Haushalt
   (s)-Generierung, 246
   (s)-befragungen, 41, 165
   Auswahl im, 277
Haushalte, 246
Heaping, 52
Heckman-Modell, 178
Hilfsmerkmale, 368
hovering, 302
hypothetical bias, 99

ICC, 213
ICPSR, 23
ICVS, 351
IFDO, 23
IKT, 290, 369
Imputation, 179, 370
   multiple, 179
Incentives, 160, 165, 181, 250, 251, 258, 298, 341, 342
Individualdaten, 22
Indizes

Index

blended index, 52
KEI, 160
Meyers-Index, 52
Whipple-Index, 52
Inhaltsanalysesoftware, 86
Institute, 370
   kommerzielle, 370
   Marktforschungs-, 370
Interesse, 169
International Federation of Data Archives, 23
International Standard Classification of Occupations, 105
Internet-Surveys, *siehe* Web-Survey
interpenetrierendes Design, 209
Interuniversity Consortium for Political and Social Research, 23
Interventionsstudien, 71
Interview
   kognitives, 143, 419
Interviewer, 318
   -Bezahlung, 74, 193, 226
   -Training, 215–223, 225, 280, 281
   -angaben, 318
   -effekte, 213
   -fragebogen, 193
   -merkmale, 193, 208, 414
   -netz
      nationales, 192, 371
   -stab, 371
   Anzahl benötigter, 212
   Arbeitsrecht, 193
   Bias, 209
   Effekte, 208, 209
   Matching, 210
   Nummer, 414
   Rekrutierung, 211, 279
   Scheinselbständigkeit, 193
   Varianz, 209
Intraklassenkorrelationskoeffizient, 213
Introspektion, 43
Inzidenz, 46
IP-Nummer, 301
Irrtumswahrscheinlichkeit, 18
IRT-Modelle, 27, 90
ISCO, 104

ISO 20252, 28
ISO-Norm, 291
Item
   -Nonresponse, 61, 157, 209, 311
   -Response-Modelle, 27
   -batterie, 126
   -charakteristik, 90

Juster-Skala, 91

Kalibrierung, 177, 305, 344
Kartentechnik, 109
Kausalaussagen, 68
KEI, 160
Kinder, 197
Kish-Grid, 277
Klassenraumbefragung, 166, 198, 243, 392
Klumpeneffekt, 243, 279
Kohorte
   Nationale, 326
KommDEMOS, 357
Kommentarfeld, 122
Kompatibilität, 302
Konfidenzintervalle, 209
Konstruktion
   soziale, 38
Kontaktprotokolle, 183, 318, 393
Kontexteffekte, 39
Kontrast-Effekt, 39
Kontrollen
   historische, 72
Konversationsmaximen, 36
Kooperationsprinzip, 36
Korrekturtechnik, 369
Korrelationsstudie, 68
Kreuz-Modell, 110
Kuk-Kartentechnik, 109
KVI, 194, 376

Labor Force Survey, 385
Längsschnittstudien, 325
Landmark-Events, 47
Langzeitarbeitslose, 191
Last-Birthday-Methode, 248
LaTeX, 425

Layout, 122
LCA, 61
Lebenserwartungssurvey, 336
Lehrevaluationen, 126
Lehrforschung, 202, 248, 249, 307
Leverage-Salience-Theorie, 159
LFS, 385
LHC, 48, 113, 120
Life History Calendar, 113
LISS-Panel, 296
Lobby-Organisationen, 291
Longitudinal-Studien, 325

MA-Arbeiten
    Surveyerhebungen für, 204
Magnitude-Skalen, 91, 96
mail surveys, 243
MAR, 172
Marktforschung, 75
Masterstudiengang, 376
Matrix-Fragen, 126
Maximen der Konversation, 36
MCAR, 172
mean-squared error, 387
Mehrebenen-Modelle, 112
Mehrfachnennungen, 97
Meinungsforschung, 17
Melderegister, 205
Merge Toolbox, 392
Merkmale
    erhebungstechnische, 318
Messfehler
    -modelle, 76
    Varianz, 388
Meta-Analyse, 39, 375
MI, 179
Mietspiegel, 321
Mikrodaten, 22
Mikroökonometrie, 375
Mikrozensus, 166
Minderheiten, 199
Minderjährige, 197
Ministerien, 199, 375, 411
missing at random, 172
missing completely at random, 172

missing data, 59, 63, 172
missing not at random, 172
Mitarbeiterbefragungen, 258, 301
Mittelkategorie, 96
Mixed-Mode-Surveys, 26, 312
MNAR, 172, 304
Mobiltelefone, 274, 366
Mortalität, 329, 335
MSE, 387
MTB, 392
multiple Imputation, 179

Name, 83
National Crime Survey, 350
National Election Studies, 122
national surveys, 204
Nationale Kohorte, 326
Nationales Bildungspanel, 326
NCS, 350
NCVS, 350
NES, 122
Nettodatensatz, 369
Netzwerke, 169
Next-Birthday-Methode, 248
nicht-substanzielle Angaben, 59
NIFA-Panel, 341, 342
no-opinion, 129
Non-Attitudes, 61
Non-randomised Response Approach, 109
Nonresponse, 157, 242, 344, 369
    -studien in der BRD, 197
    Befragungsdauer, 120
    in der Lehrforschung, 203
    in Organisationen, 166
    Verringerung durch Wahl des Modus, 311
NRA, 109

Office of Management and Budget, 184
Official Statistics, 368
Offline-Rekrutierung, 296
OMB, 184
Omnibus-Surveys, 413
Online
    -Befragungen, 290
    -Forschung, 291

Index

-Rekrutierung, 293
Definition, 288
Opferbefragungen, 348
oral translation, 188
overcoverage, 18, 205
Oversampling, 175

Panel, 74
   -Attrition, 74, 78, 329
   -Studien, 26
   -bereitschaft, 330
   -conditioning, 26, 326, 327
   -effekt, 297, 298
   -mortalität, 329
      natürliche, 336
   -pflege, 74, 77, 338
   -studien, 114, 195, 325
   -welle, 74, 325
   Betriebspanel, 169
   rotierendes, 325
Para-Daten, 183, 242, 318, 393
Partial-Credit-Modell, 90
PCM, 90
Personalisierung, 251
Politz-Simmons-Gewichtung, 174
Population
   gefangene, 120
   seltene, 351
Post, 399
Poststratifizierung, 344
Power, 76, 384
Prävalenz, 46
pre-election polling, 358
Precoding, 93
preloaded, 115
Pretests, 133, 429
Primacy-Effekt, 87, 311
priming, 39
Prognose, *siehe* Wahlprognose
Programme
   Feldmanagement-, 242
Propensity
   -Gewichtung, 178, 303, 345
   -Matching, 70
   -Score, 69

Proxy-Interviews, 41, 42, 165, 352
Pseudonymisierung, 424
PSID, 113
publication bias, 39
Python, 86

QAS, 143
QDDS, 14, 106, 422, 426
QUAID, 144
Qualifikationsarbeiten
   Surveyerhebungen für, 204, 244
Querschnitt
   wiederholter, 73
Querschnittsstudien, 25, 72
Question Appraisal System, 143
question order effect, 39
Quotenstichprobe, 205
   in der amtlichen Statistik, 369

R-Indikator, 173
Radiocontrol-System, 322
Raking, 175
Random-Walk, 206
randomized controlled trials, 71
Randomized Response Technique, 107
Rasch-Modelle, 90, 189
RAT, 14, 223
Rat der Deutschen Markt- und Sozialforschung, 373
Rat für Sozial- und Wirtschaftsdaten, 376
Rating-Skalen, 88
RatSWD, 376
RCT, 71
RDD, 268, 269
realtime, 49
Recall
   -Gewichtung, 360
   Aided-, 48
   Bounded-, 46
Recency-Effekt, 87, 311
Record-Checks, 145
Record-Linkage, 22, 83, 145, 242, 268, 320, 321, 392
   MTB, 392
Redressment, 175, 344

Referenzstichprobe, 304
Register, 194
Regression
    logistische, 174
Reidentifikation, 191
Rekrutierung
    CATI-Interviewer, 279
    F2F-Interviewer, 211
Reliabilität, 92
Repräsentativität, 173
respondent burden, 158
Respondent-Tracking, 338
response order effect, 51, 311
Responsepropensities, 174
Ressortforschung, 375
Retentionskurven, 44
Retrospektiv
    -befragung, 73
    -frage, 42
RFID-Chips, 322
rho, 213
Richtlinien, 198
RKI, 348
RLD, 268, 269
RR-, 163
RR-1, 163
RR2, 163
RRT, 107, 110, 210
Rücklauf, 258, 357
Rücklaufkontrolle, 253
Rücklaufquote, 249, 354
Rufnummerunterdrückung, 285

salience, 48
sample selection model, 178
Sampling
    two-phase, 351
    two-stage, 351
Sampling Point, 206
SAS, 425
Satisficing, 51, 52, 112
Schüler, 198
Schieberegler, 96
Schmerzmessung, 49
Schneeball-Verfahren, 169

Schüler, 166
Schwedenschlüssel, 277
Screening, 83, 351, 386
scrolling, 300
Seam
    -Effekt, 327–329
    -Zeitpunkt, 327
Sehbehinderte, 247
Sekundäranalyse, 23, 374
seltene Populationen, 351, 386
SEM, 189
Signifikanztests, 209, 279
silent option, 61
Skalenpunkte
    Anzahl, 92
    Benennung, 93
Skriptsprachen, 86, 270
slider, 96
Smartphones, 322
SMS, 316
SOEP, 71, 106, 326, 331, 335, 374
SOEPinfo, 106
Software, 421
    für die Bearbeitung von Strings, *siehe* Skriptsprachen
    für die Datenanalyse, 425
    für die Datenerfassung, 423
    für die Datensicherung, 424
    für die Dokumentation der Fragebogen, 422
    für die Projektdokumentation, 421
    für die Projektplanung, 421
    für Internetbefragungen, 298
    für Record-Linkage, 392
Solis, 410
soziale
    Erwünschtheit, 58, 59, 107, 311, 352
    Konstruktion, 38
Sozialforschung
    qualitative, 28, 43, 213, 373
Sozio-Ökonomisches Panel, *siehe* SOEP
Spell, 113
Spezifikationsfehler, 388
split ballot, 70
SPSS, 425
SQB, 106

Index

Stabilität, 92
Standard
   -demographie, 102
   -fehler, 209, 212, 288, 363, 381
STATA, 425
statistical matching, 320
Statistisches Bundesamt, 102, 368, 369
Sterberegister, 335
Stichprobe, *siehe* Zufallsstichprobe
Stichprobengröße, 212, 381
Störeffekt, 69
String-Funktionen, 86
Studenten, 243
Studiengänge, 376
subtraction, 39
Survey
   - Question Bank, 106
   -Definition, 17
   -Design, 25
   -Geschichte, 17
   -forschung
      interkulturelle, 90
      interkulturelle-, 189
   -Methodology
      -Studiengang, 376
   Biosocial-, 319
   faktorieller, 111
   recurring, 72
   replikativer, 73
   Unterschiede zwischen, 74
Symbol-Skalen, 96

Tabellenband, 411
Tagebücher, 321
tailored design method, 249
TAM, 276
TCS, 273
TDE, 317
TDM, 258
Teilnehmerliste, 392
Telefon
   -CD, 270
   -Cluster-Sampling, 273
Telemeter, 321
Telescoping

Backward-, 45
Forward-, 45
test bias, 90
Test-Retest-Korrelation, 92
Testtheorie, 92
Textpack, 105
Themen
   sensitive, 213
Theorie, 67
   Akteurs-, 43
   Handlungs-, 43
Thermometer-Skalen, 96
Think-aloud-Technik, 143, 419
thresholds, 89
TNZ, 60
Todesursache, 335
Total Survey Error, 387
total-design-method, 122, 133, 295, 299
Totenscheine, 335
Touchscreen-Befragung, 316
touchtone data entry, 317
Tracking, 338
translation, 188
Trendstudie, 73, 74
triangular model, 110
Trichterung, 121
Trifft-nicht zu-Antwort, 60

UCT, 109
Übersetzung
   von Fragebogen, 188
UK National Omnibus-Survey, 287
Unabhängigkeitsannahme, 243
undercoverage, 18, 191, 205, 247, 287, 290, 298, 304
unimode, 314
Unit-Nonresponse, 157, 209
United States Postal Service, 399
Unmatched Count Technique, 109

vague quantifiers, 89
Validität, 213
Varianz
   der Schätzungen, 387
VAS, 96

Verbleibstudie, 335
Vergleich
   interkultureller, 112
Veröffentlichungen, 31
Veröffentlichungsrecht, 358
Verpflichtungserklärung, 55
Verstorbene, 335
vertical flow, 125
Vertragsstrafen, 411
Verweigerung, 122
   harte, 197
Verweigerungs-Reduktions-Training, *siehe* RAT
Vignetten
   als Anker, 112
Viktimisierungssurveys, 348
Visual Analog Scale, 96
Vitalstatus, 335, 336
Voice Recognition Entry, 317
Volkszählung, 18, 205, 344
Vornamen, 83
VRE, 317

Wahlprognose, 358
Wahlstudien, 23
wahre Werte, 92
Wahrscheinlichkeiten
   subjektive, 91
Warum-Fragen, 43
Web
   -Access-Panel, 296
   -Survey, 71, 84, 126, 290, 298
Website-Intercept-Surveys, 294
weight share approach, 345
WEIRD, 243
Weiß-nicht-Antwort, 60
Weiß-nicht-Filter, 61, 129
Whipple-Index, 52
willingness to pay, 99
Winmira, 90
WN, 60
workload, 210, 212
Wortwahl, 79
WTP, 99
WZB, 365

Zahl der Skalenpunkte, 92

Zeitmangel, 170
Zellengewichtung, 176
Zensus, 18, 205
   2011, 370
ZEW-Konjunkturindex, 287
Zielkriterien
   von Surveys, 33, 387
Zufallsstichprobe, 18, 381
Zugangsklassen, 417
ZUMA, 365, 409
Zustimmungstendenz, 51, 54